上市公司

执行企业会计准则
疑点、难点案例解析

王建新 纪佃波 ◎ 编著

条文解读 + 案例分析 + 疑难问题解答

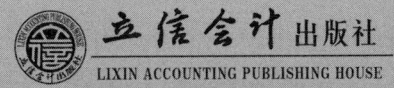

立信会计 出版社
LIXIN ACCOUNTING PUBLISHING HOUSE

图书在版编目（CIP）数据

上市公司执行企业会计准则疑点、难点案例解析 /
王建新，纪佃波编著 . — 上海： 立信会计出版社，
2023.7
 ISBN 978-7-5429-7244-6

Ⅰ.①上… Ⅱ.①王… ②纪… Ⅲ.①企业—会计准
则—中国 Ⅳ.① F279.23

中国版本图书馆 CIP 数据核字（2023）第 072457 号

责任编辑　彭秋龙

上市公司执行企业会计准则疑点、难点案例解析
SHANGSHI GONGSI ZHIXING QIYE KUAIJI ZHUNZE YIDIAN NANDIAN ANLI JIEXI

出版发行	立信会计出版社			
地　　址	上海市中山西路 2230 号	邮政编码	200235	
电　　话	（021）64411389	传　　真	（021）64411325	
网　　址	www.lixinaph.com	电子邮箱	lixinaph2019@126.com	
网上书店	http://lixin.jd.com		http://lxkjcbs.tmall.com	
经　　销	各地新华书店			
印　　刷	北京鑫海金澳胶印有限公司			
开　　本	710 毫米 ×1000 毫米　1/16			
印　　张	39.5			
字　　数	709 千字			
版　　次	2023 年 7 月第 1 版			
印　　次	2023 年 7 月第 1 次			
书　　号	ISBN 978-7-5429-7244-6 /F			
定　　价	118.00 元			

如有印订差错，请与本社联系调换

前　言

众所周知，在市场经济中，最具活力的市场是资本（证券）市场。它的活力从何而来？其主要依靠每一家上市公司按法律、法规和准则的规定向市场披露公司相关信息，如实反映其财务状况、经营成果（业绩）和现金流量。离开上市公司的财务报告，市场信息不对称问题将更加严重，投资人的正当利益将失去保护，社会资源也不可能得到优化配置。而高质量的企业财务报告是由高质量的企业会计准则来规范的。

会计准则是会计理论的具体化和会计实践的总结，是进行会计核算工作的规范，是制定各种会计制度的主要依据。制定统一的会计准则，是会计管理体制改革的中心环节，也是整个会计改革的突破口。社会主义市场经济成熟的重要标志之一是市场运行是否规范有序。在市场运行机制的诸多规范中，会计准则具有极为重要的意义。

在"十二五"时期，经过各方面的共同努力，我国企业会计准则制度建设取得了显著成绩：财政部积极推动落实《中国企业会计准则与国际财务报告准则持续趋同路线图》，进一步健全企业会计准则体系，先后修订发布了《企业会计准则第2号——长期股权投资》《企业会计准则第9号——职工薪酬》《企业会计准则第30号——财务报表列报》《企业会计准则第33号——合并财务报表》《企业会计准则第37号——金融工具列报》5项准则，制定发布了《企业会计准则第39号——公允价值计量》《企业会计准则第40号——合营安排》《企业会计准则第41号——在其他主体中权益的披露》3项准则，为企业服务经济社会发展，贯彻落实"走出去"战略、"一带一路"倡议以及"中国制造2025"战略提供了重要支撑。

2017年，财政部又先后修订发布了《企业会计准则第22号——金融工具确认和计量》《企业会计准则第23号——金融资产转移》《企业会计准则第24号——套期会计》《企业会计准则第37号——金融工具列报》《企业会计准则第42号——持有待售的非流动资产、处置组和终止经营》《企业会计准则第16号——政府补助》以及《企业会计准则第14号——收入》7项准则；

2018年修订了《企业会计准则第 21 号——租赁》；2019年修订了《企业会计准则第 12 号——债务重组》；2020年修订了《企业会计准则第 25 号——保险合同》。这意味着企业会计处理必将发生重大变化，也给企业经营带来了全新挑战。新修订后的企业会计准则逐步趋同国际会计准则，许多会计处理发生了较大变化，充分认识和有效把握会计准则的最新变化与发展趋势，对于提高财务报告信息质量和科学作出企业决策都具有十分重要的意义。

  此外，与国际财务报告准则趋同的企业会计准则自 2007 年在资本市场实施以来，为推动我国资本市场国际化发挥了积极的作用，但在执行与实施层面也遇到了前所未有的挑战，一些突出的矛盾和问题日益显现，如部分会计准则的规定过于宽泛，导致执行过程中选择或判断的空间过大；国际趋同的会计原则适用于我国特有交易事项时的理解和判断不当；市场参与方职业判断意识与能力差异导致公司间信息缺乏可比性等。

  鉴于此，本书基于国际会计准则的最新理念与最新动态，结合中国会计准则和国际会计准则的最新精神，把握准则变革的前沿动向，通过丰富的实务案例，以简明实用为原则，探讨准则执行过程中的重点、难点问题，提高企业财务人员以及企业高管、经理层等非财务人员在实务中熟练运用准则、有效作出判断的能力，进一步加深其对新准则下会计工作的理解，拓宽其财务视野。

  本书的第一特点是"新"。本书充分结合了修订的企业会计准则的改革精神和实践框架，所选用的案例也都来自最新的上市公司年度财务报告。本书的第二个特点是"全"，即内容安排系统全面。本书从新修订的企业会计准则解读（第一章到第八章）到现行企业会计准则的疑点、难点问题的具体剖析（第九章到第十三章），再到国际财务报告准则及美国会计准则最新动态的深刻总结（第十四章和第十五章），构成了一个完整的企业会计准则知识框架。本书的第三个特点是"实"，即实实在在。本书不仅要让读者理解企业会计准则，而且条分缕析，尽量避开抽象理论，借助真实的上市公司财务报告进行案例分析，让读者逐步学会解决企业会计准则的疑点、难点问题。

  由于编者水平有限，本书难免有不足之处，敬请广大读者指正，多提宝贵意见，编者将不胜感激。

编者
2023 年 7 月

目　　录

第一部分
2017—2020年新修订企业会计准则疑点、难点案例解析

第一章　收入准则 ………………………………………………… 003
- 第一节　是否满足收入准则合同标准的判断 …………………… 003
- 第二节　商品控制权转移的判断 ………………………………… 005
- 第三节　履约义务的识别问题 …………………………………… 007
- 第四节　收入确认时点的判断 …………………………………… 010
- 第五节　主要责任人和代理人的判断 …………………………… 015
- 第六节　授予知识产权许可的收入确认问题 …………………… 019
- 第七节　售后代管业务的收入确认问题 ………………………… 022
- 第八节　存在重大融资成分合同的收入确认问题 ……………… 024
- 第九节　合同履约进度的计算 …………………………………… 028
- 第十节　合同变更收入确认问题 ………………………………… 030
- 第十一节　特许权使用费收入确认问题 ………………………… 037
- 第十二节　包含可变对价合同的收入确认问题 ………………… 040
- 第十三节　售后回购交易的收入确认问题 ……………………… 044
- 第十四节　收到非现金对价的收入确认问题 …………………… 048
- 第十五节　合同合并的收入确认问题 …………………………… 051

第二章　金融工具准则 …………………………………………… 054
- 第一节　金融工具的分类问题 …………………………………… 054
- 第二节　信用风险显著增加的判断 ……………………………… 060
- 第三节　应收账款预期信用损失的计量 ………………………… 065
- 第四节　金融负债和权益工具的区分 …………………………… 069

第五节	应收账款保理业务的会计处理	077
第六节	混合金融工具的会计处理	083
第七节	利用自有资金购买银行理财产品的会计处理	088
第八节	资产证券化相关资产终止确认判断问题	095
第九节	金融衍生工具的会计处理	099
第十节	约定保底收益的股份回购会计处理问题	104
第十一节	对赌条款中回购权的会计确认问题	107
第十二节	母子公司之间无息或低息贷款的会计处理问题	110
第十三节	融券业务的会计处理问题	118
第十四节	购入不良债权及其后续处置的会计处理问题	122

第三章 政府补助准则 …… 128

第一节	政府补助确认时点的判断	128
第二节	政府补助的分类与计量	130
第三节	综合性政府补助的确认与计量问题	133
第四节	政府补助与营业收入的区分	137
第五节	政府和企业都存在违约情况下政府补助的确认	140

第四章 持有待售的非流动资产、处置组和终止经营准则 …… 143

第一节	终止经营的判断	143
第二节	持有待售类别的分类	147
第三节	持有待售类别的初始计量	155
第四节	持有待售类别的后续计量	160

第五章 租赁准则 …… 171

第一节	交易是否含有租赁的判断	171
第二节	同时包含激励措施和政府补助的经营租赁业务问题	174
第三节	融资租赁手续费的会计处理	177
第四节	售后租回交易的判断及会计处理	179
第五节	涉及保证金和服务费并考虑可抵扣增值税进项税额影响的融资租赁的会计处理	182
第六节	租赁的分拆	187

第六章 非货币性资产交换准则 …… 191

第一节	以公允价值为基础计量的会计处理——不涉及补价	191
第二节	以公允价值为基础计量的会计处理——涉及补价	199

第三节 以公允价值为基础计量的会计处理——换入多项资产或
换出多项资产 ········· 203
第四节 以账面价值为基础计量的会计处理 ········· 210
第五节 以账面价值为基础计量的会计处理——换入多项资产或
换出多项资产 ········· 213

第七章 债务重组准则 ········· 219
第一节 以金融资产清偿债务的会计处理 ········· 219
第二节 以非金融资产清偿债务的会计处理 ········· 222
第三节 将债务转为权益工具的会计处理 ········· 226
第四节 以多项资产或组合方式清偿债务的会计处理 ········· 231
第五节 采用修改其他条款方式进行债务重组的会计处理 ········· 235

第八章 保险合同准则 ········· 241
第一节 保险合同的确认 ········· 241
第二节 保险合同的分拆 ········· 247
第三节 保险负债的初始计量 ········· 255
第四节 保险负债的后续计量 ········· 259
第五节 具有直接参与分红特征保险合同组的计量 ········· 272
第六节 亏损合同组负债的计量 ········· 287
第七节 保险合同组的简化计量——保险分配法 ········· 298
第八节 分出再保险合同的初始计量 ········· 312
第九节 分出再保险合同的后续计量 ········· 322

第二部分

现行企业会计准则重点、难点实务应用与案例分析

第九章 长期股权投资准则 ········· 341
第一节 复杂交易中处置日判断 ········· 341
第二节 重大影响判断 ········· 345
第三节 处置子公司股权丧失控制权时对剩余股权的会计处理 ········· 350
第四节 对联营企业投资由他方增资导致持股比例下降的会计
处理 ········· 354

第五节　子公司以其未分配利润转增资本时母公司的会计处理 … 358
第六节　附有业绩补偿条款的长期股权投资的会计处理 …… 361
第七节　以联营企业股权对另一联营企业增资的会计处理 …… 370
第八节　联营企业之间交叉持股的会计处理第九节　明知被收购方将搬迁时购买对价分摊的会计处理 …… 376
第十节　私募股权投资基金对外投资的会计处理 …… 380
第十一节　同一控制下以名义价格转让净资产为负公司的会计处理 …… 384
第十二节　资本公积存在借方余额下的长期股权投资减值确认问题 …… 388
第十三节　长期股权投资股权被动稀释的会计处理 …… 391
第十四节　联营企业发生同一控制下股权重组的会计处理 …… 396
第十五节　公司通过持有项目公司股权间接获取收益的会计处理 …… 400
第十六节　长期股权投资核算方法转换的公允价值确定问题 …… 403
第十七节　与合营、联营企业之间顺流交易未实现损益的抵销 …… 407

第十章　企业合并准则 …… 411

第一节　企业合并类型的判断 …… 411
第二节　购买日/合并日的判断 …… 416
第三节　业务的判断 …… 422
第四节　企业合并中商誉的初始确认 …… 426
第五节　同一控制下企业合并中相同多方问题 …… 429
第六节　被购买方不构成业务但形成控制时购买方的会计处理 …… 432
第七节　家族内成员之间转让股权形成的企业合并问题 …… 434
第八节　上市公司向母公司增发形成同一控制下合并的会计处理 …… 438
第九节　分步交易实现同一控制下合并的会计处理 …… 443
第十节　同一实质控制人下企业重组的会计处理 …… 446
第十一节　同一控制下企业合并对赌业绩未完成股份回购注销问题 …… 451
第十二节　同一控制下企业合并同时完成少数股权收购的会计处理 …… 454

目 录

　　第十三节　上市公司无偿受赠股份但需向目标公司分次增资的
　　　　　　　会计处理 …………………………………………………… 458

　　第十四节　收购少数股权与企业合并的关联性问题 ………………… 462

　　第十五节　非同一控制下合并认缴与实缴资本比例不一致且
　　　　　　　附有增资承诺的会计处理 …………………………………… 465

　　第十六节　非同一控制下企业合并购买价格的分摊问题 …………… 469

　　第十七节　非同一控制下企业合并中客户关系的确认问题 ………… 472

　　第十八节　分步购买实现非同一控制下企业合并的会计处理 ……… 475

　　第十九节　追加投资形成控制的交易性质判断及会计处理 ………… 478

　　第二十节　企业合并时双方同时存在债权债务关系的会计处理 …… 483

　　第二十一节　以控股子公司股权增资实现非同一控制下合并的
　　　　　　　　会计处理 ………………………………………………… 487

　　第二十二节　非同一控制下企业合并中业绩补偿和业绩奖励
　　　　　　　　条款的会计处理 ………………………………………… 490

　　第二十三节　子公司被重组时原控股股东的会计处理 ……………… 495

第十一章　股份支付准则 ……………………………………………… 499

　　第一节　股份支付范围的确定 ………………………………………… 499

　　第二节　限制性股票公允价值的确认问题 …………………………… 503

　　第三节　股份支付认定和授予日公允价值确定问题 ………………… 508

　　第四节　取消股权激励计划的会计处理问题 ………………………… 513

　　第五节　以权益结算的股份支付计划修改的会计处理 ……………… 518

　　第六节　附有市场条件股权激励的会计处理 ………………………… 523

　　第七节　分红约定同时包含股份支付和职工薪酬的会计处理 ……… 527

第十二章　资产减值 …………………………………………………… 531

　　第一节　商誉发生减值时的会计处理 ………………………………… 531

　　第二节　减值迹象的判断 ……………………………………………… 533

　　第三节　非同一控制下企业合并下形成暂估商誉的减值问题 ……… 539

　　第四节　收购少数股权交易对期末商誉减值测试的影响 …………… 543

　　第五节　存在对赌协议的吸收合并的商誉减值问题 ………………… 546

第十三章　合并财务报表 ……………………………………………… 550

　　第一节　股权转让刚完成摘牌的子公司是否纳入合并范围 ………… 550

　　第二节　结构化主体是否纳入合并范围 ……………………………… 553

第三节 职工持股平台相关会计处理问题 ··· 565
第四节 未实现内部销售损益对递延所得税及少数股东损益的
　　　　影响 ·· 570
第五节 已进入清算程序的子公司是否纳入合并范围 ······················· 575
第六节 合伙企业纳入合并范围的问题 ··· 577
第七节 引入"国家特殊管理股"子公司纳入合并范围问题 ·········· 585
第八节 权益法下对被投资单位权益性交易的"视角调整"
　　　　问题 ·· 589

第三部分
国际财务报告准则及美国会计准则最新动态

第十四章　国际财务报告准则最新进展 ··· 595
第一节 "促进财务报告更好沟通"主旨项目最新进展 ·················· 595
第二节 金融保险会计准则最新进展 ··· 602
第三节 其他主要财务报告准则最新进展 ··· 607
第四节 未来展望 ·· 614

第十五章　美国会计准则最新动态 ·· 616
第一节 美国公认会计准则最新发展 ··· 616
第二节 美国民间非营利组织会计准则的最新发展 ························· 619

第一部分

2017—2020 年新修订企业会计准则疑点、难点案例解析

2017年4月6日，财政部修订发布了《企业会计准则第22号——金融工具确认和计量》《企业会计准则第23号——金融资产转移》和《企业会计准则第24号——套期会计》等与金融工具相关的会计准则；2017年5月16日，财政部修订发布了《企业会计准则第42号——持有待售的非流动资产、处置组和终止经营》；2017年5月25日，财政部修订发布了《企业会计准则第16号——政府补助》；2017年7月19日，财政部修订发布了《企业会计准则第14号——收入》；2020年12月19日，财政部修订发布了《企业会计准则第25号——保险合同》。

鉴于新修订的准则会对绝大多数企业产生深远影响，本部分汇总解读最新收入准则，金融工具准则，政府补助准则，持有待售的非流动资产、处置组和终止经营准则，租赁准则，非货币性资产交换准则，债务重组准则，保险合同准则的疑点、难点问题，并结合案例研究分析准则变化点及其在企业实际操作中的应用。

第一章 收入准则

第一节 是否满足收入准则合同标准的判断

一、案例背景

案例 1-1 A 公司为一家国有房地产企业,具有土地一级开发资质。2020 年,A 公司通过招标分别承接 S 市 5 000 亩[①]和 T 市 2 万亩土地一级开发业务。A 公司与 S 市和 T 市的土地一级开发合同规定如下。

(1)与 S 市土地一级开发合同规定:A 公司为项目实施主体,需要对土地进行初步整理绿化,并修筑相关市政基础设施。开发结束后,首先由当地土地储备机构安排成本审计,通过后按照土地招拍挂程序,选定用地单位,之后由 A 公司与用地单位签订"土地开发补偿协议",用地单位将土地出让金付给土地储备机构,土地储备机构将其中的补偿款付给 A 公司。但是,如果土地未实现交易或只有部分土地完成交易,A 公司只能获得实现交易土地的补偿款。

(2)与 T 市土地一级开发合同规定:A 公司承担土地维护和公建配套设施建设,开发周期为 5 年,项目总价由经审计过的开发成本加一定的投资利润组成。其中,项目收益由政府在开发周期内的每年年末分期支付,开发成本则需在项目验收后的 3 个月内统一结算。

问题:案例 1-1 是否符合《企业会计准则第 14 号——收入》(2017 年修订,以下简称"新收入准则")关于合同的规定?

二、准则链接

《企业会计准则第 14 号——收入》(2017 年修订)第五条规定如下。

第五条 当企业与客户之间的合同同时满足下列条件时,企业应当在客

---

① 1 亩 ≈666.67 平方米,全书同。

户取得相关商品控制权时确认收入：

（一）合同各方已批准该合同并承诺将履行各自义务；

（二）该合同明确了合同各方与所转让商品或提供劳务（以下简称"转让商品"）相关的权利和义务；

（三）该合同有明确的与所转让商品相关的支付条款；

（四）该合同具有商业实质，即履行该合同将改变企业未来现金流量的风险、时间分布或金额；

（五）企业因向客户转让商品而有权取得的对价很可能收回。

三、疑点、难点分析

对于从土地一级开发的企业来说，他们的主要客户为政府土地储备管理机构。企业要想利用五步法模型确认收入，就必须判断合同是否满足新收入准则规定的"与客户之间的合同"，在实务中尤其要关注企业向客户转让商品而取得的对价是否很可能收回。在判断是否满足该条件时，一个重要的考虑因素就是合同中是否明确承诺企业获取收益的时间，即如果合同有明确的结算时间，且该项结算时间并不以政府通过招拍挂等程序出让土地使用权并收到土地出让金为前提，则表明企业对价收回的可能性相对较大，该合同可以作为后续会计上确认收入的基础；反之，如果土地一级开发合同未约定对价款收取的明确时间，而是取决于政府何时将整理后的土地通过招拍挂程序出让出去并收到土地出让金，则说明对价收回存在较强不确定性，此时"合同"并不是真正会计意义上的"客户合同"，企业也就不能进行收入确认。

四、案例分析

（一）与S市土地一级开发合同

该合同并未承诺明确的价款结算时间，且补偿款的取得取决于用地方向土地储备机构已支付的土地出让金。在此情况下，在合同开始时，该项目很可能因对价不确定是否能收回而不满足会计意义上"客户合同"成立的条件，相应的，在判断"合同成立"之前不能确认收入，在后续期间应进行持续评估。如果情况发生变化，判断交易对价很可能收回，如以下条件同时满足，再根据履约情况确认从事一级开发业务的收入：①土地已通过招拍挂程序出让出

第一章 收入准则

去,用地方已经把土地出让金支付给土地储备机构;②应取得的补偿款金额和开发成本总金额已经确定。

(二)与T市土地一级开发合同

该合同承诺明确的价款结算时间,且该项结算时间并不以政府通过招拍挂等程序出让土地使用权并收到土地出让金为前提。在此情况下,交易对价收回的可能性较大。相应的,在会计上可以在合同的签订生效日认可一项"与客户之间的合同"的成立,企业可以根据履约义务的完成情况确认收入。

五、案例小结

企业在采用五步法确认收入之前,应先判断合同是否满足"与客户之间的合同"的条件,特别是其中第五个条件"企业因向客户转让商品而有权取得的对价很可能收回"。在判断是否满足该条件时,一个重要的考虑因素就是是否对公司的收益收取时间给予了较高程度的保障。如果合同约定了明确的付款时间,且没有其他附加条件,则对价收回的可能性相对较大;反之,对价收回的可能性较小。

第二节 商品控制权转移的判断

一、案例背景

案例1-2 A公司是一家农产品经营企业,主营农作物新品种开发和农副产品加工。2021年公司成功培育出新一代南瓜种子。为了扩大市场份额,公司与各区域种植农户签署合作协议,合同约定:A公司以360元/千克的价格将新培育的南瓜种子出售给各农户,并决定以保底价格15元/千克回收南瓜子;如果市场价格上涨,则按市场价格收购,但农户具有回收选择权,可以选择与A公司进行交易,也可以销售给其他公司。

问题:A公司何时可以确认收入?

二、准则链接

《企业会计准则第14号——收入》(2017年修订)第四条、第十三条规定如下。

第四条 企业应当在履行了合同中的履约义务,即在客户取得相关商品控制权时确认收入。

取得相关商品控制权,是指能够主导该商品的使用并从中获得几乎全部的经济利益。

第十三条 对于在某一时点履行的履约义务,企业应当在客户取得相关商品控制权时点确认收入。在判断客户是否已取得商品控制权时,企业应当考虑下列迹象:

(一)企业就该商品享有现时收款权利,即客户就该商品负有现时付款义务。

(二)企业已将该商品的法定所有权转移给客户,即客户已拥有该商品的法定所有权。

(三)企业已将该商品实物转移给客户,即客户已实物占有该商品。

(四)企业已将该商品所有权上的主要风险和报酬转移给客户,即客户已取得该商品所有权上的主要风险和报酬。

(五)客户已接受该商品。

(六)其他表明客户已取得商品控制权的迹象。

三、疑点、难点分析

根据新收入准则,企业在时点确认收入的重要前提条件就是看商品的控制权是否已经转移给客户,而判断控制权是否发生转移的主要考虑因素之一是看企业是否已将商品所有权的主要风险和报酬转移给客户。在本案例中,我们需要分析A公司以保底价格收购农户的南瓜子的条款是否会影响南瓜种子所有权主要风险报酬的转移。可以看出,虽然A公司表示以保底价格收购农户的南瓜子,但未要求南瓜子必须是A公司销售的南瓜种种植所得,农户亦可以将南瓜子销售给其他公司,并不是必须销售给A公司,所以A公司销售的南瓜种与收购的南瓜子之间不存在根本的对应关系。另外,农户要获得出售南瓜子的收益,必须有相当数量的南瓜子,而南瓜子的产量受到自然因素和生产管理因素的影响,A公司并未对这些不可控因素给予保底收益承诺,这些风险都是由农户自己承担的。因此,合同中A公司关于保底收购南瓜子的描述不会对南瓜种控制权转移造成根本影响。

四、案例分析

由前面分析可知,A公司何时可以确认出售南瓜种的收入取决于这些南瓜种的控制权何时转移给农户,即从何时起农户能够主导南瓜种的使用,并获得其全部经济利益。其实,农户购买南瓜种子时,就已经能够主导种子的使用(自己种植还是赠送他人),并能够获得种植南瓜的全部经济利益(将南瓜出售或将南瓜子出售)。所以,在农户提出购买南瓜种,付款完毕,A公司将种子移交给农户之时,南瓜种的控制权就已经由A公司转移给了农户。此时,A公司可以根据南瓜种的售价确认收入。

但是,A公司以保底价格收购南瓜子的承诺(目前属于待执行合同)在今后可能会转为亏损合同,因为未来农户可能要求公司履行合同约定以高于市价的价格收购南瓜子。因此,在这一承诺的有效期内,企业应根据市场行情的变化情况,谨慎判断该项待执行合同转化为亏损合同的可能性,并对可能被要求按保底价收购的数量,以及保底价高于市场价的差额等作出谨慎的估计,在必要时计提预计负债。

五、案例小结

对新收入准则,判断商品控制权是否转移需要对客户从以下三个方面予以综合考虑。

(1)能力。企业只有在客户拥有现时权利,能够主导该商品的使用并从中获得几乎全部经济利益时,才能确认收入。如果客户只能在未来的某一期间主导该商品的使用并从中获益,则表明其尚未取得该商品的控制权。

(2)主导该商品的使用。客户有能力主导该商品的使用,是指客户在其活动中有权使用该商品,或者能够允许或阻止其他方使用该商品。

(3)能够获得几乎全部的经济利益。客户必须拥有获得商品几乎全部经济利益的能力,才能被视为获得了对该商品的控制。商品的经济利益,是指该商品的潜在现金流量,既包括现金流入的增加,也包括现金流出的减少。客户可以通过使用、消耗、出售、处置、交换、抵押或持有等多种方式直接或间接地获得商品的经济利益。

第三节 履约义务的识别问题

一、案例背景

案例 1-3 A公司是一家网络通信服务科技公司。2021年1月,A公司与客户甲签订服务合同，合同约定：A 公司向客户免费供应外购的网络终端设备，通过该设备终端向客户传输网络信号，并提供相关信息增值服务。客户需支付 3 年的定额服务费，到期后设备归客户所有。合同期间，设备所有权仍属于 A 公司，客户如果中途更换设备或不使用 A 公司提供的服务则视为违约，需要支付剩余年限的服务费并返还设备。A 公司对设备的状态，包括客户的使用情况，能够实施有效监控，并能主导回收。

案例 1-4　B 公司是国内软件科技企业的领头羊，它的主营业务涉及智能企业业财管控一体化应用软件开发设计、信息咨询和程控业务。2021 年 3 月，B 公司与 X 上市公司签订资产管理软件开发合同，B 公司需要对客户整体的信息化建设情况进行调研，在此基础上，提出有针对性的开发方案。首先，硬件系统方面，B 公司需要对所有硬件系统进行集成并调试成功，搭建一套能够符合后续使用要求的硬件系统平台。其次，管理软件系统方面，在客户原来软件产品的基础上，B 公司需要通过现场的系统调试和配置等技术人员的实施工作，来实现满足客户管理需要的信息化工具，包括方案设计、调试配置及个性化开发、应用培训、评审验收等环节。此模式下软件实施的周期较长，一般从软件产品介质交付给客户至最终评审验收需要 6～12 个月。

问题：案例 1-3 和案例 1-4 履约义务如何确定？

二、准则链接

《企业会计准则第 14 号——收入》（2017 年修订）第十条规定如下。

第十条　企业向客户承诺的商品同时满足下列条件的，应当作为可明确区分商品：

（一）客户能够从该商品本身或从该商品与其他易于获得资源一起使用中受益；

（二）企业向客户转让该商品的承诺与合同中其他承诺可单独区分。

下列情形通常表明企业向客户转让该商品的承诺与合同中其他承诺不可单独区分：

1. 企业需提供重大的服务以将该商品与合同中承诺的其他商品整合成合同约定的组合产出转让给客户。

2. 该商品将对合同中承诺的其他商品予以重大修改或定制。

3. 该商品与合同中承诺的其他商品具有高度关联性。

第一章 收入准则

三、疑点、难点分析

从案例1-3和案例1-4可以看出，客户可以从设备、服务和信息系统本身或与其他易于获得的资源一起使用中获益，满足新收入准则第十条（一）的条件，所以，合同履约义务的判断关键在于确定转让商品的承诺与其他承诺是否明确单独可分。

对案例1-3而言，我们需要明确的是该终端设备是否仅能用于A公司网络信号的收取，而不能接收其他公司提供的信号，A公司的网络信号是否必须匹配自家设备才能有效，还是同类的其他设备也可以正常使用。换言之，A公司是否可以只提供终端设备而不提供网络信号，或者只提供网络信号而不提供终端设备。

对案例1-4而言，需要解决的是合同中提供外购硬件/软件、自制硬件/软件、系统集成服务的承诺是否能够单独区分。一般来说，需要确定外购硬件/软件、自制硬件/软件和系统集成服务之间的结合程度，是否需要提供重大的服务将其整合在一起形成组合产出方能按照合同的约定转让给客户；在安装、整合或调试过程中，是否需要对自制软件或外购软件进行大量的定制修改和二次开发；软件是否为特定硬件和设备专门配套的嵌入式软件，还是可以在任何通用的硬件平台上运行；外购硬件或自制硬件是否为通用型，在安装、整合或调试过程中是否需要对其进行修改和定制；各项承诺是否能够单独履行或不履行而不影响合同中其他承诺的履行。

四、案例分析

案例1-3中，如果终端设备和A公司的网络信号必须彼此结合在一起才可以使用，不能使用其他方的设备或网络，即A公司必须同时提供终端设备和网络服务，不能仅提供其中之一，则表明这两个承诺具有高度的关联性。因此，不能满足新收入准则第十条（二）的条件，合同中只存在一个单项履约义务；反之，则设备销售和提供网络信号构成两个单项履约义务。

案例1-4中，如果需要提供重大整合服务形成组合产出或系统集成服务需要对各类硬件、软件进行重大修改或定制，则外购硬件/软件、自制硬件/软件和系统集成服务共同构成一个单项履约义务；如果无需重大整合服务或对硬件、软件无重大修改、定制，而且硬件和软件均为通用件，软件并非特定硬件的专门嵌入式配套软件，系统集成服务实质为简单安装服务，则外购硬件/软件、自制硬件/软件和系统集成服务分别构成单项履约义务；如果系统集成服务仅对自制硬件/软件存在重大修改或定制，但外购硬件/软件为通用件，该承诺是否履行不影响其他承诺，则外购硬件/软件为单独履约义务，自制硬件/软件和系统集成服务共同构成单项履约义务。

五、案例小结

通过以上分析，可以总结出履约义务判断的基本原则和步骤，具体如下。

（1）数商品（服务）。先看合同中商品转让方提供了多少商品（含服务等）。

（2）分商品。看看哪些商品是明确可区分的。"可明确区分商品"的特征是合同中就企业履约的义务所交付的商品或服务能够独立地为客户提供价值。不是明确可区分的商品应当与其他商品合并在一起，作为一个明确可区分的商品。

（3）分承诺。在这些明确可区分的商品中，继续在合同层面评估企业向客户转让该商品的承诺与合同中其他承诺之间是否可以单独区分，即转让该商品的承诺在合同中是否是可明确区分的。这里主要是为了明确合同中承诺的性质，即明确合同中的承诺是向客户单独转让每一项商品或服务，还是转让以已承诺的商品或服务作为投入要素而形成的一个或多个组合项目。

第四节 收入确认时点的判断

一、案例背景

案例 1-5 A 公司从事智能系统的生产和销售，主营业务包括智能照明控制系统、空气质量监控系统、能耗监测系统、地下车库 CO 监测系统、建筑智能控制系统等，并提供相关的售后维修和服务。A 公司主要有两种业务模式：一种是销售智能系统并提供安装调试服务；另一种是单纯销售智能系统，无须提供安装调试服务。在需安装调试的智能系统销售合同中，A 公司要求客户先预付 15% 的款项，在智能系统运至约定地点后一定时间内支付 60% 的款项，在系统安装调试并验收后一定时间内支付 20% 的款项，剩余 5% 款项在合同保质期结束后统一支付。而在无须安装调试的智能系统销售合同中，A 公司要求在系统交付给客户并签收后，客户需要在一定时间内支付全部合同价款。

在具体业务过程中，A 公司遇到过以下几种特殊情形。

（1）A 公司与客户签订需安装调试的智能系统销售合同，在合同承诺时间已收到客户的预付款，之后将智能系统运送至预定地点，客户按照约定期限支付全部货款。但因项目自身原因出现停工，系统并未完成安装调试，客户未支付调试验收款及质保金。

（2）A公司与客户签订需安装调试的智能系统销售合同，在合同承诺时间已收到客户预付款，之后将智能系统运送至预定地点，客户按照约定期限已支付部分货款。但因项目自身原因出现停工，系统并未完成安装调试，客户未支付剩余货款、调试验收款和质保金。由于在约定期限内未收到全部货款，而且项目目前仍处于停工状态，A公司最终将客户起诉到法院，要求客户支付未付清的货款。法院判决书支持A公司的诉求，判定客户在30日内支付剩余货款。

（3）A公司与客户签订需安装调试的智能系统销售合同，在合同承诺时间已收到客户的预付款，之后将智能系统运送至预定地点，客户按照约定期限支付部分货款。但是之后客户并未提前通知A公司，而是自己完成了系统安装和调试，并且已开始使用，客户未支付剩余货款、调试验收款和质保金。

（4）A公司与客户签订需安装调试的智能系统销售合同，在合同承诺时间已收到客户的预付款。之后A公司将智能系统运送至预定地点，客户按照约定期限支付部分货款。A公司对系统进行安装并完成调试，已正常使用，但客户还未提供验收合格证明，也未支付剩余货款、调试验收款和质保金。

（5）A公司与客户签订需安装调试的智能系统销售合同，在合同承诺时间已收到客户的预付款，之后将智能系统运送至预定地点。客户要求A公司先进行内部调试，但试行之后客户认为系统的基本性能与合同存在差异，拒绝支付货款，系统未正常投入使用，A公司也未收到货款、调试验收款和质保金。

（6）A公司与客户签订需安装调试的智能系统销售合同，在合同承诺时间已收到客户的预付款，之后将智能系统运送至预定地点，客户按照约定期限支付全部货款。A公司完成系统安装调试，并正常使用。之后，客户支付调试验收款，但未提供验收合格证明，质保金也尚未付清。

问题：面对以上各种情况，A公司何时可以确认收入？

二、准则链接

《企业会计准则第14号——收入》（2017年修订）第十条、第十一条、第十三条和第三十三条规定如下。

第十条 ……（参见本章第三节）

第十一条 满足下列条件之一的，属于在某一时段内履行履约义务；否则，属于在某一时点履行履约义务：

（一）客户在企业履约的同时即取得并消耗企业履约所带来的经济利益。

（二）客户能够控制企业履约过程中在建的商品。

（三）企业履约过程中所产出的商品具有不可替代用途，且该企业在整个合同期间内有权就累计至今已完成的履约部分收取款项。

具有不可替代用途，是指因合同限制或实际可行性限制，企业不能轻易地将商品用于其他用途。

有权就累计至今已完成的履约部分收取款项，是指在由于客户或其他方原因终止合同的情况下，企业有权就累计至今已完成的履约部分收取能够补偿其已发生成本和合理利润的款项，并且该权利具有法律约束力。

第十三条　……（参见本章第二节）

第三十三条　对于附有质量保证条款的销售，企业应当评估该质量保证是否在向客户保证所销售商品符合既定标准之外提供了一项单独的服务。企业提供额外服务的，应当作为单项履约义务，按照本准则规定进行会计处理；否则，质量保证责任应当按照《企业会计准则第13号——或有事项》规定进行会计处理。在评估质量保证是否在向客户保证所销售商品符合既定标准之外提供了一项单独的服务时，企业应当考虑该质量保证是否为法定要求、质量保证期限以及企业承诺履行任务的性质等因素。客户能够选择单独购买质量保证的，该质量保证构成单项履约义务。

三、疑点、难点分析

要明确A公司收入确定时间，首先，应该对合同规定的履约义务进行划分。可以看出合同中A公司有两个行为，分别是销售智能系统和进行系统安装调试。很显然，客户可以从使用该系统中获益，也可以从安装服务与客户已经获得的其他资源一起使用中获益。这表明系统销售和安装服务能够明确区分，所以重点在于从合同层面判断系统销售和安装服务是否能够明确区分。假设安装工作比较容易或具有替代性，其他公司也可以单独对系统进行安装调试，则说明系统销售和安装调试可明确区分，可分别确认为单项履约义务；但如果系统安装比较复杂，需A公司独立进行，其他公司不能中途完成或安装服务对系统进行了定制化的重大修改，则表明系统销售和安装服务不可明确区分，此时系统销售和安装服务必须合并为一个履约义务。另外，还要考虑合同中质保金的条款，如果质保条款在向客户保证所销售商品符合既定标

第一章 收入准则

准之外提供了一项单独的服务,应将额外服务作为单项履约义务处理,反之,则应将预计因提供质保服务而很可能发生的支出确认为"预计负债"。

其次,针对不同履约义务的划分确认收入。①如果智能系统销售和安装调试构成两个单项履约义务,A公司按照合同约定地点交付客户,客户验收之后,可视为客户取得了商品控制权,A公司可以确认系统销售收入。而对于安装调试服务,这是发生在客户的场地内,客户可以控制在建的履约商品,应在一个时段内按照履约进度分期确认收入。但是如果安装时间较短,也可以在安装完成并验收后一次性确认收入。②如果智能系统销售和安装调试构成一个单项履约义务,究竟是按时点还是按时间段确认收入,A公司需要认真分析系统是否是客户专门定制的,在用途上是否具有不可替代性;如果具有不可代替性,A公司则需要在时间段内按照履约义务的履行进度分期确认收入,否则在系统按照调试客户验收之后,确认系统销售和安装调试的收入。

四、案例分析

情形1:如果系统销售和安装调试为两个单项履约义务,在客户签收系统之后可将分摊给系统销售的合同价款确认为系统销售收入,而安装调试尚未开始,不能确认安装调试的收入;如果系统销售和安装调试为一个单项履约义务,由于安装调试尚未开始,该履约义务没有履行完成,在安装调试完成前不能确认任何收入。

情形2:如果系统销售和安装调试为两个单项履约义务,A公司能够收到的最终货款大于或等于分摊至系统销售的履约义务的合同价款的情况下,可以在客户签收系统后确认系统销售收入,但还要根据退货的可能性,作为"附有销售退回条款的销售"。安装调试尚未开始,因此不能确认安装调试的收入。如果后期依据法院判决收到了客户全部合同价款,其中分摊至安装调试履约义务的交易价格也不能确认为营业收入(A公司并没有履约),而应视作客户的违约补偿,计入营业外收入。如果系统销售和安装调试为一个单项履约义务,因为安装调试并未开始,A公司不能确认任何收入,而应根据后期情况发展,如是否发生退货,客户是否能依据法院判决支付剩余对价等情况进行处理。

情形3:如果系统销售和安装调试为两个单项履约义务,则在客户签收设备之后将分摊至设备的合同价款确认为设备销售收入(同时需要考虑退货的可能性和剩余到货款收回的可能性)。客户自行安装调试,则表明A公司不用再履行安装调试的履约义务,此时应确定客户是否会要求A公司将已经收到的款项部分退回，或者客户是否会支付部分款项，然后将未确认为收入的、很可能收到的合同剩余价款全部确认为系统销售收入。如果系统销售和安装调试为一个单项履约义务，则应在合同交易对价能够可靠估计（是否可能退款等）时确认收入。

情形4：A公司虽未收到客户提供的验收报告，但应该确认该系统是否能够安装，合同承诺是否正常运行。如果一切都符合合同要求且能正常使用工作，可以视为客户验收已实质通过。A公司可以按照系统销售和安装调试构成几个单项履约义务分别考虑，另外需要关注款项收回的可能性。

情形5：在此情形下，由于客户方对系统性能有异议，系统销售款项也大部分未收回，存在退货的可能，A公司该系统的大部分风险和报酬尚未转移，产品控制权尚未转移给客户，不能确认任何收入。

情形6：虽然未收到验收合格报告，但系统已正常开始使用，并且收到了客户调试验收款项，可以说明系统已合格验收，A公司可以正常确认收入。如果系统销售和安装调试为两个单项履约义务，可将分摊给系统销售的合同价款确认为系统销售收入；将分摊给安装调试的合同价款按照履约进度确认为安装调试收入，如安装调试周期较短也可一次性确认安装调试收入。如果质保条款在向客户保证所销售商品符合既定标准之外提供了一项单独的服务，应将额外服务作为单项履约义务处理；反之，则应将预计因提供质保服务而很可能发生的支出确认为"预计负债"。如果系统销售和安装调试为一个单项履约义务，符合时点收入确认条件的可按照收到价款确认收入，符合在时间段内收入确认条件的可按履约进度分期确认收入，质保金的处理同前文所述。

五、案例小结

企业何时可以确认收入，应该先根据履约义务判定是按时点确认收入还是在一定时间段内按履约义务确认收入。如果按时间点确认收入，主要判断商品控制权是否已经转移给客户，按时间段确认收入需要根据履约进度分期确认收入。

企业在判断其收入属于某一时点确认还是以某一时段确认时，应结合其合同所涵盖的各项业务的商业实质和商业合理性、合同具体条款约定，综合分析业务特点、具体履约过程、交付方式、收款约定等核心要素，逐条比照某一时段内履行履约义务的三种情形，充分论证后作出合理判断。一般情况下，如果企业提供的相关商品或服务技术壁垒较低、技术和实施程序标准化

第一章 收入准则

程度较高，合同或项目实施对前期完成部分依赖程度较低，企业在执行合同过程中若终止履约，客户皆可替换其他企业继续履约且无须重复执行发行人已履约部分，则一般可判定客户能够控制履约过程中的在建商品。

第五节 主要责任人和代理人的判断

一、案例背景

案例 1-6 A 公司从事数码产品生产销售，其部分市场推广工作由非本公司正式销售人员（无基本薪酬）承担，具体销售价格由其自主确定，但合同签订人为 A 公司，货款由客户直接支付给 A 公司。之后，A 公司开具发票。A 公司一般与推销员签订代理协议，佣金占产品销售收入的 15% ～ 20%，能力和信誉较差的还需要交部分保证金；产品一旦发出相关运输责任和产品风险由推销员承担；销售之后推销员负责货款的催付，如果款项未及时支付，A 公司不支付相关佣金。A 公司与推荐员结算价差部分（销售价格高于 A 公司与推荐员的结算价部分），出厂时 A 公司对推荐员的结算价已由市场部确定（每单存在差异）。

案例 1-7 B 公司是一家广告代理公司，从事电视节目和杂志的广告代理业务，具体业务模式如下：B 公司与客户签订广告发布合同，与电视台或杂志社签订广告代理合同。对于电视节目广告的代理业务，由电视台委托 B 公司代理相关节目的广告，广告时长和播出时间基本固定，如果代理广告时长低于合同约定时长，电视台可以对空白的广告额度进行销售，B 公司需按约定支付广告发布费用，电视台按实际结算广告发布费用的 20% 支付代理费，B 公司发布的广告发布价须由电视台核准，不得高于或低于核准的价格进行销售；对于杂志广告代理业务，B 公司需每年完成 500 万元的广告销售任务，最终金额不足 300 万元的按发布价的 40% 结算，300 万～ 500 万元的按发布价的 30% 结算，大于 500 万元的按发布价的 20% 结算，B 公司必须严格执行杂志社规定的广告发布价格，不得擅自更改价格或进行打折促销。最终，由 B 公司按实收金额开具发票给客户，电视台和杂志社按实收金额开发票给 B 公司。

问题：案例 1-6 和案例 1-7 中 A 公司和 B 公司是主要责任人还是代理人？

二、准则链接

《企业会计准则第 14 号——收入》（2017 年修订）第三十四条规定如下。

第三十四条 企业应当根据其在向客户转让商品前是否拥有对该商品的控制权，来判断其从事交易时的身份是主要责任人还是代理人。企业在向客户转让商品前能够控制该商品的，该企业为主要责任人，应当按照已收或应收对价总额确认收入；否则，该企业为代理人，应当按照预期有权收取的佣金或手续费的金额确认收入，该金额应当按照已收或应收对价总额扣除应支付给其他相关方的价款后的净额，或者按照既定的佣金金额或比例等确定。

企业向客户转让商品前能够控制该商品的情形包括：

（一）企业自第三方取得商品或其他资产控制权后，再转让给客户。

（二）企业能够主导第三方代表本企业向客户提供服务。

（三）企业自第三方取得商品控制权后，通过提供重大的服务将该商品与其他商品整合成某组合产出转让给客户。

在具体判断向客户转让商品前是否拥有对该商品的控制权时，企业不应仅局限于合同的法律形式，而应当综合考虑所有相关事实和情况，这些事实和情况包括：

（一）企业承担向客户转让商品的主要责任。

（二）企业在转让商品之前或之后承担了该商品的存货风险。

（三）企业有权自主决定所交易商品的价格。

（四）其他相关事实和情况。

三、疑点、难点分析

要判断 A 公司和 B 公司究竟是主要责任人还是代理人，关键在于判断商品的控制权是否直接转移给客户。如果商品控制权直接转移给了客户，则推销员、电视台和杂志社为代理人，A 公司和 B 公司为主要责任人，须按照总额法确认收入；反之，如果商品控制权直接转移给了推销员、电视台和杂志社，则业务员、电视台和杂志社为主要责任人，A 公司和 B 公司为代理人，须按照净额法确认收入。

实务中，企业在判断其在向客户转让特定商品之前是否已经拥有对该商

第一章 收入准则

品的控制权时，不应仅局限于合同的法律形式，应当综合考虑所有相关事实和情况进行判断。这些事实和情况包括但不限于以下内容。

（1）企业承担向客户转让商品的主要责任。该主要责任包括就特定商品的可接受性（如确保商品的规格满足客户的要求）承担责任等。当存在第三方参与向客户提供特定商品时，如果企业就该特定商品对客户承担主要责任，则可能表明该第三方是在代表企业提供该特定商品。企业在评估是否承担向客户转让商品的主要责任时，应当从客户的角度进行评估，即客户认为哪一方承担了主要责任。例如，客户认为谁对商品的质量或性能负责、谁负责提供售后服务、谁负责解决客户投诉等。

（2）企业在转让商品之前或之后承担了该商品的存货风险。企业在与客户订立合同之前已经购买或者承诺将自行购买特定商品时，可能表明企业在将该特定商品转让给客户之前承担了该特定商品的存货风险，企业有能力主导特定商品的使用并从中取得几乎全部的经济利益。在附有销售退回条款的销售中，企业将商品销售给客户之后，客户有权要求向该企业退货。这可能表明企业在转让商品之后仍然承担了该商品的存货风险。

（3）企业有权自主决定交易商品的价格。企业有权决定与客户交易的特定商品的价格，可能表明企业有能力主导该商品的使用并从中获得几乎全部的经济利益。然而，在某些情况下，代理人在一定程度上可能也拥有定价权（如在主要责任人规定的某一价格范围内决定价格），以便其在代表主要责任人向客户提供商品时，能够吸引更多的客户，从而赚取更多的收入。例如，当代理人向主要责任人的客户提供一定折扣优惠，以激励该客户购买主要责任人的商品时，即使代理人有一定的定价能力，也不表明其身份是主要责任人，代理人只是放弃了一部分自己应当赚取的佣金或手续费而已。

四、案例分析

在案例1-6中，首先，A公司承担向客户转移商品的主要责任。因为商品销售合同是以A公司的名义签订的，由A公司向客户开具发票，这说明A公司有责任保证商品的运输和移交。虽然合同规定产品出厂后的运输责任和产品风险由推销员负责，但这更像A公司与推销员之间的管理约定，即如果商品在运输环节发生损毁、丢失或质量问题，A公司承担相关责任，然后按照约定向推销员追责，并进行赔偿。其次，商品的最终销售价格由A公司决定。即使合同中规定推销员可以向客户确定销售价格，但具体只能按照A公司与推销员事先约定的结算价格确定，推销员可以自主确定自己拿到多少佣金

（结算差价）。所以，总体来说，商品的控制权仍属于 A 公司，A 公司应按总额法（企业与客户签订的销售合同上的价格）确认收入，将支付给推销员的佣金作为"合同成本"，按照新收入准则规定在确认收入的时点计入销售费用。

在案例 1-7 中，B 公司没有承担向客户转让商品的主要责任。首先，从合同承诺条款可以看出，B 公司并不真实负责广告的播放和发布，主要由电视台和杂志社负责，即如果最终广告效果没有达到合同规定的情况，客户可以向 B 公司追偿，但最终的责任由电视台和杂志社承担。其次，B 公司没有承担存货风险。根据合同规定，电视台可对未使用的合同约定广告时长进行出售，如果没有完成 500 万元的年销售任务，B 公司的代理费用会减少，但合同均没有明确规定无论是否播放和发布广告 B 公司都必须向电视台、杂志社支付最低保底款项，而是根据所播放或发布广告的实际播出时长或占用版面收费，表明 B 公司向电视台或杂志社支付的款项为向客户收到或应收款项的一个固定比例。最后，B 公司不能自主决定广告的销售价格。合同明确规定，B 公司对客户提高的广告售价不得随意更改电视台和杂志社制定好的价格，这说明广告最终售价其实仍由电视台和杂志社控制。综上所述，B 公司属于代理人身份，应该按照净额法确认收入。

五、案例小结

通过以上案例，在实务中对企业是主要责任人还是代理人的判断，我们可以按照以下原则进行分析。

（1）基本原则：看商品控制权是否直接转移给最终客户，即向最终客户转让商品前是否已取得商品控制权，如果取得则为主要责任人，未取得则为代理人。

（2）商品控制权取得的考虑因素：企业是否承担商品转移的主要责任；企业是否承担存货风险；企业是否可以自主确定商品的交易价格。如果满足则表示企业已取得商品控制权，否则说明企业未取得商品控制权。

（3）收入确认方法：如果企业为主要责任人，需要按照总额法（已收或应收对价总额）确认收入；如果企业为代理人，需要按照净额法（预期取得的佣金或手续费）确认收入。

第六节 授予知识产权许可的收入确认问题

一、案例背景

案例1-8　A公司为一家教育培训公司，线上服务是其主要业务模式。A公司提供网络平台和相关课程的学习课件，用户需要事先购买授权账号。在有效期限内，用户可以通过线上网页浏览和视频播放的形式完成课程的学习。A公司与用户签订《软件许可合同》，合同包括开通费和许可使用费。开通费为一次性软件、课件开通费，双方约定开通后，用户不能以任何理由要求A公司退回该开通费；在许可使用期限内，A公司须保证其平台的通畅和正常使用，每年不少于一次添加或升级软件包含的课程并免费提供产品的技术支持服务。

问题：A公司应如何确认收入？

二、准则链接

《企业会计准则第14号——收入》（2017年修订）第三十六条规定如下。

第三十六条　企业向客户授予知识产权许可的，应当按照本准则第九条和第十条规定评估该知识产权许可是否构成单项履约义务，构成单项履约义务的，应当进一步确定其是在某一时段内履行还是在某一时点履行。

企业向客户授予知识产权许可，同时满足下列条件时，应当作为在某一时段内履行的履约义务确认相关收入；否则，应当作为在某一时点履行的履约义务确认相关收入：

（一）合同要求或客户能够合理预期企业将从事对该项知识产权有重大影响的活动；

（二）该活动对客户将产生有利或不利影响；

（三）该活动不会导致向客户转让某项商品。

三、疑点、难点分析

案例1-8中，要想确认A公司的收入，关键在于判断授予知识产权许可是否构成单项履约义务以及单项履约义务是属于时点还是时段的。

（一）对于授予知识产权许可是否构成单项履约义务的判断

判断授予知识产权许可是否构成单项履约义务需要关注以下几点。

（1）知识产权是否可以单独使用。如果企业既未转让给客户有形商品，也不提供任何与知识产权相关的服务，企业应当把授予知识产权许可作为单项履约义务处理。

（2）知识产权许可是否与有形商品组合使用，且不能分离。在某些时候，企业授予的知识产权许可需要与有形商品一起组合才能产生效用，比如某些特殊软件必须由相关方提供相关的硬件设备，这套软件才能正常工作。这时，企业不能把知识产权许可作为单项履约义务，而应该把有形商品和知识产权许可组合在一起作为单项履约义务进行处理。

（3）知识产权许可是否与相关服务一起才能使用。在某些时候，知识产权许可要与一定的服务组合在一起，客户才能从中获益。这时，知识产权许可与服务不可明确区分，不能把知识产权许可作为单项履约义务，应当把知识产权许可和相关服务一起作为单项履约义务进行处理。

（二）对于某一时段的单项履约义务

确认为某一时段的单项履约义务必须满足以下三个条件。

（1）合同要求或客户能够合理预期企业将对授予客户的知识产权进行后续有影响的活动。这些活动预期将显著改变该项知识产权的形式或者功能（例如知识产权的设计、内容、功能性等）；同时，客户从该项知识产权中获益的能力在很大程度上来源于或者取决于这些活动，即这些活动会改变该项知识产权的价值。

（2）该项活动对客户产生一定的利害关系，可能促进了客户销售业绩的增长，对客户产生有利的影响，或者增加客户营业成本，对客户产生不利的影响。

（3）该项活动不会导致向客户转让商品或服务，即该项活动不会产生新的履约义务。

四、案例分析

（一）合同单项履约义务的判断

从案例 1-8 的描述来看，A 公司主要向客户作出了 3 个承诺：授权客户在线学习课程（知识产权许可）、软件升级和技术服务。其中，知识产权许可已在软件升级和技术服务之前向客户交付，在没有软件升级和技术服务之前可以正常使用，客户也能够从单独使用知识产权许可中获益；而软件升级和技术服务并未对知识产权本身作出重大修改。可以看出，这3个承诺之间没有相互依赖或彼此相关，是相互独立的，3个承诺分别构成单项履约义务。

（二）将交易价格分摊至每个单项履约义务

如果A公司之前单独销售过知识产权许可，可按单独售价确认；如果A公司之前不曾单独销售，无法获得其可直接观察的单独售价，可根据实际情况选择市场调整法、成本加成法等进行合理估计。

（三）各个履约义务收入确认时点

（1）知识产权许可。客户支付相关费用即可获取授权的账号，之后就可正常进行相关课程的线上学习。A公司向客户提供的软件升级和技术服务工作并不会显著影响对知识产权许可的使用，所以，知识产权许可应该按时点确认收入，即在客户开通账号后一次性确认分摊至知识产权许可的收入。

（2）软件升级和技术服务。对于软件升级和技术服务这两个单项履约义务，满足"客户在企业履约的同时即取得并消耗企业履约所带来的经济利益"的条件，属于在一个时段内履行的履约义务，软件升级可以按照已经升级的次数占合同期内预计共需要升级的次数的比例确定履约进度，而技术服务可以按照时间来确定履约进度。

五、案例小结

企业向客户授予知识产权许可时，可能会同时销售商品或提供服务。这个时候需要区分这项知识产权许可是否构成单项履约义务。如果不构成单项履约义务，企业正常进行会计处理即可；如果构成单项履约义务，企业需要进一步判断是否构成在某一时段内履行的履约义务。如果交易的对价中包含可变对价的，需要按照特殊规定进行处理。

第七节　售后代管业务的收入确认问题

一、案例背景

案例 1-9　A公司主营集成电路芯片的制造和封测，日常需要按客户要求制造相关型号的芯片。部分客户为轻资产经营模式的芯片设计公司，为节约成本，这些公司一般没有专门的仓储库房。所以，A公司与这类客户约定：对已完成封测且质量合格的芯片，如果客户不能及时收货，可先对产品进行包装（分配唯一内盒号）并转入单独的托管仓库，由A公司暂时托管。在托管期间，公司人为管理不善等导致产品发生损失的，公司应予以赔偿；在合理期限内，一经客户发货或自提要求，A公司应予以配合，随时交付。产品托管不超过3天的免收托管服务费，超过3天按市场标准收取托管服务费。经客户委托同意，A公司可为客户代办物流运输手续并组织送货至客户指定地点（限于中国大陆境内），运输费用由A公司承担。对于托管的产品，A公司每月向客户提供含批次号、产品型号、入库数量、入库时间等信息的产品入库清单，并于月底取得经客户确认核对的当月全部产品入库清单，客户按合同约定售价向A公司支付价款。

问题：A公司应何时确认收入？

二、准则链接

《企业会计准则第14号——收入》（2017年修订）第四条、第十三条规定如下。

第四条　……（参见本章第二节）

第十三条　……（参见本章第二节）

三、疑点、难点分析

根据案例1-9，我们可以判断A公司与客户的合同属于"售后代管商品安排"。但在售后代管商品安排下，A公司除了应当考虑客户是否取得商品控制权的迹象，还应当同时满足下列4项条件，才表明客户取得了该商品的控制权：一是该安排必须具有商业实质，例如，该安排是应客户的要求而订

第一章 收入准则

立的；二是属于客户的商品必须能够单独识别，例如，将属于客户的商品单独存放在指定地点；三是该商品可以随时交付给客户；四是企业不能自行使用该商品或将该商品提供给其他客户。所以，A 公司除了需要分析合同履约义务和控制权转移的迹象，还应重点分析案例是否同时满足这四个要点。

四、案例分析

（一）控制权转移的判断

（1）芯片的销售是为了满足客户的特定需要，该交易具有商业实质。

（2）托管产品在入库前已完成包装，且编号唯一，A 公司对该部分产品进行单独存放，满足了客户的商品能够单独识别的条件。

（3）产品入库前已完成封测、质量检验和必要包装，已达到合同约定的可使用状态。经客户申请，A 公司可以随时将产品交付给客户或发送至客户指定地点，所以满足商品可以随时交付给客户的要求。

（4）由于芯片含有客户资源，并与其他客户产品分开存放，其中的芯片已不能再作其他用途，A 公司也不可自己使用或发给其他客户。

满足了上述四个条件，同时产品质量满足合同承诺，可以交付客户，客户可随时提取商品，说明商品的法定所有权和所有权上的主要风险和报酬已经转移给了客户。因此，芯片在转入托管仓库后，其控制权已经转移给了客户，A 公司可以确认芯片的销售收入。

（二）单项履约义务的判断

在案例 1-9 中，A 公司向客户作出的承诺主要包括销售芯片、托管服务和运输服务。客户可以从这几项商品中分别或与其他易于获得的资源一起使用中受益，A 公司不需要提供重大服务将各个商品作为投入形成组合产出，商品之间彼此不会重大定制和改制，A 公司可以仅提供其中一个或几个（非全部）商品来履行合同承诺，说明这几项商品之间没有高度的关联性，因此，该合同中实际上包含 3 个单项履约义务。

A 公司应将合同价款在上述几项履约义务按照其单独售价的相对比例进行分摊，其中，芯片的单独售价一般可直接观察，保管服务的单独售价可参照市场价格确定，运输服务可采用市场调整法估计。芯片的销售收入按控制权转移给客户时确认；保管服务和运输服务因满足"客户在企业履约的同时即取得并消耗企业履约所带来的经济利益"，属于在一段时间内履行的履约义务，应按照履约进度（如按照保管时间、运输里程等）分期确认收入。

五、案例小结

售后代管是指根据企业与客户签订的合同，已经就销售的商品向客户收款或取得了收款权利，但是直到未来某一时点将该商品交付给客户之前，仍然继续持有该商品实物的安排。实务中，客户可能会因为缺乏足够的仓储空间或生产进度延迟而要求与销售方订立此类合同。在这种情况下，尽管企业仍然持有商品的实物，但是，当客户已经取得了对该商品的控制权时，即使客户决定暂不行使实物占有的权利，其依然有能力主导该商品的使用并从中获得几乎全部的经济利益。因此，企业不再控制该商品，而只是向客户提供了代管服务。

在售后代管商品安排下，除了应当考虑客户是否取得商品控制权的迹象，还应当同时满足下列4项条件，才表明客户取得了该商品的控制权：一是该安排必须具有商业实质，例如，该安排是应客户的要求而订立的；二是属于客户的商品必须能够单独识别，例如，将属于客户的商品单独存放在指定地点；三是该商品可以随时交付给客户；四是企业不能自行使用该商品或将该商品提供给其他客户。实务中，越是通用的、可以和其他商品互相替换的商品，越有可能难以满足上述条件。

需要注意的是，如果在满足上述条件的情况下，企业对尚未发货的商品确认了收入，则企业应当考虑是否还承担了其他的履约义务，如向客户提供保管服务等，从而应当将部分交易价格分摊至该履约义务。

第八节　存在重大融资成分合同的收入确认问题

一、案例背景

案例 1-10　A公司是一家集财税终端管理信息系统和相关应用软件产品研发与销售于一体的高新技术企业，是国家重点项目——"金税工程"的指定服务商。2020年1月，A公司与T省税务局签订智慧办税终端管理系统服务合同，约定由A公司负责T省税务局智慧办税系统建设工程，终端设备的品牌型号为财税通用类型，A公司负责采购并安装调试。项目建设方式采取A公司全额垫资建设资金；待系统验收合格后，T省税务局按约定的合同总价分 3 年等额回购，合同总价为前端设备建设的费用，设备用电费用、网络租金和后期维护费用也由 A 公司统一垫付。A 公司垫付资金根据实际垫付资金的天数按同期银行贷款利率加银行贷款手续费计算利息费用。

问题：A 公司该如何确认收入？

二、准则链接

《企业会计准则第 14 号——收入》（2017 年修订）第五条、第十条、第十一条和第十七条规定如下。

第五条 ……（参见本章第一节）
第十条 ……（参见本章第三节）
第十一条 ……（参见本章第四节）
第十七条 合同中存在重大融资成分的，企业应当按照假定客户在取得商品控制权时即以现金支付的应付金额确定交易价格。该交易价格与合同对价之间的差额，应当在合同期间内采用实际利率法摊销。

合同开始日，企业预计客户取得商品控制权与客户支付价款间隔不超过一年的，可以不考虑合同中存在的重大融资成分。

三、疑点、难点分析

从案例 1-10 的描述可以判断，A 公司与 T 省税务局签订的合同可以归类为 BT 项目。BT 项目（Build-Transfer，建设—移交）是指一个项目完整的融资、建设、移交、回购全过程。BT 项目完整的业务流程如下：回购方完成项目立项、筹划报批等前期工作后，通过招标或议标方式选择投资方，与其签订 BT 投资合同。投资方组建的 BT 项目公司负责项目的投融资和建设管理，并承担建设期间的风险。项目竣工验收合格后，投资方将项目移交给回购方后，回购方按约定总价分期偿还建设成本和资金占用成本。

从会计角度来看，BT 项目的实质是"建造合同"和"提供融资"两者的组合，即投资方带资建设，回购方在建成移交后一段时间内付清回购款本息（通常为分期付款），投资方在建设的同时也为回购方提供了融资服务。因此，在新会计准则下，可以将 BT 项目理解为包含重大融资成分的建造合同。

另外，有几个问题需要特别关注：一是合同是否满足收入准则规定的合同标准；二是单项履约义务的判断；三是收入确认的时点的判断。

四、案例分析

（一）重大融资成分的识别

BT 项目的发包方将在建成移交后一段时间内再付清回购款本息，即 T 省税务局取得建设项目控制权的时点和支付合同价款的时点存在时间差，该时间差基本长于一年。这表明该 BT 合同存在重大融资成分，应在建设期间按照假设在交付工程时立即以现金支付的金额（即不考虑融资成分的建造合同公允价值）确认建造收入。该金额与合同对价之间的差额，在建设期间和后续还款期间内采用实际利率法确认融资利息收入。

（二）是否符合新收入准则中的"合同"标准的判断

BT 项目属于投资方垫资建设，因此如果对发包方支付合同价款的意愿和财务能力有疑问，则在判断能否依据合同条款确认收入时，谨慎考虑这一因素的影响。本案例是 A 公司与 T 省税务局签订的合同，税务局的信誉和财务状况相对稳定，因此，A 公司的垫资还是很有可能收回的，可以按照收入准则的要求确认收入。

（三）单项履约义务的判断

根据案例 1-10 的描述，A 公司负责终端设备采购并安装调试，如果安装调试并不复杂，市场上的其他供应商也可以实施安装，则合同中设备采购和安装调试应构成两个单项履约义务；但是如果安装调试比较复杂，可能对硬件设备进行定制化的重大修改，或者涉及"企业需提供重大的服务以将该商品与合同中承诺的其他商品整合成合同约定的组合产出转让给客户"这一情形，则设备采购和安装调试应合并成一个单项履约义务。

（四）收入确认时点的判断

如果设备采购和安装调试构成两个单项履约义务，则设备采购属于在一个时点履行的履约义务，只有设备交付给 T 省税务局之时，T 省税务局才能取得其经济利益；T 省税务局无法控制设备采购的过程；设备是通用品牌型号，并非专门定制，不具有"不可替代用途"，此时应在一个时点（设备控制权转移给客户）确认收入。而安装调试是在客户的场地上对客户已经接受的设备履行的承诺，客户能够控制该过程，因而属于在一段时间内履行的履约义务，应按照恰当的履约进度分期确认收入。

如果设备采购和安装调试构成一个单项履约义务，则在设备最终安装调试完毕并交付客户之前，客户无法获得其经济利益；虽然安装调试过程是在客户的场地上进行，但是需要安装的设备控制权并没有转移给客户，客户并不能控制设备采购和安装调试的全过程；设备及其安装调试也并非专为客户定制（或者虽然整体系统设计和安装调试过程是为客户定制，但合同条款或者相关交易惯例不能保证企业在整个合同期间有权就累计至今已完成的履约部分收取款项），因此，A 企业应在时点（设备安装调试完毕交付客户，通过初验时）确认收入。

五、案例小结

通过案例分析，我们可以看出合同存在重大融资成分需要满足两个条件：一是企业交货时间和收款时间不一致；二是时间超过 1 年。对企业来说，重大融资成分一般有两种情形：第一种是企业先收钱，超过 1 年之后再交货，到期以资产偿还，在此期间产生的利息计入企业的财务费用；第二种是企业先交货，超过 1 年再收钱，在此期间企业收到的利息冲减财务费用。对于交易价格，企业应当按照假定客户在取得商品控制权时即以现金支付的应付金额（现销价格）确定交易价格，即客户取得商品控制权时点的价格，确认为主营业务收入。企业在确定该重大融资成分的金额时，应使用将合同对价的名义金额折现为商品现销价格的折现率。

另外，实务中有一些情形，虽然企业转让商品与客户支付对价之间存在时间间隔，但并不属于重大融资成分：

（1）客户就商品支付了预付款，而且可以自行决定这些商品的转让时间。例如，超市发行的储值卡，顾客可随时消费，时间可能是 1 年，也可能是好几年。

（2）客户承诺支付的对价中有相当大的部分是可变的，该对价金额或付款时间取决于某一未来事项是否发生，且该事项实质上不受客户或企业控制。例如特许权使用费，一般按照实际销售量收取，金额无法于合同开始日估计。

（3）合同承诺的对价金额与现销价格之间的差额是由向客户或企业提供融资利益以外的其他因素导致的，且这一差额与产生该差额的原因是相称的。例如，合同约定，将货款的 10% 作为质保金，以保证设备在 2 年内正常运行，质保期满后予以支付。该支付条款是为了向客户提供保护，并不是为了融资。

第九节 合同履约进度的计算

一、案例背景

案例1-11 A公司是一家矿石冶炼成套设备制造企业。该类产品的生产工期一般为2～4年，根据工艺流程，其中毛坯工期为6个月左右，成本约占60%，技术附加值较低；剩余加工阶段工期为1年6个月至3年6个月，技术附加值较高。多年来，A公司一直根据预估总成本和合同总额计算出设备的整体毛利率，然后根据设备生产工艺分为3个节点，按3∶3∶4的比例，按节点确认收入，倒算出完工成本，完工成本与已经实际成本的差额预留或者预提。可按照该原则，毛坯完工后将确认60%左右的收入，工期却很短；后续加工阶段成本附加值较高，工期较长，却只能确认40%的收入，将严重偏离实际工艺流程所包含的技术附加值。为此，A公司拟变更完工百分比的计算方法，以便更合理地确认收入成本。

问题：A公司是否可以变更履约进度计算方法？

二、准则链接

《企业会计准则第14号——收入》（2017年修订）第十一条、第十二条规定如下。

第十一条 ……（参见本章第四节）

第十二条 对于在某一时段内履行的履约义务，企业应当在该段时间内按照履约进度确认收入，但是，履约进度不能合理确定的除外。企业应当考虑商品的性质，采用产出法或投入法确定恰当的履约进度。其中，产出法是根据已转移给客户的商品对于客户的价值确定履约进度；投入法是根据企业为履行履约义务的投入确定履约进度。对于类似情况下的类似履约义务，企业应当采用相同的方法确定履约进度。

当履约进度不能合理确定时，企业已经发生的成本预计能够得到补偿的，应当按照已经发生的成本金额确认收入，直到履约进度能够合理确定为止。

三、疑点、难点分析

制造销售大型成套设备，有可能属于在一个时段内履行的履约义务，也有可能属于在一个时点履行的履约义务，具体取决于合同条款的约定，所以应该先确定案例中的制造销售大型成套设备是否属于在一个时段内履行的履约义务；如果属于，则进一步确定采用产出法还是采用投入法计算履约进度。

产出法是根据已转移给客户的商品对于客户的价值确定履约进度的方法，通常可采用实际测量的完工进度、评估已实现的结果、已达到的里程碑、时间进度、已完工或交付的产品等产出指标确定履约进度。企业在评估是否采用产出法确定履约进度时，应当考虑具体的事实和情况，并选择能够如实反映企业履约进度和向客户转移商品控制权的产出指标。当选择的产出指标无法计量控制权已转移给客户的商品时，不应采用产出法。

投入法是根据企业履行履约义务的投入确定履约进度的方法，通常可采用投入的材料数量、花费的人工工时或机器工时、发生的成本和时间进度等投入指标确定履约进度。当企业从事的工作或发生的投入是在整个履约期间内平均发生时，企业也可以按照直线法确认收入。

四、案例分析

案例 1-11 中的企业之前采用投入法计量履约进度，现拟变更为产出法。根据新收入准则规定，履约进度的计量方法应依据转让商品的性质来确定，同时需要考虑以下问题。

（1）公司的生产部门、技术部门等提供详细的说明材料，论证变更后的履约进度确定方法的合理性。

（2）考虑国内外同行业企业采用的履约进度确定方法，尽可能采用与行业惯例相一致的履约进度确定方法（包括主要节点的确定和各节点的完成工作量比例的估计），以增强会计信息的横向可比性。

一旦履约进度的确定方法发生改变，公司应当将其作为会计估计变更进行处理，采用未来适用法进行衔接处理。此外，所有同类或类似设备的合同如果属于在一段时间内的履约义务，均应一致地采用该种确定方法。

五、案例小结

（一）履约进度的确定原则

（1）当履约进度不能合理确定时，企业已经发生的成本预计能够得到补偿的，应当按照已经发生的成本金额确认收入，直到履约进度能够合理确定为止。

（2）当客观环境发生变化时，企业需要重新评估履约进度是否发生变化，该变化应当作为会计估计变更进行会计处理。

（3）对于每一项履约义务，企业只能采用一种方法来确定其履约进度。

（4）资产负债表日，企业应当对履约进度进行重新估计。

（二）履约进度的确定方法

（1）产出法，主要是根据已转移给客户的商品对于客户的价值确定履约进度，主要包括按照实际测量的完工进度、评估已实现的结果、已达到的里程碑、时间进度、已完工或交付的产品等确定履约进度的方法。

（2）投入法，主要是根据企业履行履约义务的投入确定履约进度。实务中，企业通常按照累计实际发生的成本占预计总成本的比例（即成本法）确定履约进度。累计实际发生的成本包括企业向客户转移商品过程中所发生的直接成本和间接成本，如直接人工、直接材料、分包成本以及其他与合同相关的成本。

此外，企业在采用投入法时应注意以下几个问题：一是企业从事的工作或发生的投入是在整个履约期间平均发生时，按照直线法确认收入是合适的。二是企业在采用投入法时应当扣除那些虽然已经发生但是未导致向客户转移商品的投入。例如，企业为履行合同应开展一些初始活动，应计入销售费用或合同取得成本。因为这些活动并没有向客户转移企业承诺的服务，企业在使用投入法确定履约进度时不应将为开展这些活动发生的相关投入包括在内。三是企业在采用成本法确定履约进度时，可能需要对已发生的成本进行适当调整，具体情形有：已发生的成本并未反映企业履行其履约义务的进度，例如，企业非正常消耗，包括非正常消耗的直接材料、直接人工及制造费用等，不应包括在累计实际发生的成本中；已发生的成本与企业履行其履约义务的进度不成比例。

第十节　合同变更收入确认问题

一、案例背景

案例1-12　A公司主营农用机械零配件的生产，2020年1月4日与

第一章 收入准则

客户签订合同,在一年内以固定单价 500 元向客户交付 2 000 件标准配件,无折扣、折让等条款。且 A 公司已公开宣布的政策、特定声明或者以往的习惯做法等相关事实情况表明,A 公司不会提供价格折让等安排。A 公司向乙公司交付 1 000 件配件后,市场新出现一款竞争产品,单价为每件 450 元。为了维系客户关系,A 公司与乙公司达成协议,将剩余 1 000 件配件的价格降为每件 400 元,已转让的 1 000 件配件与未转让的 1 000 件配件可明确区分。

案例 1-13 B 公司是一家家具制造公司。2020 年 3 月 10 日,B 公司与客户签订合同,以 1 500 元的单价向客户销售 100 张办公桌,须在 4 月 15 日前先交付 50 张,剩余 50 张需在 4 月 30 日前交付。合同约定,在商品出现质量问题时,将根据商品的具体瑕疵情况给予客户价格折让。合同开始日,B 公司估计将提供 5 000 元价格折让。2020 年 4 月 15 日,B 公司向客户交付 50 张办公桌,客户进行了验收,B 公司确认收入 72 500 元(1 500×50 – 5 000×50/100)。2020 年 4 月 21 日,客户发现存在质量瑕疵,需要退换,退换后,客户表示满意。该事项属于保证类质量保证,不构成单项履约义务。2020 年 4 月 25 日,为了维系客户关系,B 公司按以往的习惯做法主动提出对合同中 100 张办公桌给予每张 100 元的价格折让,共计 10 000 元。B 公司与客户达成协议,通过调整剩余 50 张办公桌价格的形式提供价格折让,即将待交付的 50 张办公桌的单价调整为 1 300 元。

案例 1-14 C 公司为一家广告传媒公司。2020 年 6 月 15 日,C 公司与客户签订合同,为其提供广告投放服务,广告投放时间为 2020 年 7 月 1 日至 12 月 31 日,投放渠道为 1 个灯箱,合同金额为 30 万元。合同中无折扣、折让等金额条款,也未约定投放效果标准。双方约定,2020 年 7 月至 12 月客户于每月月底支付 5 万元。广告投放内容由客户决定,该广告投放为一系列实质相同且转让模式相同的、可明确区分的商品。广告投放以后,由于出现外部突发情况,周边人流量骤减,客户对广告投放效果不满意。2020 年 9 月 30 日,C 公司与客户达成了广告投放服务补充协议,且双方已批准执行,分以下三种情形。

情形一:对后续广告服务打五折处理,2020 年 10 月至 12 月客户于每月月底支付 2.5 万元。

情形二:增加广告投放时间,即合同期限延长至 2021 年 1 月 31 日,但合同总价 30 万元不变,客户于 2020 年 10 月至 2021 年 1 月每月月底支付 3.75 万元。

情形三：增加广告投放媒体，从 2020 年 10 月 1 日起到 2020 年 12 月 31 日，C 公司为客户提供 2 个灯箱来投放广告。在新增的灯箱上提供的广告服务本身是可明确区分的，合同总价 30 万元和付款情况不变。

假设所有案例不涉及亏损合同影响。

问题：案例中相关合同该如何进行收入确认？

二、准则链接

《企业会计准则第 14 号——收入》（2017 年修订）第八条、第十四条、第十五条、第十六条第一款、第二十三条和第二十四条规定如下：

第八条 企业应当区分下列三种情形对合同变更分别进行会计处理：

（一）合同变更增加了可明确区分的商品及合同价款，且新增合同价款反映了新增商品单独售价的，应当将该合同变更部分作为一份单独的合同进行会计处理。

（二）合同变更不属于本条（一）规定的情形，且在合同变更日已转让的商品或已提供的服务（以下简称"已转让的商品"）与未转让的商品或未提供的服务（以下简称"未转让的商品"）之间可明确区分的，应当视为原合同终止，同时，将原合同未履约部分与合同变更部分合并为新合同进行会计处理。

（三）合同变更不属于本条（一）规定的情形，且在合同变更日已转让的商品与未转让的商品之间不可明确区分的，应当将该合同变更部分作为原合同的组成部分进行会计处理，由此产生的对已确认收入的影响，应当在合同变更日调整当期收入。

本准则所称合同变更，是指经合同各方批准对原合同范围或价格作出的变更。

第十四条 企业应当按照分摊至各单项履约义务的交易价格计量收入。

交易价格，是指企业因向客户转让商品而预期有权收取的对价金额。企业代第三方收取的款项以及企业预期将退还给客户的款项，应当作为负债进行会计处理，不计入交易价格。

第十五条 企业应当根据合同条款，并结合其以往的习惯做法确定交易价格。在确定交易价格时，企业应当考虑可变对价、合同中存在的重大融资成分、非现金对价、应付客户对价等因素的影响。

第十六条第一款 合同中存在可变对价的，企业应当按照期望值或最可能发生金额确定可变对价的最佳估计数，但包含可变对价的交易价格，应当不超过在相关不确定性消除时累计已确认收入极可能不会发生重大转回的金额。企业在评估累计已确认收入是否极可能不会发生重大转回时，应当同时考虑收入转回的可能性及其比重。

第二十三条 对于合同折扣，企业应当在各单项履约义务之间按比例分摊。

有确凿证据表明合同折扣仅与合同中一项或多项（而非全部）履约义务相关的，企业应当将该合同折扣分摊至相关一项或多项履约义务。

合同折扣仅与合同中一项或多项（而非全部）履约义务相关，且企业采用余值法估计单独售价的，应当首先按照前款规定在该一项或多项（而非全部）履约义务之间分摊合同折扣，然后采用余值法估计单独售价。

合同折扣，是指合同中各单项履约义务所承诺商品的单独售价之和高于合同交易价格的金额。

第二十四条 对于可变对价及可变对价的后续变动额，企业应当按照本准则第二十条至第二十三条规定，将其分摊至与之相关的一项或多项履约义务，或者分摊至构成单项履约义务的一系列可明确区分商品中的一项或多项商品。

对于已履行的履约义务，其分摊的可变对价后续变动额应当调整变动当期的收入。

三、疑点、难点分析

合并变更是对合同约定的数量、价格或范围进行变更，意思就是之前订立了合同，这个合同已经履行了一部分，现在双方协商要对合同的内容进行变更，一般都是追加合同涉及商品的数量或范围，对应的价格也可能发生变化。

合同变更的会计处理就是对合同变更前后如何处理的问题，是属于同一个合同，还是新的合同。合同变更包括三种情况：变更部分为单独的一个新合同，原合同未履行部分与变更部分为一个新的合同，原合同的所有部分与变更部分为一个合同。

（一）变更部分为单独的一个新合同

这种情况相当于两个合同，原来的合同还是原来的合同，变更时新增部分是一个新成立的合同，两个合同之间没有必然的联系。变更部分的新合同增加了可以明确区分的商品和合同价款，两个合同之间没有关系，即使没有第一个合同，也能以新合同的价格买到新合同对应数量的商品。也就是说，新合同的商品价格就是新合同成立时的市场价格,这个价格和以前合同中的数量和价格没有关系。

（二）原合同未履行部分与变更部分为一个新的合同

这种情况就是原合同已经履行的部分属于该部分合同已经履行结束,还没有履行的部分和变更新增的部分构成一个新合同。

首先,原来的合同已经履行的部分和没有履行的部分中的商品是可以明确区分的,比如一件一件的商品可以分开,而不是不能明确区分的,比如修一栋房子不能明确分开。

其次,变更新增部分商品的价格不是变更时的单独售价,一般低于市场价值,之所以销售方愿意低于市场价值销售,考虑到原合同的彼此之间建立的客户关系,算是给予老客户的优惠。虽然新增变更部分的商品不能反映市场单独售价,享受的优惠与原合同有关,但原合同已经履行的部分商品又是可以区分的,已经履行了的部分已经结束,只能把没有履行的和新增部分合并为一个新合同。

（三）原合同的所有部分与变更部分为一个合同

原合同已经履行的部分、未履行的部分和变更新增部分,共同组成为一个合同,也就是说,原合同已经履行的部分和没有履行的部分涉及的商品数量是不能明确区分的,变更部分成了原合同的一部分,因此原合同并未终止。比如修一栋房子因设计变更需要添砖加瓦,对整个修建工程而言,这些都是不能明确分开的,不像商品数量那样可以一件一件地明确区分开。

四、案例分析

案例1-12中,由于合同无折扣、折让等条款,且根据A公司不会提供价格折让等可能导致对价金额可变的条件,该价格折让是市场条件的变化引发的。这种变化是A公司在合同开始日根据其所获得的相关信息无法合理预期的,由此导致合同各方达成协议批准对原合同价格作出的变更不属于可变对价,应作为合同变更进行会计处理。该合同变更未增加可明确区分的商品,A公司已转让的商品（已转让的1 000件配件）与未转让的商品（未转让的1 000件配件）之间可明确区分,因此,该合同变更应作为原合同终止和新合同订立进行会计处理,A公司向客户交付剩余1 000件配件时,确认收入400 000元（400×1 000）。

第一章　收入准则

案例 1-13 中，对于办公桌存在的质量瑕疵，B 公司已进行退换，且客户对退换后的产品表示满意，B 公司的质保义务已经履行。为维系客户关系，B 公司提供了质保之外的价格折让。并且在合同开始日，根据 B 公司以往的习惯，可以预期如果商品不符合合同约定的质量标准，B 公司将给予客户一定的价格折让，而后续实际给予的折扣与初始预计的折扣差异属于相关不确定性消除而发生的可变对价的变化，而非合同变更导致的，应作为合同可变对价的后续变动进行会计处理。并无证据表明 B 公司给予的价格折让与某部分履约义务相关，因此 B 公司给予的价格折让与整个合同相关，应当分摊至合同中的各项履约义务。其中，已交付的 50 张办公桌的履约义务已经完成，其控制权已经转移，因此，B 公司在交易价格发生变动的当期，将价格折让增加额 5 000 元（10 000 − 5 000）分摊至已交付的 50 张办公桌，冲减当期收入 2 500 元（5 000 × 50 ÷ 100）。B 公司在客户取得剩余 50 张办公桌控制权时相应确认收入。

案例 1-14 中，由于 C 公司与客户签订合同时并没有约定可变对价，且 C 公司不会提供折扣或折让等安排，合同中不存在可变对价，对于 2020 年 9 月 30 日的补充协议，三种情形均应当作为合同变更进行会计处理。

对于情形一，双方批准对合同价格作出变更，合同变更并没有增加可明确区分的商品及合同价款，且合同变更日已提供的广告服务与未提供的广告服务之间可明确区分，所以 C 公司应当将合同变更作为原合同终止和新合同订立进行会计处理。新合同的服务时间为 2020 年 10 月 1 日至 2020 年 12 月 31 日，交易价格为 7.5 万元（原合同交易价格中未确认为收入的部分 15 万元与合同变更中客户已承诺的对价金额 − 7.5 万元之和）。

对于情形二，双方批准对合同范围作出变更，合同变更增加的广告投放时间本身可明确区分，C 公司承诺增加的服务时间与原服务时间并未形成组合产出、不存在重大修改和定制、高度关联等情况，因此，合同变更增加了可明确区分的广告投放服务时间，没有新增合同价款，C 公司应当将合同变更作为原合同终止和新合同订立进行会计处理。新合同的服务时间为 2020 年 10 月 1 日至 2021 年 1 月 31 日，交易价格为 15 万元（原合同交易价格中未确认为收入的部分 15 万元与合同变更中客户已承诺的对价金额 0 之和）。

对于情形三，双方批准对合同范围作出变更，合同变更增加了广告投放服务的范围，在新增的灯箱上提供的广告服务本身是可明确区分的，因此合同变更增加了可明确区分的广告投放服务，但是没有新增合同价款，C 公司应当将合同变更作为原合同终止和新合同订立进行会计处理。新合同（2 个灯箱）

的服务时间为 2020 年 10 月 1 日至 2020 年 12 月 31 日，交易价格为 15 万元（原合同交易价格中未确认为收入的部分 15 万元与合同变更中客户已承诺的对价金额 0 元之和）。

五、案例小结

如表 1-1 所示，合同变更 3 种情形在逻辑上是层层递进的。如果变更新增部分的商品与原合同是可明确区分的，而且商品的价格反映的是单独市场售价，则属于第一种情况，变更部分构成一个新合同，完全独立于原合同，两个合同分别确认收入。如果不属于第一种情况，就是变更新增部分商品与原合同不可明确区分或者不能反映市场的单独售价，但原合同已经履行部分和未履行部分的商品又是可明确区分的，这就是第二种情况，原合同未履行部分和变更新增部分构成一个新合同，原合同未履行部分可以和已履行部分分开。原合同已履行单独确认收入，原合同未履行部分和变更新增部分共同确认收入。如果不属于第一种情况，原合同未履行部分和已履行部分也不可以明确区分，那就属于第三种情况，原合同已经履行部分、未履行部分与变更新增部分共同组成为一个合同，共同确认收入。

表 1-1 合同变更不同情形

序号	情形		示意图
1	新增部分是一个新合同	新增部分与原合同的商品可明确区分，且价格是单独市场售价	原合同 新增部分
2	原合同未履行部分与新增部分构成一个新合同	原合同已经履行部分与未履行部分的商品可明确区分，且不属于第一种情况	原合同 新增部分
3	新增部分并入原合同，成为原合同的一部分	原合同未履行部分与已履行部分的商品不可明确区分，且不属于第一种情况	原合同 新增部分

第一章 收入准则

第十一节 特许权使用费收入确认问题

一、案例背景

案例1-15 A公司是一家以网络游戏开发为主营业务的上市公司，业务采用自主开发模式。2018年2月，按照公司对市场需求的判断，A公司开发了一款以中国武侠风为主题的大型网络游戏项目。2019年3月，A公司向政府部门申请著作权登记和软件产品登记、游戏版号登记等注册手续。2019年4月，A公司与L公司签订中国大陆区域授权运营合约，合约期限为3年。其中，合约规定A公司的责任包括：按约定时间交付资料；完成游戏的本地化工作；完成公众测试、游戏安装与维护责任等。在合作期限内，A公司应在对方的要求下不时对游戏予以修改维护，并应于书面协商确定的期限内完成，A公司依本条约定对游戏的修改和维护应是无偿的；A公司在整个合约期限内负责向对方提供全面的技术支持，包括但不限于防外挂处理、反黑客攻击等。L公司有权随时以任何方式向A公司要求提供技术支持，A公司应在收到对方公司要求的3个小时之内予以响应，并在双方确认的合理时间内进行解决，否则A公司应承担实际损失的责任。A公司在交付客户产品之后尚需提供大量的后续支持，特别是根据网络游戏玩家的喜好等情况对游戏进行不断修改，以延长游戏经济寿命。合同约定的权利收益包括两部分：第一部分为权利金或者签约金；第二部分为分成金，分成金按网络游戏运营商收入的约定比例确定。

问题：A公司应如何进行收入确定？

二、准则链接

《企业会计准则第14号——收入》（2017年修订）第三十六条、第三十七条规定如下。

第三十六条 ……（参见本章第六节）

第三十七条 企业向客户授予知识产权许可，并约定按客户实际销售或使用情况收取特许权使用费的，应当在下列两项孰晚的时点确认收入：

（一）客户后续销售或使用行为实际发生；

（二）企业履行相关履约义务。

三、疑点、难点分析

首先，A 公司应该进行履约义务的判断。根据案例 1-15 的描述，A 公司应理清合同中有几项承诺，每项承诺是否是可明确可分的。其次，A 公司应该确定合同交易价格。案例 1-15 中关于交易价格的规定包括权利金和分成金，权利金为固定对价，分成金需要根据网络游戏运营商收入的约定比例计算为可变对价，且要判断是否属于基于销售和使用情况的特许权使用费。因为企业向客户授予知识产权许可，并约定按客户实际销售或使用情况收取特许权使用费的，应当在客户后续销售或使用行为实际发生与企业履行相关履约义务二者孰晚的时点确认收入。这是估计可变对价的一个例外规定。该例外规定只有在下列两种情形下才能使用：一是特许权使用费仅与知识产权许可相关；二是特许权使用费可能与合同中的知识产权许可和其他商品都相关，但是，与知识产权许可相关的部分占有主导地位。当企业能够合理预期，客户认为知识产权许可的价值远高于合同中与之相关的其他商品时，该知识产权许可可能是占主导地位的。对于不适用该例外规定的特许权使用费，应当按照估计可变对价的一般原则进行处理。在以上步骤之后，再将交易价格在每项履约义务之间进行分摊，并在履行履约义务时进行收入确认。

四、案例分析

（一）单项履约义务的判断

A 公司在合同中对客户的承诺包括：授予网络游戏的知识产权许可（按约定时间交付资料；完成游戏的本地化工作；完成公众测试等）；在合同期间内不定时对游戏进行修改和维护；在合同期间内应客户要求随时提供技术支持。尽管对网络游戏进行修改和维护、提供技术支持服务能够延长游戏的经济寿命，但是在 A 公司不提供维护和修改和技术支持的情况下，网络游戏仍然能够单独使用，客户仍然能够从中单独获益。因此，授予网络游戏的知识产权许可和后期修改和维护、技术支持能够单独区分。授予知识产权许可、后续修改维护和技术支持服务应作为 3 个单项履约义务进行会计处理。

（二）合同交易价格的确定

合同对价包括权利金和分成金两部分，其中权利金为固定对价，分成金需要根据网络游戏运营商收入的约定比例计算为可变对价，并属于"基于销售和使用情况的特许权使用费"。该"基于销售和使用情况的特许权使用费"虽然与知识产权许可和修改维护、技术支持服务都相关,但是在本合同中,对于客户来说网络游戏知识产权许可的价值远高于修改维护、技术支持服务的价值,即与知识产权许可相关的部分占主导地位。因此,对于该部分"基于销售和使用情况的特许权使用费"适用于估计可变对价的例外规定,应在合同期间将网络游戏运营商的运营收入按约定比例计算的金额确认收入。此外,A公司使用上述例外规定时,应当对特许权使用费整体采用该规定,而不应当将特许权使用费进行分拆,即部分采用该例外规定进行处理,其他部分按照估计可变对价的一般原则进行处理。

(三)将交易价格分摊至每一个单项履约义务

1. 分摊固定对价

在合同开始日,A公司按照合同中的3个单项履约义务的单独售价(如没有可直接观察的单独售价,可进行合理估计,例如按3项履约义务的预计成本比例)的相对比例将固定对价分摊。

2. 分摊可变对价

该可变对价属于"基于销售和使用情况的特许权使用费",且与授予知识产权许可关系最重大,因此A公司应对其整体使用可变对价的例外规定,无须在合同开始日对可变对价的金额进行估计,也无须将其在3个单项履约义务之间进行分摊,仅需确定分摊比例即可(即确认3个单项履约义务单独售价的相对比例)。

(四)在履行履约义务时确认收入

1. 授予知识产权许可

虽然A公司在将网络游戏知识产权许可授予客户后,"尚需提供大量的后续支持,特别是根据网络游戏玩家的喜好等情况,对游戏进行不断修改,以延长游戏经济寿命"。这些后续活动对网络游戏版权的价值将产生重大影响,进而对客户产生有利或不利影响。但是这些后续的维护和修改服务构成了一个单项履约义务,不满足"该活动不会导致向客户转让某项商品"的条件,因此,该授予知识产权许可的履约义务属于在一个时点内履行,应在A公司交付资料、完成游戏的本地化工作、完成公众测试时(此时,客户能够控制该知识产权许可)确认收入。分摊给知识产权许可的对价包括固定对价和可变对价两部分,则A公司应在此时一次性将分摊的固定对价确认为收入；对于基于游戏运营商营业收入计算的可变对价，应按照知识产权许可的分摊比例在游戏运营商收入实现时确认收入。

2.游戏维护和修改服务、技术支持服务

向客户提供游戏维护和修改服务、技术支持服务，导致在企业履约时客户即能取得并消耗企业履约所带来的经济利益，因此属于在一段时间内的履约义务。由于是在必要时，或随时应客户要求提供服务，A公司可在合同期间内按照直线法分期确认分摊至该履约义务的固定对价（如果可对客户从中获益的方式作出更加系统、合理的估计，也可以采用其他更加系统、合理的模式进行摊销）。针对分摊的可变对价，与授予知识产权的履约义务一样，A公司应按照其分摊比例在游戏运营商收入实现时确认收入。

五、案例小结

基于销售或使用情况所收取的特许权使用费，在新收入准则下属于可变对价范围，应在与可变对价相关的不确定性消除、已确认的累计收入金额极有可能不会发生重大转回时，将对可变价格的估计纳入交易价格。但是，在向客户授予知识产权许可的交易中，如果将基于销售或使用的特许权使用费的可变金额在不确定性消除之前确认收入，将会导致整个合同存续期间因具体情况的变化对合同初始确认的金额作出重大调整，也无法为报表使用者提供有用信息。因此，新收入准则规定，企业向客户授予知识产权许可，并约定按客户实际销售或使用情况收取特许权使用费的，应在客户后续销售或使用行为实际发生及企业履行相关履约义务两项孰晚的时点确认收入。该规定实际上为新收入准则下可变对价估计及其限制的例外，仅适用基于销售或使用的特许权使用费，其他具有可变对价条款的销售不能参照使用。

第十二节　包含可变对价合同的收入确认问题

一、案例背景

案例 1-16　A公司为一家国际大型咨询管理企业。2020年5月，A公司与K煤炭公司签订咨询服务合同。合同约定：K煤炭公司控股股东将其持有的K公司20%股份以零对价转让给A公司，A公司对K煤炭公司进行公司制改制并负责整体管理运营制度的设计和规划，使其在5年后达到特定经营

第一章 收入准则

目标,包括销售额和净利润增长1~3倍、生产成本下降50%等。如果约定经营目标未实现,则之前转让的20%股份再以零对价转让给K煤炭公司控股股东。同时作为补偿,K煤炭公司会支付约定的咨询服务费。如果约定目标实现,A公司已受让的20%股份无须退还,但也不再收取相关服务费用。

问题:A公司该如何确认收入?

二、准则链接

《企业会计准则第14号——收入》(2017年修订)第十六条规定如下。

第十六条 合同中存在可变对价的,企业应当按照期望值或最可能发生金额确定可变对价的最佳估计数,但包含可变对价的交易价格,应当不超过在相关不确定性消除时累计已确认收入极可能不会发生重大转回的金额。企业在评估累计已确认收入是否极可能不会发生重大转回时,应当同时考虑收入转回的可能性及其比重。

每一资产负债表日,企业应当重新估计应计入交易价格的可变对价金额。可变对价金额发生变动的,按照本准则第二十四条和第二十五条规定进行会计处理。

三、疑点、难点分析

(一)如何判断可变对价确认条件中的"极可能"

国际财务报告准则术语表对"极可能"的解释是"比很可能的可能性要大得多"。《企业会计准则第13号——或有事项》应用指南规定:履行或有事项相关义务导致经济利益流出的可能性,通常按照下列情况加以判断:基本确定(大于95%但小于100%)、很可能(大于50%但小于95%)、可能(大于5%但小于50%)、极小可能(小于5%)。根据上述内容分析,"极可能"应该与上述"基本确定"的含义基本相同,也就是说"极可能"的发生概率应该大于95%。而实务中能够判断为"极可能"的情况需要比较严格的判断条件和充分的证据支撑。

(二)如何判断可变对价确认条件中的"重大转回"

"重大转回"考虑的是可变对价对收入确认的影响程度。这一比重通常可以根据可变对价条款涉及的不确定性情况，采用适当的估计方法测算而得。因此，此处的重大与否是相对合同交易价格（可变对价与固定对价的总和）而言的，并非针对财务报表整体的重要性程度。这就意味着可能某一事项由于可变对价确认导致的收入转回金额对财务报表整体而言并非重大，但对于合同交易价格而言是重大的，则该事项仍然属于不能确认可变对价的情形。至于"重大"的量化标准，目前仍然属于职业判断。

（三）影响"极可能"和"重大转回"的参考因素

国际财务报告准则第 15 号第 57 段指出：可能增加收入转回的可能性或转回金额量级的因素包括但不限于下列各项。

（1）对价金额极易受到超出主体影响范围之外的因素影响。此类因素可能包括市场波动性、第三方的判断或行动、天气状况，以及已承诺商品或服务较高的陈旧过时风险。

（2）关于对价金额的不确定性预计在较长时期内均无法消除。

（3）主体对类似类型合同的经验（或其他证据）有限，或相关经验（或其他证据）的预测价值有限。

（4）主体在实务中对相似情形下的类似合同提供了较多不同程度的价格折让或不同的付款条款和条件。

（5）合同具有大量且分布广泛的可能发生的对价金额。

对该交易的会计处理的关键是判断在合同开始时取得 K 公司 20% 股权的实质。在合同开始履行时取得 20% 股权更多的是作为收取服务费的担保，也更便于 A 公司以 K 公司股东的身份参与相关的管理决策和实施，并不意味着服务费的支付。由于能否实现承诺的业绩指标具有不确定性，而一旦不能实现则需将所取得的 K 公司 20% 股权返还给 B 公司的大股东，A 公司在此期间对 K 公司应无控制、共同控制或重大影响，对持有 K 公司的 20% 股权也无须进行账务处理（包括不确认为合同负债）。

四、案例分析

（一）确定合同交易价格

咨询合同开始履行，按约定以零对价取得 K 公司的 20% 股权时，不作账务处理，仅进行账外备查登记。

合同的交易价格包括两部分：一是固定对价，即保底收费（假设没有达到约定的经营目标的情况下，合同约定服务费）；二是可变对价（假设达到约定经营目标，则获取 K 公司 20% 股权的价值超出保底收费的部分）。

对于可变对价，企业应当按照期望值或最可能发生金额确定可变对价的最佳估计数，但包含可变对价的交易价格，应当不超过在相关不确定性消除时累计已确认收入极可能不会发生重大转回的金额。案例 1-16 中 K 公司能否实现特定经营目标具有不确定性，在合同开始日很难进行合理估计。此种情况下，A 公司在合同开始日确定的交易价格应仅包括保底收费，不包括该部分可变对价。

在之后的每个资产负债表日，A 公司应对可变对价重新估计，如果根据 K 公司的实际经营情况判断 5 年后极可能达成特定经营目标，则应将该可变对价计入交易价格，作为会计估计变更处理，调整变更当期和后续合作期间内的收入金额。

（二）确认收入

一般情况下，在提供咨询管理服务的同时，客户就能够获得并享有企业履约所带来的经济利益。因此，A 公司应在一个时段内按照恰当的履约进度（如按照时间）确认收入。

需要注意的是，保底收费是在合同期限届满时确定能够收到的金额，属于企业拥有的无条件收款权，因此，在对该部分对价确认收入时，应借记"应收账款"科目（如果预计收款时间距离资产负债表日不超过 1 年）或者"长期应收款"科目（如果预计收款时间距离资产负债表日超过 1 年）；在对高于保底收费的部分（合理估计的可变对价，如有）确认收入时，应借记"合同资产"科目，因为只有在合同期满 K 公司达到特定经营目标之时才能收取该部分对价，A 公司拥有的并非无条件收款权。

服务期满，如果未达到约定业绩条件，由于保底收费已经全部结转收入，只需在实际收到保底收费时，转销已经确认的应收账款或长期应收款，无须进行其他特殊处理；如果达到约定业绩条件，此时，应确认的全部收入为 K 公司 20% 股权届时的公允价值，如果之前累计确认的收入低于该金额，应将差额计入合同届满当期的收入（可视为对前期可变对价估计的调整）。相应的，A 公司对 K 公司 20% 股权的投资成本为取得该等股权之日的公允价值。后续对该 20% 长期股权投资视情况采用权益法或成本法核算。

五、案例小结

根据国际财务报告准则相关内容分析，如果企业获得对价的权利以某一未来事件的发生或不发生为条件，则形成可变对价。可变对价通常包括折扣、退款、返利、积分、价格折让、退货、绩效奖金、罚款、特许权使用费等。

可变对价的确认包含两个重要条件，即"是否极可能发生转回"（以下简称极可能）和"是否属于重大转回"（以下简称重大转回），且两个条件必须同时满足。例如，如果发生转回的金额重大，但不是"极可能"转回或者"基本确定"不会转回，此时该部分可变对价可以确认收入；如果"极可能"发生转回，但是转回的金额不重大，也可以就可变对价确认收入。一般情况下，如果可变对价占合同交易价格（可变＋固定）的比例不"重大"，无论转回的可能性是多少，将该可变对价确认收入都是符合准则要求的。"极可能"这个条件相对严格，很多企业倾向于完全不确认可变对价，因此，需要同时考虑转回金额是否"重大"，避免走向另一个极端。

第十三节 售后回购交易的收入确认问题

一、案例背景

案例 1-17　A 公司主要经营无水乙醇的生产和销售，2020 年 7 月与 X 公司签订合同，合同承诺 A 公司以市场价格 6 000 元/吨出售 2 万吨无水乙醇给 X 公司，生产成本为 4 000 元/吨；合同签订并且交付产品后 1 个月内，X 公司支付给 A 公司 6 000 万元，随后的 10 年内，X 公司每年按照 6 000 万元（剩余部分）的 5% 支付给 A 公司，10 年之后 X 公司将 2 万吨无水乙醇无偿归还给 A 公司。同时，X 公司协调提供 6 000 万元银行贷款给 A 公司，期限为 10 年，年利率为 2%，还款方式为按年付息到期一次还本。以上为与销售合同同时约定的事项，整体构成一项一揽子交易，且属于不可撤销合同。假设 2 万吨无水乙醇 10 年后公允价值为 6 000 万元，折现率为 10%（即 A 公司通过商业银行获得市场化融资的资金成本）。

问题：A 公司应如何确认收入？

二、准则链接

1.《企业会计准则第 14 号——收入》（2017 年修订）第三十八条

第三十八条　对于售后回购交易，企业应当区分下列两种情形分别进行会计处理：

（一）企业因存在与客户的远期安排而负有回购义务或企业享有回购权利的，表明客户在销售时点并未取得相关商品控制权，企业应当作为租赁交易或融资交易进行相应的会计处理。其中，回购价格低于原售价的，应当视为租赁交易，按照《企业会计准则第 21 号——租赁》的相关规定进行会计处理；回购价格不低于原售价的，应当视为融资交易，在收到客户款项时确认金融负债，并将该款项和回购价格的差额在回购期间内确认为利息费用等。企业到期未行使回购权利的，应当在该回购权利到期时终止确认金融负债，同时确认收入。

（二）企业负有应客户要求回购商品义务的，应当在合同开始日评估客户是否具有行使该要求权的重大经济动因。客户具有行使该要求权重大经济动因的，企业应当将售后回购作为租赁交易或融资交易，按照本条（一）规定进行会计处理；否则，企业应当将其作为附有销售退回条款的销售交易，按照本准则第三十二条规定进行会计处理。

售后回购，是指企业销售商品的同时承诺或有权选择日后再将该商品（包括相同或几乎相同的商品，或以该商品作为组成部分的商品）购回的销售方式。

2.《企业会计准则第 21 号——租赁》（2018 年修订）第三十六条、第四十二条第一款

第三十六条 一项租赁属于融资租赁还是经营租赁取决于交易的实质，而不是合同的形式。如果一项租赁实质上转移了与租赁资产所有权有关的几乎全部风险和报酬，出租人应当将该项租赁分类为融资租赁。

一项租赁存在下列一种或多种情形的，通常分类为融资租赁：

（一）在租赁期届满时，租赁资产的所有权转移给承租人。

（二）承租人有购买租赁资产的选择权，所订立的购买价款与预计行使选择权时租赁资产的公允价值相比足够低，因而在租赁开始日就可以合理确定承租人将行使该选择权。

（三）资产的所有权虽然不转移，但租赁期占租赁资产使用寿命的大部分。

（四）在租赁开始日，租赁收款额的现值几乎相当于租赁资产的公允价值。

（五）租赁资产性质特殊，如果不作较大改造，只有承租人才能使用。

一项租赁存在下列一项或多项迹象的，也可能分类为融资租赁：

（一）若承租人撤销租赁，撤销租赁对出租人造成的损失由承租人承担。

（二）资产余值的公允价值波动所产生的利得或损失归属于承租人。

（三）承租人有能力以远低于市场水平的租金继续租赁至下一期间。

第四十二条第一款　生产商或经销商作为出租人的融资租赁，在租赁期开始日，该出租人应当按照租赁资产公允价值与租赁收款额按市场利率折现的现值两者孰低确认收入，并按照租赁资产账面价值扣除未担保余值的现值后的余额结转销售成本。

三、疑点、难点分析

确定 A 公司应如何进行收入确认的关键在于对交易实质的判断。可以看出，合同约定 A 公司将产品出售给 X 公司 10 年后无偿收回，该业务实际上属于售后回购。A 公司因存在与客户 B 公司的远期安排而负有回购义务，只不过回购价格为零，回购价格（零）低于原售价，所以应作为租赁交易处理。

四、案例分析

（一）租赁类别的判断

在租赁开始日，A 公司可确定收到的租金的公允价值已经包括：

（1）租赁期开始日一次性收取的 6 000 万元。

（2）后续 10 年内每年收到 300 万元（6 000×5%）按市场利率 10% 的年金现值 1 843.20 万元。

（3）A 公司获得的 10 年期贷款未来还本付息金额按 10% 市场利率折现的现值 2 544.30 万元与该贷款的名义本金 6 000 万元之间的差额 3 455.70 万元。

上述三项的合计金额为 11 298.90 万元，占租赁开始日租赁资产公允价值（12 000 万元）的比例为 94.16%，已超过 90%，且显著高于该批无水乙醇的生产成本（8 000 万元）。这种情况表明出租人 A 公司已经将"与租赁资产所有权有关的几乎全部风险和报酬"实质转移给了承租人 X 公司，从而该租赁可分类为融资租赁。

（二）收入确认

A 公司既是生产商又是融资租赁的出租人，租赁收款额的现值为 11 298.90 万元，低于产品在租赁开始日的公允价值 12 000 万元，因此，A 公司应在租赁开始日将 11 298.90 万元确认为营业收入。

五、案例小结

售后回购，是指企业销售商品的同时承诺或有权选择日后再将该商品（包括相同或几乎相同的商品，或以该商品作为组成部分的商品）购回的销售方式。对于不同类型的售后回购交易，企业应当区分下列两种情形分别进行会计处理。

（1）企业因存在与客户的远期安排而负有回购义务或企业享有回购权利的，表明客户在销售时点并未取得相关商品控制权，企业应当作为租赁交易或融资交易进行相应的会计处理。其中，回购价格低于原售价的，应当视为租赁交易，按照《企业会计准则第 21 号——租赁》进行会计处理；回购价格不低于原售价的，应当视为融资交易，在收到客户款项时确认金融负债，并将该款项和回购价格的差额在回购期间内确认为利息费用等。企业到期未行使回购权利的，应当在该回购权利到期时终止确认金融负债，同时确认收入。

（2）企业负有应客户要求回购商品义务的，应当在合同开始日评估客户是否具有行使该要求权的重大经济动因，客户具有行使该要求权重大经济动因的，企业应当将售后回购作为租赁交易或融资交易，按照上述第（1）种情形进行会计处理；否则，企业应当将其作为附有销售退回条款的销售交易进行会计处理。在判断客户是否具有行权的重大经济动因时，企业应当综合考虑各种相关因素，包括回购价格与预计回购时市场价格之间的比较，以及权利的到期日等。例如，如果回购价格明显高于该资产回购时的市场价值，则表明客户有行权的重大经济动因。

售后回购交易收入确认流程如图 1-1 所示。

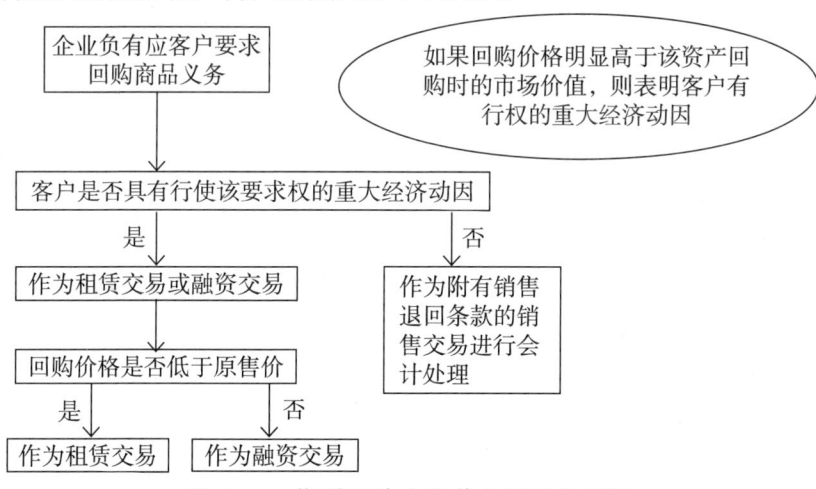

图 1-1　售后回购交易收入确认流程图

第十四节 收到非现金对价的收入确认问题

一、案例背景

案例 1-18 A 公司为一家文化传媒企业,其主要业务为依托旗下的杂志为客户刊登广告。2020 年,A 公司的经营活动有几项特殊事项:一是部分客户以其生产的产品、购物卡或礼品券等充抵广告费;二是为年发布广告总费用达到 100 万元以上的客户免费刊登一次广告;三是与其他网络平台和电视栏目进行广告项目的互换。

问题:A 公司对于上述事项应如何确认收入?

二、准则链接

1.《企业会计准则第 14 号——收入》(2017 年修订)第十八条

第十八条 客户支付非现金对价的,企业应当按照非现金对价的公允价值确定交易价格。非现金对价的公允价值不能合理估计的,企业应当参照其承诺向客户转让商品的单独售价间接确定交易价格。非现金对价的公允价值因对价形式以外的原因而发生变动的,应当作为可变对价,按照本准则第十六条规定进行会计处理。

单独售价,是指企业向客户单独销售商品的价格。

2.《企业会计准则第 12 号——债务重组》(2019 年修订)第六条

第六条 以资产清偿债务方式进行债务重组的,债权人初始确认受让的金融资产以外的资产时,应当按照下列原则以成本计量:

存货的成本,包括放弃债权的公允价值和使该资产达到当前位置和状态所发生的可直接归属于该资产的税金、运输费、装卸费、保险费等其他成本。

对联营企业或合营企业投资的成本,包括放弃债权的公允价值和可直接归属于该资产的税金等其他成本。

投资性房地产的成本,包括放弃债权的公允价值和可直接归属于该资产的税金等其他成本。

固定资产的成本,包括放弃债权的公允价值和使该资产达到预定可使用状态前所发生的可直接归属于该资产的税金、运输费、装卸费、安装费、专业人员服务费等其他成本。

生物资产的成本，包括放弃债权的公允价值和可直接归属于该资产的税金、运输费、保险费等其他成本。

无形资产的成本，包括放弃债权的公允价值和可直接归属于使该资产达到预定用途所发生的税金等其他成本。

放弃债权的公允价值与账面价值之间的差额，应当计入当期损益。

3.《企业会计准则第 7 号——非货币性资产交换》（2019 年修订）第七条

第七条 满足下列条件之一的非货币性资产交换具有商业实质：
（一）换入资产的未来现金流量在风险、时间分布或金额方面与换出资产显著不同。
（二）使用换入资产所产生的预计未来现金流量现值与继续使用换出资产不同，且其差额与换入资产和换出资产的公允价值相比是重大的。

三、疑点、难点分析

从案例 1-18 可以看出，A 公司的部分经营活动为非现金支付对价（实物支付）、无偿提供服务和项目互换。对于这些非现金对价支付，A 公司应该明确是否为合同提前约定的情况。如果在合同中提前约定，A 公司应按照新收入准则的相关规定进行收入确认；如果未在合同中提前约定，则 A 公司应考虑是否满足《企业会计准则第 12 号——债务重组》的要求。对于无偿提供的服务，如果是在达到一定销售额前提下才进行的，则 A 公司应考虑折扣的影响，也需要确认收入。对于项目互换业务，A 公司应考虑是否满足《企业会计准则第 7 号——非货币性资产交换》的要求，按相关规定进行处理。

四、案例分析

（一）以实物等非现金对价支付广告费

以实物等非现金对价支付广告费，需要考虑两种情况：第一种情况是双方在签订合同时就约定客户以实物的形式支付服务价款；第二种情况是合同中并未约定客户以实物支付价款，但是在收取应收款项时，客户采取了以实物抵顶债务的方法。

第一种情况下，依据合同约定，客户支付的是相关实物，则企业应按照这些实物的公允价值确定交易价格，在某一时点或某一时段将该公允价值确认为收入，同时借记"其他流动资产"科目（假设公司经营范围不包括对相关实物进行销售）或者"库存商品"科目。

第二种情况下，企业按照合同约定的交易价格确认收入，同时借记"应收账款"科目（假设此时企业已经拥有了无条件收款权）。客户后期以实物抵顶应收款项时，根据债务重组会计准则的相关规定，对于所收到的抵债物资按其公允价值入账，借记"其他流动资产"科目（假设公司经营范围不包括对相关实物进行销售）或者"库存商品"科目，抵债物资的入账价值与应收账款账面价值之间的差额确认为营业外收入或营业外支出（金融资产终止确认损益）。

无论在上述哪种情况下，企业取得抵债物资后，如用于职工薪酬，则按照以外购商品向职工发放非货币性福利的处理规定，确认职工薪酬费用；如果用于业务招待或交际应酬，应确认为"管理费用——业务招待费"或"销售费用——业务招待费"。其中，如果企业的经营范围包括相关实物的销售，则对于作为非货币性福利或者出于交际应酬目的发放的购物卡应作视同销售处理；反之则在会计上不确认销售收入。

（二）项目互换

此类交易应考虑此类互换合同是否具有"商业实质"，不具有商业实质的合同不确认收入。合同具有商业实质，是指履行该合同将改变企业未来现金流量的风险、时间分布或金额。因此，只有在所交换的广告服务不相同或相似的情况下，才能够考虑收入确认的问题。

（三）无偿提供的服务

无偿赠送的广告是在广告业务量达到一定金额的前提下赠送的，属于数量折扣性质，并非无偿赠送，即在同样的总价下提供了更多的服务。在该合同中，无偿赠送的广告也是公司的承诺，应和其他承诺（收费的广告服务）确定是否构成单项履约义务、分摊交易价格，即无偿提供的广告服务也应确认收入。

五、案例小结

对于非现金支付对价的收入确认，应关注以下几点。

（1）根据换出的资产是否为存货，确定交易事项是否适用新收入准则。

（2）确定非现金对价的金额，首选换入资产的公允价值，如果这一价格不能合理估计的，选取换出资产的单独售价。

（3）如果非现金资产的公允价值发生了变动，需要区分是对价形式还是对价形式以外的原因导致的。后者作为可变对价计入交易价格。

第十五节　合同合并的收入确认问题

一、案例背景

案例 1-19　A 公司是一家房地产开发企业，2020 年 10 月开发的一处商品房的毛坯房竣工。预售合同约定售房价格为毛坯房价格，约定毛坯房初装修标准，交付时以毛坯房初装修交付业主（由业主委托装修施工单位交接验收毛坯房），办理业主房产证时登记的价格为毛坯房价格，并约定毛坯房交付后，相关风险报酬已转移。业主与装修施工单位、A 公司签订三方装修协议，A 公司作为开发商对本工程相关事宜进行监管，以便最大限度地保证本工程质量。装修协议约定装修价格及材料标准，施工单位包工包料，其装修价格支付由业主支付给 A 公司监管，相关装修风险由业主及施工单位承担。

问题：A 公司应如何确认收入？

二、准则链接

《企业会计准则第 14 号——收入》（2017 年修订）第七条规定如下。

第七条　企业与同一客户（或该客户的关联方）同时订立或在相近时间内先后订立的两份或多份合同，在满足下列条件之一时，应当合并为一份合同进行会计处理：

（一）该两份或多份合同基于同一商业目的而订立并构成一揽子交易。

（二）该两份或多份合同中的一份合同的对价金额取决于其他合同的定价或履行情况。

（三）该两份或多份合同中所承诺的商品（或每份合同中所承诺的部分商品）构成本准则第九条规定的单项履约义务。

三、疑点、难点分析

案例1-19中的商品房销售合同和装修合同是同时订立的，其中商品房销售合同是A公司与业主签订的，装修合同是A公司与业主、装修公司三方签订的。在这两个合同中，A公司向业主提供商品房销售和装修监管服务，对A公司来说，其面对的"客户"都是业主。因此，尽管这两个合同的签订对象并不完全相同，但仍符合"同一客户（或该客户的关联方）"的条件。由于在装修合同中并没有约定A公司收取的对价，A公司在该合同中履行义务的对价实际上体现在商品房销售合同中，满足了"该两份或多份合同中的一份合同的对价金额取决于其他合同的定价或履行情况"的条件。所以，对A公司而言，商品房销售合同和装修合同应予以合并为一个合同处理。

四、案例分析

在合并后的合同中，A公司为业主提供两项承诺：商品房销售和装修监管服务。业主从这两项承诺本身能够单独受益；这两项承诺彼此不需要整合为组合产出，彼此之间不存在重大修改和定制，也没有高度的关联性（A公司可以仅提供房产销售不提供装修监管服务，反之亦然），因此构成两个单项履约义务。A公司应将合同交易价格（体现在商品房销售合同中）根据两个履约义务的单独售价分摊一部分至装修监管服务中。如果A公司之前没有单独提供过监管服务，无法直接获得其可观察的单独售价，应选择合理的方法进行估计。

针对商品房销售的履约义务，A公司应在毛坯房交付给业主（以办理验收交接手续为标志）之时，确认毛坯房的销售收入。后续A公司在装修合同中行使对装修公司的监管职责，A公司的职责只是监管装修款和装修质量、协助办理装修验收手续、协助调解纠纷等，不应被视为继续以控制人的身份涉入已出售房产的相关事宜。如果装修公司提供的装修服务有瑕疵，业主无权要求A公司退房、降价或退款，只能依据装修合同的约定向装修公司索赔，装修公司对装修合同的履行所造成的所有后果均由业主方承担，与A公司无关。因此，在毛坯房交付的时候，其控制权即已经转移给了业主。

针对装修监管的履约义务，由于在监管过程中客户即能取得并消耗A公司监管服务带来的利益，属于在一段时间内履约的履约义务，应按照恰当的履约进度，在履约过程中分期确认收入。

五、案例小结

企业与同一客户（或该客户的关联方）同时订立或在相近时间内先后订立的两份或多份合同，在满足下列条件之一时，应当合并为一份合同进行会计处理。

（1）该两份或多份合同基于同一商业目的而订立并构成一揽子交易，如一份合同在不考虑另一份合同的对价的情况下将会发生亏损。

（2）该两份或多份合同中的一份合同的对价金额取决于其他合同的定价或履行情况，如一份合同如果发生违约，将会影响另一份合同的对价金额。

（3）该两份或多份合同中所承诺的商品（或每份合同中所承诺的部分商品）构成单项履约义务。

两份或多份合同合并为一份合同进行会计处理时，仍然需要区分该一份合同中包含的各单项履约义务。

第二章 金融工具准则

2017年3月31日，财政部修订发布了《企业会计准则第22号——金融工具确认和计量》《企业会计准则第23号——金融资产转移》和《企业会计准则第24号——套期会计》等3项金融工具会计准则。2017年5月2日，财政部又修订发布了《企业会计准则第37号——金融工具列报》，以反映上述新金融工具准则的变化在列示和披露方面的相应更新。

本章陈述了该准则中与非金融主体最相关的规定，并通过案例分析的形式讨论了其对非金融主体产生的影响。

第一节 金融工具的分类问题

一、案例背景

案例2-1 2020年1月10日，A公司以2 000万元的价格购买了1 002.6万份B公司收益增强集合资产管理计划，该计划为B公司收益互换集合资产管理计划的子计划。该集合计划自成立之日起3个月为封闭期，封闭期内不接受委托人的申购和退出申请，封闭期满后，每个工作日开放，委托人可在开放日申请参与或退出本集合计划。退出集合计划采取"未知价"原则，即委托人退出价格为退出当天的集合计划单位净值，当发生巨额退出、大额退出并延缓办理时，退出价格为延缓办理日集合计划的单位净值。封闭期内，每周一（非交易日除外）披露上周末的单位净值、累计净值；开放期内，集合计划每个工作日的单位净值、累计净值在 $T+1$ 日披露，该信息可通过B公司官方网站查询。A公司申购取得该产品的目的是通过闲置的资金取得较高的收益，A公司以获利为持有的目的，而非交易目的。

案例2-2 2020年3月1日，为了获取一定的投资收益，A公司与S商业银行签订了为期3个月的人民币保本浮动收益理财协议，预期年化收益率为5%。合同约定：A公司在起息日前向指定专户存入足额资金，A公司授权

S商业银行于起息日当日将公司账户内相应的理财资金划转至银行指定账户。实际理财收益超过参考收益时,超过部分由银行作为理财业务管理费收取,实际理财收益低于参考收益时,银行不收取理财业务管理费。

案例2-3 2020年5月20日,A公司购买了B公司的非公开发行股票,限售期为1年。A公司在限售期内截至一个会计年度内(2020年12月31日)以2020年12月31日的收盘价为依据确认其公允价值。

问题:A公司应如何对其所持有的金融工具进行分类?

二、准则链接

《企业会计准则第22号——金融工具确认和计量》(2017年修订)第十六条、第十九条第二款、第二十三条和第二十四条规定如下。

第十六条 企业应当根据其管理金融资产的业务模式和金融资产的合同现金流量特征,将金融资产划分为以下三类:

(一)以摊余成本计量的金融资产。

(二)以公允价值计量且其变动计入其他综合收益的金融资产。

(三)以公允价值计量且其变动计入当期损益的金融资产。

企业管理金融资产的业务模式,是指企业如何管理其金融资产以产生现金流量。业务模式决定企业所管理金融资产现金流量的来源是收取合同现金流量、出售金融资产还是两者兼有。企业管理金融资产的业务模式,应当以企业关键管理人员决定的对金融资产进行管理的特定业务目标为基础确定。企业确定管理金融资产的业务模式,应当以客观事实为依据,不得以按照合理预期不会发生的情形为基础确定。

金融资产的合同现金流量特征,是指金融工具合同约定的、反映相关金融资产经济特征的现金流量属性。企业分类为本准则第十七条和第十八条规范的金融资产,其合同现金流量特征,应当与基本借贷安排相一致。即相关金融资产在特定日期产生的合同现金流量仅为对本金和以未偿付本金金额为基础的利息的支付,其中,本金是指金融资产在初始确认时的公允价值,本金金额可能因提前还款等原因在金融资产的存续期内发生变动;利息包括对货币时间价值、与特定时期未偿付本金金额相关的信用风险,以及其他基本借贷风险、成本和利润的对价。其中,货币时间价值是利息要素中仅因为时间流逝而提供对价的部分,不包括为所持有金融资产的其他风险或成本提供的对价,但货币时间价值要素有时可能存在修正。在货币时间价值要素存在修正的情况下，企业应当对相关修正进行评估，以确定其是否满足上述合同现金流量特征的要求。此外，金融资产包含可能导致其合同现金流量的时间分布或金额发生变更的合同条款（如包含提前还款特征）的，企业应当对相关条款进行评估（如评估提前还款特征的公允价值是否非常小），以确定其是否满足上述合同现金流量特征的要求。

第十九条第二款 在初始确认时，企业可以将非交易性权益工具投资指定为以公允价值计量且其变动计入其他综合收益的金融资产，并按照本准则第六十五条规定确认股利收入。该指定一经做出，不得撤销。企业在非同一控制下的企业合并中确认的或有对价构成金融资产的，该金融资产应当分类为以公允价值计量且其变动计入当期损益的金融资产，不得指定为以公允价值计量且其变动计入其他综合收益的金融资产。

第二十三条 嵌入衍生工具，是指嵌入到非衍生工具（即主合同）中的衍生工具。嵌入衍生工具与主合同构成混合合同。该嵌入衍生工具对混合合同的现金流量产生影响的方式，应当与单独存在的衍生工具类似，且该混合合同的全部或部分现金流量随特定利率、金融工具价格、商品价格、汇率、价格指数、费率指数、信用等级、信用指数或其他变量变动而变动，变量为非金融变量的，该变量不应与合同的任何一方存在特定关系。

衍生工具如果附属于一项金融工具但根据合同规定可以独立于该金融工具进行转让，或者具有与该金融工具不同的交易对手方，则该衍生工具不是嵌入衍生工具，应当作为一项单独存在的衍生工具处理。

第二十四条 混合合同包含的主合同属于本准则规范的资产的，企业不应从该混合合同中分拆嵌入衍生工具，而应当将该混合合同作为一个整体适用本准则关于金融资产分类的相关规定。

三、疑点、难点分析

从案例提供的资料来看，案例2-1属于公司持有的资产管理计划份额，案例2-2属于银行理财产品，案例2-3属于非公开发行的限售股（非交易性权益工具投资）。这些金融工具分类判断的难点在于合同现金流特征测试，即判断合同现金流量的特征是否与基本借贷安排相一致，相关金融资产在特定日期产生的合同现金流量是否仅为对本金和以未偿付本金金额为基础的利息的支付。如果测试通过且企业是为了收取合同现金流量，则这些金融工具分类为以摊余成本计量的金融资产；如果测试通过且企业既是为了收取合同现金流量也是为了出售资产，则这些金融工具分类为以公允价值计量且其变动计入其他综合收益的金融资产；如果合同现金流测试未通过，则这些金融工具只能分类为以公允价值计量且其变动计入当期损益的金融资产。

银行理财产品和资管计划投资，通常为动态管理的资产组合，投资者从该类投资中所取得的现金流既包括投资期间结构化主体持有相关资产产生的现金流量，也包括资产处置产生的现金流量。因此，此类产品产生的现金流量通常并非与基本借贷安排相一致，不能通过现金流量特征测试。对于非保本浮动收益的理财产品投资，通常情况下，非保本理财产品的合同条款中并未约定明确的票息，部分产品可能记载了该理财产品的预期收益率，但理财产品不保障本金及理财收益，理财计划的实际投资收益扣除托管费、固定管理费等相关费用后，作为投资者应得的本金及理财收益。因此，这类理财产品的现金流量反映的是理财计划基础投资的收益水平，该类理财产品投资的现金流量也并非与基本借贷安排相一致，不能通过现金流量特征测试。保本浮动收益的银行理财产品除按一般债权类投资的特性到期收回本金、获取约定利息或收益，需要关注影响其收益的变量，例如结构性存款，就是在基本存款安排之外嵌入了一项衍生金融工具，使得结构性存款的利率与商品价格、金价、利率、汇率或证券指数等挂钩。通过这类嵌入衍生工具，投资者获取的收益在基本借贷安排的基础上，会产生基于其他因素变动的不确定性。企业会计准则规定，如果衍生工具嵌入于一项金融资产主合同，且该主合同属于《企业会计准则第22号——金融工具确认和计量》中规范的资产的，则该嵌入衍生工具不再从金融资产主合同中分拆，而是与金融资产主合同作为一个整体，确认为一项金融工具，进行现金流量特征和业务模式测试，从而确定该金融工具的分类和计量。因此，对于含有嵌入衍生工具的结构性存款，嵌入衍生工具可能使其产生除基本借贷安排以外的现金流量。在这种情况下，其合同现金流量往往不能通过现金流量特征测试。

某些特殊的结构化主体投资，可能被认定为无追索权的债务工具或合同挂钩工具。对于此类投资，如果基础资产的合同现金流量特征与基本借贷安排相一致，则投资者需要根据具体投资条款、收益安排进一步判断，对该理财产品的投资产生的现金流量可能也可以通过现金流量特征测试。《〈企业会计准则第22号——金融工具确认和计量〉应用指南（2018）》对"合同挂钩工具"的现金流量特征进行了讨论。

在一些交易中，发行人可利用多个合同挂钩工具来安排向金融资产持有人付款的优先劣后顺序（分级）。对某一分级的金融资产持有人来说，仅当发行人取得足够的现金流量以满足更优先级的支付时，此类工具的持有人才有权取得对本金和未偿付本金的利息的偿付。当同时符合下列条件时，企业持有的某一分级的金融资产才符合本金加利息的合同现金流量特征：①分级的合同条款（在未穿透基础资产的情况下），产生的现金流量仅为对本金和以未偿付本金金额为基础的利息的支付（例如该分级的利率未与商品价格指数挂钩）。②基础资产包含一个或多个符合本金加利息的合同现金流量特征的工具（以下称基础工具）。这里的基础资产，是指穿透到最底层的、源生现金流量而非过手现金流量的资产。③该分级所承担的基础资产的信用风险，等于或小于基础资产本身的信用风险。例如，分级的信用评级等于或高于假设发行单一工具（不分级），该工具所得到的信用评级。

基础资产中除基础工具，还有满足以下条件的其他工具：①可以降低基础资产中基础工具现金流量波动性，并且与基础工具相结合时，能够产生仅为对本金和以未偿付本金金额为基础的利息的支付的现金流量（例如，利率上限或下限，或者降低部分或全部基础工具的信用风险的合同）。②可以协调各分级的合同现金流量与基础工具的现金流量，以解决两者在利率（例如，分级的合同现金流量基于固定利率，而基础工具现金流量基于浮动利率）、计价货币（包括通货膨胀因素）以及现金流量的时间分布上的差异。

在执行上述评估时，企业可能无须针对基础资产中的具体每一项工具进行详尽分析。但是，企业必须运用判断并进行充分的分析，以确定基础资产中的工具是否满足上述条件（同时参照下文关于仅构成极其微小影响的合同现金流量特征的指引）。

如果某一分级的金融资产持有人在初始确认时无法按照上述条件进行评估，那么分级的金融资产应当分类为以公允价值计量且其变动计入当期损益的金融资产。如果在初始确认后基础资产可能发生变化，导致基础资产不满足上述条件，那么分级的金融资产应当分类为以公允价值计量且其变动计入当期损益的金融资产。如果基础资产包含了有抵押物的工具但抵押物不满足上述对基础资产的要求条件，企业不应当考虑该抵押物的影响，除非企业购买分级金融资产的目的是控制抵押物。

四、案例分析

在案例 2-1 中，A 公司持有 B 公司发行的非保本且不承诺固定收益的资管产品。该资管产品未来的现金流量并非仅为对本金和基于未偿付本金的利息支付安排，因此该资管产品应分类为"以公允价值计量且其变动计入当期损益的金融资产"。

在案例 2-2 中，A 公司持有保本浮动收益的理财产品，类似于结构性存款合同，嵌入衍生工具可能使其产生除基本借贷安排以外的现金流量。在这种情况下，其合同现金流量往往不能通过现金流量特征测试，应分类为"以公允价值计量且其变动计入当期损益的金融资产"。

在案例 2-3 中，A 公司在初始确认时有将非交易性权益工具投资指定为以公允价值计量且其变动计入其他综合收益的金融资产的选择权。若 A 公司购入时将该限售股作为非交易性权益工具投资指定为以公允价值计量且其变动计入其他综合收益的金融资产，则该指定一经作出，不得撤销，也不能再分类为以公允价值计量且其变动计入当期损益的金融资产。如果 A 公司初始购入时将持有的限售股划分至交易性金融资产（以公允价值计量且其变动计入当期损益），则后续无法再指定为以公允价值计量且其变动计入其他综合收益的金融资产。

五、案例小结

通过对以上 3 个案例的分析，我们可以对金融工具分类的具体步骤和特殊金融工具的分类进行归纳，如图 2-1 和表 2-1 所示。

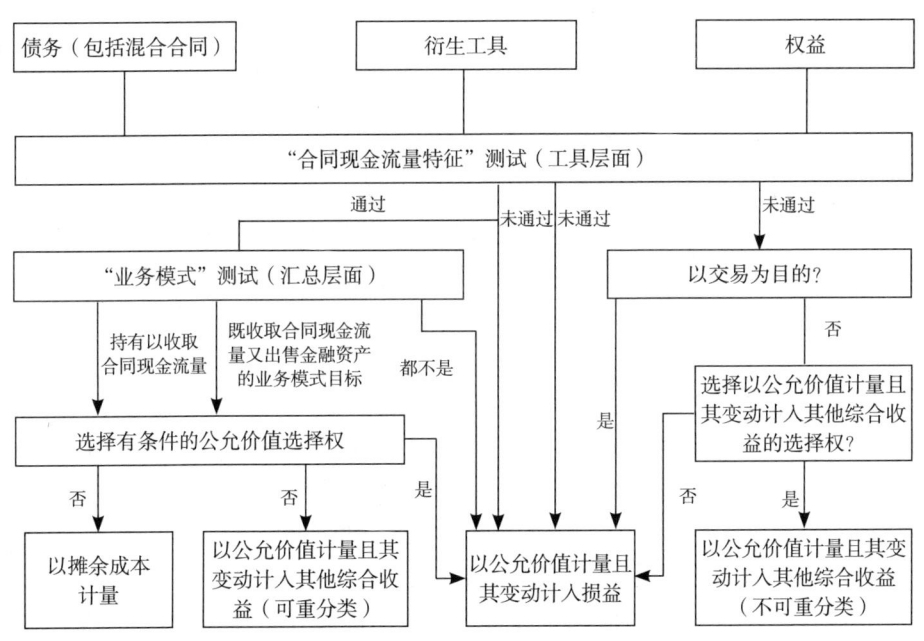

图 2-1　金融工具分类步骤示意图

表 2-1 特殊模式金融工具分类总结

序号	合同现金流量特征	业务模式	金融资产分类
1	明确约定保本＋固定收益［含通过合同挂钩工具的相关安排（如优先级）满足本条件］	收取合同现金流量	以摊余成本计量的金融资产
2		既收取合同现金流量又出售	以公允价值计量且其变动计入其他综合收益的债务工具投资
3	未明确保本＋固定收益	—	以公允价值计量且其变动计入损益的金融资产

第二节 信用风险显著增加的判断

一、案例背景

案例2-4 A银行为一家全国性股份制上市商业银行，2018年4月与以汽车零部件生产加工和出口为主业的X公司签订一份为期3年的长期借款合同，金额为1亿元人民币。在这笔贷款发放时，X公司财务状况相对较好，A银行认为客户有能力履行贷款合同的规定。同时，A银行还预计，在该贷款存续期内，X公司所属行业能够产生稳定的收入和现金流量。但受到国外经济持续低迷和中美贸易摩擦的影响，2019年X公司所属行业的总体销售情况恶化，X公司的利润和现金流量也受到影响，低于公司2018年制订的业绩计划。随后X公司采取适当措施以求清理库存，但其销售情况仍未达到预期水平。为保证流动性，X公司已经提用了另一项循环信贷额度，导致其杠杆率显著升高。另外，X公司所发行的债券的交易价格已下降，并且新取得的贷款的信用利差已提高，但基准利率并未发生重大变化。

案例2-5 M公司为一家精密机床制造企业，于2019年3月向B城市商业银行提出一笔为期5年的借款申请，总金额为1.6亿元人民币，用于建设生产线。在贷款审查时，B银行认为该行业具有周期性，业绩可能存在波动性，但总体来说该行业的全球需求将进一步增长，行业总体前景较好，而且M公司的杠杆率与其他具有相似信用风险的银行客户的杠杆率基本一致。如果不发生违约事件，M公司的偿债能力较强。于是，B银行通过了M公司的贷款申请并将该贷款划分为低信用风险贷款。但在2019年7月，M公司半年报显示，由于原材料价格的波动，有3家重要子公司的毛利率出现下降，M公司预计这些情况在今后数月中将得到显著改善。此外，M公司还宣布，将进行公司业务和机构重组以增强为现有债务进行再融资的灵活性，并提升子公司向M公司支付股息的能力。

案例2-6 H公司是一家大型电力设备生产企业，2019年3月公开发行了一只5年期限的公司债券。根据债券募集合同的规定，H公司不能进一步扩大负债规模。C基金公司是该债券投资方之一，因为仅为H公司的债券投资人，仅能依赖公开的财务报告信息，无法取得进一步的非公开信用风险信息，所以其对信用风险变化的评估全部取决于H公司的公告和其他公开信息，包括评级机构发布的消息和新闻中提到的相关信息。C基金公司在初始确认时认为：债券的违约风险较低，并且H公司在短期内具有较强的偿债能力；长期来看，经济形势和经营环境存在发生不利变化的可能，但未必一定导致H公司偿付该债券能力的降低。因此，C基金公司对该债券的内部信用评级等同于国际信用评级的投资级。

H公司的2019年第三季报显示，其营业收入同比下降22%，营业利润同比下降13%，而且该债券的价格显著下跌，导致到期收益率增高，但市场环境并未改变（如基准利率、流动性等未发生变化）。评级机构对于H公司的盈利预告作出负面反应，并对其信用级别进行复核以确定是否需要将其由投资级降至非投资级。但在报告日，外部信用风险评级暂时保持不变，H公司也一直按时支付债券利息。

问题：上述3个案例中的信用风险是否发生显著增加？

二、准则链接

《企业会计准则第22号——金融工具确认和计量》（2017年修订）第四十八条规定如下。

第四十八条 除了按照本准则第五十七条和第六十三条的相关规定计量金融工具损失准备的情形以外，企业应当在每个资产负债表日评估相关金融工具的信用风险自初始确认后是否已显著增加，并按照下列情形分别计量其损失准备、确认预期信用损失及其变动：

（一）如果该金融工具的信用风险自初始确认后已显著增加，企业应当按照相当于该金融工具整个存续期内预期信用损失的金额计量其损失准备。无论企业评估信用损失的基础是单项金融工具还是金融工具组合，由此形成的损失准备的增加或转回金额，应当作为减值损失或利得计入当期损益。

（二）如果该金融工具的信用风险自初始确认后并未显著增加，企业应当按照相当于该金融工具未来 12 个月内预期信用损失的金额计量其损失准备，无论企业评估信用损失的基础是单项金融工具还是金融工具组合，由此形成的损失准备的增加或转回金额，应当作为减值损失或利得计入当期损益。

未来 12 个月内预期信用损失，是指因资产负债表日后 12 个月内（若金融工具的预计存续期少于 12 个月，则为预计存续期）可能发生的金融工具违约事件而导致的预期信用损失，是整个存续期预期信用损失的一部分。

企业在进行相关评估时，应当考虑所有合理且有依据的信息，包括前瞻性信息。为确保自金融工具初始确认后信用风险显著增加即确认整个存续期预期信用损失，企业在一些情况下应当以组合为基础考虑评估信用风险是否显著增加。整个存续期预期信用损失，是指因金融工具整个预计存续期内所有可能发生的违约事件而导致的预期信用损失。

三、疑点、难点分析

企业对信用风险显著增加的评估，应当在资产负债表日评估金融工具信用风险自初始确认后是否已显著增加。企业应当通过比较金融工具在初始确认时所确定的预计存续期内的违约概率和该工具在资产负债表日所确定的预计存续期内的违约概率，来判定金融工具信用风险是否显著增加。在确定金融工具的信用风险水平时，企业应当考虑以合理成本即可获得的、可能影响金融工具信用风险的、合理且有依据的信息。合理成本即无须付出额外成本或努力。

企业在评估中可能需要考虑的因素包括：①信用风险变化所导致的内部价格指标的显著变化；②若现有金融工具在报告日作为新金融工具源生或发行，该金融工具的利率或其他条款将发生的显著变化（如更严格的合同条款、增加抵押品或担保物或者更高的收益率等）；③同一金融工具或具有相同预计存续期的类似金融工具的信用风险的外部市场指标的显著变化；④对借款人实际或预期的内部信用评级下调；⑤预期将导致借款人履行其偿债义务的能力发生显著变化的业务、财务或外部经济状况的不利变化；⑥借款人经营成果实际或预期的显著变化；⑦同一借款人发行的其他金融工具的信用风险显著增加；⑧借款人所处的监管、经济或技术环境的显著不利变化；⑨作为债务抵押的担保物价值或第三方提供的担保或信用增级质量的显著变化；⑩预期将降低借款人按合同约定期限还款的经济动机的显著变化；⑪借款合同的预期变更，包括预计违反合同的行为可能导致的合同义务的免除或修订、给

第二章 金融工具准则

予免息期、利率跳升、要求追加抵押品或担保或者对金融工具的合同框架作出其他变更；⑫借款人预期表现和还款行为的显著变化；⑬企业对金融工具信用管理方法的变化；⑭逾期信息。

如果以合理成本即可获得合理且有依据的前瞻性信息，企业在确定信用风险是否显著增加时不得仅依赖逾期信息。如果以合理成本无法获得逾期信息以外的前瞻性信息，企业可采用逾期信息来确定信用风险是否显著增加。无论企业采用何种方式评估信用风险是否显著增加，如果合同付款逾期超过（含）30日，则通常可以推定金融资产的信用风险显著增加，除非企业以合理成本即可获得合理且有依据的信息，证明即使逾期超过30日，信用风险仍未显著增加。

四、案例分析

1. 案例 2-4 分析

A 银行对 X 公司的贷款自初始确认后信用风险已显著增加，A 银行应对该贷款确认整个存续期内的预期信用损失。理由如下。

（1）宏观经济环境持续低迷，会对 X 公司现金流量产生负面影响。

（2）X 公司对 A 银行的贷款违约风险增加，有可能导致重组贷款或者修改该贷款合同。

（3）X 公司所发行的债券的交易价格已下降，且新取得的贷款的信用利差已提高，这反映了其信用风险已经增加。上述变化与市场环境的变化无关（例如基准利率在此期间保持不变）。所以，X 公司所发行的债券价格的下跌及其贷款信用利差的提高，很可能是由 X 公司自身因素造成的。

综合考虑，A 银行应该高度关注该贷款的信用风险的恶化情况，计量整个存续期内的预期信用损失。

2. 案例 2-5 分析

B 银行对 M 公司贷款的信用风险自初始确认后并无显著增加，银行只需计量未来 12 个月预期信用损失。理由如下。

（1）虽然 M 公司当前的销售和业绩出现下降，但 B 银行在初始确认时已预计到这一情况。与 B 银行在初始确认时的预期相比，这一因素尚未导致更负面的变化。此外，M 公司的经营情况在以后几个月将有所改善。

（2）M 公司的业务和机构重组，会使以现有债务进行再融资的灵活性得以增强，并且子公司向 M 公司支付股息的能力提高，这可能会提升公司的信用质量。

因此，B 银行可暂时不对该贷款计量整个存续期预期信用损失，但应对

12个月内预期信用损失的计量进行更新。

3. 案例2-6分析

尽管H公司目前尚能履行合同义务进行偿付，但其所处的不利经济形势和经营环境导致了重大不确定因素出现，增大了该债券的违约风险。因此，该债券的信用风险自初始确认后已显著增加。具体理由如下。

（1）X公司2019年第三季报显示，其营业收入同比下降22%，营业利润同比下降13%，预期盈利压力增大，很可能影响公司的偿债能力。

（2）评级机构对于H公司的盈利预告作出负面反应，并对其信用级别进行复核以确定是否需要将其由投资级降至非投资级。虽然外部信用风险评级暂时没有降低，但评级机构的行为已经表明公司的信用质量遭到市场的质疑，未来信用风险不确定性增强。

（3）该债券的价格显著下跌，导致到期收益率增高，而且债券价格的下跌是由H公司信用风险增加引起的，并非市场环境发生改变（例如基准利率、流动性等发生变化）。

五、案例小结

企业应当在资产负债表日评估金融工具信用风险自初始确认后是否已显著增加。这里的信用风险是指发生违约的概率。

1. 判断标准

企业应当通过比较金融工具在初始确认时所确定的预计存续期内的违约概率和该工具在资产负债表日所确定的预计存续期内的违约概率，来判定金融工具信用风险是否显著增加。

2. 评估信用风险变化所考虑的因素

在确定金融工具的信用风险水平时，企业应当考虑以合理成本即可获得的、可能影响金融工具信用风险的、合理且有依据的信息。合理成本即无须付出额外成本或努力。

3. 逾期与信用风险显著增加

金融资产发生逾期，是指交易对手未按合同规定时间支付约定的款项，既包括本金不能按时足额支付的情况，也包括利息不能按时足额支付的情况。逾期是金融工具信用风险显著增加的常见结果。因此，逾期可能被作为信用风险显著增加的标志。但是，信用风险显著增加作为逾期的主要原因，通常先于逾期发生。企业只有在难以获得前瞻性信息，从而无法在逾期发生前确定信用风险显著增加的情况下，才能以逾期的发生来确定信用风险的显著增加。换言之，企业应尽可能在逾期发生前确定信用风险的显著增加。如果以合理成本即可获得合理且有依据的前瞻性信息，企业在确定信用风险是否显著增加时，不得仅依赖逾期信息。

第三节 应收账款预期信用损失的计量

一、案例背景

案例 2-7 A 公司是一家大型零售企业。2020 年 12 月 31 日，A 公司不包含重大融资成分的应收账款余额为 6.7 亿元。A 公司的客户群由众多小客户构成，应收账款单笔金额小且分散，公司无法对每一笔应收账款的信用风险进行单独跟踪。

问题：A 公司应如何对该应收账款计提减值准备？

二、准则链接

《企业会计准则第 22 号——金融工具确认和计量》（2017 年修订）第六十三条规定如下。

第六十三条 对于下列各项目，企业应当始终按照相当于整个存续期内预期信用损失的金额计量其损失准备：

（一）由《企业会计准则第 14 号——收入》规范的交易形成的应收款项或合同资产，且符合下列条件之一：

1. 该项目未包含《企业会计准则第 14 号——收入》所定义的重大融资成分，或企业根据《企业会计准则第 14 号——收入》规定不考虑不超过一年的合同中的融资成分。

2. 该项目包含《企业会计准则第 14 号——收入》所定义的重大融资成分，同时企业做出会计政策选择，按照相当于整个存续期内预期信用损失的金额计量损失准备。企业应当将该会计政策选择适用于所有此类应收款项和合同资产，但可对应收款项类和合同资产类分别做出会计政策选择。

（二）由《企业会计准则第 21 号——租赁》规范的交易形成的租赁应收款，同时企业做出会计政策选择，按照相当于整个存续期内预期信用损失的金额计量损失准备。企业应当将该会计政策选择适用于所有租赁应收款，但可对应收融资租赁款和应收经营租赁款分别做出会计政策选择。

在适用本条规定时，企业可对应收款项、合同资产和租赁应收款分别选择减值会计政策。

三、疑点、难点分析

预期信用损失模型包括一般模型和简化模型。简化模型是指企业无须追踪债务人的信用风险变化，始终按照相当于整个存续期内预期信用损失的金融确认减值准备。企业会计准则规定，适用于新收入准则的交易形成的不包含重大融资成分的应收账款或合同资产必须选择简化预期信用损失模型计量预期信用损失。对于含有重大融资成分的应收账款、合同资产或租赁应收款，企业可选择简化模型，可对应收账款、合同资产、应收融资租赁款和应收经营租赁款分别选择减值方法，但一旦选择。企业应一致应用于所有应收账款、合同资产、应收融资租赁款和应收经营租赁款。

目前，企业在实务中主要运用账龄迁徙率模型计量应收账款的预期信用损失。该方法的关键在于计算应收账款迁徙率，然后计算预期损失率，在考虑前瞻性信息调整的基础上计算整个存续期内应收账款的预期信用损失。

四、案例分析

根据《企业会计准则第 22 号——金融工具确认和计量》的规定，对于非含有重大融资成分的应收账款企业必须使用简化的预期信用损失模型计量整个存续期预期信用损失。所以，A 公司应按照账龄迁徙率模型计量应收账款预期信用损失。

第一步：统计整理近年应收账款账龄情况。A 公司选取同一地区、具有类似信用风险特征的零售客户对应收账款的账龄分布情况进行统计汇总。为了计算简便，A 公司仅选取 2017—2020 年的应收账款账龄情况进行计算，在实务中，应选取更长期限的数据。汇总结果见表 2-2。

表 2-2　A 公司应收账款账龄分布汇总

单位：万元

账龄	2017 年	2018 年	2019 年	2020 年
1 年以内	30 032	35 450	50 063	58 352
1～2 年	7 010	5 205	2 535	3 303
2～3 年	1 778	3 028	2 006	1 503

第二章 金融工具准则

（续表）

账龄	2017年	2018年	2019年	2020年
3年以上	1 423	2 202	3 245	3 842
其中：上年年末账龄为3年以上，本年继续迁移部分		1 423	2 202	3 245
总计	40 243	45 885	57 849	67 000

第二步：基于第一步整理的应收账款账龄历史数据，计算上年各账龄期末余额向下一年各账龄段迁徙金额。具体结果见表2-3。

表2-3　A公司应收账款迁徙金额分布情况

单位：万元

账龄	2017—2018年迁移金额	2018—2019年迁移金额	2019—2020年迁移率金额
1年以内	3 372.59	2 733.20	4 005.04
1～2年	2 423.36	2 147.58	1 388.42
2～3年	1 241.76	2 522.93	1 833.28
3年以上	1 423.00	2 202.00	3 245.00

第三步：计算2017—2020年应收账款迁徙率和应收账款迁徙率平均值，见表2-4。需注意的是，当年迁移率为上年年末该账龄余额至下年年末仍未收回的金额占上年年末该账龄余额的比重。例如，2017年12月31日一年以内余额为30 032万元，至2018年12月31日仍未收回的部分会迁移至1～2年期间，为3 372.59万元，可计算得出迁移率为11.23%（3 372.59÷30 032），其余期间迁徙率也依此方法推算。

表2-4　A公司应收账款账龄迁徙率

账龄	2017—2018年迁移率	2018—2019年迁移率	2019—2020年迁移率	三年平均迁移率	序号
1年以内	11.23%	7.71%	8.00%	8.98%	A
1～2年	34.57%	41.26%	54.77%	43.53%	B
2～3年	69.84%	83.32%	91.39%	81.52%	C
3年以上	100.00%	100.00%	100.00%	100.00%	D

第四步：根据各账龄段的应收账款迁移率，计算各账龄段的应收账款损失率，见表 2-5。

表 2-5　A 公司应收账款历史损失率

账龄	历史损失率	公式
1 年以内	3.19%	$E = A \times B \times C \times D$
1～2 年	35.49%	$F = B \times C \times D$
2～3 年	81.52%	$G = C \times D$
3 年以上	100.00%	$H = D$

第五步：根据前瞻性信息（如宏观环境、行业分析、企业内部状况）对应收账款损失率进行调整。A 公司认为由于 2020 年宏观经济增速放缓会对应收账款的回收情况产生一定的负面影响，基于以往的经验和判断，预计 3 年以下账龄的预期损失率很可能比历史损失率高 5%，最终得出 2020 年年末预期损失率，如表 2-6 所示。

表 2-6　A 公司应收账款预期信用损失

单位：万元

账龄	2020 年 12 月 31 日余额	预期损失率	预期信用损失
	I	$J=$ 历史损失率 $\times (1 + 5\%)$	$K = I \times J$
1 年以内	58 352	3.35%	1 952.49
1～2 年	3 303	37.26%	1 230.74
2～3 年	1 503	85.59%	1 286.46
3 年以上	3 842	100.00%	3 842.00
总计	67 000	—	8 311.69

第六步：计算预期信用损失。根据 2020 年 12 月 31 日各账龄段应收账款余额和预期损失率，分别求出每个账龄段的预期信用损失，然后将各个阶段的预期信用损失相加，得出年末应计提的应收账款预期信用损失，作为本年应收账款应确认的坏账准备金额。

五、案例小结

应收账款账龄迁徙率模型通常的实务工作流程包括以下几个重要步骤：根据应收账款账龄迁徙率模型的要求恰当划分信用风险组合，在此基础上分组划分账龄段——历史数据、选定历史基期段，然后根据整理好的历史数据进行账龄测试，考虑前瞻性调整，最后是迁徙率模型数据代入的测算问题。

前瞻性调整，是指基于当前资产负债表不必付出额外成本即可获得的前瞻性信息，将可靠符合企业客观情况的历史损失率调整为当前资产负债表日的预期信用损失率，而不是人为地对模型测算结果进行随意调整。任何一个模型参数的定性、定量调整都需要依据。考虑前瞻性调整时，企业应以宏观经济政策、产业经济政策、行业经济政策等因素为例，需要同时考虑这些前瞻性因素对企业应收款项客户的影响趋势（定性）、波动幅度或波动率（区间幅度定量或点值定量），相同前瞻性因素对企业自身及其有权主导企业相关活动具有控制权的投资方、重大影响投资方、供应商等的影响，以及相同前瞻性因素对企业及其客户和投资方、供应商等之间的相互影响，在此基础上进行前瞻性调整。同时，需要考虑各企业所处产业、行业发展周期和企业本身的生命周期不同，所受影响也会有所不同。

第四节 金融负债和权益工具的区分

近年来，上市公司的融资安排或协议涉及优先股、永续债等金融工具业务，这些金融工具在会计核算上归入负债还是归入权益工具是会计实务中比较复杂的业务。实务中我们应当按照金融工具系列准则的规定，根据所发行金融工具的合同条款及其所反映的经济实质而非仅以法律形式，结合金融资产、金融负债和权益工具的定义，谨慎判断在初始确认时将该金融工具或其组成部分分类为金融负债或权益工具。

一、案例背景

案例2-8 A公司（甲方，系国务院国资委直接管理的中央企业）拟与B公司（乙方）签订《××一期集合资金信托计划永续债权投资合同》，合同约定以下内容。

（1）甲方的永续债权投资期限为无固定期限，从甲方提供的永续债权投资资金本金到达乙方指定的接收资金的银行账户之日（即为"起息日"）起算；乙方有权在永续债权投资资金投放届满3年之日和其后付息日（以下简称"还款权利日"）按永续债权投资资金的本金加应付利息（包括所有递延支付的利息）及其他一切应付但未付款项向甲方赎回永续债权（"赎回权"）；若乙方按上述约定赎回永续债权，则本合同项下永续债权投资到期。

（2）本合同项下乙方按季向甲方支付利息，除本合同另有约定，乙方应于本合同项下结息日向甲方支付利息，本合同项下的结息日也是付息日。在本永续债的每个付息日，乙方可自行选择将当期利息以及按照本条款已经递延的所有利息及其孳息推迟至下一个付息日支付，且不受任何递延支付利息次数的限制；前述利息递延不构成乙方未能按照约定足额支付利息。每笔递延利息在递延期间按当期票面利率累计计息。

（3）该协议存在财务监督、经营监督等，如当乙方按本合同约定产生偿付义务时，乙方在永续债权存续期限内未经甲方书面同意不得签订可能对乙方按合同约定偿付造成不利影响的任何担保文件或其他方式的财务安排协议、财产抵押和股权质押，乙方与甲方另有约定的除外。

问题：对于该投资合同，A公司应如何进行会计处理？

案例 2-9 甲公司为集地产、物业管理、餐饮娱乐等多项投资管理于一体的集团公司，乙公司为甲公司下属全资子公司，从事房地产开发业务。

2017年1月，某信托公司（以下简称"信托公司"）与乙公司签署增资协议。协议约定：信托公司向乙公司增资10亿元（增资完成后占乙公司40%的股权），投资期为10年；乙公司应在自工商登记手续办理完毕之日起30个工作日内向信托公司签发股权证明。信托公司增资后可向乙公司派出1名董事（董事会有5名成员），但不参与乙公司日常经营活动。

同日，信托公司与甲公司签署了股权回购协议。协议规定：甲公司同意自信托公司与乙公司签署增资协议后的第8年、第9年和第10年按信托公司增资价格回购信托公司所持乙公司股权的30%、30%和40%。此外，甲公司增资后于每年5月20日和11月20日向信托公司支付当期对价款，当期对价款计算公式如下：当期对价款=（信托公司对乙公司投资总额－甲公司已支付的股权回购款）×6.8%÷360×该支付期内实际天数。股东权利让渡期间内，乙公司弥补亏损和提取盈余公积金后所余税后利润（如有），全部归甲公司所有，信托公司不再主张任何权利。

问题：从甲公司合并财务报表和乙公司单体财务报表的角度来看，上述股权信托融资应作为负债还是作为权益进行会计处理？

二、准则链接

1.《企业会计准则第22号——金融工具确认和计量》（2006）第五十七条、第五十八条

第五十七条 金融负债，是指企业的下列负债：

第二章 金融工具准则

（一）向其他单位交付现金或其他金融资产的合同义务；

（二）在潜在不利条件下，与其他单位交换金融资产或金融负债的合同义务；

（三）将来须用或可用企业自身权益工具进行结算的非衍生工具的合同义务，企业根据该合同将交付非固定数量的自身权益工具；

（四）将来须用或可用企业自身权益工具进行结算的衍生工具的合同义务，但企业以固定金额的现金或其他金融资产换取固定数量的自身权益工具的衍生工具合同义务除外。其中，企业自身权益工具不包括本身就是在将来收取或支付企业自身权益工具的合同。

第五十八条 权益工具，是指能证明拥有某个企业在扣除所有负债后的资产中的剩余权益的合同。

2.《企业会计准则第 37 号——金融工具列报》（2017 年修订）第八条第四项、第九条、第十条

第八条第四项 ……企业对全部现有同类别非衍生自身权益工具的持有方同比例发行配股权、期权或认股权证，使之有权按比例以固定金额的任何货币换取固定数量的该企业自身权益工具的，该类配股权、期权或认股权证应当分类为权益工具……

第九条 权益工具，是指能证明拥有某个企业在扣除所有负债后的资产中的剩余权益的合同。企业发行的金融工具同时满足下列条件的，符合权益工具的定义，应当将该金融工具分类为权益工具：

（一）该金融工具应当不包括交付现金或其他金融资产给其他方，或在潜在不利条件下与其他方交换金融资产或金融负债的合同义务；

（二）将来须用或可用企业自身权益工具结算该金融工具。如为非衍生工具，该金融工具应当不包括交付可变数量的自身权益工具进行结算的合同义务；如为衍生工具，企业只能通过以固定数量的自身权益工具交换固定金额的现金或其他金融资产结算该金融工具。企业自身权益工具不包括应按照本准则第三章分类为权益工具的金融工具，也不包括本身就要求在未来收取或交付企业自身权益工具的合同。

第十条 如果企业不能无条件地避免以交付现金或其他金融资产来履行一项合同义务，则该合同义务符合金融负债的定义。有些金融工具虽然没有明确地包含交付现金或其他金融资产义务的条款和条件，但有可能通过其他

条款和条件间接地形成合同义务。

如果一项金融工具须用或可用企业自身权益工具进行结算，需要考虑用于结算该工具的企业自身权益工具，是作为现金或其他金融资产的替代品，还是为了使该工具持有方享有在发行方扣除所有负债后的资产中的剩余权益。如果是前者，该工具是发行方的金融负债；如果是后者，该工具是发行方的权益工具。在某些情况下，一项金融工具合同规定企业须用或可用自身权益工具结算该金融工具，其中合同权利或合同义务的金额等于可获取或需交付的自身权益工具的数量乘以其结算时的公允价值，则无论该合同权利或合同义务的金额是固定的，还是完全或部分地基于除企业自身权益工具的市场价格以外变量（例如利率、某种商品的价格或某项金融工具的价格）的变动而变动，该合同应当分类为金融负债。

第十一条 除根据本准则第三章分类为权益工具的金融工具外，如果一项合同使发行方承担了以现金或其他金融资产回购自身权益工具的义务，即使发行方的回购义务取决于合同对手方是否行使回售权，发行方应当在初始确认时将该义务确认为一项金融负债，其金额等于回购所需支付金额的现值（如远期回购价格的现值、期权行权价格的现值或其他回售金额的现值）。如果最终发行方无须以现金或其他金融资产回购自身权益工具，应当在合同到期时将该项金融负债按照账面价值重分类为权益工具。

3.《〈企业会计准则第37号——金融工具列报〉应用指南（2018）》"四、金融负债和权益工具的区分"

……

（二）金融负债和权益工具区分的基本原则：

1.是否存在无条件地避免交付现金或其他金融资产的合同义务

（1）如果企业不能无条件地避免以交付现金或其他金融资产来履行一项合同义务，则该合同义务符合金融负债的定义。实务中，常见的该类合同义务情形包括：

①不能无条件避免的赎回，即金融工具发行方不能无条件地避免赎回此金融工具。如果一项合同（除本准则第三章分类为权益工具的特殊金融工具外）使发行方承担了以现金或其他金融资产回购自身权益工具的义务，即使发行方的回购义务取决于合同对手是否行使回售权，发行方应当在初始确认时将该义务确认为一项金融负债，其金额等于回购所需支付金额的现值。如果发行方最终无须以现金或其他金融资产回购自身权益工具，应当在合同对

第二章 金融工具准则

手方回售权到期时将该项金融负债按照账面价值重分类为权益工具。

②强制付息,即金融工具发行方被要求强制支付利息。

……

(2)如果企业能够无条件地避免交付现金或其他金融资产,例如能够根据相应的议事机制自主决定是否支付股息(即无支付股息的义务),同时所发行的金融工具没有到期日且合同对手没有回售权,或虽有固定期限但发行方有权无限递延(即无支付本金的义务),则此类交付现金或其他金融资产的结算条款不构成金融负债。如果发放股利由发行方根据相应的议事机制自主决定,则股利是累积股利还是非累积股利本身不会影响该金融工具被分类为权益工具。

……

三、疑点、难点分析

确定一项金融工具是金融负债还是权益工具的关键,是该金融工具的合同条款是否赋予其持有方一项合同性权利,以收取现金或其他金融资产。如果金融工具条款未有效迫使发行方向持有方交付现金或其他金融资产,而仅仅是合同双方从其自身经济利益考虑而可能产生的结果(经济强制),则不需要进行考虑。

例如,某些优先股条款约定,发行方在向优先股股东足额分配股息之前,不得向普通股股东分配股利。发行方在有能力支付股利的情况下,不向普通股股东支付股利,将受到普通股股东的压力,并且会导致其在资本市场的信誉受损,从而很难再获得额外的资本。此时,发行方从自身信誉角度考虑,为了向普通股股东分配股利,选择向优先股股东足额分配股息,属于一项"经济强制"导致的支付,而不是由优先股合同条款直接导致的支付。因此,该条款并不会导致所发行的优先股被分类为一项金融负债。

又如,某些永续债条款并不强制要求在未来偿付股息,但是,在某一时点之后(例如,5年以后),累计计算的股息将上升,且通常将超过企业预期的筹资成本。这将有效地迫使发行方在股息上涨之前对该工具进行偿还。此类股息上升的条款通常称为"递升条款"。"递升条款"仅仅是一项"经济强制"因素,对于判断金融工具属于金融负债还是权益工具是不相关的,因为它是发行方出于自身经济利益而可能考虑的因素,而不是合同条款直接导致的结果。在执行"递升条款"之前,该因素并不影响永续债发行方是否应偿还本金或股息,从而存在交付现金或其他经济资源的义务的判断。

金融负债和权益工具分类的难点，在于某些包含或有结算条款合同，需要判断其是否产生了交付经济利益的义务，从而满足或不满足负债定义。某些金融工具可能要求主体在未来不确定事项的发生或不发生时交付现金或另一金融资产。例如，未来的不确定事项可能包括股票指数或消费者价格指数的变动、利率的变动、税法的变动，或者发行方的未来收入、净利润或负债与股权比例等。对于此类包含或有结算条款的金融工具，其分类的关键在于发行方是否可以控制未来不确定事项的发生或不发生。如果未来不确定事项是在发行方控制范围内，则表明发行方可以无条件地避免在未来交付现金或其他金融资产，则应分类为权益工具；相反，如果未来不确定事项不在发行方的控制范围内，则应当将该工具分类为金融负债。

四、案例分析

1. 案例 2-8 分析

该信托本次投资没有明确的投资期限，A 公司可将当期的利息和已经递延的利息及孳息递延支付，且不受任何递延支付次数的限制，即本次交易公司不存在交付现金或其他金融资产给其他方，或在潜在不利条件下与其他方交换金融资产或金融负债的合同义务。

根据《企业会计准则第 37 号——金融工具列报》的相关规定，A 公司拟将本次投资作为权益工具计入公司所有者权益。公司认同上述意见，但乙方赎回权的设定是否属于嵌入式金融工具，需确认衍生金融资产。

关于永续债作为权益工具的会计处理，本书基本赞同 A 公司观点，同时注意以下几点。

（1）永续债的投资资金来源于信托资金，对于信托项目的条款设定同样应予以关注，其是否存在与永续债的本金及利息偿还条款不一致的设定，如信托资金的存续期限定期限（如信托的预定存续期限为 3 年或 5 年等，且到期不再延长，且此处的永续债是该信托的唯一投资项目，是该信托向其受益人返还本金和支付约定收益的唯一来源）或者约定按期支付利息，则有可能使得该永续债不满足权益工具的认定条件。总之，要综合分析所有相关协议，而不仅仅是此处的投资合同，要考虑各项相关协议之间的互相影响是否可能导致合伙协议中的无限存续期限和不承诺本金安全、约定收益等条款不具有商业实质，不能简单地依据《永续债投资合同》中的若干条款进行判断。

（2）A 公司作为隶属于国务院国资委直接管理的大型中央企业，因其分红通常不受自身控制，如果合同条款中对分红条款有特别的限制（如约定如果推迟利息支付则在推迟期间不得向股东分红），则有可能影响该永续债作为权益工具的认定条件。

关于乙方赎回权的设定是否属于嵌入式金融工具，我们的理解是：对照《企业会计准则第22号——金融工具确认和计量》（2017年修订）第五条对"衍生工具的定义和三项基本特征"的规定，该项赎回权是符合"衍生工具"的定义和确认标准的。但该项衍生工具对发行方而言不包含偿付现金或者在不利条件下交换金融资产的合同义务，也不能以A公司自身的其他权益工具结算，因此从《企业会计准则第37号——金融工具列报》（2017年修订）中对于区分权益工具和金融负债的规定标准来看，该项赎回权对发行方而言也是一项权益工具。主合同（永续债）和衍生工具（赎回权）都属于权益工具，因此也就没有将其分拆后对赎回权予以单独确认和计量的必要。

2. 案例2-9分析

在实务中，信托公司（或资金管理计划、私募基金公司）经常会向某些公司增资或从其母公司手中购买股权，但同时约定在未来某一时间由其母公司按事先约定的固定价格向信托公司回购原先转让或增资形成的项目公司股权的情形。对于这种投资方式，在判定其投资性质属于权益性投资还是债权性投资时，应当根据合同条款及其所反映的经济实质而非仅以法律形式，结合金融资产、金融负债和权益工具的定义，在初始确认时将这类投资形式分类为金融资产、金融负债或权益工具。

在本案例中，信托公司的回购价格系固定对价，按合同约定支付的当期对价款等于信托公司对乙公司的投资总额减去甲公司已支付的股权回购款，乘以6.8%，除以360，最后乘以该支付期内实际天数，与实际回购时该等股权的公允价值无关，从而确保信托公司在这一交易安排中的投资本金安全得到保障，并获得固定的收益。在这一过程中，信托公司虽然在法律形式上持有乙公司的股权，但最终可保证收回本金并获得固定收益，因此并未真正承担与所持乙公司股权对应的风险和报酬，就经济实质而言并不属于权益工具。

鉴于本案例中保障信托公司投入本金安全和固定收益的保证责任由甲公司（母公司）而不是乙公司（项目公司）承担，乙公司在自身的个别财务报表中，仍可将信托公司增资形成的股权确认为一项权益工具。

甲公司承担了向信托公司每年支付对价款以及在第8年、第9年、第10年回购股权的义务，表明甲公司存在向信托公司交付现金的合同义务，因此甲公司在编制合并报表时，应将通过信托融入的资金确认为一项债务工具（而不是少数股东权益），将支付给信托公司的固定回报视同利息支出而不是利润分配，并按照《企业会计准则第 17 号——借款费用》的规定对借款费用进行处理。

需要特别说明的是,"债务工具"和"权益工具"的界定是针对特定会计主体而言的,有可能出现同一项金融工具在不同会计主体层面(如作为法律上发行人的子公司的个别报表会计主体和其母公司合并报表会计主体)被界定为不同性质的工具的情况。鉴于债务工具和权益工具的划分在某些情况下涉及复杂、主观的专业判断,注册会计师务必要详细阅读相关募集的法律文件,综合分析相关条款的会计影响。需要注意的是,条款中细微的文字差异就有可能导致分析结果完全不同。

五、案例小结

根据上述案例,发行方一般按图 2-2 所示的流程对金融工具分类进行分析。

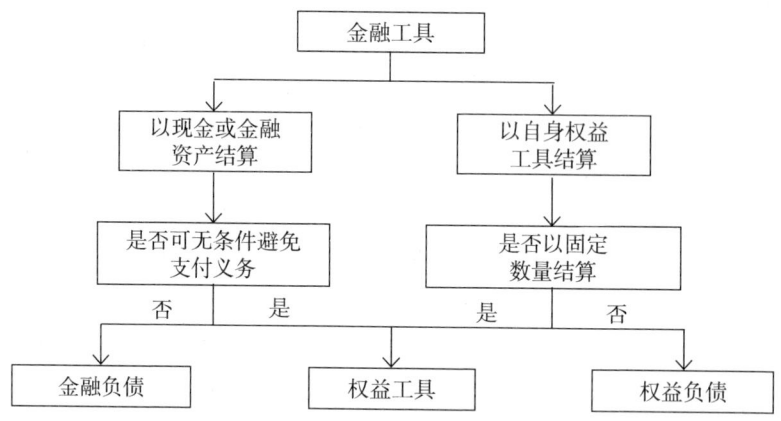

图 2-2 金融工具分类示意图

其中,是否可无条件避免支付义务,应关注是否存在或有结算条款,常见的或有结算条款及其是否受发行方控制见表 2-7,金融负债和权益工具的区分见表 2-8。

表 2-7 常见的或有结算条款及其是否受发行方控制

或有结算条款	是否受发行方控制
发行方对普通股的分配	是。对普通股的分配是无条件的
发行方的接管	取决于该事项的决定过程
发行方收入、利润、资产负债率等达到一定指标	否

第二章 金融工具准则

（续表）

或有结算条款	是否受发行方控制
依赖于发行方清理程序的启动	否。但在持续经营假设条件下，不会导致被分类为负债
受到超过预定金额的处罚，或者受到政府机构或金融监管部门的调查	否
会计政策、税法或法规政策的变动，导致发行方财务状况受到影响	否
在股票市场交易的上市公司股票，停牌超过一定期限	很可能不受发行方控制，但仍需要根据具体停牌原因判断
发布 IPO 招股说明书	是
IPO 发行失败	否
发行方信用等级的变动	否

表 2-8　金融负债与权益工具的区分

以现金或其他金融资产（现金、存货、固定资产等）结算（是否存在无条件避免交付现金或其他金融资产的合同义务）	（可能）存在，交付/潜在不利条件下交付（换）给其他单位的合同义务；如银行借款、应付债券	发行方不能无条件避免赎回（注意：回售权到期或购买方不行使回售权，重分类为"权益工具"）	金融负债
		发行方被要求强制付息	
	不存在（能够避免），交付/潜在不利条件下交付（换）给其他单位的合同义务；如发行方根据议事机制自主决定是否支付利息		权益工具
以自身权益工具（股份、所有权等）进行结算（是否通过交付固定数量的自身权益工具结算）	非衍生工具	数量可变（资产替代物）	金融负债
		数量固定（股数固定）	权益工具
	衍生工具	数量可变，金额固定/不固定；固定数量，金额可变（资产替代物）	金融负债
		数量固定，金额固定"双固原则"	权益工具

第五节　应收账款保理业务的会计处理

应收账款保理是企业将赊销形成的未到期应收账款在满足一定条件的情况下转让给商业银行，以获得银行的流动资金支持，加快资金周转。但对应收账款保理业务如何进行会计处理，实务中并没真正明晰。

一、案例背景

案例 2-10 ××集团财务有限责任公司（以下简称"财务公司"）与××银行股份有限公司北京王府井支行（以下简称"王府井支行"）拟签订银行保理合同，针对保理申请人（××工业集团下属公司）作为销货方以其与购货方之间形成的应收账款，向上述银行申请办理无追索权的国内保理业务。

问题：保理申请人办理的应收账款保理业务下的应收账款是否可以终止确认？

案例 2-11 B 有限公司系 A 公司下属子公司，具备保理业务办理资格。A 公司系中央企业控股的 A 股和 H 股上市公司，总体属建筑业行业，具有港口与航道工程、公路工程施工总承包特级资质和多项工程总承包一级资质，同时具有大型项目总承包实施管理能力和 BT、BOT 项目融资能力。截至 2016 年年底，B 公司共向 A 公司及其下属子公司办理无追索权保理余额 59.722 亿元，其中 2016 年度办理 42.753 亿元。

下面以 B 公司向 A 公司子公司 C 公司办理的 5 130 万元无追索权保理为例具体说明。

1. 保理合同内容

2016 年 12 月 27 日，B 公司（甲方：保理商）与 C 公司（乙方：卖方）签订无追溯权国内商业保理合同，该合同系公开型无追索权国内保理合同，保理额度为 5 130 万元，保理额度有效期为 1 年，自 2016 年 12 月 27 日起至 2017 年 11 月 30 日止，包括 2 笔应收账款，其中：X 市城市规划建设和保障局 2 910 万元（支付审批日期为 2016 年 9 月），Y 市某高速公路有限公司 2 220 万元（支付审批日期为 2016 年 10 月 22 日）。

本保理合同项下的保理融资方式为比例预付方式，首期利率以实际放款日适用的中国人民银行公布施行的相应档次的贷款基准利率上浮 10% 计息。融资在合同期内遇法定利率调整，本合同项下融资利率从放款日届满 12 个月之当月起（如调整当月不存在与放款日对应的日期，则以该月最后一日为对应日，其他各期以此类推），按中国人民银行的同期同档次贷款基准利率按照本条约定的浮动方式进行调整。利息从实际放款日起算，按实际融资额和融资天数计算。

在买方或承租人付款前，经甲方同意，乙方可以提前一次性归还保理融资。

发生前述提前还款、买方/或承租人于催账期届满前付款、乙方在催账期

第二章 金融工具准则

届满前进行回购退还保理融资本金等情况时，在折扣方式下，甲方将退还相应的保理融资自实际还款日至催账期届满日期间的折扣；在比例预付方式下，按相应的保理融资的实际占用期限计算其利息。如买方或承租人部分支付或乙方部分退还、未完全清偿保理融资本金的，根据前述约定应当退还的折扣，将于保理融资本金全部受偿时退还。

2. 保理付款及应收账款到期日情况

该保理所涉及的 2 笔应收账款，均已向买方发出转让通知书。

该保理额度于 2016 年 12 月 28 日由甲方拨付乙方金额 5 130 万元，起息日期为 2016 年 12 月 28 日，到期日期为 2017 年 11 月 30 日。保理合同及转让资料均未涉及应收账款到期日。

X 市城市规划建设和保障局施工项目预计完工日为 2017 年 6 月 9 日，施工合同约定，次月 5 日按上月完成进度相应价款的 80% 支付进度款，工程竣工时支付到完成量价的 80%，本项目审计通过后 2 个月支付至审定金额的 95%，5% 为质量保证金。

Y 市某高速公路有限公司施工项目预计完成日为 2017 年 5 月 16 日，施工合同约定，进度款支付周期应与合同约定的工程计量周期一致。付款比例为合同内按工程计量周期内完成工程量的 80%，合同外按工程计量周期内完成工程量的 60%。工程全部竣工通过验收合格，在工程造价审计结果确定之前支付至合同价款的 80%；结算经审计确定发出审计报告之日起 180 天内，发包人支付工程款至结算审定价的 95%。5% 余额作为质保金，保质期满无质量问题一次性支付结清余款。

上述两笔应收账款均为结算过程中 95% 与 80% 的差额部分记账金额，由于项目未完工，且完工后需要经审计确认，应收账款预计付款期难以确认。

3. 保理计息及账务处理情况

甲方对上述保理款按应收乙方款入账，并按季度计提利息计入损益；乙方对上述应收账款按终止确认处理，按保理额度借记"银行存款"科目、贷记"应收账款"科目，利息部分乙方按与甲方一致的金额按季计入财务费用。

问题：

（1）保理合同中约定条款"在买方或承租人付款前，经甲方同意，乙方可以提前一次性归还保理融资"，是否影响保理合同所涉及应收账款的终止确认？

（2）融资利率随法定利率调整而调整事项，是否影响保理合同所涉及应收账款的终止确认？

（3）应收账款终止确认条件下，保理利息能否在保理融资期限内摊销？

二、准则链接

（1）应收账款保理业务的会计处理主要涉及《企业会计准则第 23 号——金融资产转移》《企业会计准则第 37 号——金融工具列报》《企业会计准则第 30 号——财务报表列报》和《企业会计准则第 31 号——现金流量表》等企业会计准则。

根据企业会计准则针对金融资产转移的规定，企业在判断是否已将金融资产所有权上几乎所有的风险和报酬转移给转入方时，应当比较转移前后该金融资产未来现金流量净现值及时间分布的波动使其面临的风险。企业面临的风险因金融资产转移发生实质性改变的，表明该企业已将金融资产所有权上几乎所有的风险和报酬转移给转入方，如不附任何保证条款的金融资产出售等；企业面临的风险没有因金融资产转移发生实质性改变的，表明该企业仍保留了金融资产所有权上几乎所有的风险和报酬，如将贷款整体转移并对该贷款可能发生的信用损失进行全额补偿等。企业需要通过计算判断是否已将金融资产所有权上几乎所有的风险和报酬转移给转入方。在计算金融资产未来现金流量净现值时，企业应当考虑所有合理、可能的现金流量波动，并采用适当的现行市场利率作为折现率。

（2）根据《企业会计准则讲解（2010）》，终止确认是指将金融资产或金融负债从企业的账户和资产负债表内予以转销。按照金融资产转移准则，金融资产转移满足下列条件的，企业应当终止确认该金融资产：①企业已将金融资产所有权上几乎所有的风险和报酬转移给转入方；②企业既没有转移也没有保留金融资产所有权上几乎所有的风险和报酬，但放弃了对该金融资产的控制。

三、疑点、难点分析

在保理业务的会计处理之前，企业应当先判断保理业务的性质。按照报酬风险是否转移，保理业务可以分为以下几种情况进行讨论。

（一）无追索权保理

无追索权的保理，即保理商买断。但是应注意到在《商业银行保理业务管理暂行办法》中，无追索权的保理是有前提条件的，即在无商业纠纷情况下，保理商承担应收账款的坏账风险。因此，债权人对应收账款保留了部分但不是几乎所有金融资产所有权上的风险。根据《企业会计准则第 23 号——金融资产转移》，企业既没有转移也没有保留金融资产所有权上几乎所有的风险和报酬的,若放弃了对该金融资产的控制,应当终止确认该金融资产。判断是否已放弃对所转移金融资产的控制,可以重点关注转入方出售所转移金融资产的实际能力。如果转入方能够单独将转入的金融资产整体出售给其不存在关联方关系的第三方,且没有额外条件对此项出售加以限制,则说明转入方有出售该金融资产的实际能力,同时表明企业(转出方)已放弃对该金融资产的控制,应当终止确认所转移的金融资产。如果债权人保留了对该金融资产的控制,应当按照其继续涉入被转移金融资产的程度,确认有关金融资产并确认相关负债。

（二）有追索权保理

有追索权的保理,即无商业纠纷下应收账款到期无法回收,债权人承担相应风险的保理。根据《企业会计准则第23号——金融资产转移》,债权人保留了金融资产几乎所有的风险,应当继续确认该项金融资产。对于保理融资,实务上有确认为短期借款的做法。

（三）商业纠纷下的无追索权保理

中国证监会《关于应收账款银行保理业务的监管提示》中案例涉及无追索权保理发生商业纠纷,其在会计处理上指出,在办理无追索权保理业务时,应当先根据合同实质判断风险报酬是否全部转移作相应会计处理。当发生商业纠纷时,保理商根据规定向债权人追偿,债权人如果在初期终止确认了应收账款的,应当重新确认该项债权。

四、案例分析

（一）案例2-10分析

根据本案例中公司提供的保理合同,建议关注以下问题。

（1）保理融资费用的计算有无期限限制。例如被保理的应收账款如果未能收回,则融资费用会一直按照放款的天数和约定的保理费率计收下去。如果存在此类无限期收取保理融资费用的可能性,除非保理申请人自行归还保理融资款,否则利息的收取不会停止,则经济实质上等同于应收账款质押借款,表明被保理的应收账款所有权上的主要风险和报酬并未转移。

（2）合同约定的可能触发申请人回购义务的违约条款中的各项"预期违约事件"是否在合同约定的保理期限内基本确定不会发生。

如果保理融资费用的收取有明确的期限限制,超出保理期限(标的应收账款的原定合同到期日）后即不再收取，或者仅收取固定金额；同时，合同约定可能触发申请人回购义务的违约条款中的各项"预期违约事件"在合同约定的保理期限内基本确定不会发生，则基本可以认可在该无追索权保理合同项下标的应收账款所有权上的主要风险和报酬已经转移给保理银行，从而满足终止确认的条件。否则，虽然名为"无追索权保理"，实际上仍不满足终止确认条件。

（二）案例2-11分析

甲乙双方均为特大型中央企业的下属企业，信誉良好。甲方已将保理所涉及应收账款按金融资产确认入账，乙方已将保理所涉及应收账款终止确认，甲乙双方所涉及公司均答复不会发生"乙方可以提前一次性归还保理融资"事项。集团公司拟要求所涉及公司在管理层声明中增加不会发生"乙方可以提前一次性归还保理融资"事项。在此背景下，保理合同中约定条款"在买方或承租人付款前，经甲方同意，乙方可以提前一次性归还保理融资"，不会影响保理合同所涉及应收账款的终止确认。

融资利率的变动比例在可预见的期限内变动不会太大，其对损益的影响应当不大，对整体金融资产转移所涉及的风险不大，因此，我们认为，融资利率随法定利率调整而调整事项不会影响保理合同所涉及应收账款的终止确认。

为减少该事项对财务报表的影响，企业应在报表附注中，将该事项作为或有事项披露。

根据《企业会计准则讲解（2010）》，金融资产整体转移满足终止确认条件的，应当将下列两项金额的差额计入当期损益：①所转移金融资产的账面价值；②因转移而收到的对价，与原直接计入所有者权益的公允价值变动累计额之和。

依据企业会计准则的规定，保理利息系所转移应收账款与保理对价的主要差额，应计入保理当期损益。

保理融资所涉及的应收账款，均为可收回性极强的应收账款，保理涉及折价主要为收款期限所致，融资期限系按照估计的最佳收款期限估计。因此，在保理融资期限内摊销保理利息较为合理。对此事项，与准则规定不符，按准则规定执行，应当一次性计入当期损益。

五、案例小结

（1）保理合同符合"企业已将金融资产所有权上几乎所有的风险和报酬转移给了转入方"的条件，可以终止确认。

第二章　金融工具准则

（2）在应收账款终止确认时，融资利率随法定利率调整而调整，要求在报表附注中作为或有事项披露。

（3）在应收账款终止确认条件下，保理利息不能在保理融资期限内摊销，应一次性计入损益。

注意：此处讨论的是合同乙方自身个别报表层面的处理问题。在集团公司的合并报表层面，该内部交易应予以抵销，仍体现为合并集团对外的应收账款。

第六节　混合金融工具的会计处理

混合金融工具是通过衍生工具（如期权）内嵌于传统证券（如债券、股票）中所形成的创新产品。随着金融创新和经济全球化浪潮的推进，混合工具日益成为企业融资和投资的重要工具和手段。这些混合金融工具具有负债或权益多种要素特征，会计处理也较为复杂，不同的会计处理会对企业会计信息的质量产生重要影响。

一、案例背景

案例 2-12　××科技股份有限公司为充分利用闲置资金，于 2016 年 1 月 22 日购买由中国民生银行发行的"中国民生银行人民币结构性存款 D-1 款"保本浮动收益型结构性存款 5 000 万元整，期间为 2016 年 1 月 22 日至 2017 年 1 月 20 日，该产品收益与 USD3M-LIBOR 挂钩。《中国民生银行结构性存款》协议约定：若客户无提前支取等违约情况，银行在分配日会支付 100% 结构性存款本金，客户的收益计算与产品的收益挂钩。银行通过对各种收益指标测算，该公司此笔结构性存款的年利率 3% 的概率为 95%。

问题：该公司该如何进行会计处理？

二、准则链接

1.《企业会计准则第 37 号——金融工具列报》（2017 修订）第七条、第九条

第七条　企业应当根据所发行金融工具的合同条款及其所反映的经济实质而非仅以法律形式，结合金融资产、金融负债和权益工具的定义，在初始确认时将该金融工具或其组成部分分类为金融资产、金融负债或权益工具。

第九条　……（参见本章第四节）

2.《企业会计准则第 22 号——金融工具确认和计量》（2017 年修订）第二十三条至第二十五条

第二十三条 ……（参见本章第一节）

第二十四条 ……（参见本章第一节）

第二十五条 混合合同包含的主合同不属于本准则规范的资产，且同时符合下列条件的，企业应当从混合合同中分拆嵌入衍生工具，将其作为单独存在的衍生工具处理：

（一）嵌入衍生工具的经济特征和风险与主合同的经济特征和风险不紧密相关。

（二）与嵌入衍生工具具有相同条款的单独工具符合衍生工具的定义。

（三）该混合合同不是以公允价值计量且其变动计入当期损益进行会计处理。

嵌入衍生工具从混合合同中分拆的，企业应当按照适用的会计准则规定，对混合合同的主合同进行会计处理。企业无法根据嵌入衍生工具的条款和条件对嵌入衍生工具的公允价值进行可靠计量的，该嵌入衍生工具的公允价值应当根据混合合同公允价值和主合同公允价值之间的差额确定。使用了上述方法后，该嵌入衍生工具在取得日或后续资产负债表日的公允价值仍然无法单独计量的，企业应当将该混合合同整体指定为以公允价值计量且其变动计入当期损益的金融工具。

三、疑点、难点分析

结构性存款，通常是指商业银行在吸收客户存款的基础上加入一定的衍生产品结构，通过与国际、国内金融市场各类指数挂钩，使投资者在承担一定风险的基础上获得较普通存款更高收益的产品。结构性存款挂钩标的种类较多，常见的挂钩标的包括境内外利率、汇率、股票、基金、商品价格指数等。

（一）结构性存款的基本会计处理原则

对于结构性存款的会计处理，证监会在《2014 年上市公司年报会计监管报告》中曾提及其一般会计处理原则："结构性存款的分类，主要取决于存款产品说明书中的约定条款。目前公司认购、银行发行的结构性存款，其收益可能是与某些基础变量挂钩，如利率、汇率、黄金价格等，此类产品应视为嵌入衍生工具。根据企业会计准则及相关规定，公司应当将结构性存款中嵌入的衍生工具分拆，单独进行会计处理，但若嵌入衍生工具与存款合同在经济特征及风险方面存在紧密联系（如利率风险），或者与嵌入衍生工具类似条款的工具不符合衍生工具的定义或无法单独计量，可以将结构性存款整体指定为以公允价值计量且其变动计入当期损益的金融资产。"

根据上述原则，结构性存款属于嵌入衍生工具，应按嵌入衍生工具的相关规定进行处理。根据《企业会计准则第22号——金融工具确认和计量》（2017年修订），嵌入衍生工具，是指嵌入非衍生工具（即主合同）中，使混合工具的全部或部分现金流量随特定利率、金融工具价格、商品价格、汇率、价格指数、费率指数、信用等级、信用指数或其他类似变量的变动而变动的衍生工具。

若企业的风险管理或投资策略的正式书面文件已载明其结构性存款连同其他相关金融资产或金融负债组合，以公允价值为基础进行管理、评价并向关键管理人员报告，企业可以将该结构性存款整体指定为以公允价值计量且其变动计入当期损益的金融资产或金融负债。但是，如果嵌入衍生工具对混合工具的现金流量没有重大改变，或者类似混合工具所嵌入的衍生工具，明显不应当从相关混合工具中分拆，则企业不应将嵌入衍生工具整体指定为以公允价值计量且其变动计入当期损益的金融资产或金融负债。

嵌入衍生工具相关的混合工具没有指定为以公允价值计量且其变动计入当期损益的金融资产或金融负债时，根据《企业会计准则第22号——金融工具确认和计量》（2017年修订）第二十二条规定，同时满足下列条件的，该嵌入衍生工具应当从混合工具中分拆，作为单独存在的衍生工具处理：①与主合同在经济特征及风险方面不存在紧密关系；②与嵌入衍生工具条件相同，单独存在的工具符合衍生工具定义。

无法在取得时或后续的资产负债表日对其进行单独计量的，应当将混合工具整体指定为以公允价值计量且其变动计入当期损益的金融资产或金融负债。

（二）实务应用应关注问题

1. 单独存在的工具是否符合衍生工具的定义

实务中，在判断嵌入衍生工具是否满足分拆条件时，需要关注嵌入工具如果与主合同分立、单独存在时，是否仍然满足衍生工具的定义。衍生工具，是指具有以下3个特征的金融工具：①其价值随特定利率、金融工具价格、商品价格、汇率、价格指数、费率指数、信用等级、信用指数或其他类似变量的变动而变动，变量为非金融变量的，该变量与合同的任一方都不存在特定关系；②不要求初始净投资，或与对市场情况变化有类似反应的其他类型合同相比要求很少的初始净投资；③在未来某一日期结算。

实务中容易混淆的是对特征①的判断。首先，应区分该工具的变量属于金融变量还是非金融变量。当属于非金融变量时，该变量不能与合同的任一方存在特定关系。例如，如果结构性存款计算利息的变量，是以存款方的某项财务指标（收入、净利润等）为基础的，则该结构性存款中嵌入的工具不满足衍生工具的定义，不应对该结构性存款进行分拆。

2. 基础变量是否具有真实性

值得注意的是，虽然上述准则及证监会规定了嵌入衍生工具的一般处理原则，但是，在实务中，还需要根据结构性存款所约定的基础变量变动是否具有真实性选择处理方式。约定的基础变量极不可能发生时，表明该基础变量不具有真实性，从而使形式上的衍生工具不具有真实性。此时，根据合同经济实质，此类结构性存款实质上和一般定期存款没有区别，从而不需要再执行上述分拆分析，按一般定期存款的处理对此类结构性存款进行处理即可。

具体地，结构性存款的实质是一般定期存款时，如果其短于1年，属于流动资产性质，并且银行对该项结构性存款提供相应的存款单/存款证明，证明该款项属于企业账户存款，则企业可以将该类结构性存款作为银行存款核算。如果银行无法提供相应的存款单证明该款项属于企业账户存款，且预计不会提前支取，则企业应将该结构性存款作为贷款和应收款项核算，并作为"其他流动资产"在报表中列报。如果期限超过1年，且预计1年内不会支取的，则应作为"其他非流动资产"列报。

四、案例分析

该笔结构性存款虽然提供保本承诺，但其利息收益金额与LIBOR利率区间挂钩。该结构性存款属于包含嵌入衍生工具的混合工具。

不发生提前支取时保本＋浮动收益，收益与USD3M-LIBOR挂钩（即与USD3M-LTBOR锁定的日波动区间天数和成立日至到期日锁定的波动区间天数有关），如分拆，可参照以下思路对衍生工具部分的公允价值进行确认和计量。

（1）如果该结构性存款的最终收益率取决于到期日的联结标的（注：本案例倾向于属于此类情况），而不是资产负债表日的联结标的，则在资产负债表日对分拆后的嵌入衍生工具估计公允价值时，应当依据资产负债表日可获得的信息（包括但不限于资产负债表日的联结标的汇率）对该联结标的的到期值作出合理估计，再基于估计的联结标的到期值确定预期的到期收益率，将相应的存款本金、预期到期收益率、自起息日到资产负债表日的天数相乘，得到衍生工具的期末公允价值的估计数,在"以公允价值计量且其变动计入当期损益的金融资产"项目中列报,其变动数计入本期的"公允价值变动损益"。

(2)如果结构性存款的条款设计表明其预期收益率或潜在收益率对应的利率变动区间都比较宽,且在 2016 年年末的联结标的值都在其预期收益率或潜在收益率对应的汇率区间之内,距离各该区间的上限和下限都有相当距离(安全边际较大),且结构性存款的期限较短,联结标的在剩余期限内发生重大变化而导致到期值移到该对应区间以外的可能性很小(在本案例中,观察期到 2017 年 1 月 12 日即结束,观察期末的利率较 2016 年年末利率发生重大偏离的可能性很小),则也可以接受按其预期收益率或潜在收益率为依据测算期末衍生工具公允价值的做法(即:期末衍生工具公允价值=存款本金 × 预期年化收益率或潜在收益率 × 自存入日到年末日的天数 ÷365)。

五、案例小结

根据上述分析,一般结构性存款的会计处理分析思路如图 2-3 所示。

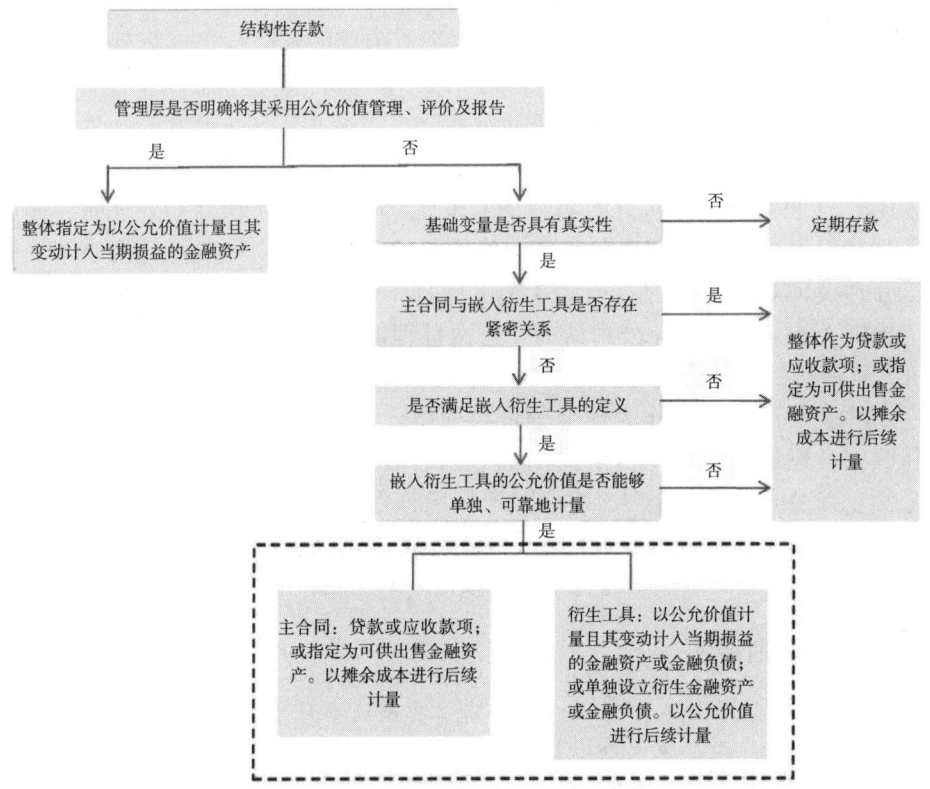

图 2-3 一般结构性存款的会计处理分析图

第七节 利用自有资金购买银行理财产品的会计处理

银行理财业务从 2005 年起呈几何式爆发增长态势。一方面，对商业银行而言，发行理财产品为其带来了可观的中间业务收入，也是银行在原有基础上实施战略转型的重要工具；另一方面，越来越多的企业认可了这种财富管理方式，开始利用闲置资金购买理财产品，由此带来了银行理财产品在会计核算上的问题。

一、案例背景

案例 2-13 A 公司拟申请在新三板挂牌，以 2016 年 9 月 30 日为基准日进行股份制改造。

A 公司为了获取低风险的收益而将企业闲置的资金购买银行理财产品。A 企业所购买的 17 种理财产品中，有一种银行理财产品（产品代码为 BJYJY02E）每日对产品进行估值并对外公布，该产品是非保本浮动收益型理财产品，没有锁定期，工作日可随时赎回，次日到账。另一种银行理财产品（产品代码为 TF01ZST）每月的第一个工作日对产品进行估值并对外公布，该产品是非保本浮动收益型理财产品，募集期结束后，客户可于每月第一个工作日办理赎回业务，赎回日后第 3 个工作日（$T+3$）将投资人赎回金额划转至投资人指定账户。A 公司认为，这两种理财产品应该作为其他债权投资处理，资产负债表日公允价值变动计入其他综合收益，在处置时转入投资收益。这 2 种理财产品应该作为现金等价物列示。其他 15 种理财产品的购买金额和赎回金额均是固定价格 1 元/份，在赎回该理财产品时才能知道实际收益金额。A 公司认为，这 15 种理财产品应该作为其他债权投资处理，在赎回该理财产品时确认投资收益，并不作为现金等价物列示。

问题：A 公司利用自有资金购买银行理财产品，应当如何进行会计处理？

二、准则链接

1.《企业会计准则第 22 号——金融工具确认和计量》（2006 年）第九条、第十一条、第十七条第一款、第十八条

第九条 金融资产或金融负债满足下列条件之一的应当划分为交易性金

第二章 金融工具准则

融资产或金融负债：

（一）取得该金融资产或承担该金融负债的目的，主要是为了近期内出售或回购。

（二）属于进行集中管理的可辨认金融工具组合的一部分，且有客观证据表明企业近期采用短期获利方式对该组合进行管理。

……

第十一条 持有至到期投资，是指到期日固定、回收金额固定或可确定，且企业有明确意图和能力持有至到期的非衍生金融资产。

第十七条第一款 贷款和应收款项，是指在活跃市场中没有报价、回收金额固定或可确定的非衍生金融资产……

第十八条 可供出售金融资产，是指初始确认时即被指定为可供出售的非衍生金融资产，以及除下列各类资产以外的金融资产：

（一）贷款和应收款项。

（二）持有至到期投资。

（三）以公允价值计量且其变动计入当期损益的金融资产。

第三十八条 金融资产或金融负债公允价值变动形成的利得或损失，除与套期保值有关外，应当按照下列规定处理：

（一）以公允价值计量且其变动计入当期损益的金融资产或金融负债公允价值变动形成的利得或损失，应当计入当期损益。

（二）可供出售金融资产公允价值变动形成的利得或损失，除减值损失和外币货币性金融资产形成的汇兑差额外，应当直接计入所有者权益，在该金融资产终止确认时转出，计入当期损益。

可供出售外币货币性金融资产形成的汇兑差额，应当计入当期损益。采用实际利率法计算的可供出售金融资产的利息，应当计入当期损益；可供出售权益工具投资的现金股利，应当在被投资单位宣告发放股利时计入当期损益。

与套期保值有关的金融资产或金融负债公允价值变动形成的利得或损失的处理，适用《企业会计准则第24号——套期保值》。

2.《企业会计准则讲解（2010）》第二十三章第二节

划分为贷款和应收款项类的金融资产，与划分为持有至到期投资的金融资产，其主要差别在于前者不是在活跃市场上有报价的金融资产。

对于公允价值能够可靠计量的金融资产，企业可以将其直接指定为可供出售金融资产。例如，在活跃市场上有报价的股票投资、债券投资等。如企业没有将其划分为其他三类金融资产，则应将其作为可供出售金融资产处理。相对于交易性金融资产而言，可供出售金融资产的持有意图不明确。

3.《企业会计准则第33号——合并财务报表》（2014修订）第七条

第七条 合并财务报表的合并范围应当以控制为基础予以确定。

控制，是指投资方拥有对被投资方的权力，通过参与被投资方的相关活动而享有可变回报，并且有能力运用对被投资方的权力影响其回报金额。

本准则所称相关活动，是指对被投资方的回报产生重大影响的活动。被投资方的相关活动应当根据具体情况进行判断，通常包括商品或劳务的销售和购买、金融资产的管理、资产的购买和处置、研究与开发活动以及融资活动等。

4.《企业会计准则第22号——金融工具确认和计量》（2017年修订）第六条、第十六条第一款、第十七条、第十八条、第十九条第一款、第六十四条

第六条 除下列各项外，本准则适用于所有企业各种类型的金融工具：

（一）由《企业会计准则第2号——长期股权投资》规范的对子公司、合营企业和联营企业的投资，适用《企业会计准则第2号——长期股权投资》，但是企业根据《企业会计准则第2号——长期股权投资》对上述投资按照本准则相关规定进行会计处理的，适用本准则。企业持有的与在子公司、合营企业或联营企业中的权益相联系的衍生工具，适用本准则；该衍生工具符合《企业会计准则第37号——金融工具列报》规定的权益工具定义的，适用《企业会计准则第37号——金融工具列报》。

……

第十六条第一款 ……（参见本章第一节）

第十七条 金融资产同时符合下列条件的，应当分类为以摊余成本计量的金融资产：

（一）企业管理该金融资产的业务模式是以收取合同现金流量为目标。

（二）该金融资产的合同条款规定，在特定日期产生的现金流量，仅为对本金和以未偿付本金金额为基础的利息的支付。

第十八条 金融资产同时符合下列条件的，应当分类为以公允价值计量且其变动计入其他综合收益的金融资产：

（一）企业管理该金融资产的业务模式既以收取合同现金流量为目标又以出售该金融资产为目标。

（二）该金融资产的合同条款规定，在特定日期产生的现金流量，仅为对本金和以未偿付本金金额为基础的利息的支付。

第十九条第一款 按照本准则第十七条分类为摊余成本计量的金融资产和按照本准则第十八条分类为以公允价值计量且其变动计入其他综合收益的金融资产之外的金融资产，企业应当将其分类为以公允价值计量且其变动计入当期损益的金融资产。

第六十四条 企业应当将以公允价值计量的金融资产或金融负债的利得或损失计入当期损益，除非该金融资产或金融负债属于下列情形之一：

（一）属于《企业会计准则第 24 号——套期会计》规定的套期关系的一部分。

（二）是一项对非交易性权益工具的投资，且企业已按照本准则第十九条规定将其指定为以公允价值计量且其变动计入其他综合收益的金融资产。

（三）是一项被指定为以公允价值计量且其变动计入当期损益的金融负债，且按照本准则第六十八条规定，该负债由企业自身信用风险变动引起的公允价值变动应当计入其他综合收益。

（四）是一项按照本准则第十八条分类为以公允价值计量且其变动计入其他综合收益的金融资产，且企业根据本准则第七十一条规定，其减值损失或利得和汇兑损益之外的公允价值变动计入其他综合收益。

三、疑点、难点分析

实务中，浮动收益的理财产品（包括保本浮动收益或不保本浮动收益理财产品）是否可以分类为应收款项存在不同观点。观点一依据合同条款认为收益并不固定或可确定，认为可分类为非应收款项；观点二则基于业务实质及兑付历史认为收益固定或可确定，因而可分类为应收款项。对基础资产为单一信贷资产的理财产品，实务中还存在另外一种思路，即对该类产品是否可以采用"穿透"原则进行分析。

支持采用"穿透"原则的观点认为，单一信托贷款的理财产品可以采用"穿透"原则作进一步分析。与投资范围系资产组合的理财产品有所不同，情形二中的理财产品向投资者披露了理财资金的具体投向（单一信托贷款），信托计划和理财产品仅是借款资金的"通道"，投资者承担的是该笔信托贷款借款人到期无法归还信托贷款的信用风险。此外，该信贷资产的剩余存续期限和理财产品的存续期限一致，并且信贷资产利息收入是该理财产品利息收入的唯一来源，理财产品收益率是固定或可确定的。除信用恶化以外的原因，理财产品的持有人可以收回几乎所有初始投资，因此可以分类为应收款项，后续采用实际利率法（预期收益率）按摊余成本法予以计量。

对于理财资金投向不是单一的信托贷款而是固定收益类的资产池的情形，不能采用"穿透"视角进行分析。

（一）是否能够分类为应收款项

观点一依据合同条款认为收益并不固定或可确定而将之分类为非应收款项，观点二则基于业务实质及兑付历史认为收益固定或可确定而将之分类为应收款项。

（二）其他债权投资分为债务工具还是权益工具

观点一认为，就产品商业实质角度而言，这类产品属于其他债权投资（债务工具）的范畴，应按摊余成本方式确认投资收益（即按预期收益率的利息收入）。原因在于基于目前国内理财市场的发展历程和兑付历史，投资者均能收到初始投资本金与预期收益，尽管理财产品合同中对于本金和收益不予保证，但企业可以基于其历史经验，确定理财产品回收金额（初始本金＋预期收益），按照摊余成本法确认投资收益。

观点二亦认为这类产品属于可供出售债务工具。这类观点认为，这类理财产品不符合企业会计准则上权益工具的范畴，而应作为可供出售债务工具。原因在于《企业会计准则讲解（2010）》第二十三章（IAS39.AG27 亦有类似的指引）在判断嵌入衍生工具和主合同关系时，对债务主合同和权益主合同的分类给予了一些指引。该指引指出，一项主合同没有明确的或事先确定的到期日，且代表了在某一企业净资产中的剩余利益，则其经济特征和风险即为权益工具的经济特征和风险。若严格依据该指引进行判断，对具有明确或可确定到期期限的理财产品而言，其并不能满足上述权益工具主合同的条件，而应分为可供出售债务工具。

观点三认为，这类产品属于其他债权投资（权益工具）的范畴。原因在于根据这类理财产品的合同条款，银行作为理财产品管理人，在分配理财产品收益时优先获得了理财产品的管理费、托管费和业绩报酬等，剩余收益（预期收益）由理财产品投资者享有。一旦理财产品的基础资产出现较大的亏损，该部分损失根据理财产品协议的约定会由投资者承担，从理财产品持有人角度来说承担的风险体现的是权益工具的特征。《企业会计准则讲解（2010）》中有关主合同经济特征和风险的判断指引存在特定的适用范围，即仅适用于判断混合工具中嵌入衍生工具和主合同关系的情况时方能采用，而不应将其适用范围予以扩展。

不同意采用"穿透"原则的观点认为，"穿透视角"下的基础资产虽然是单笔贷款，但其现金流经过两层特殊目的主体（信托＋理财产品）的嵌套，理财产品投资者获得的现金流体现的并不完全是基础资产的特征；从合同对手一方角度看，理财产品投资者并不具备直接向借款人求偿的权利，从合同法律形式的角度看，将该类理财产品分类为应收款项的会计处理存在一定的瑕疵。

四、案例分析

案例2-13的三类理财产品均为非保本浮动收益型理财产品，均无固定期限，因此本书基本赞成公司对其确认和计量问题的意见，可将其作为"其他债权投资"类型的金融资产进行确认和计量，期末以公允价值（管理人公告的当日净值）计量，其净值的变动计入其他综合收益，到赎回或者计划清算时转入投资收益。但如果无法可靠确定公允价值，也可按成本计量。如果预计持有期限在1年以内，则该理财产品在资产负债表中列报为"其他流动资产"。但这些理财产品的存续期限为不定期，并不是在购入后3个月内到期，并且收益浮动，可转换为现金的金额并不固定，因此这三类理财产品均不属于现金流量表中的现金等价物，其购入、赎回的相关现金流量均列报为投资活动的现金流量。

五、案例小结

（一）保本并且收益固定

保本并且收益固定，区分以下两种情况。

（1）如果存在活跃市场报价，且管理层有持有至到期的意图，则该理财产品分类为持有至到期投资，如果1年内到期的，作为其他流动资产列报。

（2）如果不存在活跃市场报价，则符合贷款和应收款的定义（以固定金额收回），该理财产品分类为贷款和应收款（其他应收款核算）。

（二）不保本也不保收益的

不保本也不保收益的，分以下两种情况。

（1）如果收益与利率、汇率等基础金融变量不挂钩，该理财产品分类为其他债权投资，可按成本（近似公允值）计量，也可按预计收益率作为公允价值估值基础。如果1年内到期的，该理财产品在报表中作为"其他流动资产"列报。

（2）如果收益与利率、汇率等基础金融变量挂钩，则该理财产品属于在债务合同中嵌入了衍生金融工具，属于混合金融工具，应作如下处理：①选择分拆，将主合同分类为其他债权投资，嵌入衍生金融工具分类为交易性金融资产（按预计收益率作为公允价值估值基础）；②如果不分拆，则整体指定为以公允计价计量且其变动计入当期损益的金融资产（按预计收益率作为公允价值估值基础）。

（三）保本但收益浮动

保本但收益浮动，区分两种情况。

（1）如果收益与利率、汇率等基础金融变量不挂钩，该理财产品分类为其他债权投资，可按成本（近似公允值）计量，也可按预计收益率作为公允价值估值基础。如果1年内到期的，该理财产品在报表中作为"其他流动资产"列报。

（2）如果浮动收益与市场利率、汇率等基础金融变量挂钩，这种理财产品是在债务合同中嵌入了衍生金融工具，属于混合金融工具，应作如下处理：①选择分拆，将保本部分分类为贷款和应收款，分拆的衍生金融工具分类为交易性金融资产；②如果不分拆，则整体指定为以公允价值计量且其变动计入当期损益的金融资产，可采用预期收益率作为公允价值估值基础。

第八节 资产证券化相关资产终止确认判断问题

资产证券化作为创新的金融工具具有虚拟性,立足点是未来期间合约的履行情况,因此,在会计处理中,与传统的资产、负债定义相背离。资产证券化的会计确认问题主要是金融资产终止确认问题,即发起人将基础资产转移给特设机构是销售还是融资。

一、案例背景

案例 2-14 2015 年,A 公司持有一组将于 18 个月内到期的应收账款组合,账面价值为 1 亿元,公允价值为 1.2 亿元。A 公司将该应收账款组合以公允价值转让给 B 资产管理公司,B 资产管理公司将该应收账款作为基础资产,设立一项专项资产管理计划募集资金以受让该应收账款组合。投资者与 B 资产管理公司签订认购协议,认购资产管理计划证券并支付认购资金。B 资产管理公司通过向该应收账款组合原始债务人收款,并向投资者按合同约定进行分配。根据合同安排,假设该资产管理计划分别可能出现以下几种情况。

(1) A 公司转让该应收账款后,B 资产管理公司可无条件向其他方转让。

(2) 该资产管理计划存续期间为 2 年,到期后,A 公司有义务以预先约定的固定金额加适当回报回购剩余未收回应收账款。

(3) 该资产管理计划存续期间为 2 年,到期后,A 公司有优先回购权,以到期日公允价值回购剩余未收回应收账款。

(4) 该资产管理计划存续期间为 2 年,到期后,A 公司有权选择以约定价格回购该资产管理计划,但约定价格远高于公允价值,A 公司不太可能行使该权利。

(5) 该资产管理计划存续期间为 2 年,到期后,B 公司有权选择以约定价格向 A 公司回售该资产管理计划,但约定价格远低于公允价值,B 公司不太可能行使该权利。

(6) A 公司通过购买该资产管理计划的次级权益,以向其他投资者提供信用增级,该部分次级权益占所有层级权益比例为 1%。

问题:上述几种合同安排,对 A 公司终止确认该应收账款组合分别有什么影响?

二、准则链接

《企业会计准则第 23 号——金融资产转移》（2017 年修订）第四条、第五条规定如下。

第四条 金融资产的一部分满足下列条件之一的，企业应当将终止确认的规定适用于该金融资产部分，除此之外，企业应当将终止确认的规定适用于该金融资产整体：

（一）该金融资产部分仅包括金融资产所产生的特定可辨认现金流量。如企业就某债务工具与转入方签订一项利息剥离合同，合同规定转入方有权获得该债务工具利息现金流量，但无权获得该债务工具本金现金流量，终止确认的规定适用于该债务工具的利息现金流量。

（二）该金融资产部分仅包括与该金融资产所产生的全部现金流量完全成比例的现金流量部分。如企业就某债务工具与转入方签订转让合同，合同规定转入方拥有获得该债务工具全部现金流量一定比例的权利，终止确认的规定适用于该债务工具全部现金流量一定比例的部分。

（三）该金融资产部分仅包括与该金融资产所产生的特定可辨认现金流量完全成比例的现金流量部分。如企业就某债务工具与转入方签订转让合同，合同规定转入方拥有获得该债务工具利息现金流量一定比例的权利，终止确认的规定适用于该债务工具利息现金流量一定比例的部分。

企业发生满足本条（二）或（三）条件的金融资产转移，且存在一个以上转入方的，只要企业转移的份额与金融资产全部现金流量或特定可辨认现金流量完全成比例即可，不要求每个转入方均持有成比例的份额。

第五条 金融资产满足下列条件之一的，应当终止确认：

（一）收取该金融资产现金流量的合同权利终止。

（二）该金融资产已转移，且该转移满足本准则关于终止确认的规定。

三、疑点、难点解析

在资产证券化业务中，用于证券化的标的，可能是满足会计上的资产确认条件的，如某些应收账款；也有可能尚未满足会计上的资产确认条件，如某些收益权。证券化标的满足会计资产确认条件时，就涉及了标的资产的终止确认问题。资产证券化相关资产终止确认的判断，实际上涉及两个主要会计问题。

首先，是特殊目的主体的控制判断。资产证券化的发起人，或发起人所述集团母公司应根据《企业会计准则第 33 号——合并财务报表》（2014 年修订）或《国际财务报告准则第 10 号——合并财务报表》中有关"结构化主体"的控制权判断相关规定，确定是否应当对所设立的特殊目的主体进行合并。然后，发起人或其所属集团母公司应在其个别财务报表层面或合并财务报表层面，以相同的原则分析判断是否应当将相关资产从其资产负债表中终止确认。现行《企业会计准则第 23 号——金融资产转移》和《国际会计准则第 39 号——金融工具确认和计量》对相关资产的终止确认进行了规范，但是，这些规范在实务中并没有得到一贯应用。2014 年 7 月，国际会计准则理事会发布的《国际财务报告准则第 9 号——金融工具》，进一步规范了对金融资产的终止确认，澄清了某些实务应用问题。本书根据《国际财务报告准则第 9 号——金融工具》的相关规定，讨论常见资产证券化合同安排对相关资产终止确认的影响。

实务中，上述判断的难点主要在于被转移资产的风险和报酬在多大程度上已经转移，只有确定这一点才能判断终止确认是合理的，以及应如何估计风险和报酬等问题。

四、案例分析

资产证券化中的不同合同安排，将影响发起人是否转移或保留了相关资产的所有重大风险和报酬，从而影响该资产的终止确认。它对案例中几种常见合同条款的具体影响如下。

情况 1 表明 A 公司无条件转让了该应收账款，从而转移了该应收账款组合所有权上几乎所有风险和报酬，因此，该情况下，A 公司可对该应收账款终止确认。

情况 2 是以固定价格或售价加合理回报回购该金融资产，它表明 A 公司保留了该应收账款组合所有权上几乎所有的风险和报酬，因此，在该情况下，A 公司不应对该应收账款终止确认。

情况 3 中 A 公司仅保留了以公允价值优先回购该被转移资产的权利，表明 A 公司已经转移了所有权上几乎所有的风险和报酬，可以终止确认该应收账款组合。

情况 4 属于出售的同时保留一项深度价外的看涨期权。此时，A 公司可以终止确认该应收账款组合，因为已经转移了所有权上几乎所有的风险和报酬。相反，如果保留的是一项深度价内的看涨期权（行权价格远低于公允价值，很可能行权），则表明保留了所有权上几乎所有的风险和报酬，不应终止确认相关资产。

情况 5 属于出售时授予一项深度价外的看跌期权。此时，A 公司可以终止确认该应收账款组合，因为已经转移了所有权上几乎所有的风险和报酬。相反，如果授予的是一项深度价内的看跌期权（行权价格远高于公允价值，很可能行权），则表明出让方保留了所有权上几乎所有的风险和报酬，不应终止确认相关资产。

情况 6 是通过将其在被转移资产中的部分或所有剩余权益予以次级化来向其他投资方提供信用增级。另外，出让方还可以无限额或限定为某一特定金额的信用担保的形式向受让人提供信用增级。此时，出让方需要根据所提供信用增级相对于原始资产的规模是否重大，来判断是否转移了所有权上几乎所有的风险和报酬。如果出让方保留了被转移资产所有权上几乎所有的风险和报酬，则应继续确认整个资产。如果出让方仅保留了被转移资产所有权上部分而并非几乎所有的风险和报酬，并且保留了控制，则出让方可以被要求偿付的现金或其他资产金额不予终止确认。在本案例中，A 公司持有该资产管理计划次级权益的规模仅为总权益的 1%，这表明其已转移了该应收账款所有权上几乎所有的风险和报酬，可以终止确认该应收账款，仅需对继续涉入的 1% 权益确认相关资产和负债。

五、案例小结

资产证券化业务中，当出让方转移了相关资产所有权上几乎所有的风险和报酬时，出让方可以终止确认相关资产；相反，当出让方保留了相关资产所有权上几乎所有的风险和报酬时，出让方不应终止确认相关资产。

表明已经转移了相关资产所有权上几乎所有风险和报酬的例子包括：①无条件出售相关金融资产；②出售金融资产并同时授予按回购时公允价值回购该金融资产的选择权；③出售金融资产并同时授予深度价外的看跌期权或看涨期权（即深度价外以至于不大可能行权的期权）。

表明保留了所有权上几乎所有风险和报酬的例子包括：①出售时承担了回购义务，且回购价格为固定价格或售价加合理回报；②出售金融资产并同时出售深度价内的看跌期权或看涨期权（即深度价内以至于很可能行权的期权）。

如果出让方通过购买证券化产品相关次级权益，或通过提供担保等方式提供信用增级，继续涉入相关出售资产，则一方面需要判断其涉入的规模，以确定是否保留了相关资产所有权上几乎所有风险和报酬，另一方面出让方通过信用增级承担的风险敞口，也可能影响对是否合并相关结构化主体的判断。

第二章　金融工具准则

第九节　金融衍生工具的会计处理

一、案例背景

案例2-15　A公司是一家从事农产品进出口的企业。2020年4月9日，A公司向T商业银行借入一笔本金为5 000万美元、利率为上海银行同业拆借利率（Shibor）加2%的3年期借款；同时，A公司向该商业银行存入金额为1亿元人民币的3年定期存款，作为该借款的质押。同日，A公司与T商业银行就以上借款签订了利率互换协议。双方约定自2020年4月9日至2023年4月9日，A公司向T商业银行按固定利率2.5%支付利息，T商业银行则向A公司支付以浮动利率（Shibor＋1.5%）计算的利息。同日，A公司与T商业银行达成远期外汇交易协议。双方约定，A公司于2020年4月9日，以1美元折合人民币7.05元的汇率，向B银行买入8 000万美元，同时约定到期日存款与借款以净额结算。根据这些合同测算，在到期结算后，A公司预计获得约1 200万元人民币的固定收益。A公司财务报表中将以上3笔交易确认为金融衍生工具，分别为货币互换工具、利率互换工具及远期外汇合同，并按其年末公允价值确认了交易性金融资产、交易性金融负债并确认了公允价值变动收益。利率互换工具和远期外汇合同为根据T商业银行提供的公允价值评估，货币互换工具根据未来现金流计算。

问题：针对上述金融工具，A公司应如何进行会计处理？

二、准则链接

1.《企业会计准则第22号——金融工具确认和计量》（2017年修订）第十六条第一款、第十九条、第二十一条

第十六条第一款　……（参见本章第一节）

第十九条　按照本准则第十七条分类为以摊余成本计量的金融资产和按照本准则第十八条分类为以公允价值计量且其变动计入其他综合收益的金融资产之外的金融资产，企业应当将其分类为以公允价值计量且其变动计入当期损益的金融资产。

在初始确认时，企业可以将非交易性权益工具投资指定为以公允价值计

量且其变动计入其他综合收益的金融资产,并按照本准则第六十五条规定确认股利收入。该指定一经做出,不得撤销。企业在非同一控制下的企业合并中确认的或有对价构成金融资产的,该金融资产应当分类为以公允价值计量且其变动计入当期损益的金融资产,不得指定为以公允价值计量且其变动计入其他综合收益的金融资产。

金融资产或金融负债满足下列条件之一的,表明企业持有该金融资产或承担该金融负债的目的是交易性的:

(一)取得相关金融资产或承担相关金融负债的目的,主要是为了近期出售或回购。

(二)相关金融资产或金融负债在初始确认时属于集中管理的可辨认金融工具组合的一部分,且有客观证据表明近期实际存在短期获利模式。

(三)相关金融资产或金融负债属于衍生工具。但符合财务担保合同定义的衍生工具以及被指定为有效套期工具的衍生工具除外。

第二十一条 除下列各项外,企业应当将金融负债分类为以摊余成本计量的金融负债:

(一)以公允价值计量且其变动计入当期损益的金融负债,包括交易性金融负债(含属于金融负债的衍生工具)和指定为以公允价值计量且其变动计入当期损益的金融负债。

(二)金融资产转移不符合终止确认条件或继续涉入被转移金融资产所形成的金融负债。对此类金融负债,企业应当按照《企业会计准则第23号——金融资产转移》相关规定进行计量。

(三)不属于本条(一)或(二)情形的财务担保合同,以及不属于本条(一)情形的以低于市场利率贷款的贷款承诺。企业作为此类金融负债发行方的,应当在初始确认后按照依据本准则第八章所确定的损失准备金额以及初始确认金额扣除依据《企业会计准则第14号——收入》相关规定所确定的累计摊销额后的余额孰高进行计量。

在非同一控制下的企业合并中,企业作为购买方确认的或有对价形成金融负债的,该金融负债应当按照以公允价值计量且其变动计入当期损益进行会计处理。

2.《企业会计准则第37号——金融工具列报》(2017年修订)第二十八条至第三十一条、第三十三条

第二十八条 金融资产和金融负债应当在资产负债表内分别列示,不得

第二章 金融工具准则

相互抵销。但同时满足下列条件的,应当以相互抵销后的净额在资产负债表内列示:

(一)企业具有抵销已确认金额的法定权利,且该种法定权利是当前可执行的;

(二)企业计划以净额结算,或同时变现该金融资产和清偿该金融负债。

不满足终止确认条件的金融资产转移,转出方不得将已转移的金融资产和相关负债进行抵销。

第二十九条 抵销权是债务人根据合同或其他协议,以应收债权人的金额全部或部分抵销应付债权人的金额的法定权利。在某些情况下,如果债务人、债权人和第三方三者之间签署的协议明确表示债务人拥有该抵销权,并且不违反相关法律法规或其他相关规定,债务人可能拥有以应收第三方的金额抵销应付债权人的金额的法定权利。

第三十条 抵销权应当不取决于未来事项,而且在企业和所有交易对手方的正常经营过程中,或在出现违约、无力偿债或破产等各种情形下,企业均可执行该法定权利。

在确定抵销权是否可执行时,企业应当充分考虑相关法律法规和其他相关规定以及合同约定等各方面因素。

第三十一条 当前可执行的抵销权不构成相互抵销的充分条件,企业既不打算行使抵销权(即净额结算),又无计划同时结算金融资产和金融负债的,该金融资产和金融负债不得抵销。

在没有法定权利的情况下,一方或双方即使有意向以净额为基础进行结算或同时结算相关金融资产和金融负债的,该金融资产和金融负债也不得抵销。

第三十三条 在下列情况下,通常认为不满足本准则第二十八条所列条件,不得抵销相关金融资产和金融负债:

(一)使用多项不同金融工具来仿效单项金融工具的特征(即合成工具)。例如,利用浮动利率长期债券与收取浮动利息且支付固定利息的利率互换,合成一项固定利率长期负债。

(二)金融资产和金融负债虽然具有相同的主要风险敞口(例如远期合同或其他衍生工具组合中的资产和负债),但涉及不同的交易对手方。

(三)无追索权金融负债与作为其担保品的金融资产或其他资产。

(四)债务人为解除某项负债而将一定的金融资产进行托管(例如偿债基金或类似安排),但债权人尚未接受以这些资产清偿负债。

（五）因某些导致损失的事项而产生的义务预计可以通过保险合同向第三方索赔而得以补偿。

三、疑点、难点分析

案例 2-15 的会计处理主要涉及两个方面：一是这 3 项衍生工具应如何分类；二是这 3 项衍生工具应如何进行列报。关于分类问题，主要需要考虑衍生工具的业务模式和合同现金流特征，即持有的目的是出售、收取固定利息还是两者兼而有之，合同现金流是否符合仅为对本金和以未偿付本金为基础的利息安排；关于列报问题，主要是美元贷款和作为质押的人民币定期存款是否可以抵消，是否以净额进行列报，而这需要重点关注分析 A 公司与 T 商业银行合同约定条款是否满足可以抵消、以净额进行结算的条件。

四、案例分析

（一）衍生工具分类问题

衍生工具的合同现金流量不符合"仅为对本金和以未偿付本金为基础的利息支付的安排"且不属于权益工具投资，因此应当分类为以公允价值计量且其变动计入当期损益的金融资产。在案例 2-15 中 A 公司并未采用套期会计方法，因此该 3 项远期合同所包含的衍生工具（货币互换工具、利率互换工具及远期外汇合同）均属于以公允价值计量且其变动计入当期损益的金融工具，期末其累积公允价值变动在资产负债表上列报为"衍生金融资产"或者"衍生金融负债"，本期内发生的浮动盈亏列报为"公允价值变动损益"，并可能需要依据税法的规定，就该衍生工具的期末公允价值与计税基础之间的差额确认递延所得税负债或者递延所得税资产。此类衍生工具没有直接可从活跃市场取得的同类或类似金融工具的报价作为公允价值，因此需要采用估值技术确定其公允价值。

（二）衍生工具列报问题

案例 2-15 中美元贷款和作为质押的人民币定期存款能否抵销后以净额列报的问题，应根据企业会计准则及其应用指南中关于金融资产、金融负债抵销列报应满足条件的规定确定。在本案例中，尽管最终到期日将实现净额结算，但金融资产和金融负债互抵的权利只有在约定的到期日才可行使，在该日期之前银行和企业双方都不拥有随时提前抵销后以净额结算的权利，也并不打算提前结算。银行提供给企业的固定收益是存款利率、贷款利率、远期约定汇率三者共同作用的结果，只有在到期结算时才能体现，如果提前结算则是无法取得该固定收益的。在合同约定的 3 年期限内，银企双方都会就此处涉及的贷款、存款和远期外汇合约分别承担利率、汇率和信用风险等不同性质的风险。随着利息的确认和衍生工具公允价值的变动，这 3 项金融工具各自的账面价值或公允价值处于不断变动中，该固定收益是在合同约定期限内逐步实现的（但与时间的关系并非线性的）。如果出现某些特殊原因导致这 3 个合同在到期日之前提前解除的情况（例如双方或一方进入破产程序），这些风险仍然会体现出来，即此时不存在不取决于未来事项的无条件抵销权。

根据上述规定和分析，如果 A 公司与 T 商业银行签订的合同中没有约定在到期日之前双方有权选择以净额提前结算的条款，或者虽有该等条款但双方均无提前以净额结算的意图，则相应的人民币存款和美元贷款应当分别列报为一项金融资产和一项金融负债，同时远期外汇合约的期末公允价值变动确认为一项衍生金融资产／负债且其变动计入当期损益（公允价值变动损益），而不予以抵销列报。

五、案例小结

衍生工具，是指属于金融工具准则范围并同时具备以下特征的金融工具或其他合同。

（1）其价值随特定利率、金融工具价格、商品价格、汇率、价格指数、费率指数、信用等级、信用指数或其他变量的变动而变动，变量为非金融变量（比如特定区域的地震损失指数、特定城市的气温指数等）的，该变量不应与合同的任何一方存在特定关系。

（2）不要求初始净投资，或者与对市场因素变化预期有类似反应的其他合同相比，要求较少的初始净投资。

（3）在未来某一日期结算。

根据金融工具分类的原则，衍生工具一般不能通过合同现金流特征的测试，一般分为以公允价值计量且其变动计入当期损益的金融工具，而列报问题需要具体分析合同的约定条款，对比其是否符合会计准则规定的金融资产、金融负债抵销列报的条件。

第十节　约定保底收益的股份回购会计处理问题

一、案例背景

案例 2-16　A公司是一家纺织服装生产加工企业。2020年6月，A公司引进国外战略投资者X公司入股，X公司投入500万美元，其中300万美元进入注册资本，另外200万美元进入资本公积，占公司已发行股本的5%左右。A公司与X公司签订的股份回购协议约定：若在2022年12月31日A公司未完成IPO，但A公司已符合所有市场、法律法规规定的IPO条件，且战略投资者已经提议（或没有投票反对）启动IPO，或者公司股东大会和（或）董事会决定A公司不启动IPO（或终止IPO程序），则自2022年12月31日起的2年内，X公司有权要求A公司在24个月内回购X公司持有的全部或部分公司股份，该股份回购价格应为增资款与 $(1+0.05\times n)$（n代表交割后至赎回日所经过的年数）的乘积加上累计的所有未分配红利减去任何向该股份已支付的红利。

截至2020年9月底，A公司所有者权益增加6 000万元，主要是公司盈利所致。按X公司5%的份额，约占300万元。如果此时A公司回购X公司股份，除上述的500万美元、应占红利300万元外，按增资协议规定A公司还需按年支付5%的收益。

问题：A公司应如何进行相关会计处理？

二、准则链接

《企业会计准则第37号——金融工具列报》（2017年修订）第八条、第十一条、第二十一条规定如下。

第八条　金融负债，是指企业符合下列条件之一的负债：

（一）向其他方交付现金或其他金融资产的合同义务。

（二）在潜在不利条件下，与其他方交换金融资产或金融负债的合同义务。

（三）将来须用或可用企业自身权益工具进行结算的非衍生工具合同，且企业根据该合同将交付可变数量的自身权益工具。

（四）将来须用或可用企业自身权益工具进行结算的衍生工具合同，但以固定数量的自身权益工具交换固定金额的现金或其他金融资产的衍生工具合同除外。企业对全部现有同类别非衍生自身权益工具的持有方同比例发行配股权、期权或认股权证，使之有权按比例以固定金额的任何货币换取固定数量的该企业自身权益工具的，该类配股权、期权或认股权证应当分类为权益工具。其中，企业自身权益工具不包括应按照本准则第三章分类为权益工具的金融工具，也不包括本身就要求在未来收取或交付企业自身权益工具的合同。

第十一条 ……（参见本章第四节）

第二十一条 金融工具或其组成部分属于金融负债的，相关利息、股利（或股息）、利得或损失，以及赎回或再融资产生的利得或损失等，应当计入当期损益。

三、疑点、难点分析

案例2-16需要关注的问题是A公司接受X公司出资时，应确认为权益工具还是债务工具。

金融负债和权益工具的区分，取决于发行金融工具的企业是否承担合同义务，而不取决于结算该工具时企业交付现金还是自身权益工具。

（1）通过交付现金、其他金融资产或交换金融资产或金融负债结算。如果企业不能无条件地避免以交付现金或其他金融资产来履行一项合同义务，则该合同义务符合金融负债的定义。有些金融工具虽然没有明确地包含交付现金或其他金融资产义务的条款和条件，但有可能通过其他条款和条件间接地形成合同义务。如果发行的金融工具将以现金或其他金融资产结算，那么该工具导致企业承担了交付现金或其他金融资产的义务。如果该工具要求企业在潜在不利条件下通过交换金融资产或金融负债结算（例如，因被担保方违约而造成的支付义务），该工具同样导致企业承担了合同义务。在这种情况下，发行方对于发行的金融工具应当归类为金融负债。

（2）通过自身权益工具结算。如果发行的金融工具须用或可用企业自身权益工具结算，需要判断用于结算该工具的企业自身权益工具，是现金或其他金融资产的替代品，还是该工具持有人能够享有在发行方扣除所有负债后的资产中拥有剩余权益并承担剩余风险。如果是前者，该工具是发行方的金融负债；如果是后者，该工具是发行方的权益工具。

（3）将来须用或可用企业自身权益工具结算的金融工具的分类，应当区分是衍生工具还是非衍生工具。如果发行的金融工具不包括交付现金或其他金融资产给其他方，或在潜在不利条件下与其他方交换金融资产或金融负债的合同义务，那么该工具是一项非衍生工具。如果发行的金融工具包括交付现金或其他金融资产给其他方，或在潜在不利条件下与其他方交换金融资产或金融负债的合同义务，那么将来须用或可用企业自身权益工具结算的合同权利或义务构成一项衍生工具。对于非衍生工具，如果发行方未来有义务交付固定数量的自身权益工具进行结算，则该非衍生工具是权益工具；如果换取的发行方自身权益工具是可变数量的，则该非衍生工具确认为金融负债。如果依据该非衍生工具的合同约定，投资方拥有收取利息或股利的权利，而发行方能自主决定是否支付该等利息或股利，则该权利构成发行方的一项权益工具。对于衍生工具，如果发行方以固定数量的自身权益工具交换固定金额的现金或其他金融资产进行结算，则该衍生工具是权益工具；如果以可变金额现金或其他金融资产换取固定数量自身权益工具，或以固定金额现金或其他金融资产换取可变数量自身权益工具，或以可变金额现金或其他金融资产换取可变数量自身权益工具，则该衍生工具应当确认为衍生金融负债或衍生金融资产。

四、案例分析

根据案例2-16背景资料所述，A公司在引入X公司时通过与其签订回购协议，承诺如在约定期限内无法实现IPO则回购X公司的出资。鉴于能否在约定期限内实现IPO并不是A公司自身可控制的事项，A公司应当在确认X公司的增资金额和由此导致的货币资金、股本和资本公积增加的同时，就其所承担的回购义务确认金融负债，账务处理为借记"资本公积"科目，贷记"长期应付款"科目，该笔分录的金额应当是"回购所需支付金额的现值（如远期回购价格的现值、期权行权价格的现值或其他回售金额的现值）"。案例2-16中的回购价款金额系根据X公司出资额加上每年5%的回报确定，因此该项回购义务的初始计量金额等于出资金额（包括计入A公司的股本和资本公积的金额）。在初始确认上述回购义务负债后，A公司应当每年按照约定的回报率（相当于利率，即年息5%）确认利息费用，计入各年度损益（财务费用），同时贷记"长期应付款——利息调整"。

后续X公司如果实际要求回购（如本案例中因IPO计划终止或失败而被X公司要求回购的情形），鉴于回购时应支付的金额已经全额计入长期应付款，因此在实际回购时，借记"长期应付款"科目、贷记"银行存款"科目即可。如果企业在约定期限内实现IPO，或者X公司正式声明放弃回购权利，即企业的现时义务解除，则按回购义务解除时该负债的账面价值（含本金和利息）从"长期应付款"科目转入"资本公积——股本溢价"科目。

五、案例小结

对于"回购自身权益工具的义务"，在发行方个别报表中，应当根据收到的增资款确认股本和资本公积（股本溢价）；同时，按照回购所需支付金额的现值，将回购本公司股权的义务从权益重分类为一项金融负债，后续通过确认融资费用增计负债余额至最终结算金额。

发行方的母公司若有回购义务，实质上相当于母公司向增资方签出的一项看跌期权。该看跌期权的价值随着发行方股权价格的变动而变动，并将于未来约定日期进行结算，因此该看跌期权符合衍生工具的定义而在母公司个别报表层面确认为一项衍生金融负债，并按公允价值计量。在确定卖出期权的公允价值时，需基于回购价格与对应"股权"公允价值的差额、股权价值的波动性及期权有效期等因素确定。

在集团合并报表层面，看跌期权使集团整体承担了不能无条件避免的支付现金的合同义务，因此该增资款应确认为一项金融负债，其金额等于回购所需支付金额的现值。

第十一节　对赌条款中回购权的会计确认问题

一、案例背景

案例2-17　2020年2月，A公司与R公司签署增资协议，其中约定一条回购权：若R公司未能于2022年6月30日前完成首次公开发行（IPO），则R公司和其创始股东应当连带地并且创始股东应促使其委派董事作出相关的决议，由创始股东或公司以法律允许的方式赎回A公司要求回购的其在R公司中持有的全部或者部分权益，每1元注册资本对应的回购价格应当为A公司进行本次投资时每1元注册资本对应的增资款（每股价格）的1.5倍，并加上A公司要求回购的权益比例所对应的增资款每年8%的复利。A公司的会计政策为对于所有投资的公司均采取指定为公允价值计量，且其公允价值变动计入损益。

问题：A 公司对此应如何进行会计处理？

二、准则链接

《企业会计准则第 22 号——金融工具确认和计量》（2017 年修订）第二十三条第二款、第二十四条、第二十五条第一款

第二十三条第二款 ……（参见本章第一节）
第二十四条 ……（参见本章第一节）
第二十五条第一款 ……（参见本章第六节）

三、疑点、难点分析

通过对案例 2-17 进行分析可知，此项业务应属于嵌入主合同（股权投资）中的衍生工具。在本案例中，应考虑是否在将衍生工具分拆出来单独确认，此时需要分析：该衍生工具是附着于该特定股权的，还是仅仅授予 A 公司的。例如，如果 A 公司在 R 公司实现合格 IPO 之前将该股权转让，则受让方能否承继该项回购权。如果该衍生工具附着于特定股权，还需要判断 A 公司对 B 公司增资后是否能够对 R 公司生产经营决策形成重大影响（或控制、共同控制）。

四、案例分析

在案例 2-17 中，根据合同的约定，可能有以下两种处理结果。

一是如果该衍生工具并不是附着于特定股权而仅仅是授予 A 公司的，则该衍生工具事实上并不是该部分股权的组成部分，应当单独确认一项衍生金融资产。

二是如果该衍生工具附着于特定股权，可以随着该部分股权的转让而同步转让，则该衍生工具构成一项嵌入衍生工具。此时，需要判断 A 公司对 R 公司增资后是否能够对 R 公司生产经营决策形成重大影响（或控制、共同控制）。

（1）若形成重大影响，则 A 公司对 R 公司的权益工具投资应确认为一项长期股权投资，此时需要进一步判断该嵌入的衍生金融工具是否满足与主合同分拆的条件。按照《〈企业会计准则第 22 号——金融工具确认和计量〉应用指南（2018）》的要求，A 公司应当重点关注嵌入衍生工具与主合同的风险敞口是否相似，以及嵌入衍生工具是否可能会对混合合同的现金流量产生

重大改变。如果嵌入衍生工具与主合同的风险敞口不同或者嵌入衍生工具可能对混合合同的现金流量产生重大改变,则嵌入衍生工具的经济特征和风险与主合同的经济特征和风险很可能不紧密相关。该准则应用指南中明确指出下列情况下,"嵌入衍生工具的经济特征和风险不与主合同紧密相关:(1)主债务工具中嵌入看跌期权,使得持有人有权要求发行人以一定金额的现金或其他资产回购这项工具,其中现金或其他资产的金额随着某一权益工具或商品价格或指数的变动而变动,该看跌期权不与主债务工具紧密相关。……"本案例中,A公司应确认一项长期股权投资和一项衍生金融资产(以公允价值计量且其变动计入当期损益)。

若形成重大影响,A公司作为风险投资机构、共同基金以及类似主体,其持有的权益工具投资在初始确认时按将该权益工具投资作为以公允价值计量且其变动计入当期损益的金融资产进行核算,同样由于主合同属于金融资产,此时应将混合合同作为一个整体考虑其分类。在这种情况下,该混合工具在"本金+保底收益"的安排之外还可能涉及发行人的超额收益分红以及股权处置价款等合同现金流量,因此不符合一项仅为对本金和以未偿付本金为基础的利息支付的安排,应将混合工具整体分类为以公允价值计量且其变动计入当期损益的金融资产。

(2)若不形成重大影响,则A公司对R公司的权益工具投资属于金融资产,此时不分拆衍生金融工具,而应将该混合合同作为一个整体适用该金融工具会计准则关于金融资产的分类规定。

五、案例小结

对于附回售条款的股权投资,从投资方角度来看,若投资方对被投资方没有重大影响,该项投资应适用金融工具准则。因为该项投资不满足权益工具的定义,合同现金流量特征不满足仅为对本金和以未偿付本金金额为基础的利息的支付,应分类为以公允价值计量且其变动计入当期损益的金融资产。

若投资方对被投资方具有重大影响,投资方应考虑该特殊股权投资附带的回售权以及回售权需满足的特定目标是否表明其风险和报酬特征明显不同于普通股。如果投资方实质上承担的风险和报酬与普通股股东明显不同,该项投资应当整体作为金融工具核算。如果投资方承担的风险和报酬与普通股股东实质相同,因对被投资方具有重大影响,应分类为长期股权投资,回售权应视为一项嵌入衍生工具,并进行分拆处理。对投资方而言,持有上述附回售条款的股权投资期间所获得的股利,应按该股权投资的分类适用具体会计准则规定进行处理。

第十二节 母子公司之间无息或低息贷款的会计处理问题

一、案例背景

案例 2-18　A 公司为一家通信设备研发、生产公司，Y 公司为其全资子公司。2018—2020 年，A 公司与 Y 公司共发生了以下几项无息或低息贷款事项，以下所述的各项业务彼此独立。假设不考虑相关交易可能存在的税务调整问题。

业务 1：2018 年 1 月，A 公司向 Y 公司提供无息贷款 10 万元。该笔贷款无固定到期日，A 有权随时要求 Y 公司偿还该笔贷款。

业务 2：2018 年 5 月，A 公司向 Y 公司提供无息贷款 20 万元。该笔贷款需 Y 公司有足够资金时偿还。

业务 3：2019 年 3 月，A 公司向 Y 公司提供无息贷款 10 万元，期限为 3 年，到期一次还本。同等条件的贷款的市场利率为 10%。该笔贷款的公允价值（10%，3 年的复利现值）为 75 131 元。

业务 4：2020 年 6 月，Y 公司向 A 公司提供低息贷款 10 万元，期限为 3 年，名义利率为 4%，到期一次还本付息（本息合 11.20 万元）。同等条件的贷款的市场利率为 10%。该笔贷款的公允价值（10%，3 年的复利现值）为 84 147 元。

业务 5：2019 年 4 月，Y 公司向 A 公司提供无息贷款 10 万元。该笔贷款无固定到期日，Y 有权随时要求 A 偿还该笔贷款。

业务 6：2019 年 8 月，Y 公司向 A 公司提供无息贷款 10 万元。该笔贷款需 A 公司有足够资金时偿还。

业务 7：2020 年 5 月，Y 公司向 A 公司提供无息贷款 10 万元，期限为 3 年，到期一次还本。同等条件的贷款的市场利率为 10%。该笔贷款的公允价值（10%，3 年的复利现值）为 75 131 元。

业务 8：2020 年 9 月，Y 公司向 A 公司提供低息贷款 10 万元，期限为 3 年，名义利率为 4%，到期一次还本付息（本息合 11.20 元）。同等条件的贷款的市场利率为 10%。该笔贷款的公允价值（10%，3 年的复利现值）为

第二章 金融工具准则

84 147 元。

问题：上述各项业务，A 公司和 Y 公司应该如何进行会计处理？

二、准则链接

1.《企业会计准则第 22 号——金融工具确认和计量》（2017 年修订）第四条、第三十三条

第四条 金融负债，是指企业符合下列条件之一的负债：

（一）向其他方交付现金或其他金融资产的合同义务。

（二）在潜在不利条件下，与其他方交换金融资产或金融负债的合同义务。

（三）将来须用或可用企业自身权益工具进行结算的非衍生工具合同，且企业根据该合同将交付可变数量的自身权益工具。

（四）将来须用或可用企业自身权益工具进行结算的衍生工具合同，但以固定数量的自身权益工具交换固定金额的现金或其他金融资产的衍生工具合同除外。企业对全部现有同类别非衍生自身权益工具的持有方同比例发行配股权、期权或认股权证，使之有权按比例以固定金额的任何货币换取固定数量的该企业自身权益工具的，该类配股权、期权或认股权证应当分类为权益工具。其中，企业自身权益工具不包括应当按照《企业会计准则第 37 号——金融工具列报》分类为权益工具的可回售工具或发行方仅在清算时才有义务向另一方按比例交付其净资产的金融工具，也不包括本身就要求在未来收到或交付企业自身权益工具的合同。

第三十三条 企业初始确认金融资产或金融负债，应当按照公允价值计量。对于以公允价值计量且其变动计入当期损益的金融资产和金融负债，相关交易费用应当直接计入当期损益；对于其他类别的金融资产或金融负债，相关交易费用应当计入初始确认金额。但是，企业初始确认的应收账款未包含《企业会计准则第 14 号——收入》所定义的重大融资成分或根据《企业会计准则第 14 号——收入》规定不考虑不超过一年的合同中的融资成分的，应当按照该准则定义的交易价格进行初始计量。

交易费用，是指可直接归属于购买、发行或处置金融工具的增量费用。增量费用是指企业没有发生购买、发行或处置相关金融工具的情形就不会发生的费用，包括支付给代理机构、咨询公司、券商、证券交易所、政府有关部门等的手续费、佣金、相关税费及其他必要支出，不包括债券溢价、折价、

融资费用、内部管理成本和持有成本等与交易不直接相关的费用。

2.《企业会计准则第37号——金融工具列报》（2017年修订）第七条至第九条

第七条 ……（参见本章第六节）
第八条 ……（参见本章第十节）
第九条 ……（参见本章第四节）

三、疑点、难点分析

案例2-18中所描述的几项业务情况，首先应该判断是属于金融负债还是属于权益工具，然后需要判断各项金融资产与金融负债应该如何进行计量。

在业务1和业务5中，很明显该项金融工具对于借款方而言属于金融负债。所收到（支付）的金额即为公允价值，因为该金额即将来贷款方提出要求时需偿还的金额。债权人可随时要求偿还的负债（例如可随时提前支取的存款）的公允价值不低于在债权人提出要求时应偿还的金额自债权人有权提出偿还要求之日起折现到当前日期的折现值。

就业务2和业务6而言，只有当金融工具的发行者拥有一项在所有未来情形下（清算除外）避免交付现金或其他金融资产的无条件权利时，才能将该金融工具归类为权益工具。因此，除非发行者在其进入清算之前可以避免向持有人交付现金，否则业务2和业务6中所指的贷款仍归类为金融负债。尤其是在业务2中，由于发行者是子公司，鉴于母子公司之间客观存在的控制关系，很明显子公司不能单方面解除其交付现金的义务。业务6相对较为复杂，因为发行者是母公司，因而其可能有能力避免向子公司偿还该笔借款，在此情况下，需要对所有相关的事实和背景信息（包括借款协议的措辞，以及相关法律法规的规定）进行综合分析和全面考虑。

在业务1~4中，对子公司而言，本金金额超出公允价值的部分可被视为"额外借入的金额"。如前所述，企业依据金融工具的经济实质而不是法律形式来确定其在资产负债表上的分类。这部分差额不应列报为子公司的收益或负债；由于这部分差额实质上是母公司所放弃的与未来期间利息收支相关的现金流量的折现值，因此本质上应视为母公司对子公司的额外资本性投入。该差额增加子公司的所有者权益与上面讨论的企业会计准则的相关要求一致的,也体现了交易的经济实质。

在业务 1~4 中,由于子公司按照权益性交易的会计处理原则将借款本金金额超出公允价值的部分作为资本性投入计入其所有者权益,相应的,母公司将该差额确认为一项资产,反映在对子公司的长期股权投资中。

在业务 1 和业务 5 中,债权人可随时要求偿还,金融工具的公允价值(未来现金流量的现值)与其面值(本金金额)相等,因此,债权人可随时要求偿还的贷款应按其成本(通常即为面值)计量。在业务 2、业务 3、业务 4、业务 6 中,公允价值等于未来现金流量的现值。

四、案例分析

业务 1:在初始确认时,母子公司均应按公允价值对该笔内部借贷进行计量,公允价值即所给予的对价的公允价值(现金 100 000 元)。对子公司而言,因为其无权自主地将清偿推迟至资产负债表日后 1 年以上,因此该笔借款应列报为流动负债;对母公司而言,该笔借款列报为流动资产还是非流动资产,就取决于管理层的意图,如果近期内没有要求子公司偿还该笔借款的意图,则因为预计其在资产负债表日起 1 年内不能变现,应列报为非流动资产。在偿还时,母子公司均只需编制一笔分录以转回当初发生该笔内部借贷时的分录即可。

业务 2:一般情况下,"待借款人有足够资金时偿还"的贷款对借款人而言应确认为负债。该笔借款的流动/非流动性归类,以及借款发生日的初始计量,均取决于母子公司双方对借款人何时可获得足够资金的估计。如果预计该笔借款将在 3 年后偿还,则其会计处理将与下文"业务 3"中的说明相同。

业务 3:在初始确认时,借款本金和其公允价值(采用类似金融工具的当前市场利率折现)之间的差额,应视作母公司对子公司的资本性投入,子公司应当将该笔额外的资本性投入确认为资本公积,母公司将其作为对子公司的长期股权投资的追加投资成本。

初始确认时双方各自编制的会计分录如下。

母公司:

借:长期应收款——Y 公司　　　　　　　　　　　75 131
　　长期股权投资——Y 公司　　　　　　　　　　24 869
　　贷:银行存款　　　　　　　　　　　　　　　　　　100 000

子公司：
借：银行存款　　　　　　　　　　　　　　　100 000
　　贷：长期应付款——A公司　　　　　　　　　　75 131
　　　　资本公积——资本溢价　　　　　　　　　 24 869

第一年年末，双方各自编制的会计分录如下：
母公司：
借：长期应收款　　　　　　　　　　　　　　　7 513
　　贷：利息收入　　　　　　　　　　　　　　　　 7 513
子公司：
借：财务费用——利息支出　　　　　　　　　　7 513
　　贷：长期应付款　　　　　　　　　　　　　　　 7 513

（说明：假定不存在到期日前提前偿还的情况，就该笔内部借贷的年初账面价值75 131元和折现所使用的市场利率10%，采用实际利率法计算确认利息支出和利息收入。依此类推，第二、第三年的利息收入/支出分别为8 264元和9 092元。到第三年年末，长期应收款和长期应付款的账面价值均为100 000元，即到期应偿还的本金。因为相关的资本公积24 869元属于权益性交易形成，所以将一直反映于子公司账面，以后不调整或转出。）

业务4：在初始确认时，借款本金和其公允价值（采用类似金融工具的当前市场利率折现）之间的差额，应视作母公司对子公司的资本性投入，子公司应当将该笔额外的资本性投入确认为资本公积；母公司将其作为对子公司的长期股权投资的追加投资成本。

初始确认时双方各自编制的会计分录如下。
母公司：
借：长期应收款——Y公司　　　　　　　　　　84 147
　　长期股权投资——Y公司　　　　　　　　　15 853
　　贷：银行存款　　　　　　　　　　　　　　　 100 000
子公司：
借：银行存款　　　　　　　　　　　　　　　100 000
　　贷：长期应付款——A公司　　　　　　　　　　84 147
　　　　资本公积——资本溢价　　　　　　　　　 15 853

第一年年末，双方各自编制的会计分录如下。

母公司:
借: 长期应收款   8 415
    贷: 利息收入   8 415
子公司:
借: 财务费用——利息支出   8 415
    贷: 长期应付款   8 415

（说明：假定不存在到期日前提前偿还的情况，就该笔内部借贷的年初账面价值 84 147 元和折现所使用的市场利率 10%，采用实际利率法计算确认利息支出和利息收入。依此类推，第二、第三年的利息收入/支出分别为 9 256 元和 10 182 元。到第三年年末，长期应收款和长期应付款的账面价值均为 112 000 元，即到期应偿还的本息之和。因为相关的资本公积 15 853 元属于权益性交易形成，所以将一直反映于子公司账面，以后不做调整或转出。）

如果该子公司是非全资子公司，该无息（或低息）贷款是母公司单方面给予该子公司的（即该子公司的其他少数股东并未同比例给予同等条件的无息或低息贷款），则子公司在初始确认时由此增加的资本公积将有一部分归属少数股东享有，但这并不影响在母公司个别报表层面将该差额全部增加长期股权投资成本。母公司在合并报表层面，需要就这部分资本公积中由少数股权享有的部分体现为一项权益性交易，即减少合并报表层面的资本公积，相应增加少数股东权益。

业务 5：业务 5 的处理原则与业务 1 相同。在初始确认时，母子公司均应按公允价值对该笔内部借贷进行计量，公允价值即所给予的对价的公允价值（现金 100 000 元）。对母公司而言，其无权自主地将清偿推迟至资产负债表日后 1 年以上，因此该笔借款应列报为流动负债；对子公司而言，该笔借款列报为流动资产还是非流动资产，就取决于管理层的意图，如果近期内没有要求母公司偿还该笔借款的意图，则因为预计其在资产负债表日起 1 年内不能变现，故应列报为非流动资产。在偿还时，母子公司均只需编制一笔分录以转回当初发生该笔内部借贷时的分录即可。

业务 6：业务 6 的处理原则与业务 2 相同。一般情况下，"待借款人有足够资金时偿还"的贷款对借款人而言应确认为负债。该笔借款的流动/非流动性归类，以及借款发生日的初始计量，均取决于母子公司双方对借款人何时可获得足够资金的估计。如果预计该笔借款将在 3 年后偿还，则其会计处理将与下文"业务 7"中的说明相同。

业务 7：业务 7 与业务 3 基本对应，所不同的是子公司向母公司提供无息贷款，贷款本金和公允价值之间的差额应视作子公司对母公司的一项股利分配（或者母公司从子公司收回部分投资），子公司应当将该差额作为对母公司的利润分配处理；母公司应当相应减少对子公司的长期股权投资。

初始确认时双方各自编制的会计分录如下。

母公司：

借：银行存款	100 000
贷：长期应付款——Y 公司	75 131
长期股权投资——Y 公司	24 869

子公司：

借：长期应收款——A 公司	75 131
利润分配——股利	24 869
贷：银行存款	100 000

第一年年末，双方各自编制的会计分录如下。

母公司：

借：财务费用——利息支出	7 513
贷：长期应付款	7 513

子公司：

借：长期应收款	7 513
贷：利息收入	7 513

业务 8：业务 8 与业务 4 基本对应，所不同的是子公司向母公司提供低息贷款，贷款本金和公允价值之间的差额应视作子公司对母公司的一项股利分配（或者母公司从子公司收回部分投资），子公司应当将该差额作为对母公司的利润分配处理；母公司应当相应减少对子公司的长期股权投资。

初始确认时双方各自编制的会计分录如下。

母公司：

借：银行存款	100 000
贷：长期应付款——Y 公司	84 147
长期股权投资——Y 公司	15 853

子公司：

借：长期应收款——A 公司	84 147
利润分配——股利	15 853
贷：银行存款	100 000

第一年年末，双方各自编制的会计分录如下。

母公司：

借：财务费用——利息支出　　　　　　　　　　8 415
　　贷：长期应付款　　　　　　　　　　　　　　　8 415
子公司：
借：长期应收款　　　　　　　　　　　　　　　8 415
　　贷：利息收入　　　　　　　　　　　　　　　　8 415

上述业务 7、业务 8 中子公司账面上所作的视同利润分配处理，系基于实质重于形式的原则，并不要求必须有"利润分配"的法律形式，也不要求是子公司对其全体股东的同比例分配。如果是非全资子公司，则为了消除可能的误解，子公司所使用的明细科目可以考虑改为"利润分配——其他对所有者分配"。

如果该子公司不是母公司的全资子公司，则非全资子公司向母公司提供无息或低息贷款，意味着子公司的少数股东向母公司让渡了一部分经济利益。此时，在母公司编制合并财务报表时，需将母公司从子公司少数股东处获取让渡的经济利益体现为一项权益性交易，增加母公司合并报表层面的资本公积。

五、案例小结

对于母子公司之间的无息或低息贷款，借款双方在会计处理中，应按照合同约定，切实分析每项贷款业务的分类问题，即是分为金融负债还是权益工具。之后，要分析该项金融资产（负债）的出初始计量、后续计量和列报的问题。对于分类和计量问题，有以下几点需要关注。

1. 对于金融负债或权益的划分

一项金融工具不能仅仅因为发行者在报告日没有向持有者交付现金或其他金融资产的法律义务而被分类为权益工具而不是债务工具。只有当发行者同时拥有一项在所有未来情形下（清算除外）避免交付现金或其他金融资产的无条件权利时，才能将该金融工具归类为权益工具。因此，即使发行者履行该工具项下义务的能力受到限制（例如由于资金短缺），该项金融工具仍应被归类为金融负债。

2. 对于金融资产和金融负债的计量

金融工具初始确认时的公允价值通常是指交易价格（即所收到或支付对价的公允价值），但是，如果收到或支付的对价的一部分并非针对该金融工具，该金融工具的公允价值应根据估值技术进行估计。例如，一项不带息的长期贷款或应收款项公允价值的估计数是以信用等级相当的类似金融工具（标价的币种、条款、利率类型和其他因素相类似）的当前市场利率，对所有未来现金收款额折现所得出的现值。任何额外借出的金额应作为一项费用或收益的抵减项处理，除非其符合确认为其他某类型资产的条件。此外，还应注意，如果企业按低于市场利率发放一项贷款（例如，类似贷款市场利率为 8% 时，该贷款的利率为 5%），并且直接收到一项费用作为补偿，则该企业应以公允价值确认这项贷款，即应减去企业收到的费用。之后，企业应采用实际利率法将相关折价计入损益。

第十三节　融券业务的会计处理问题

一、案例背景

案例 2-19　2020 年 5 月，W 资产管理计划成立，共分为 A、B 两类份额。A 类份额为 M 银行出资 5 000 万元，该银行按固定利率收取固定收益；B 类份额由 N 公司持有，出资 3 000 万元。该计划合计金额 8 000 万元用于投资 Y 股票定向增发，持有 Y 股票 800 万股，该股票锁定期为 1 年。Y 股票 800 万股为一个整体，无法分割对应为 A、B 类份额各持有多少股。A 类份额持有人可随时收取 5 000 万元本息（年利率为 10%）退出或在资产管理计划处置后收回本息。同时，该资产管理计划的《资产管理合同》约定：在本合同存续期满并清算时，计划资产优先偿付全部 A 类份额的本金及基准收益，除本合同另有规定，剩余部分归 B 类份额所有。如全部计划资产尚未补足对 A 类份额的本金及基准收益，则 B 类份额持有人需对差额部分进行补偿，全体 B 类份额持有人对此承担无限连带责任。

假设资产管理计划中 Y 股票 800 万股成本为 10 元 / 股。同时，N 公司向券商融入同种类同数量 Y 股票 800 万股，融入后在高于 10 元 / 股的价位卖出。N 公司待该资产管理计划一年到期，Y 股票解禁后，先支付原 A 份额银行 5 000 万本金及利息，该资产管理计划所持有的全部 Y 股票 800 万股都归属于 N 公司，N 公司再将 Y 股票 800 万股数归还券商。

问题：该项业务该如何进行会计处理？

二、准则链接

1.《企业会计准则第 41 号——在其他主体中权益的披露》（2014 年）第三条

第三条　本准则所指的在其他主体中的权益，是指通过合同或其他形式能够使企业参与其他主体的相关活动并因此享有可变回报的权益。参与方式包括持有其他主体的股权、债权，或向其他主体提供资金、流动性支持、信用增级和担保等。企业通过这些参与方式实现对其他主体的控制、共同控制或重大影响。

其他主体包括企业的子公司、合营安排（包括共同经营和合营企业）、联营企业以及未纳入合并财务报表范围的结构化主体等。

结构化主体，是指在确定其控制方时没有将表决权或类似权利作为决定因素而设计的主体。

2.《企业会计准则第33号——合并财务报表》（2014年修订）第七条

第七条 ……（参见本章第七节）

3.《企业会计准则第22号——金融工具确认和计量》（2017年修订）第十六条第一款、第十九条

第十六条第一款 ……（参见本章第一节）
第十九条 ……（参见本章第七节）

三、疑点、难点分析

（1）通过对案例2-19背景分析，N公司作为该计划的B类份额唯一持有人，实际上承担了保证A类份额持有人本金安全和获取固定收益的责任，因而享有或承担了该资产管理计划的几乎所有剩余风险和报酬，故需把该资产管理计划作为其可控制的结构化主体纳入合并报表范围。

（2）在N公司的合并报表层面，该交易的实质就是N公司向银行按年利率10%借入一年期借款（资产管理计划所持有的限售股是事实上的抵押物）用于购买该限售股（Y股票800万股），因此在合并报表层面应分类为"以公允价值计量且其变动计入当期损益的金融资产"或在符合条件时指定为"以公允价值计量且其变动计入其他综合收益的金融资产"。但本案例中N公司计划以资管计划持有的Y股票归还融券，因此持有的Y股票不属于非交易性权益工具投资，不符合指定为"以公允价值计量且其变动计入其他综合收益的金融资产"的条件。在确定公允价值时，因为是限售股，所以其公允价值不能

完全根据对应的无限售条件股份的股价确定,而需采用一定的估值技术加以调整。在合并报表层面,向银行还本付息由 N 公司操作还是由资产管理计划操作没有本质区别。

另一方面,N 公司通过融券交易,融入相同品种和数量的证券,应当在融入证券时,按照融入证券的公允价值确认一项交易性金融资产,同时确认一项等额的交易性金融负债(因为后续需归还相同品种、数量的证券,因此该负债的偿还义务金额与该证券的公允价值挂钩),后续对该交易性金融负债需按期末公允价值计量,公允价值的变动计入当期损益。融入的证券卖出时,出售价款和融入证券的初始计量金额之间的差额可以确认为当期投资收益。

(3)通过对背景描述的理解,购入资产管理计划和融券交易这两个事项很可能是有关联的,通过这两个金融产品的组合,可以实现一定程度的风险对冲(通过资产管理计划持有现券,并通过融券交易实现卖出,金融资产投资和交易性金融负债的公允价值变动可以互相抵销;同时,通过融券交易,也可以解决资产管理计划所持有的限售股的流动性问题),最终可能会使 N 公司获取固定的收益。但两个产品的交易对手不同,因此应当作为两项独立的金融产品交易分别进行会计处理,不允许在产品未到期前按照两者组合后形成的"固定收益率"计提利息收入,对持有资产管理计划份额和融券交易的公允价值变动损益应当分别确认(尽管到最后可能可以抵销)。

四、案例分析

案例 2-18 中 N 公司合并报表层面的账务处理如下。

(1)建立资产管理计划并从银行取得 5 000 万元,期限为 1 年,年息为 10% 的短期借款:

借:银行存款　　　　　　　　　　　　　　　　　　50 000 000
　　贷:短期借款　　　　　　　　　　　　　　　　　50 000 000

(2)资产管理计划以 8 000 万元购入 Y 股票(限售股)500 万股:

借:交易性金融资产——Y 股票 500 万股
　　　　　　　(限售股)　　　　　　　　　　　　　80 000 000
　　贷:银行存款　　　　　　　　　　　　　　　　　80 000 000

同时,N 公司向券商融入 800 万股 Y 股票(无限售条件股份),随即出售。假设当日无限售条件的 Y 股票的市价为 15 元/股:

借:银行存款　　　　　　　　　　　　　　　　　　120 000 000
　　贷:交易性金融负债　　　　　　　　　　　　　　120 000 000

（3）资产管理计划到期日（假设与融券到期日为同一日）的账务处理：

计提银行利息：

$$应付利息 = 5\,000 \times 10\% = 500（万元）$$

借：财务费用——利息支出　　　　　　　　　　5 000 000
　　贷：应付利息　　　　　　　　　　　　　　　5 000 000

向银行还本付息：

借：短期借款　　　　　　　　　　　　　　　50 000 000
　　应付利息　　　　　　　　　　　　　　　　5 000 000
　　贷：银行存款　　　　　　　　　　　　　　55 000 000

资产管理计划所持有的限售股到期解禁，假设当日 Y 股票（无限售条件）的市价为 12 元/股：

借：交易性金融资产——Y 股票 800 万股
　　　　（无限售条件）　　　　　　　　　　96 000 000
　　贷：交易性金融资产——Y 股票 800 万股
　　　　（限售股）　　　　　　　　　　　　80 000 000
　　　　公允价值变动损益　　　　　　　　　16 000 000

确认交易性金融负债公允价值变动：

借：公允价值变动损益　　　　　　　　　　　24 000 000
　　贷：交易性金融负债　　　　　　　　　　　24 000 000

用已经解禁的 Y 股票 800 万股归还当初从证券公司借入的证券（假设不考虑融券利息支出）：

借：交易性金融负债　　　　　　　　　　　　96 000 000
　　贷：交易性金融资产——Y 股票 800 万股
　　　　（无限售条件）　　　　　　　　　　96 000 000

经过上述处理，N 公司在整个交易过程中可获利 3 500 万元，即 800 万股限售股购入当日的市价（15 元）与购入成本（10 元）之间的价差减去向银行支付的融资利息 3 500 万元。通过这一交易安排，N 公司一方面锁定了限售股买卖的价差收益，不再受到限售期间内 Y 股票市价波动的影响，而且有效利用了银行杠杆；另一方面通过融券安排解决了限售股的流动性局限导致的资金占用问题。

五、案例小结

融资融券业务，是指证券公司向客户出借资金供其买入证券或者出借证券供其卖出，并由客户交存相应担保物的经营活动。企业发生的融资融券业务分为融资业务和融券业务两类。

关于融资业务，证券公司及其客户均应当按照《企业会计准则第22号——金融工具确认和计量》有关规定进行会计处理。证券公司融出的资金，应当确认应收债权，并确认相应利息收入；客户融入的资金，应当确认应付债务，并确认相应利息费用。

关于融券业务，证券公司融出的证券，按照《企业会计准则第23号——金融资产转移》有关规定，不应终止确认该证券，但应确认相应利息收入；客户融入的证券，应当按照《企业会计准则第22号——金融工具确认和计量》有关规定进行会计处理，并确认相应利息费用。

证券公司对客户融资融券并代客户买卖证券时，应当作为证券经纪业务进行会计处理。证券公司及其客户发生的融资融券业务，应当按照《企业会计准则第37号——金融工具列报》有关规定披露相关会计信息。

第十四节 购入不良债权及其后续处置的会计处理问题

一、案例背景

案例2-20 2019年12月20日，A公司与P银行签订《债权转让合同》，以2亿元的价格收购P银行对X公司的债权2.8亿元，A公司确认为以摊余成本计量的金融资产；2019年12月31日；A公司与F市国资委签订《债权转让合同》，以3亿元的价格收购该F市国资委对Y公司的债权5亿元，A公司确认为以摊余成本计量的金融资产；2020年3月3日，A公司与Q银行签订《资产转让合同》，以1.5亿元的价格收购Q银行对X公司的等额债权，A公司确认为以摊余成本计量的金融资产。

经法院裁决，X公司将其持有的某ST上市公司限售股2 000万股抵偿欠A公司收购的上述债权中的5 000万元，A公司按照股权变更日的收盘价1.2亿元计入以摊余成本计量的金融资产，公允价值与抵偿债务（5 000万元）的差额7 000万元确认为投资收益。2020年4月A公司收回了上述债权中的1.1亿元，收回的债权对应收购成本为6 500万元，收款额超过债权收购成本4 500万元，A公司确认为投资收益。

第二章 金融工具准则

问题：A 公司该如何进行会计处理？

二、准则链接

1.《企业会计准则第 22 号——金融工具确认和计量》（2017 年修订）第十六条第一款、第十九条、第三十九条和第四十六条

第十六条第一款 ……（参见本章第一节）

第十九条 ……（参见本章第九节）

第三十九条 企业应当按照实际利率法确认利息收入。利息收入应当根据金融资产账面余额乘以实际利率计算确定，但下列情况除外：

（一）对于购入或源生的已发生信用减值的金融资产，企业应当自初始确认起，按照该金融资产的摊余成本和经信用调整的实际利率计算确定其利息收入。

（二）对于购入或源生的未发生信用减值、但在后续期间成为已发生信用减值的金融资产，企业应当在后续期间，按照该金融资产的摊余成本和实际利率计算确定其利息收入。企业按照上述规定对金融资产的摊余成本运用实际利率法计算利息收入的，若该金融工具在后续期间因其信用风险有所改善而不再存在信用减值，并且这一改善在客观上可与应用上述规定之后发生的某一事件相联系（如债务人的信用评级被上调），企业应当转按实际利率乘以该金融资产账面余额来计算确定利息收入。

经信用调整的实际利率，是指将购入或源生的已发生信用减值的金融资产在预计存续期的估计未来现金流量，折现为该金融资产摊余成本的利率。在确定经信用调整的实际利率时，应当在考虑金融资产的所有合同条款（例如提前还款、展期、看涨期权或其他类似期权等）以及初始预期信用损失的基础上估计预期现金流量。

第四十六条 企业应当按照本准则规定，以预期信用损失为基础，对下列项目进行减值会计处理并确认损失准备：

（一）按照本准则第十七条分类为以摊余成本计量的金融资产和按照本准则第十八条分类为以公允价值计量且其变动计入其他综合收益的金融资产。

（二）租赁应收款。

（三）合同资产。合同资产是指《企业会计准则第 14 号——收入》定义的合同资产。

（四）企业发行的分类为以公允价值计量且其变动计入当期损益的金融负债以外的贷款承诺和适用本准则第二十一条（三）规定的财务担保合同。

损失准备,是指针对按照本准则第十七条计量的金融资产、租赁应收款和合同资产的预期信用损失计提的准备,按照本准则第十八条计量的金融资产的累计减值金额以及针对贷款承诺和财务担保合同的预期信用损失计提的准备。

2.《企业会计准则第12号——债务重组》(2019年修订)第四条、第六条

第四条 本准则适用于所有债务重组,但下列各项适用其他相关会计准则:

(一)债务重组中涉及的债权、重组债权、债务、重组债务和其他金融工具的确认、计量和列报,分别适用《企业会计准则第22号——金融工具确认和计量》和《企业会计准则第37号——金融工具列报》。

(二)通过债务重组形成企业合并的,适用《企业会计准则第20号——企业合并》。

(三)债权人或债务人中的一方直接或间接对另一方持股且以股东身份进行债务重组的,或者债权人与债务人在债务重组前后均受同一方或相同的多方最终控制,且该债务重组的交易实质是债权人或债务人进行了权益性分配或接受了权益性投入的,适用权益性交易的有关会计处理规定。

第六条 ……(参见第一章第十四节)

三、疑点、难点分析

对于案例 2-20 描述的不良债权投资业务,在具体会计处理过程中,以下几点需要特别分析。

(1)关于"不良债权投资"的分类和计量问题。分类问题主要分析合同现金流特征和业务模式。贷款通常可以通过合同现金流特征测试,因此需要分析的是业务模式,即管理层是想仅持有获取合同现金流,还是既有收取合同现金流的需求又想伺机出售,抑或其他业务模式等。初始计量需要对取得成本和相关交易费用进行确认。后续计量中,需要明确不良债权是否已发生信用减值,如果是,则需要对实际利率进行调整,期末还应注意对其按预期信用损失模型进行损失准备确认。

(2)关于以股权抵债业务部分问题。主要关注股权是符合金融工具会计准则要求还是符合长期股权投资会计准则要求,并且按照相关会计准则要求

对金融资产或长期股权投资进行确认和计量。

四、案例分析

（一）分类

由于 A 公司所收购的是银行对债务人放贷形成的不良债权，在不考虑特殊情况下，相关贷款合同的现金流量特征通常符合仅为对本金和基于未偿付本金的利息支付的安排。A 公司对该类"不良债权投资"的分类主要取决于 A 公司管理该类不良债权的业务模式。

（1）若企业取得该类不良债权后以催收债务人，收取合同现金流量为目标，企业应将取得的不良债权分类为以摊余成本计量的金融资产，列报为"其他流动资产"或者"债权投资"。

（2）若企业既以催收为目的，也寻求在市场上溢价转让的机会以伺机出售，则表明企业管理该不良债权同时以收取合同现金流量和出售金融资产为目标，这时企业应将取得的不良债权分类为以公允价值计量且其变动计入其他综合收益的金融资产，列报为"其他流动资产"或者"其他债权投资"。

（3）其他业务模式下，企业应将取得的不良债权分类为以公允价值计量且其变动计入当期损益的金融资产，列报为"交易性金融资产"或者"其他非流动金融资产"。

（二）初始计量

金融资产初始确认应当按照公允价值计量。在本案例中，若 A 公司与 P 银行、F 市地方国资委和 Q 银行（转让方）之间不存在关联关系，则可以接受按照 A 公司的收购对价作为取得的债权的公允价值。在第 1 种和第 2 种分类下，发生的交易费用计入金融资产的初始确认金额，在第 3 种分类下交易费用直接计入当期损益。

（三）后续计量

此类不良债权在很多情况下已经逾期，因此通常属于购买时已发生信用减值的金融资产。在以摊余成本计量的金融资产（分类 1）时，后续计量应采用的实际利率应为购买时将减值后的预计未来现金流量折现为摊余成本的利率，即"经信用调整的实际利率"。在分类为以公允价值计量且其变动计入其他综合收益的金融资产（分类 2）时，应首先采用与分类 1 一致的实际利率计算摊余成本，将实际利息计入当期损益，然后将账面价值调整为公允价值，将摊余成本与公允价值的差额调整为其他综合收益；在合同权利、义务结算或处置时，将累计的其他综合收益结转至当期损益。在分类为以公允价值计量且其变动计入当期损益的金融资产（分类3）时，按照公允价值进行后续计量，且公允价值变动直接计入当期损益。另外，在上述1、2两种分类下，期末还应按照"预期信用损失模型"进行减值测试和确认减值损失。

（四）以限售股抵偿部分债务，A公司的账务处理

X公司将其持有的某上市公司限售股抵偿欠A公司收购债权的业务，对A公司而言，属于一项债务重组业务。A公司取得并初始确认一项新的金融资产（限售股投资），同时终止确认一项原有的金融资产（不良债权）。对取得的权益工具投资可能涉及以下准则适用问题。

（1）若取得的限售股适用《企业会计准则第22号——金融工具确认和计量》（2017年修订），应按公允价值确认并初始计量，放弃债权的公允价值与取得的限售股入账价值之间的差额计入当期损益。

（2）若取得的限售股适用《企业会计准则第2号——长期股权投资》（2014年修订）规范的对联营企业或合营企业的股权投资，则应当以放弃债权的公允价值和可直接归属于该资产的税金等其他成本作为该股权投资的初始投资成本，放弃债权的公允价值与账面价值之间的差额计入当期损益。

此外，对于剩余尚未偿还部分的债权，A公司若作为摊余成本或以公允价值计量且其变动计入其他综合收益的金融资产时，须在期末对其预期信用损失作出合理、谨慎的估计。

五、案例小结

购买不良债权的业务，企业在金融资产分类、初始确认、后续计量和债务重组等问题外，还应注意出现对当期损益的重大影响，尤其是形成收益时的具体分析。

通常情况下，放弃债权的公允价值与取得的其他资产的公允价值不应出现重大差异。如果差异较大，意味着所付出的对价和所获取的资源两者的公允价值不对等，在公允的市场交易中通常不应出现这一情形，因此该差异应得到关注。一方面，关于资产公允价值的取得问题，如限售股权的计量问题，对于限售股权，其流通受到限制，因此其公允价值不能直接以活跃交易市场的收盘价格来确定，其价格一般低于无限售条件股份的收盘价，通常可采用期权定价模型估计流通股收盘价中所包含的流通权的价值，从流通股收盘价

中扣除流通权价值后即为限售股的公允价值。另一方面,放弃债权的公允价值通常没有活跃交易市场,很可能需要使用估值模型确定其公允价值,可靠性相对较差。因此,企业在分别考虑原不良债权和取得资产的公允价值时,应当以当前可获得的信息为基础,运用适当的估值模型,对其中可能涉及的不确定性予以充分、谨慎的考虑,在此基础上合理确定各金融资产的公允价值。只有当有确凿证据表明取得资产的公允价值不同于所偿还的债权的公允价值时,才能确认相关损益。

　　无论企业此前对取得的不良债权采用哪一种分类,放弃债权的账面价值与放弃债权的公允价值之间也不应存在重大差异(特殊情形除外)。当企业对该不良债权按照公允价值计量时,其账面价值等于即时的公允价值,不存在差异。当企业对该不良债权按照摊余成本计量时,其公允价值与预期信用损失模型下的结果出现较大差异的情况,无论孰高,除非公允价值计量日的市场利率与该债券投资的实际利率之间存在较大的偏差,否则都不太合理,因为公允价值本身反映的是对该资产未来现金流的预期按市场利率折现的结果,或者合同现金流量按风险调整后的市场收益率折现后的结果,而预期信用损失模型也是基于对未来现金流的预期,尤其是在第二和第三阶段也需要完整考虑整个存续期,因此二者之间,理论上不应出现重大差异。但当公允价值计量日的市场利率或该金融工具未来存续期间的预计市场利率与该债权的实际利率之间存在较大的偏差时,该债权的公允价值反映市场利率的波动,但摊余成本仍以其实际利率计量,此时账面价值与公允价值之间可能存在差异。

第三章　政府补助准则

为进一步规范企业对政府补助的确认、计量和列报，保持与国际财务报告准则的持续趋同，财政部于 2017 年 5 月下发了《企业会计准则第 16 号——政府补助》，自 2017 年 6 月 12 日起施行。

新准则将原准则的总则、确认和计量、披露共三章十条，扩展为总则、确认和计量、列报、衔接规定及附则共五章二十条，内容较原准则明显丰富，不仅可以更加合理、正确地反映企业相关经济业务的经济实质，而且将更加真实、公允地反映企业的收入、收益、成本和费用。

第一节　政府补助确认时点的判断

一、案例背景

案例 3-1　2019 年 6 月 Y 市发布《支持人工智能产业创新发展若干政策实施细则》，其中规定在该市注册的人工智能企业如果因业务扩展需要购地建设本部自用办公大楼，在按照国家规定取得土地使用权并缴交地价款之后，由当地政府参照企业所缴地价款（含配套费等）的 40% 给予建设补助。申请享受优惠政策的企业，其建筑面积自用率必须大于 70% 且应在申请时承诺 10 年内不迁离该市。

根据上述规定，A 公司符合政策要求，在 2019 年 10 月取得公司总部办公大楼建设用地的使用权并全额缴纳土地出让金之后，向该地方政府的有关部门申请"购地补贴"，并于 2020 年 1 月收到所申请的专项补贴资金。

问题：A 公司何时可以确认该项政府补助？

二、准则链接

《企业会计准则第 16 号——政府补助》（2017 年修订）第六条、第八条规定如下。

第三章 政府补助准则

第六条 政府补助同时满足下列条件的,才能予以确认:
(一)企业能够满足政府补助所附条件;
(二)企业能够收到政府补助。

第八条 与资产相关的政府补助,应当冲减相关资产的账面价值或确认为递延收益。与资产相关的政府补助确认为递延收益的,应当在相关资产使用寿命内按照合理、系统的方法分期计入损益。按照名义金额计量的政府补助,直接计入当期损益。

相关资产在使用寿命结束前被出售、转让、报废或发生毁损的,应当将尚未分配的相关递延收益余额转入资产处置当期的损益。

三、疑点、难点分析

会计准则并不要求在将政府补助计入损益之前,企业已经实际满足了政府补助所附的条件,只要求企业对能否满足政府补助所附条件提供合理的保证。只要企业管理层确认其将满足政府补助所附条件,并且没有相反证据表明很可能最终无法满足这些条件,就可以确认政府补助。

在与资产相关的政府补助满足确认条件的前提下,企业应当自相关资产达到预定可使用状态时(或者在实际收到补助款时,以两者中的较晚者为准)起,将相关补助在相关资产的使用寿命内(如果在相关资产达到预定可使用状态之后才实际收到补助款的,则在相关资产的剩余使用寿命内)按照合理、系统的方法分配,计入各期损益。

四、案例分析

该项补贴资金的取得与非流动资产——土地使用权的购建直接相关,并且符合政府补助的"无偿性"特征,应当认定为与资产相关的政府补助。

从案例3-1提供的资料来看,该项政府补助所附条件主要有两项:一是申请人承诺在未来10年内不迁离该地;二是建筑面积自用率达到规定的标准。而确认政府补助应满足的条件之一是"企业能够满足政府补助所附条件",只要企业管理层确认其将满足政府补助所附条件,就可以确认政府补助。就所述案例而言,在企业已经向该地政府作出明确书面承诺"10年内不迁离"的情况下,并且从目前情况来看没有证据表明其很可能无法实现的,则可以认为"企业能够满足政府补助所附条件",相关政府补助在所购建的办公楼达到预定可使用状态,开始计提折旧时就可以开始摊销并计入各期损益,摊销年限为当时土地使用权的剩余摊销年限，而不必等到满10年之后"10年内不迁离"已成为既成事实之后才开始摊销。

五、案例小结

政府补助的确认时点，应该满足政府补助所附条件和能够收到政府补助的要求。如果企业已经实际收到补助资金，应当按照实际收到的金额计量；如果资产负债表日企业尚未收到补助资金，但企业在符合相关政策规定后就相应获得了收款权，且与之相关的经济利益很可能流入企业，企业应当在这项补助成为应收款时按照应收的金额计量。在实务中遇到尚未收到的政府补助时，考虑以下因素，据此判断是否应当确认：企业是否适用相关政府文件；企业申请补助的流程是否合法合规；企业收取资金前是否需要政府部门的实质性审核；历史上同类型政府补助的实际发放情况。

第二节 政府补助的分类与计量

一、案例背景

案例 3-2 2018年1月，J市推出支持智能制造产业专项发展政策，鼓励有自主知识产权、有核心技术智能制造产业生产和研发项目进驻本市。从2018年6月1日起，J市对符合扶持范围新设立的，或辖区内现有从事智能制造产业企业新增投资的，通过市投资促进领导小组审核的，给予奖励。其中，投产时机器设备固定资产年投资总额（不包含土地购置及基建等支出）在1.5亿元及以上（含1.5亿元）的企业，给予一次性800万元的奖励；机器设备固定资产年投资总额在1.0亿元以上1.5亿元以下（含1.0亿元不含1.5亿元）的企业，给予一次性500万元的奖励；机器设备固定资产年投资总额在0.5亿元以上1.0亿元以下（含0.5亿元不含1.0亿元）的企业，给予一次性300万元的奖励。该项政策文件并未对公司收到奖励资金后的使用用途或方向作出限制。A公司为2012年在J市注册成立的一家新材料研发生产企业，2018年公司共投入资金2.2亿元用于购买新的生产设备，扩大生产，满足J市支持智能制造产业发展的扶持政策，并于2019年1月收到了J市政府拨付的500万元奖励。

问题：A公司应如何确认与计量该政策奖励？

第三章 政府补助准则

二、准则链接

《企业会计准则第 16 号——政府补助》（2017 年修订）第四条、第八条规定如下。

第四条 政府补助分为与资产相关的政府补助和与收益相关的政府补助。

与资产相关的政府补助，是指企业取得的、用于购建或以其他方式形成长期资产的政府补助。

与收益相关的政府补助，是指除与资产相关的政府补助之外的政府补助。

第八条 ……（参见本章第一节）

三、疑点、难点分析

实务中，政府补助所附的条件主要包括两类：一是政策条件。企业只有符合政府补助政策的规定，才有资格申请政府补助。符合政策规定不一定都能够取得政府补助；不符合政策规定、不具备申请政府补助资格的，不能取得政府补助。二是使用条件。企业已获批准取得政府补助的，应当按照政府规定的使用范围、使用时间等条件使用该补助资金，即政府补助所附的条件包括"政策条件"和"使用条件"，"政策条件"限定了取得政府补助的"门槛"，而"使用条件"规定了政府补助的用途。结合前面列出的对两类政府补助的定义（见准则正文）和两类条件的划分可知，决定一项政府补助是与收益相关还是与资产相关的主要因素，是其所附的"使用条件"（补助资金的用途）而不是"政策条件"（取得补助的"门槛"）。

四、案例分析

根据案例 3-2 材料，"以投产时机器设备固定资产年投资总额（不包含土地购置及基建等支出）1.5 亿元及以上"属于该项政府补助的"政策条件"，而政府对该项资金的管理办法和下拨补助款的批文对其资金用途无特殊限定，即不存在"使用条件"。相应的，该笔 500 万元奖励属于与收益相关的政府补助，应结合 A 公司对类似政府补助的现行会计政策（总额法或净额法）进行账务处理。鉴于该笔奖励资金无直接对应的支出，A 公司应该采用总额法进行核算，即收到时直接计入其他收益。

五、案例小结

企业应当将政府补助根据其补助的对象，分类为与资产相关的政府补助和与收益相关的政府补助，并分别适用不同的会计处理。通常情况下，企业可以从政府补助相关文件中明确地识别出补助的对象，从而确定政府补助的分类。然而，存在一些特殊情形，企业可能需要进一步的判断。实务中有时会遇到政府补助相关文件并未明确补助对象，而是以一种奖励的形式给予企业补助，此时就需要根据具体情况分析奖励的原因，据此判断政府补助隐含的补助对象。例如，某地政府为了吸引外来投资者，对于凡是在当地开厂投资的企业，只要能够满足一定的条件（例如承诺10年内不搬迁等），均可给予一定的奖励资金。此类政府补助很难从相关文件中识别具体的补助对象，补助是以奖励的形式存在的。不过，分析奖励的原因，政府是为了鼓励在当地进行开厂投资才给予奖励，则可以认为政府补助的具体补助对象是企业开厂投资的成本。通常企业开厂投资的成本属于资本性的支出，即土地使用权、厂房、机器设备等，因此可以将上述奖励资金分类为与资产相关的政府补助，并在合理的基础上（比如按成本比例）分别在不同的资产中分摊。

新修订的政府补助准则引入了净额法，消除了与国际财务报告准则在这方面的差异。净额法是将政府补助确认为对相关资产账面价值或者所补偿成本费用等的扣减。采用总额法还是净额法，对企业而言，是一项会计政策选择权。企业应当根据经济业务的实质，判断某一类政府补助应当采用总额法还是净额法进行会计处理。对同类或类似政府补助业务只能选用一种方法，体现一贯性原则。但并不要求同一企业对所有的政府补助均采用同一种方法。这里所谓的同类或类似政府补助业务，并不是指与资产相关的政府补助为一类，与收益相关的政府补助为另一类，而是从政府补助相关的经济业务进行判断的。例如，企业可以对研发活动相关的政府补助选用一种方法，而对税费返还相关的政府补助选用另一种方法。对于将贴息资金直接拨付给企业的政府补助，为了较为清晰地反映借款费用及其费用化或资本化的金额，新政府补助准则采用净额法处理。

第三章 政府补助准则

第三节 综合性政府补助的确认与计量问题

一、案例背景

案例 3-3 A 公司是一家房地产上市公司，2019 年 8 月，A 公司与 L 市经济开发区管理委员会签订战略合作协议。双方约定：A 公司及其专门设立的项目公司将在该经济开发区投资建设产业园，计划投资额 45 亿元以上。同时，经济技术开发区管理委员会与 A 公司签订《奖励协议书》，双方约定：A 公司投资建设"产业园"，计划投资 45 亿元；经济技术开发区管理委员会将给予 A 公司产业园项目 5 亿元的奖励。具体为：第一期奖励 1.5 亿元，在 A 公司竞买产业园地块中标并按规定缴纳 50% 土地出让金后 1 个月内拨付；第二期奖励为余款的 30%（即 1.05 亿元），在产业园项目正式开工后 3 个月内拨付；第三期奖励为余款的 70%（即 2.45 亿元），在项目竣工验收结束后 1 个月内拨付。奖励资金专项用于产业园的建设。A 公司承诺，力争确保产业园在 2019 年 12 月底前开工建设，在 5 年内即 2024 年年底前竣工，争取到 2020 年年底前，入驻产业园的企业达到 20 家以上，形成应税销售不少于 10 亿元；产业园最终将形成至少 50 家企业的集群规模。本协议的奖励，是基于 A 公司按时完成《投资协议书》及本协议约定的乙方义务。如果 A 公司未能完成约定的义务，L 市政府有权对相关的扶持和奖励做出适当调整。

2020 年 1 月，A 公司收到 L 市经济开发区拨付的 1.5 亿元奖励；2020 年 6 月收到第二期节点奖励 1.05 亿元。截至 2020 年 12 月 31 日，产业园累计总投资额为 18 亿元。

问题：A 公司应如何确认和计量该项奖励？

二、准则链接

《企业会计准则第 16 号——政府补助》（2017 年修订）第六条、第八条、第九条规定如下。

第六条 ……（参见本章第一节）
第八条 ……（参见本章第一节）
第九条 与收益相关的政府补助，应当分情况按照以下规定进行会计处理：

（一）用于补偿企业以后期间的相关成本费用或损失的，确认为递延收益，并在确认相关成本费用或损失的期间，计入当期损益或冲减相关成本；

（二）用于补偿企业已发生的相关成本费用或损失的，直接计入当期损益或冲减相关成本。

三、疑点、难点分析

综合案例 3-3 具体情况，需要考虑的事项包括两个方面：一是 A 公司收到的资金是否满足政府补助确认的条件；二是在满足政府补助确认条件的前提下，政府补助的分类和具体会计处理。

对政府补助确认条件的判断的关键点在于企业是否能够满足政府补助所附条件。鉴于《奖励协议书》对 A 公司未完成约定义务时的责任约定为"J 市政府有权对相关的扶持和奖励作出适当调整"，该违约责任的规定不够明确，需要具体分析。首先，A 公司与政府方进一步明确未完成约定义务或承诺事项时，已收到政府方拨付的资金是否需要退还？除非双方补充协议明确了，A 公司已经收到的拨付资金即使承诺义务未来未实际履行也无须退还，否则在收到时仍然尚未满足政府补助所附条件，建议将收到的资金计入负债（如其他应付款）。其次，准则并不要求一定满足了条件才能确认政府补助，虽然收到拨付资金时尚未满足，但如果企业合理保证可以满足政府补助要求的条件就可以确认。但是本案例涉及巨大投资额且建设周期长，期间若出现市场行情恶化等情况导致预计投入资金无法收回从而导致公司改变投资决策的可能性难以判断，招商引资入驻企业的数量能否实现并非 A 公司可以控制，应税销售的实现还需取决于客户、市场情况等。这些条件实现的过程中，超出 A 公司可控制范围的因素太多，不能认为无法实现承诺的可能性很小。因此，不能认为其在收到这些资金时就能够满足政府补助所附条件。最后，如果约定条件或承诺事项未完成就需要退还政府拨付的资金，则 A 公司收到政府拨付的资金应按照金融工具准则分析，判断是否属于金融负债。按照《企业会计准则第 37 号——金融工具列报》（2017 年修订）第十二条的规定，要求发行方以现金、其他金融资产或以其他导致该工具成为金融负债的方式进行结算的或有结算条款几乎不具有可能性，即相关情形极端罕见、显著异常且几乎不可能发生时，才可不分类为金融负债。本案例中企业约定条件或承诺事项未完成的可能性远远达不到"几乎不可能发生"的程度，因此，从金融工具准则分析，收到政府先拨付的资金应先划分为金融负债。

对于政府补助的分类和计量,《奖励协议书》明确了该资金专项用于产业园建设,产业园建设中以基建投资为主,但也会发生项目前期的费用性支出,收到的政府拨付资金满足政府补助确认条件的情况下,应属于准则规定的综合性补助。对于综合性补助,企业会计准则要求首先应区分不同部分分别进行会计处理,只有在难以区分的情况下,才可以接受整体归类为与收益相关的政府补助。

由于难以区分的情况下企业收到的政府补助会更早地增加其利润,在实务中,企业不能不作出合理的努力,而简单以"难以区分"为由直接将综合性补助作为与收益相关进行处理。例如,研发投入有设备等长期资产的投入和人员工资、材料费等费用性质的支出,通常企业收到的研发补助都是综合性补助。此时,企业可依次按照以下顺序进行处理:①补助文件明确了补助对象(明细项)的,按照补助文件中的补助对象分别作为与资产相关或与收益相关的政府补助进行处理;②补助文件未明确补助对象明细的,可按照研发项目预算中长期资产与费用性投入的比重区分与资产相关或与收益相关的政府补助;③若没有研发总预算,则企业应谨慎分析其合理性(某种程度上来说,该预算缺失构成了企业内部控制的一项缺陷,需要关注是否构成企业的重大缺陷,并评估其对财务报表的影响),并获取其他证据以对会计处理提供支持。例如,虽然研发项目的总预算尚未得出,但是企业管理层批复了当年的研发投入资金计划、补助资金使用计划等。

四、案例分析

(一)政府补助确认条件和时点的判断

如果政府与 A 公司明确了 A 公司已收到的政府拨付资金无论后续投资总额、招商引资企业数量等义务是否履行均无须退还,则 A 公司收到资金时可以确认为政府补助;如果政府与 A 公司明确若后续承诺义务未完全履行按照双方确定的计算方法部分退还,则按照实际收到的资金与按照约定比例计算的应享有的金额孰低确认政府补助,收到资金高于可确认为政府补助部分的差额计入金融负债;如果政府与 A 公司没有计划就本事项以任何方式进一步明确,或者双方明确了企业如未完成约定义务,须退还所有已收到的扶持资金,则建议在收到的时候全额确认为金融负债,后续待满足政府补助确认条件时,再将金融负债转为政府补助。

（二）政府补助的分类和会计处理

在收到拨付的资金满足政府补助的确认条件时，企业应将该资金确认为政府补助，并按照约定的资金使用用途分类为与资产相关或与收益相关的补助进行处理。产业园建设以长期资产的购建为主，相关的费用性支出占比很小，且在购建的长期资产价值高于收到的补助资金的情况下，也可接受企业将收到的资金全部作为与资产相关的政府补助，在资产未达到预定可使用状态时收到的补助资金在满足政府补助确认条件时由负债转入"递延收益"，在资产达到预定可使用状态时，按照企业会计政策选择将递延收益冲减资产价值（净额法）或在资产使用寿命内按照合理、系统的方式摊销，计入资产使用期内各期的"其他收益"（总额法）。

五、案例小结

综合性政府补助是指同时包含与资产相关部分和与收益相关部分的政府补助。企业应当将收到的综合性政府补助进行分摊，区分不同部分分别进行会计处理；难以区分的，将其整体分类为与收益相关的政府补助。

鉴于难以区分会导致政府补助整体分类为与收益相关的政府补助，而与收益相关的政府补助相比于与资产相关的政府补助，其影响损益的期间较早，企业判断是否属于"难以区分"时应当谨慎。实务中遇到的多数综合性政府补助是不会在相关文件中明确不同补助对象的金额的，通常只是一个总金额。此时不能因此认为符合了上述"难以区分"的条件，而将直接收到的补助分类为与收益相关的政府补助。在此需要根据具体情况进行具体分析，比如可以从企业相关申请文件入手。通常企业收到的政府补助都是有相关申请文件的，申请文件中通常会有需要补贴的对象的相关预算明细。政府审核相关申请文件，最后批准补助的金额，可能是相关预算的全部，也可能是其中的一部分。如果是补贴的全部，则可以直接根据预算明细表识别其中与资产相关的部分和与收益相关部分；如果是补贴的一部分，也可以基于补贴占预算的比例，将补贴资金分配到预算明细中的不同项目中，从而确定与资产相关的补助金额和与收益相关的补助金额。如果企业并没有相关申请文件，或者相关申请文件中并未提供预算明细，则以管理层关于补贴资金使用计划等作为政府补助不同类别划分的依据。总之，在没有经过进一步分析和判断时，不建议简单地将只有一个总金额的综合性政府补助直接分类为与收益相关的政府补助，这种做法显得较为不谨慎。

第三章 政府补助准则

第四节 政府补助与营业收入的区分

一、案例背景

案例 3-4 A 公司为一家旅游实业公司。2018 年 12 月，A 公司与 D 市文旅局签订合作协议，A 公司负责该市所有风景区客运索道的经营，合同期限为 3 年，客运索道统一定价为 80 元/人；如果国内同类型景区客运索道票价出现上涨或运营成本提高，A 公司可以向当地旅游管理部门提交调价申请，通过后由政府部门对差额部分进行补贴，但对外售价仍然是 80 元/人。

案例 3-5 为了促进民航事业的发展，降低航空公司经营风险，减少航空公司在执行航班期间的经营压力，F 省航空局决定对 A 航空公司的国内客运航班实施阶段性财政补贴，即当每周内日均国内客运航班量低于或等于 4 000 班（保持安全运行最低飞行航班数）时，启动财政补贴，设定最高亏损额补贴标准上限为每小时 2.4 万元。

案例 3-6 为了刺激消费，缓解新冠感染疫情带来的冲击，2020 年 5 月，D 市政府向当地居民发放消费券，有效期限为 1 年，居民可以凭券到 D 市 A 百货公司购买日用品。对于这部分日用品的进货成本，由 D 市政府部门直接拨付给 A 百货公司。

问题：上述案例中，各公司应确认为政府补助还是营业收入？

二、准则链接

《企业会计准则第 16 号——政府补助》（2017 年修订）第三条、第五条规定如下。

第三条 政府补助具有下列特征：

（一）来源于政府的经济资源。对于企业收到的来源于其他方的补助，有确凿证据表明政府是补助的实际拨付者，其他方只起到代收代付作用的，该项补助也属于来源于政府的经济资源。

（二）无偿性。即企业取得来源于政府的经济资源，不需要向政府交付商品或服务等对价。

第五条 下列各项适用其他相关会计准则：

（一）企业从政府取得的经济资源，如果与企业销售商品或提供服务等活动密切相关，且是企业商品或服务的对价或者是对价的组成部分，适用《企业会计准则第14号——收入》等相关会计准则。

……

三、疑点、难点分析

政府补助的典型特征是企业无偿从政府获取资源。而对于企业与政府之间发生交易而取得的收入，如果该交易具有商业实质，且与企业销售商品或提供劳务等日常经营活动密切相关，则应根据收入准则的规定进行会计处理。在判断该交易是否具有商业实质时，应考虑该交易是否具有经济上的互惠性，与交易相关的合同、协议、国家有关文件是否已明确规定了交易目的、交易双方的权利和义务，如属于政府采购的，是否已履行相关的政府采购程序等。

目前，实务中可确认为营业收入的补助款项的共同特点如下。

（1）这些补助款项从经济实质上来看都是政府对最终消费者（或下游顾客，下同）的补助，而不是对本企业（作为商品或服务的提供商）的补助。相当于政府把款项支付给最终消费者，最终消费者再用这些款项购买本企业提供的商品或服务，因此本企业可以确认为向最终消费者提供商品或劳务的营业收入，只不过为了结算方便而采用政府向商品或服务提供商直接拨付款项的方式，同时要求企业对最终消费者降价。

（2）一般所涉及的行业为以下两种情况之一：一是涉及国计民生的基础公共服务（公用事业、基本生活必需品等），政府对其实施价格管制，导致企业发生政策性亏损；二是属于国家重点扶持的新兴行业（如新能源等），在初创期因成本较高、市场尚未打开等因素而亏损。

（3）相关款项的拨付具有规范、权威的政策依据。所依据的应当是当地财政部门正式发布并按照《政府信息公开条例》的规定予以主动公开的财政扶持项目及其财政资金管理办法，且该管理办法应当是普惠性的（任何符合规定条件的企业均可申请），而不是专门针对特定企业制定的优惠。在操作程序上，应履行规范的政府购买服务（如通过招投标确定服务提供者等，并严格核实其成本）的程序。

第三章 政府补助准则

四、案例分析

案例3-4中，A公司实质上垄断了D市的客运索道运营业务，因此虽然是主管部门与其单家公司签订的协议，但实际上该协议的执行效果等同于对当地该行业的普惠政策。A公司收取票价低于国内其他同类景区的情况，且当地文旅局已同意调价的基础上，仍要求其按原票价收取，由当地文旅局承担批复票价与实际收取票价的差额，说明补贴的差额事实上构成了A公司提供客运索道服务票价的构成。按A公司应在提供客运索道服务时，根据"乘客人数 × 单位定额标准"的方式确定补贴款金额，确认为实际提供服务当期的营业收入。

案例3-5中，地方政府为了实现"促进民航事业的发展，降低航空公司经营风险，减少航空公司在执行航班期间的经营压力"的公共政策目标，根据实际执行的航班数量给予航空公司航线补贴，旨在鼓励航空公司多执行非热门的航班，但航空公司不需要向政府交付商品或服务等对价。这种交易安排使航空公司单方面获益，不具有经济上的互惠性，且未按照政府采购履行相关程序，因此就其经济实质而言更接近于政府补助，将按照实际执行的航班数量拨付的航线补贴确认为其他收益或冲减该航线的运营成本。

案例3-6中，判断该交易中A百货公司从政府取得的资金是营业收入还是政府补助，一个很重要的考虑是界定政府出台的该项"消费券"政策的补助对象是居民还是公司。在此问题上，首先要考虑的是：政府出台该政策的初衷是使谁受益？在居民和发行集团这二者中，谁拥有通过自身行为决定自身可获得补助利益大小的更大自主权？

具体需要考虑以下三个问题：一是政府发放给居民的消费券是否限定用途和消费场所。例如，该消费券是可以用于一定区域内的任意消费支出（例如居民可自由选择将其用于购物、餐饮或者服务的消费），还是仅限于到A百货公司进行消费。二是交易流程是先由居民持券到A百货公司消费，再由A百货公司按照实际收到的消费券金额与政府进行资金结算，还是政府先根据发放的消费券的面值将相应的财政资金拨付给A百货公司，再由居民持消费券实现消费？如果是后者，则原先预拨的资金和有效期内最终实际消费金额之间的差额如何处理，是否要多退少补？三是使用消费券消费和直接使用现金消费相比，除了最终的结算资金来源不同，对于公司而言，这两种交易的经济影响是否存在本质的区别？同一商品在不同模式下的销售价格是否相同？

根据上述 3 个考虑因素的综合分析，可以作出判断：居民持券消费行为的自主性越强，消费券的流通性和广泛接受性越强，A 百货公司从中受益的程度与消费券在百货公司的使用情况的关联度越大；持消费券消费的交易条件与常规的现金消费越接近，则越有可能表明 A 百货公司应确认为营业收入而不是政府补助。

五、案例小结

判断企业收到的财政资金是政府补助还是营业收入，一个很重要的考虑因素就是该财政资金的受益方是否为公司自身。如果企业自身发生了费用性支出或资产购建支出（形成企业自身的费用或资产，即此类支出的受益人为企业自身），政府根据相关财政资金管理办法对此予以补助的，则应将相应的财政资金认定为政府补助；如果补助对象（受益对象）并不是企业自身发生的费用性或资本性支出，而是本企业以外的第三方，企业只是受政府委托实施该项目，并不形成企业自身的费用或资产，且企业受托实施的项目属于其日常经营业务的范围，则可以基于实质重于形式的原则确认为营业收入。

第五节　政府和企业都存在违约情况下政府补助的确认

一、案例背景

案例 3-7　A 公司为一家智能电网国有企业，2019 年 3 月与 Y 市高新技术开发区管委会签订战略协议。协议中政府的主要优惠政策如下：政府补助总金额为 1 亿元，其中：①1 000 万元为项目引进奖，项目成立时即可获得。A 公司 2019 年 7 月成立研究院，2019 年 9 月收到政府补助 1 000 万元。②3 000 万元为项目扶持资金，根据 A 公司与某大学的合作意向书的付款进度发放补助（全额补助）。截至 2020 年 6 月 30 日，A 公司已支付给某大学 795 万元研发费用，但其仅在 2020 年 1 月收到管委会拨付的 420 万元补助款，余款尚未收到。③6 000 万元为项目研发设备及仪器补助款，由 A 公司申报设备清单，政府购买并以零租金租借给乙方使用，待研究院省级、国家级实验室通过申请后，政府按所需比例将所购设备同步奖励给研究院。A 公司尚未购置设备，政府尚未给予补助款。政府承诺给予研究院科研专用奖励，即研究院在 5 年内专项项目申报每次获得省级或国家级相关部委的科研经费补助或奖励，甲方同步给予1∶1的配套奖励。研究院在2020年3月获得国家级创新奖105万元，政府未对该项奖励同步给予配套奖励。

项目补助附带的条件如下。

（1）研究院项目——智能电网研发中心项目按开工时点计算，12个月内即2020年12月前需建成投入使用；新能源研发中心和新材料研发中心项目同时开展前期工作，2021年需建成投入使用。项目总投资不低于5亿元，2020年投资不低于1.5亿元。截至目前，A公司尚未达成任何一项目标。

（2）研究院研发项目每年不少于一个实现产业化。截至目前，A公司尚未有项目实现产业化。

（3）与研究相关的"能源科技产业园"项目中约定：智能电网设备操控装置生产基地，项目占地约100亩，初定于2021年3月份开工建设，建设期自一期项目A公司拿到土地权证后，政府所供土地已具备开工条件的36个月内分期建成投产。投产后固定资产投资额不低于70万元/亩，年纳税额达500万元以上，2年内销售额达3亿元以上。项目已基本上完成，但尚未达到上述业绩考核标准。

上述框架协议未对管委会和企业双方的违约责任进行约定。

问题：A公司的政府补助应该如何确认和计量？

二、准则链接

《企业会计准则第16号——政府补助》（2017年修订）第六条规定如下。

第六条 ……（参见本章第一节）

三、疑点、难点分析

在案例3-7中，A公司的违约表现为约定项目的投资进度未满足协议约定的指标；管委会的违约体现在未按照协议约定足额拨付已满足条件的补助款。这两类违约对政府补助的确认和计量的影响是不同的。企业的违约影响的是《企业会计准则第16号——政府补助》第六条第（一）项条件，即企业自身有无资格取得补助款；管委会的违约影响的是《企业会计准则第16号——政府补助》第六条第（二）项条件，即在企业已经满足了政府补助所附条件的前提下，能否收到补助款。

目前情况下可以确认的政府补助应当是同时满足以下两项条件的对应补

助金额：①企业已实际满足了政府补助所附的投资进度、项目产业化数量等考核指标；②该补助款已经实际收到，且被要求退还给管委会的可能性很小。只有同时满足这两项条件的补助才能予以确认，并根据其补助对象进一步区分为与资产相关和与收益相关的不同类别政府补助，分别按各自适用的原则进行会计处理。

四、案例分析

鉴于案例 3-7 中 A 公司与管委会之间的框架协议中未约定相关违约责任等，A 公司应与该管委会联系，就原框架协议的有效性、后续可行性方案、已收到的补助资金是否需要退还等达成一致意见。

会计准则并不要求在将政府补助计入损益之前，企业已经实际满足了政府补助所附的条件，只要求企业对能否满足政府补助所附条件提供合理的保证。只要企业管理层确认其将满足政府补助所附条件，并且没有相反证据表明很可能最终无法满足这些条件，就可以确认政府补助。而且如果资产负债表日企业尚未收到补助资金，但企业在符合了相关政策规定后就相应获得了收款权，且与之相关的经济利益很可能流入企业，企业应当在这项补助成为应收款时按照应收的金额计量。但是，就本案例而言，A 公司和管委会双方都有违约行为，企业自身是否满足获取政府补助的资格要求，以及最终能否收到补助款都存在较大的不确定性，因此基于谨慎原则的考量，仅确认已确定满足条件且已实际收到的政府补助。

五、案例小结

对于企业或政府存在违约情况，企业一般不能全额或立即确认所收到的补助资金，因为如果是企业违约，则表明企业不能完成政府补助的限制条件；如果是政府违约，则表明企业可能不能及时收到补助资金。另外，还应该关注原来的补助协议中，是否就双方的违约责任有明确说明，有的话需要根据约定进行处理。

第四章　持有待售的非流动资产、处置组和终止经营准则

第一节　终止经营的判断

一、案例背景

案例 4-1　A 公司是一家大型零售集团，在全国拥有 400 多家分店。A 公司决定将其位于 S 市的 5 家分店中的 1 家分店出售，并于 2022 年 3 月 13 日与 B 公司正式签订了转让协议。该分店符合持有待售类别的划分条件。

案例 4-2　B 公司主营医药产品研发、生产和销售。R 公司是 B 公司控股子公司，主要从事药品批发业务，该业务构成 B 公司一项独立的主要业务，且 R 公司在全国多个城市设立了营业网点。由于经营不善，B 公司决定停止 R 公司所有业务。截至 2022 年 9 月 30 日，B 公司已处置了该子公司所有存货并辞退了所有员工，但仍有一些债权等待收回，部分营业网点门店的租约尚未到期，仍需支付租金费用。

案例 4-3　C 公司是一家金融控股集团。因为公司经营战略调整，C 公司决定关闭其主要从事放贷业务的 M 子公司。自 2022 年 1 月 1 日起，M 公司不再贷出新的款项，但仍会继续收回未结贷款的本金和利息，直到原设定的贷款期结束。

案例 4-4　D 公司为一家建筑业上市公司。2022 年 6 月 1 日，D 公司决定关闭从事工程承包业务的分部 N，要求分部 N 在完成现有承包合同后不再

承接新的承包合同。

案例 4-5　E 公司是一家房地产企业。2022 年 5 月 10 日，E 公司决定出售其专门从事酒店管理的子公司 G 公司，酒店管理构成 E 公司的一项主要业务。G 子公司管理一个酒店集团和一个连锁健身中心。为获取最大收益，E 公司决定将酒店集团和连锁健身中心出售给不同买家，但酒店集团和健身中心的转让是相互关联的，即两者或者均出售，或者均不出售。E 公司于 2022 年 11 月 15 日与 T 企业就转让连锁健身中心正式签订了协议，此时连锁健身中心符合了持有待售类别的划分条件，但酒店集团尚不符合持有待售类别的划分条件。

问题：上述案例中的子公司是否构成终止经营？

二、准则链接

《企业会计准则第 42 号——持有待售的非流动资产、处置组和终止经营》（2017 年发布）第二条、第四条规定如下。

第二条　本准则的分类和列报规定适用于所有非流动资产和处置组。

处置组，是指在一项交易中作为整体通过出售或其他方式一并处置的一组资产，以及在该交易中转让的与这些资产直接相关的负债。处置组所属的资产组或资产组组合按照《企业会计准则第 8 号——资产减值》分摊了企业合并中取得的商誉的，该处置组应当包含分摊至处置组的商誉。

第四条　终止经营，是指企业满足下列条件之一的、能够单独区分的组成部分，且该组成部分已经处置或划分为持有待售类别：

（一）该组成部分代表一项独立的主要业务或一个单独的主要经营地区；

（二）该组成部分是拟对一项独立的主要业务或一个单独的主要经营地区进行处置的一项相关联计划的一部分；

（三）该组成部分是专为转售而取得的子公司。

三、疑点、难点分析

（1）终止经营应当是企业能够单独区分的组成部分。该组成部分的经营和现金流量在企业经营和编制财务报表时是能够与企业的其他部分清楚区分的。企业组成部分可能是一个资产组，也可能是一组资产组组合，通常是企业的一个子公司、一个事业部或事业群。

第四章 持有待售的非流动资产、处置组和终止经营准则

（2）终止经营应当具有一定的规模。终止经营应当代表一项独立的主要业务或一个单独的主要经营地区，或者是拟对一项独立的主要业务或一个单独的主要经营地区进行处置的一项相关联计划的一部分。并非所有处置组都符合终止经营定义中的规模条件，企业需要运用职业判断加以确定。当然，如果企业主要经营一项业务或主要在一个地理区域内开展经营，企业的一个主要产品或服务线就可能满足终止经营定义中的规模条件。对于专为转售而取得的子公司，本准则对其规模不作要求，只要是单独区分的组成部分且满足时点要求，即构成终止经营。有些专为转售而取得的重要的合营企业或联营企业，也可能因为符合终止经营定义中的规模等条件而构成终止经营。

（3）终止经营应当满足一定的时点要求。符合终止经营定义的组成部分应当属于以下两种情况之一。

第一，该组成部分在资产负债表日之前已经处置，包括已经出售和结束使用（如关停或报废等）。多数情况下，如果组成部分的所有资产和负债均已处置，产生收入和发生成本的来源消失，这时确定组成部分"处置"的时点是较为容易的。但在有些情况下，组成部分的资产仍处于出售或报废过程中，仍可能发生清理费用，企业需要根据实际情况判断组成部分是否已经处置从而符合终止经营的定义；终止经营应当满足一定的时点要求。

第二，该组成部分在资产负债表日之前已经划分为持有待售类别。有些情况下，企业对一项独立的主要业务或一个单独的主要经营地区进行处置的一项相关联计划持续数年，组成部分中的资产组或资产组组合无法同时满足持有待售类别的划分条件。随着处置计划的进行，组成部分中的一些资产组或资产组组合可能先满足持有待售类别划分条件且构成企业的终止经营，其他资产组或资产组组合可能在未来满足持有待售类别的划分条件，应当适时将其作终止经营处理。

四、案例分析

对案例4-1来说，尽管被出售的分店是一个处置组，也符合持有待售类别的划分条件。但它只是一个零售点，不能代表一项独立的主要业务或一个单独的主要经营地区，也不构成拟对一项独立的主要业务或一个单独的主要经营地区进行处置的一项相关联计划的一部分，因此该处置组并不构成企业的终止经营。

对于案例4-2来说，R子公司原药品批发业务已经停止，收回债权、处置租约等尚未结算的未来交易并不构成上述业务的延续，因此该子公司的经营

已经终止,应当认为 2022 年 9 月 30 日后该子公司符合终止经营的定义。

对于案例 4-3 来说,由于 M 子公司仍在从事收回贷款本金和利息的日常经营收入创造活动,直至最后一期本金和利息被收回之前,该子公司不能被认为已被处置,也不符合终止经营的定义。

对于案例 4-4 来说,在完成现有合同的期间,分部 N 仍在继续开展收入创造活动,无论工程承包是否是 D 公司独立的主要业务,在此期间分部 N 都不符合终止经营的定义。

对于案例 4-5 来说,处置酒店集团和连锁健身中心构成一项相关联的计划,虽然酒店集团和连锁健身中心可能出售给不同买家,但分别属于对一项独立的主要业务进行处置的一项相关联计划的一部分,因此连锁健身中心符合终止经营的定义,酒店集团在未来符合持有待售类别划分条件时也符合终止经营的定义。

五、案例小结

持有待售,顾名思义,企业已经准备出售(转让)不再经营了。也就是说如果持有待售类别的处置组(业务线)有可能会终止经营。企业应以处置组是否重大为原则,当持有待售类别的处置组是企业主要单独业务(分部)时,才有可能作为终止经营来列报。反之,终止经营了处置组,也不一定会作持有待售的会计处理,因为终止经营有时是已经彻底处置了(完成了出售或清理等),不是持有等待出售的(持有待售)状态了。

对于终止经营的三个条件,第一、第二个条件强调能够单独区分且具有一定的规模;对于第三个条件,如果转为转售而取得的不是子公司,而是联营、合营企业,则在满足规模条件时,同样可以认定为终止经营,这一点也容易理解,长期股权投资作为一项非流动资产,符合持有待售条件,且满足规模条件,当然应当确认为终止经营。同时,终止经营应当满足时点要求,需要在资产负债表日前已经处置或已经分类为持有待售。对于已经处置,可以简单理解为所有订单均已执行完毕,哪怕有一些债权债务尚未清偿,并不构成业务的延续;对于已经分类为持有待售的独立经营部分,即可作为终止经营在利润表中列报。

第四章 持有待售的非流动资产、处置组和终止经营准则

第二节 持有待售类别的分类

一、案例背景

案例 4-6 A 公司在 X 市区繁华地段拥有一栋办公大楼，公司的主要业务部门均在该大楼内办公。由于发展战略发生改变，A 公司计划整体搬迁至 Y 市。A 公司与 J 公司签订了办公大楼转让合同，附带约定条款。

情形一：A 公司将在腾空办公大楼后将其交付给 J 公司，且腾空办公大楼所需时间是正常且符合交易惯例的。

情形二：A 公司将在 Y 市兴建的新办公大楼竣工并装修完成前继续使用现有办公大楼，竣工并装修完成后将 X 市大楼交付 J 公司。

案例 4-7 2021 年 2 月，B 公司的经营范围发生改变，公司计划将生产 W 产品的全套生产线出售，但 B 公司尚有一批积压未完成的客户订单。

情形一：B 公司决定在出售生产线的同时，将尚未完成的客户订单一并移交给买方。

情形二：B 公司决定在完成所积压的客户订单后再将生产线转让给买方。

案例 4-8 C 公司计划将整套钢铁生产厂房和设备出售，C 公司与客户之间不存在关联关系，双方已于 2022 年 4 月 17 日签订了转让合同。该厂区的污水排放系统存在缺陷，对周边环境造成污染。

情形一：C 公司不知晓土地污染情况，2022 年 5 月 6 日，客户在对生产厂房和设备进行检查过程中发现污染，并要求 C 公司进行补救。C 公司立即着手采取措施，预计至 2022 年 12 月底环境污染问题能够得到成功整治。

情形二：C 公司知晓土地污染情况，在转让合同中附带条款，承诺将自 2022 年 6 月 1 日起开展污染清除工作，清除工作预计将持续 6 个月。

情形三：C 公司知晓土地污染情况，在协议中标明 C 公司不承担清除污染义务，并在确定转让价格时考虑了该污染因素，预计转让将于 6 个月内完成。

案例 4-9 D 公司拟将一栋自用的写字楼转让，于 2019 年 11 月 8 日与客户签订了房产转让协议，预计将于 3 个月内完成转让。该写字楼于签订协

议当日符合划分为持有待售类别的条件。由于2020年新冠疫情暴发,房地产市场未来不确定性增加,客户认为原协议价格过高,决定放弃购买,并于2020年1月5日按照协议约定缴纳了违约金。D公司决定在考虑市场状况变化的基础上降低写字楼售价,并积极开展市场营销,于2020年5月20日与另一客户重新签订了房产转让协议,预计将于5个月内完成转让。D与客户之间不存在关联关系。

案例4-10 2020年6月10日,E公司拟出售其持有的部分长期股权投资。

情形一:E公司拥有子公司100%的股权,拟出售全部股权。

情形二:E公司拥有子公司100%的股权,拟出售51%的股权,出售后将丧失对子公司的控制权,但对其具有重大影响。

情形三:E公司拥有子公司100%的股权,拟出售30%的股权,出售后仍然拥有对子公司的控制权。

情形四:E公司拥有子公司60%的股权,拟出售15%的股权,出售后将丧失对子公司的控制权,但对其具有重大影响。

情形五:E公司拥有联营企业30%的股权,拟出售20%的股权,E公司持有剩余的10%股权,且对被投资方不具有重大影响。

情形六:E公司拥有合营企业50%的股权,拟出售35%的股权,E公司持有剩余的15%股权,且对被投资方不具有共同控制或重大影响。

问题:请问上述5个案例的各种情形是否可以划分为持有待售类别?

二、准则链接

《企业会计准则第42号——持有待售的非流动资产、处置组和终止经营》(2017年发布)第五条至第十一条规定如下。

第五条 企业主要通过出售(包括具有商业实质的非货币性资产交换,下同)而非持续使用一项非流动资产或处置组收回其账面价值的,应当将其划分为持有待售类别。

第六条 非流动资产或处置组划分为持有待售类别,应当同时满足下列条件:

(一)根据类似交易中出售此类资产或处置组的惯例,在当前状况下即

第四章 持有待售的非流动资产、处置组和终止经营准则

可立即出售；

（二）出售极可能发生，即企业已经就一项出售计划作出决议且获得确定的购买承诺，预计出售将在一年内完成。有关规定要求企业相关权力机构或者监管部门批准后方可出售的，应当已经获得批准。

确定的购买承诺，是指企业与其他方签订的具有法律约束力的购买协议，该协议包含交易价格、时间和足够严厉的违约惩罚等重要条款，使协议出现重大调整或者撤销的可能性极小。

第七条 企业专为转售而取得的非流动资产或处置组，在取得日满足"预计出售将在一年内完成"的规定条件，且短期（通常为3个月）内很可能满足持有待售类别的其他划分条件的，企业应当在取得日将其划分为持有待售类别。

第八条 因企业无法控制的下列原因之一，导致非关联方之间的交易未能在一年内完成，且有充分证据表明企业仍然承诺出售非流动资产或处置组的，企业应当继续将非流动资产或处置组划分为持有待售类别：

（一）买方或其他方意外设定导致出售延期的条件，企业针对这些条件已经及时采取行动，且预计能够自设定导致出售延期的条件起一年内顺利化解延期因素；

（二）因发生罕见情况，导致持有待售的非流动资产或处置组未能在一年内完成出售，企业在最初一年内已经针对这些新情况采取必要措施且重新满足了持有待售类别的划分条件。

第九条 持有待售的非流动资产或处置组不再满足持有待售类别划分条件的，企业不应当继续将其划分为持有待售类别。

部分资产或负债从持有待售的处置组中移除后，处置组中剩余资产或负债新组成的处置组仍然满足持有待售类别划分条件的，企业应当将新组成的处置组划分为持有待售类别，否则应当将满足持有待售类别划分条件的非流动资产单独划分为持有待售类别。

第十条 企业因出售对子公司的投资等原因导致其丧失对子公司控制权的，无论出售后企业是否保留部分权益性投资，应当在拟出售的对子公司投资满足持有待售类别划分条件时，在母公司个别财务报表中将对子公司投资整体划分为持有待售类别，在合并财务报表中将子公司所有资产和负债划分为持有待售类别。

第十一条 企业不应当将拟结束使用而非出售的非流动资产或处置组划分为持有待售类别。

三、疑点、难点分析

（一）分类原则

企业主要通过出售而非持续使用一项非流动资产或处置组收回其账面价值的，应当将其划分为持有待售类别。根据这一原则判断，企业不应当因持有待售的非流动资产或处置组仍在产生零星收入而不将其划分为持有待售类别。因为在这种情况下，通过该资产或处置组的使用收回的价值相对于通过出售收回的价值是微不足道的，资产的账面价值仍然主要通过出售收回。

非流动资产或处置组划分为持有待售类别，应当同时满足两个条件。

1. 可立即出售

根据类似交易中出售此类资产或处置组的惯例，在当前状况下即可立即出售。为满足该条件，企业应当具有在当前状态下出售该非流动资产或处置组的意图和能力。为了符合类似交易中出售此类资产或处置组的惯例，企业应当在出售前做好相关准备。例如，按照惯例允许买方在报价和签署合同前对资产进行尽职调查等。需要特别指出的是，上文所述"出售"包括具有商业实质的非货币性资产交换。如果企业以非货币性资产交换形式换出非流动资产或处置组，且该交易具有商业实质，那么企业应当考虑相关非流动资产或处置组是否符合划分为持有待售类别的条件。同样，如果企业以非流动资产或处置组作为换出资产进行债务重组，也可能符合划分为持有待售类别的条件。

2. 出售极可能发生

出售极可能发生，即企业已经就一项出售计划作出决议且获得确定的购买承诺，预计出售将在 1 年内完成。有关规定要求企业相关权力机构或者监管部门批准后方可出售的，应当已经获得批准。具体来说，"出售极可能发生"应当包含以下几层含义：一是企业出售非流动资产或处置组的决议一般需要由企业相应级别的管理层作出，如果有关规定要求企业相关权力机构或者监管部门批准后方可出售，应当已经获得批准；二是企业已经获得确定的购买承诺，确定的购买承诺是企业与其他方签订的具有法律约束力的购买协议，该协议包含交易价格、时间和足够严厉的违约惩罚等重要条款，使协议出现重大调整或者撤销的可能性极小；三是预计自划分为持有待售类别起 1 年内，出售交易能够完成。

（二）延长 1 年期限的例外条款情况

非流动资产或处置组划分为持有待分配给所有者类别，应当同时满足下

第四章　持有待售的非流动资产、处置组和终止经营准则

列条件：①在当前状况下即可立即分配。②分配很可能发生，即企业已经开展与分配相关的工作，分配出现重大调整或撤销的可能性极小，预计分配将在一年内完成。有关规定要求企业相关权力机构或者监管部门批准后方可分配的，应当已经获得批准。

有些情况下，可能由于一些企业无法控制的事情，出售未能在1年内完成。如果涉及的出售是关联方交易，本准则不允许放松1年期限条件。如果涉及的出售不是关联方交易，且有充分证据表明企业仍然承诺出售非流动资产或处置组，《企业会计准则第42号——持有待售的非流动资产、处置组和终止经营》允许放松1年期限条件，企业可以继续将非流动资产或处置组划分为持有待售类别。企业无法控制的原因包括以下几方面。

（1）意外设定条件。买方或其他方意外设定导致出售延期的条件，企业针对这些条件已经及时采取行动，且预计能够自设定导致出售延期的条件起1年内顺利化解延期因素，即企业在初始对非流动资产或处置组进行分类时，能够满足划分为持有待售类别的所有条件，但此后买方或其他方提出一些意料之外的条件，且企业已经采取措施加以应对，预计能够自设定这些条件起1年内满足条件并完成出售，那么即使出售无法在最初1年内完成，企业仍然可以维持原持有待售类别的分类。

（2）发生罕见情况。因发生罕见情况，导致持有待售的非流动资产或处置组未能在1年内完成出售，企业在最初1年内已经针对这些新情况采取必要措施且重新满足了持有待售类别的划分条件，即非流动资产或处置组在初始分类时满足了持有待售类别的所有条件，但在最初1年内，出现罕见情况导致出售将被延迟至1年之后。如果企业针对这些新情况在最初1年内已经采取必要措施，而且该非流动资产或处置组重新满足了持有待售类别的划分条件，也就是在当前状况下可立即出售且出售极可能发生，那么即使原定的出售计划无法在最初1年内完成，企业仍然可以维持原持有待售类别的分类。这里的"罕见情况"主要是指因不可抗力引发的情况、宏观经济形势发生急剧变化等不可控情况。

（三）某些特定持有待售类别分类的具体处理

1. 专为转售而取得的非流动资产或处置组

对于企业专为转售而新取得的非流动资产或处置组，如果在取得日满足"预计出售将在一年内完成"的规定条件，且短期（通常为3个月）内很可能满足划分为持有待售类别的其他条件，企业应当在取得日将其划分为持有

待售类别。这些"其他条件"包括：根据类似交易中出售此类资产或处置组的惯例，在当前状况下即可立即出售；企业已经就一项出售计划作出决议且获得确定的购买承诺。有关规定要求企业相关权力机构或者监管部门批准后方可出售的，应当已经获得批准。有些情况下，企业出售对子公司投资但并不丧失对其的控制权，企业不应当将拟出售的部分对子公司投资或对子公司投资整体划分为持有待售类别。

2. 持有待售的长期股权投资

有些情况下，企业由于出售对子公司的投资等原因，丧失对子公司的控制权。出售后企业可能保留对原子公司的部分权益性投资，也可能丧失全部权益。企业应当在拟出售的部分对子公司投资满足持有待售类别划分条件时，在母公司个别财务报表中将对子公司投资整体划分为持有待售类别，而不是仅将拟处置的部分投资划分为持有待售类别；在合并财务报表中将子公司所有资产和负债划分为持有待售类别，而不是仅将拟处置的部分投资对应的资产和负债划分为持有待售类别。但是，无论对子公司的投资是否划分为持有待售类别，企业始终应当按照《企业会计准则第33号——合并财务报表》的规定确定合并范围、编制合并财务报表。

企业出售对子公司投资后保留的部分权益性投资，应当区分以下情况进行处理。

（1）如果企业对被投资单位施加共同控制或重大影响，在编制母公司个别财务报表时，应当按照《企业会计准则第2号——长期股权投资》有关成本法转权益法的规定进行会计处理，在编制合并财务报表时，应当按照《企业会计准则第33号——合并财务报表》的有关规定进行会计处理。

（2）如果企业对被投资单位不具有控制、共同控制或重大影响，在编制母公司个别财务报表时，应当按照《企业会计准则第22号——金融工具确认和计量》进行会计处理，在编制合并财务报表时，应当按照《企业会计准则第33号——合并财务报表》的有关规定进行会计处理。

按照《企业会计准则第2号——长期股权投资》规定，对联营企业或合营企业的权益性投资全部或部分分类为持有待售资产的，应当停止权益法核算；对于未划分为持有待售类别的剩余权益性投资，应当在划分为持有待售的那部分权益性投资出售前继续采用权益法进行会计处理。原权益法核算的相关其他综合收益等应当在持有待售资产终止确认时，按照《企业会计准则第2号——长期股权投资》有关处置长期股权投资的规定进行会计处理。

3. 拟结束使用而非出售的非流动资产或处置组

企业不应当将拟结束使用而非出售的非流动资产或处置组划分为持有待

售类别。理由是企业对该非流动资产或处置组的使用实质上几乎贯穿了其整个经济使用寿命期，其账面价值并非主要通过出售收回，而是主要通过持续使用收回。例如，因已经使用至经济寿命期结束而将某机器设备报废，并收回少量残值。对于暂时停止使用的非流动资产，企业不应当认为其拟结束使用，也不应当将其划分为持有待售类别。

对于拟结束使用而非出售的处置组，在停止使用前不应当划分为持有待售类别，也不应当作为终止经营列报；在停止使用后，不应当划分为持有待售类别，如果该处置组满足终止经营中有关单独区分的组成部分的条件，应当作为终止经营列报。对于拟结束使用而非出售的非流动资产，无论在停止使用之前还是之后，均不应当划分为持有待售类别，也不应当作为终止经营列报。

四、案例分析

对于案例 4-6，情形一：在出售建筑物前将其腾空属于出售此类资产的惯例，且腾空只占用常规所需时间，因此，即使办公大楼当前尚未腾空，并不影响其满足在当前状况下即可立即出售的条件；情形二："在 Y 市兴建的新办公大楼竣工并装修完成前继续使用现有办公大楼"的条件不属于类似交易中出售此类资产的惯例，使得办公大楼在当前状况下不能立即出售，在新大楼竣工并装修完成前 A 公司虽然已取得确定的购买承诺，但办公大楼仍然不符合持有待售类别的划分条件。

对于案例 4-7，情形一：由于在出售日移交未完成客户订单不会影响对该生产线的转让时间，可以认为该生产线符合了在当前状况下即可立即出售的条件；情形二：由于生产线在完成积压订单后方可出售，在完成所有积压的客户订单前，该生产线在当前状态下不能立即出售，不符合划分为持有待售类别的条件。

对于案例 4-8，情形一：在签订转让合同前，买卖双方并不知晓影响交易进度的环境污染问题，属于符合延长 1 年期限的例外事项，在 2022 年 5 月 6 日发生延期事项后，C 公司预计将在 1 年内消除延期因素，因此仍然可以将处置组划分为持有待售类别；情形二：虽然买卖双方已经签订协议，但在污染得到整治前，该处置组在当前状态下不可立即出售，不符合划分为持有待售类别的条件；情形三：由于卖方不承担清除污染义务，转让价格已将污染因素考虑在内，该处置组于协议签署日即符合划分为持有待售类别的条件。

对于案例 4-9，D 公司与客户之间的房产转让交易未能在 1 年内完成，原因是发生突发事件导致市场预期不确定性增强、买方违约的罕见事件。在将写字楼划分为持有待售类别的最初 1 年内，D 公司已经重新签署转让协议，并预计将在 2020 年 5 月 20 日开始的 1 年内完成，使写字楼重新符合了持有待售类别的划分条件，因此，D 公司仍然可以将该资产继续划分为持有待售类别。

对于案例 4-10，情形一：E 公司应当在母公司个别财务报表中将拥有的子公司全部股权对应的长期股权投资划分为持有待售类别，在合并财务报表中将子公司所有资产和负债划分为持有待售类别；情形二：E 公司应当在母公司个别财务报表中将拥有的子公司全部股权对应的长期股权投资划分为持有待售类别，在合并财务报表中将子公司所有资产和负债划分为持有待售类别；情形三：由于 E 公司仍然拥有对子公司的控制权，该长期股权投资并不是"主要通过出售而非持续使用收回其账面价值"的，不应当将拟处置的部分股权划分为持有待售类别；情形四：与情形二类似，E 公司应当在母公司个别财务报表中将拥有的子公司 60% 的股权划分为持有待售类别，在合并财务报表中将子公司所有资产和负债划分为持有待售类别；情形五：E 公司应当将拟出售的 20% 股权划分为持有待售类别，不再按权益法核算，而是按照本准则规定进行后续计量，剩余 10% 的股权在前述 20% 的股权处置前应当继续采用权益法进行会计处理，在前述 20% 的股权处置后，应当按照《企业会计准则第 22 号——金融工具确认和计量》有关规定进行会计处理；情形六：与情形五类似，E 公司应当将拟出售的 35% 股权划分为持有待售类别，不再按权益法核算，而按照本准则规定进行后续计量，剩余 15% 的股权在前述 35% 的股权处置前应当继续采用权益法进行会计处理，在前述 35% 的股权处置后应当按照《企业会计准则第 22 号——金融工具确认和计量》有关规定进行会计处理。

五、案例小结

根据上述案例分析，可以具体了解持有待售类别分类的判断标准、例外情况及特定类型，表 4-1 是对这些内容的简要总结。

表 4-1 持有待售类别分类总结

基本原则	企业主要通过出售（包括具有商业实质的非货币性资产交换，下同）而非持续使用一项非流动资产或处置组收回其账面价值的，应当将其划分为持有待售类别
条件	非流动资产或处置组划分为持有待售类别，应当同时满足下列条件： （1）可立即出售； （2）出售极可能发生，即企业已经就一项出售计划作出决议且获得确定的购买承诺，预计出售将在 1 年内完成

第四章 持有待售的非流动资产、处置组和终止经营准则

（续表）

延长1年期限的例外情况	1年内完成的非关联方交易＋证据表明仍然承诺出售＋无法控制的下列原因之一，企业应当继续将非流动资产或处置组划分为持有待售类别： （1）买方或其他方意外设定导致出售延期的条件，企业针对这些条件已经及时采取行动，且预计能够自设定导致出售延期的条件起1年内顺利化解延期因素； （2）因发生罕见情况，导致持有待售的非流动资产或处置组未能在1年内完成出售，企业在最初1年内已经针对这些新情况采取必要措施且重新满足了持有待售类别的划分条件
不再继续符合划分的条件的处理	（1）不再继续满足持有待售类别划分条件的，企业不当应继续将其划分为持有待售类别； （2）部分资产或负债从持有待售的处置组中移除后，如果处置组中剩余资产或负债新组成的处置组仍然满足持有待售类别划分条件，企业应当将新组成的处置组划分为持有待售类别，否则应当将满足持有待售类别划分条件的非流动资产单独划分为持有待售类别
特定持有待售类别分类	（1）企业专为转售而取得的非流动资产或处置组。在取得日满足"预计出售将在1年内完成"的规定条件，且短期（通常为3个月）内很可能满足持有待售类别的其他条件，企业应当在取得日将其划分为持有待售类别。 （2）持有待售的长期股权投资。企业因出售对子公司的投资等原因导致其丧失对子公司控制权的，无论出售后企业是否保留部分权益性投资，应当在拟出售对子公司投资满足持有待售类别划分条件时，在母公司个别财务报表中将对子公司投资整体划分为持有待售类别，在合并财务报表中将子公司所有资产和负债划分为持有待售类别。对联营企业或合营企业的权益性投资全部或部分分类为持有待售资产的，应当停止权益法核算；对于未划分为持有待售类别的剩余权益性投资，应当在划分为持有待售的那部分权益性投资出售前继续采用权益法进行会计处理

第三节　持有待售类别的初始计量

一、案例背景

案例 4-11　A公司拥有一处闲置的生产厂房，原价为1 000万元，年折旧额为120万元，截至2021年12月31日已计提折旧400万元。2022年1月31日，A公司与Z公司签署不动产转让协议，拟在5个月内将该厂房转让，该不动产满足划分为持有待售类别的其他条件，且不动产价值未发生减值。

案例 4-12　X公司是B公司的子公司。2022年4月10日，B公司将X公司出售给K公司，双方已签订了转让协议，预计将在6个月内完成转让，

X 公司满足划分为持有待售类别的条件。X 公司与 S 银行之间存在未决诉讼，X 公司存在败诉的风险。由于不符合预计负债的确认条件，B 公司仅在报表附注中披露了或有负债。转让协议约定，X 公司的转让价格将根据最终判决结果作出调整。

案例 4-13　2022 年 6 月 12 日，C 公司购入非关联的 G 公司的全部股权，支付价款 1 500 万元。购入该股权之前，C 公司的管理层已经作出决议，一旦购入 G 公司，将在 1 年内将其出售给 H 公司，G 公司当前状况下即可立即出售。预计 C 公司还将为出售该子公司支付 20 万元的出售费用。C 公司与 H 公司计划于 2022 年 7 月 5 日签署股权转让合同。

情形一：C 公司与 H 公司初步议定股权转让价格为 1 600 万元。

情形二：C 公司尚未与 H 公司议定转让价格，2022 年 6 月 12 日股权公允价值与支付价款 1 500 万元一致。

问题：请问上述案例的各个情形应如何进行相关会计处理？

二、准则链接

《企业会计准则第 42 号——持有待售的非流动资产、处置组和终止经营》（2017 年修订）第十二条至第十四条规定如下。

第十二条　企业将非流动资产或处置组首次划分为持有待售类别前，应当按照相关会计准则规定计量非流动资产或处置组中各项资产和负债的账面价值。

第十三条　企业初始计量或在资产负债表日重新计量持有待售的非流动资产或处置组时，其账面价值高于公允价值减去出售费用后的净额的，应当将账面价值减记至公允价值减去出售费用后的净额，减记的金额确认为资产减值损失，计入当期损益，同时计提持有待售资产减值准备。

第十四条　对于取得日划分为持有待售类别的非流动资产或处置组，企业应当在初始计量时比较假定其不划分为持有待售类别情况下的初始计量金额和公允价值减去出售费用后的净额，以两者孰低计量。除企业合并中取得的非流动资产或处置组外，由非流动资产或处置组以公允价值减去出售费用后的净额作为初始计量金额而产生的差额，应当计入当期损益。

三、疑点、难点分析

企业将非流动资产或处置组首次划分为持有待售类别前，应当按照相关

第四章 持有待售的非流动资产、处置组和终止经营准则

会计准则规定计量非流动资产或处置组中各项资产和负债的账面价值。例如，按照《企业会计准则第4号——固定资产》的规定，对固定资产计提折旧；按照《企业会计准则第6号——无形资产》的规定，对无形资产进行摊销；按照《企业会计准则第8号——资产减值》的规定，企业应当判断资产是否存在可能发生减值的迹象，如果资产已经或者将被闲置、终止使用或者计划提前处置，表明资产可能发生了减值。对于拟出售的非流动资产或处置组，企业应当在划分为持有待售类别前考虑进行减值测试。

企业初始计量持有待售的非流动资产或处置组时，如果其账面价值低于其公允价值减去出售费用后的净额，不需要对账面价值进行调整；如果账面价值高于其公允价值减去出售费用后的净额，应当将账面价值减记至公允价值减去出售费用后的净额，减记的金额确认为资产减值损失，计入当期损益，同时计提持有待售资产减值准备，但不应当重复确认不适用本准则计量规定的资产和负债按照相关准则规定已经确认的损失。

企业应当按照《企业会计准则第39号——公允价值计量》的有关规定确定非流动资产或处置组的公允价值。具体来说，如果企业已经获得确定的购买承诺，应当参考交易价格确定持有待售的非流动资产或处置组的公允价值，交易价格应当考虑可变对价、非现金对价、应付客户对价等因素的影响。如果企业尚未获得确定的购买承诺，例如对于专为转售而取得的非流动资产或处置组，企业应当对其公允价值作出估计，优先使用市场报价等可观察输入值。

出售费用是企业发生的可以直接归属于出售资产或处置组的增量费用。出售费用直接由出售引起，并且是企业进行出售所必需的，如果企业不出售资产或处置组，该费用将不会产生。出售费用既包括为出售发生的特定法律服务、评估咨询等中介费用，也包括相关的消费税、城市维护建设税、土地增值税和印花税等，但不包括财务费用和所得税费用。有些情况下，公允价值减去出售费用后的净额可能为负值，持有待售的非流动资产或处置组中资产的账面价值应当以减记至零为限。是否需要确认相关预计负债，应当按照《企业会计准则第13号——或有事项》的相关规定进行会计处理。

对于取得日划分为持有待售类别的非流动资产或处置组，企业应当在初始计量时比较假定其不划分为持有待售类别情况下的初始计量金额和公允价值减去出售费用后的净额，以两者孰低计量。按照上述原则，在合并报表中，非同一控制下的企业合并中新取得的非流动资产或处置组划分为持有待售类别的，应当按照公允价值减去出售费用后的净额计量；同一控制下的企业合并中非流动资产或处置组划分为持有待售类别的，应当按照合并日在被合并方的账面价值与公允价值减去出售费用后的净额孰低计量。除企业合并中取

得的非流动资产或处置组外，由以公允价值减去出售费用后的净额作为非流动资产或处置组初始计量金额而产生的差额，应当计入当期损益。

四、案例分析

对于案例 4-11，2022 年 1 月 31 日，A 公司应当将厂房资产划分为持有待售类别，并按照《企业会计准则第 4 号——固定资产》对该固定资产计提 1 月份折旧 10 万元。2022 年 1 月 31 日，该厂房在划分为持有待售类别前的账面价值为 590 万元，此后不再计提折旧。

对于案例 4-12，B 公司在合并报表中确定 X 子公司的公允价值减去出售费用后的净额时，需要考虑尚未确认的或有负债的公允价值，X 公司的账面价值未确认该项或有负债，因此 X 子公司的公允价值减去出售费用后的净额低于其账面价值，应当确认持有待售资产减值损失，计入当期损益。

对于案例 4-13，情形一：G 公司是专为转售而取得的子公司，其不划分为持有待售类别情况下的初始计量金额应当为 1 500 万元，当日公允价值减去出售费用后的净额为 1 580 万元，按照两者孰低计量。C 公司 2022 年 6 月 12 日的会计处理如下。

借：持有待售资产——长期股权投资　　　　　15 000 000
　　贷：银行存款　　　　　　　　　　　　　　15 000 000

情形二：G 公司是专为转售而取得的子公司，其不划分为持有待售类别情况下的初始计量金额为 1 500 万元，当日公允价值减去出售费用后的净额为 1 480 万元，按照两者孰低计量。C 公司 2022 年 6 月 12 日的会计处理如下。

借：持有待售资产——长期股权投资　　　　　14 800 000
　　资产减值损失　　　　　　　　　　　　　　　200 000
　　贷：银行存款　　　　　　　　　　　　　　15 000 000

持有待分配给所有者的非流动资产或处置组发生的分配费用，是可以直接归属于分配资产或处置组的增量费用，但不包括财务费用和所得税费用。除此之外，持有待分配给所有者类别的计量要求与持有待售类别相类似。

五、案例小结

持有待售资产从形成的动因上可能来源于初始获取的专为转售而取得的非流动资产或处置组，也可能来源于初始获取后因符合规定条件而后续划分为持有待售。持有待售资产从具体的组成内容上可区分为持有待售的非流动资产和持有待售的处置组中的资产，持有待售的处置组中除了包括非流动资产，也可能包括流动资产或相关负债。企业在初始确认持有待售资产之前，

第四章 持有待售的非流动资产、处置组和终止经营准则

需要对拟出售的非流动资产或处置组进行减值测试，对于已经存在减值迹象的，需要计提相应的减值准备。换言之，在初始确认持有待售资产之前，对于拟出售的非流动资产或处置组应严格执行相关会计准则，不允许在初始确认持有待售资产过程中存在"模糊地带"。

对于划分为持有待售的固定资产和无形资产，企业在初始确认为持有待售资产时，还应相应结转累计折旧或累计摊销。此外，对于划分为持有待售的固定资产和无形资产，如果在划分为持有待售类别时已经计提了相应的减值准备，企业在初始确认持有待售资产时，还应结转相应的"固定资产减值准备"或"无形资产减值准备"。对于划分为持有待售的固定资产和无形资产，企业在初始确认为持有待售资产时，还应相应结转累计折旧或累计摊销。此外，对于划分为持有待售的固定资产和无形资产，如果在划分为持有待售类别时已经计提了相应的减值准备，企业在初始确认持有待售资产时，还应结转相应的"固定资产减值准备"或"无形资产减值准备"。

对于划分为持有待售的处置组中的相关流动资产，如果在划分为持有待售类别之前已经计提了相应的跌价或减值准备，企业在初始确认持有待售资产时，需要结转原来已经确认的相关跌价或减值准备，应分别借记"坏账准备""存货跌价准备"等科目，并按相同的金额确认"持有待售资产减值准备"，即贷记"持有待售资产减值准备——坏账准备或存货跌价准备"科目。这也意味着，划分为持有待售处置组中的应收账款和存货，企业在"持有待售资产"的后续计量过程中，仍需依照《企业会计准则第22号——金融资产确认和计量》或《企业会计准则第1号——存货》计提减值准备。

对于被划分为持有待售的固定资产或无形资产以及被划分为持有待售处置组中的固定资产或无形资产，由于结转到"持有待售资产"后不再依据《企业会计准则第8号——资产减值》来计提相应的减值准备，而是依据《企业会计准则第42号——持有待售非流动资产、处置组和终止经营》确认和计量相应的减值准备，企业在初始确认"持有待售资产"时，只需结转原来已经计提的固定资产减值准备或无形资产减值准备，而无需按照相同的金额确认"持有待售资产减值准备"。

初始确认"持有待售资产"时，在依据各类资产的账面价值或账面余额借记"持有待售资产"科目的基础上，如果"持有待售资产"科目的账面价值高于其公允价值减去出售费用后的净额，企业还应当将"持有待售资产"的账面价值减去公允价值减去出售费用后的金额，减记的金额确认为资产减值损失，同时计提持有待售资产减值准备，所涉及的账务处理为：借记"资产减值损失"科目，贷记"持有待售资产减值准备"科目。

综上所述,"持有待售资产"初始确认和计量规则的要领可概述为:初始确认之前,应足额确认相应的减值或跌价准备,初始确认过程中,应按照规定结转原来所计提的跌价或减值准备,并酌情确定是否应确认并计量"持有待售资产减值准备"。

第四节 持有待售类别的后续计量

一、案例背景

案例4-14 2022年4月20日,A公司购入非关联的X公司的全部股权,支付价款1 000万元。购入该股权之前,A公司的管理层已经作出决议,一旦购入X公司,将在1年内将其出售给Y公司,X公司当前状况下即可立即出售。预计A公司将为出售该子公司支付5万元的出售费用。

情形一:A公司与Y公司初步议定股权转让价格为1 100万元。

情形二:A公司尚未与Y公司议定转让价格,2022年4月20日股权公允价值与支付价款1 000万元相一致。

A公司与Y公司计划于2022年7月5日签署股权转让合同,转让价格为1 005万元,A公司预计还要再支付8万元的出售费用。

案例4-15 2022年6月16日,B公司与P公司签订转让协议,将其位于J市的一个销售门店资产和相关负债整体转让,但保留员工。该处置组不构成一项业务,转让初定价格为190万元。该销售门店的部分科目余额见表4-2。转让协议同时约定,对于门店2020年6月10日购买的一项分类为以公允价值计量且其变动计入其他综合收益的其他债权投资(其购入成本即为38万元),转让价格以转让完成当日市场报价为准。该门店满足划分为持有待售类别的条件,但不符合终止经营的定义。

截至2022年6月16日,固定资产还应当计提折旧5 000元,无形资产还应当计提摊销1 000元,固定资产和无形资产均用于管理用途。2022年6月16日,其他债权投资公允价值降至36万元,固定资产可收回金额降至102万元,其他资产、负债价值没有发生变化。2020年6月16日,该门店的公允价值为190万元,B公司预计还需为转让门店支付律师和注册会计师专业咨询费共计7万元。B公司不存在其他持有待售的非流动资产或处置组,不考虑税收影响。

第四章 持有待售的非流动资产、处置组和终止经营准则

2022年6月30日,该门店尚未完成转让,B公司作为其他债权投资核算的债券投资市场报价上升至37万元,其他资产、负债价值没有变化。P公司在对门店进行检查时发现一些资产轻微破损,B公司同意修理,预计修理费用为5 000元,B公司还将律师和注册会计师咨询费预计金额调整至4万元。当日,门店处置组整体的公允价值为191万元。

表4-2 2022年6月16日B公司销售门店调整前的部分科目余额表

单位:万元

科目名称	借方余额	贷方余额
库存现金	31	
应收账款	27	
坏账准备		1
库存商品	30	
存货跌价准备		10
其他债权投资	38	
固定资产	110	
累计折旧		3
固定资产减值准备		1.5
无形资产	95	
累计摊销		1.4
无形资产减值准备		0.5
商誉	20	
应付账款		31
其他应付款		56
预计负债		25

问题:上述公司应如何进行相关会计计量?

二、准则链接

《企业会计准则第42号——持有待售的非流动资产、处置组和终止经营》(2017年修订)第十七条至二十条规定如下。

第十七条 后续资产负债表日持有待售的非流动资产公允价值减去出售费用后的净额增加的,以前减记的金额应当予以恢复,并在划分为持有待售类别后确认的资产减值损失金额内转回,转回金额计入当期损益。划分为持有待售类别前确认的资产减值损失不得转回。

第十八条 后续资产负债表日持有待售的处置组公允价值减去出售费用后的净额增加的,以前减记的金额应当予以恢复,并在划分为持有待售类别后适用本准则计量规定的非流动资产确认的资产减值损失金额内转回,转回金额计入当期损益。已抵减的商誉账面价值,以及适用本准则计量规定的非流动资产在划分为持有待售类别前确认的资产减值损失不得转回。

第十九条 持有待售的处置组确认的资产减值损失后续转回金额,应当根据处置组中除商誉外适用本准则计量规定的各项非流动资产账面价值所占比重,按比例增加其账面价值。

第二十条 持有待售的非流动资产或处置组中的非流动资产不应计提折旧或摊销,持有待售的处置组中负债的利息和其他费用应当继续予以确认。

三、疑点、难点分析

(一)持有待售的非流动资产的后续计量

企业在资产负债表日重新计量持有待售的非流动资产时,如果其账面价值高于公允价值减去出售费用后的净额,应当将账面价值减记至公允价值减去出售费用后的净额,减记的金额确认为资产减值损失,计入当期损益,同时计提持有待售资产减值准备。

如果后续资产负债表日持有待售的非流动资产公允价值减去出售费用后的净额增加,以前减记的金额应当予以恢复,并在划分为持有待售类别后非流动资产确认的资产减值损失金额内转回,转回金额计入当期损益,划分为持有待售类别前确认的资产减值损失不得转回,持有待售的非流动资产不应计提折旧或摊销。

(二)持有待售的处置组的后续计量

企业在资产负债表日重新计量持有待售的处置组时,应当首先按照相关会计准则规定计量处置组中不适用《企业会计准则第42号——持有待售的非流动资产、处置组和终止经营》计量规定的资产和负债的账面价值,这些资产和负债可能包括采用公允价值模式进行后续计量的投资性房地产、采用公允价值减去出售费用后的净额计量的生物资产、金融工具等不适用本准则计

第四章 持有待售的非流动资产、处置组和终止经营准则

量规定的非流动资产，也可能包括流动资产、流动负债和非流动负债。例如，处置组中的金融工具，应当按照《企业会计准则第22号——金融工具确认和计量》的规定计量。

在进行上述计量后，企业应当比较持有待售的处置组整体账面价值与公允价值减去出售费用后的净额，如果账面价值高于其公允价值减去出售费用后的净额，应当将账面价值减记至公允价值减去出售费用后的净额，减记的金额确认为资产减值损失，计入当期损益，同时计提持有待售资产减值准备，但不应当重复确认不适用《企业会计准则第42号——持有待售的非流动资产、处置组和终止经营》计量规定的资产和负债按照相关准则规定已经确认的损失。

对于持有待售的处置组确认的资产减值损失金额，如果该处置组包含商誉，应当先抵减商誉的账面价值，再根据处置组中适用《企业会计准则第42号——持有待售的非流动资产、处置组和终止经营》计量规定的各项非流动资产账面价值所占比重，按比例抵减其账面价值。确认的资产减值损失金额应当以适用《企业会计准则第42号——持有待售的非流动资产、处置组和终止经营》计量规定的各项资产的账面价值为限，不应分摊至处置组中不适用《企业会计准则第42号——持有待售的非流动资产、处置组和终止经营》计量规定的其他资产。

如果后续资产负债表日持有待售的处置组公允价值减去出售费用后的净额增加，以前减记的金额应当予以恢复，并在划分为持有待售类别后适用《企业会计准则第42号——持有待售的非流动资产、处置组和终止经营》计量规定的非流动资产确认的资产减值损失金额内转回，转回金额计入当期损益，且不应当重复确认不适用《企业会计准则第42号——持有待售的非流动资产、处置组和终止经营》计量规定的资产和负债按照相关准则规定已经确认的利得。已抵减的商誉账面价值，以及适用《企业会计准则第42号——持有待售的非流动资产、处置组和终止经营》计量规定的非流动资产在划分为持有待售类别前确认的资产减值损失不得转回。对于持有待售的处置组确认的资产减值损失后续转回金额，应当根据处置组中除商誉外适用《企业会计准则第42号——持有待售的非流动资产、处置组和终止经营》计量规定的各项非流动资产账面价值所占比重，按比例增加其账面价值。

四、案例分析

（一）案例4-14的相关会计处理

1. 情形一

（1）2022年4月20日初始确认。X公司是专为转售而取得的子公司，

其不划分为持有待售类别情况下的初始计量金额为 1 000 万元，当日公允价值减去出售费用后的净额为 1 095 万元，按照两者孰低计量。A 公司 2022 年 4 月 20 日的会计处理如下。

　　借：持有待售资产——长期股权投资　　　　　　10 000 000
　　　　贷：银行存款　　　　　　　　　　　　　　　　　　10 000 000

（2）2022 年 7 月 5 日后续计量。A 公司持有的 X 公司的股权公允价值减去出售费用后的净额为 997 万元，账面价值为 1 000 万元，以两者孰低计量。A 公司 2022 年 7 月 5 日的会计处理如下。

　　借：资产减值损失　　　　　　　　　　　　　　　　30 000
　　　　贷：持有待售资产减值准备——长期股权投资　　　　30 000

2. 情形二

（1）2022 年 4 月 20 日初始确认。X 公司是专为转售而取得的子公司，其不划分为持有待售类别情况下的初始计量金额为 1 000 万元，当日公允价值减去出售费用后的净额为 995 万元，按照两者孰低计量。A 公司 2022 年 4 月 20 日的会计处理如下。

　　借：持有待售资产——长期股权投资　　　　　　　9 950 000
　　　　资产减值损失　　　　　　　　　　　　　　　　　50 000
　　　　贷：银行存款　　　　　　　　　　　　　　　　　10 000 000

（2）2022 年 7 月 5 日后续计量。2022 年 7 月 5 日，A 公司持有的 X 公司的股权公允价值减去出售费用后的净额为 997 万元，账面价值为 995 万元，以两者孰低计量，A 公司不需要进行会计处理。

（二）案例 4-15 的相关会计处理

（1）2022 年 6 月 16 日，B 公司首次将该处置组划分为持有待售类别前，应当按照适用的会计准则计量各项资产和负债的账面价值。其会计处理如下。

　　借：管理费用　　　　　　　　　　　　　　　　　　6 000
　　　　贷：累计折旧　　　　　　　　　　　　　　　　　　5 000
　　　　　　累计摊销　　　　　　　　　　　　　　　　　　1 000
　　借：其他综合收益　　　　　　　　　　　　　　　　20 000
　　　　贷：其他债权投资　　　　　　　　　　　　　　　20 000
　　借：资产减值损失　　　　　　　　　　　　　　　　30 000
　　　　贷：固定资产减值准备　　　　　　　　　　　　　30 000

经上述调整后，2022 年 6 月 16 日该门店各资产和负债的账面价值见表 4-3。

第四章 持有待售的非流动资产、处置组和终止经营准则

表 4-3　2022 年 6 月 16 日门店资产和负债调整后账面价值

单位：万元

科目名称	账面价值
持有待售资产：	
库存现金	31
应收账款	26
库存商品	20
其他债权投资	36
固定资产	102
无形资产	93
商誉	20
持有待售资产小计	328
持有待售负债：	
应付账款	（31）
其他应付款	（56）
预计负债	（25）
持有待售负债小计	（112）
合计	216

（2）2022 年 6 月 16 日，B 公司将该门店处置组划分为持有待售类别时，其会计处理如下。

借：持有待售资产——库存现金　　　　　　　　　　　310 000
　　　　　　　　——应收账款　　　　　　　　　　　270 000
　　　　　　　　——库存商品　　　　　　　　　　　300 000
　　　　　　　　——其他债权投资　　　　　　　　　360 000
　　　　　　　　——固定资产　　　　　　　　　　1 020 000
　　　　　　　　——无形资产　　　　　　　　　　　930 000
　　　　　　　　——商誉　　　　　　　　　　　　　200 000
　　　　　　　　——坏账准备　　　　　　　　　　　 10 000
　　　　　　　　——存货跌价准备　　　　　　　　　100 000
　　　　　　　　——固定资产减值准备　　　　　　　 45 000
　　　　　　　　——累计折旧　　　　　　　　　　　 35 000
　　　　　　　　——累计摊销　　　　　　　　　　　 15 000
　　　　　　　　——无形资产减值准备　　　　　　　 5 000

	贷：持有待售资产减值准备——坏账准备	10 000
	——存货跌价准备	100 000
	库存现金	310 000
	应收账款	270 000
	库存商品	300 000
	其他债权投资	360 000
	固定资产	1 100 000
	无形资产	950 000
	商誉	200 000
借：应付账款		310 000
其他应付款		560 000
预计负债		250 000
	贷：持有待售负债——应付账款	310 000
	——其他应付款	560 000
	——预计负债	20 000

（3）2022年6月16日，由于该处置组的账面价值216万元高于公允价值减去出售费用后的净额183万元（190－7），B公司应当以183万元计量处置组，并计提持有待售资产减值准备33万元（216－183），计入当期损益。

持有待售资产的减值损失应当分配至适用《企业会计准则第42号——持有待售的非流动资产、处置组和终止经营》计量规定的非流动资产的账面价值。具体来说，应当先抵减处置组中商誉的账面价值20万元，剩余金额13万元再根据固定资产、无形资产账面价值所占比重，按比例抵减其账面价值。2022年6月16日，各项资产和负债分摊持有待售资产减值损失及抵减减值损失后的账面价值见表4-4。

表4-4　2022年6月16日门店资产和负债抵减减值损失后的账面价值

单位：万元

科目名称	2022年6月16日抵减减值损失前账面价值	减值损失分摊	2022年6月16日抵减减值损失后账面价值
持有待售资产：			
库存现金	31	—	31
应收账款	26	—	26
库存商品	20	—	20
其他债权投资	36	—	36
固定资产	102	－6.8	95.2

第四章 持有待售的非流动资产、处置组和终止经营准则

（续表）

科目名称	2022年6月16日抵减减值损失前账面价值	减值损失分摊	2022年6月16日抵减减值损失后账面价值
无形资产	93	－6.2	86.8
商誉	20	－20	0
持有待售资产小计	328		295
持有待售负债：			
应付账款	（31）		（31）
其他应付款	（56）		（56）
预计负债	（25）		（25）
持有待售负债小计	（112）		（112）
合计	216		183

注：6.8＝13÷（102＋93）×102；6.2＝13÷（102＋93）×93。

B公司的会计处理如下。

借：资产减值损失　　　　　　　　　　　　　　　330 000
　　贷：持有待售资产减值准备——固定资产　　　68 000
　　　　　　　　　　　　　　——无形资产　　　62 000
　　　　　　　　　　　　　　——商誉　　　　　200 000

（4）2022年6月30日，B公司按照适用的会计准则计量其他债权投资，会计处理如下。

借：持有待售资产——其他债权投资　　　　　　　10 000
　　贷：其他综合收益　　　　　　　　　　　　　10 000

当日，该处置组的账面价值为184万元（包含其他债权投资已经确认的利得1万元），预计出售费用为4.5万元（0.5＋4），公允价值减去出售费用后的净额为186.5万元（191－4.5），高于账面价值。

处置组的公允价值减去出售费用后的净额后续增加的，应当在原已确认的持有待售资产减值损失范围内转回，但已抵减的商誉账面价值20万元和划分为持有待售类别前适用《企业会计准则第42号——持有待售的非流动资产、处置组和终止经营》计量规定的非流动资产已计提的资产减值准备不得转回，因此，转回金额应当以13万元（6.8＋6.2）为限。根据上述分析，A企业可转回已经确认的持有待售资产减值损失2.5万元（186.5－184），根据固定资产、无形资产账面价值所占比重，按比例转回其账面价值。资产减值损失

转回金额的分摊见表 4-5。

表 4-5　2022 年 6 月 30 日门店资产和负债抵减减值损失后的账面价值

单位：万元

科目名称	2022 年 6 月 16 日抵减减值损失后账面价值	2022 年 6 月 30 日按照其他适用准则重新计量	2022 年 6 月 30 日重新计量后的账面价值	减值损失转回的分摊	2022 年 6 月 30 日抵减减值损失转回后账面价值
持有待售资产：					
库存现金	31		31	—	31
应收账款	26		26	—	26
库存商品	20		20		20
其他债权投资	36	1	37	—	37
固定资产	95.2		95.2	1.307 7	96.507 7
无形资产	86.8		86.8	1.192 3	87.992 3
商誉	0		0		0
持有待售资产小计	295		296		298.5
持有待售负债：					
应付账款	（31）		（31）		（31）
其他应付款	（56）		（56）		（56）
预计负债	（25）		（25）		（25）
持有待售负债小计	（112）		（112）		（112）
合计	183	1	184	2.5	186.5

注：1.307 7=2.5÷（95.2+86.8）×95.2；1.192 3=2.5÷（95.2+86.8）×86.8。

借：持有待售资产减值准备——固定资产　　　　　　　　13 077
　　　　　　　　　　　　　　　——无形资产　　　　　　　　11 923
　　贷：资产减值损失　　　　　　　　　　　　　　　　　　25 000

B 公司在 2022 年 6 月 30 日的资产负债表中应当分别以"持有待售资产"和"持有待售负债"列示 298.5 万元和 112 万元。由于处置组不符合终止经营

第四章 持有待售的非流动资产、处置组和终止经营准则

定义,持有待售资产确认的资产减值损失应当在润表中以持续经营损益列示。企业同时应当在附注中进一步披露该持有待售处置组的相关信息。

五、案例小结

"持有待售资产"通常包括持有待售的固定资产和无形资产以及持有待售处置组中的固定资产和无形资产。但持有待售的固定资产和持有待售的无形资产(以下并称为持有待售非流动资产)与持有待售的处置组中的固定资产和无形资产的后续计量规则有所不同。

(一)持有待售的非流动资产的后续计量

当持有待售的固定资产和持有待售的无形资产的账面价值高于其公允价值减去出售费用后的净额时,应相应计提持有待售资产减值准备,并计入当期损益。

如果后续资产负债表日持有待售的非流动资产的公允价值减去出售费用后的净额增加,以前减记的金额应当予以恢复,但只能在划分为持有待售类别后该非流动资产确认的资产减值损失金额内转回,并将转回的金额计入当期损益。需要强调的是,划分为持有待售类别前该非流动资产确认的资产减值损失不得转回。而持有待售的非流动资产在其后续计量期间不应计提折旧或摊销。

对于专为转售而取得的子公司,其后续计量适用上述持有待售的非流动资产的后续计量规则,所计提的减值准备或转回的减值准备应记入"持有待售资产减值准备——长期股权投资"科目。

(二)持有待售处置组的后续计量

在对持有待售的处置组进行后续计量时,首先要计算依据其他准则计量的资产和负债的账面价值,在此基础上计算持有待售的处置组整体账面价值,如果其整体账面价值高于其公允价值减去出售费用后的金额,应当计提持有待售资产减值准备,并相应确认为资产减值损失。

持有待售的处置组所应计提的减值准备应进一步将其分摊至依据《企业会计准则第42号——持有待售的非流动资产、处置组和终止经营》计提减值准备的相关资产中去,如果处置组中包括商誉,应当先抵减商誉的账面价值,抵减商誉账面价值后如果仍有余额,则应按《企业会计准则第42号——持有待售的非流动资产、处置组和终止经营》计量规定的各项非流动资产(通常为固定资产和无形资产)账面价值的比重,按比例抵减其账面价值,但分摊

的资产减值损失金额不得超过准则计量规定的各项资产的账面价值。不适用《企业会计准则第 42 号——持有待售的非流动资产、处置组和终止经营》计量规定的处置组的相关资产不应分摊处置组的资产减值损失。

如果后续资产负债表日持有待售的处置组公允价值减去出售费用后的净额增加，以前减记的金额应当予以恢复，但已抵减的商誉的账面价值和适用本准则计量规定的非流动资产在划分为持有待售类别前确认的资产减值损失不得转回。

需要强调的是，由于已抵减的商誉账面价值不得转回，对于持有待售处置组应转回的资产减值准备金额，只能在处置组中除商誉外的适用《企业会计准则第 42 号——持有待售的非流动资产、处置组和终止经营》计量规定的各项非流动资产之间进行分摊，分摊标准为各项非流动资产账面价值的比例。

第五章 租赁准则

第一节 交易是否含有租赁的判断

一、案例背景

案例 5-1 A 公司为一家智能卡机生产公司，公司业务模式之一是为各客户安装刷卡终端，商户一次性支付服务费（含数据处理服务费）给 A 公司。同时，以后期间按照结算额收取交易手续费。根据合同的规定，刷卡终端属于 A 公司，A 公司负责对终端的维修、保养等工作。

案例 5-2 B 公司与 C 公司就 X 产品生产项目签订合同，C 公司负责全额投资（5 000 万元）建设专用于生产 X 产品的生产线，由 B 公司提供相关技术设计方案。生产线建成投产后，C 公司向 B 公司供应 X 产品，合同期为 5 年，同时约定合同顺利履行完毕之后，该生产线有关设备的所有权将无偿转让给 B 公司。

合同对甲产品的供应量作出了约定：B 公司对 C 公司的 X 产品最低月接收量不得低于 5 000 吨，并按照 500 元/吨结算；如果 B 公司对 C 公司的甲产品接收量低于 5 000 吨/月时，需对 C 公司进行相应补偿。合同期内 C 公司不得将 X 产品提供给其他方，如未经 B 公司同意将 X 产品销售给第三方，须向 B 公司进行补偿。C 公司每月根据结算金额给 B 开具增值税专用发票。预计 B 公司会持续经营且每月购买 X 产品数量高于保底数量。

问题：上述交易中，是否包含租赁？

二、准则链接

《企业会计准则第 21 号——租赁》（2018 年修订）第二条、第四条、

第五条和第八条规定如下。

第二条 租赁，是指在一定期间内，出租人将资产的使用权让与承租人以获取对价的合同。

第四条 在合同开始日，企业应当评估合同是否为租赁或者包含租赁。如果合同中一方让渡了在一定期间内控制一项或多项已识别资产使用的权利以换取对价，则该合同为租赁或者包含租赁。

除非合同条款和条件发生变化，企业无须重新评估合同是否为租赁或者包含租赁。

第五条 为确定合同是否让渡了在一定期间内控制已识别资产使用的权利，企业应当评估合同中的客户是否有权获得在使用期间内因使用已识别资产所产生的几乎全部经济利益，并有权在该使用期间主导已识别资产的使用。

第八条 存在下列情形之一的，可视为客户有权主导对已识别资产在整个使用期间的使用：

（一）客户有权在整个使用期间主导已识别资产的使用目的和使用方式；

（二）已识别资产的使用目的和使用方式在使用期间前已预先确定，并且客户有权在整个使用期间自行或主导他人按照其确定的方式运营该资产，或者客户设计了已识别资产（或资产的特定方面）并在设计时已预先确定了该资产在整个使用期间的使用目的和使用方式。

三、疑点、难点分析

企业会计准则中，租赁是指在一定期间内，出租人将资产的使用权让与承租人以获取对价的合同。

确定出租人是否让渡了资产的使用权需要看两点：一是客户是否有权获得在使用期间内因使用已识别资产所产生的几乎全部经济利益；二是同时有权在使用期间主导已识别资产的使用。期间、已识别资产、几乎全部经济利益、主导权4个要素共同构成了租赁。

四、案例分析

在案例5-1的交易安排中，首先，双方约定以后期间按照结算额收取交易手续费,该期间是明确存在的;其次,该刷卡终端构成了已识别资产,且由于其使用期间是放置在客户处,A 公司作为供应商通常不具有实质性替换权;最后,根据合同约定,刷卡终端属于 A 公司,A 公司负责对终端的维修、保养等工作,但其使用权由客户控制。综上,该交易安排中包含刷卡终端的租赁。

在案例 5-2 的交易安排中,该生产线作为一项已识别资产,其使用期间的几乎全部经济利益在 B 公司对 C 公司的甲产品承诺最低月接收量且合同期内 C 公司不得将 X 产品提供给其他方的约定下由 B 公司来享有或承担。在判断哪一方能够主导整个使用期间内该生产线的使用方式和使用目的时,与生产线有关的主要决策通常有:①关于产品的决策,也就是决定生产什么;②产量和品种的决策,选定了产品之后就要决定生产多少,即对产品的品种、各个品种的产量及总产量作出决定;③生产过程的决策,即决定生产过程和工艺路线,决定是自制还是外购零部件,决定作业设计。这些决策对投资、设备、劳动力、技术、库存等决策有很大影响。案例 5-2,预先设定了该生产线只能生产 X 产品,且每一期间的生产量和合同期内的生产总量取决于 B 公司的需求量。初始设计时由 B 公司来提供该生产线的技术设计方案,这表明 B 公司已预先决策了该生产线在合同期内的主要生产过程和工艺路线的选择。综上分析,虽然形式上是由 C 公司使用该生产线生产甲产品,但是事实上 B 公司主导了该生产线的主要决策,该合同中包含租赁。

五、案例小结

根据上述案例及其分析,可以对合同是否包含租赁的判断流程进行总结,具体如图 5-1 所示。已识别资产可以由合同明确指定,也可以隐性指定(比如该资产是为了满足客户的特定目的生产或设计的)。但如果供方在整个使用期间拥有对该资产的实质性替换权,则不属于已识别资产。实质性替换权需要同时满足两个条件:①资产供应方拥有在整个使用期间替换资产的实际能力;②资产供应方通过行使替换资产的权利将获得经济利益。企业难以确定供应方是否拥有对该资产的实质性替换权的,应当视为供应方没有对该资产的实质性替换权。

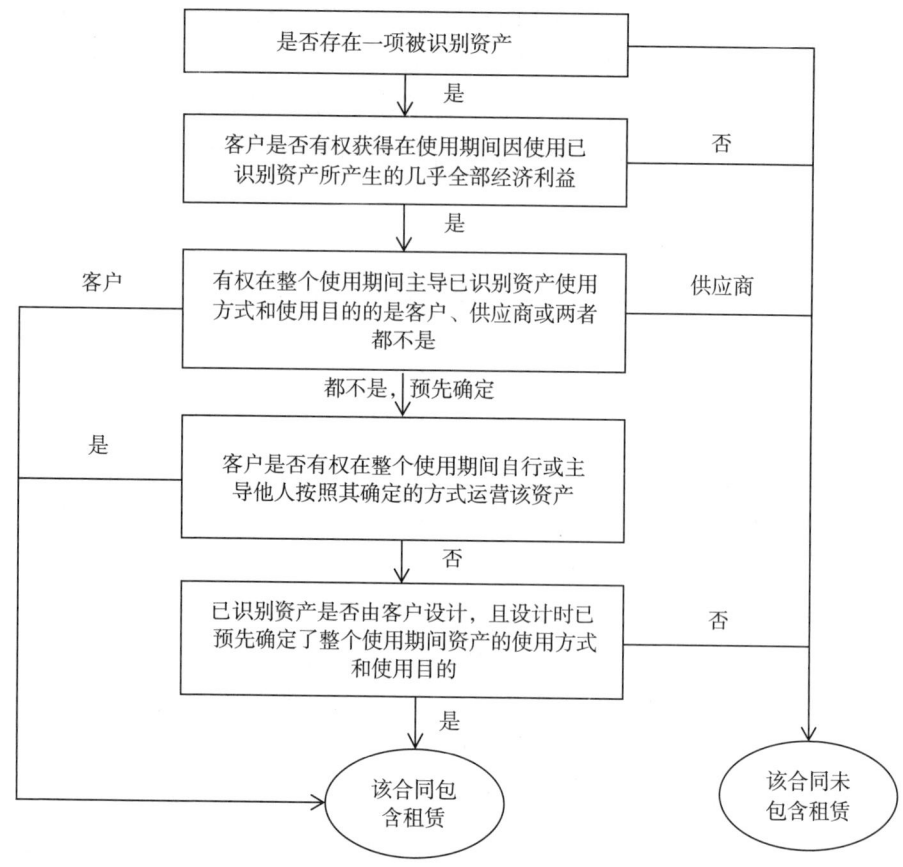

图 5-1 合同是否包含租赁的判断流程示意图

第二节 同时包含激励措施和政府补助的经营租赁业务问题

一、案例背景

案例 5-3　A 公司是一家资产管理公司,2020 年 2 月与 S 市产业园管理委员会签订房屋租赁合同,合同主要内容如下:租赁面积约为 500 平方米,每平方米每月租金为 50 元,租赁期为 5 年,从第 4 年开始租金在前一年租金的基础上每间隔 2 年以 20% 的幅度递增;但第一年上缴税收达到一定要求

第五章 租赁准则

时免租，如达不到则补齐租金；第二年上缴税收达到一定要求时租金减半，如达不到则补齐租金。假设减免租金的条件能够达到，则该 5 年租赁期内每年的租金为：第一年 0，第二年 150 000 元，第三、第四年 300 000 元，第五年 360 000 元。

问题：A 公司应如何对租赁合同进行确认和计量？

二、准则链接

《企业会计准则第 21 号——租赁》（2018 年修订）第十六条第三款、第十八条第三款规定如下。

第十六条第三款 租赁激励，是指出租人为达成租赁向承租人提供的优惠，包括出租人向承租人支付的与租赁有关的款项、出租人为承租人偿付或承担的成本等。

第十八条第三款 可变租赁付款额，是指承租人为取得在租赁期内使用租赁资产的权利，向出租人支付的因租赁期开始日后的事实或情况发生变化（而非时间推移）而变动的款项。取决于指数或比率的可变租赁付款额包括与消费者价格指数挂钩的款项、与基准利率挂钩的款项和为反映市场租金费率变化而变动的款项等。

三、疑点、难点分析

在案例 5-3 的交易安排中，政府为了实现吸引企业入驻的目的，提供的免租、减少租金等优惠，是通过租赁激励的方式最终实现招商引资的目的。因此，本交易可看作"租赁激励措施"和"政府补助"两者的结合体。而业主能否享受免租、减租的优惠取决于其业绩条件（完成投资工作量、达到产能、上缴税收总额等），因此该优惠条款完全符合可变租赁付款额的定义。据此，本交易也可看作"可变租赁付款额"和"政府补助"两者的结合体。

四、案例分析

（一）对于政府补助的处理

A 公司可参考以下原则进行：

（1）A 公司可将周边同类房地产于租赁开始日的租金水平（不受政府补助因素影响的）作为市场租金水平；A 公司可将实际租金水平低于市场租金

水平的差额作为政府补助,在满足政府补助确认条件的前提下,将租赁期内可享受的补助资金总额在租赁期内按直线法分摊,确认为各年度的其他收益或者冲减租赁支出。

(2)如果无法合理确定周边同类房地产的市场租金水平,则政府补助和市场租金的金额都不能可靠计量,或者企业采取了实务变通方式未将低于市场价格的租金作为政府补助,此时本交易中无需考虑政府补助成分,仅需考虑按租赁准则如何处理即可。

(二)对于租赁部分的处理

A公司可选择以下处理方式:

(1)A公司可将免收和减少收取的租金作为租赁激励。在确定租赁付款额时应扣除租赁激励相关金额。但在扣除时,由于该租赁激励附有一定的业绩条件,公司是否能够享受仍取决于未来事项的发生。租赁付款额随着时间的推移将由企业以交付现金的方式进行结算,因此A公司可以按照一般的附有或有结算条款的金融负债的标准去考虑,公司不能享受租赁优惠的条件是否几乎不具有可能性。若是,则在租赁付款额中予以扣除;若否,则不应从租赁付款额中扣除。

(2)A公司可将免收和减少收取的租金作为可变租赁付款额。由于取决于企业未来的业绩条件(完成投资工作量、达到产能、上缴税收总额等)的可变租赁付款额属于取决于租赁资产的使用或绩效,不属于取决于指数或比率的可变租赁付款额,该部分不应纳入租赁负债的初始计量。但若该可变条款几乎不可能发生,没有真正的经济实质,则该形式上包含变量的付款额实质上无法避免支付,应作为实质固定付款额纳入租赁负债的初始计量。

五、案例小结

除了取决于指数或比率的可变租赁付款额,其他的可变租赁付款额均不纳入租赁负债的初始计量中。可变租赁付款额从本质上讲属于企业潜在的交付现金的结算义务,可视同金融负债的标准去考虑其会计处理。对于取决于租赁资产的使用(如产量)或绩效(如承租方的销售额)的可变租赁付款额,理论上企业可以采取不使用或者不销售进而不产生绩效的方式去避免租金的交付。不使用租赁资产或不销售等均是企业可以控制的事项,从而使得企业可以无条件地避免租金的交付义务,因此,准则明确该类可变租赁付款额不纳入租赁负债的初始计量。但对于负相关的可变租赁付款额来说,企业并不能控制增加使用或增加绩效(例如更多的销售能否实现取决于客户、市场等多种要素，企业并不能控制该事项）以避免租金的交付。对于负相关的可变租赁付款额，应按照未扣除可变租赁付款额前的约定金额作为固定付款额纳入租赁负债的初始计量。当绩效达成免收一部分租金时，企业应将免于支付的租金直接计入当期损益。所以，企业可以不考虑其中的政府补助成分进行处理；在考虑政府补助成分进行处理时，可以选择其中一种处理并一贯执行。

第三节 融资租赁手续费的会计处理

一、案例背景

案例 5-4　2019 年 5 月 11 日，A 公司与 W 融资租赁公司签订融资租赁合同，W 公司按 A 公司的要求采购市场价值为 3 000 万元的设备，并租赁给 A 公司使用。租期为 2019 年 5 月 11 日至 2022 年 5 月 10 日，从 2019 年 6 月 1 日开始按季度分期支付租金。租赁年利率为 6.5%（不含增值税），第 1 年不付息，第 2~5 年每年 12 月 15 日还本 500 万元；2022 年 3 月 31 日还本 1 000 万元。手续费按照每年租赁本金的 1% 收取（该金额不含增值税），收取方式为首笔放款后第一个结息日以实际发放款为基数，收取前三年共计 3% 手续费；第四年第二个结息日，以剩余本金为基数，收取后两年共计 2% 的手续费。

问题：A 公司融资租赁合同的手续费该如何处理？

二、准则链接

《企业会计准则第 21 号——租赁》（2018 年修订）第十六条第一款、第十八条第一款规定如下。

第十六条第一款　使用权资产应当按照成本进行初始计量。该成本包括：

（一）租赁负债的初始计量金额；

（二）在租赁期开始日或之前支付的租赁付款额，存在租赁激励的，扣除已享受的租赁激励相关金额；

（三）承租人发生的初始直接费用；

……

第十八条第一款　租赁付款额，是指承租人向出租人支付的与在租赁期内使用租赁资产的权利相关的款项，包括：

（一）固定付款额及实质固定付款额，存在租赁激励的，扣除租赁激励相关金额；

（二）取决于指数或比率的可变租赁付款额，该款项在初始计量时根据租赁期开始日的指数或比率确定；

（三）购买选择权的行权价格，前提是承租人合理确定将行使该选择权；

（四）行使终止租赁选择权需支付的款项，前提是租赁期反映出承租人将行使终止租赁选择权；

（五）根据承租人提供的担保余值预计应支付的款项。

……

三、疑点、难点分析

初始直接费用，是指为达成租赁所发生的增量成本。增量成本是指若企业不取得该租赁，则不会发生的成本，如佣金、印花税等。企业对初始直接费用的范围界定，需要注意以下两个方面。

（1）无论是否实际取得租赁都会发生的支出，都不属于初始直接费用。例如为评估是否签订租赁合同而发生的差旅费、法律费用等，此类费用应当在发生时计入当期损益。

（2）租赁付款额，不属于初始直接费用。租赁付款额是指承租人向出租人支付的与在租赁期内使用租赁资产的权利相关的款项；而初始直接费用隐含的范围仅限于承租人为履行取得租赁资产的交易相关手续而发生的向出租人或出租人之外的其他第三方支付的费用。

四、案例分析

在判断是否属于租赁付款额时，企业应根据款项的实质而非形式或名义。本案例中，租赁手续费与利息均为出租人收取，且手续费的金额与出租方提供的资金挂钩。在此情况下，一般而言，租赁手续费的金额大小、手续费支付时间的谈判内容会影响双方对租赁利率的谈判。也就是从租赁双方来讲，都是将租赁手续费和融资利息作为一揽子而考虑的。从另一方面来讲，这部分手续费由租赁公司获取，影响租赁公司基于本租赁的获益情况，这也表明该手续费更多地与融资安排相关。因此，承租人应将预计要支付的手续费作为租赁付款额计入租赁负债的初始计量金额，而非初始直接费用。注意：此时企业确定租赁负债的折现率，不能直接以合同规定的利率作为折现率，应当重新计算,以租赁公司在该交易中的实际收益率作为折现率。该折现率亦是租赁负债后续计量所用的利率。

五、案例小结

手续费是作为初始直接费用直接计入使用权资产的成本,还是作为租赁付款额的一部分,折算其现值计入租赁负债的同时计入使用权资产,这两种不同的处理的差异体现在负债项目的不同。初始直接费用不属于租赁负债,通常通过"应付账款""其他应付款"或"长期应付款"科目进行核算。

承租人以"手续费"的名义支付的所有款项并不意味着其都不属于租赁付款额,需要合理区分该项手续费更多的是与获取融资相关还是与资产购建相关,对于与获取融资更相关的手续费,应计入"租赁付款额"中,并以现值确定租赁负债的初始计量金额,在租赁期内按其折现率计算实际利息支出。

企业取得存货、固定资产等时,初始计量成本包含购买对价和可直接归属于所取得的存货、固定资产等必须支付的相关税费一致,支付给出租人的款项属于"购买对价"的部分计入使用权资产的初始计量金额。该对价包含:①租赁期开始日或之前已支付的租金;②未付的租赁付款额,该部分同时以其现值作为租赁负债的初始计量金额。而初始直接费用不属于取得使用权资产的"购买对价",通常是指为了获取该项租赁在达成时接受的相关服务支付的费用或与租赁达成有关的增量税费,这些费用通常在初始取得使用权资产时已一次性发生并支付。若租赁期开始日仍未付款,也应记录一项负债,但并非租赁负债。

第四节 售后租回交易的判断及会计处理

一、案例背景

案例 5-5 A 电力公司主营家庭分布式光伏电站系统一站式服务。2019 年 A 电力公司(乙方)与家庭客户(甲方)签订"光伏发电系统(光伏电站)销售合同",个人客户以自己的名义向银行取得零首付光伏产品纯信用 3 年期贷款,由银行发放贷款给托收方 A 电力公司,用于支付系统销售款。该合同明确了贷款模式下"甲乙双方在指定银行开设专用账户,用于乙方管理甲方的投资款、系统售电收入和政府补贴款等""贷款期内甲方不得解除本合同,并指定乙方负责合同标的物的运维"以及"贷款期满后,甲方有权终止该合同但须以书面形式通知乙方,乙方在收到甲方书面终止合同通知后15个自然日内给予书面答复,乙方如同意回购,则由乙方根据设备现值(扣除设备折旧、拆装费用等)拆除并回收安装点的光伏发电系统设备"等条款。合同有效期较长。同时,甲乙双方签订"分布式家庭光伏发电系统委托管理协议",甲方委托乙方对该发电系统的卖电收入、国家补贴收入和每年该系统自用电量90%的电费支出、每年银行贷款的还款本息、每年该电站的运维及保险支出等进行综合管理,期限为7~10年。

A电力公司受托管理时,个人客户收到的卖电收入和补贴收入在3年贷款期内无法完全覆盖客户应还的贷款本息和管理费,导致公司前3年一定要向个人客户支付相应资金;只有待委托管理期如10年期限已满,该项目将当时的销售收入、成本、委托管理期间全部收支产生的现金流放在一起才能形成现金净流入。

问题:该交易是否属于售后租回,A公司如何进行处理?

二、准则链接

《企业会计准则第21号——租赁》(2018年修订)第五十条至第五十二条规定如下。

第五十条 承租人和出租人应当按照《企业会计准则第14号——收入》的规定,评估确定售后租回交易中的资产转让是否属于销售。

第五十一条 售后租回交易中的资产转让属于销售的,承租人应当按原资产账面价值中与租回获得的使用权有关的部分,计量售后租回所形成的使用权资产,并仅就转让至出租人的权利确认相关利得或损失;出租人应当根据其他适用的企业会计准则对资产购买进行会计处理,并根据本准则对资产出租进行会计处理。

如果销售对价的公允价值与资产的公允价值不同,或者出租人未按市场价格收取租金,则企业应当将销售对价低于市场价格的款项作为预付租金进行会计处理,将高于市场价格的款项作为出租人向承租人提供的额外融资进行会计处理;同时,承租人按照公允价值调整相关销售利得或损失,出租人按市场价格调整租金收入。

在进行上述调整时,企业应当基于以下两者中更易于确定的项目:销售对价的公允价值与资产公允价值之间的差额、租赁合同中付款额的现值与按

第五章　租赁准则

租赁市价计算的付款额现值之间的差额。

第五十二条 售后租回交易中的资产转让不属于销售的，承租人应当继续确认被转让资产，同时确认一项与转让收入等额的金融负债，并按照《企业会计准则第22号——金融工具确认和计量》对该金融负债进行会计处理；出租人不确认被转让资产，但应当确认一项与转让收入等额的金融资产，并按照《企业会计准则第22号——金融工具确认和计量》对该金融资产进行会计处理。

三、疑点、难点分析

判断是否适用准则规定的"售后租回"，前提是"承租人在资产转移给出租人之前已经取得对标的资产的控制"。如果判断属于准则规定的"售后租回"业务，再进一步判断是否属于"销售"，即判断甲公司是否丧失对标的物的控制权，然后按照准则规定的不同路径进行会计处理。

四、案例分析

该交易构成了售后租回交易。本案例中该资产转让是否满足收入准则规定的收入确认条件，需对客户方是否取得控制权进行判断。由于合同期内仍是由A电力公司运营合同标的物，相关投资款、系统售电收入和政府补贴款也是由A电力公司进行管理，且个人客户前3年取得的收入无法覆盖贷款本息和其他支出时由A电力公司补足，个人客户提出终止合约时由A电力公司回购拆除并承担剩余风险。综合这些迹象，相关资产仍是由A电力公司控制，因此合同虽然名为"光伏发电系统（光伏电站）销售合同"，但实际上并不构成销售。据此，A电力公司应当继续确认被转让的光伏电站系统，该光伏发电系统应按其原账面价值转为一项出租用的固定资产，在其预计可使用年限（谨慎起见，不超过受托管理年限）内计提折旧；售电收入和补贴收入确认为A电力公司的收入，系统折旧、贷款利息和由A电力公司承担的运维支出等确认为A电力公司的营业成本，同时将名义上的"销售款"确认为一项金融负债，并按照《企业会计准则第22号——金融工具确认和计量》（2017年修订）对该金融负债进行会计处理。

五、案例小结

根据企业会计准则规定和案例分析，我们对售后租回交易的会计处理流程进行了总结,具体如图 5-2 所示。

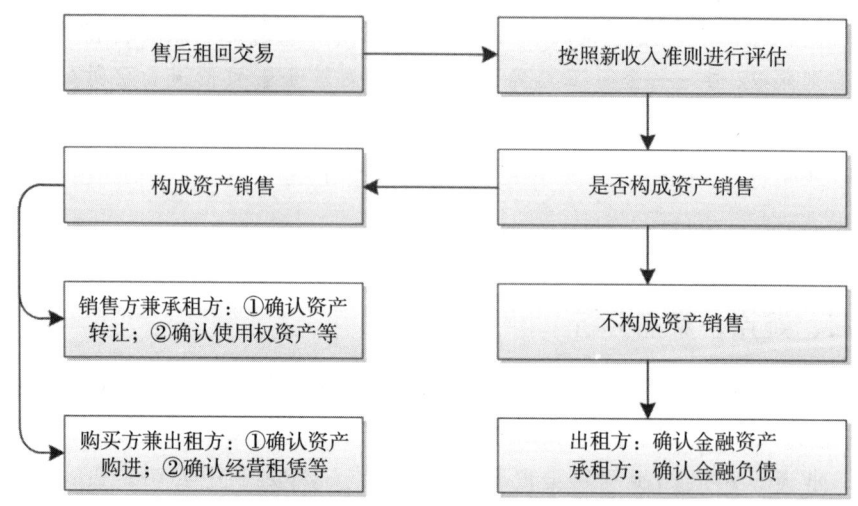

图 5-2 售后租回交易会计处理示意图

第五节 涉及保证金和服务费并考虑可抵扣增值税进项税额影响的融资租赁的会计处理

一、案例背景

案例 5-6 A 公司(承租方,乙方)于 2020 年(第 0 年)与 Y 融资租赁公司(出租方,甲方)签订了融资租赁合同(本合同中所述价款均为含税价,增值税税率为 13%)。租赁物市场价为 480 万元,融资租赁期限为 3 年,融资租赁金额为 450 万元。承租方需在出租方向供货商 C 公司支付第一笔货款前,即起租日之前向甲方支付 30 万元作为第一期租金,为零期租金,该零期租金不计入甲方计息基数。承租方于出租方放款前一次性向出租人支付租赁服务费共计 20.25 万元,合同解除或终止的,咨询服务费不予退还。承租方于出租方放款前一次性支付 45 万元履约保证金至出租方指定账户。承租人完全履行合同后,履约保证金一次性退还至承租人,因承租人违约,出租人收取的履约保证金不退还,出租人占有履约保证金期间,履约保证金不计息。本合同项下的租赁利率为 6.6%,合同期内每期支付租金 138 313.43 元,租金总额为 4 979 283.48 元。租赁期满后，承租方可以 1 万元的优惠价格取得租赁物的所有权。A 公司已支付零期租金 30 万元、租赁服务费 20.25 万元和履约保证金 45 万元，该类价款均含税。假定租赁期内，A 公司每期支付租金取得的增值税专用发票注明的进项税额均允许抵扣。

问题：A 公司应如何对该融资租赁进行会计处理？

二、准则链接

《企业会计准则第 21 号——租赁》（2018 年修订）第十六条至第十八条、第三十六条规定如下。

第十六条 使用权资产应当按照成本进行初始计量。该成本包括：

（一）租赁负债的初始计量金额；

（二）在租赁期开始日或之前支付的租赁付款额，存在租赁激励的，扣除已享受的租赁激励相关金额；

（三）承租人发生的初始直接费用；

（四）承租人为拆卸及移除租赁资产、复原租赁资产所在场地或将租赁资产恢复至租赁条款约定状态预计将发生的成本。前述成本属于为生产存货而发生的，适用《企业会计准则第 1 号——存货》。

承租人应当按照《企业会计准则第 13 号——或有事项》对本条第（四）项所述成本进行确认和计量。

......

第十七条 租赁负债应当按照租赁期开始日尚未支付的租赁付款额的现值进行初始计量。

在计算租赁付款额的现值时，承租人应当采用租赁内含利率作为折现率；无法确定租赁内含利率的，应当采用承租人增量借款利率作为折现率。

租赁内含利率，是指使出租人的租赁收款额的现值与未担保余值的现值之和等于租赁资产公允价值与出租人的初始直接费用之和的利率。

承租人增量借款利率，是指承租人在类似经济环境下为获得与使用权资产价值接近的资产，在类似期间以类似抵押条件借入资金须支付的利率。

第十八条 租赁付款额，是指承租人向出租人支付的与在租赁期内使用租赁资产的权利相关的款项，包括：

（一）固定付款额及实质固定付款额，存在租赁激励的，扣除租赁激励相关金额；

（二）取决于指数或比率的可变租赁付款额，该款项在初始计量时根据

租赁期开始日的指数或比率确定;

（三）购买选择权的行权价格，前提是承租人合理确定将行使该选择权；

（四）行使终止租赁选择权需支付的款项，前提是租赁期反映出承租人将行使终止租赁选择权；

（五）根据承租人提供的担保余值预计应支付的款项。

实质固定付款额，是指在形式上可能包含变量但实质上无法避免的付款额。

可变租赁付款额，是指承租人为取得在租赁期内使用租赁资产的权利，向出租人支付的因租赁期开始日后的事实或情况发生变化（而非时间推移）而变动的款项。取决于指数或比率的可变租赁付款额包括与消费者价格指数挂钩的款项、与基准利率挂钩的款项和为反映市场租金费率变化而变动的款项等。

第三十六条 ……（参见第一章第十三节）

三、疑点、难点分析

承租人发生的初始直接费用应当计入使用权资产；出租人发生的与经营租赁有关的初始直接费用应当资本化，在租赁期内按照与租金收入确认相同的基础进行分摊，分期计入当期损益。出租人发生的与融资租赁有关的初始直接费用包括在租赁投资净额中，亦即包括在应收融资租赁款的初始入账价值中。

对承租人而言，初始直接费用应当计入租入资产价值，不应单独作为长期待摊费用。对出租人而言，原企业会计准则下费用化的与经营租赁有关的初始直接费用应当资本化至租赁标的资产的成本，在租赁期内按照与租金收入相同的确认基础分期计入当期损益。

在计算租赁付款额的现值时，承租人应当采用租赁内含利率作为折现率；无法确定租赁内含利率的，应当采用承租人增量借款利率作为折现率。

四、案例分析

（一）零期租金 30 万元的处理

零期租金属于租赁期开始日（或之前）支付的租赁付款额，直接计入使用权资产的初始计量金额，30 万元与可抵扣增值税进项税额之间的差额属于初始直接费用，应计入使用权资产的初始计量金额。

租赁服务费也是为取得租赁而发生的，因此应作为初始直接费用计入使用权资产的初始计量金额。

使用权资产的初始计量金额包含以下 5 部分:

(1) 零期租金 300 000 元换算成不含税金额 265 486.73 元。

(2) 每月租金 138 313.43 元换算成不含税金额 122 401.27 元,按照 36 期、每期利率 0.55%①(年利率 6.6%÷12)计算的现值 3 987 721.34 元。

(3) 留购价格 10 000 元换算为不含税金额的复利现值 7 263.85 元。

(4) 租赁服务费 202 500 元换算成不含税金额 179 203.54 元。

(5) 预计可收回的租赁保证金 450 000 元的复利现值(308 407.49 元)与当下支付的 450 000 元的差额 141 592.51 元。

合计使用权资产的初始计量金额为 4 581 267.97 元(265 486.73 + 3 987 721.34 + 7 263.85 + 179 203.54 + 141 592.51)。

(二) 租赁负债的初始计量

使用权资产初始计量中的第二项和第三项属于租赁负债。租赁负债初始计量金额为 3 994 985.19 元(3 987 721.34 + 7 263.85)。其中,租赁付款额为 4 415 295.12 元[(租金总额+留购价款)÷1.13=(4 979 283.48 + 10 000)÷1.13],差额 420 309.93 元为抵减租赁付款额的未确认融资费用。

(三) 初始确认的会计分录

初始确认的会计分录如下。

借: 使用权资产   4 581 267.97

      应交税费——应交增值税(进项税额)[(300 000 +

      202 500)÷1.13×13%]

                                                     578 093.73

      长期应收款   450 000.00

      租赁负债——未确认融资费用   420 309.93

  贷: 租赁负债——租赁付款额   4 415 295.12

      银行存款(300 000 + 450 000 + 202 500)

                                                     952 500.00

      未实现融资收益   141 592.51

---

① 注: 年利率 6.6% 换算为复利的月利率应为 $(1+6.6\%)^{\frac{1}{12}}-1=0.534\%$,而不是 6.6%÷12=0.55%,此处为简化处理,假设先按实际利率法计算出各年度的利息收入和利息支出,再在该年度内各月份之间按直线法分摊。

（四）每期支付租金

每期支付租金时的会计分录如下。
借：应交税费——应交增值税（进项税额）　　　15 912.16
　　租赁负债——租赁付款额　　　　　　　　　122 401.27
　　贷：银行存款　　　　　　　　　　　　　　138 313.43

（五）分摊未确认融资费用

分摊未确认融资费用的会计分录如下（以第一期为例，后续各期以此类推）。

借：财务费用/在建工程（3 994 985.19 × 0.55%）　21 972.42
　　贷：租赁负债——未确认融资费用　　　　　　21 972.42

（六）分摊未实现融资收益

分摊未实现融资收益的会计分录如下（以第一期为例，后续各期以此类推）。

借：未实现融资收益（308 407.49 × 0.55%）　　　1 696.24
　　贷：财务费用/在建工程　　　　　　　　　　　1 696.24

（七）计提使用权资产折旧

计提使用权资产折旧的会计分录如下（假定租赁期3年即为该租赁标的物预计使用寿命，以第一期为例，后续各期以此类推）。

借：生产成本/制造费用/管理费用/销售费用等
　　（4 581 267.97 ÷ 36）　　　　　　　　　　　127 257.44
　　贷：使用权资产累计折旧　　　　　　　　　　127 257.44

在现金流量表中，A公司后续每期支付租金列报于"支付的其他与筹资活动有关的现金"项目中。

五、案例小结

与原租赁准则相比，2018年修订版租赁准则在承租人会计处理方面的核心变化是采用单一会计模型，取消了承租人关于融资租赁与经营租赁的分类，基于合同约定的权利义务，要求承租人对所有租赁（选择简化处理的短期租赁和低价值资产租赁除外）在资产负债表中均确认相应的使用权资产和租赁负债，并分别确认折旧和利息费用。

这一变化的实质是将原在表外反映的经营租赁统一纳入表内核算,也将对企业的多项报表数据和财务指标产生影响。使用权资产和租赁负债的确认将同时增加企业的资产和负债金额,资产负债率预期将上升,资产周转率预期将下降。同时,因为部分或全部的经营租赁付款额将被分类到筹资活动中,经营现金流量将增加。对于一些经营租入资产比重较大的企业,比如航空公司来讲,其实施2018年修订版租赁准则后资产负债率将大幅上升,租赁负债的确认会造成初期每股收益的下降。

第六节 租赁的分拆

一、案例背景

案例 5-7 A公司主营智能车载显示屏业务。2020年3月与S通信公司签署合同,合同约定:S通信公司购进5 000台智能车载显示屏设备,移交给A公司使用。双方签约10年,从合同第5年起,设备所有权归A公司。S通信公司享有收取数据通信费的权利,其中第1~4年按照2 000元/(台·年)收取;第5~10年按照800元/(台·年)收取。不附该服务条款的正常数据通信费为300元/(台·年),远低于其协议约定的800~2 000元。上述合同不因为设备损坏或报废而终止,即无论上述设备是否在运营中损坏,数据通信费都要保证执行。该合同在10年期限内属于不可撤销合同。此类显示屏通常的使用寿命为5年。

问题:请问A公司该如何进行相关会计处理?

二、准则链接

《企业会计准则第21号——租赁》(2018年修订)第九条、第十一条、第十二条规定如下。

第九条 合同中同时包含多项单独租赁的,承租人和出租人应当将合同予以分拆,并分别各项单独租赁进行会计处理。

合同中同时包含租赁和非租赁部分的,承租人和出租人应当将租赁和非租赁部分进行分拆,除非企业适用本准则第十二条的规定进行会计处理,租赁部分应当分别按照本准则进行会计处理,非租赁部分应当按照其他适用的企业会计准则进行会计处理。

第十一条 在分拆合同包含的租赁和非租赁部分时,承租人应当按照各租赁部分单独价格及非租赁部分的单独价格之和的相对比例分摊合同对价,出租人应当根据《企业会计准则第 14 号——收入》关于交易价格分摊的规定分摊合同对价。

第十二条 为简化处理,承租人可以按照租赁资产的类别选择是否分拆合同包含的租赁和非租赁部分。承租人选择不分拆的,应当将各租赁部分及与其相关的非租赁部分分别合并为租赁,按照本准则进行会计处理。但是,对于按照《企业会计准则第 22 号——金融工具确认和计量》应分拆的嵌入衍生工具,承租人不应将其与租赁部分合并进行会计处理。

三、疑点、难点分析

对 A 公司而言,该交易应当可以分解为两个组成部分:①以租赁的方式取得显示屏设备;②获取未来 10 年内的数据通信服务。这两者并非不可分割的组成部分,因为市场上对显示屏和数据传输服务都有多个提供商,且显示屏和数据传输服务之间并不存在一一对应关系。所以,应当把合同约定的未来现金流量[第 1 ~ 4 年 2 000 元/(台·年);第 5 ~ 10 年 800 元/(台·年)]按照适当的基础分拆到这两个组成部分,分别按各自适用的原则处理。

四、案例分析

对于租赁部分,A 公司应在租赁期开始日对未来需要支付的租金折现,将其现值记入"使用权资产"的初始计量金额,同时将未折现的未来需支付的租金记入"租赁负债——租赁付款额",将折现息部分记入"租赁负债——未确认融资费用"。

对于未来应支付的数据通信费,A 公司可以选择与租金一并纳入租赁付款额并相应计算使用权资产和租赁负债;A 公司也可以选择拆分租金部分和数据通信服务部分,仅将租金部分确认使用权资产和租赁负债,数据通信费在接受服务当期确认为成本费用。

由于显示屏的寿命短于数据通信服务期限,承租人至少应将租赁期限外的后 5 年的数据通信服务的对价进行分拆,也可以选择将租赁与 10 年的数据通信服务进行分拆。因正常数据通信费为 300 元/(台·年),而该合同是按照第 1 ~ 4 年按照 2 000 元/(台·年)收取、第 5 ~ 10 年按照 800 元/(台·年)收取。A 公司应根据显示屏设备的市场价格、不附带数据传输服务的设备租赁费用和同类设备出租方的租赁内含利率或 A 公司的增量借款利率等因素,合理确定按照本合同的付款时间安排下公允的租金价格,将合同约定的每期支付款项按照该公允租金与数据通信费300元/(台·年)之间进行分摊。

假定合同约定价格即为租赁和数据通信服务两部分公允价值的合计,则:

情形1:A公司仅拆分后5年的数据通信服务时,则应将第1～4年2 000元/(台·年)、第5年800元/(台·年)、第6～10年500元/(台·年)的付款均纳入租赁付款额,并据此确定租赁负债的初始计量金额,相应计算使用权资产的初始计量金额。在前5年,A公司不单独列示数据通信服务,而是通过使用权资产折旧与租赁负债的利息费用这两部分体现租赁和服务的总费用,后5年每年在接受数据通信服务的当期确认300元的成本费用。

情形2:A公司拆分10年的数据通信服务时,则应将第1～4年1 700元/(台·年)、第5～10年500元/(台·年)的付款均纳入租赁付款额,并据此确定租赁负债的初始计量金额,并相应计算使用权资产的初始计量金额。整个10年的合同期内,A公司每年在接受数据通信服务的当期确认300元的成本费用。

五、案例小结

合同中同时包含租赁和非租赁部分的,租赁准则对于承租人和出租人的要求有所不同。租赁准则给予承租人一项选择权,但出租人只能进行分拆处理。

（一）承租人的处理

对于承租人,可以按照租赁资产的类别选择是否分拆合同包含的租赁和非租赁部分。

承租人选择不分拆的,应当将各租赁部分及与其相关的非租赁部分分别合并为租赁,按照租赁准则进行会计处理。但是,对于按照《企业会计准则第22号——金融工具确认和计量》应分拆的嵌入衍生工具,承租人不应将其与租赁部分合并进行会计处理。

承租人选择分拆的,分拆合同包含的租赁和非租赁部分时,承租人应当按照各项租赁部分单独价格和非租赁部分的单独价格之和的相对比例分摊合同对价。租赁和非租赁部分的相对单独价格,应当根据出租人或类似资产供应方就该部分或类似部分向企业单独收取的价格确定。如果可观察的单独价格不易于获得,承租人应当最大限度地利用可观察的信息估计单独价格。

（二）出租人的处理

出租人应当将租赁和非租赁部分进行分拆,租赁部分应当按照租赁准则进行会计处理，非租赁部分应当按照其他适用的企业会计准则进行会计处理。

在分拆合同包含的租赁和非租赁部分时，出租人应当根据新收入准则关于交易价格分摊的规定分摊合同对价。

对于合同包含租赁和非租赁部分，承租人与出租人的会计处理如图 5-3 所示。

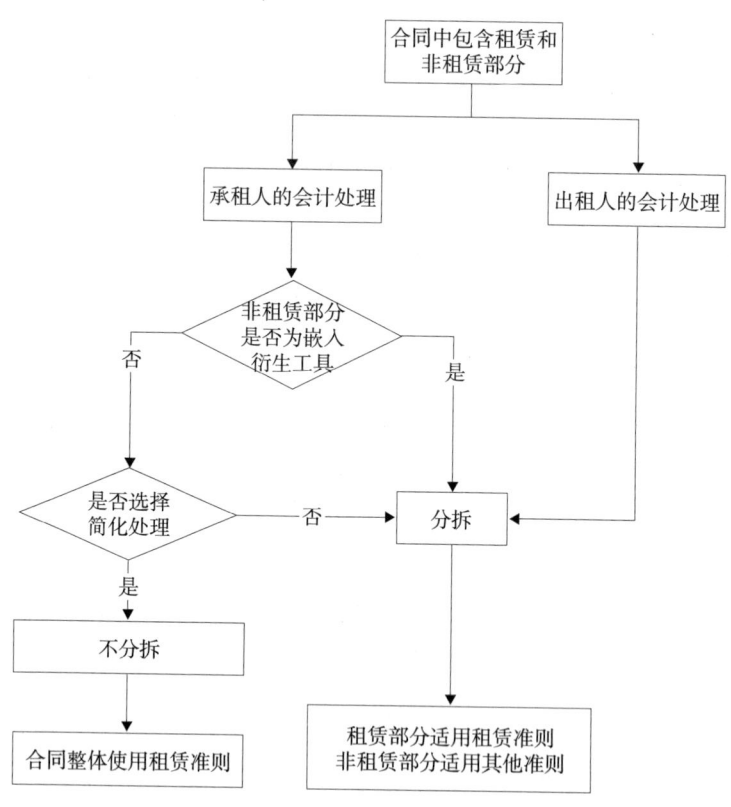

图 5-3　租赁的分拆流程图

第六章　非货币性资产交换准则

第一节　以公允价值为基础计量的会计处理——不涉及补价

一、案例背景

案例 6-1　A 公司和 B 公司均为增值税一般纳税人，适用的增值税税率均为 13%。经协商，A 公司与 B 公司于 2021 年 2 月 20 日签订资产交换合同，当日生效。合同约定，A 公司以生产经营过程中使用的一台设备与 B 公司生产的一批办公家具进行交换，用于交换的设备和办公家具当日的公允价值均为 7.5 万元。合同签订日即交换日，A 公司设备的账面价值为 7.4 万元（其中账面原价为 10 万元，已计提折旧 2.6 万元）；B 公司办公家具的账面价值为 7 万元。A 公司将换入的办公家具作为固定资产使用和管理；B 公司将换入的设备作为固定资产使用和管理。A 公司和 B 公司开具的增值税专用发票注明的计税价格均为 7.5 万元，增值税额为 9 750 元。交易过程中，A 公司以银行存款支付设备清理费用 1 500 元。A 公司和 B 公司此前均未对上述资产计提减值准备。整个交易过程中未发生除增值税以外的其他税费。

问题：A、B 公司对该项交易应如何进行相关会计处理？

二、准则链接

《企业会计准则第 7 号——非货币性资产交换》（2019 年修订）第六条至第八条规定如下。

第六条　非货币性资产交换同时满足下列条件的，应当以公允价值为基础计量：

（一）该项交换具有商业实质；
（二）换入资产或换出资产的公允价值能够可靠地计量。

换入资产和换出资产的公允价值均能够可靠计量的，应当以换出资产的公允价值为基础计量，但有确凿证据表明换入资产的公允价值更加可靠的除外。

第七条 参见第一章第十四节。

第八条 以公允价值为基础计量的非货币性资产交换，对于换入资产，应当以换出资产的公允价值和应支付的相关税费作为换入资产的成本进行初始计量；对于换出资产，应当在终止确认时，将换出资产的公允价值与其账面价值之间的差额计入当期损益。

有确凿证据表明换入资产的公允价值更加可靠的，对于换入资产，应当以换入资产的公允价值和应支付的相关税费作为换入资产的初始计量金额；对于换出资产，应当在终止确认时，将换入资产的公允价值与换出资产账面价值之间的差额计入当期损益。

三、疑点、难点分析

非货币性资产交换同时满足下列条件的，应当以公允价值为基础计量：①该项交换具有商业实质；②换入资产或换出资产的公允价值能够可靠地计量。不满足上述条件的非货币性资产交换，应当以账面价值为基础计量。

（一）商业实质的判断

根据《企业会计准则第7号——非货币性资产交换》（2019年修订）（以下简称"非货币性资产交换准则"）的规定，满足下列条件之一的非货币性资产交换具有商业实质。

（1）换入资产的未来现金流量在风险、时间分布或金额方面与换出资产显著不同。

（2）使用换入资产所产生的预计未来现金流量现值与继续使用换出资产所产生的预计未来现金流量现值不同，且其差额与换入资产和换出资产的公允价值相比是重大的。

在判断资产交换是否具有商业实质时，企业应当重点考虑发生该项资产交换预计使企业未来现金流量发生变动的程度。只有当换入资产的未来现金流量和换出资产的未来现金流量相比发生较大变化，或使用换入资产进行经营和继续使用换出资产进行经营所产生的预计未来现金流量现值之间的差额较大时，才表明该交易的发生使企业经济状况发生了明显改变，交换才因而具有商业实质。企业应当根据非货币性资产交换准则的规定，遵循实质重于形式的原则,判断非货币性资产交换是否具有商业实质。

1. 判断条件

(1) 换入资产的未来现金流量在风险、时间分布或金额方面与换出资产显著不同。企业应当对比考虑换入资产与换出资产的未来现金流量在风险、时间或金额的三个方面,对非货币性资产交换是否具有商业实质进行综合判断。通常情况下,只要换入资产和换出资产的未来现金流量在风险、时间或金额中的某个方面存在显著不同,即表明满足商业实质的判断条件。

例如,企业以一项生产用的设备换入一批存货,设备作为固定资产要在较长的时间内为企业带来现金流量,而存货流动性强,能够在较短的时间内产生现金流量。两者产生现金流量的时间相差较大,即使假定两者产生未来现金流量的风险和总额均相同,可以认为上述固定资产与存货的未来现金流量显著不同,因而交换具有商业实质。

又如,甲企业以其用于经营出租的一幢公寓楼,与乙企业同样用于经营出租的一幢公寓楼进行交换,两幢公寓楼的租期、每期租金总额均相同,但是甲企业的公寓楼是租给一家财务及信用状况良好的知名上市公司作为职工宿舍,乙企业的公寓楼则是租给多个个人租户。相比较而言,甲企业无法取得租金的风险较小,乙企业取得租金依赖于各个个人租户的财务和信用状况,两者现金流量流入的风险或不确定性程度存在明显差异,可以认为两幢公寓楼的未来现金流量显著不同,因而交换具有商业实质。

(2) 使用换入资产所产生的预计未来现金流量现值与继续使用换出资产所产生的预计未来现金流量现值不同,且其差额与换入资产和换出资产的公允价值相比是重大的。企业如果按照上述第(1)项判断条件难以判断非货币性资产交换是否具有商业实质,可以按照第(2)项条件,分别计算使用换入资产进行相关经营的预计未来现金流量现值和继续使用换出资产进行相关经营的预计未来现金流量现值,通过二者比较进行判断。企业在计算预计未来现金流量现值时,应当按照资产在企业自身持续使用过程和最终处置时预计产生的税后未来现金流量(使用企业自身的所得税税率),根据企业自身而不是市场参与者对资产特定风险的评价,选择恰当的折现率对预计未来现金流量折现后的金额加以确定,以体现资产对企业自身的特定价值。

从市场参与者的角度分析,换入资产和换出资产的未来现金流量在风险、时间或金额方面可能相同或相似。但是对于企业自身而言,鉴于换入资产的性质和换入企业经营活动的特征等因素,换入资产与换入企业其他现有资产相结合,能够比换出资产发挥更大的作用,使换入企业受该换入资产影响的经营活动部分产生的现金流量与换出资产明显不同,进而使用换入资产进行相关经营的预计未来现金流量现值与继续使用换出资产进行相关经营的预计未来现金流量现值存在重大差异，当其差额与换入资产和换出资产的公允价值相比是重大的时，则表明交换具有商业实质。例如，甲企业以持有的某非上市公司 A 企业的 10% 股权换入乙企业拥有的一项专利权。假定从市场参与者的角度来看，该股权与该项专利权的公允价值相同，两项资产未来现金流量的风险、时间和金额亦相似。通过第（1）项判断条件难以得出交易是否具有商业实质的结论。根据第（2）项判断条件，对换入专利权的甲企业来说，该项专利权能够解决其生产中的技术难题，使其未来的生产产量成倍增长，从而产生的预计未来现金流量现值与换出的股权投资有较大差异，且其差额与换入资产和换出资产的公允价值相比是重大的，因而可认为该交换具有商业实质。对换入股权的乙企业来说，其取得甲公司换出的 A 企业 10% 股权后，对 A 企业的投资关系由重大影响变为控制，产生的预计未来现金流量现值与换出的专利权有较大差异，且其差额与换入资产和换出资产的公允价值相比也是重大的，因而可认为该交换具有商业实质。

2. 判断商业实质时对资产类别的考虑

企业在判断非货币性资产交换是否具有商业实质时，通常还可以考虑资产是否属于同一类别来进行分析。同类别的资产是指在资产负债表中列示为同一报表项目的资产；不同类别的资产是指在资产负债表中列示为不同报表项目的资产，例如存货、固定资产、无形资产、投资性房地产、长期股权投资等都是不同类别的非货币性资产。一般来说，不同类别的非货币性资产产生经济利益的方式不同，其产生的未来现金流量在风险、时间或金额方面也很可能不相同。不同类别非货币性资产之间的交换（如存货和固定资产之间的交换、固定资产和长期股权投资之间的交换等）是否具有商业实质，通常较易判断；而同类别非货币性资产之间的交换（如存货之间、固定资产之间、长期股权投资之间的交换等）是否具有商业实质，通常较难判断，需要根据上述两项判断条件综合判断。

（二）会计处理原则

实务中，企业在进行非货币性资产交换时，相关换入资产或换出资产的公允价值通常会在合同中约定；对于合同中没有约定的，应当按照合同开始日（合同生效日）的公允价值确定。

《企业会计准则第 7 号——非货币性资产交换》规定，换入资产和换出资产的公允价值均能够可靠计量的，应当以换出资产的公允价值为基础计量，但有确凿证据表明换入资产的公允价值更加可靠的除外，即换出资产的公允

第六章 非货币性资产交换准则

价值不能够可靠计量,或换入资产和换出资产的公允价值均能够可靠计量但有确凿证据表明换入资产的公允价值更加可靠的,应当换入资产的公允价值为基础计量。

对于非货币资产交换中换入资产和换出资产的公允价值均能够可靠计量的情形,企业在判断是否有确凿证据表明换入资产的公允价值更加可靠时,应当考虑确定公允价值所使用的输入值层次,企业可以参考以下情况:第一层次输入值为公允价值提供了最可靠的证据,第二层次直接或间接可观察的输入值比第三层次不可观察输入值为公允价值提供了更确凿的证据。对于换入资产和换出资产的公允价值所使用的输入值层次相同的,企业应当以换出资产的公允价值为基础计量。实务中,在考虑了补价因素的调整后,正常交易中换入资产的公允价值和换出资产的公允价值通常是一致的。

(1) 对于换入资产,企业应当以换出资产的公允价值和应支付的相关税费作为换入资产的成本进行初始计量。换出资产的公允价值不能够可靠计量,或换入资产和换出资产的公允价值均能够可靠计量但有确凿证据表明换入资产的公允价值更加可靠的,企业应当以换入资产的公允价值和应支付的相关税费作为换入资产的初始计量金额。

其中,计入换入资产的应支付的相关税费应当符合相关会计准则对资产初始计量成本的规定。例如,换入资产为存货的,包括相关税费、使该资产达到目前场所和状态所发生的运输费、装卸费、保险费以及可归属于该资产的其他成本;换入资产为长期股权投资的,包括与取得该资产直接相关的费用、税金和其他必要支出;换入资产为投资性房地产的,包括相关税费和可直接归属于该资产的其他支出;换入资产为固定资产的,包括相关税费、使该资产达到预定可使用状态前所发生的可归属于该资产的运输费、装卸费、安装费和专业人员服务费等;换入资产为生产性生物资产的,包括相关税费、运输费、保险费以及可直接归属于该资产的其他支出;换入资产为无形资产的,包括相关税费以及直接归属于使该资产达到预定用途所发生的其他支出。上述税费均不包括准予从增值税销项税额中抵扣的进项税额。

(2) 对于换出资产,企业应当在终止确认时,将换出资产的公允价值与其账面价值之间的差额计入当期损益。换出资产的公允价值不能够可靠计量,或换入资产和换出资产的公允价值均能够可靠计量但有确凿证据表明换入资产的公允价值更加可靠的,企业应当在终止确认时,将换入资产的公允价值与换出资产账面价值之间的差额计入当期损益。

其中,计入当期损益的会计处理视换出资产类别的不同而有所区别:①换出资产为固定资产、在建工程、生产性生物资产和无形资产的,计入当期损益的部分通过"资产处置损益"科目核算,在利润表"资产处置收益"项目中列示;②换出资产为投资性房地产的,按换出资产公允价值或换入资产公允价值确认其他业务收入,按换出资产账面价值结转其他业务成本,二者之间的差额计入当期损益,二者分别在利润表"营业收入"和"营业成本"中列示;③换出资产为长期股权投资的,计入当期损益的部分通过"投资收益"科目核算,在利润表"投资收益"项目中列示。

四、案例分析

根据案例6-1背景,整个资产交换过程没有涉及收付货币性资产,交换的资产为办公家具和设备,属于非货币性资产交换。对A公司来说,换入的办公家具虽然也作为固定资产使用和管理,但其未来现金流量是通过员工的使用来实现,而换出的设备的未来现金流量是通过生产产品并对外销售而产生,二者产生的现金流量在风险、时间和金额方面存在明显差异,因而交换具有商业实质。同时,两项资产的公允价值都能够可靠地计量,符合以公允价值为基础计量的条件。假设没有确凿证据表明换入资产的公允价值更加可靠,按照非货币性资产交换准则的规定,A公司以换出资产的公允价值为基础确定换入资产的成本,并确认换出资产产生的损益。

A公司的会计处理如下。

借:固定资产清理　　　　　　　　　　　　　　85 250
　　累计折旧　　　　　　　　　　　　　　　　26 000
　　贷:固定资产——设备　　　　　　　　　　　100 000
　　　　银行存款　　　　　　　　　　　　　　　1 500
　　　　应交税费——应交增值税(销项税额)　　　9 750
借:固定资产——办公家具　　　　　　　　　　75 000
　　应交税费——应交增值税(进项税额)　　　　9 750
　　资产处置损益　　　　　　　　　　　　　　　　500
　　贷:固定资产清理　　　　　　　　　　　　　85 250

对B公司来说,相关收入应当按照新收入准则的相关规定进行会计处理。假定换出存货的交易符合该准则规定的收入确认条件。

B公司的账务处理如下。

借:固定资产——设备　　　　　　　　　　　　75 000
　　应交税费——应交增值税(进项税额)　　　　9 750
　　贷:主营业务收入　　　　　　　　　　　　　75 000
　　　　应交税费——应交增值税(销项税额)　　　9 750

同时，B 公司还应将换出存货的成本结转为当期营业成本。

五、案例小结

非货币性资产交换采用公允价值模式计量时，应当以换出资产的公允价值和应支付的相关税费作为换入资产的成本，除非有确凿证据表明换入资产的公允价值比换出资产公允价值更加可靠。在该模式下，不论是否涉及补价，只要换出资产的公允价值与账面价值不相同，企业就一定会产生损益且计入当期利润。

（一）会计处理原则及换出资产公允价值与账面价值差额的处理

以公允价值计量的非货币性资产交换，换入和换出资产公允价值均能可靠计量的，企业应当以换出资产公允价值作为换入资产成本的基础；但有确凿证据表明换入资产的公允价值更加可靠的，企业应当以换入资产公允价值为基础确定换入资产的成本。在以公允价值为基础计量的情况下，换出资产的公允价值与账面价值不相同的，差额应计入当期损益（视同换出资产按公允价值出售）。换出资产为存货的，按公允价值确认收入，同时结转相应成本，差额进入当期营业利润；换出资产为固定资产、无形资产的，差额进入当期资产处置收益；换出资产为长期股权投资的，差额进入当期投资收益。

（二）换入资产成本的计量

在非货币性资产交换中，企业除了需要考虑换出资产的处理，也要考虑换入资产的成本计量。根据《企业会计准则第 7 号——非货币性资产交换》规定，以公允价值模式计量的非货币性资产交换中换入资产的成本计量为：换入资产成本 = 换出资产公允价值 + 换出资产增值税销项税额 + 支付的应计入换入资产的相关税费 - 换入资产可抵扣的增值税进项税额。

（三）相关会计分录

1. 换出资产为存货

（1）确认存货收入：

借：换入资产
　　应交税费——应交增值税（进项税额）
　　贷：主营业务收入/其他业务收入
　　　　应交税费——应交增值税（销项税额）

（2）结转存货成本：
借：主营业务成本／其他业务成本
　　贷：库存商品／原材料

2. 换出资产为固定资产

（1）结转固定资产账面价值：
借：固定资产清理
　　累计折旧
　　固定资产减值准备
　　贷：固定资产

（2）支付清理费用：
借：固定资产清理
　　贷：银行存款

（3）计算应交税费：
借：固定资产清理
　　贷：应交税费——应交增值税（销项税额）

（4）换入相关资产：
借：换入资产
　　应交税费——应交增值税（进项税额）
　　贷：固定资产清理

（5）结转固定资产净损益：
借：资产处置损益
　　贷：固定资产清理

或：
借：固定资产清理
　　贷：资产处置损益

3. 换出资产为无形资产
借：换入资产
　　累计摊销
　　无形资产减值准备
　　贷：无形资产
　　　　应交税费——应交增值税（销项税额）
　　　　资产处置损益（或借方）

4. 换出资产为长期股权投资
借：换入资产
　　贷：长期股权投资
　　　　投资收益（或借方）

第二节　以公允价值为基础计量的会计处理——涉及补价

一、案例背景

案例 6-2　2022 年 5 月 15 日，A 公司为了提高产品质量，需要引入 B 公司的一项专利。经协商，A 公司与 B 公司签订合同，A 公司以其持有的对其联营企业 C 公司的 20% 股权作为对价购买 B 公司的专利。C 公司是上市公司，按照合同开始日的股票价格计算，C 公司的 20% 股权的公允价值为 700 万元。B 公司专利权的公允价值为 650 万元，系第三方报价机构使用 B 公司自身数据通过估值技术确定的。A 公司迫切需要该专利来提高产品质量，同意 B 公司以银行存款支付补价 40 万元。2022 年 6 月 30 日，C 公司可辨认净资产公允价值为 3 200 万元。专利权的过户手续于 2022 年 6 月 18 日完成，正式转移至 A 公司。B 公司取得对 C 公司 20% 股权后，向 C 公司派遣 1 名董事替代原 A 公司派遣的董事，能够对 C 公司实施重大影响，C 公司成为 B 公司的联营企业。C 公司的股权过户、董事更换、相关董事会决议和章程修订于 2022 年 6 月 30 日完成并生效。2022 年 6 月 30 日，A 公司的长期股权投资的账面价值为 630 万元（其中投资成本 670 万元，损益调整 — 40 万元）；B 公司专利权的账面价值为 680 万元（其中账面原价为 800 万元，累计摊销额为 120 万元）。

假设 A 公司和 B 公司此前均未对上述资产计提减值准备。C 公司自成立以来未发生其他综合收益变动。整个交易过程中未发生相关税费。

问题：A、B 公司就该交易事项应如何进行相关会计处理？

二、准则链接

《企业会计准则第 7 号——非货币性资产交换》（2019 年修订）第六条、第七条和第九条规定如下。

第六条 ……（参见本章第一节）
第七条 ……（参见第一章第十四节）
第九条 以公允价值为基础计量的非货币性资产交换，涉及补价的，应当按照下列规定进行处理：

（一）支付补价的，以换出资产的公允价值，加上支付补价的公允价值和应支付的相关税费，作为换入资产的成本，换出资产的公允价值与其账面价值之间的差额计入当期损益。

有确凿证据表明换入资产的公允价值更加可靠的，以换入资产的公允价值和应支付的相关税费作为换入资产的初始计量金额，换入资产的公允价值减去支付补价的公允价值，与换出资产账面价值之间的差额计入当期损益。

（二）收到补价的，以换出资产的公允价值，减去收到补价的公允价值，加上应支付的相关税费，作为换入资产的成本，换出资产的公允价值与其账面价值之间的差额计入当期损益。

有确凿证据表明换入资产的公允价值更加可靠的，以换入资产的公允价值和应支付的相关税费作为换入资产的初始计量金额，换入资产的公允价值加上收到补价的公允价值，与换出资产账面价值之间的差额计入当期损益。

三、疑点、难点分析

对于以公允价值为基础计量的非货币性资产交换，涉及补价的，应当分别下列情况进行处理。

（1）支付补价方：①以换出资产的公允价值为基础计量的，企业应当以换出资产的公允价值，加上支付补价的公允价值和应支付的相关税费，作为换入资产的成本，换出资产的公允价值与其账面价值之间的差额计入当期损益。②有确凿证据表明换入资产的公允价值更加可靠的，即以换入资产的公允价值为基础计量的，企业应当以换入资产的公允价值和应支付的相关税费作为换入资产的初始计量金额，换入资产的公允价值减去支付补价的公允价值，与换出资产账面价值之间的差额计入当期损益。

（2）收到补价方：①以换出资产的公允价值为基础计量的，企业应当以换出资产的公允价值，减去收到补价的公允价值，加上应支付的相关税费，作为换入资产的成本，换出资产的公允价值与其账面价值之间的差额计入当期损益。②有确凿证据表明换入资产的公允价值更加可靠的，即以换入资产的公允价值为基础计量的，企业应当以换入资产的公允价值和应支付的相关税费作为换入资产的初始计量金额，换入资产的公允价值加上收到补价的公允价值,与换出资产账面价值之间的差额计入当期损益。

四、案例分析

整个资产交换过程没有涉及收付货币性资产,交换的资产为长期股权投资和无形资产,涉及收付货币性资产,企业应当计算货币性资产占整个资产交换的比例,补价40万元占整个资产交换金额的比例小于25%,所以该交易属于非货币性资产交换。

对A公司来说,换入的专利权能够大幅度提高产品质量,通过生产高质量的产品并对外销售而产生现金流量,与换出的对C公司的长期股权投资通过获得股利产生现金流量相比,其预计未来现金流量的风险、时间和金额均不相同,因而交换具有商业实质;对B公司来说,换入的对丙C公司的长期股权投资,使C公司成为其联营企业,可通过参与C公司的财务和经营政策等方式对其实施重大影响,由此从C公司活动中获取现金流量,与换出的专利权预计产生的未来现金流量的风险、时间和金额均不相同,因而交换具有商业实质。同时,两项资产的公允价值都能够可靠地计量,符合以公允价值为基础计量的条件,均没有确凿证据表明换入资产的公允价值更加可靠,所以,A公司和B公司均以换出资产的公允价值为基础确定换入资产的成本,并确认换出资产产生的损益。

C公司是上市公司,其20%的股权的公允价值是基于股票价格计算的,其公允价值输入值的层次为第一层次,即活跃市场上未经调整的报价。B公司专利权的公允价值是基于估值技术的评估值,其公允价值输入值的层次为第三层次。因此,对A公司来说,应当以换出资产C公司的20%股权的公允价值(700万元)减去收到的补价(40万元)作为换入资产专利权的成本(660万元),换出资产的公允价值与其账面价值之间的差额70万元(700-630)计入当期损益;对B公司来说,有确凿证据表明换入资产C公司的20%股权的公允价值更加可靠,应当以换入资产C公司的20%股权的公允价值(700万元)作为其初始计量金额,换入资产的公允价值减去支付的补价,与换出资产专利权账面价值之间的差额-20万元(700-40-680)计入当期损益。A公司的会计处理如下。

  借:无形资产——专利权   6 600 000
    长期股权投资——损益调整   400 000
    银行存款   400 000
    贷:长期股权投资——投资成本   6 700 000
      投资收益   700 000

B 公司的账务处理如下。

借：长期股权投资——投资成本　　　　　　　7 000 000
　　累计摊销　　　　　　　　　　　　　　　1 200 000
　　资产处置损益　　　　　　　　　　　　　　 200 000
　　贷：无形资产——专利权　　　　　　　　　8 000 000
　　　　银行存款　　　　　　　　　　　　　　　400 000

五、案例小结

（一）支付补价方

（1）有确凿证据表明换出资产的公允价值更加可靠的，换入资产的成本计算公式为：

换入资产的成本＝换出资产的公允价值＋支付的补价公允价＋应支付的相关税费

换出资产的公允价值与其账面价值之间的差额计入当期损益。

（2）有确凿证据表明换入资产的公允价值更加可靠的，换入资产的成本计算公式为：

换入资产的成本＝换入资产的公允价值＋应支付的相关税费

换入资产的公允价值减去支付补价的公允价值，与换出资产账面价值之间的差额计入当期损益。

（二）收到补价方

（1）有确凿证据表明换出资产的公允价值更加可靠的，换入资产的成本计算公式为：

$$\frac{换入资产}{的成本} = \frac{换出资产的}{公允价值} - \frac{收到的补}{价公允价} + \frac{应支付的}{相关税费}$$

换出资产的公允价值与其账面价值之间的差额计入当期损益。

（2）有确凿证据表明换入资产的公允价值更加可靠的，换入资产的成本计算公式为：

换入资产的成本＝换入资产的公允价值＋应支付的相关税费

换入资产的公允价值加上收到补价的公允价值，与换出资产账面价值之间的差额计入当期损益。

第三节 以公允价值为基础计量的会计处理——换入多项资产或换出多项资产

一、案例背景

案例 6-3 A 公司和 B 公司均为增值税一般纳税人。经协商，A 公司和 B 公司于 2022 年 3 月 15 日签订资产交换合同，当日生效。合同约定，A 公司用于交换的资产包括：一间生产用厂房，公允价值为 110 万元；一幢自购入时就全部用于经营出租的公寓楼，公允价值为 390 万元；对 P 公司的股票投资，A 公司将该投资作为交易性金融资产核算，该股票投资在 2022 年 3 月 15 日的公允价值为 30 万元，账面价值为 25 万元。B 公司用于交换的资产包括：一块土地的使用权，公允价值为 240 万元；经营过程中使用的 10 辆货车，公允价值为 300 万元。A 公司以银行存款向 B 公司支付补价 10 万元。双方于 2022 年 3 月 31 日完成了资产交换手续。交换当日，A 公司的厂房的账面价值为 120 万元（其中账面原价为 150 万元，已计提折旧 30 万元），作为采用成本模式计量的投资性房地产的公寓楼的账面价值为 360 万元（其中账面原价为 420 万元，已计提折旧 60 万元），B 公司的土地使用权的账面价值为 210 万元（其中成本 220 万元，累计摊销额为 10 万元），10 辆货车的账面价值为 320 万元（其中账面原价为 400 万元，已计提折旧 80 万元）。A 公司开具两张增值税专用发票，分别注明厂房的计税价格 110 万元、增值税额 9.9 万元；公寓楼的计税价格 390 万元、增值税额 35.1 万元。B 公司开具两张增值税专用发票，分别注明土地使用权的计税价格 240 万元、增值税额 21.6 万元；10 辆货车的计税价格 300 万元、增值税额 39 万元。A 公司以银行存款向 B 公司支付增值税差额 15.6 万元。交易过程中，A 公司用银行存款支付了土地使用权的契税及过户费用 5 万元，B 公司用银行存款分别支付了厂房和公寓楼的契税及过户费用 3 万元和 10 万元。A 公司和 B 公司此前均未对上述资产计提减值准备，上述资产交换后的用途不发生改变。不考虑其他税费。

问题：请问 A、B 公司对该交易事项应如何进行相关会计处理？

二、准则链接

《企业会计准则第 7 号——非货币性资产交换》（2019 年修订）第六条、

第七条和第十条规定如下。

第六条 ……（参见本章第一节）

第七条 ……（参见第一章第十四节）

第十条 以公允价值为基础计量的非货币性资产交换，同时换入或换出多项资产的，应当按照下列规定进行处理：

（一）对于同时换入的多项资产，按照换入的金融资产以外的各项换入资产公允价值相对比例，将换出资产公允价值总额（涉及补价的，加上支付补价的公允价值或减去收到补价的公允价值）扣除换入金融资产公允价值后的净额进行分摊，以分摊至各项换入资产的金额，加上应支付的相关税费，作为各项换入资产的成本进行初始计量。

有确凿证据表明换入资产的公允价值更加可靠的，以各项换入资产的公允价值和应支付的相关税费作为各项换入资产的初始计量金额。

（二）对于同时换出的多项资产，将各项换出资产的公允价值与其账面价值之间的差额，在各项换出资产终止确认时计入当期损益。

有确凿证据表明换入资产的公允价值更加可靠的，按照各项换出资产的公允价值的相对比例，将换入资产的公允价值总额（涉及补价的，减去支付补价的公允价值或加上收到补价的公允价值）分摊至各项换出资产，分摊至各项换出资产的金额与各项换出资产账面价值之间的差额，在各项换出资产终止确认时计入当期损益。

三、疑点、难点分析

非货币性资产交换中，企业可以一项非货币性资产同时换入另一企业的多项非货币性资产，或同时以多项非货币性资产换入另一企业的一项非货币性资产，或以多项非货币性资产同时换入另一企业的多项非货币性资产，这些交换也可能涉及补价。对于涉及换入或换出多项资产的非货币性资产交换的计量，企业同样应当首先判断是否符合非货币性资产交换准则以公允价值为基础计量的两个条件，再按非货币性资产交换准则的规定分别情况确定各项换入资产的初始计量金额，以及各项换出资产终止确认的相关损益。

涉及换入多项资产或换出多项资产的非货币性资产交换符合以公允价值为基础计量的，通常可以分为以下情形。

第六章　非货币性资产交换准则

（一）以换出资产的公允价值为基础计量的

（1）对于同时换入的多项资产，由于通常无法将换入资产与换出的某项特定资产相对应，企业应当按照各项换入资产的公允价值的相对比例（换入资产的公允价值不能够可靠计量的，可以按照各项换入资产的原账面价值的相对比例或其他合理的比例），将换出资产公允价值总额（涉及补价的，加上支付补价的公允价值或减去收到补价的公允价值）分摊至各项换入资产，以分摊额和应支付的相关税费作为各项换入资产的成本进行初始计量。需要说明的是，根据非货币性资产交换准则规定，如果同时换入的多项非货币性资产中包含由《企业会计准则第22号——金融工具确认和计量》规范的金融资产，企业应当按照《企业会计准则第22号——金融工具确认和计量》的规定进行会计处理，在确定换入的其他多项资产的初始计量金额时，应当将金融资产公允价值从换出资产公允价值总额中扣除。

（2）对于同时换出的多项资产，企业应当将各项换出资产的公允价值与其账面价值之间的差额，在各项换出资产终止确认时计入当期损益。

（二）以换入资产的公允价值为基础计量的

（1）对于同时换入的多项资产，企业应当以各项换入资产的公允价值和应支付的相关税费作为各项换入资产的初始计量金额。

（2）对于同时换出的多项资产，由于通常无法将换入资产与换出的某项特定资产相对应，企业应当按照各项换出资产的公允价值的相对比例（换出资产的公允价值不能够可靠计量的，可以按照各项换出资产的账面价值的相对比例），将换入资产的公允价值总额（涉及补价的，减去支付补价的公允价值或加上收到补价的公允价值）分摊至各项换出资产，分摊额与各项换出资产账面价值之间的差额，在各项换出资产终止确认时计入当期损益。需要说明的是，根据非货币性资产交换准则规定，如果同时换出的多项非货币性资产中包含由《企业会计准则第22号——金融工具确认和计量》规范的金融资产，该金融资产应当按照《企业会计准则第22号——金融工具确认和计量》和《企业会计准则第23号——金融资产转移》的规定判断换出的该金融资产是否满足终止确认条件并进行终止确认的会计处理，在确定其他各项换出资产终止确认的相关损益时，应当将终止确认的金融资产公允价值从换入资产公允价值总额中扣除。

四、案例分析

案例中涉及收付货币性资产，应当计算货币性资产占整个资产交换的比例。补价10万元占整个资产交换金额540万元的比例为1.85%小于25%，属于非货币性资产交换。

本例中用于交换的厂房是通过在厂房使用寿命内与其他资产协同生产产品并对外销售而产生现金流量，公寓楼是通过经营出租并定期收取租金而产生稳定均衡的现金流量，股票投资是通过在资本市场上买卖流通获取现金流量，土地使用权是通过在其上建造房屋后与房屋共同产生现金流量，货车是通过使用或提供服务而产生独立的现金流量，各项资产的未来现金流量在风险、时间和金额方面均明显不同，因而交换具有商业实质。同时，各项资产的公允价值都能够可靠地计量，符合以公允价值为基础计量的条件。而且均没有确凿证据表明换入资产的公允价值更加可靠，A公司和B公司均以换出资产的公允价值为基础确定各项换入资产的成本，并确认各项换出资产产生的损益。

（一）A公司相关会计处理

1. 确定各项换入资产的初始计量金额

A公司各项换入资产的初始计量金额见表6-1。

表6-1 A公司各项换入资产初始计量金额的确定

单位：万元

换入资产	公允价值	换出资产公允价值总额+补价	分摊额	相关税费	初始计量金额
无形资产——土地使用权	240	—	240	5	245
固定资产——货车	300	—	300	0	300
合计	540	540	540	5	545

2. 确定各项换出资产终止确认的相关损益

A公司各项换出资产终止确认的相关损益见表6-2。

表6-2 A公司各项换出资产终止确认的相关损益

单位：万元

换出资产	账面价值	公允价值	处置损益
交易性金融资产——P公司股票	25	30	5
固定资产——厂房	120	110	—10

第六章 非货币性资产交换准则

（续表）

换出资产	账面价值	公允价值	处置损益
投资性房地产	360	390	30
合计	505	530	25

3. A 公司的具体会计处理

（1）终止确认换出的厂房，转入固定资产清理。

借：固定资产清理	1 299 000
累计折旧——厂房	300 000
贷：固定资产——厂房	1 500 000
应交税费——应交增值税（销项税额）	99 000

（2）确认换入的土地使用权和货车，同时确认换出资产相关损益。

借：无形资产——土地使用权	2 400 000
固定资产——货车	3 000 000
应交税费——应交增值税（进项税额）	606 000
资产处置损益	100 000
贷：固定资产清理	1 299 000
其他业务收入	3 900 000
交易性金融资产——P 公司股票	250 000
投资收益	50 000
应交税费——应交增值税（销项税额）	351 000
银行存款	256 000

（3）确认换入的土地使用权的相关税费。

| 借：无形资产——土地使用权 | 50 000 |
| 　　贷：银行存款 | 50 000 |

（4）终止确认换出的投资性房地产，结转其他业务成本。

借：其他业务成本	3 600 000
投资性房地产累计折旧	600 000
贷：投资性房地产	4 200 000

（二）B 公司相关会计处理

1. 确定各项换入资产的初始计量金额

B 公司各项换入资产的初始计量金额见表 6-3。

表 6-3　B 公司各项换入资产初始计量金额的确定

单位：万元

换入资产	公允价值	换出资产公允价值总额－补价－换入金融资产公允价值	分摊额	相关税费	初始计量金额
固定资产——厂房	110	—	110	3	113
投资性房地产	390	—	390	10	400
合计	500	500	500	13	513
交易性金融资产——P 公司股票	30	—	—	0	30

2. 确定各项换出资产终止确认的相关损益

B 公司各项换出资产终止确认的相关损益见表 6-4。

表 6-4　B 公司各项换出资产终止确认的相关损益

单位：万元

换出资产	账面价值	公允价值	处置损益
无形资产——土地使用权	210	240	30
固定资产——货车	320	300	－20
合计	530	540	10

3. B 公司的具体会计处理

（1）终止确认换出的 10 辆货车，转入固定资产清理。

借：固定资产清理　　　　　　　　　　　　　　3 590 000
　　　累计折旧——货车　　　　　　　　　　　　800 000
　　贷：固定资产——货车　　　　　　　　　　4 000 000
　　　　应交税费——应交增值税（销项税额）　　390 000

（2）确认换入的厂房和、公寓楼和股票投资，同时确认换出资产相关损益。

借：固定资产——厂房　　　　　　　　　　　　1 100 000
　　投资性房地产　　　　　　　　　　　　　　3 900 000
　　交易性金融资产——P 公司股票　　　　　　　300 000
　　应交税费——应交增值税（进项税额）　　　 450 000
　　银行存款　　　　　　　　　　　　　　　　256 000
　　累计摊销　　　　　　　　　　　　　　　　100 000

第六章 非货币性资产交换准则

```
    贷：无形资产——土地使用权                    2 200 000
        应交税费——应交增值税（销项税额）          216 000
        资产处置损益                              100 000
        固定资产清理                            3 590 000
```
（3）确认换入的厂房和公寓楼的相关税费。
```
借：固定资产——厂房                               30 000
    投资性房地产                                 100 000
    贷：银行存款                                           130 000
```

五、案例小结

非货币性资产交换有时涉及多项资产，例如，企业以一项非货币性资产同时换入另一企业的多项非货币性资产，或同时以多项非货币性资产换入另一企业的一项非货币性资产，或以多项非货币性资产同时换入多项非货币性资产，在此过程中，还可能涉及补价。与单项非货币性资产交换一样，涉及多项非货币性资产交换的计量，也应当首先确定换入资产成本的计量基础和损益确认原则，再计算换入资产的成本总额。在确定各项换入资产的成本时，企业应当按照换入各项资产的公允价值占换入资产公允价值总额的比例，对换入资产的成本总额进行分配，确定各项换入资产的成本。其计算公式为：

$$\text{各项换入资产成本} = \frac{\text{该项资产的公允价值}}{\text{换入资产公允价值总额}} \times \text{换入资产的成本总额等}$$

具体来看，如果以换出资产公允价值为基础进行计量，首先应该按照单项资产交换的思路，确定换入资产的总成本；然后，将总成本分配给各换入资产，换入的金融资产，按公允价值计量，换入的其他资产，将总成本扣除金融资产公允价值后的净额按比例进行分摊，分摊金额加上相关税费，作为各项换入资产的成本。各项换出资产的公允价值与其账面价值之间的差额，在各项换出资产终止确认时计入当期损益。

如果以换入资产公允价值为基础进行计量，企业首先确定换入资产的成本等于换入资产的公允价值加上相关税费；然后，按照单项资产交换的思路，确定换出资产的总金额，将总金额分配给各换出资产，换出的金融资产，应判断是否满足终止确认的条件，满足的视为按公允价值进行处置，换出的其他资产，总金额扣除金融资产公允价值后按一定比例进行分摊，分摊金额与各换出资产账面价值之间的差额计入当期损益。

第四节 以账面价值为基础计量的会计处理

一、案例背景

案例 6-4 B 公司是 A 公司的全资子公司。2022 年 4 月，A 公司用一辆载货汽车换取了 B 公司一套生产模具，双方互不支付补价。载货汽车原值 18 万元，已经计提折旧 6 万元，无减值准备，公允价值 12 万元；生产模具原值 20 万元，已经计提折旧 8 万元，无减值准备，公允价值 13 万元；双方在购进汽车、生产模具时都抵扣过进项税额。假设交换未支付其他费用。

问题：A、B 公司应如何进行相关会计处理和税务处理？请分析会计和税务之间的差异。

二、准则链接

《企业会计准则第 7 号——非货币性资产交换》（2019 年修订）第十一条和第十二条规定如下。

第十一条 不满足本准则第六条规定条件的非货币性资产交换，应当以账面价值为基础计量。对于换入资产，企业应当以换出资产的账面价值和应支付的相关税费作为换入资产的初始计量金额；对于换出资产，终止确认时不确认损益。

第十二条 以账面价值为基础计量的非货币性资产交换，涉及补价的，应当按照下列规定进行处理：

（一）支付补价的，以换出资产的账面价值，加上支付补价的账面价值和应支付的相关税费，作为换入资产的初始计量金额，不确认损益。

（二）收到补价的，以换出资产的账面价值，减去收到补价的公允价值，加上应支付的相关税费，作为换入资产的初始计量金额，不确认损益。

三、疑点、难点分析

非货币性资产交换不具有商业实质，或者虽然具有商业实质但换入资产和换出资产的公允价值均不能可靠计量的，企业应当以换出资产账面价值为基础确定换入资产成本,无论是否支付补价,均不确认损益。

（一）不涉及补价的换入资产成本确定

不涉及补价的换入资产成本计算公式为：

　　换入资产成本＝换出资产的账面价值＋应支付的相关税费

（二）涉及补价的换入资产成本确定

涉及补价的换入资产成本计算公式为：
（1）支付补价方：
换入资产成本＝换出资产的账面价值＋应支付的相关税费＋支付的补价
（2）收到补价方：
换入资产成本＝换出资产的账面价值＋应支付的相关税费－支付的补价

以账面价值为基础计量的非货币性资产交换,无论是否涉及补价,会计上均不确认损益;而税法上需要确认非货币性资产转让所得,因此存在税会差异,应调整应纳税所得额。

换入资产的会计入账价值是以换出资产的账面价值为基础确定的,而税务上的计税基础则是以换入资产的公允价值为基础确定的,二者存在暂时性差异。

四、案例分析

（一）A公司的税会处理及差异分析

A、B公司之间存在关联关系,在有公允价值的情况依然进行了不对等交换,不具有商业实质。

1.A公司的会计处理
（1）将固定资产净值转入固定资产清理。

借：固定资产清理	120 000
累计折旧	60 000
贷：固定资产——货车	180 000

（2）换入生产模具的会计处理。

借：固定资产——生产模具	120 000
应交税费——应交增值税（进项税额）	16 900
贷：固定资产清理	120 000
应交税费——应交增值税（销项税额）	15 600
资产处置损益	1 300

2.A 公司的税务处理

换入生产模具的计税基础为 13 万元。

换出货车应确认的资产转让所得为 1 万元 [13－(18－6)]。

3.A 公司的税会差异分析

非货币性资产交换可以视为"先卖后买"。在案例 6-4 中，可视为 A 公司按照货车的公允价值对外进行出售，因抵扣过进项税额，所以按正常税率计算增值税销项税额。

A 公司对外销售货车按照转让财产所得计算企业所得税应纳税所得额，由于对外销售的公允价值恰好与账面价值相等，财产转让所得为 0。换入的 B 公司生产模具，可视为 A 公司按公允价值购回的，但是 B 公司放弃了超出货车公允价值部分的货款，或者说相当于 A 公司获得了不含税 1 万元的捐赠。其进项税额可以正常抵扣，A 公司实际在本业务中就获得了 1.13 万元的收益，但是会计处理只确认了 0.13 万元的收益，故应该调增 1 万元的应纳税所得额。同时，A 公司根据会计准则确认的换入生产模具的入账价值是 12 万元，而按税法规定可以确认计税基础 13 万元，因此可以调增换入生产模具的计税基础 1 万元。

（二）B 公司的税会处理及差异分析

1.B 公司的会计处理

（1）将生产模具转入固定资产清理。

借：固定资产清理	120 000
累计折旧	80 000
贷：固定资产——生产模具	200 000

（2）换入货车入账：

借：固定资产——货车	120 000
应交税费——应交增值税（进项税额）	15 600
资产处置损益	1 300
贷：固定资产清理	120 000
应交税费——应交增值税（销项税额）	16 900

2.B 公司的税务处理

换入货车的计税基础为 12 万元。

换出生产模具应确认的财产转让所得为 1 万元 [13－(20－80)]。

3.B 公司的税会差异分析

B 公司换入货车的计税基础和账面价值相等，不作纳税调整。调增应纳税所得额 0.87 万元（1－0.13）。

五、案例小结

非货币性资产交换在"以账面价值为基础计量"的情况下，因纳税处理时对换出资产通常要按照公允价值视同销售，故产生会计与税法之间的差异调整。

（一）会计处理

对于换入资产，企业应当以换出资产的账面价值和应支付的相关税费作为换入资产的初始计量金额；对于换出资产，终止确认时不确认损益。

收到补价的，采用公允价值确定收到补价的初始计量金额，是为了遵循《企业会计准则第22号——金融工具确认和计量》第三十三条的规定，企业初始确认金融资产或金融负债时，应当按照公允价值计量。

（二）增值税处理

增值税的首要问题是如何确定销售额。双方应按在资产评估或参照最近时期同类资产的销售价格的基础上，商定一个同等金额，互开增值税发票。

（三）企业所得税处理

对于换出资产，企业所得税处理时需要视同销售，按照公允价值——实务中表现为不含税价计算确认非货币性资产转让所得；对于换入资产，企业所得税处理时以换入资产对应的税前扣除凭证上标明的"销售额"确定计税基础，会计与税收之间会产生暂时性差异。

第五节　以账面价值为基础计量的会计处理——换入多项资产或换出多项资产

一、案例背景

案例 6-5　2022 年 3 月，A 公司因经营战略发生较大转变，产品结构发生较大调整，原生产其产品的专有设备、生产该产品的专利技术等已不符合生产新产品的需要，经与 B 公司协商，将其专用设备连同专利技术与 B 公司正在建造过程中的一幢建筑物、对 C 公司的长期股权投资进行交换。A 公司换出专有设备的账面原价为 1 200 万元，已计提折旧 750 万元；专利技术账面原价为 450 万元，已摊销金额为 270 万元。B 公司在建工程截至交换日的成本为 525 万元，对 C 公司的长期股权投资账面价值为 150 万元。A 公司持有的专有设备和专利技术市场上已不多见，因此公允价值不能可靠计量。B 公司的在建工程因完工程度难以合理确定，其公允价值不能可靠计量，而且 C 公司不是上市公司，B 公司对 C 公司长期股权投资的公允价值也不能可靠计量。A 公司、B 公司均未对上述资产计提减值准备，假定不考虑相关税费等因素。

问题：A 公司、B 公司应如何进行相关会计处理？

二、准则链接

（1）《企业会计准则第 7 号——非货币性资产交换》（2019 年修订）第十三条规定："以账面价值为基础计量的非货币性资产交换，同时换入或换出多项资产的，应当按照下列规定进行处理：（一）对于同时换入的多项资产，按照各项换入资产的公允价值的相对比例，将换出资产的账面价值总额（涉及补价的，加上支付补价的账面价值或减去收到补价的公允价值）分摊至各项换入资产，加上应支付的相关税费，作为各项换入资产的初始计量金额。换入资产的公允价值不能够可靠计量的，可以按照各项换入资产的原账面价值的相对比例或其他合理的比例对换出资产的账面价值进行分摊。（二）对于同时换出的多项资产，各项换出资产终止确认时均不确认损益。"

（2）《中华人民共和国企业所得税法实施条例》第二十五条规定，企业发生非货币性资产交换的，应视同为销售货物、转让财产或提供劳务，但国务院、税务主管部门另有规定的除外。

（3）《中华人民共和国企业所得税法实施条例》第五十八条、第六十二条、六十六条、七十一条、七十二条规定，非货币性资产交换方式取得的固定资产、生产性生物资产、无形资产、投资资产、存货，以该资产的公允价值和支付的相关税费为计税基础。

三、疑点、难点分析

案例 6-5 属于非货币性资产交换。由于换入资产、换出资产的公允价值均不能可靠计量，A 公司、B 公司均应当以换出资产账面价值总额作为换入资产的总成本，各项换入资产的成本，应当按各项换入资产的账面价值占换入资产账面价值总额的比例分配后确定。

但由于不具备商业实质或者虽有商业实质但换入资产和换出资产的公允价值均不能可靠计量的非货币性资产交易业务，会计与税务处理存在不同，其差异具体体现在：①会计上换出资产未按照公允价值视同销售处理，未确认收益或损失；税收上，换出资产应该按照公允价值视同销售，同时换出资产的计税基础允许扣除。②会计上换入资产未按照其公允价值入账作为资产的计税基础，而是以换出资产账面价值为基础确认；税收上，以非货币性资产交换方式取得的非现金资产的计税基础，按照该资产的公允价值和应支付的相关税费确定。

针对案例6-5，如何确定双方公司换入资产的计税基础是一个难点，因为税务要求换入资产以其公允价值为基础确定，现在二者的公允价值都不能可靠计量。实务中，双方可以事先签署相关协议注明换入或换出资产的不含税价格，开具增值税专用发票。通过这一形式，双方合法地解决了公允价值缺失的问题，保障了双方换入资产的计税基础在税法上的要求。如果双方不向对方开具发票，税务部门会要求双方视同销售补缴增值税、企业所得税等，且取得的资产因为缺少发票而后期不能在税前扣除。这样双方的会计处理就有两种选择：①按照"实质重于形式"原则，严格按照《企业会计准则第7号——非货币性资产交换》规定，采用成本模式计量的非货币性资产交换，以换出资产账面价值为基础来确定换入资产的入账价值；②遵从协议的形式合法，按照《企业会计准则第7号——非货币性资产交换》规定，视为换出和换入资产的公允价值来可靠计量。

四、案例分析

（一）以账面价值为基础进行计量

1. A公司的会计处理

（1）计算换入资产、换出资产账面价值总额。

换入资产账面价值总额 = 525 + 150 = 675（万元）

换出资产账面价值总额 = （1 200 - 750）+（450 - 270）= 630（万元）

（2）确定换入资产总成本。

换入资产总成本 = 630（万元）

（3）计算各项换入资产账面价值占换入资产账面价值总额的比例。

在建工程占换入资产账面价值总额的比例 = 525 ÷ 675 = 77.8%

长期股权投资占换入资产账面价值总额的比例＝150÷675＝22.2%

（4）确定各项换入资产成本。

在建工程成本＝630×77.8%＝490.14（万元）

长期股权投资成本＝630×22.2%＝139.86（万元）

（5）会计分录如下。

借：固定资产清理　　　　　　　　　　　　4 500 000
　　累计折旧　　　　　　　　　　　　　　7 500 000
　　　贷：固定资产——专有设备　　　　　　　　12 000 000
借：在建工程　　　　　　　　　　　　　　4 901 400
　　长期股权投资　　　　　　　　　　　　1 398 600
　　累计摊销　　　　　　　　　　　　　　2 700 000
　　　贷：固定资产清理　　　　　　　　　　　　4 500 000
　　　　　无形资产——专利技术　　　　　　　　4 500 000

2.B 公司的账务处理

（1）计算换入资产、换出资产账面价值总额。

换入资产账面价值总额＝（1 200－750）＋（450－270）＝630（万元）

换出资产账面价值总额＝525＋150＝675（万元）

（2）确定换入资产总成本。

换入资产总成本＝675（万元）

（3）计算各项换入资产账面价值占换入资产账面价值总额的比例。

专有设备占换入资产账面价值总额的比例＝450÷630＝71.4%

专利技术占换入资产账面价值总额的比例＝180÷630＝28.6%

（4）确定各项换入资产成本。

专有设备成本＝675×71.4%＝481.95（万元）

专利技术成本＝675×28.6%＝193.05（万元）

（5）会计分录如下。

借：固定资产——专有设备　　　　　　　　4 819 500
　　无形资产——专利技术　　　　　　　　1 930 500
　　　贷：在建工程　　　　　　　　　　　　　　5 250 000
　　　　　长期股权投资　　　　　　　　　　　　1 500 000

（二）按照协议确定的价值为基础进行计量

如果交易双方以协议形式确定换入或换出资产的不含税价格，并开具增值税专用发票，会计处理过程就等同于以公允价值为基础进行计量，具体方法可以参考本章第四节的相关案例。如前所述，会计上如果选择"实质重于形式"而严格执行会计准则的规定，换出资产在会计上不确认损益，换入资产按换出资产的账面价值为基础确认，就会导致税务与会计处理将存在差异，因为税务部门不会认可这样的会计处理，会要求换出资产必须确认损益，换入资产按照公允价值作为计税基础。如果这样处理，企业将需要进行纳税调整。如果选择了遵从协议的形式合法，双方按照协议确定的价值为基础进行计量，就不存在税会差异，无需进行纳税调整。

五、案例小结

以账面价值为基础计量的非货币性资产交换，同时换入或换出多项资产的，应当按照下列规定进行处理：

（一）会计处理

（1）计算入账资产的分摊基数：①支付补价方，按照"换出资产账面价值总额＋支付补价的账面价值"计算；②收到补价方，按照"换出资产账面价值总额－收到补价的公允价值"计算。

（2）将上述金额按各项换入资产"公允价值"相对比例进行分摊到每项资产。

（3）计算各项换入资产的初始计量金额，其公式为：

$$\text{各项换入资产的初始计量金额} = \text{分摊至各项换出资产的金额} + \text{应支付的相关税费（不包括可抵扣的增值税进项税额）}$$

（二）税务处理

1. 增值税处理

以物易物双方均作购销处理，以各自发出的货物核算销售额并计算销项税额，以各自收到的货物按规定核算购货额并计算进项税额。

在以物易物活动中，双方应分别开具合法的票据。取得增值税专用发票的，除用于不予抵扣增值税项目，可以按照规定作为进项税额抵扣。

2. 企业所得税处理

企业发生的非货币性资产交换，以及将货物、财产、劳务用于捐赠、偿债、赞助、集资、广告、样品、职工福利或者利润分配等用途的，应当视同销售货物、转让财产或者提供劳务。除另有规定外，均应一次计入确认收入的年度计算缴纳企业所得税。

在企业所得税处理时，按照公允价值计量的非货币性资产交换，将换出资产的公允价值与其账面价值之间的差额计入当期损益，所得税视同销售，一般税会没有差异；按照账面价值计量的非货币性资产交换，会计上按照账面价值结转没有处置损益，而所得税视同销售，需确认处置损益进行纳税调整。

第七章 债务重组准则

第一节 以金融资产清偿债务的会计处理

一、案例背景

案例 7-1 A 公司向 B 公司销售一批商品,应收 B 公司的款项入账金额为 100 万元,已计提坏账准备 10 万元。2020 年 10 月,B 公司资金链出现问题,与 A 公司达成重组协议,B 公司以一项其他债权投资偿还,其账面价值为 60 万元(成本 40 万元,公允价值变动 20 万元),2020 年 10 月 20 日完成资产转让手续,当日其他债权投资的公允价值为 70 万元。假定不考虑相关税费。

问题:A 公司、B 公司应如何进行相关会计处理?

二、准则链接

《企业会计准则第 12 号——债务重组》(2019 年修订)第四条、第五条和第十条规定如下。

第四条 ……(参见第二章第十四节)

第五条 以资产清偿债务或者将债务转为权益工具方式进行债务重组的,债权人应当在相关资产符合其定义和确认条件时予以确认。

第十条 以资产清偿债务方式进行债务重组的,债务人应当在相关资产和所清偿债务符合终止确认条件时予以终止确认,所清偿债务账面价值与转让资产账面价值之间的差额计入当期损益。

三、疑点、难点分析

债权人受让包括现金在内的单项或多项金融资产的,应当按照《企业会计准则第 22 号——金融工具确认和计量》（2017 年修订）的规定进行确认和计量。金融资产初始确认时应当以其公允价值计量。金融资产确认金额与债权终止确认日账面价值之间的差额，记入"投资收益"科目，但收取的金融资产的公允价值与交易价格（即放弃债权的公允价值）存在差异的，应当按照《企业会计准则第 22 号——金融工具确认和计量》（2017 年修订）第三十四条的规定处理。

债务人以单项或多项金融资产清偿债务的，债务的账面价值与偿债金融资产账面价值的差额，记入"投资收益"科目。偿债金融资产已计提减值准备的，应结转已计提的减值准备。对于以分类为以公允价值计量且其变动计入其他综合收益的债务工具投资清偿债务的，之前记入其他综合收益的累计利得或损失应当从其他综合收益中转出，记入"投资收益"科目。对于以指定为以公允价值计量且其变动计入其他综合收益的非交易性权益工具投资清偿债务的，之前计入其他综合收益的累计利得或损失应当从其他综合收益中转出，记入"盈余公积""利润分配——未分配利润"等科目。

四、案例分析

（1）债权人 A 公司的账务会计处理。

借：其他债权投资　　　　　　　　　　　　　　　700 000
　　坏账准备　　　　　　　　　　　　　　　　　100 000
　　投资收益　　　　　　　　　　　　　　　　　200 000
　　贷：应收账款——B 公司　　　　　　　　　　　　1 000 000

失去的应收账款账面价值 90 万元（100 − 10）与得到的其他债权投资公允价值 70 万元（记入借方）之间的差额 20 万元（90 − 70），记入"投资收益"的借方。

（2）债务人 B 公司的会计处理。

借：应付账款——A 公司　　　　　　　　　　　　1 000 000
　　贷：其他债权投资　　　　　　　　　　　　　　600 000
　　　　投资收益　　　　　　　　　　　　　　　　400 000

债务人 B 公司使用资产偿还并结清债务，失去的是资产（其他债权投资）的账面价值 60 万元，偿还的债务（应付账款）是 100 万元，其差额 40 万元（100 − 60）记入"投资收益"的贷方。

同时：

借：其他综合收益　　　　　　　　　　　　　　　200 000
　　贷：投资收益　　　　　　　　　　　　　　　　200 000

因为其他债权投资的公允价值变动记入其他综合收益,其他债权投资的二级科目"公允价值变动"的金额是20万元,说明因为其他债权投资的公允价值变动而导致的"其他综合收益"的金额为20万元,此时债务重组类似于B公司处置了该资产,则持有资产期间产生的"其他综合收益"20万元需要结转到投资收益中。

如果以上偿还的金融资产不是其他债权投资,而是其他权益工具投资,其他各种条件一样,则债权人和债务人的会计分录如下。

(1)债权人A公司的会计处理。

借:其他权益工具投资　　　　　　　　　　　　700 000
　　坏账准备　　　　　　　　　　　　　　　　100 000
　　投资收益　　　　　　　　　　　　　　　　200 000
　　贷:应收账款——B公司　　　　　　　　　1 000 000

(2)债务人的账务处理。

借:应付账款——A公司　　　　　　　　　　1 000 000
　　贷:其他权益工具投资　　　　　　　　　　　600 000
　　　　投资收益　　　　　　　　　　　　　　400 000

同时:

借:其他综合收益　　　　　　　　　　　　　　200 000
　　贷:盈余公积　　　　　　　　　　　　　　　20 000
　　　　利润分配——未分配利润　　　　　　　　180 000

其他权益工具持有期间因为公允价值变动而产生的其他综合收益,企业在处置其他权益工具时,需要将其他综合收益结转到留存收益中,此时假设盈余公积的提取比例是10%,则"盈余公积"科目为2万元(20×10%),"利润分配——未分配利润"科目为18万元(20-2)。

五、案例小结

(一)以金融资产清偿债务债权人的会计处理

借:银行存款/其他债权投资/其他权益工具投资等(金融资产公允价值)
　　坏账准备
　　投资收益(金融资产公允价值与债权账面价值的差额)
　　贷:应收账款(账面余额)

（二）以金融资产清偿债务债务人的会计处理

借：应付账款（账面价值）
  贷：银行存款/其他债权投资/其他权益工具投资等（账面价值）
    投资收益（债务的账面价值—偿债金融资产账面价值）
同时：
借：其他综合收益
  贷：投资收益（其他债权投资清偿债务）
    盈余公积
    利润分配——未分配利润（其他权益工具投资清偿债务）

通过上面的会计分录，我们可以明显看出与旧准则的不同，旧准则在债权、债务终止确认日账面价值之间的差额记入的是"营业外支出"和"营业外收入"科目，而新准则全部计入了"投资收益"科目。

第二节　以非金融资产清偿债务的会计处理

一、案例背景

案例7-2　A公司应收B公司账款200万元，已计提坏账准备20万元。2022年5月13日，A、B公司经协商决定进行债务重组。B公司以一项固定资产（设备）抵偿上述债务，该项设备的原价为300万元，已计提折旧200万元。5月20日，双方办理完成该资产转让手续，A公司该项应收账款当日的公允价值为150万元。A公司为取得固定资产支付运杂费10万元。B公司开出增值税专用发票，增值税为15万元。

问题：A、B公司应如何进行相关会计处理？

二、准则链接

《企业会计准则第12号——债务重组》（2019年修订）第六条、第十条规定如下。

第六条　……（参见第一章第十四节）
第十条　……（参见本章第一节）

三、疑点、难点分析

以非金融资产清偿债务时，涉及一个重要的概念，那就是放弃债权的公允价值。放弃债权的公允价值是一种代价，而付出这种代价的金额是计量得到债务方偿付的非金融资产入账金额的基础。

（一）债权人的会计处理

债权人初始确认受让的金融资产以外的资产时，非金融资产的入账价值等于放弃债权的公允价值加上使该资产达到当前位置和状态所发生的可直接归属于该资产的税金、运输费、装卸费、保险费等其他成本。简单地说，就是非金融资产的入账价值等于债权人付出的总代价。放弃债权的公允价值与其账面价值之间的差额，计入当期"投资收益"科目。

债务人以资产或处置组清偿债务，且债权人在取得日未将受让的相关资产或处置组作为非流动资产和非流动负债核算，而是将其划分为持有待售类别的，应当在初始计量时，比较假定其不划分为持有待售类别情况下的初始计量金额和公允价值减去出售费用后的净额，以两者孰低计量。

（二）债务人的会计处理

债务人以单项或多项非金融资产清偿债务，或者以包含金融资产和非金融资产在内的多项资产清偿债务的，不需要区分资产处置损益和债务重组损益，也不需要区分不同资产的处置损益，而要将所清偿债务账面价值与转让资产账面价值之间的差额记入"其他收益——债务重组收益"科目。偿债资产已计提减值准备的应结转已计提的减值准备。

债务人以包含非金融资产的处置组清偿债务的，应当将所清偿债务和处置组中负债的账面价值之和，与处置组中资产的账面价值之间的差额（减少资产组的资产，结清两项债务——需要清偿的债务和资产组的债务），记入"其他收益——债务重组收益"科目。

债务人以日常活动产出的商品或服务清偿债务的，应当将所清偿债务账面价值与存货等相关资产账面价值之间的差额，记入"其他收益——债务重组收益"科目。

四、案例分析

（一）债权人 A 公司的会计处理

债权人 A 公司的会计分录如下。

借：固定资产　　　　　　　　　　　　　　　　1 450 000
　　应交税费——应交增值税（进项税额）　　　150 000
　　坏账准备　　　　　　　　　　　　　　　　200 000
　　投资收益　　　　　　　　　　　　　　　　300 000
　　贷：应收账款——B 公司　　　　　　　　　　2 000 000
　　　　银行存款　　　　　　　　　　　　　　100 000

债权人收到债务人作为偿债用的非金融资产时，一个重要的前提是确定该非金融资产的入账价值，确定的原则是债权人花费的总代价。本案例中，得到的固定资产总代价等于失去的应收账款的公允价值加上运杂费再减去对方开的增值税发票，可以抵扣的进项税额为 145 万元（150 + 10 − 15）。此时要特别注意的是，B 公司给 A 公司开具的增值税发票，税额为 15 万元，对 A 公司而言是可以抵扣的，这也意味着 A 公司付出的总代价并非 160 万元（150 + 10），而是需要减去得到的利益 15 万元（可以抵扣的进项税额），所以总代价为 145 万元（150 + 10 − 15）。应收账款公允价值与账面价值之间的差额 − 30 万元［150 −（200 − 20）］，记入"投资收益"科目的借方。放弃债权的公允价值等于应收账款账面价值减去坏账准备再减去投资收益即 150 万元（200 − 20 − 30）。

假设 A 公司管理层决议，受让该设备后将在半年内将其出售，当日该设备的公允价值为 140 万元，预计未来出售该设备时将发生 3 万元的出售费用，该设备满足持有待售资产确认条件。

2022 年 5 月 20 日，A 公司对该设备进行初始确认时，按照设备入账价值 145 万元与公允价值减去出售费用的净额 137 万元（140 − 3）孰低计量。债权人 A 公司的会计处理如下。

借：持有待售资产——固定资产　　　　　　　1 370 000
　　应交税费——应交增值税（进项税额）　　　150 000
　　坏账准备　　　　　　　　　　　　　　　　200 000
　　资产减值损失　　　　　　　　　　　　　　380 000
　　贷：应收账款——B 公司　　　　　　　　　　2 000 000
　　　　银行存款　　　　　　　　　　　　　　100 000

如果债权人 A 公司并不是在得到偿债资产的当日（2022 年 5 月 20 日）马上就把该资产划分为持有待售资产，而是等一段时间后（如 2022 年 5 月 31 日）再划分为持有待售资产，则 A 公司会计处理如下。

（1）2022 年 5 月 20 日（债务重组日）：

借：固定资产	1 450 000
应交税费——应交增值税（进项税额）	150 000
坏账准备	200 000
投资收益	300 000
贷：应收账款——B公司	2 000 000
银行存款	100 000

（2）2022年5月31日（把固定资产划分为持有待售资产日）：

借：持有待售资产——固定资产	1 370 000
资产减值损失	80 000
贷：固定资产	1 450 000

把固定资产划分为持有待售时，固定资产的账面价值为145万元，大于公允价值减去出售费用后的净额为137万元（140－3），说明资产发生了减值，资产减值损失为8万元（145－137）。

如果债务重组一段时间后债权人才把得到的偿债资产划分为持有待售资产，那么就是在两个时点发生的两个明显不同的经济业务，第一个业务是债务重组业务，发生投资收益－30万元，第二个业务是划分为持有待售资产的业务，发生资产减值损失8万元，两者合计导致的损失为38万元（30＋8）。如果两个业务合二为一，也就是债务重组的当日就把该资产划分为持有待售资产，则账务处理相对特殊，把失去的债权（应收账款）的账面价值减去得到的持有待售资产账面价值，两者的差额38万元（损失）全部记入"资产减值损失"科目中，而不是按照分步处理时把损失分别计量到投资收益（－30万元）和资产减值损失（8万元）中。

（二）债务人B公司的会计处理

债务人B公司的会计分录如下。

借：固定资产清理	1 000 000
累计折旧	2 000 000
贷：固定资产	3 000 000
借：应付账款——A公司	2 000 000
贷：固定资产清理	1 000 000
应交税费——应交增值税（销项税额）	150 000
其他收益——债务重组收益	850 000

B公司失去了固定资产100万元（300－200），开具了增值税发票（销售税额15万元），总代价为115万元（100＋15），偿还了债务（应付账款账面

价值 200 万元），得到的利益为 85 万元（200－115），按照《企业会计准则第 12 号——债务重组》的规定，债务方以非金融资产偿债的损益记入"其他收益——债务重组收益"科目中。

五、案例小结

（1）以非金融资产清偿债务债权人的会计分录如下。

借：库存商品/固定资产等（放弃债权的公允价值＋相关税费）
　　坏账准备
　　投资收益（放弃债权的公允价值与账面价值之间的差额，或贷记）
　贷：应收账款
　　　银行存款（相关税费）

坏账准备、投资收益、应收账款 3 个账户之和代表了放弃债权的公允价值。由于公允价值减去账面价值等于差额，则公允价值等于账面价值加上差额，其中，应收账款的账面价值等于应收账款减去坏账准备，差额等于投资收益，所以公允价值等于应收账款减去坏账准备再加上投资收益。

（2）以非金融资产清偿债务债务人的会计分录如下。

借：应付账款（偿还债务的账面价值）
　贷：库存商品/无形资产/固定资产清理（失去资产的账面价值）
　　　其他收益——债务重组收益（所清偿债务账面价值与转让资产账面价值的差额）

第三节　将债务转为权益工具的会计处理

一、案例背景

案例 7-3　2022 年 4 月 9 日，B 公司从 A 公司购买一批商品，约定 3 个月后 B 公司应结清款项 5 000 万元（假定无重大融资成分）。A 公司将该应收款项分类为以公允价值计量且其变动计入当期损益的金融资产；B 公司将该应付款项分类为以摊余成本计量的金融负债。2022 年 6 月 30 日，该应收款项和该应付款项的公允价值均为 4 250 万元。2022 年 9 月 7 日，B 公司因无法支付货款与 A 公司协商进行债务重组，双方商定 A 公司将该债权转为对 B 公司的股权投资。当日应收款项和应付款项的公允价值均为 3 800 万元。2022 年 10 月

18日，A公司办理了对B公司的增资手续，A公司和B公司分别支付手续费等相关费用60万元和75万元。债转股后B公司的总股本为6 250万元，A公司持有的抵债股权占B公司总股本的20%，对B公司具有重大影响，B公司股权公允价值不能可靠计量。B公司应付款项的账面价值仍为5 000万元。应收款项和应付款项的公允价值仍为3 800万元。假定不考虑其他相关税费。

问题：A公司、B公司应如何进行相关会计处理？

二、准则链接

《企业会计准则第12号——债务重组》（2019年修订）第七条和第十一条规定如下。

第七条 将债务转为权益工具方式进行债务重组导致债权人将债权转为对联营企业或合营企业的权益性投资的，债权人应当按照本准则第六条的规定计量其初始投资成本。放弃债权的公允价值与账面价值之间的差额，应当计入当期损益。

第十一条 将债务转为权益工具方式进行债务重组的，债务人应当在所清偿债务符合终止确认条件时予以终止确认。债务人初始确认权益工具时应当按照权益工具的公允价值计量，权益工具的公允价值不能可靠计量的，应当按照所清偿债务的公允价值计量。所清偿债务账面价值与权益工具确认金额之间的差额，应当计入当期损益。

三、疑点、难点分析

将债务转为权益工具方式进行债务重组，就是通常所说的"债转股"方式。债权转为股权，对债权人而言，失去的是一项债权资产"应收账款"，得到的是股权资产"长期股权投资"。对债务人而言，债务结清（应付账款一笔勾销），结清债务的代价是增加了股本（实收资本），从而稀释了原有股东的股权。

（一）债权人的会计处理

采用将债务转为权益工具方式进行债务重组导致债权人将债权转为对联营企业或合营企业的权益性投资的，债权人应当按照以资产清偿债务方式进行债务重组的规定计量"长期股权投资"初始投资成本（即付出代价的总额，包括失去资产的公允价值和额外付出的相关税费）。放弃债权的公允价值与账面价值之间的差额，应当计入当期损益（投资收益）。

（二）债务人的会计处理

债务重组采用将债务转为权益工具方式进行的，债务人初始确认权益工具时，应当按照权益工具的公允价值计量（付出的代价），权益工具的公允价值不能可靠计量的，应当按照所清偿债务的公允价值计量。所清偿债务账面价值（偿还的负债）与权益工具确认金额（付出的代价）之间的差额，记入"投资收益"科目。债务人因发行权益工具而支出的相关税费等，应当依次冲减资本公积（资本或股本溢价）、盈余公积、未分配利润等（与发行普通股支付给证券交易所的中介费一样）。

四、案例分析

（一）债权人 A 公司的会计处理

（1）2022 年 4 月 9 日：
借：交易性金融资产——成本 　　　　　　　　　50 000 000
　　贷：主营业务收入 　　　　　　　　　　　　　50 000 000

（2）2022 年 6 月 30 日：
借：公允价值变动损益（50 000 000 − 42 500 000）
　　　　　　　　　　　　　　　　　　　　　　　7 500 000
　　贷：交易性金融资产——公允价值变动 　　　　7 500 000

（3）2022 年 9 月 7 日：
借：公允价值变动损益（42 500 000 − 38 000 000）
　　　　　　　　　　　　　　　　　　　　　　　4 500 000
　　贷：交易性金融资产——公允价值变动 　　　　4 500 000

（4）20222 年 10 月 18 日：
长期股权投资初始投资成本＝应收款项公允价值＋相关税费
　　　　　　　　　　　＝3 800 ＋ 60 ＝ 3 860（万元）
借：长期股权投资——B 公司 　　　　　　　　　38 600 000
　　交易性金融资产——公允价值变动（7 500 000 ＋
　　　　　　　　　　　　　　　　　　　4 500 000）12 000 000
　　贷：交易性金融资产——成本 　　　　　　　　50 000 000
　　　　银行存款 　　　　　　　　　　　　　　　　600 000

(二)债务人 B 公司的会计处理

(1) 2022 年 4 月 9 日:

借:库存商品 50 000 000
  贷:应付账款——A 公司 50 000 000

(2) 2022 年 10 月 8 日,由于股权的公允价值不能可靠计量,B 公司初始确认权益工具公允价值应当按照所清偿债务的公允价值 3 800 万元计量,并扣除因发行权益工具支出的相关税费 75 万元。

借:应付账款——A 公司 50 000 000
  贷:实收资本(62 500 000×20%) 12 500 000
    资本公积——资本溢价(38 000 000 − 12 500 000 −
      750 000) 24 750 000
    银行存款 750 000
    投资收益(50 000 − 38 000 000) 12 000 000

五、案例小结

(一)债权人的会计处理

(1) 债权人将债权转为对联营企业或合营企业的权益性投资的会计分录如下。

借:长期股权投资
  坏账准备
  投资收益
  贷:应收账款
    银行存款

对债权人而言,长期股权投资这项资产是付出了一定的代价才得到的。付出的代价一般由两部分构成:债权(应收账款)的公允价值和与长期股权投资相关的一些直接费用(税费)。这两者之和就构成了长期股权投资的入账价值。放弃债权的公允价值与账面价值之间的差额,可能是负的差额(亏了),则记入投资收益的借方;可能是正的差额(赚了),则记入投资收益的贷方。

(2) 债权人将债权转为对子公司的权益性投资(同一控制)的会计分录如下。

借：长期股权投资（取得被合并方所有者权益在最终控制方合并财务报表中的账面价值份额＋最终控制方收购被合并方时形成的商誉）
　　坏账准备
　贷：应收账款等
　　　资本公积——资本溢价或股本溢价(差额，可能在借方)

（3）债权人将债权转为对子公司的权益性投资（非同一控制）的会计分录如下。

借：长期股权投资（放弃债权的公允价值）
　　坏账准备
　贷：应收账款等
　　　投资收益（放弃债权公允价值与账面价值的差额）

（4）债权人将债权转为其他权益工具投资的会计分录如下。

借：其他权益工具投资（其他权益工具投资的公允价值＋交易费用）
　　坏账准备
　贷：应收账款等
　　　银行存款（支付的交易费用）
　　　投资收益（差额）

（二）债务人的会计处理

债务人的会计分录如下。

借：应付账款
　贷：实收资本（或股本）
　　　资本公积——资本溢价（或股本溢价）
　　　银行存款（支付相关税费）
　　　投资收益

对债务人而言，权益工具的公允价值减去实收资本等于资本公积，如果用银行存款支付了发行股份的相关税费，则冲减相应的资本公积。因此，实收资本，资本公积，银行存款，3个账户的金额之和就是权益工具的公允价值金额。付出权益工具的公允价值与偿付债务之间的差额，计入投资收益。

第七章 债务重组准则

第四节 以多项资产或组合方式清偿债务的会计处理

一、案例背景

案例 7-4 2021年1月9日，B公司向A公司赊购一批材料，含税价为234万元，约定2个月后一次性偿还。2021年3月9日，B公司因发生财务困难，无法按合同约定偿还债务，双方协商进行债务重组。A公司同意B公司用其生产的商品、作为固定资产管理的机器设备和一项债券投资抵偿欠款。当日，该债权的公允价值为210万元，B公司用于抵债的商品市价（不含增值税）为90万元，抵债设备的公允价值为75万元，用于抵债的债券投资市价为23.55万元。抵债资产于2021年3月20日转让完毕，B公司发生设备运输费用0.65万元，A公司发生设备安装费用1.5万元。

A公司以摊余成本计量该项债权。2021年3月20日，A公司对该债权已计提坏账准备19万元，债券投资市价为21万元。A公司将受让的商品、设备和债券投资分别作为低值易耗品、固定资产和以公允价值计量且其变动计入当期损益的金融资产核算。

B公司以摊余成本计量该项债务，2021年3月20日，该项债务的账面价值仍为234万元。2021年3月20日，B公司用于抵债的商品成本为70万元；抵债设备的账面原价为150万元，累计折旧为40万元，已计提减值准备18万元；B公司以摊余成本计量用于抵债的债券投资，债券票面价值总额为15万元，票面利率与实际利率一致，按年付息，B公司尚未对债券确认利息收入。

A公司、B公司均为增值税一般纳税人，适用增值税率为13%。经税务机关核定，该项交易中商品和设备的计税价格分别为90万元和75万元。不考虑其他相关税费。

问题：A公司、B公司应如何进行相关会计处理？

二、准则链接

《企业会计准则第12号——债务重组》（2019年修订）第九条和第十三条规定如下：

第九条 以多项资产清偿债务或者组合方式进行债务重组的,债权人应当首先按照《企业会计准则第 22 号——金融工具确认和计量》的规定确认和计量受让的金融资产和重组债权,然后按照受让的金融资产以外的各项资产的公允价值比例,对放弃债权的公允价值扣除受让金融资产和重组债权确认金额后的净额进行分配,并以此为基础按照本准则第六条的规定分别确定各项资产的成本。放弃债权的公允价值与账面价值之间的差额,应当计入当期损益。

第十三条 以多项资产清偿债务或者组合方式进行债务重组的,债务人应当按照本准则第十一条和第十二条的规定确认和计量权益工具和重组债务,所清偿债务的账面价值与转让资产的账面价值以及权益工具和重组债务的确认金额之和的差额,应当计入当期损益。

三、疑点、难点分析

债权人受让多项非金融资产,或者包括金融资产、非金融资产在内的多项资产的,应当按照《企业会计准则第 22 号——金融工具确认和计量》的规定确认和计量受让的金融资产;按照受让的金融资产以外的各项资产在债务重组合同生效日的公允价值比例,对放弃债权在合同生效日的公允价值扣除受让金融资产当日公允价值后的净额进行分配,并以此为基础分别确定各项资产的成本。放弃债权的公允价值与账面价值之间的差额,记入"投资收益"科目,即首先按金融工具准则确认受让的金融资产(不含长期股权投资)和重组债权;其次,将放弃债权的公允价值扣除受让金融资产和重组债权后的净额,按照受让的金融资产以外的各项资产的公允价值比例进行分配,据以确定各项资产的成本;最后,放弃债权的公允价值与账面价值之间的差额计入投资收益。

债务人以多项资产清偿债务或者组合方式进行债务重组的,首先按照金融工具准则确认重组后债务和权益工具的公允价值,然后将所清偿债务的账面价值与转让资产的账面价值以及权益工具和重组债务的确认金额之间的差额,记入"其他收益——债务重组收益"科目。用公式表示为:

$$\text{债务重组损益} = \text{债务账面价值} - \text{重组后债务金额} - \text{权益工具公允价值(债转股)} - \text{转让的各项资产账面价值}$$

四、案例分析

（一）债权人的会计处理

低值易耗品可抵扣增值税 = 90 × 13% = 11.7（万元）
设备可抵扣增值税 = 75 × 13% = 9.75（万元）
低值易耗品和固定资产的成本应当以其公允价值比例（90∶75）对放弃债权公允价值扣除受让金融资产公允价值后的净额进行分配后的金额为基础确定。

低值易耗品的成本 = 90 ÷（90 + 75）×（210 − 23.55 − 11.7 − 9.75）
　　　　　　　　= 90（万元）
固定资产的成本 = 75 ÷（90 + 75）×（210 − 23.55 − 11.7 − 9.75）
　　　　　　　= 75（万元）

合同生效日需要计算除金融资产之外的非金融资产的入账价值。在合同生效日至完成抵债资产转移手续还需要一段时间，只有在完成抵债资产转移手续后，双方才能进行会计处理，尽管如此，非金融资产的入账价值金额仍需要在合同生效日的当天计算出来。在合同生效日至完成债务重组日（完成抵债资产转移手续日）这段时间里，非金融资产默认为其价值不变，而金融资产的公允价值是会发生变化的。因此，在真正完成债务重组的当日进行会计处理时，仍然使用合同生效日计算的非金融资产的价值，而金融资产的入账金额则使用完成债务重组日（完成抵债资产转移手续日）的公允价值。

2021 年 3 月 20 日，A 公司的会计分录如下。

（1）结转债务重组相关损益。

借：低值易耗品　　　　　　　　　　　　　　　　900 000
　　在建工程——在安装设备　　　　　　　　　　750 000
　　应交税费——应交增值税　　　　　　　　　　214 500
　　交易性金融资产　　　　　　　　　　　　　　210 000
　　坏账准备　　　　　　　　　　　　　　　　　190 000
　　投资收益　　　　　　　　　　　　　　　　　 75 500
　　贷：应收账款——B 公司　　　　　　　　　　　　　2 340 000

交易性金融资产在完成债务重组日的入账价值金额就是当日（2021 年 3 月 20 日）的公允价值金额 21 万元。而在建工程和低值易耗品的入账金额在合同生效日（2021 年 1 月 9 日）就已经计算出来，至完成债务重组日保持不变，即在建工程 75 万元，低值易耗品 90 万元。坏账准备和应收账款余额已经给定,剩下来的投资收益金额则是差额。实际上,投资收益由两部分构成:放弃债权的公允价值与账面价值之间的差额—5万元[210—(234—19)];交易性金融资产公允价值变动的金额—2.55万元(21—23.55)。两者之和为—7.55万元,所以记入"投资收益"的借方金额为7.55万元。

(2)支付安装费用。

借:在建工程——在安装设备　　　　　　　　　　15 000
　　贷:银行存款　　　　　　　　　　　　　　　　　　15 000

(3)安装完毕达到可使用状态。

借:固定资产——设备　　　　　　　　　　　　　765 000
　　贷:在建工程——在安装设备　　　　　　　　　　765 000

(二)债务人的会计处理

B公司2021年3月20日的账务处理如下。

借:固定资产清理　　　　　　　　　　　　　　　920 000
　　累计折旧　　　　　　　　　　　　　　　　　　400 000
　　固定资产减值准备　　　　　　　　　　　　　　180 000
　　贷:固定资产　　　　　　　　　　　　　　　　1 500 000
借:固定资产清理　　　　　　　　　　　　　　　　 6 500
　　贷:银行存款　　　　　　　　　　　　　　　　　　 6 500
借:应付账款　　　　　　　　　　　　　　　　　2 340 000
　　贷:固定资产清理　　　　　　　　　　　　　　　926 5000
　　　　库存商品　　　　　　　　　　　　　　　　　700 000
　　　　应交税费——应交增值税　　　　　　　　　　214 500
　　　　债权投资——面值　　　　　　　　　　　　　150 000
　　　　其他收益——债务重组收益　　　　　　　　　349 000

在债务重组业务中,债务人的账务处理比较简单,按照因为偿还债务而失去资产的账面价值金额记入相应资产的贷方,偿还债务的账面价值金额记入应付账款的借方,两者之间的差额不区分差额产生的原因,全部计入"其他收益——债务重组收益"科目(如果是纯粹的金融资产偿还债务,则差额记入"投资收益"科目)。

五、案例小结

(1)债权人会计处理如下。

借：交易性金融资产（按债权终止确认日公允价值直接确认）
　　库存商品（合同生效日的公允价值分配确认）
　　固定资产（合同生效日的公允价值分配确认）
　　坏账准备
　　应交税费——应交增值税
　　投资收益（差额）
　　贷：应收账款
　　　　银行存款（相关税费）

此时的差额（投资收益）从金额上而言，就是根据借贷相等的原理倒挤出来的。也可以理解为由两部分构成：放弃债权的公允价值与账面价值之间的差额；交易性金融资产在合同生效日与完成债务重组日期间所发生公允价值变动金额。这两者之和则为投资收益的计量金额。

（2）债务人会计处理如下。

借：应付账款（账面价值）
　　贷：交易性金融资产/库存商品/固定资产清理（账面价值）
　　　　应交税费——应交增值税
　　　　其他收益——债务重组收益（所清偿债务账面价值与转让资产账面价值的差额）

债务人的会计处理相对简单，失去资产的账面价值与偿还债务的账面价值之间的差额记入"其他收益——债务重组收益"科目。

第五节　采用修改其他条款方式进行债务重组的会计处理

一、案例背景

案例 7-5　A公司持有B公司应收账款592万元（原应收票据转应收账款，原利率为6%），已计提坏账准备10万元。因B公司出现财务困难，无法按时偿还全部欠款，2022年2月21日，双方同意债务重组。新协议约定：①B公司将一厂房（原值260万元，折旧100万元）抵偿部分债务230万元；B公司向A公司增发股票50万股，面值1元/股，占B公司股份总额的1%，用于抵偿部分债务100万元，当日股价为2元/股；②在B公司履行上述偿偿义务后，A 公司免除 B 公司 50 万元债务，并将尚未偿还的债务 212 万元展期至 2022 年 12 月 31 日，年利率为 10%。如果 B 公司未能履行①、②所述偿债义务，A 公司有权终止债务重组协议，尚未履行的债权调整承诺随之失效。

A 公司该应收账款 2022 年 2 月 21 日的公允价值为 512 万元，予以展期的应收账款的公允价值为 212 万元。2022 年 3 月 15 日，双方办理完成房产转让手续，A 公司将该房产作为投资性房地产核算。2022 年 4 月 18 日，双方办理完成股权转让手续，A 公司将该股权投资分类为以公允价值计量且其变动计入当期损益的金融资产，B 公司股票当日收盘价为 3 元/股。

问题：A 公司、B 公司应如何进行相关会计处理？

二、准则链接

《企业会计准则第 12 号——债务重组》（2019 年修订）第八条和第十二条规定如下。

第八条 采用修改其他条款方式进行债务重组的，债权人应当按照《企业会计准则第 22 号——金融工具确认和计量》的规定，确认和计量重组债权。

第十二条 采用修改其他条款方式进行债务重组的，债务人应当按照《企业会计准则第 22 号——金融工具确认和计量》和《企业会计准则第 37 号——金融工具列报》的规定，确认和计量重组债务。

三、疑点、难点分析

债务重组采用以修改其他条款方式进行的，如果修改其他条款导致全部债权终止确认，债权人应当按照修改后的条款以公允价值初始计量重组债权，重组债权的确认金额与债权终止确认日账面价值之间的差额，记入"投资收益"科目。如果修改其他条款未导致债权终止确认，债权人应当根据其分类，继续以摊余成本、以公允价值计量且其变动计入其他综合收益或者以公允价值计量且其变动计入当期损益进行后续计量。对于以摊余成本计量的债权，债权人应当根据重新议定合同的现金流量变化情况，重新计算该重组债权的账面余额，并将相关利得或损失记入"投资收益"科目。重新计算的该重组债权的账面余额，应当根据将重新议定或修改的合同现金流量按债权原实际利率折现的现值确定，购买或源生的已发生信用减值的重组债权，应按经信用调整的实际利率折现。对于修改或重新议定合同所产生的成本或费用，债权人应当调整修改后的重组债权的账面价值，并在修改后重组债权的剩余期限内摊销。

债务重组采用修改其他条款方式进行的,如果修改其他条款导致债务终止确认,债务人应当按照公允价值计量重组债务,终止确认的债务账面价值与重组债务确认金额之间的差额,记入"投资收益"科目。如果修改其他条款未导致债务终止确认,或者仅导致部分债务终止确认,对于未终止确认的部分债务,债务人应当根据其分类,继续以摊余成本、以公允价值计量且其变动计入当期损益或其他适当方法进行后续计量。对于以摊余成本计量的债务,债务人应当根据重新议定合同的现金流量变化情况,重新计算该重组债务的账面价值,并将相关利得或损失记入"投资收益"科目。重新计算的该重组债务的账面价值,应当根据将重新议定或修改的合同现金流量按债务的原实际利率或按《企业会计准则第24号——套期会计》第二十三条规定的重新计算的实际利率(如适用)折现的现值确定。对于修改或重新议定合同所产生的成本或费用,债务人应当调整修改后的重组债务的账面价值,并在修改后重组债务的剩余期限内摊销。

四、案例分析

(一)债权人 A 公司的会计处理

(1)2022 年 3 月 15 日(房产转让)。

借:投资性房地产　　　　　　　　　　　　　　2 000 000
　　贷:应收账款　　　　　　　　　　　　　　　　　2 000 000

放弃债权的公允价值为 512 万元,得到了股权 100 万元(50×2)、展期的应收账款公允价值 212 万元、投资性房地产。按照得失相等原则,投资性房地产的入账价值为 200 万元(512 - 100 - 212)。债权人应在收取债权现金流量的合同权利终止时,同时终止确认全部债权。所以,2022 年 3 月 15 日不能终止确认全部债权,也就不能确认债务重组相关损益。此笔会计分录的重点在于先确认得到的房产(投资房地产)的入账价值 200 万元,入账价值是多少,就冲减多少应收账款的账面余额,并不是约定好的抵偿部分债务 230 万元。在 2022 年 2 月 21 日合同生效日的新约定中,债务人偿付总债务等于办公楼抵债、股票公允价值、免除债务和债务展期之和,即 592 万元(230 + 100 + 50 + 212)。此时约定的办公楼抵债尽管是 230 万元,但在债权人账务处理中,按照付出代价计量得到资产入账价值的原则,投资性房地产只能计量 200 万元,相应冲减债权(应收账款)的金额也只有 200 万元,而不是 230 万元。

（2）2022年4月18日（发行股票）。

借：交易性金融资产——B公司股票	1 500 000
应收账款——债务重组	2 120 000
坏账准备	100 000
投资收益	200 000
贷：应收账款	3 920 000

2022年3月15日完成房产转让，4月18日完成股权转让，至此，两项偿债义务完成。按照约定，A公司免除B公司50万元债务，并将尚未偿还的债务212万元展期至2022年12月31日，此时债务重组完成，可以确认全部债务重组相关损益，并按照修改后的条款确认新金融资产。受让股权的公允价值为150万元（50×3），投资收益为 −20万元［新金融资产的确认金额−债权终止确认日账面价值 =（150+212）−（592−200−10）］，记入"投资收益"科目的借方。

（二）债务人B公司的会计处理

（1）2022年3月15日（房产转让）。

借：固定资产清理	1 600 000
累计折旧	1 000 000
贷：固定资产	2 600 000
借：应付账款	1 600 000
贷：固定资产清理	1 600 000

由于债务人通过交付资产或权益工具解除了其清偿债务的现时义务，债务人一般可以终止确认该债务。但2022年3月15日没有全部交付资产和权益工具，所以不能终止确认全部债务，也就不能确认债务重组相关损益。对比此笔会计分录和债权人当日作的会计分录，债权人冲减的债权是200万元，债务人冲减的债务是160万元，与双方约定的抵偿230万元债务均不一致。双方不一致的原因主要是两者处理的原则不一样。此笔债务偿还后，应付账款账面余额为432万元（592−160）。

（2）2022年5月12日（发行股票）。

借：应付账款	4 320 000
贷：股本	500 000
资本公积	1 000 000
应付账款——债务重组	2 200 000
其他收益	620 000

债务人通过增资发行股票，两个约定的偿债方式均已满足，则其他的两项，免除 50 万元债务以及展期 212 万元的债务就自动生效。该债务重组协议的执行过程和结果不确定性于 2022 年 4 月 18 日消除时，债务人清偿该部分债务的现时义务已经解除，可以确认债务重组相关损益，并按照修改后的条款确认新金融负债。2022 年 4 月 18 日剩余的原债务 432 万元，全部结清，付出的权益工具成本为 150 万元（50×3）（其中，股本 50 万元，资本公积＝150－50＝100 万元）。"应付账款——债务重组"科目的入账金额为 220 万元〔212×（1＋10%）÷（1＋6%）〕，其他收益为 62 万元（432－150－220）。

另外，如果重组债务未来现金流量（包括支付和收取的某些费用）现值与原债务的剩余期间现金流量现值之间的差异超过 10%，则构成实质性修改。案例中，有关现值的计算均采用原债务的实际利率（6%），差异额具体计算如下。

债务未来现金流量（包括支付费用）现值＝212×（1＋10%）÷（1＋6%）
＝220（万元）

现金流变化为 4%〔（220－212）÷200〕，小于 10%，因此针对 212 万元本金部分的合同条款的修改不构成实质性修改，不终止确认该部分负债。

五、案例小结

（一）债权人的会计处理

1. 基本原则

如果作出实质性修改，或者债权人与债务人之间签订协议，以获取实质上不同的新金融资产方式替换债权，应当终止确认原债权，并按照修改后的条款或新协议确认新金融资产。债权人修改其他条款方式或组合方式进行债务重组，一般为实质性修改。

2. 会计处理方法

（1）实质性修改。债权人应当按照修改后的条款以公允价值初始计量新的金融资产，新金融资产的确认金额与债权终止确认日账面价值之间的差额记入"投资收益"科目。

（2）非实质性修改。债权人应当根据其分类继续以摊余成本、以公允价值计量且其变动计入其他综合收益，或者以公允价值计量且其变动计入当期损益进行后续计量。

（二）债务人的会计处理

1. 基本原则

对于债务人，作出"实质性修改"形成重组债务，或者债权人与债务人之间签订协议，以承担"实质上不同"的重组债务方式替换债务，债务人应当终止确认原债务，同时按照修改后的条款确认一项新金融负债。其中，如果重组债务未来现金流量（包括支付和收取的某些费用）现值与原债务的剩余期间现金流量现值之间的差异超过10%，则意味着新的合同条款进行了"实质性修改"或者重组债务是"实质上不同"的，有关现值的计算均采用原债务的实际利率。债务人实质性修改的判断，需要考虑10%的标准，债权人没有10%的标准。

2. 会计处理方法

（1）实质性修改。债务人应当按照公允价值计量重组债务，终止确认的债务账面价值与重组债务确认金额之间的差额，记入"投资收益"科目。

（2）非实质性修改。债务人应当根据其分类，继续以摊余成本、以公允价值计量且其变动计入当期损益或其他适当方法进行后续计量。

第八章 保险合同准则

第一节 保险合同的确认

一、案例背景

案例 8-1 A公司为一家国有大型保险公司，2022年该公司的保险业务有以下几个特殊事项。

（1）2022年2月，A公司发行了信用风险缓释凭证，该凭证担保的标的为X上市公司发行的债券。合同条款约定，凭证认购方无须持有对应数量的标的债券。债券认购方在认购债券时同时购买信用风险缓释凭证。如果债券发行方到期未支付利息或偿还本金，即使凭证持有方并不持有标的债券也不会最终遭受损失，A公司仍将支付给凭证持有方约定的款项。

（2）2022年5月，A公司推出一款投连险保单，其中，合同规定：如果被保险人身亡，身亡赔偿金为客户已交保费与保单账户价值之间的较高者。即，当被保险人在投保不久后身故，已交保费小于保单账户价值时，身故赔偿金等于已交保费；当被保险人在投保持续较长时期后身故，保单账户价值超过客户已交保费时，身故赔偿金等于保单账户价值。

（3）2022年7月，A公司与客户签订了500张5年期的团体医疗费用保单，约定最终赔付率不高于保费的90%。

（4）2022年8月，A公司与客户签订了一份终身寿险合同，约定A公司根据客户所交保费的85%为客户设置一个账户，并保证每年结算给客户的最低投资收益率为年初该账户余额的1%。客户退保时，可以领取对应时点的账户余额；客户身故时，A公司支付给客户指定受益人的金额为对应时点账户余额的150%。

（5）2022年11月，A公司签发一份养老年金保险合同，约定在年金领受人退休以后直至其身故，A公司每月支付的养老年金金额与全国居民消费价格指数挂钩。

问题：A 公司发生的上述保险业务是否都属于保险合同？

二、准则链接

《企业会计准则第 25 号——保险合同》（2020 年修订）第二条、第七条、第八条规定如下。

第二条 保险合同，是指企业（合同签发人）与保单持有人约定，在特定保险事项对保单持有人产生不利影响时给予其赔偿，并因此承担源于保单持有人重大保险风险的合同。

保险事项，是指保险合同所承保的、产生保险风险的不确定未来事项。

保险风险，是指从保单持有人转移至合同签发人的除金融风险之外的风险。

第七条 企业应当评估各单项合同的保险风险是否重大，据此判断该合同是否为保险合同。对于合同开始日经评估符合保险合同定义的合同，后续不再重新评估。

第八条 企业基于整体商业目的而与同一或相关联的多个合同对方订立的多份保险合同，应当合并为一份合同进行会计处理，以反映其商业实质。

三、疑点、难点分析

企业应当评估各单项合同的保险风险是否重大，即进行重大保险风险测试，据此判断该合同是否为保险合同，只有转移了重大保险风险的合同才是保险合同。即使合同组合或者合同组发生重大损失的可能性很小，单项合同的保险风险仍然可能是重大的，企业必须以单项合同为基础识别保险合同。对于合同开始日经评估符合保险合同定义的合同，后续不再重新评估，除非该合同因修改而终止确认并被确认为一项新合同。

企业在进行重大保险风险测试时，应当认定同时符合下列条件的合同转移了重大保险风险。

（1）至少在一个具有商业实质的情形下，发生合同约定的保险事项可能导致签发人支付重大额外金额，即使保险事项发生可能性极小，或者或有现金流量按概率加权计算所得的预期现值占保险合同剩余现金流量的预期现值的比例很小。其中，对交易没有经济上的可辨认影响的，表明不具有商业实质。

一般情况下，企业在判断上述额外金额是否重大时，可以计算额外金额占保险事项不发生的情形下企业支付金额现值的比例，如果上述比例超过一定百分比（如5%），则可认为转移的保险风险是重大的，否则转移的保险风险不重大。

额外金额是保险事项发生时比不发生时多支付金额（包括索赔处理费和理赔估损费）的现值。例如，一项寿险合同赔付的死亡给付金额的现值大于保单持有人生存时应付金额的现值，该多支付的现值为额外金额。额外金额应当按现值计算。如果某合同约定签发人在某一发生时间不确定的事项发生时进行赔付，而该赔付金额不按货币时间价值进行调整，则可能出现即使赔付的名义金额是固定的，其现值仍会增加的情形。企业应当根据《企业会计准则第25号——保险合同》（2020年修订）（以下简称"新保险合同准则"）第二十五条要求的折现率确定额外金额的现值。

额外金额不包括：①因未能向保单持有人提供未来服务而少收取的管理费。例如，在一项投连人寿保险合同中，当保单持有人死亡时企业无法继续履行投资管理服务并进行收费，但是企业的经济损失并非由保险风险所致，因此在评估合同转移保险风险是否重大时，不应考虑未来投资管理费的潜在损失。②因保单持有人死亡而免除撤销合同或退保应收取的手续费。这些手续费因合同而产生，免除手续费并不能补偿保单持有人在取得合同前已存在的风险，因此在评估合同转移保险风险是否重大时不予考虑。③针对未导致保单持有人重大损失的事项而支付的款项。④通过分出再保险合同摊回的金额。企业对分出的再保险合同摊回的金额应当单独进行会计处理。

（2）至少在一个具有商业实质的情形下，发生合同约定的保险事项可能导致签发人按现值计算遭受损失。一般情况下，企业判断是否因上述保险事项遭受损失的标准是保险事项发生的情形下企业的未来现金流出现值大于流入现值。但是，即使一项再保险合同可能不会使其签发人遭受重大损失，只要该再保险合同将对应的保险合同分出部分中几乎所有的保险风险都转移给了再保险分入人，那么该再保险合同仍被视为转移了重大保险风险。

在进行重大保险风险测试时，企业不应考虑合同边界外的现金流量。保险合同边界内的现金流量，是与该合同履约直接相关的现金流量，包括企业可相机确定其金额和时间的现金流量。企业有权要求保单持有人支付保费或者有实质性义务向保单持有人提供保险合同服务的，该权利或义务所产生的现金流量在保险合同的边界内。

四、案例分析

1.A公司发行的信用风险缓释凭证不属于保险合同

保险风险，是指从保单持有人转移至合同签发人的除金融风险之外的风险。保险风险源于不确定未来事项对合同持有人产生的不利影响,并将由持有人转移至签发人。一些合同要求在特定不确定的未来事项发生时进行赔付,但并不要求将对保单持有人产生不利影响作为赔付的前提条件,即使合同持有人使用该合同缓释潜在风险敞口,这样的合同也不是保险合同。该信用风险缓释凭证对应的款项支付并不以违约事项对持有人造成不利影响为前提,因此该合同不是保险合同。

2.A 公司推出的投连险保单不属于保险合同

保险风险重大的一个重要前提是,支付附加利益的情形要具备商业实质,即保险风险要对交易的经济意义有可辨认的影响。所谓交易的经济意义,是指交易双方的交易目的。例如,保险公司的交易目的主要是想通过保险业务获取期望收益。客户交易的目的可以分为三类:获得保障(纯保障目的)、获得保障和投资收益(保障和投资目的)、获得投资收益(纯投资收益目的)。在明确双方的交易目的后,就可以判断保险风险对交易的经济意义是否具有可辨认的影响。从重大保险风险测试角度来看,当被保险人在前几年身故时,死亡给付额(已交保费)大于甚至远大于保单现金价值(或退保金),附加利益水平看起来可以满足重大保险风险测试要求。但是,这张保单显然是一个纯粹的投资产品,并没有实质保障功能,保险风险对客户的交易目的(获取投资收益)没什么影响,保险风险对保险公司的交易目的(获取期望利润)只有微弱影响——指保单前面几年,客户已交保费大于保单账户价值,针对极少数客户的身故给付对公司期望利润有微弱影响。因此,这类投连险保单可能属于具有重大附加利益,但保险风险对交易的经济意义没有可辨认的影响的情形。该保单很可能无法通过重大保险风险测试,应该将其归类为投资合同。

3.A 公司签发的团体医疗费用保险不属于保险合同

从团体中的每个被保险人来看,这类保险的保单具备保额远超个体保费(或平均费)的保障功能,但从总体或团体来看,这类保险的单项合同的赔付通常是不超过保费的,无法通过重大保险风险测试,进而无法被确认为保险合同。

4.A 公司签发的终身寿险保险和养老年金保险属于保险合同

保险风险是企业必须从保单持有人处接受的、保单持有人已面临的风险。任何由合同给企业或保单持有人带来的新的风险都不是保险风险。仅使签发人承担金融风险而不承担重大保险风险的合同不是保险合同。金融风险,是指一项或多项特定利率、金融工具价格、商品价格、汇率、物价或利率指数、信用等级或信用指数或者其他变量在未来可能发生变化的风险,变量为非金融变量的,该变量不应与合同的任何一方存在特定关系。非金融变量可能与合同一方存在或者不存在特定关系。金融风险不包括与合同一方特定相关的非金融变量在未来可能发生变化的风险。例如，合同一方所持有的一项特定非金融资产的公允价值不仅取决于同类资产市场价格（金融变量），还取决于该项资产的实际状况（非金融变量），因此该项非金融资产公允价值变动的风险不是金融风险。

案例 8-1 中，A 公司签发的终身寿险保险不仅因保证该账户的最低收益率水平而面临金融风险，还面临重大保险风险，即当客户身故时在支付保单持有人账户余额之外还要额外支付重大的金额，所以该合同为保险合同。同理，A 公司签发的养老年金保险，合同约定消费价格指数为金融变量，但是每一笔挂钩该指数的赔付还取决于年金领受人在该笔赔付对应的期间是否生存，因此，该合同同时包含金融风险和保险风险，如果转移的保险风险是重大的，那么该合同为保险合同。

五、案例小结

企业应当评估各单项合同的保险风险是否重大，据此判断该合同是否为保险合同。

1. 该合同为保险合同

如果以下合同所转移的保险风险是重大的，则这些合同为保险合同。

（1）实物失窃或者损坏的保险。例如，个人电子产品财产保险、机动车损失保险、财产盗窃、抢劫保险等。

（2）产品责任、民事责任、职业责任的保险。例如，董事、监事及高级管理人员职业责任保险、监护人责任保险等。

（3）人寿保险和预付殡葬服务合同。例如，终身人寿保险、定期人寿保险等。

（4）年金和养老金保险，即在保单持有人生存（不确定未来事项）的期间内，合同签发人定期向保单持有人支付约定金额的款项，以防保单持有人在长寿情况下出现经济风险。例如，即期年金保险。但是，根据新保险合同准则第四条第（二）项，离职后福利计划中的雇主责任不属于本准则的适用范围。

（5）伤残及医疗保险。例如，个人住院医疗保险、收入失能保险、护理保险、团体意外伤害保险等。

（6）履约保证和投标保证等担保，即合同签发人在第三方不履行合同义务时补偿保单持有人损失的合同。例如，建设工程完工履约保证保险、投标履约保证保险等。

（7）质量保证。例如，产品质量保证保险、船舶建造质量保证保险、汽车产品三包质量保证保险等。其中，第三方对生产商、经销商或零售商所售商品或服务签发的质量保证属于新保险合同准则的适用范围；由生产商、经销商或零售商对其所售商品或服务提供的质量保证不属于新保险合同准则的适用范围。

（8）知识产权保险。例如，侵犯专利权责任保险、知识产权许可保险等。

（9）旅游保险，即对保单持有人旅行过程中所遭受的损失进行赔偿。例如，旅游观光景点、娱乐场所意外伤害保险等。

（10）当发生保险事项导致发行人遭受一定损失时，将视损失大小免除债券发行方偿还全部或部分债券本金和未付利息义务的债券合同。

（11）要求对于与合同一方特定相关的气候、地质或其他物理变量的变化而导致损失进行赔付的合同。

2. 该合同不是保险合同

下列合同不是保险合同：

（1）具有保险合同的法律形式，但合同持有人未向企业（合同签发人）转移重大保险风险的投资合同。

（2）具有保险合同的法律形式，但通过不可撤销并强制执行的机制，使保单持有人未来支付金额因保险损失做出调整，从而将所有重大保险风险转回给保单持有人。例如，甲公司与乙公司签订形式上的再保险合同，约定甲公司支付保费后，对应保险合同引起的甲公司赔款全部由乙公司承担。但是，如果乙公司向甲公司支付的赔款及按适当利率计算的利息之和大于保费及按适当利率计算的利息之和，甲公司需要向乙公司返还该差额；反之，乙公司需要向甲公司支付该差额。根据该合同条款，甲公司实际仅能获得相当于其支付的保费及按适当利率计算的利息之和的金额，甲公司实质上并未转移保险风险。一些财务再保险合同或团体保险合同将所有重大保险风险都转回给了保单持有人，这些合同通常为金融工具或服务合同，不适用保险合同准则，通常适用《企业会计准则第22号——金融工具确认和计量》《企业会计准则第23号——金融资产转移》《企业会计准则第24号——套期会计》和《企业会计准则第37号——金融工具列报》（以下统称"金融工具相关会计准则"）或新收入准则。

（3）集团或企业内部保险。例如，企业向其子公司签发保险合同，在该企业合并财务报表层面，不存在与合并范围外另一方的合同，因此不存在保险合同。又如，企业分支机构向其总部签发保险合同，在该企业财务报表层面，不存在与企业外另一方的合同，因此不存在保险合同。

（4）要求在特定的不确定未来事项发生时进行付款，但不以该事项对合

第八章 保险合同准则

同持有人造成不利影响作为付款的合约性前提条件的合同。

（5）在第三方债务人到期未偿还债务时，即使合同持有人并未遭受损失仍要求合同签发人支付款项的、与信用相关的担保。

（6）要求基于不与合同一方特定相关的气候、地质或其他物理变量确定付款的合同，例如天气衍生工具。

（7）发行人基于不与合同一方特定相关的气候、地质或其他物理变量，减额支付本金、利息或本息的合同。

第二节　保险合同的分拆

一、案例背景

案例 8-2　A 保险公司（以下简称 A 公司）签发了一份含有账户价值的人寿保险合同。A 公司在合同签发时收到保费 1 000 元。账户价值每年随保单持有人自愿支付的金额增加而增加，随特定资产投资回报金额而变化，并因 A 公司根据合同约定从账户中扣取费用而减少。合同约定，如果被保险人在责任期内身故，则 A 公司支付的死亡给付为当时的账户价值加上 5 000 元；如果保单持有人退保，则 A 公司将支付账户价值。该合同提供的保险保障服务与账户价值只能同时存在，也将同时失效或满期。假设该人寿保险合同符合转移重大保险风险的条件。A 公司理赔部门负责处理收到的赔案，资产管理部门负责管理投资。同时，市场上有另一个金融机构在销售一款具有与账户价值条款相同但不提供保险保障服务的投资产品。

案例 8-3　2022 年 3 月 1 日，B 保险公司（以下简称 B 公司）与 Y 市政府机构签订了《Y 市城镇居民大病医疗保险协议》，责任期为 2022 年 4 月 1 日至 2023 年 4 月 1 日。假设该协议除了是否转移重大保险风险尚待测试，符合以该政府机构为保单持有人的保险合同的定义。

协议约定，如果针对大病医疗的最终赔付率不足 90%，B 公司在正常支付赔款的基础上，还应另行向该政府机构支付保费乘以（90% — 最终赔付率）计算所得的金额，但该另行支付的金额最高不超过保费的 12%（根据历史数据和经验，该类大病医疗保险的最终赔付率低于 80% 的概率非常低，因而合同双方商定将另行支付的最高比例设定为 12%）；如果最终赔付率高于 90%，B 公司在正常支付赔款之外，无需另行支付任何金额，但如果最终赔付率高于120%，在B公司正常支付赔款之后，该政府机构应向B公司支付保费乘以（最终赔付率－120%）计算所得的金额。假设本例无其他履约现金流量，也不考虑货币时间价值等其他因素。

案例 8-4 2021年5月，C保险公司（以下简称C公司）与T公司签订了一份保险合同，约定以200万元作为起赔点，由T公司自行承担其雇员当年在200万元以下的医疗费用，超过200万元的部分，C公司提供100%的保险保障服务。同时，C公司于2021年内为T公司的雇员提供理赔服务，无论T公司员工医疗赔付是否超过起赔点200万元，C公司均负责代表T公司处理雇员的医疗赔付，且对该理赔服务单独收费。C公司注意到市场上有企业单独提供类似的代表客户处理理赔事务的服务，但不含任何保险保障成分。C公司对理赔服务的收费与市场价格一致。

案例 8-5 2021年1月，D保险公司（以下简称D公司）与H商业银行签署的一项合同约定，从签署日起一年内，H银行发放按揭贷款的所有借款人可自行选择购买该合同提供给借款人在相关按揭贷款存续期内的人身保险保障服务，D公司根据每个借款人的情况单独确定了人身保险保障服务的价格。如果借款人选择购买该服务，那么当其身故或伤残导致无法履行还款义务时，由D公司直接向H银行偿还相关按揭贷款未偿还本金和利息。除了向H银行申请按揭贷款，这些借款人之间没有其他关联关系。

案例 8-6 2022年7月，E保险公司推出一项养老金产品，协议约定E公司以终身年金给付的形式为被保险人提供长寿风险保障，但年金金额与养老成本指数挂钩。

问题：上述保险合同是否需要进行拆分？

二、准则链接

《企业会计准则第25号——保险合同》（2020年修订）第九条、第十条规定如下。

第九条 保险合同中包含多个组成部分的，企业应当将下列组成部分予以分拆，并分别适用相关会计准则：

（一）符合《企业会计准则第22号——金融工具确认和计量》分拆条件的嵌入衍生工具，适用金融工具相关会计准则。

第八章 保险合同准则

（二）可明确区分的投资成分，适用金融工具相关会计准则，但与投资成分相关的合同条款符合具有相机参与分红特征的投资合同定义的，应当适用本准则。

（三）可明确区分的商品或非保险合同服务的承诺，适用《企业会计准则第 14 号——收入》。保险合同经上述分拆后的剩余组成部分，适用本准则。

投资成分，是指无论保险事项是否发生均须偿还给保单持有人的金额。

保险合同服务，是指企业为保险事项提供的保险保障服务、为不具有直接参与分红特征的保险合同持有人提供的投资回报服务，以及代具有直接参与分红特征的保险合同持有人管理基础项目的投资相关服务。

第十条 企业应当根据保险合同分拆情况分摊合同现金流量。合同现金流量扣除已分拆嵌入衍生工具和可明确区分的投资成分的现金流量后，在保险成分（含未分拆嵌入衍生工具、不可明确区分的投资成分和不可明确区分的商品或非保险合同服务的承诺，下同）和可明确区分的商品或非保险合同服务的承诺之间进行分摊，分摊至保险成分的现金流量适用本准则。

三、疑点、难点分析

实务中，保险合同可能包含一系列产生现金流入和流出的权利和义务。一些保险合同只提供保险保障服务，另一些保险合同可能还包含一个或多个不同的非保险成分，如嵌入衍生工具、投资成分及商品或非保险合同服务的承诺成分。

（一）嵌入衍生工具

保险合同中通常包含嵌入衍生工具，如退保选择权。根据《企业会计准则第 22 号——金融工具确认和计量》（2017 年修订），如果同时符合下列条件，即嵌入衍生工具的经济特征和风险与主合同的经济特征和风险不紧密相关，与嵌入衍生工具具有相同条款的单独工具符合衍生工具的定义，且该混合合同不以公允价值计量且其变动计入当期损益进行会计处理，企业应当分拆嵌入衍生工具。分拆出的嵌入衍生工具应当适用金融工具相关会计准则，但嵌入衍生工具本身是保险合同且适用新保险合同准则的除外。

（二）投资成分

若保险合同中包含的投资成分是可明确区分的投资成分，企业应当将其分拆，并根据金融工具相关会计准则对该投资成分进行会计处理；但如果该投资成分为适用保险合同准则的、具有相机参与分红特征的投资合同，应当根据保险合同准则进行会计处理。

如果投资成分同时符合下列条件，则视为可明确区分的投资成分。

1. 投资成分和保险成分非高度关联

如果符合下列条件之一，投资成分和保险成分高度关联：①投资成分和保险成分不可单独计量，即无法在不考虑另一个成分的情况下计量其中一个成分。如果一个成分的价值随另一个成分的价值变动而变动，则两个成分高度关联。②保单持有人无法从其中一个成分单独获益，只能在两个成分同时存在时获益。如果合同中一个成分的失效或到期会造成另一个成分的失效或到期，则两个成分高度关联。

2. 签发该保险合同的企业或其他方可以在相同的市场或地区单独出售与投资成分具有相同条款的合同

企业在进行以上判断时应考虑所有可合理获得的信息，但在判断某投资成分是否可单独出售时，无须对市场上所有合同进行全面识别。

（二）商品或非保险合同服务的承诺

企业应当在分拆符合《企业会计准则第 22 号——金融工具确认和计量》（2017 年修订）分拆条件的嵌入衍生工具和可明确区分的投资成分后，再考虑分拆可明确区分的商品或非保险合同服务的承诺，并适用新收入准则。

保险合同服务，是指企业为保险事项提供的保险保障服务、为不具有直接参与分红特征的保险合同持有人提供的投资回报服务，以及代具有直接参与分红特征的保险合同持有人管理基础项目的投资相关服务。

企业应当分拆可明确区分的商品或非保险合同服务，不应考虑其为履行合同义务而必须实施的其他活动，除非企业在该活动发生时向保单持有人提供了保险合同服务之外的商品或服务。例如，为了做好订立合同的准备，企业可能需要完成若干行政管理性质的工作，企业在执行该活动时并未向保单持有人提供服务，所以不存在需要拆分的可明确区分的非保险合同服务。

对于企业向保单持有人承诺的商品或非保险合同服务，如果保单持有人能够从单独使用或与其他易于获得的资源一起使用该商品或非保险合同服务中受益，则应当将其作为可明确区分的商品或非保险合同服务的承诺。易于获得的资源是指企业或其他企业单独销售的商品或服务，或者保单持有人已经从企业获得的资源（包括企业按照合同将会转让给保单持有人的商品）或从其他交易或事项中获得的资源。

如果同时符合下列条件，商品或非保险合同服务的承诺不可明确区分：①该商品或非保险合同服务承诺的相关现金流量及风险与合同中保险成分的相关现金流量及风险高度关联；②企业提供了重大的服务以将该商品或非保险合同服务承诺与保险成分进行整合。

（三）保险成分

企业在识别并分拆出符合上述分拆条件的非保险成分后，剩余的保险成分应当按照保险合同准则进行会计处理。值得一提的是，保险成分中还包含了未分拆的嵌入衍生工具、不可明确区分的投资成分和不可明确区分的商品或非保险合同服务的承诺。

通常情况下，如果单项合同的剩余组成部分在法律形式上的权利和义务实质体现为一个整体，则企业不应进一步分拆单项合同中剩余的组成部分，而应当将该剩余组成部分作为一个整体并按照保险合同准则进行会计处理。单项合同中包含不同类型的保险保障服务本身并不足以表明其可以分拆为多个成分分别进行会计处理。即使单项再保险合同的保障范围同时覆盖多项对应的保险合同，也并不足以表明该再保险合同可以分拆为多个成分分别进行会计处理。

实务中也可能存在一些其他情形，例如，一项合同中包含的多项保险成分仅是为了简化保单持有人的操作手续，且该合同的定价也仅是多项保险成分各自价格的简单相加，此时企业不应当将单项合同的剩余组成部分作为整体进行会计处理。

对于一项包括主险和附加险的保险合同，企业应当根据该合同条款的约定和其他事实情况，考虑以下因素以决定主险和附加险是否应当分拆为多个成分：①主险和附加险是否可以分开销售和定价；②主险和附加险是否同时失效；③主险和附加险的风险是否相互依赖。

运用保险合同合并规定和保险合同分拆规定，企业应当得出关于合并、分拆的相同判断结果。例如，根据保险合同分拆规定判断应当分拆出的不同成分，企业不应当再根据保险合同合并规定判断将其合并；反之亦然。

初始确认时，企业应当根据保险合同分拆情况分摊合同现金流量，合同现金流量扣除已分拆的嵌入衍生工具和可明确区分的投资成分的现金流量后，在保险成分和可明确区分的商品或非保险合同服务的承诺之间进行分摊。具体来说，企业应当根据新收入准则，将现金流入分摊至保险成分和可明确区分的商品或非保险合同服务承诺成分；将与保险成分和可明确区分的商品或非保险合同服务承诺成分直接相关的现金流出分摊至该成分，将与保险成分和可明确区分的商品或非保险合同服务承诺成分不直接相关的现金流出，在系统合理的、反映该成分为一个单独合同时企业预计将产生的现金流出的基础上进行分摊。分摊至保险成分的现金流量适用保险合同准则。

四、案例分析

（1）对于案例8-2，属于包含投资成分和非保险合同服务承诺的保险合同，企业需要判断该投资成分和非保险合同服务承诺是否可明确区分。因为案例8-2已明确说明市场上存在相同的保险产品，所以关键要看投资成分与保险成分是否紧密相连。根据《国际财务报告准则第17号——保险合同》的解释，如果满足以下两种情形的一种，就可以说明投资成分与保险成分紧密相连，无需进行拆分，整体按照保险合同会计准则进行确认和计量：①一种成分的价值随另一种成分的价值的变动而变动，导致保险公司在计量相关资产负债科目和收入支出科目时，无法在不考虑投资成分（保险成分）的条件下单独计量保险成分（投资成分）；②一种成分的失效或到期，会造成另一种成分的失效或到期（同时失效或到期），导致保单持有人无法在保险成分（投资成分）不在的条件下单独从投资成分（保险成分）上获益。

在实践中，保险公司在开展保险业务时，开展的工作或服务可分为两类：第一类是客户无法直接感受到的保险公司中后端工作，如公司财务管理、会计核算、风险管控、资产经营等。这类工作不会直接提供给被保险人，即便是非保险服务，也无需进行拆分。第二类是客户可以直接感受到或保险公司提供给客户的各种服务或商品。如：①保险销售、咨询、核保、理赔等，这些属于保险服务，不能进行拆分；②为销售保单而向客户赠送的商品（包括交通卡、购物卡、加油卡等），这些商品属于可明确区分的商品或非保险服务承诺，应该从保险合同中分拆出去，但这属于给予客户除保险合同利益之外的利益输送，是违规的，保险公司通常不会公开披露并进行分拆；③提供或赠送保险相关服务，包括与车险相关的道路救援、划痕补漆、酒后代驾等服务，与旅游保险相关的紧急救援服务，与健康保险相关的专家预约服务等。这些服务属于与保险合同密切相关且与保险服务一起提供给客户的，属于不可明确区分的非保险合同服务承诺，无需进行拆分；④保险公司可能会将其他服务（体检、美容、养生保健等）与保险服务进行组合后销售给客户，此时，客户可以从健康管理等服务中单独获取收益，且这些服务的风险和未来现金流与保险成分不是密切相关的，而且市场上有类似单独服务的单独销售，保险公司应该将这些服务从保险合同中拆分出去。

虽然案例8-2中表明市场上存在一款与账户价值条款相同的投资产品，但是该合同的保险保障服务与账户价值同时失效或到期，表明保险成分与账户价值高度关联,所以该账户价值不符合可明确区分的投资成分的条件,不应从该保险合同中分拆。而理赔活动和资产管理活动都是 A 公司为了履行合同而必须实施的活动,而且 A 公司没有因为执行这些活动而向保单持有人转让商品或非保险合同服务,因此不应从保险合同中分拆理赔服务成分和资产管理服务成分。

(2)对于案例 8-3,属于包含投资成分的保险合同,需要区分投资成分是否是可明确区分的。由于发生保险事项时 B 公司支付的净赔付金额的上限为保费的 120%,超过不发生保险事项时 B 公司支付的金额,即保费的 12%,该额外金额与不发生保险事项时甲公司支付金额的比例[(120% − 12%)÷ 12% = 900%]较大,即 B 公司支付重大额外金额。此外,发生保险事项产生的净赔付金额可能达到保费的 120%,从而导致 B 公司因保险事项而遭受损失(按现值计算)。因此,此协议符合转移重大保险风险的条件。

无论保险事项是否发生,B 公司必须支付的最低金额(即 B 公司须偿还给保单持有人的金额)为保费的 12%,即该保险合同中的投资成分为保费的 12%。由于该保险合同中的投资成分与保险成分一起失效或到期,两个成分高度关联,因此该投资成分为不可明确区分的投资成分。

案例 8-3 中的协议条款在一定程度上体现了城镇居民大病医疗保险收支平衡、保本微利的原则。当最终赔付率较低时,B 公司适当向该政府机构返还金额,假定本例中最终赔付率为 80%,B 公司支付的净赔付金额仍达到保费的 92%(即 80% + 12%),体现了"微利"原则。协议中约定的最低返还金额比例(如本例中的 12%)越高,该合同的不可明确区分的投资成分占保费的比例也就越高。当最终赔付率较高时,政府机构向 B 公司支付一定金额,以使 B 公司支付的净赔付金额不超过保费的 120%,体现了"保本"的原则。如果协议中约定的该比例(即本例中的 120%)等于或小于 100%,则该协议不符合转移重大保险风险的条件。

(3)对于案例 8-4,C 公司在判断是否应当将该理赔服务作为可明确区分的服务进行分拆时,考虑了以下因素:①T 公司从 C 公司提供的理赔服务中获得的利益独立于保险保障服务。如果 C 公司不提供该项服务,T 公司需要自行处理雇员的医疗赔付或者雇用其他服务供应商提供该项服务。②理赔服务的相关现金流量与保险保障服务的现金流量不是高度关联的,且 C 公司未提供整合理赔服务和保险成分的重大服务。综合上述因素,C 公司提供的理赔服务是可明确区分的服务,C 公司应当从该保险合同中分拆出该项理赔服务,并根据新收入准则进行会计处理。

(4)对于案例 8-5,虽然在法律形式上 D 公司与 H 银行已签署的团体保险合同是一项合同，但是 D 公司应考虑下列因素：①每个借款人的保险保障服务单独定价和出售；②借款人之间互相不关联；③每个借款人都可以自主选择是否购买保险保障服务。综上，当不存在表明该合同的权利和义务实质是一个整体的其他因素时，D 公司与 H 银行签署的团体保险合同应当分拆为多项保险合同进行会计处理，即每项与该银行借款人的保险保障服务约定都视作单项保险合同。

（5）对于案例 8-6，属于嵌入衍生工具的保险合同，主要是判断嵌入衍生工具是否与主合同紧密相连。如果两者紧密相连，则意味着分拆计量的成本高于收益；如果两者联系不紧密，则意味着分拆计量的成本低于收益，应该进行分拆。根据嵌入衍生工具的类型，嵌入衍生工具保险合同的拆分可分为：①属于保险合同而不予分拆的嵌入衍生工具保险合同，如死亡给付，与权益价格相挂钩，且仅在保单持有人死亡时支付（退保或到期时不支付），或者是投资的单位价值与保证金额之间的较大者；以保证利率转化为年金的选择权；最低年金支付，如果支付额与投资收益相挂钩，并且保证仅与不确定的生存给付相联系，或者保单持有人可以选择按照既定条款接受与生存期相关联的支付金额或者固定支付金额。②与保险合同紧密相关而不予分拆的嵌入衍生工具保险合同。如用于确定退保或到期价值的最低利率，平价或蚀价签发且不具有杠杆作用，或取消存款成分的选择权会引发取消保险成分，且不能单独计量，或最低年金支付，如果年金支付与投资收益相挂钩，并且保单持有人可以选择按照既定条款接受与生存期相关联的支付金额或者固定支付金额。③必须分拆并按照《企业会计准则第 22 号——金融工具确认和计量》（2017 年修订）进行核算的嵌入衍生工具保险合同。如用于确定退保或到期价值的最低利率，溢价签发或者具有杠杆作用（嵌入衍生工具不与生存状态关联），或退保或到期时可取得不取决于生存状态的与权益挂钩的回报，或到期时以现金支付且并不取决于生存状态的持有至到期奖励。

案例 8-6 是为客户提供的终身寿险，属于保险合同，但年金给付金额随着养老成本指数的变动而变动，说明有嵌入衍生工具。因为衍生工具（随养老成本指数变动而变动的年金给付金额）和养老年金合同（终身养老年金）是高度相关的，该衍生工具无需进行单独拆分。

五、案例小结

通过上述案例分析，可以看出：保险合同中有的嵌入衍生工具，主要是为客户提供各种选择权和保证，而且绝大多数选择权和保证都有保险主合同的经济特征和风险高度相关，无需进行拆分；考虑到同时失效或到期的影响，几乎所有保险合同都没有明确可区分的投资成分；除了非常明显、与保险合同密切相关的商品或非保险服务承诺，如部分健康管理服务需要进行拆分，其他绝大多数商品或非保险服务承诺都无需进行拆分。

第三节　保险负债的初始计量

一、案例背景

2022年2月，A保险公司（以下简称A公司）签发了100份为期3年的保险合同，责任期从保险合同签发时开始，每张保单均为趸交保费20元，这些合同构成了一个保险合同组。A公司预计在合同签发后能立即收到保费2 000元，且对每年年末发生的现金流出情况进行了估计。市场上反映上述现金流量特征的折现率为5%。保险合同初始确认时，A公司估计非金融风险调整为150元。同时，A公司对这组保单的未来赔付有以下两种估计：

情形1：预计未来每年年末现金流出为400元，总计1 200元。

情形2：预计未来每年年末现金流出为800元，总计2 400元。

假设不考虑其他因素。

问题：A保险公司应如何对该保险合同组进行初始计量？

二、准则链接

《企业会计准则第25号——保险合同》（2020年修订）第十六条、第二十条、第二十一条、第二十七条规定如下。

第十六条　企业应当在下列时点中的最早时点确认其签发的合同组：

（一）责任期开始日；

（二）保单持有人首付款到期日，或者未约定首付款到期日时企业实际收到首付款日；

（三）发生亏损时。

合同组合中的合同符合上述时点要求时，企业应当根据本准则第三章相关规定评估其归属的合同组，后续不再重新评估。

责任期，是指企业向保单持有人提供保险合同服务的期间。

第二十条　企业应当以合同组作为计量单元。

企业应当在合同组初始确认时按照履约现金流量与合同服务边际之和对保险合同负债进行初始计量。

合同服务边际，是指企业因在未来提供保险合同服务而将于未来确认的未赚利润。

本准则第六章对分出的再保险合同组确认和计量另有规定的，从其规定。

第二十一条 履约现金流量包括下列各项：

（一）与履行保险合同直接相关的未来现金流量的估计；

（二）货币时间价值及金融风险调整；

（三）非金融风险调整。

非金融风险调整，是指企业在履行保险合同时，因承担非金融风险导致的未来现金流量在金额和时间方面的不确定性而要求得到的补偿。

履约现金流量的估计不考虑企业自身的不履约风险。

第二十七条 企业应当在合同组初始确认时计算下列各项之和：

（一）履约现金流量；

（二）在该日终止确认保险获取现金流量资产以及其他相关资产或负债对应的现金流量；

（三）合同组内合同在该日产生的现金流量。

上述各项之和反映为现金净流入的，企业应当将其确认为合同服务边际；反映为现金净流出的，企业应当将其作为首日亏损计入当期损益。

三、疑点、难点分析

企业应当在各保险合同下列时点中的最早时点确认其签发的合同组：责任期开始日；保单持有人首付款到期日，或者未约定首付款到期日时企业实际收到首付款日；发生亏损时。这就有4个时间点会影响保险合同组确认时点或初始计量时点，分别是责任期开始日、首付款到期日、实际首付款日、签发日（可判断保险合同组是否发生亏损）。所以，保险合同组确认日或初始计量日可能早于责任期开始日，至少存在以下几种情形：①约定的首次付款到期日早于责任期开始日；②无约定的首次付款到期日，但实际的首次付款日早于责任期开始日；③保单签发日早于责任期开始日，且合同已发生亏损。

在合同组初始确认时应按照履约现金流与合同服务边际之和对保险合同负债进行初始计量，即保险合同负债等于履约现金流量加上合同服务边际，即未来现金流量现值、非金融风险调整、合同服务边际之和。但并非所有的保险合同都有合同服务边际，只有当其所有现金流量现值加上非金融风险调整（包括合同组确认前、确认后和确认时的合同边界内所有现金流）体现为现金净流入时,保险公司才可以将其确认为合同服务边际,说明保险公司可能会从这一合同组上获得收益;反之,如果表现为现金净流出,保险公司需将其作为首日亏损计入当期损益,说明保险公司可能从这一合同组上亏损,因此,亏损合同组的保险合同负债账面价值等于其履约现金流量,合同服务边际为0。

四、案例分析

(一)初始确认时点或初始计量时点的判断

根据案例背景描述,保单签发日、责任期开始日和保费付款日应该是同一天,但严格来说,保单签发时点和责任期开始时点应该是在同一时刻,且均略早于保费付款时点,因此,可以把保单责任开始时点(或保单签发时点)作为初始确认时点或初始计量时点。此外,考虑到第二种赔付情形下保险合同组是亏损组,保单签发时点就应该发现亏损,应以保单签发时点(与保单责任开始时点重合)作为初始确认时点或初始计量时点。

(二)保险负债的初始计量

保险合同组处理计量时点是保单签发时点(或保单责任期开始时点),具体计量结果如表 8-1 所示。

表 8-1　保险合同组负债初始计量结果

单位:元

项目	情形 1(盈利组)	情形 2(亏损组)
未来现金流入现值的估计①	2 000	2 000
未来现金流出现值的估计②	$-[400\div(1+5\%)+400\div(1+5\%)^2+400\div(1+5\%)^3]=(1\,089.30)$	$-[800\div(1+5\%)+800\div(1+5\%)^2+800\div(1+5\%)^3]=(2\,178.60)$
未来现金流量现值的估计③=①+②	910.70	(178.60)
非金融风险调整④	(150)	(150)
履约现金流量⑤=③+④	760.70	(328.60)
合同服务边际⑥=-Max(⑤,0)	(760.70)	—
初始确认时的保险合同负债⑦=⑤+⑥	—	(328.60)

注:负数代表贷方发生额,计算结果保留两位小数(下同)。

情形1，A公司的会计处理如下。

初始确认时：

借：未来现金流量现值未到期责任负债　　　　　910.70
　　贷：未到期责任负债——非金融风险调整　　　　150.00
　　　　　　　　　　　——合同服务边际　　　　　760.70

情形2，A公司的会计处理如下。

初始确认时：

借：亏损保险合同损益　　　　　　　　　　　　328.60
　　贷：未到期责任负债　　　　　　　　　　　　　328.60

收到保费时A公司的会计处理：

借：银行存款　　　　　　　　　　　　　　　　2 000
　　贷：未到期责任负债——未来现金流量现值　　　2 000

五、案例小结

根据上述案例分析，新的保险合同会计准则实施后，那些在保单责任尚未开始时已提前收取保费的保险合同，将要在收到保费时确认并进行初始计量，如电话车险业务、寿险的部分开门红业务；那些亏损合同将会在保单签发日就进行初始计量，当保单签发日早于人、责任期开始日时，亏损将要被提前确认。

企业应当以合同组为计量单元，在合同组初始确认时按照履约现金流量与合同服务边际之和对保险合同负债进行初始计量。履约现金流量包括与履行保险合同直接相关的未来现金流量的估计、货币时间价值及金融风险调整和非金融风险调整。履约现金流量的估计不考虑企业自身的不履约风险。合同服务边际，是指企业因在未来提供保险合同服务而将于未来确认的未赚利润。企业应当在合同组初始确认时计算下列各项之和：①履约现金流量；②在该日终止确认保险获取现金流量资产以及其他相关资产或负债对应的现金流量；③合同组内合同在该日产生的现金流量。上述各项之和反映为现金净流入的，企业应当将其确认为合同服务边际；反映为现金净流出即合同组在初始确认时发生首日亏损的，企业应当将上述各项之和计入当期损益，即亏损保险合同损益，同时，将该亏损部分增加未到期责任负债账面价值。

第八章 保险合同准则

第四节 保险负债的后续计量

一、案例背景

案例 8-8 2020 年 12 月 31 日，A 保险公司（以下简称 A 公司）签发了 100 份责任期为 3 年的保险合同，这些合同构成了一个合同组。责任期自 2021 年 1 月 1 日至 2024 年 12 月 31 日，每张保单趸缴保费 20 元，合同条款约定的保费付款到期日为 2021 年 1 月 1 日。A 公司于 2021 年 1 月 1 日预计保险合同签发后将立刻收到趸缴保费 2 000 元，且预计每年年末发生的现金流出为 400 元。当时市场上反映该现金流量特征的折现率为 5%。保险合同初始确认时，A 公司估计的非金融风险调整为 120 元，A 公司选择不将货币时间价值及金融风险的影响导致的非金融风险调整变动额作为保险合同金融变动额。非金融风险调整预计将在责任期内每年均匀地释放 40 元并确认为损益。A 公司选择将保险合同金融变动额全部计入保险财务损益。假设这些合同均为不具有直接参与分红特征的保险合同，不符合采用保费分配法计量的条件，这些合同在责任期内各年的责任单元相等，责任单元的计算不折现。

第 1 年年末，A 公司实际赔付金额与预期一致。

第 2 年年末，A 公司实际赔付金额为 300 元，比预计赔付减少了 100 元，非金融风险调整当年释放 40 元。A 公司同时将第 3 年的未来现金流出估计改为 280 元，而非初始确认时预计的 400 元，将与未来现金流量估计相关的非金融风险调整修改为 30 元，并预计将在第 3 年释放。

第 3 年年末，A 公司实际赔付金额与第 2 年年末的预期一致。

假设在责任期结束前没有合同失效，没有投资成分，市场上反映该合同组现金流量特征的折现率始终为 5%，不考虑其他因素。

问题：A 公司应如何对该保险合同组进行后续计量？

二、准则链接

《企业会计准则第 25 号——保险合同》（2020 年修订）第二十八条、第三十一条至第三十五条、第八十七条规定如下。

第二十八条 企业应当在资产负债表日按照未到期责任负债与已发生赔款负债之和对保险合同负债进行后续计量。

未到期责任负债包括资产负债表日分摊至保险合同组的、与未到期责任有关的履约现金流量和当日该合同组的合同服务边际。

已发生赔款负债包括资产负债表日分摊至保险合同组的、与已发生赔案及其他相关费用有关的履约现金流量。

第三十一条 企业因当期提供保险合同服务导致未到期责任负债账面价值的减少额，应当确认为保险服务收入；因当期发生赔案及其他相关费用导致已发生赔款负债账面价值的增加额，以及与之相关的履约现金流量的后续变动额，应当确认为保险服务费用。

企业在确认保险服务收入和保险服务费用时，不得包含保险合同中的投资成分。

第三十二条 企业应当将合同组内的保险获取现金流量，随时间流逝进行系统摊销，计入责任期内各个期间的保险服务费用，同时确认为保险服务收入，以反映该类现金流量所对应的保费的收回。

第三十三条 企业应当将货币时间价值及金融风险的影响导致的未到期责任负债和已发生赔款负债账面价值变动额，作为保险合同金融变动额。

企业可以选择将货币时间价值及金融风险的影响导致的非金融风险调整变动额不作为保险合同金融变动额。

第三十四条 企业应当考虑持有的相关资产及其会计处理，在合同组合层面对保险合同金融变动额的会计处理做出下列会计政策选择：

（一）将保险合同金融变动额全额计入当期保险财务损益。

（二）将保险合同金融变动额分解计入当期保险财务损益和其他综合收益。选择该会计政策的，企业应当在合同组剩余期限内，采用系统合理的方法确定计入各个期间保险财务损益的金额，其与保险合同金融变动额的差额计入其他综合收益。

保险财务损益，是指计入当期及以后期间损益的保险合同金融变动额。保险财务损益包括企业签发的保险合同的承保财务损益和分出的再保险合同的分出再保险财务损益。

第三十五条 企业应当将非金融风险调整账面价值变动中除保险合同金融变动额以外的金额计入当期及以后期间损益。

第八十七条 对于未采用保费分配法的保险合同，企业应当在附注中分别就签发的保险合同和分出的再保险合同，单独披露履约现金流量和合同服务边际余额调节表，以反映与保险合同账面价值变动有关的下列信息：

（一）保险合同负债和保险合同资产（或分出再保险合同资产和分出再保险合同负债）的期初和期末余额及净额，及净额调节情况；

（二）未来现金流量现值当期变动情况；

（三）非金融风险调整当期变动情况；

（四）合同服务边际当期变动情况；

（五）与当期服务相关的变动情况，包括合同服务边际的摊销、非金融风险调整的变动、当期经验调整；

（六）与未来服务相关的变动情况，包括当期初始确认的保险合同影响金额、调整合同服务边际的估计变更、不调整合同服务边际的估计变更；

（七）与过去服务相关的变动情况，包括已发生赔款负债（或分保摊回已发生赔款资产）相关履约现金流量变动；

（八）与当期服务无关但影响保险合同账面价值的金额，包括当期现金流量、再保险分入人不履约风险变动额、保险合同金融变动额、其他与保险合同账面价值变动有关的金额。当期现金流量应分别披露收到保费（或支付分出保费）、支付保险获取现金流量、支付赔款及其他相关费用（或收到摊回赔款及其他相关费用）。

三、疑点、难点分析

企业应当在资产负债表日按照未到期责任负债与已发生赔款负债对保险合同组进行后续计量。未到期责任负债包括资产负债表日分摊至保险合同组的、与未到期责任有关的履约现金流量和当日该合同组的合同服务边际。已发生赔款负债包括资产负债表日分摊至保险合同组的、与已发生赔案及其他相关费用有关的履约现金流量。

（一）合同服务边际

对于不具有直接参与分红特征的保险合同组，资产负债表日合同组的合同服务边际账面价值应当以期初账面价值为基础，经下列各项调整后予以确定。

（1）当期归入该合同组的合同对合同服务边际的影响金额。

（2）合同服务边际在当期计提的利息。计息利率为保险合同组初始确认时不随基础项目回报而变动的现金流量所适用的折现率，即该合同组内合同确认时不随基础项目回报而变动的现金流量所适用的加权平均利率。当期合同组内新增合同导致加权平均利率发生变化的，应当自期初起使用更新后的加权平均利率。

（3）与未来服务相关的履约现金流量的变动金额，但履约现金流量增加额超过合同服务边际账面价值所导致的亏损部分，以及履约现金流量减少额抵销的未到期责任负债的亏损部分除外。上述"导致的亏损部分"或"抵销的亏损部分"应当计入当期损益。

与未来服务相关的履约现金流量的变动包括：①企业采用合同组初始确认时所适用的反映保险合同组现金流量特征的折现率（即该合同组内合同确认时反映保险合同组现金流量特征的加权平均利率）计量的、由当期收到的与未来服务相关的保费及相关现金流量（如保险获取现金流量和增值税）产生的经验调整。②企业采用合同组初始确认时所适用的反映保险合同组现金流量特征的折现率计量的、未到期责任负债未来现金流量现值的估计变更，货币时间价值及金融风险及其变动的影响所导致的履约现金流量变动除外。③投资成分的当期预计应付金额（当期期初预计付款额及其至实际应付之前产生的相关保险合同金融变动额）与当期实际应付金额之间的差额。④保单贷款的当期预计应收金额（当期期初预计收款额及其至实际应收之前产生的相关保险合同金融变动额）与当期实际应收金额之间的差额。⑤与未来服务相关的非金融风险调整变动额。如果企业选择区分由货币时间价值及金融风险的影响导致的非金融风险调整变动额和非金融风险变动导致的非金融风险调整变动额，并将前者作为保险合同金融变动额，则与未来服务相关的非金融风险调整变动额仅包括企业采用合同组初始确认时所适用的反映保险合同组现金流量特征的折现率计量的、非金融风险变动导致的非金融风险调整变动额。

企业不应因下列与未来服务不相关的履约现金流量变动调整合同服务边际：①货币时间价值及金融风险及其变动的影响所导致的未来现金流量现值的变动；②企业选择作为保险合同金融变动额的、货币时间价值及金融风险的影响导致的非金融风险调整变动额；③已发生赔款负债的履约现金流量估计的变更；④除采用合同组初始确认时所适用的反映保险合同组现金流量特征的折现率计量的、由当期收到的与未来服务相关的保费及相关现金流量产生的经验调整之外的其他经验调整。

合同条款可能允许企业相机确定向保单持有人支付的现金流量。企业应当在合同开始时说明用以确定预计支付的现金流量的基础，如固定利率或随特定资产回报而变动的回报，以使企业能将相机现金流量的金额变动分解为金融风险相关假设变更导致的变动和相机抉择变动导致的变动。企业应当将相机抉择变动导致的现金流量变动视为与未来服务相关的履约现金流量变动，并调整合同服务边际，金融风险相关假设变更导致的现金流量变动不应调整合同服务边际。如果企业在合同开始时作出上述说明不切实可行，则应当将合同开始时估计的履约现金流量中隐含的回报作为预计支付的现金流量，该

第八章 保险合同准则

现金流量的后续变动中与金融风险相关的变动应作为金融风险相关假设变更导致的变动，不应调整合同服务边际。

（4）合同服务边际在当期产生的汇兑差额。

（5）合同服务边际在当期的摊销金额。企业应当根据合同组当期和未来预计提供的保险合同服务，将计算确定的合同服务边际在合同组的责任期内进行摊销。企业在分摊合同服务边际前，应当先识别合同组中的责任单元，即考虑每项合同所提供的利益金额或数量及预计责任期。企业应当将合同服务边际平均分摊至当期和未来预期提供的每一个责任单元，并计入当期及以后期间的保险服务收入。

企业为不具有直接参与分红特征的保险合同持有人提供的投资回报服务或代具有直接参与分红特征的保险合同持有人管理基础项目的投资相关服务的期间结束日，应不晚于企业向合同组中当前保单持有人支付与该服务相关的全部应付金额的日期，应付金额无须考虑该合同组履约现金流量中包含的应向未来保单持有人支付的金额。不具有直接参与分红特征的保险合同同时符合下列条件的，可能提供了投资回报服务：①存在投资成分或保单持有人有权收回金额；②企业预计该投资成分或保单持有人有权收回的金额中包含投资回报；③企业预计将进行投资活动以取得该投资回报。

（二）保险服务收入

企业确认保险服务收入的方式应当反映其向保单持有人提供保险合同服务的模式，保险服务收入的确认金额应当反映企业因提供这些服务而预计有权收取的对价金额。对于每一组保险合同，企业确认的保险服务收入总额应当等于企业因提供保险合同服务而有权取得的总对价，考虑货币时间价值及金融风险的影响，并扣除投资成分后的金额。

对于未采用保费分配法的保险合同组，企业确认的当期保险服务收入由下列部分组成。

1. 未到期责任负债账面价值当期减少额中因当期提供保险合同服务而预计取得的对价金额

未到期责任负债账面价值当期减少额中因当期提供保险合同服务而预计取得的对价金额包括：①期初预计在当期发生的、与提供保险合同服务有关的保险服务费用；②非金融风险调整的减少；③合同服务边际的摊销；④其他，如与未来服务不相关的保费经验调整等。

下列未到期责任负债账面价值的当期变动不应确认为保险服务收入：①与当期提供保险合同服务不相关的变动，包括收取保费的现金流入、与当期投成分相关的变动、保单贷款相关现金流量、代扣代缴流转税（如增值税）、保险合同金融变动额、保险获取现金流量，以及因合同转让终止确认保险合同；②分摊至未到期责任负债亏损部分的金额。由于企业预计对亏损部分无权取得对价，所以不应将其确认为保险服务收入。

2. 保险获取现金流量摊销的金额

企业应当将合同组内的保险获取现金流量随时间流逝进行系统摊销，确认责任期内各个期间的保险服务收入，以反映该类现金流量所对应的保费的收回。

（三）保险服务费用

当期保险服务费用应当包括当期发生赔款及其他相关费用、保险获取现金流量的摊销、亏损部分的确认及转回和已发生赔款负债相关履约现金流量变动，不得包含保险合同中的投资成分。

（四）保险合同金融变动额

企业应当将货币时间价值及金融风险的影响导致的未到期责任负债和已发生赔款负债账面价值变动额，作为保险合同金融变动额。通货膨胀假设基于价格指数或基于资产收益与通货膨胀率挂钩的资产价格的，该通货膨胀假设与金融风险有关；通货膨胀假设基于企业预期的特定价格变化的，该通货膨胀假设与金融风险不相关。基础项目价值变动（新增和领取除外）所导致的保险合同组计量的变动，是货币时间价值及金融风险的影响所引起的变动。

企业可以选择不区分由货币时间价值及金融风险的影响导致的非金融风险调整变动额和非金融风险变动导致的非金融风险调整变动额，并将全部非金融风险调整变动额都不作为保险合同金融变动额。如果企业选择作出区分，应将由货币时间价值及金融风险的影响导致的非金融风险调整变动额作为保险合同金融变动额。

企业可以选择将保险合同金融变动额全额计入当期损益，即保险财务损益，或分解计入当期保险财务损益和其他综合收益。企业在作出上述会计政策选择时，应当考虑持有的相关资产及其会计处理，在合同组合层面作出选择。选择将保险合同金融变动额分解计入当期保险财务损益和其他综合收益的，企业应当在合同组剩余期限内，采用系统合理的方法确定计入各个期间保险财务损益的金额，其与保险合同金融变动额的差额计入其他综合收益。上述系统合理的方法包括：

1. 对于不具有直接参与分红特征的保险合同

企业应当基于保险合同的特征,无须考虑不影响保险合同现金流量的因素。例如,如果资产预期回报不影响合同组内合同的现金流量,则保险合同金融变动额的分解不应考虑相关资产回报。在对保险合同金融变动额进行分解时,应当确保在合同组期限内计入其他综合收益的保险合同金融变动额总额为零,即计入各个期间保险财务损益的总额与保险合同金融变动额总额相等。

由货币时间价值及金融风险的影响导致的非金融风险调整变动额作为保险合同金融变动额且分解计入当期保险财务损益和其他综合收益的,分解采用的系统合理方法,应与由货币时间价值及金融风险影响导致的未来现金流量变动额分解采用的方法相一致。

对于金融风险相关假设变更对企业支付给保单持有人的金额不具有重大影响的保险合同组,企业应当采用合同组初始确认时确定的、反映不随基础项目回报变动的现金流量特征的折现率,确定保险合同金融变动额计入当期保险财务损益的金额。

对于金融风险相关假设变更对企业支付给保单持有人的金额具有重大影响的保险合同组,企业可以采用下列方法之一确定保险合同金融变动额计入当期保险财务损益的金额:①实际分摊率法,即采用内含利率将更新后的预期保险合同金融变动额总额在合同组的剩余期限内进行系统合理的分摊。该内含利率应于每个报告期末进行更新,以确保在合同组期限内计入其他综合收益的保险合同金融变动额总额为零。②预期结算利率法,即对于使用结算利率确定应付保单持有人金额的合同,企业基于当期结算利息金额与未来期间预期结算利息金额,将保险合同金融变动额进行系统合理的分摊。

对于采用保费分配法计量的保险合同组,如果企业对已发生赔款负债进行调整以反映货币时间价值及金融风险的影响,企业应当按赔案发生时确定的、反映不随基础项目回报变动的现金流量特征的折现率,确定已发生赔款负债的保险合同金融变动额计入各个期间保险财务损益的金额。

2. 对于具有直接参与分红特征的保险合同

(1)如果企业持有基础项目,企业应当使用当期账面收益率法对当期保险合同金融变动额进行分解,即计入当期保险财务损益的金额应当等于其持有的基础项目按照相关会计准则规定计入当期损益的金额,使这些损益相抵后净额为零。其中,相抵损益的金额不包括企业使用衍生工具、分出的再保险合同或以公允价值计量且其变动计入当期损益的非衍生金融工具管理与履约现金流量变动相关的金融风险时,选择将该履约现金流量变动中货币时间价值及金融风险的影响计入当期保险财务损益的金额。

(2)如果企业不持有基础项目,企业应当根据前述不具有直接参与分红特征的保险合同所适用的方法，对当期保险合同金融变动额进行分解。

企业可能在某些期间内持有基础项目，而在其他期间内不持有基础项目。如果企业此前持有基础项目，但由于情况变化而不再持有基础项目，或者此前不持有基础项目，但由于情况变化而持有基础项目，对于基于该变更发生前最近时点的假设计算的、变更前计入其他综合收益的累计金额，应当视同沿用原方法（如实际分摊率法、预期结算利率法、当期账面收益率法等）将该金额计入以后期间的保险财务损益。在进行上述变更时，企业不得重述以前期间的比较信息，不得重新计算变更前计入其他综合收益的累计金额，变更日之后也不得改变用以确定变更日之前计入其他综合收益累计金额的假设。

四、案例分析

（一）保险合同负债初始确认

从案例 8-8 背景描述可以看出，该保险合同组的保单签发日、责任期开始日和保费收到日均在同一天，所以将 2021 年 1 月 1 日作为保险合同负债初始计量日，初始确认时 A 公司计量保险合同组并估计后续每年年末的履约现金流量如表 8-2 所示。

表 8-2 保险合同负债初始计量结果及后续每年年末履约现金流估计

单位：元

项目	初始确认时	第 1 年年末	第 2 年年末	第 3 年年末
未来现金流入现值的估计①	2 000	—	—	—
未来现金流出现值的估计②	（1 089.30）	（743.76）	（380.95）	—
未来现金流量现值的估计③=①+②	910.70	（743.76）	（380.95）	—
非金融风险调整④	（120）	（80）	（40）	—
履约现金流量⑤=③+④	790.70	（823.76）	（420.95）	—
合同服务边际⑥	（790.70）			
初始确认时的保险合同负债⑦=⑤+⑥	—			

注：第 2 年年末的未来现金流出现值 = $400 \div (1+5\%) = 380.95$（元）。
第 1 年年末的未来现金流出现值 = $400 \div (1+5\%)^2 + 400 \div (1+5\%) = 743.76$（元）。
初始确认时的未来现金流出现值 = $400 \div (1+5\%)^3 + 400 \div (1+5\%)^2 + 400 \div (1+5\%) = 1 089.30$（元）。

（二）第 1 年年末保险合同负债计量

第 1 年内，保险合同负债自年初至年末的变动如表 8-3 所示。

表 8-3　第 1 年年末保险合同负债变动情况

单位：元

项目	未来现金流量现值估计	非金融风险调整	合同服务边际	保险合同负债
年初余额①	—	—	—	—
与未来服务相关的变动：新合同②	910.70	（120）	（790.70）	—
年初现金流量③	（2 000）	—	—	（2 000）
保险财务损益④	（54.46）	—	（39.54）	（94）
与当年服务相关的变动⑤	—	40	276.75	316.75
年末现金流量⑥	400	—	—	400
年末余额⑦=①+②+③+④+⑤+⑥	（743.76）	（80）	（553.49）	（1 377.25）

注：未来现金流量现值估计计息产生的保险财务损益＝－（0＋910.70－2 000）×5%＝54.46（元）。
　　合同服务边际计息产生的保险财务损益＝－（0－790.70）×5%＝39.54（元）。
　　与当年服务相关的变动中非金融风险调整＝（120÷3）＝40（元）。
　　合同服务边际＝[（790.70＋39.54）÷3]＝276.75（元）。

（三）第 2 年年末保险合同负债计量

修改后第 2 年年末的履约现金流量估计如表 8-4 所示。

表 8-4　第 2 年年末修正后的履约现金流量估计

单位：元

项目	初始确认时	第 1 年	第 2 年	第 3 年
未来现金流入现值的估计①	2 000	—	—	—
未来现金流出现值的估计②	（1 089.30）	（743.76）	（266.67）	—
未来现金流量现值的估计③=①+②	910.70	（743.76）	（266.67）	—

（续表）

项目	初始确认时	第1年	第2年	第3年
非金融风险调整④	（120）	（80）	（30）	—
履约现金流量⑤=③+④	790.70	（823.76）	（296.67）	—
合同服务边际⑥	（790.70）			
初始确认时的保险合同负债⑦=⑤+⑥	—			

注：修改后第2年年末的未来现金流出现值 = 280÷（1+5%）= 266.67（元）。

第2年年末，保险合同负债自年初至年末的变动如表8-5所示。

表8-5　第2年年末保险合同负债变动情况

单位：元

项目	未来现金流量现值估计	非金融风险调整	合同服务边际	保险合同负债
年初余额①	（743.76）	（80）	（553.49）	（1 377.25）
年初现金流量②	—	—	—	—
保险财务损益③	（37.19）	—	（27.67）	（64.86）
与未来服务相关的变动④	114.29	10	（124.29）	—
与当年服务相关的变动⑤	100	40	352.73	492.73
年末现金流量⑥	300	—	—	300
年末余额⑦=①+②+③+④+⑤+⑥	（266.66）	（30）	（352.72）	（649.38）

注：与未来服务相关的未来现金流量现值估计变动额 =（400－280）÷（1+5%）= 114.29（元），非金融风险调整变动额 = 40－30 = 10（元），两者变动合计调整合同服务边际124元；与当年服务相关的未来现金流量现值估计变动额 = 400－300 = 100（元），非金融风险调整变动额为40元；合同服务边际摊销金额 =（553.49＋124.29＋27.67）÷2 = 352.73（元）。

（四）第3年年末保险合同负债计量

第3年年末，保险合同负债自年初至年末的变动如表8-6所示。

表 8-6 第 3 年保险合同负债变动情况

单位：元

项目	未来现金流量现值估计	非金融风险调整	合同服务边际	保险合同负债
年初余额①	（266.66）	（30）	（352.72）	（649.38）
年初现金流量②	—	—	—	—
保险财务损益③	（13.34）	—	（17.64）	（30.98）
与未来服务相关的变动④	—	—	—	—
与当年服务相关的变动⑤	—	30	370.36	400.36
年末现金流量⑥	280	—	—	280
年末余额⑦＝①+②+③+④+⑤+⑥	—	—	—	—

（五）A 保险公司的会计处理

1. 初始确认时

借：未到期责任负债——未来现金流量现值　　　　　910.70
　　贷：未到期责任负债——非金融风险调整　　　　　120.00
　　　　　　　　　　　　——合同服务边际　　　　　790.70

2. 收到保费时

借：银行存款　　　　　　　　　　　　　　　　　　2 000
　　贷：未到期责任负债　　　　　　　　　　　　　　　　2 000

3. 第 1 年年末会计处理

（1）第 1 年发生赔付时：

借：保险合同赔付和费用　　　　　　　　　　　　　400
　　贷：已发生赔款负债　　　　　　　　　　　　　　　400

（2）第 1 年支付赔款时：

借：已发生赔款负债　　　　　　　　　　　　　　　400
　　贷：银行存款　　　　　　　　　　　　　　　　　　400

（3）第 1 年确认保险财务损益时：

借：承保财务损益　　　　　　　　　　　　　　　　94
　　贷：未到期责任负债　　　　　　　　　　　　　　　94

（4）确认第 1 年保险服务收入时：

借：未到期责任负债　　　　　　　　　　　716.75
　　贷：保险服务收入　　　　　　　　　　　　　716.75

4. 第 2 年年末会计处理

（1）第 2 年发生赔付时：

借：保险合同赔付和费用　　　　　　　　　300
　　贷：已发生赔款负债　　　　　　　　　　　　300

（2）第 2 年支付赔款时：

借：已发生赔款负债　　　　　　　　　　　300
　　贷：银行存款　　　　　　　　　　　　　　　300

（3）第 2 年，因第 3 年赔付和非金融风险调整的预期减少而调整合同服务边际：

借：未到期责任负债——未来现金流量现值　　114.29
　　　　　　　　　　——非金融风险调整　　　10.00
　　贷：未到期责任负债——合同服务边际　　　　124.29

（4）第 2 年确认保险财务损益时：

借：承保财务损益　　　　　　　　　　　　64.86
　　贷：未到期责任负债　　　　　　　　　　　　64.86

（5）确认第 2 年保险服务收入时：

借：未到期责任负债　　　　　　　　　　　792.73
　　贷：保险服务收入　　　　　　　　　　　　　792.73

5. 第 3 年年末会计处理

（1）第 3 年发生赔付时：

借：保险合同赔付和费用　　　　　　　　　280
　　贷：已发生赔款负债　　　　　　　　　　　　280

（2）第 3 年支付赔款时：

借：已发生赔款负债　　　　　　　　　　　280
　　贷：银行存款　　　　　　　　　　　　　　　280

（3）第 3 年确认保险财务损益时：

借：承保财务损益　　　　　　　　　　　　30.98
　　贷：未到期责任负债　　　　　　　　　　　　30.98

（4）确认第 3 年保险服务收入时：

借：未到期责任负债　　　　　　　　　　　680.36
　　贷：保险服务收入　　　　　　　　　　　　　680.36

第八章 保险合同准则

五、案例小结

保险合同负债的后续计量就是在合同组初始计量之后的保险期限内的每个资产负债表日对保险合同负债进行计量，并确认相关损益。一般情况下，保险负债既包括未到期责任负债，也包括已发生赔款负债，其中关键在于对未到期责任负债的计量。未到期责任负债的后续计量主要有两种情形：一种是参数与预期完全一致时未到期责任负债后续计量；另一种是参数与预期不一致时未到期责任负债后续计量。

如果未来参数（如保费、赔付金额、非金融风险、折现率等）都与初始计量时的假设一致，就可以将未到期责任负债看作一个蓄水池，预期现金流入（收到保费、计算利息等）会使未到期责任负债增加，预期现金流出（赔付、退保、成本费用增加）、非金融调整释放和合同服务边际摊销会使未到期责任负债减少。在期初未到期责任负债账面价值的基础上，如果将第 1 年内发生的上述所有现金流入、流出、释放和摊销进行加减，就可得到第 1 年年末未到期责任负债账面价值，之后保险期限内的每个资产负债表日都可参考同样思路对参数与预期完全一致的未到期责任负债进行后续计量。

如果保险合同负债初始计量之后未来参数发生变化，可能会导致三类偏差：当期经验调整偏差、未来现金流预期偏差、折现率预期偏差。这三类偏差会影响合同组后续计量。①当期经验调整偏差，包括与当期服务相关的偏差和与未来服务相关的当期保费收入及相关现金流变化。与当期服务相关的偏差不影响未到期责任负债账面价值，但会影响当期损益；与未来服务相关的当期保费收入及相关现金流变化通常会改变履约现金流量，进而改变合同服务边际。②未来现金流预期偏差，是指期末估计未来现金流的各种假设与期初不一致，如未来被保险人死亡率、发病率、退保率等的估计可能发生变化，这会导致估计未来现金流净流出和非金融风险调整发生变化，从而会导致与未来服务相关的履约现金流量发生变动。对于盈利合同组来说，若与未来服务相关的履约现金流量增加，则合同组的潜在利润和资产负债表日合同服务边际减少；若是减少，则合同组的潜在利润和资产负债表日合同服务边际增加。对于薄利合同组，若与未来服务相关的履约现金流量增加过多，可能会超过合同服务边际账面价值，使合同组由盈利变为亏损，亏损额计入当期保险服务费用，合同组的未到期责任负债按增加后的履约现金流量计量，合同服务边际变为 0。对于亏损合同组，若与未来服务相关的履约现金流量增加，企业应确认新的亏损额并计入当期保险服务费用，合同组的未到期责任负债按增加后的履约现金流量计量；若与未来服务相关的履约现金流量减少幅度过大，可能会超出亏损金额，企业应将超出部分确认为合同服务边际，计入未到期责任负债。③后续资产负债表日折现率可能发生变化，这会导致未来现金流量现值、非金融风险调整现值发生变化，引起履约现金流量发生变化。但合同服务边际不会吸收未来折现率，不会引起履约现金流量的变动，而是直接计入未到期责任负债的变化中，未来折现率上升（下降），会使得未到期责任负债下降（上升）。

第五节 具有直接参与分红特征保险合同组的计量

一、案例背景

案例 8-9 2020 年 12 月 31 日，A 保险公司（以下简称 A 公司）签发了 100 份 3 年期的投资连结险保险合同，责任期为 2020 年 12 月 31 日至 2022 年 12 月 31 日。假设这些保险合同符合具有直接参与分红特征的保险合同的定义，并构成了一个合同组。根据合同约定，甲公司为保单持有人设立独立的账户，账户价值反映账户资产的公允价值。每份合同趸缴保费 1 000 元，合同条款约定的保费付款到期日为 2020 年 12 月 31 日，A 公司于 2020 年 12 月 31 日初始确认该合同组时预计将立刻收到保费 100 000 元。根据合同条款约定，一次性初始扣费为保费的 5%，共计 5 000 元，每年的资产管理费为年初账户价值的 1%，从 2021 年 12 月 31 日起每年年末从账户中直接扣取。A 公司在初始确认该合同组时，预计每年死亡 1 人，死亡给付为当时的账户价值加上 500 元，假设赔付在每年年末发生和支付。若责任期满时保单持有人仍然生存，则于责任期末作为满期金收到账户价值。A 公司预计每年账户资产及账户外资产的投资收益率在责任期内都始终为 5%，假设具有随基础项目回报而变动的履约现金流量特征的折现率与具有不随基础项目回报而变动的履约现金流量特征的折现率预计在责任期内都始终为 5%，见表 8-7。

表 8-7 2020 年年末保险合同组基本参数

金额单位：元

项目	2020 年 12 月 31 日	2021 年 12 月 31 日	2022 年 12 月 31 日
保费/人	1 000		

（续表）

项目	2020年12月31日	2021年12月31日	2022年12月31日
保费合计	100 000		
账户管理费		1%	1%
预期投资收益率		5%	5%
折现率		5%	5%
死亡人数		1	1
有效人数	100	99	98

2021年，A公司的实际投资收益率为4%。2021年年末，折现率下降为3%，此时A公司预期2022年的投资收益率为3%，见表8-8。

表8-8　2021年末保险合同组基本参数

金额单位：元

项目	2020年12月31日	2021年12月31日	2022年12月31日
保费/人	1 000		
保费合计	100 000		
账户管理费		1%	1%
预期投资收益率		5%	3%
实际投资收益率		4%	未知
折现率		3%	
死亡人数（人）		1	1
有效人数（人）	100	99	98

假设合同组在责任期内各年的责任单元是当年的有效人数，账户资产全部为以公允价值计量且其变动计入当期损益的金融资产，不考虑保险获取现金流量、非金融风险调整等其他因素。

问题：A公司应如何对该保险合同组进行会计计量？

二、准则链接

《企业会计准则第25号——保险合同》（2020年修订）第四十条至第四十二条规定如下。

第四十条　具有直接参与分红特征的保险合同，是指在合同开始日同时符合下列条件的保险合同：

（一）合同条款规定保单持有人参与分享清晰可辨认的基础项目；

（二）企业预计将基础项目公允价值变动回报中的相当大部分支付给保单持有人；

（三）预计应付保单持有人金额变动中的相当大部分将随基础项目公允价值的变动而变动。

第四十一条　企业应当按照基础项目公允价值扣除浮动收费的差额，估计具有直接参与分红特征的保险合同组的履约现金流量。

浮动收费，是指企业因代保单持有人管理基础项目并提供投资相关服务而取得的对价，等于基础项目公允价值中企业享有份额减去不随基础项目回报变动的履约现金流量。

第四十二条　对于具有直接参与分红特征的保险合同组，资产负债表日合同组的合同服务边际账面价值应当以期初账面价值为基础，经下列调整后予以确定：

（一）当期归入该合同组的合同对合同服务边际的影响金额。

（二）基础项目公允价值中企业享有份额的变动金额，但以下情形除外：

1.企业使用衍生工具或分出再保险合同管理与该金额变动相关金融风险时，对符合本准则规定条件的，可以选择将该金额变动中由货币时间价值及金融风险的影响导致的部分计入当期保险财务损益。但企业将分出再保险合同的保险合同金融变动额分解计入当期保险财务损益和其他综合收益的，该金额变动中的相应部分也应予以分解。

2.基础项目公允价值中企业享有份额的减少额超过合同服务边际账面价值所导致的亏损部分。

3.基础项目公允价值中企业享有份额的增加额抵销的未到期责任负债的亏损部分。

（三）与未来服务相关且不随基础项目回报变动的履约现金流量的变动金额，但以下情形除外：

1.企业使用衍生工具、分出再保险合同或以公允价值计量且其变动计入当期损益的非衍生金融工具管理与该履约现金流量变动相关金融风险时，对符合本准则规定条件的，可以选择将该履约现金流量变动中由货币时间价值及金融风险的影响导致的部分计入当期保险财务损益。但企业将分出再保险合同的保险合同金融变动额分解计入当期保险财务损益和其他综合收益的，

第八章　保险合同准则

该履约现金流量变动中的相应部分也应予以分解。

2. 该履约现金流量的增加额超过合同服务边际账面价值所导致的亏损部分。

3. 该履约现金流量的减少额抵销的未到期责任负债的亏损部分。

（四）合同服务边际在当期产生的汇兑差额。

（五）合同服务边际在当期的摊销金额。企业应当按照提供保险合同服务的模式，合理确定合同组在责任期内各个期间的责任单元，并据此对根据本条（一）至（四）调整后的合同服务边际账面价值进行摊销，计入当期及以后期间保险服务收入。

企业可以对本条（二）和（三）中的变动金额进行合并调整。

三、疑点、难点分析

（一）初始计量

具有直接参与分红特征的保险合同组的未到期责任负债也是由履约现金流量（包括未来现金流量现值和非金融风险调整）和合同服务边际组成，初始计量方法与不直接参与分红特征的保险合同组的初始计量方法相同。

（二）后续计量

具有直接参与分红特征的保险合同的运营过程可以分为以下几步：①合同组部分入账，扣除相关初始费用后进入投资账户，形成基础项目投资资产，投资资产以公允价值计量；②保险公司定期（季末或年末）从基础项目投资资产中收取年度资产管理费，年度资产管理费是收费时刻基础项目资产价值（公允价值）的百分比；③在保险期限内，保险公司会在被保险人死亡事故发生后按照约定进行赔付，如果保单投资账户价值低于约定保额，保险公司按约定保额进行赔付，如果保证账户价值大于等于约定保额，就按保单投资账户余额进行赔付；④保险公司会将合同组剩余的基础项目投资资产继续投资，直至保险期末时分配给剩余客户。在具有直接参与分红特征保险合同的经营过程中，保险公司主要依靠浮动收费赚取利润，所以新保险合同准则要求保险公司按照基础项目公允价值扣除浮动收费的差额，估计其履约现金流量。总的来说，浮动收费法与通用模型基本计量思路相通，差异在于合同服务边际的调整项目。合同服务边际调整包括基础项目公允价值中企业享有份额的变动金额和与未来服务相关且不随基础项目回报变动的履约现金流量变动金额。

浮动收费法下,合同服务边际主要来自浮动收费,与未来每期浮动收费的现值之和基本相等,保险合同负债大体相当于基础项目公允价值。在每一个会计期间,保险合同负债会随着基础项目公允价值的变动而变动,合同服务边际也会随着变动。对于具有直接参与分红特征保险合同来说,基础项目公允价值基本每期都会变化,在每期变动额中,通常大部分归客户所享有(履约现金流量变动),少部分归企业所享有(合同服务边际变动),所以要将合同服务边际随基础项目公允价值变动而发生的变动定义为基础项目公允价值中企业享有份额的变动金额,并调整合同服务边际。

浮动收费法下的与未来服务相关且不随基础项目回报变动的履约现金流量是指具有直接参与分红特征的保险合同的未来风险赔付支出和相关非金融风险调整的现值,这部分客户保障利益对应的履约现金流量与基础项目回报无关。也就是从某个资产负债表日看未来,看未来客户保障利益(风险赔付)对应的履约现金流量是否发生了变动。如果预期死亡人数增加(减少)导致未来风险赔付增加(减少),或期末折现率下降(上升),则与未来服务相关且不随基础项目回报变动的履约现金流量变动金额就是正值(负值),合同服务边际相应减少(增加)。

另外,在损益确认方面,浮动收费法与通用模型也有一些差异,主要表现在保险服务业绩和投资业绩方面。具有直接参与分红特征的保险合同的保险服务费通常很低,主要包括扣除投资成分后的风险赔付金额、其他相关费用和保险获取现金流量摊销。而其保险服务收入主要包括预期的其他费用、合同服务边际摊销和保险获取现金流量摊销。总的来看,具有直接参与分红特征的保险合同的保险服务业绩,主要就是合同服务边际摊销。另外,其投资业绩一般为0。因为在主要提供投资相关服务的具有直接参与分红特征的保险合同中,保险合同负债形成的投资资产就是基础项目,基础项目以公允价值计量,因此,在任何会计期间,资产投资收益就是基础项目公允价值变动额。而每期的基础项目公允价值变动额全部体现在保险负债变动额中,其中大部分属于客户并体现在履约现金流量的变动中,少部分属于企业并体现在合同服务边际的变动中,所以,保险负债利息增值就是基础项目公允价值变动额。具有直接参与分红特征的保险合同中,履约现金流量可分为投资成分履约现金流量和保险成分履约现金流量。占比很大的投资成分履约现金流量是按公允价值计量的,并不存在折现问题;占比较小的保险成分履约现金流量因折现率变动而导致的变动会被合同服务边际吸收,被计入保险服务业绩。因此,浮动收费法下,计入保险财务损益的折现率变动导致的保险负债变动为 0,可以得出,保险财务损益就是基础项目公允价值变动额。

四、案例分析

（一）初始计量

本例中,合同组于 2020 年 12 月 31 日初始确认时,A 公司预期的未来每年账户价值变动见表 8-9。

表 8-9　预期未来每年账户价值变动情况

单位:元

项目	2020 年	2021 年	2022 年
年初账户价值①	—	95 000	97 812
收到的保费②	100 000	—	—
初始扣费③	（5 000）	—	—
账户管理费④＝－①×1%		（950）	（978）
公允价值变动损益⑤＝①×5%		4 750	4 891
死亡给付—账户部分⑥＝－［①+②+③+④+⑤］×本年死亡人数/年初有效人数		（988）	（1 028）
年末（满期给付前的）账户价值⑦＝①+②+③+④+⑤+⑥	95 000	97 812	100 697

初始计量时,A 公司计量保险合同组并预期后续每年年末的履约现金流量见表 8-10。

表 8-10　初始计量结果及预期后续每年年末履约现金流量估计

单位:元

项目	初始确认时	2021 年 12 月 31 日	2022 年 12 月 31 日
未来现金流入——保费①	100 000	—	—
死亡给付——账户部分②	—	（988）	（1 028）
死亡给付——非账户部分③	（500）	（500）	

（续表）

项目	初始确认时	2021年12月31日	2022年12月31日
满期给付④	—	—	（100 697）
未来现金流出的估计合计⑤=②+③+④	—	（1 488）	（102 225）
未来现金流出现值的估计（折现率为5%）⑥	（94 138）	（97 356）	
履约现金流量⑦=①+⑥	5 862		
合同服务边际⑧=—⑦	（5 862）		

初始计量时，A公司预期2021年和2022年的浮动收费见表8-11。

表8-11　2021和2022年预期浮动收费

单位：元

浮动收费	2021年	2022年
基础项目公允价值中企业享有份额的金额	950	978
不随基础项目回报变动的履约现金流量	（500）	（500）

初始计量时，A公司预期 浮动收费金额的现值5 862元 [$5\,000 + (950 - 500) \div (1 + 5\%) + (978 - 500) \div (1 + 5\%)^2$]。

初始计量时，A公司预期的账户外资产的变动见表8-12。

表8-12　账户外资产预期变动情况

单位：元

账户外资产	2020年	2021年	2022年
年初余额①	—	5 000	5 700
公允价值变动损益②=①×5%	—	250	285
现金流入③	5 000	950	978
现金流出④	—	（500）	（500）
年末余额⑤=①+②+③+④	5 000	5 700	6 463

初始计量时，基础项目公允价值中A公司享有份额的金额预计变动见表8-13。

第八章 保险合同准则

表 8-13 基础项目公允价值中 A 公司享有份额的预计变动情况

单位：元

基础项目公允价值中企业享有份额的金额	2021 年	2022 年
年初余额①	1 792	932
现金流入②	（950）	（978）
基础项目公允价值中企业享有份额的变动额③＝④－（①＋②）	90	46
年末余额（等于年末基础项目公允价值中企业享有份额金额的现值）④	932	—

注：2021 年年初金额 = $950 \div (1+5\%) + 978 \div (1+5\%)^2 = 1\,792$（元）。
2021 年年末金额 = $978 \div (1+5\%) = 932$（元）。

初始计量时，A 公司预期合同服务边际的变动见表 8-14。

表 8-14 合同服务边际预期变动情况

单位：元

合同服务边际的变动	2020 年	2021 年	2022 年
责任单元		100	99
年初余额①	—	5 862	2 938
新合同②	5 862	—	—
与未来服务相关且不随基础项目回报变动的履约现金流量的变动额调整合同服务边际③	—	（46）	（24）
基础项目公允价值中企业享有份额的变动金额调整合同服务边际④	—	90	46
摊销⑤	—	（2 968）	（2 960）
年末余额⑥＝①＋②＋③＋④＋⑤	5 862	2 938	—

注：2021 年变动额 = $[500 \div (1+5\%) + 500 \div (1+5\%)^2] \times 5\% = 46$（元）。
2022 年变动额 = $500 \div (1+5\%) \times 5\% = 24$（元）。
2021 年的摊销金额 = $(5\,862 - 46 + 90) \times 100 \div (100+99) = 2\,968$（元）。
2022 年的摊销金额 = $(2\,938 - 24 + 46) \times 99 \div 99 = 2\,960$（元）。

初始确认时，A 公司预计的有关利润项目及其组成部分见表 8-15。

表 8-15　预期有关利润项目及其组成部分

单位：元

利润项目及其组成部分	2021 年	2022 年
保险服务收入①	3 468	3 460
——预期赔付和费用	500	500
——合同服务边际摊销	2 968	2 960
保险服务费用②	（500）	（500）
——实际赔付和费用	（500）	（500）
保险服务业绩③＝①＋②	2 968	2 960
公允价值变动损益④	5 000	5 176
保险财务损益⑤	（4 750）	（4 891）
投资业绩⑥＝④＋⑤	250	285
净利润⑦＝③＋⑥	3 218	3 245

注：预期和实际的赔付和费用为死亡给付中非账户价值部分；账户价值部分为投资成分，不计入损益；公允价值变动损益包括账户资产产生的公允价值变动损益和账户外资产产生的公允价值变动损益计入当期保险财务损益的金额应当等于账户资产计入当期损益的金额，使这些损益相抵后净额为零。

初始计量时，A 公司预计的有关资产负债表项目见表 8-16。

表 8-16　预期有关资产负债表项目

单位：元

资产负债表项目	2020 年 12 月 31 日	2021 年 12 月 31 日	2022 年 12 月 31 日
资产	100 000	103 512	6 463
负债	（100 000）	（100 294）	—
所有者权益	—	3 218	6 463

注：资产为相应时点的账户资产和账户外资产。2020 年 12 月 31 日的资产＝ 95 000 ＋ 5 000 ＝ 100 000（元）；2021 年 12 月 31 日的资产＝ 97 812 ＋ 5 700 ＝ 103 512（元）；2022 年 12 月 31 日的资产＝ 100 697 － 100 697 ＋ 6 463 ＝ 6 463（元）。
负债为相应时点的保险合同负债。2020 年 12 月 31 日的负债＝－ 5 862（初始计量时履约现金流量）＋ 5 862（初始确认时的合同服务边际）＋ 100 000（2020 年收到的保费）＝ 100 000（元）；2021 年 12 月 31 日的负债＝ 97 356 ＋ 293 836 ＝ 100 294（元）。

（二）后续计量

2021 年实际投资收益率发生变化，A 公司于 2021 年年末调整 2022 年的预期投资收益率为3%,A公司2021年的实际账户价值变动和预估的2022年账户价值变动见表8-17。

表8-17 2021年账户价值实际变动及2022年账户价值变动估计

单位:元

项目	2020年	2021年	2022年
年初账户价值①	—	95 000	96 871
当年收到的保费②	100 000	—	—
初始扣费③	(5 000)		
账户管理费④=—①×1%		(950)	(969)
公允价值变动损益⑤=①×投资收益率		3 800	2 906
死亡给付—账户部分⑥=—[①+②+③+④+⑤]×本年死亡人数/年初有效人数		(979)	(998)
年末(满期给付前的)账户价值⑦=①+②+③+④+⑤+⑥	95 000	96 871	97 810

注:2021年实际投资收益率为4%,2021年年末预计2022年投资收益率为3%。

2021年年末,A公司更新预期2022年的履约现金流量见表8-18。

表8-18 2022年履约现金流量估计情况

单位:元

项目	初始确认时	2021年12月31日	2022年12月31日
未来现金流入现值的估计——保费①	100 000	—	—
死亡给付——账户部分②	—	(979)	(998)
死亡给付——非账户部分③	—	(500)	(500)
满期给付④	—	—	(97 810)
未来现金流出的估计合计⑤=②+③+④	—	(1 479)	(99 308)
未来现金流出现值的估计(折现率为3%)⑥	(94 138)	(96 415)	
履约现金流量⑦=①+⑥	5 862		
合同服务边际⑧=—⑦	(5 862)		

A公司2021年实际和2021年年末预计的2022年浮动收费见表8-19。

表 8-19 2021 年实际浮动收费及 2022 年预计浮动收费情况

单位：元

浮动收费	2021 年	2022 年
基础项目公允价值中企业享有份额的金额	950	969
不随基础项目回报变动的履约现金流量	（500）	（500）

A 公司 2021 年实际和 2021 年年末预计 2022 年的账户外资产变动见表 8-20。

表 8-20 2021 年实际账户外资产变动及 2022 年预计账户外资产变动情况

单位：元

账户外资产	2020 年	2021 年	2022 年
年初余额①	—	5 000	5 650
公允价值变动损益②=①×投资收益率	—	200	170
现金流入③	5 000	950	969
现金流出④	—	（500）	（500）
年末余额⑤=①+②+③+④	5 000	5 650	6 289

注：2021 年的实际投资收益率为 4%，2021 年年末预计 2022 年投资收益率为 3%。

基础项目公允价值中 A 公司享有份额的金额变动见表 8-21，其中 2022 年为更新后的预计数据，其他为实际数据。

表 8-21 2021 年基础项目公允价值中 A 公司享有实际份额变动及 2022 年预计情况

单位：元

基础项目公允价值中企业享有份额的金额	2021 年	2022 年
年初余额①	1 792	941
现金流入②	（950）	（969）
基础项目公允价值中企业享有份额的变动额③=④−（①+②）	99	28
年末余额（等于年末基础项目公允价值中企业享有份额金额的现值）④	941	—

注：2021 年年末金额 = 969÷（1+3%）= 941（元）。

A 公司 2021 年实际和 2021 年年末预计 2022 年的合同服务边际的变动见表 8-22。

表 8-22 2021 年合同服务边际实际变动及 2022 年预计情况

单位：元

合同服务边际的变动	2020 年	2021 年	2022 年
责任单元	100	99	
年初余额①	—	5 862	2 938
新合同②	5 862	—	—
与未来服务相关且不随基础项目回报而变动的履约现金流量的变动额调整合同服务边际③	—	（55）	（15）
基础项目公允价值中企业享有份额的变动金额调整合同服务边际④	—	99	28
摊销⑤	—	（2 968）	（2 951）
年末余额⑥=①+②+③+④+⑤	5 862	2 938	—

注：2021 年变动额 = 500 + 500÷（1 + 3%）－[500÷（1 + 5%）+ 500÷（1 + 5%）^{2}] = 55（元）。

2022 年变动额 = 500 － 500÷（1 + 3%）= 15（元）。

A 公司 2021 年实际和 2021 年年末预计 2022 年有关利润项目及其组成部分如见表 8-23。

表 8-23 2021 年实际有关利润项目及其组成部分及 2022 年预计情况

单位：元

利润项目及其组成部分	2021 年	2022 年
保险服务收入①	3 468	3 451
——预期赔付和费用	500	500
——合同服务边际摊销	2 968	2 951
保险服务费用②	（500）	（500）
——实际赔付和费用	（500）	（500）
保险服务业绩③=①+②	2 968	2 951
公允价值变动损益④	4 000	3 076
保险财务损益⑤	（3 800）	（2 906）
投资业绩⑥=④+⑤	200	170
净利润⑦=③+⑥	3 168	3 121

A 公司 2020 年年末实际、2021 年年末实际和 2021 年年末预计 2022 年年末部分资产负债表项目见表 8-24。

表 8-24 2020 年年末和 2021 年年末实际资产负债 及 2022 年预计情况

单位：元

资产负债表项目	2020 年 12 月 31 日	2021 年 12 月 31 日	2022 年 12 月 31 日
资产	100 000	102 521	6 289
负债	（100 000）	（99 353）	—
所有者权益	—	3 168	6 289

注：2021 年 12 月 31 日的资产 = 96 871 + 5 650 = 102 521（元）。
　　2022 年 12 月 31 日的资产 = 97 810 - 97 810 + 6 289 = 6 289（元）。
　　2021 年 12 月 31 日的负债 = 96 415 + 2 938 = 99 353（元）。

（三）A 公司会计处理

1. 初始确认时

借：未到期责任负债——未来现金流量现值　　　　　　5 862
　　贷：未到期责任负债——合同服务边际　　　　　　　5 862

2. 收到保费时

借：银行存款　　　　　　　　　　　　　　　　　　100 000
　　贷：未到期责任负债　　　　　　　　　　　　　　100 000

3. 第 1 年会计处理

（1）确认资产第 1 年的公允价值变动损益时：

借：交易性金融资产　　　　　　　　　　　　　　　　4 000
　　贷：公允价值变动损益　　　　　　　　　　　　　　4 000

（2）第 1 年确认保险财务损益时：

借：承保财务损益　　　　　　　　　　　　　　　　　3 800
　　贷：未到期责任负债　　　　　　　　　　　　　　　3 800

（3）第 1 年发生赔付时：

借：未到期责任负债　　　　　　　　　　　　　　　　　979
　　　保险合同赔付和费用　　　　　　　　　　　　　　　500
　　贷：已发生赔款负债　　　　　　　　　　　　　　　1 479

（4）第 1 年年末支付赔款时：

借：已发生赔款负债　　　　　　　　　　　　　　　　1 479
　　贷：银行存款　　　　　　　　　　　　　　　　　　1 479

(5)确认第 1 年保险服务收入时:
借:未到期责任负债   3 468
    贷:保险服务收入   3 468

4. 第 2 年会计处理

(1)确认资产第 2 年的公允价值变动损益时:
借:交易性金融资产   3 076
    贷:公允价值变动损益   3 076

(2)第 2 年确认保险财务损益时:
借:承保财务损益   2 906
    贷:未到期责任负债   2 906

(3)第 2 年发生赔付、满期应付账户价值时:
借:未到期责任负债   98 808
    保险合同赔付和费用   500
    贷:已发生赔款负债   99 308

(4)第 2 年年末支付赔款和满期时的账户价值时:
借:已发生赔款负债   99 308
    贷:银行存款   99 308

(5)确认第 2 年保险服务收入时:
借:未到期责任负债   3 451
    贷:保险服务收入   3 451

五、案例小结

具有直接参与分红特征的保险合同是储蓄(投资)为主、保障为辅的,且需要满足 3 个条件:①合同条款规定保单持有人参与分享清晰可辨认的基础项目;②企业预计将基础项目公允价值变动回报中的大部分支付给保单持有人;③预计应付保单持有人金额的变动额中的相当大部分将随基础项目公允价值的变动而变动。具有直接参与分红特征的保险合同主要通过以公允价值计量的基础项目进行投资,保险公司因提供投资相关服务而收取的费用会随着基础项目公允价值变动而变动,称为浮动收费,即企业因代保单持有人管理基础项目并提供投资相关服务而取得的对价。它是基础项目公允价值中企业享有份额与不随基础项目回报变动的履约现金流量。

在新保险合同准则下,对于具有直接参与分红特征的保险合同,企业应按照基础项目公允价值扣除浮动收费的差额,估计其履约现金流量,即基础项目公允价值是公司与客户共享,公司拿走浮动收费,剩下的是客户利益。

鉴于具有直接分红特征的保险合同的浮动收费特色，实务中将其称为浮动收费法或可变费用法。总体来看，浮动收费法与通用模型的基本计量思路相一致，即保险合同负债仍然是履约现金流量（包括未来现金流量现值和非金融风险调整）和合同服务边际之和，主要差异体现在合同服务边际调整项目和投资业绩核算，具体见表8-25和表8-26。

表8-25 合同服务边际调整：通用模型法与浮动收费法的差异

通用模型法	浮动收费法
期初合同服务边际	期初合同服务边际
＋新加入合同的合同服务边际	＋新加入合同的合同服务边际
＋合同服务边际的当期利息	±基础项目公允价值中企业享有份额的变动金额
±与未来服务相关的履约现金流量变动金额	±与未来服务相关且不随基础项目回报变动的履约现金流量变动金额
±合同服务边际的当期汇兑差额	±合同服务边际的当期汇兑差额
－合同服务边际当期摊销额	－合同服务边际当期摊销额
＝期末合同服务边际	＝期末合同服务边际

表8-26 投资业绩核算：通用模型法与浮动收费法的差异

项目	通用模型法	浮动收费法
资产投资收益	资产投资收益	基础项目公允价值变动金额
保险财务损益	保险负债的利息增值＝履约现金流量按上期末计量用折现率实现的计息增值＋合同服务边际按初始计量用折现率实现的计息增值	基础项目公允价值变动金额＝基础项目公允价值中企业享有份额的变动金额（合同服务边际变动金额）＋基础项目公允价值中客户享有份额的变动金额（履约现金流量变动金额）
	折现率变动导致的保险负债变动；未被合同服务边际吸收，计入保险财务损益	折现率变动导致的保险负债变动；被合同服务边际吸收，不计入保险财务损益
投资业绩	资产投资收益－（保险负债的利息增值＋折现率变动导致的保险负债变动）	0

从表8-25可以看出，与通用模型法相比，浮动收费法下合同服务边际调整项目的变化主要体现为：从合同服务边际的当期利息变为基础项目公允价值中企业享有份额的变动金额；从与未来服务相关的履约现金流量变动金额

变为与未来服务相关且不随基础项目公允价值变动的履约现金流量变动金额。

从表 8-26 可以看出，浮动收费法的投资业绩为 0，而通用模型的投资业绩一般不为 0。这主要是因为浮动收费法的资产投资收益等于基础项目公允价值变动金额，保险负债利息增值也等于基础项目公允价值变动金额，折现率变动导致的保险负债变动为 0，导致保险财务损益也是基础项目公允价值变动金额，使得资产投资收益与保险财务损益相等，从而使得投资业绩最终为 0。

第六节　亏损合同组负债的计量

一、案例背景

案例 8-10　2021 年 12 月 31 日，A 保险公司（以下简称 A 公司）签发了 100 份 3 年期的保险合同，责任期为 2021 年 12 月 31 日至 2024 年 12 月 31 日，这些合同属于同一合同组。A 公司于 2021 年 12 月 31 日签发保单后，预计于当日收到趸缴保费 1 600 元，并估计 2022 年、2023 年、2024 年每年年末发生赔付并支付 800 元。A 保险公司初始确认该保险合同组时确定的折现率为 5%，并预计非金融风险调整为 480 元，在 3 年责任期内均匀释放。A 保险公司未选择将货币时间价值及金融风险的影响导致的非金融风险调整变动额作为保险合同金融变动额，而是选择将保险合同金融变动额全部计入保险财务损益。保险合同组初始确认时，A 公司预计的保险合同组相关信息见表 8-27。

表 8-27　初始确认时保险合同组基本情况

金额单位：元

项目	第 1 年年初	第 1 年年末	第 2 年年末	第 3 年年末
未来现金流入	1 600			
未来现金流出		（800）	（800）	（800）
折现率		5%	5%	5%
非金融风险调整	（480）			

假设第 1 年和第 2 年内，所有事项实际发生时间和金额与初始确认时的预期一致。第 2 年年末，A 公司将第 3 年内的未来现金流出估计调整为 200 元，与该现金流量有关的非金融风险调整保持不变。第 3 年内，所有事项实际发生时间和金额与第 2 年年末的预期一致。

第 2 年年末，前两年合同组的实际情况及更新后的第 3 年预期见表 8-28。

表 8-28 保险合同组基本情况的后续变动

单位：元

项目	第 1 年年初	第 1 年年末	第 2 年年末	第 3 年年末
未来现金流入	1 600			
每年现金流出		（800）	（800）	（200）
折现率		5%	5%	5%
非金融风险调整	（480）			

假设这些合同为不具有直接参与分红特征的保险合同，也不符合采用保费分配法的条件，在责任期结束前没有合同失效，在责任期内各年的责任单元相等，不考虑其他履约现金流量（包括投资成分等）等其他因素。

问题：A 保险公司应如何对该保险合同组进行会计确认和计量？

二、准则链接

《企业会计准则第 25 号——保险合同》（2020 年修订）第四十六条至第四十九条规定如下。

第四十六条 合同组在初始确认时发生首日亏损的，或合同组合中的合同归入其所属亏损合同组而新增亏损的，企业应当确认亏损并计入当期保险服务费用，同时将该亏损部分增加未到期责任负债账面价值。

初始确认时，亏损合同组的保险合同负债账面价值等于其履约现金流量。

第四十七条 发生下列情形之一导致合同组在后续计量时发生亏损的，企业应当确认亏损并计入当期保险服务费用，同时将该亏损部分增加未到期责任负债账面价值：

（一）因与未来服务相关的未来现金流量或非金融风险调整的估计发生变更，导致履约现金流量增加额超过合同服务边际账面价值。

（二）对于具有直接参与分红特征的保险合同组，其基础项目公允价值中企业享有份额的减少额超过合同服务边际账面价值。

第四十八条 企业在确认合同组的亏损后，应当将未到期责任负债账面价值的下列变动额，采用系统合理的方法分摊至未到期责任负债中的亏损部分和其他部分：

（一）因发生保险服务费用而减少的未来现金流量的现值；

第八章 保险合同准则

（二）因相关风险释放而计入当期损益的非金融风险调整的变动金额；

（三）保险合同金融变动额。

分摊至亏损部分的金额不得计入当期保险服务收入。

第四十九条 企业在确认合同组的亏损后，应当按照下列规定进行后续计量：

（一）将因与未来服务相关的未来现金流量或非金融风险调整的估计变更所导致的履约现金流量增加额，以及具有直接参与分红特征的保险合同组的基础项目公允价值中企业享有份额的减少额，确认为新增亏损并计入当期保险服务费用，同时将该亏损部分增加未到期责任负债账面价值。

（二）将因与未来服务相关的未来现金流量或非金融风险调整的估计变更所导致的履约现金流量减少额，以及具有直接参与分红特征的保险合同组的基础项目公允价值中企业享有份额的增加额，减少未到期责任负债的亏损部分，冲减当期保险服务费用；超出亏损部分的金额，确认为合同服务边际。

三、疑点、难点分析

所谓亏损合同，是指在保单盈利性评估中，在考虑现金流入、流出及现金流不确定性的基础上，综合评估结果为净流出的合同。在新保险合同准则下，保险公司不得将签发时间间隔超过1年的合同归入同一合同组，于是保险公司通常会将每一个会计年度确认的同一组内的亏损合同均归于一个亏损合同组。

对于亏损合同组的首日亏损和新单进入合同组产生的新增亏损，保险公司要将其纳入当期保险服务费用。为保证客户利益或对未来的意外进行赔付，保险公司需要将该亏损部分增加到未到期的责任负债中去，即通过计入当期保险服务费用的方式，由股东出资补上。由股东出资补充到未到期责任负债中的亏损部分叫作未到期责任负债的亏损部分。初始确认时，亏损合同组的合同服务边际为0，亏损合同组的保险合同负债账面价值等于其履约现金流量。所以，在考虑非金融风险调整的基础上，当前资源正好偿还未来债务。总之，亏损合同组初始确认时的未到期责任负债等于未到期责任负债的其他部分与未到期责任负债的亏损部分，也就是履约现金流量。

在后续计量中，亏损合同组可能会出现亏损继续扩大或亏损缩小甚至变为盈利的情形。根据亏损扩大或缩小的原因，相应的保险合同负债计量和损益确认方式也有所不同：①如果与当前服务相关的变化（或营运偏差）有关，如赔付金额高于（低于）预期，合同组亏损将扩大（缩小）。此时，保险合同负债计量不受影响，营运偏差会通过实际赔付额和实际其他保险服务费用额反映在保险服务费用中，进而影响保险服务业绩。②如果与过去服务相关的变化有关，如已发生赔款负债因物价等因素上升（下降），此时，已发生赔款负债自然上升（下降），且要将其变动金额计入当期保险服务费用，即已发生赔款负债相关履约现金流变动。③如果与未来服务相关变化或与未来服务相关的履约现金流量变动有关，当期预期现金流量增加（减少）时，亏损金额会相应增加（减少）。此时，对于由与未来服务相关的未来现金流量或非金融风险调整的估计变更导致的履约现金流量增加额，以及具有直接参与分红特征的保险合同组的基础项目公允价值中企业享有份额的减少额，企业应当确认为新增亏损并计入当期保险服务费用，同时将该亏损部分增加未到期责任负债账面价值；对于由与未来服务相关的未来现金流量或非金融风险调整的估计变更导致的履约现金流量减少额，以及具有直接参与分红特征的保险合同组的基础项目公允价值中企业享有份额的增加额，企业应当减少未到期责任负债的亏损部分，冲减当期保险服务费用，不得计入当期保险服务收入，超出亏损部分的金额，确认为合同服务边际。

四、案例分析

（一）初始计量

案例 8-10 中，初始确认时，A 公司预计的未来现金流量见表 8-29。

表 8-29　保险合同负债初始计量结果及未来现金流量的估计

单位：元

项目	第1年年初	第1年年末	第2年年末	第3年年末
未来现金流入现值①	1 600			
未来现金流出预计	（2 400）	（800）	（800）	（800）
未来现金流出现值②	（2 179）	（1 488）	（762）	
未来现金流量净现值③=①+②	（579）			
非金融风险调整④	（480）			
履约现金流量⑤=③+④	（1 059）			
合同服务边际⑥=－Max（⑤，0）	—			
保险合同负债⑦=⑤+⑥	（1 059）			

(二) 后续计量

1. 第1年保险合同负债计量

第1年内所有事项实际发生时间和金额与初始确认时的预期一致。第1年内应当采用系统合理的方法分摊至未到期责任负债中的亏损部分和非亏损部分的未到期责任负债履约现金流量的变动包括以下三个部分：由发生保险服务费用导致的估计未来现金流量现值的减少额800元；因相关风险释放而计入当期损益的非金融风险调整的变动金额160元；保险合同金融变动额109元〔（1 600 + 579）×5%〕。

A公司应当将上述未到期责任负债的履约现金流量的后续变动系统合理地分摊至未到期责任负债的非亏损部分和亏损部分。A公司确定的分摊比例是初始确认时未到期责任负债的亏损部分占未来现金流出现值与非金融风险调整之和的比例，A公司预计分摊至亏损部分的比例为40%〔1 059÷（1 600 + 1 059）〕。具体分摊情况见表8-30。

表8-30 第1年保险合同未到期责任负债变动金额的分摊及相关损益确认

单位：元

项目	未到期责任负债的非亏损部分	未到期责任负债的亏损部分	合计
由发生保险服务费用导致的估计未来现金流量现值的减少额	481	319	800
因相关风险释放而计入当期损益的非金融风险调整的变动金额	96	64	160
保险合同金额变动金额	66	43	109
保险服务收入	577	—	577
保险服务费用—保险合同赔付和费用	383	—	383

保险服务收入包括未到期责任负债（非亏损部分）中预期赔付和费用及因相关风险释放的非金融风险调整变动金额，保险服务费用（保险合同赔付和费用）包括未到期责任负债（亏损部分）中预期赔付和费用及因相关风险释放的非金融风险调整变动金额。

第1年，A公司保险合同负债中未到期责任负债和已发生赔款负债的变动情况见表8-31。

表8-31 第1年保险合同未到期责任负债和已发生赔款负债变动情况

单位：元

项目	未到期责任负债的非亏损部分	未到期责任负债的亏损部分	已发生赔款负债	保险合同负债
年初余额	—	—	—	—
初始确认时确认亏损保险合同损益		（1 059）		（1 059）
现金流入	（1 600）			（1 600）
保险财务损益	（66）	（43）	—	（109）
保险服务收入	577			577
保险服务费用—保险合同赔付和费用		383	（800）	（417）
现金流出			800	800
年末余额	（1 089）	（719）	—	（1 808）

A公司保险合同负债中未来现金流量现值、非金融风险调整和合同服务边际的变动情况见表8-32。

表8-32 第1年保险合同负债变动情况

单位：元

项目	未来现金流量现值	非金融风险调整	合同服务边际	保险合同负债
年初余额	—	—	—	—
与未来服务相关的变动：新合同	（579）	（480）	—	（1 059）
现金流入	（1 600）			（1 600）
保险财务损益			（109）	（109）
与当年服务相关的变动		160	—	160
现金流出	800			800
年末余额	（1 488）	（320）	—	（1 808）

2.第2年保险合同负债计量

第2年内所有事项实际发生时间和金额与初始确认时的预期一致。第2年内应当采用系统合理的方法分摊至未到期责任负债中的亏损部分和非亏损部分的未到期责任负债履约现金流量的变动包括以下3个部分：因发生保险服务费用导致的估计未来现金流量现值的减少额800元；因相关风险释放而计入当期损益的非金融风险调整的变动金额160元；保险合同金融变动额74元（1 488×5%）。

A公司仍按（1－40%）：40%将上述未到期责任负债的履约现金流量的后续变动分摊至未到期责任负债的非亏损部分和亏损部分见表8-33。

表8-33 第2年保险合同未到期责任负债变动金额的分摊及相关损益确认

单位：元

项目	未到期责任负债的非亏损部分	未到期责任负债的亏损部分	合计
由发生保险服务费用导致的估计未来现金流量现值的减少额	481	319	800
因相关风险释放而计入当期损益的非金融风险调整的变动金额	96	64	160
保险合同金额变动额	45	29	74
保险服务收入	577		577
保险服务费用—保险合同赔付和费用		383	383

第2年，A公司保险合同负债中未到期责任负债和已发生赔款负债的变动情况见表8-34。

表8-34 第2年保险合同未到期责任负债和已发生赔款负债变动情况

单位：元

项目	未到期责任负债的非亏损部分	未到期责任负债的亏损部分	已发生赔款负债	保险合同负债
年初余额	（1 089）	（719）	—	（1 808）
现金流入	—			—
保险财务损益	（45）	（29）	—	（74）
保险服务收入	680			680
保险服务费用—保险合同赔付和费用		383	（800）	（417）
保险服务费用—亏损保险合同损益		365		365
现金流出			800	800

（续表）

项目	未到期责任负债的非亏损部分	未到期责任负债的亏损部分	已发生赔款负债	保险合同负债
年末余额	（454）	—	—	（454）

注：第 2 年保险服务收入 680 元由表 8-33 中的 577 元和当年合同服务边际摊销 103 元组成；由于第 2 年年末 A 公司调整了第 3 年的预期现金流出，由原来的 800 元减少至 200 元，第 2 年年末与未来服务相关的未来现金流出的现值减少额 571 元 [（800－200）÷（1＋5%）]，将对应冲减未到期责任负债亏损部分。该减少额超过冲减前未到期责任负债的亏损部分 365 元（719＋29－383），因此 A 公司应减少未到期责任负债的亏损部分 365 元。

第 2 年，A 公司保险合同负债中未来现金流量现值、非金融风险调整和合同服务边际的变动情况见表 8-35。

表 8-35　第 2 年保险合同负债变动情况

单位：元

项目	未来现金流量现值	非金融风险调整	合同服务边际	保险合同负债
年初余额	（1 488）	（320）	—	（1 808）
现金流入	—			
保险财务损益	（74）	—	—	（74）
与未来服务相关的变动	571	—	（206）	365
与当年服务相关的变动	—	160	103	263
现金流出	800			800
年末余额	（191）	（160）	（103）	（454）

注：由于与未来服务相关的未来现金流量现值减少 571 元，冲减全部未到期责任负债的亏损部分 365 元后还剩余 206 元，应确认为合同服务边际。

第 2 年年末，A 公司对经过调整后的合同服务边际余额进行摊销，以确认与当年服务相关的变动，计入保险服务收入。责任期还剩 2 年，所以第 2 年合同服务边际摊销金额为 103 元（206÷2）。

3. 第 3 年保险合同负债计量

第 3 年，A 公司保险合同负债中未到期责任负债和已发生赔款负债的变动情况见表 8-36。

表 8-36　第 3 年保险合同未到期责任负债和已发生赔款负债变动情况

单位：元

项目	未到期责任负债的非亏损部分	未到期责任负债的亏损部分	已发生赔款负债	保险合同负债
年初余额	（454）	—	—	（454）
现金流入	—			
保险财务损益	（14）	—	—	（14）
保险服务收入	468	468		
保险服务费用—保险合同赔付和费用		—	（200）	（200）
保险服务费用—亏损保险合同损益		—		
现金流出			200	200
年末余额	—	—	—	—

注：第 3 年，A 公司确认的保险服务收入包括预期赔付和费用 200 元、非金融风险调整变动金 160 元和合同服务边际摊销 108 元，合计 468 元。

第 3 年，A 公司保险合同负债中未来现金流量现值、非金融风险调整和合同服务边际的变动情况见表 8-37。

表 8-37　第 3 年保险合同负债变动情况

单位：元

项目	未来现金流量现值	非金融风险调整	合同服务边际	保险合同负债
年初余额	（191）	（160）	（103）	（454）
现金流入	—			—
保险财务损益	（9）	—	（5）	（14）
与未来服务相关的变动	—	—	—	—
与当年服务相关的变动	—	160	108	268
现金流出	200			200
年末余额	—	—	—	—

（三）会计处理

1. 初始计量

借：亏损保险合同损益　　　　　　　　　　　　1 059
　　贷：未到期责任负债　　　　　　　　　　　　　　1 059

2. 第1年的会计处理

（1）第1年年初收到保费时：

借：银行存款　　　　　　　　　　　　　　　　1 600
　　贷：未到期责任负债　　　　　　　　　　　　　　1 600

（2）第1年确认未到期责任负债计息时：

借：承保财务损益　　　　　　　　　　　　　　　109
　　贷：未到期责任负债　　　　　　　　　　　　　　　109

（3）第1年年末发生赔付时：

借：保险合同赔付和费用　　　　　　　　　　　　800
　　贷：已发生赔款负债　　　　　　　　　　　　　　　800

（4）第1年年末支付赔款时：

借：已发生赔款负债　　　　　　　　　　　　　　800
　　贷：银行存款　　　　　　　　　　　　　　　　　　800

（5）第1年确认保险服务收入以及未到期责任负债的履约现金流量的后续变动分摊至未到期责任负债的亏损部分时：

借：未到期责任负债　　　　　　　　　　　　　　960
　　贷：保险服务收入　　　　　　　　　　　　　　　　577
　　　　保险合同赔付和费用　　　　　　　　　　　　　383

3. 第2年的会计处理

（1）第2年确认未到期责任负债计息时：

借：承保财务损益　　　　　　　　　　　　　　　　74
　　贷：未到期责任负债　　　　　　　　　　　　　　　　74

（2）第2年发生赔付时：

借：保险合同赔付和费用　　　　　　　　　　　　800
　　贷：已发生赔款负债　　　　　　　　　　　　　　　800

（3）第2年支付赔款时：

借：保险合同赔付和费用　　　　　　　　　　　　800
　　贷：已发生赔款负债　　　　　　　　　　　　　　　800

（4）第2年，将与未来服务相关的预期现金流出减少额冲减未到期责任负债的亏损部分时：

借：未到期责任负债　　　　　　　　　　　　　　365
　　贷：亏损保险合同损益　　　　　　　　　　　　　　365

（5）第 2 年，甲公司将与未来服务相关的预期现金流出减少额超过亏损部分的金额，确认为合同服务边际时：

借：未到期责任负债——未来现金流量现值　　　　206
　　贷：未到期责任负债——合同服务边际　　　　　　　206

（6）第 2 年确认保险服务收入以及未到期责任负债的履约现金流量的后续变动分摊至未到期责任负债的亏损部分时：

借：未到期责任负债　　　　　　　　　　　　　1 063
　　贷：保险服务收入　　　　　　　　　　　　　　　　680
　　　　保险合同赔付和费用　　　　　　　　　　　　　383

4. 第 3 年的会计处理

（1）第 3 年确认未到期责任负债计息时：

借：承保财务损益　　　　　　　　　　　　　　　14
　　贷：未到期责任负债　　　　　　　　　　　　　　　14

（2）第 3 年发生赔付时：

借：保险合同赔付和费用　　　　　　　　　　　　200
　　贷：已发生赔款负债　　　　　　　　　　　　　　　200

（3）第 3 年支付赔款时：

借：已发生赔款负债　　　　　　　　　　　　　　200
　　贷：银行存款　　　　　　　　　　　　　　　　　　200

（4）确认第 3 年保险服务收入时：

借：未到期责任负债　　　　　　　　　　　　　　468
　　贷：保险服务收入　　　　　　　　　　　　　　　　468

五、案例小结

亏损合同组计量的最大特点在于未到期责任负债分为未到期责任负债亏损部分和未到期责任负债其他部分。将未到期责任负债分为两部分后，其利息增值和释放也要分为两部分，企业应将未到期责任负债账面价值的变动额采取系统合理的方法分摊至未到期责任负债的亏损部分和其他部分，包括：因发生保险服务费用而减少的未来现金流量的现值；因相关风险释放而计入当期损益的非金融风险调整的变动金额；保险合同金额的变动额。而且，分摊至未到期责任负债的亏损部分不得计入当期保险服务收入。

未到期责任负债的亏损部分会形成亏损转回，主要有两种情形：第一，因当期负债释放而产生的亏损转回。在未来的任一会计期间，未到期责任负债的亏损部分释放的预期保险服务费用和非金融风险调整不计入保险服务收入，但实际赔付费用要计入保险服务费用，这会导致保险服务收入减少，保险业绩亏损。未来每期亏损额的现值基本与计入当期保险服务费用中的预期亏损相等。这样就会导致亏损被重复计入损益表内。所以，在未来每一个会计期间，企业都应该将当期从未到期责任负债的亏损部分中释放出来的因发生保险服务费用而减少的未来现金流量的现值和因相关风险释放而计入当期损益的非金融风险调整的变动金额之和，作为当前保险服务费用的减项，逐期冲减原来计入的预期亏损，每期冲减金额就是未到期责任负债亏损部分的转回；第二，因预期未还而产生的亏损转回。后续计量中，当期末预期的履约现金流量减少导致亏损减少时，企业应该将由与未来服务相关的未来现金流量或非金融风险调整的估计变更导致的履约现金流量减少额，减少未到期责任负债的亏损部分，冲减当期保险服务费用，超出亏损部分的金额确认为合同服务边际。将亏损合同组的预期亏损一次性通过亏损确认计入保险服务费用，然后在未来通过亏损转回的方法将其逐渐冲销，这样做是为了抑制保险公司肆意开展亏损业务的动机。

第七节　保险合同组的简化计量——保险分配法

一、案例背景

案例 8-11　2021 年 7 月 1 日，A 保险公司（以下简称 A 公司）签发了一组保险合同，组内保险合同的责任期均为 10 个月，即从 2021 年 7 月 1 日至 2022 年 4 月 30 日。2021 年 7 月 1 日，A 公司初始确认该合同组的同时收到趸缴保费 1 320 元，支付保险获取现金流量 20 元。2021 年 7 月 1 日至 2021 年 12 月 31 日，发生赔付 700 元，与赔付相关的非金融风险调整为 36 元；2022 年 1 月 1 日至 2022 年 6 月 30 日的报告期内将发生赔付 500 元，与赔付相关的非金融风险调整为 24 元；2022 年 8 月 31 日，A 公司最终确定赔付金额 1 270 元并于当日支付。初始确认时及责任期内的事实和情况均未表明该保险合同组是亏损的。A 公司对合同组采用保费分配法进行计量。

A 公司预计提供保险合同服务每一部分服务的时点与相关保费到期日之

间不超过 1 年，而且相关赔款均在赔案发生后 1 年内支付。A 公司选择不对未到期责任负债和已发生赔款负债的账面价值进行调整以反映货币时间价值及金融风险的影响。A 公司选择将保险获取现金流量在发生时一次性确认为费用。假设责任期内该合同组没有合同失效，风险预计在责任期内随时间流逝释放。不考虑其他履约现金流量（包括投资成分等）等其他因素。

案例 8-12 2020 年 12 月 31 日，B 保险公司（以下简称 B 公司）签发了 100 份 3 年期的保险合同，责任期为 2021 年 1 月 1 日至 2023 年 12 月 31 日，这些合同属于同一合同组。这些合同约定的保费付款到期日为 2020 年 12 月 31 日，B 公司于该日初始确认该合同组的同时收到趸缴保费 1 200 元及支付保险获取现金流量 180 元。假设保险合同在责任期内均匀发生赔付，且其风险在责任期内随时间流逝释放，B 公司在 2020 年年末预计未来每年赔付率为 60%，赔款在发生赔案当年年末支付。B 公司对合同组采用保费分配法进行计量。B 公司未选择将保险获取现金流量在发生时一次性确认为费用。第 2 年年末，B 公司根据最新情况和估计将第 3 年的赔付率更改为 120%。假设责任期内该合同组中没有合同失效，不考虑折现、其他履约现金流量（包括投资成分等）等其他因素。

问题：A 公司和 B 公司应该如何对相关保险合同组进行会计确认和计量？

二、准则链接

《企业会计准则第 25 号——保险合同》（2020 年修订）第五十条、第五十二条至第五十七条规定如下。

第五十条 符合下列条件之一的，企业可以采用保费分配法简化合同组的计量：

（一）企业能够合理预计采用本节简化处理规定与根据本准则前述章节规定计量合同组未到期责任负债的结果无重大差异。企业预计履约现金流量在赔案发生前将发生重大变化的，表明该合同组不符合本条件。

（二）该合同组内各项合同的责任期不超过一年。

第五十二条 企业采用保费分配法时，合同组内各项合同初始确认时的责任期均不超过一年的，可以选择在保险获取现金流量发生时将其确认为费用，计入当期损益。

第五十三条 企业采用保费分配法计量合同组时，初始确认时未到期责任负债账面价值等于已收保费减去初始确认时发生的保险获取现金流量（根据本准则第五十二条规定选择在发生时计入当期损益的除外），减去（或加上）在合同组初始确认时终止确认的保险获取现金流量资产以及其他相关资产或负债的金额。

资产负债表日未到期责任负债账面价值等于期初账面价值加上当期已收保费，减去当期发生的保险获取现金流量（根据本准则第五十二条规定选择在发生时计入当期损益的除外），加上当期确认为保险服务费用的保险获取现金流量摊销金额和针对融资成分的调整金额，减去因当期提供保险合同服务而确认为保险服务收入的金额和当期已付或转入已发生赔款负债中的投资成分。

第五十四条 合同组内的合同中存在重大融资成分的，企业应当按照合同组初始确认时确定的折现率，对未到期责任负债账面价值进行调整，以反映货币时间价值及金融风险的影响。

合同组初始确认时，如果企业预计提供保险合同服务每一部分服务的时点与相关保费到期日之间的间隔不超过一年，可以不考虑合同中存在的重大融资成分。

第五十五条 相关事实和情况表明合同组在责任期内存在亏损时，企业应当将该日与未到期责任相关的履约现金流量超过按照本准则第五十三条确定的未到期责任负债账面价值的金额，计入当期保险服务费用，同时增加未到期责任负债账面价值。

第五十六条 企业应当根据与已发生赔案及其他相关费用有关的履约现金流量计量已发生赔款负债。相关履约现金流量预计在赔案发生后一年内支付或收取的，企业可以不考虑货币时间价值及金融风险的影响，且一致应用于本准则第五十五条规定的相关履约现金流量的计算。

第五十七条 企业应当将已收和预计收取的保费，在扣除投资成分并根据本准则第五十四条规定对重大融资成分进行调整后，分摊至当期的金额确认为保险服务收入。

企业应当随时间流逝在责任期内分摊经调整的已收和预计收取的保费；保险合同的风险在责任期内不随时间流逝为主释放的，应当以保险服务费用预计发生时间为基础进行分摊。

三、疑点、难点分析

（一）保费分配法的适用条件

符合下列条件之一的，企业可以采用保费分配法简化合同组的计量。

第八章 保险合同准则

（1）企业能够合理预计采用与未采用保费分配法计量合同组未到期责任负债的结果无重大差异。如果企业预计履约现金流量在赔案发生前将发生重大波动，表明该合同组不符合本条件。一般情况下，合同组的责任期越长，履约现金流量的波动性越强，履约现金流量的波动性还可能随着保险合同中嵌入衍生工具的影响而增大。

（2）该合同组内各项合同的责任期不超过一年。企业在判断合同组是否符合上述条件时，应当根据该合同组中每项合同开始时的情况进行判断。企业对其签发的保险合同采用保费分配法时，在没有相关事实和情况表明其存在亏损时，不必评估该合同是否存在亏损，即假设初始确认时该合同并非亏损合同。

（二）保费分配法下保险合同负债的计量

1. 初始计量

企业采用保费分配法计量合同组，初始确认时未到期责任负债账面价值等于已收保费减去初始确认时发生的保险获取现金流量（选择在发生时计入当期损益的除外），减去或加上在合同组初始确认时终止确认的保险获取现金流量资产以及其他相关资产或负债的金额。

企业采用保费分配法时，合同组内各项合同初始确认时的责任期均不超过一年的，可以选择在保险获取现金流量发生时将其确认为费用，计入当期损益。

如果保险公司选择将初始确认时发生的保险获取现金流量进行摊销处理，初始计量的未到期责任负债等于已收保费减去初始确认时时发生的保险获取现金流量，再减去合同组初始确认时终止确认的保险获取现金流量资产。

如果保险公司选择将初始确认时发生的保险获取现金流量在发生时确认为保险服务费用（并计入当期损益），初始计量时的未到期责任负债等于已收保费减去合同组初始确认时终止确认的保险获取现金流量资产。

2. 后续计量

（1）未到期责任负债的后续计量。资产负债表日未到期责任负债账面价值等于期初账面价值加上当期已收保费，减去当期发生的保险获取现金流量（选择在发生时计入当期损益的除外），加上当期确认为保险服务费用的保险获取现金流量摊销金额和针对融资成分的调整金额，减去因当期提供保险合同服务而确认为保险服务收入的金额和当期已付或转入已发生赔款负债中的投资成分。

合同组内的合同中存在重大融资成分的，企业应当按照合同组初始确认时确定的折现率，对未到期责任负债账面价值进行调整，以反映货币时间价值及金融风险的影响。合同组初始确认时，如果企业预计提供保险合同服务每一部分服务的时点与相关保费到期日之间的间隔不超过1年，可以不考虑合同中存在的重大融资成分。

（2）已发生赔款负债的计量。企业应当根据与已发生赔案及其他相关费用有关的履约现金流量计量已发生赔款负债。相关履约现金流量预计在赔案发生后1年内支付或收取的，企业可以不考虑货币时间价值及金融风险的影响。如果企业对已发生赔款负债进行调整以反映货币时间价值及金融风险的影响，应当采用资产负债表日根据新保险合同准则第二十五条确定的折现率，即已发生赔款负债等于履约现金流量，亦即未来现金流量现值与非金融风险调整之和。

（3）保险服务收入的计量。对于已收和预计收取的保费扣除投资成分并对重大融资成分进行调整后分摊至当期的金额，企业应当确认为保险服务收入。企业应当随时间流逝在责任期内分摊经调整的已收和预计收取的保费；保险合同的风险在责任期内不随时间流逝为主释放的，企业应当以保险服务费用预计发生时间为基础分摊保费。如果与保险合同风险释放有关的事实和情况发生了变化，企业应当相应调整保费的分摊基础，即当前保险服务收入等于待摊保费分摊在当期的部分，待摊保费等于已收和预期收取的保费减去投资成分再加上针对重大融资成分的当期调整。这其实是保费分配法的根本要义，允许保险公司直接通过保费分摊的方式来确认当期保险服务收入和期末未到期责任负债。如果保险合同的承保风险在责任期内是随时间流逝为主释放的，保险公司应该随时间流逝在责任期内分摊经调整的已收和预期收取的保费，以确定当期的保险服务收入；如果保险合同的承保风险在责任期内是不随时间流逝为主释放的，保险公司应该以保险服务费用预期发生时间为基础分摊调整的已收和预期收取的保费，以确定当期保费服务收入。

（4）保险服务费用的计量。保险分配法下的保险服务费用等于当期发生的赔款及其他相关费用、（摊销处理时）保险获取现金流量摊销额或（非摊销处理时）保险获取现金流量发生额、亏损部分的确认和转回以及已发生赔款负债相关履约现金流量变动之和。

在责任期内的任一时点，如果相关事实和情况表明合同组存在亏损，企业应当将该日与未到期责任相关的履约现金流量超过未到期责任负债账面价值的金额确认为亏损，并计入当期亏损保险合同损益，同时增加未到期责任负债账面价值。其中，企业如果未对已发生赔款负债进行调整以反映货币时间价值及金融风险的影响，对与未到期责任相关的履约现金流量也不应进行调整以反映货币时间价值及金融风险的影响。即：亏损确认金额=未到期责任负债增加额=通用模型法下计量的与未到期责任负债相关的履约现金流量-保费分配法下确定的未到期责任负债账面价值。后续保险期限内，亏损部分的释放不形成保险服务收入，但会在保险服务费用中形成亏损转回。

（5）投资业绩的计量。投资业绩等于投资收益减去保险财务损益，其中，投资收益就是保险合同负债资金在当期产生的投资收益；保险财务损益一般等于当期的保险合同金额变动额，包括保险合同负债按合同组初始确认时确定的折现率实现的当期利息增值（含有未到期责任负债的利息增值和已发生赔款负债的利息增值）和期末折现率变动导致的保险合同负债变动金额。

四、案例分析

（一）案例 8-11 保险合同负债的计量和损益确认

1. 未到期责任负债和保险服务收入的计量

案例 8-11 中，赔付发生和支付的情况见表 8-38。

表 8-38　保险合同组赔付和支付情况

单位：元

项目	2021年7月1日—2021年12月31日	2022年1月1日—2022年6月30日	2022年7月1日—2022年12月31日
发生的赔付	700	500	
赔付相关非金融风险调整	36	24	
最终确定赔款的金额并支付			1 270

A 公司未到期责任负债和保险服务收入计量结果见表 8-39。

表 8-39　未到期责任负债和保险服务收入计量结果

单位：元

未到期责任负债	初始确认时	初始确认后至2021年12月31日	2022年1月1日—2022年6月30日
期初余额①=上期⑤	—	（1 320）	（528）
当期收到的保费②	（1 320）	—	—
保险服务收入③=—④×赚取比例		792	528

（续表）

未到期责任负债	初始确认时	初始确认后至 2021年12月31日	2022年1月1日—2022年6月30日
未确认的保险服务收入④=上期（③+④）+本期②	（1 320）	（1 320）	（528）
期末余额⑤=①+②+③	（1 320）	（528）	—

2. 保险负债的计量

各相关时点保险合同组的保险合同负债变动情况见表8-40。

表8-40 保险合同负债变动情况

单位：元

保险合同负债	初始确认时	2021年12月31日	2022年6月30日
未到期责任负债	（1 320）	（528）	—
已发生赔款负债	—	（736）	（1 260）
保险合同负债	（1 320）	（1 264）	（1 260）

3. 保险合同组对资产负债表和利润表的影响

各相关时点保险合同组的有关利润项目见表8-41。

表8-41 保险合同组对利润表的影响

单位：元

利润表项目	2021年下半年	2022年上半年	2022年下半年
保险服务收入	792	528	—
保险服务费用	（756）	（524）	（10）
保险服务业绩	36	4	（10）
净利润	36	4	（10）

A公司各相关时点保险合同组的有关资产负债表项目见表8-42。

表8-42 保险合同组对资产负债表的影响

单位：元

资产负债表项目	2021年12月31日	2022年6月30日	2022年12月31日
资产	1 300	1 300	30

（续表）

资产负债表项目	2021年12月31日	2022年6月30日	2022年12月31日
负债	（1 264）	（1 260）	—
所有者权益	36	40	30

4. 相关会计处理

（1）A公司收到保费时：

借：银行存款　　　　　　　　　　　　　　　　　1 320
　　贷：未到期责任负债　　　　　　　　　　　　　　1 320

（2）支付保险获取现金流量时：

借：待结转支出　　　　　　　　　　　　　　　　　20
　　贷：银行存款　　　　　　　　　　　　　　　　　20

根据费用分摊结果，一次性确认为费用：

借：保险合同赔付和费用　　　　　　　　　　　　　20
　　贷：待结转支出　　　　　　　　　　　　　　　　20

（3）2021年的会计处理。

2021年下半年发生赔案时：

借：保险合同赔付和费用　　　　　　　　　　　　　700
　　贷：已发生赔款负债　　　　　　　　　　　　　　700

期末评估赔付相关的非金融风险调整时：

借：保险合同赔付和费用　　　　　　　　　　　　　36
　　贷：已发生赔款负债　　　　　　　　　　　　　　36

确认2021年下半年保险服务收入时：

借：未到期责任负债　　　　　　　　　　　　　　　792
　　贷：保险服务收入　　　　　　　　　　　　　　　792

（4）2022年的会计处理。

2022年上半年发生赔案时：

借：保险合同赔付和费用　　　　　　　　　　　　　500
　　贷：已发生赔款负债　　　　　　　　　　　　　　500

期末评估赔付相关的非金融风险调整时：

借：保险合同赔付和费用　　　　　　　　　　　　　24
　　贷：已发生赔款负债　　　　　　　　　　　　　　24

确认2022年上半年保险服务收入时：

```
借：未到期责任负债                    528
    贷：保险服务收入                      528
```

2022年下半年确定赔款最终金额时：
```
借：保险合同赔付和费用                10
    贷：已发生赔款负债                     10
```

2022年下半年支付赔款时：
```
借：已发生赔款负债                  1 270
    贷：银行存款                        1 270
```

（二）案例 8-12 保险合同负债的计量和损益确认

1. 未来各期现金流出及现值

初始确认时，B 公司预计未来每年的现金流出及现值见表 8-43。

表 8-43　初始确认时预期未来每年的现金流出情况

单位：元

项目	第 1 年	第 2 年	第 3 年	合计
预期未来现金流出	240	240	240	720

注：每年预期的未来现金流出为每年所对应的保费乘以赔付率。例如，第 1 年内发生赔案，预计赔款＝1 200÷3×60％＝240（元），根据赔款支付模式，该金额在第 1 年年末支付。

第 2 年年末，第 1 年和第 2 年实际情况以及 B 公司调整第 3 年赔付率后更新的预期未来现金流出见表 8-44。

表 8-44　第 1 年和第 2 年实际现金流出及第 3 年估计情况

单位：元

项目	第 1 年（实际）	第 2 年（实际）	第 3 年（预期）	合计
现金流出	240	240	480	960

2. 保险合同组未到期责任负债和保险服务收入计量

保险合同组的未到期责任负债和保险服务收入计量结果见表 8-45。

表 8-45　保险合同组的未到期责任负债和保险服务收入计量结果

单位：元

未到期责任负债	初始确认时	第 1 年	第 2 年	第 3 年
年初余额（非亏损部分）①		（1 020）	（680）	（340）

第八章 保险合同准则

（续表）

未到期责任负债	初始确认时	第1年	第2年	第3年
收到的保费②	（1 200）	—	—	
保险获取现金流量③	180	—	—	
保险获取现金流量摊销④＝－保险获取现金流量×摊销比例		（60）	（60）	（60）
保险服务收入⑤＝－⑥×赚取比例		400	400	400
未确认的保险服务收入⑥＝上年（⑤+⑥）+本年②	（1 200）	（1 200）	（800）	（400）
年末余额（非亏损部分）⑦＝①+②+③+④+⑤	（1 020）	（680）	（340）	—
预期未来现金流量的现值⑧	（720）	（480）	（480）	—
亏损部分年末余额⑨＝Min［（⑧－⑦），0］			（140）	

注：本例中，未确认的保险服务收入为已收取的保费扣除以前年度已确认为保险服务收入的金额。

3. 保险合同负债计量

B公司每年年末的保险合同负债变动情况见表8-46。

表8-46 B公司每年年末的保险合同负债变动情况

单位：元

保险合同负债	初始确认时	第1年年末	第2年年末	第3年年末
未到期责任负债	（1 020）	（680）	（480）	—
已发生赔款负债	—	—	—	—

4. 保险合同组对资产负债表和利润表的影响

B公司有关利润项目及其组成部分见表8-47。

表8-47 B公司有关利润项目及其组成部分

单位：元

利润表项目及其组成部分	第1年	第2年	第3年
保险服务收入	400	400	400
保险服务费用	（300）	（440）	（400）

（续表）

利润表项目及其组成部分	第1年	第2年	第3年
——保险合同赔付和费用	（300）	（300）	（540）
——保险获取现金流量摊销	（60）	（60）	（60）
——保险合同的赔付和其他费用	（240）	（240）	（480）
——亏损保险合同损益	—	（140）	140
保险服务业绩	100	（40）	—
净利润	100	（40）	—

注：各年的亏损保险合同损益为年末未到期责任负债的亏损部分的账面价值减去年初账面价值。例如，第2年的相关金额＝－140－0＝－140（元）。

B公司每年年末的有关资产负债表项目见表8-48。

表8-48 B公司每年年末的有关资产负债表项目

单位：元

资产负债表项目	初始确认时	第1年年末	第2年年末	第3年年末
资产	1 020	780	540	60
负债	（1 020）	（680）	（480）	—
所有者权益	—	100	60	60

注：每年年末的资产账面价值＝年初账面价值－当年现金流出。例如，第1年年末资产的账面价值＝1 020－240＝780（元）。

5. 相关会计处理

（1）B公司收到保费时：

借：银行存款　　　　　　　　　　　　　　　　　　1 200
　　贷：未到期责任负债　　　　　　　　　　　　　　　1 200

（2）支付保险获取现金流量时：

借：待结转支出　　　　　　　　　　　　　　　　　　180
　　贷：银行存款　　　　　　　　　　　　　　　　　　180

根据费用分摊结果，计入未到期责任负债时：

借：未到期责任负债　　　　　　　　　　　　　　　　180
　　贷：待结转支出　　　　　　　　　　　　　　　　　180

第八章 保险合同准则

（3）第1年相关会计处理。

第1年摊销保险获取现金流量时：

借：保险合同赔付和费用　　　　　　　　　　　　　60
　　　贷：未到期责任负债　　　　　　　　　　　　　　　60

第1年内发生赔案时：

借：保险合同赔付和费用　　　　　　　　　　　　　240
　　　贷：已发生赔款负债　　　　　　　　　　　　　　　240

第1年年末支付赔款时：

借：已发生赔款负债　　　　　　　　　　　　　　　240
　　　贷：银行存款　　　　　　　　　　　　　　　　　　240

第1年确认保险服务收入时：

借：未到期责任负债　　　　　　　　　　　　　　　400
　　　贷：保险服务收入　　　　　　　　　　　　　　　　400

（4）第2年相关会计处理。

第2年摊销保险获取现金流量时：

借：保险合同赔付和费用　　　　　　　　　　　　　60
　　　贷：未到期责任负债　　　　　　　　　　　　　　　60

第2年内发生赔案时：

借：保险合同赔付和费用　　　　　　　　　　　　　240
　　　贷：已发生赔款负债　　　　　　　　　　　　　　　240

第2年年末支付赔款时：

借：已发生赔款负债　　　　　　　　　　　　　　　240
　　　贷：银行存款　　　　　　　　　　　　　　　　　　240

第2年确认亏损保险合同损益时：

借：亏损保险合同损益　　　　　　　　　　　　　　140
　　　贷：未到期责任负债　　　　　　　　　　　　　　　140

第2年确认保险服务收入时：

借：未到期责任负债　　　　　　　　　　　　　　　400
　　　贷：保险服务收入　　　　　　　　　　　　　　　　400

（5）第3年相关会计处理。

第3年摊销保险获取现金流量时：

借：保险合同赔付和费用　　　　　　　　　　　　　60
　　　贷：未到期责任负债　　　　　　　　　　　　　　　60

第 3 年内发生赔案时：
借：保险合同赔付和费用　　　　　　　　　　　　　　480
　　贷：已发生赔款负债　　　　　　　　　　　　　　　480
第 3 年年末支付赔款时：
借：已发生赔款负债　　　　　　　　　　　　　　　　480
　　贷：银行存款　　　　　　　　　　　　　　　　　　480
第 3 年转回亏损保险合同损益时：
借：未到期责任负债　　　　　　　　　　　　　　　　140
　　贷：亏损保险合同损益（或"保险合同赔付和费用"）　140

注：采用保费分配法计量的保险合同组，对于亏损部分的分摊，记入"保险合同赔付和费用"或"亏损保险合同损益"科目均可；而采用一般规定计量的保险合同组，对于亏损部分的分摊，应当记入"保险合同赔付和费用"科目。

第 3 年确认保险服务收入时：
借：未到期责任负债　　　　　　　　　　　　　　　　400
　　贷：保险服务收入　　　　　　　　　　　　　　　　400

五、案例小结

所谓保费分配法，就是无须通过估计履约现金流量和合同服务边际来确定未到期责任负债，也无须通过计算由提供保险服务导致的未到期责任负债减少额来确定保险服务收入，而是直接将保费（包括已收保费和预期收取的保费）按某种方式（如时间）分配在保险责任期限内确认当前保险服务收入和期末未到期责任负债的方法。但保费分配法仅用于计量未到期责任负债，已发生赔款负债依然采用通用模型法通过估计履约现金流量的方法进行计量。如果保险合同组的保险期限不超过 1 年，可以采用保费分配法；如果保险合同组的保险期限超过 1 年，就要看采用保费分配法与采用通用模型法计量得到的合同组未到期责任负债的结果是否有重大差异，如果没有则可以采用保费分配法，如果有则不可以采用。但即使保险合同组满足保费分配法的适用条件，保险公司也可以选择不使用保费分配法而使用通用模型法进行相关计量。

与通用模型法相比，保费分配法用分配保费的方式确定未到期责任负债和当期保险服务收入，大幅度降低了计量未到期责任负债和确认保险服务收入的难度,是一种简化计量方法,两者在保险获取现金流量的确认和对负债计量的影响方面有所差异。

保费分配法下如果合同组内各项合同初始确认的责任期均不超过1年,企业可以选择在保险获取现金流量发生时将其确认为费用,计入当期损益。这样,保险公司就可以选择摊销或选择发生时全部确认为当期费用。另外,在通用模型法下,摊销后的保险获取现金流量要同时计入保险服务费用和保险服务收入,但保费分配法摊销后的保险获取现金流量只需计入保险服务费用,无须计入保险服务收入,具体见表8-49。

表8-49 合同边界内保险获取现金流量的确认:保费分配法与通用模型法的差异

项目	通用模型法	保费分配法
合同组确认前发生的保险获取现金流量	摊销——将摊销金额同时计入保险服务费用和保险服务收入	摊销——将摊销金额计入保险服务费用
合同组确认时发生的保险获取现金流量		二选一:①摊销——将摊销金额计入保险服务费用;②发生时直接计入保险服务费用
合同组确认后发生的保险获取现金流量		

对于合同组确认前发生的保险获取现金流量,通用模型法规定确认为保险获取现金流量资产,待合同组确认时终止确认,这在保费分配法下仍然适用,只不过有些区别。通用模型法下,终止确认是在本合同组初始确认时,将分摊至该合同组的保险获取现金流量资产,在确定保险合同负债中的合同服务边际的过程中终止确认,就是等额减少合同服务边际和合同保险负债;保费分配法下,终止确认是在合同初始确认时,直接从已收保费中将保险获取现金流量资产减去后,作为未到期责任负债的初始值。

在通用模型法下,对于合同组确认时发生的保险获取现金流量,在初始确认时直接从合同服务边际中扣除,减少未到期责任负债;对于合同组确认后发生保险获取现金流量,在初始确认时计入履约现金流量,在其发生时扣除合同服务边际;在保费分配法下,对于合同组确认时和确认后发生保险获取现金流量,如果选择对保险获取现金流量进行摊销处理,在其发生时一次性从未到期责任负债中扣减,后面逐期将摊销金额加回。如果选择在保险获取现金流量发生时直接将其确认为费用,在保险合同负债计量时无须进行扣减,直接将保费分摊就可得到当期保险服务收入和期末未到期责任负债见表8-50。

表 8-50　合同边界内保险获取现金流量对未到期责任负债计量的影响

项目	通用模型法		保费分配法	
	初始计量	后续计量	初始计量	后续计量
合同组确认前发生的保险获取现金流量	减少合同服务边际	无	（摊销）从已收保费中扣减，后面逐期将摊销金额加回	
合同组确认时发生的保险获取现金流量			二选一：①如果摊销，发生时一次性扣减，后面逐期将摊销金额加回；②若不摊销，无须扣减	
合同组确认后发生的保险获取现金流量	计入履约现金流量	发生时减少合同服务边际		

第八节　分出再保险合同的初始计量

一、案例背景

2021 年 11 月 30 日，A 保险公司（以下简称 A 公司）作为分出方与分入方 X 公司签订一份成比例的再保险合同。该再保险合同约定，X 公司对 A 公司签发的责任期开始日处于 2022 年 1 月 1 日至 2022 年 12 月 31 日的所有责任期为 3 年的保险合同的赔付提供 30% 的保障，A 公司以趸交方式交付给 X 公司的分出保费：一种情形是 260 元，一种情形是 300 元。假设不考虑 X 公司的不履约风险，忽略分保费用等所有其他变量。A 公司将该分出再保险合同作为一个单独合同组进行计量。

案例 8-13　2022 年 2 月 21 日，A 公司签发了一组责任期为 3 年的保险合同，这些保险合同的责任期开始日均为 2022 年 2 月 21 日，预期保单签发后会立即收到保费 1 000 元，并在保险责任期限内支付现值为 900 元的赔付，相关非金融风险调整为 60 元。

案例 8-14　2021 年 12 月 20 日，A 公司签发了另一组责任期为 3 年的保险合同，这些保险合同的责任期开始日均为 2022 年 1 月 1 日，预期保单签发后会立即收到保费 850 元，并在保险责任期限内支付现值为 900 元的赔付，相关非金融风险调整为 60 元。

问题：A 保险公司应如何对上述再保险合同进行初始计量？

二、准则链接

《企业会计准则第 25 号——保险合同》（2020 年修订）第五十九条至

第六十五条规定如下。

第五十九条 企业应当将同一分出的再保险合同组合至少分为下列合同组：
（一）初始确认时存在净利得的合同组；
（二）初始确认时无显著可能性在未来产生净利得的合同组；
（三）该组合中剩余合同组成的合同组。
企业可以按照净成本或净利得水平以及初始确认后在未来产生净利得的可能性等，对分出的再保险合同组作进一步细分。
企业不得将分出时间间隔超过一年的合同归入同一分出的再保险合同组。

第六十条 企业应当在下列时点中的最早时点确认其分出的再保险合同组：
（一）分出的再保险合同组责任期开始日；
（二）分出的再保险合同组所对应的保险合同组确认为亏损合同组时。

第六十一条 分出的再保险合同组分出成比例责任的，企业应当在下列时点中的最早时点确认该合同组：
（一）分出的再保险合同组责任期开始日和任一对应的保险合同初始确认时点中较晚的时点；
（二）分出的再保险合同组所对应的保险合同组确认为亏损合同组时。

第六十二条 企业在初始确认其分出的再保险合同组时，应当按照履约现金流量与合同服务边际之和对分出再保险合同资产进行初始计量。
分出再保险合同组的合同服务边际，是指企业为在未来获得再保险分入人提供的保险合同服务而产生的净成本或净利得。

第六十三条 企业在估计分出的再保险合同组的未来现金流量现值时，采用的相关假设应当与计量所对应的保险合同组保持一致，并考虑再保险分入人的不履约风险。

第六十四条 企业应当根据分出的再保险合同组转移给再保险分入人的风险，估计非金融风险调整。

第六十五条 企业应当在分出的再保险合同组初始确认时计算下列各项之和：
（一）履约现金流量；
（二）在该日终止确认的相关资产或负债对应的现金流量；
（三）分出再保险合同组内合同在该日产生的现金流量；
（四）分保摊回未到期责任资产亏损摊回部分的金额。
企业应当将上述各项之和所反映的净成本或净利得，确认为合同服务边际。净成本与分出前发生的事项相关的，企业应当将其确认为费用并计入当期损益。

三、疑点、难点分析

再保险合同，是指再保险分人（再保险合同签发人）与再保险分出人约定，对再保险分出人由对应的保险合同所引起的赔付等进行补偿的合同。与保险合同初始计量类似，分出再保险合同也要分组：初始确认时存在净利得的合同组，称为净利得组；初始确认时无显著可能性在未来产生净利得的合同组，称为净成本组；该组合中剩余合同组成的合同组称为剩余组。同时，企业不得将分出的时间间隔超过1年的合同归入同一分出的再保险合同组。对分出人来说，净利得是指分出再保险合同的合同服务边际为正；净成本就是指分出再保险合同的合同服务边际为负。

（一）初始确认时点

如果分出再保险合同属于比例再保险，则按下列时点中的最早时点确认：分出再保险合同组责任期开始日和任一对应的保险合同初始确认时点中的较晚时点；分出再保险合同组所对应的保险合同组确认亏损合同组时。即，如果对应的原保险合同组不亏损，则分出再保险合同组的确认时点为分出再保险合同组责任期开始日和任一对应的保险合同初始确认时点中较晚的一个；如果对应的原保险合同组亏损，就要比较亏损原保险合同组确认时点和前述二选一较晚时点，选较早的一个。

如果分出再保险合同组属于其他再保险（如超额赔再保险），分出再保险合同组的初始确认时点为下列时点的最早时点：分出再保险合同组责任期开始日；分出再保险合同组所对应的保险合同组确认亏损合同组时。即，如果原保险合同组初始计量时不亏损，分出超赔再保险合同组在自身保险责任期限内的期初确认；如果原保险合同组初始计量时亏损，就需要通过二选一选择较早时点，具体情况见表8-51。

表 8-51 分出再保险合同组初始确认时点的判断

项目		再保险合同组签发时间	原保险合同组是否亏损	原保险合同组初始确认时点	再保险合同组责任期开始日	分出再保险合同组初始确认时点
比例再保险	合同组A	2023.12.15	否	2024.1.20	2024.1.1	2024.1.20
	合同组B	2023.2.5	是	2023.7.25	2023.6.1	2023.6.1
超赔再保险	合同组C	2023.11.5	否	2024.3.13	2024.1.1	2024.1.1
	合同组D	2024.3.7	是	2024.3.7	2024.1.1	2024.1.1

第八章　保险合同准则

（二）初始计量基本逻辑

在通用模型法下，分保摊回未到期责任负债资产可以分为履约现金流量和合同服务边际，所以，初始计量的分出再保险合同资产等于分保摊回未到期责任负债资产，等于履约现金流量加上合同服务边际，等于未来现金流量现值加上非金融风险调整再加上合同服务边际。

企业在估计分出再保险合同组的未来现金流量现值时，采用的相关假设应与计量对应原保险合同组所用的假设保持一致，并考虑再保险分入人的不履约风险。企业应根据分出再保险合同组转移给再保险分入人的风险，估计非金融风险调整。当采用超赔再保险方式分出时，相对于比例再保险，转移的非金融风险通常会比较大。

（三）合同服务边际计算逻辑

企业应该在分出再保险合同组初始确认时计算履约现金流量、在该日终止确认的相关资产或负债对应的现金流量、分出再保险合同组内合同在该日产生的现金流量、分保摊回未到期责任资产亏损摊回部分的金额。然后，企业应将上述各项之和所反映的净利得或净成本确认为合同服务边际。可以看出，初始计量合同服务边际时，原保险合同组与分出再保险合同组的计量思路相似，都要将初始确认前、确认时和确认后的合同组边界内现金流一并计算进去，但两者之间稍微有些差异。第一，相对于原保险合同组，分出再保险合同组多了分保摊回未到期责任资产亏损摊回部分；第二，原保险合同组的合同服务边际大于等于0（亏损时为0），分出再保险合同组的合同服务边际可以大于0（净利得），也可以小于0（净成本）。

1. 在该日终止确认的相关资产或负债对应的现金流量

分出再保险合同组在初始确认前可能会发生一些现金流量，如合同谈判费用、分保手续费等，这些现金流量会在发生时被确认为资产或负债，并在分出保险合同组初始确认时终止确认。但这部分现金流并不在履约现金流量内，无法通过计入履约现金流量来影响合同服务边际。具体来讲，前期发生的现金流入（分保手续费）会提升盈利（或减少亏损），提升合同服务边际；而前期发生的现金流出会减少盈利（或增加亏损），降低合同服务边际。

2. 分出再保险合同组内合同在该日产生的现金流量

在再保险合同组初始计量时，这部分现金流量也不在履约现金流量内，无法通过计入履约现金流量来影响合同服务边际。初始确认日的现金流入会增加合同服务边际，现金流出会减少合同服务边际。

3. 分保摊回未到期责任资产亏损摊回部分的金额

如果原保险合同组有对应的分出再保险合同，对于分出人而言，可以从分入人那里摊回赔款，赔款可以覆盖一部分原保险合同组的亏损，这部分被覆盖的亏损就是亏损摊回。保险公司也要将分出再保险合同组的预期可覆盖的亏损一次性计入当期损益（计入摊回保险服务费用：亏损摊回），在分保摊回未到期责任资产中形成亏损摊回部分，然后在后续会计期间逐步进行亏损摊回部分的转回。

从利润表来看，企业应该将亏损摊回部分确认为摊回保险服务费用，计入当期损益；从资产负债表来看，分保摊回未到期责任资产中会等额增加分保摊回未到期责任资产亏损摊回部分。对于订立时点不晚于对应原保险合同组确认时点的分出再保险合同组，企业应在初始确认对应的亏损合同组或将对应的亏损保险合同组归入合同组而确认亏损时，按照以下等式确定分保摊回未到期责任资产亏损摊回部分的金额，即分保摊回未到期责任资产亏损摊回部分的金额等于对应原保险合同组确认的亏损乘以预期从分出再保险合同组摊回的对应的原保险合同组赔付的比例。因此，分保摊回未到期责任资产也分为亏损摊回部分和其他部分。原保险合同组初始计量亏损对财务报告的影响见表8-52。

表8-52　原保险合同组初始计量亏损对财务报告的影响：
原保险合同组和分出再保险合同组的差异

项目	原保险合同组	分出再保险合同组
	亏损	亏损摊回
损益处理方式	将亏损计入当期损益，形成保险服务费用（亏损部分的确认）	将亏损摊回计入当期损益，形成摊回保险服务费用（亏损摊回部分的确认）
资产负债处理方式	股东出资补偿履约现金流量，负债增加，形成未到期责任负债的亏损部分，未到期责任负债分为亏损部分和其他部分	履约现金流量不变，合同服务边际按亏损摊回额负向调整，形成分保摊回未到期责任资产亏损摊回部分，分保摊回未到期责任资产分为亏损部分和其他部分
利润表与资产负债表的变动	负债增加亏损部分，保险服务费用等额增加	资产增加亏损摊回部分，摊回保险服务费用等额增加

亏损摊回实质上是在利润表中一次性确认了分出再保险合同组所能覆盖的对应原保险合同组的预期亏损，进而在利润表中形成了收入项，这一收入项在未来将通过逐期出现的亏损摊回的转回而被抵消，所以，亏损摊回会使合同服务边际作负向调整，进而形成负的合同服务边际，以便未来合同服务边际释放支出项。

四、案例分析

（一）案例 8-13 分出再保险合同组的初始计量

1. 初始确认时间的确定

A 公司对原保险合同组的初始计量结果见表 8-53。

表 8-53 原保险合同组初始计量结果

单位：元

项目	金额
未来现金流入现值的估计	1 000
未来现金流出现值的估计	（900）
未来现金流量现值	100
非金融风险调整	（60）
履约现金流量	40
合同服务边际	（40）
初始确认时保险合同负债	—

从表 8-53 中可以看出，案例 8-13 原保险合同组不是亏损且分出再保险合同组为比例再保险，所以，分出再保险合同组初始确认时点应为分出再保险合同组责任期开始日和任一对应保险合同初始确认时点中较晚的一个。因为分出再保险合同组责任期开始日为 2022 年 1 月 1 日，任一对应保险合同初始确认时点为 2022 年 2 月 21 日，所以取两者中较晚的一个为 2022 年 2 月 21 日，即案例 8-13 中分出再保险合同组的初始确认时点为 2022 年 2 月 21 日。

2. 支出分出保费前的初始计量

支付分出保费前，估计的未来现金流出现值就是分出保费，情形 1、情形 2 分别为 260 元和 300 元，初始计量过程和结果见表 8-54。

表 8-54 分出再保险合同组的初始计量结果

单位：元

项目	情形 1：分出保费为 260 元	情形 2：分出保费为 300 元
未来现金流量流入现值的估计（摊回赔付）	270	270

（续表）

项目	情形1：分出保费为260元	情形2：分出保费为300元
未来现金流量流出现值的估计（分出保费）	（260）	（300）
未来现金流量现值的估计	10	（30）
非金融风险调整	18	18
履约现金流量	28	（12）
合同服务边际	（28）	12
初始确认时分出再保险合同资产	—	—
损益确认	—	—

注：①估计再分出保险合同组的未来现金流量现值采用的相关假设与计量对应保险合同组保持一致，分出比例为30%，所以，未来现金流入现值为270元（900×30%）；②分出再保险合同组的非金融风险调整应根据分出再保险合同组转移给再保险分入人的风险来确定，所以，该分出再保险合同组的非金融风险调整为18元（60×30%）；③合同服务边际＝－履约现金流量。

3. 支付分出保费后的计量

A公司将分出保费支付给X公司后，分出再保险合同资产的计量过程和结果见表8-55。

表8-55 支付保费后分出再保险合同资产的计量结果

单位：元

项目	情形1：分出保费为260元	情形2：分出保费为300元
未来现金流量流入现值的估计（摊回赔付）	270	270
未来现金流量流出现值的估计（分出保费）	0	0
未来现金流量现值的估计	270	270
非金融风险调整	18	18
履约现金流量	288	288
合同服务边际	（28）	12
分出再保险合同资产	260	300

第八章 保险合同准则

（续表）

项目	情形1：分出保费为260元	情形2：分出保费为300元
损益确认	—	—

注：支付分出保费后，未来现金流出为0，情形1和情形2分出的再保险资产就是分出保费的金额，分别为260元（288－28＝270＋18－28）和300元（288＋12＝270＋18＋12）。

（二）案例8-14分出再保险合同组的初始计量

1. 初始确认时间的确定

A公司对原保险合同组的初始计量结果见表8-56。

表8-56 原保险合同组的初始计量结果

单位：元

项目	金额
未来现金流入现值的估计	850
未来现金流出现值的估计	（900）
未来现金流量现值	（50）
非金融风险调整	（60）
履约现金流量	（110）
合同服务边际	—
初始确认时保险合同负债	（110）
损益确认：保险服务费用—亏损部分的确认	110

从表8-56中可以看出，案例8-14原保险合同组是亏损的且分出再保险合同组为比例再保险，所以，分出再保险合同组初始确认时点应为分出再保险合同组责任期开始日和任一对应保险合同初始确认时点中较晚的一个，与分出的再保险合同组所对应的保险合同组确认为亏损合同组时点相比较，选择较早时点。因为分出再保险合同组责任期开始日为2022年1月1日，任一对应保险合同初始确认时点为2021年12月20日，所以取两者中较晚的一个为2022年1月1日，分出的再保险合同组所对应的保险合同组确认为亏损合同组时点是2021年12月20日，选择较早时点为2021年12月20日，即案例8-14中分出再保险合同组的初始确认时点为2021年12月20日。

2. 支付分出保费前的初始计量

支付分出保费前,情形1、情形2下初始计量结果见表8-57。

表8-57 分出再保险合同组的初始计量结果

单位:元

项目	情形1:分出保费为260元	情形2:分出保费为300元
未来现金流量流入现值的估计(摊回赔付)	270	270
未来现金流量流出现值的估计(分出保费)	(260)	(300)
未来现金流量现值的估计	10	(30)
非金融风险调整	18	18
履约现金流量	28	(12)
合同服务边际(采用亏损摊回调整之前)	(28)	12
亏损摊回部分	33	33
合同服务边际(采用亏损摊回调整之后)	5	45
初始确认时分出再保险合同资产	33	33
损益确认:摊回保险服务费用(亏损摊回部分)	(33)	(33)

注:①由于原保险合同组亏损了110元,分入公司预期会承担33元(110×30%)的亏损,分出公司应将33元的亏损摊回确认为摊回保险服务费用,计入当期损益;②分出再保险合同资产等于分保摊回未到期责任资产,等于履约现金流量和合同服务边际(采用亏损摊回调整之后)之和,情形1下分出再保险合同资产为33元(28+5);情形2下分出再保险合同资产为33元(-12+45)。

3. 支付分出保费后的计量

A公司将分出保费支付给X公司后,分出再保险合同资产的计量结果见表8-58。

表8-58 支付保费后分出再保险合同资产的计量结果

单位:元

项目	情形1:分出保费为260元	情形2:分出保费为300元
未来现金流量流入现值的估计(摊回赔付)	270	270
未来现金流量流出现值的估计(分出保费)	0	0

第八章 保险合同准则

(续表)

项目	情形1：分出保费为260元	情形2：分出保费为300元
未来现金流量现值的估计	270	270
非金融风险调整	18	18
履约现金流量	288	288
合同服务边际（采用亏损摊回调整之前）	(28)	12
亏损摊回部分	33	33
合同服务边际（采用亏损摊回调整之后）	5	45
分出再保险合同资产	293	333
损益确认	—	—

注：①支付分出保费后，未来现金流出为0，履约现金流量相应增加了分出保费260元（情形1）和300元（情形2）；②支付分出保费后，分出再保险合同资产也相应增加了分出保费，即情形1为293元[260+33=履约现金流量+合同服务边际（采用亏损摊回调整之后）=288+5]，情形2为333元[300+33=履约现金流量+合同服务边际（采用亏损摊回调整之后）=288+45]。

五、案例小结

企业对分出再保险合同组进行初始计量，主要是在其初始确认时计量该分出再保险合同组给公司带来的分出再保险合同资产，即分保摊回未到期责任资产。之所以称为资产而不是负债，是因为再保险合同签订后，分出人向分入人支付分保保费，分入人收到保费后会对分出人形成负债，分出人会因持有再保险合同而形成资产。初始确认时，分出再保险合同组只有未到期责任，没有已发生赔款责任。分出再保险合同组盈利时合同服务边际大于0（净利得），分出再保险合同组亏损时合同服务边际小于0（净成本），同时，净成本一般无须在利润表中立即确认。当分出保费尚未支付时，即使分出再保险合同组亏损，初始确认的分出再保险合同资产也是0；分出保费支付后，即使分出再保险合同组亏损，分出再保险合同资产也等于分出保费，即使合同服务边际为负，也会在未来逐期摊销入当期损益，而不是一次性确认为亏损。

第九节　分出再保险合同的后续计量

一、案例背景

案例 8-15　2020 年 1 月 1 日，A 保险公司（以下简称 A 公司）作为分出方与 Y 公司签订了一份再保险合同（假设此合同成为一个合同组），合同约定支付给再保险分入人 Y 公司的分出保费为 900 元，Y 公司对于对应的保险合同的每一笔赔付提供 40% 的保障。在该再保险合同签订后，对应的保险合同均于 2020 年 1 月 1 日签发，责任期均为 2020 年 1 月 1 日至 2022 年 12 月 31 日。

该分出的再保险合同对应的部分保险合同在初始确认时是亏损的，因此 A 公司确认了一个亏损合同组，其余对应的保险合同盈利且确认为另一合同组。A 公司在初始确认对应的保险合同组后立即收到对应的保险合同的保费 2 790 元（其中盈利组 2 250 元，亏损组 540 元）并立即支付分出保费 900 元。2022 年 1 月 1 日，对应的盈利合同组预计未来现金流出现值 1 500 元；对应的亏损合同组预计未来现金流出现值 600 元。2022 年，对应的保险合同实际现金流量与预期一致。2021 年 12 月 31 日，A 公司更新了对应的保险合同组履约现金流量的估计。A 公司估计对应的保险合同组未来现金流出将增加 20%。

假设上述合同均是不具有直接参与分红特征的保险合同，也均不符合保费分配法的适用条件，其保险合同服务在责任期内均匀提供，上述再保险合同对应的保险合同的赔付在责任期内均匀发生并立即支付，在 A 公司支付对应的保险合同赔付的同一天收到从 Y 公司摊回的赔款，折现率为 0，不考虑非金融风险调整和再保险分入人的不履约风险等其他因素。

问题：A 公司应如何对该分出再保险合同组进行计量？

二、准则链接

《企业会计准则第 25 号——保险合同》（2020 年修订）第六十六条至第七十条规定如下。

第六十六条　企业应当在资产负债表日按照分保摊回未到期责任资产与分保摊回已发生赔款资产之和对分出再保险合同资产进行后续计量。

分保摊回未到期责任资产包括资产负债表日分摊至分出的再保险合同组

的、与未到期责任有关的履约现金流量和当日该合同组的合同服务边际。

分保摊回已发生赔款资产包括资产负债表日分摊至分出的再保险合同组的、与已发生赔款及其他相关费用的摊回有关的履约现金流量。

第六十七条 对于订立时点不晚于对应的保险合同确认时点的分出的再保险合同，企业在初始确认对应的亏损合同组或者将对应的亏损保险合同归入合同组而确认亏损时，应当根据下列两项的乘积确定分出再保险合同组分保摊回未到期责任资产亏损摊回部分的金额：

（一）对应的保险合同确认的亏损；

（二）预计从分出再保险合同组摊回的对应的保险合同赔付的比例。

企业应当按照上述亏损摊回部分的金额调整分出再保险合同组的合同服务边际，同时确认为摊回保险服务费用，计入当期损益。

企业在对分出的再保险合同组进行后续计量时，应当调整亏损摊回部分的金额以反映对应的保险合同亏损部分的变化，调整后的亏损摊回部分的金额不应超过企业预计从分出再保险合同组摊回的对应的保险合同亏损部分的相应金额。

第六十八条 资产负债表日分出的再保险合同组的合同服务边际账面价值应当以期初账面价值为基础，经下列各项调整后予以确定：

（一）当期归入该合同组的合同对合同服务边际的影响金额；

（二）合同服务边际在当期计提的利息，计息利率为该合同组

内合同确认时、不随基础项目回报变动的现金流量所适用的加权平均利率；

（三）根据本准则第六十七条第一款计算的分保摊回未到期责任资产亏损摊回部分的金额，以及与分出再保险合同组的履约现金流量变动无关的分保摊回未到期责任资产亏损摊回部分的转回；

（四）与未来服务相关的履约现金流量的变动金额，但分摊至对应的保险合同组且不调整其合同服务边际的履约现金流量变动而导致的变动，以及对应的保险合同组采用保费分配法计量时因确认或转回亏损而导致的变动除外；

（五）合同服务边际在当期产生的汇兑差额；

（六）合同服务边际在当期的摊销金额。企业应当按照取得保险合同服务的模式，合理确定分出再保险合同组在责任期内各个期间的责任单元，并据此对根据本条（一）至（五）调整后的合同服务边际账面价值进行摊销，计入当期及以后期间损益。

第六十九条 再保险分入人不履约风险导致的履约现金流量变动金额与未来服务无关，企业不应当因此调整分出再保险合同组的合同服务边际。

第七十条 企业因当期取得再保险分入人提供的保险合同服务而导致分保摊回未到期责任资产账面价值的减少额，应当确认为分出保费的分摊；因当期发生赔款及其他相关费用的摊回导致分保摊回已发生赔款资产账面价值的增加额，以及与之相关的履约现金流量的后续变动额，应当确认为摊回保险服务费用。

企业应当将预计从再保险分入人收到的不取决于对应的保险合同赔付的金额，作为分出保费的分摊的减项。企业在确认分出保费的分摊和摊回保险服务费用时，不得包含分出再保险合同中的投资成分。

三、疑点、难点分析

（一）分出再保险合同资产的后续计量逻辑

1. 基本公式

分出再保险合同资产的基本公式为：

$$\text{分出再保险合同资产} = \text{分保摊回未到期责任资产} + \text{分保摊回已发生赔款资产}$$

其中，分保摊回未到期责任资产包括资产负债表日分摊至分出再保险合同组的、与未到期责任有关的履约现金流量和当日该合同组的合同服务边际，即分保摊回未到期责任资产等于履约现金流量和合同服务边际之和；分保摊回已发生赔款资产就是资产负债表日分摊至分出再保险合同组的、与已发生赔款及其他相关费用的摊回有关的履约现金流量，即分保摊回已发生赔款资产等于履约现金流量。

2. 合同服务边际的调整

由于分出再保险合同组一般是亏损的，合同服务边际往往都是负值，后续计量通常都是在此基础上进行调整，直至为 0。假设期初合同服务边际为负，则期末合同服务边际的调整过程为：期末合同服务边际＝期初合同服务边际 ± 组内新增合同发变动额－合同服务边际当期利息增值额－（按新保险合同准则第六十七条第一款计算的新增分保摊回未到期责任资产亏损摊回部分的金额－与分出再保险合同组的履约现金流量变动无关的亏损摊回部分的转回）±（与未来服务相关的履约现金流量变动额－分摊至对应的保险合同组且不调整其合同服务边际的履约现金流量变动而导致的变动额－对应的保险合同组采用保费分配法计量时因确认或转回亏损而导致的变动）± 合同服务边际的汇兑差额＋合同服务边际摊销额。

第八章 保险合同准则

其中，新保险合同准则第六十七条第一款中的亏损摊回是指分出再保险合同组对应的亏损原保险合同组初始计量时和新的亏损原保险合同入组时发生的。对应原保险合同组初始计量的亏损额要计入当期损益，而分出再保险合同可以抵销部分亏损，所以应该将抵销部分以"摊回保险服务费用：亏损摊回部分的确认"的方式计入当期损益，同时形成资产负债表中的分保摊回未到期责任资产亏损摊回部分。这一亏损摊回部分是为抵销原保险合同组预期亏损而产生的，与分出再保险合同组的履约现金流量无关，但合同服务边际会随之而调整。这里仅指确认为当期收入（摊回保险服务费用）的新增亏损摊回，以免与按同样方法计算的之前已有的亏损摊回（初始计量确认的亏损摊回）重复。

对分出再保险合同组来说，后续计量时与未来服务相关的现金流量变动通常会使其合同服务边际等额变动。不过，分出再保险合同组的与未来服务相关的履约现金流量变动，通常主要是由对应原保险合同组的履约现金流量变动引起的。如果对应原保险合同组的未来现金流出增加导致其履约现金流量增加，一般会引起分出再保险合同组的未来现金流入增加，带来分出再保险合同组的合同服务边际等额增加；反之，与未来服务相关履约现金流量金额减少，会带来分出再保险合同组的合同服务边际等额减少。

在后续计量过程中，如果对应原保险合同组的合同服务边际已因不利情况而变为0，则其未来现金流出增加导致的履约现金流量增加，就无法用其合同服务边际吸收，就会形成预期亏损。无法用合同服务边际吸收的原保险合同组履约现金流量增加，会带来分出再保险合同组的未来现金流入增加或履约现金流量金额等额增加，这就是分摊至保险合同组且不调整其合同服务边际的履约现金流量变动而导致的变动。分出再保险合同的履约现金流量变动通常是要调整其合同服务边际的，但分出再保险合同组超额履约现金流量变动不调整其合同服务边际，而是计入分出再保险合同资产的亏损摊回部分，同时计入当期损益（摊回保险服务费用：亏损摊回部分的确认）。所以，如果直接计入当期损益，就不用计入合同服务边际进而在后期逐渐摊销进损益了。

若采用保费分配法计量原保险合同组在后续计量时亏损，亏损金额等于未到期责任负债增加额，等于通用模型法下计量的未到期责任负债相关的履约现金流量减去保费分配法下确定的未到期责任负债账面价值。该亏损部分要通过计入损益的方式由股东出资补齐，并在后期逐渐释放形成亏损部分的转回。如果原保险合同组出现亏损部分的确认和转回，分出再保险合同组的履约现金流量金额也会增加或减少，这就是对应的保险合同组采用保费分配法计量时因确认或转回亏损而导致的变动。这种分出再保险合同组的超额履约现金流量变动也不调整其合同服务边际，而是直接计入分出再保险合同资产的亏损摊回部分，并在后期随着履约而不断释放，同时计入当期损益，将亏损摊回部分的确认减去亏损摊回部分的转回确认为摊回保险服务费用。

分保摊回未到期责任资产的亏损摊回部分实际上可能包含两部分：①按新保险合同准则第六十七条第一款计算的与履约现金流量变动无关的亏损摊回部分，要调整合同服务边际；②与履约现金流量变动无关的亏损摊回部分，直接计入当期损益，不需要调整合同服务边际。但这两种情况都是对未来预期亏损摊回一次性计入当期损益，后期需要逐步转回，形成亏损摊回的转回，这会降低分保摊回未到期责任资产的亏损摊回部分，同时计入当期损益，如表8-59所示。

表8-59 分出再保险合同亏损摊回的会计处理

	与履约现金流量变动无关的亏损摊回	与履约现金流量变动有关的亏损摊回	
		情形1	情形2
出现的时点和原因	对应亏损原保险合同组初始确认时或亏损原保险合同加入合同组时	对应原保险合同组的合同服务边际归零后，其履约现金流量继续增加导致亏损，同时导致的分出再保险合同组的履约现金流量发生超额变动	对应的采用保费分配法的计量的原保险合同组在后续计量时亏损，出现亏损部分的确认和转回，导致分出再保险合同组的履约现金流量发生超额变动
出现时的处理方式	资产负债表：形成亏损摊回部分；调整合同服务边际，亏损摊回部分在合同服务边际中	资产负债表：形成亏损摊回部分，不调整合同服务边际，亏损摊回部分在履约现金流量中	
	利润表：计入摊回保险服务费用，即亏损摊回部分的确认		
后续处理方式	后期逐步转回，即亏损摊回的转回； 资产负债表：亏损摊回部分因转回而逐步减少，最终为0； 利润表：将亏损摊回的转回计入摊回保险服务费用，逐步抵销之前计入的亏损摊回部分的确认		

（二）分出再保险合同组后续计量中损益确认的思路与方法

1. 损益的列报

新保险合同准则下，原保险合同的相关收支和负债是以总额的形式列报的，利润表中的保险服务收入、保险服务费用、承保财务损益中扣除与分出再保险相关的分出保费的分摊、摊回保险服务费用、分出再保险财务损益，见表8-60。

第八章　保险合同准则

表 8-60　损益科目的列报

原保险合同组	分出再保险合同组
保险服务收入——分出保费 赔付支出——摊回赔付支出 手续费佣金支出＋业务及管理费——摊回分保费用 提取保险责任准备金——摊回保险责任准备金	保险服务收入——分出保费的分摊 保险服务收入——摊回保险服务费用 承保财务损益——分出再保险财务损益

分出保费分摊是保险公司收入的减项，本质上是公司的支出项；摊回保险服务费用是支出的减项，本质上是公司的收入项；在确认分出再保险合同的分出保费分摊和摊回保险服务费用时，需要剔除投资成分。

2. 损益确认的逻辑与公式

从本质上讲，分出保费的分摊是分出公司的分保成本，摊回保险服务费用是分出公司的分保收入，分出再保险服务业绩等于摊回保险服务费用减去分出保费的分摊。因为原保险合同的投资业绩等于资产投资收益减去承保财务收益，而承保财务损益是以总额形式列报的，所以，净投资业绩等于考虑分出再保险合同之后的投资业绩等于资产投资收益减去承保财务收益与分出再保险财务损益之差，则分出再保险的利润贡献等于摊回保险服务费用减去分出保费的分摊加上分出再保险财务损益。

3. 分出保费的分摊的计算

分出保费其实是分出公司的分保成本，将分出保费分摊到分出再保险合同组所在的各个会计期间，加上利息增值的影响，就可以得到各期分出再保险成本，也就是分出保费的分摊。即分出保费的分摊等于与当期取得分入人提供保险合同服务相关的分保摊回未到期责任资产账面价值减少额，等于期初预计的当期摊回赔款及其他相关费用、当期非金融风险调整释放及当期合同服务边际摊销之和。

核算分出保费的分摊时，如果计算与当期取得分入人提供保险合同服务相关的分保摊回未到期责任资产账面价值减少额，即计算期末、期初分保摊回未到期责任资产的差值，应将当期分保摊回未到期责任资产亏损摊回部分的减少额排除在外；如果计算期初预计的当期摊回赔款及其他相关费用加上当期非金融风险调整释放再加上当期合同服务边际摊销，企业应将亏损摊回部分释放出来的亏损摊回部分的转回排除在外。这与原保险合同组未到期责任负债的亏损部分释放出来的亏损转回不应计入当期保险服务收入的原理相通。

4. 摊回保险服务费用的计算

当期摊回保险服务费用的计算公式如下。

$$\begin{aligned}\text{当期摊回}\\\text{保险服务}\\\text{费用}\end{aligned} = \begin{aligned}\text{摊回当期发生}\\\text{赔款及其他}\\\text{相关费用}\end{aligned} + \left(\begin{aligned}\text{当期确认的}\\\text{亏损摊回}\\\text{部分}\end{aligned} - \begin{aligned}\text{亏损摊回}\\\text{部分的}\\\text{转回}\end{aligned}\right) + \begin{aligned}\text{分保摊回已发生}\\\text{赔款资产相关履约}\\\text{现金流量变动}\end{aligned}$$

其中，无论是与履约现金流量有关还是与履约现金流量无关的亏损摊回部分，都需要计入当期损益，计入当期摊回保险服务费用；分出再保险合同在后续期间通过各期摊回赔款实现对之前一次性确认亏损的扳回。

为了避免重复确认，要在后续各期不断扣除亏损摊回的转回；原保险合同组发生保险事故后，就会产生已发生赔款负债，签订分出再保险合同的就会产生分保摊回已发生赔款资产。在赔款事宜结束前，赔款金额可能会发生变化，导致分保摊回已发生赔款资产相关履约现金流量发生变动，变动额需要计入摊回保险服务费用。

5. 分出再保险财务损益的计算

分出再保险合同给公司带来的是分出再保险资产，包括分保摊回未到期责任资产和分保摊回已发生赔款资产，在任一会计期间，分出再保险资产都会产生分出再保险合同金额变动额，形成分出再保险财务损益。分出再保险合同金额变动额等于分出再保险资产的利息增值加上期末折现率变动导致的分出再保险资产变动。而分出再保险资产的利息增值会形成分出再保险财务费用，可部分抵销原保险合同的保险财务费用；期末折现率变动导致的分出再保险资产变动可能形成保险财务费用或保险财务收益。是否需要将分出再保险合同金额变动额全额计入分出再保险财务损益，企业可以按照新保险合同准则第三十四条的规定，进行选择性处理。

四、案例分析

（一）初始计量

初始确认时，A公司的保险合同负债和分出再保险合同资产见表8-61。

表8-61　初始确认时原保险合同负债和分出再保险合同资产计量结果

单位：元

项目	保险合同负债		分出再保险合同资产
	盈利合同组	亏损合同组	
未来现金流入现值的估计①	2 250	540	840
未来现金流出现值的估计②	(1 500)	(600)	(900)

（续表）

项目	保险合同负债		分出再保险合同资产
	盈利合同组	亏损合同组	
履约现金流量③=①+②	750	（60）	（60）
分出的再保险合同组的合同服务边际（调整亏损摊回部分前）④			60
亏损摊回部分⑤			24
分出的再保险合同组的合同服务边际（调整亏损摊回部分后）⑥=④+⑤			84
对应的保险合同组的合同服务边际⑦=—Max（③，0）	（750）	—	
保险合同负债⑧=③+⑦	—	（60）	
分出再保险合同资产⑨=③+⑥			24

（二）2020年分出再保险合同组计量情况

2020年，对应的保险合同实际现金流量与预期一致。

2020年，对应的盈利合同组的合同服务边际当年摊销金额为250元（750÷3），分出再保险合同组的合同服务边际每年摊销金额为28元（84÷3）。2020年12月31日，对应的盈利合同组的合同服务边际余额为500元（750－250），分出再保险合同组的合同服务边际余额为56元（84－28）。

2020年12月31日，A公司的保险合同负债和分出再保险合同资产见表8-62。

表8-62 2020年年末原保险合同负债和分出再保险合同资产计量结果

单位：元

项目	保险合同负债		分出再保险合同资产
	盈利合同组	亏损合同组	
未来现金流入现值的估计①	—	—	560
未来现金流出现值的估计②	（1 000）	（400）	—
履约现金流量③=①+②	（1 000）	（400）	560
合同服务边际④	（500）	—	56
保险合同负债⑤=③+④	（1 500）	（400）	

项目	保险合同负债		分出再保险合同资产
	盈利合同组	亏损合同组	
分出再保险合同资产⑥=③+④			616

注：2020年12月31日，A公司对应的盈利合同组的未来现金流出现值为1 000元（1 500÷3×2）；对应的亏损合同组的未来现金流出现值为400元（600÷3×2）；分出再保险合同组的未来现金流入现值为560元[（1 000+400）×40%]。

（三）2021年分出再保险合同组计量情况

2021年12月31日，A公司更新对应的保险合同组履约现金流量估计前，保险合同负债和分出再保险合同资产见表8-63。

表8-63　2021年年末原保险合同负债和分出再保险合同资产计量结果（假设变更前）

单位：元

项目	保险合同负债		分出再保险合同资产
	盈利合同组	亏损合同组	
未来现金流入现值的估计①	—	—	280
未来现金流出现值的估计②	（500）	（200）	—
履约现金流量③=①+②	（500）	（200）	280
合同服务边际④	（500）	—	56
保险合同负债⑤=③+④	（1 000）	（200）	
分出再保险合同资产⑥=③+④			336

2021年12月31日，A公司更新了对应的保险合同组履约现金流量的估计。A公司估计对应的保险合同组未来现金流出将增加20%，从700元（1 500÷3+600÷3）增加到840元。相应地，A公司估计分出的再保险合同组的未来现金流入也增加20%，从280元（700×40%）增加到336元。

2021年12月31日，A公司的保险合同负债和分出再保险合同资产见表8-64。

表 8-64 2021 年年末原保险合同负债和分出再保险合同资产计量结果（假设变更后）

单位：元

项目	保险合同负债		分出再保险合同资产
	盈利合同组	亏损合同组	
未来现金流入现值的估计①	—	—	336
未来现金流出现值的估计②	（600）	（240）	—
履约现金流量③＝①＋②	（600）	（240）	336
合同服务边际④	（200）	—	8
保险合同负债⑤＝③＋④	（800）	（240）	
分出再保险合同资产⑥＝③＋④			344
确认的亏损和亏损摊回⑦		（40）	16

注：①对应的保险合同组的预期未来现金流出增加 140 元（对应的盈利合同组 500×20%＋对应的亏损合同组 200×20%），相应地，分出的再保险合同组的预期现金流入增加 56 元（原预期未来摊回金额 280×20%），分出的再保险合同组更新后的未来现金流入现值为 336 元；②由于对应的盈利合同组与未来服务相关的履约现金流量产生不利变动 100 元（500×20%），相应调减对应的盈利合同组的合同服务边际账面金额 100 元。经调整后合同服务边际的当年摊销金额为 200 元［（500－100）÷2］，计入保险服务收入。因此，2021 年 12 月 31 日，对应的盈利合同组的合同服务边际账面价值为（贷方）200 元（500－100－200）；③对于对应的亏损合同组，与未来服务相关的履约现金流量的增加额 40 元（200×20%），应确认为新增亏损并计入当期损益；④对应的亏损合同组与未来服务相关的履约现金流量增加引起的分出再保险合同组亏损摊回部分增加 16 元（40×40%），该变动金额由分摊至对应的保险合同组且不调整其合同服务边际的履约现金流量的变动导致，因此不调整分出的再保险合同组的合同服务边际，确认为当期损益；⑤除上述不调整合同服务边际的部分，分出的再保险合同组履约现金流量变化的其余部分金额为 40 元（对应的盈利合同组预期未来现金流出增加额 100 元×40%），调整分出的再保险合同组的合同服务边际；⑥经调整后的分出的再保险合同组的合同服务边际为（借方）16 元（年初借方余额 56－本年调整金额 40），合同服务边际当年摊销金额为 8 元（16÷2），确认为当期损益。2021 年 12 月 31 日，分出的再保险合同组的合同服务边际账面价值为 8 元（借方）。

2021 年，A 公司的分出再保险合同资产变动情况见表 8-65。

表 8-65 2021 年分出再保险合同资产变动情况

单位：元

项目	分保摊回未到期责任资产①		分保摊回已发生赔款资产②	分出再保险合同资产合计③＝①＋②
	非亏损摊回部分	亏损摊回部分		
2021 年 1 月 1 日余额	600	16	—	616

（续表）

项目	分保摊回未到期责任资产①		分保摊回已发生赔款资产②	分出再保险合同资产合计③＝①＋②
	非亏损摊回部分	亏损摊回部分		
分出保费的分摊	（280）	—	—	（280）
从分入人摊回的金额	—	8	280	288
现金流量（收到摊回赔款）	—	—	（280）	（280）
2021年12月31日余额	320	24	—	344

注：①A公司更新了对应的保险合同组履约现金流量的估计前，分出的再保险合同组的亏损摊回部分每年分摊金额为8元（24÷3），因此，2021年1月1日，亏损摊回部分账面价值为（借方）16元（2021年1月1日的账面价值24－2021年的分摊金额8）；②2021年，分出保费的分摊280元{分出的再保险合同当年预期从再保险分入人摊回的赔付和费用280元［（500＋200）×40%］－分出的再保险合同亏损摊回部分当年分摊金额＋分出的再保险合同组的合同服务边际当年摊销金额8元}；③从再保险分入人亏损摊回的金额8元（亏损摊回部分变动中计入损益的部分16－亏损摊回部分的分摊金额8）。

（四）原保险合同组和分出再保险合同组损益确认

上述对应的保险合同组和分出的再保险合同组的相关损益情况见表8-66。

表8-66　原保险合同组和分出再保险合同组损益确认情况

单位：元

项目	2020年	2021年	2022年	合计
保险服务收入①	930	880	980	2 790
保险服务费用②	（740）	（720）	（780）	（2 240）
签发的保险合同的保险损益③＝①＋②	190	160	200	550
分出保费的分摊④	（300）	（280）	（320）	（900）
摊回保险服务费用⑤	296	288	312	896
分出再保险合同的保险损益⑥＝④＋⑤	（4）	8	（8）	（4）
保险服务业绩⑦＝③＋⑥	186	168	192	546

注：① 2020 年，保险服务收入＝对应的盈余合同组发生的预期赔付和费用＋对应的盈余合同组合同服务边际当期摊销＋对应的亏损合同组发生的预期赔付和费用－对应的亏损合同组亏损部分当期分摊＝（1 500÷3）＋（750÷3）＋（600÷3）－（60÷3）＝500＋250＋200－20＝930（元）；② 2020 年，保险服务费用＝对应的盈余合同组发生的实际赔付和费用＋对应的亏损合同组发生的实际赔付和费用＋对应的亏损合同组当期新确认的亏损－对应的亏损合同组亏损部分当期分摊＝（1 500÷3）＋（600÷3）＋60－（60÷3）＝500＋200＋60－20＝740（元）；③ 2020 年，分出保费的分摊＝分出的再保险合同组当年预期从再保险分入人摊回保险服务费用－分出的再保险合同组亏损摊回部分当年分摊金额＋分出的再保险合同组的合同服务边际当年摊销金额＝（500＋200）×40％－8＋（84÷3）＝280－8＋28＝300（元）；④ 2020 年，摊回保险服务费用＝分出的再保险合同组初始确认亏损摊回部分＋分出的再保险合同组当年实际摊回的赔付和费用－分出的再保险合同组亏损摊回部分当年分摊金额＝24＋280－8＝296（元）；⑤ 2021 年，保险服务收入＝对应的盈余合同组发生的预期赔付和费用＋对应的盈余合同组合同服务边际当期摊销＋对应的亏损合同组发生的预期赔付和费用－对应的亏损合同组亏损部分当期分摊＝（1 500÷3）＋（500－100）÷2＋（600÷3）－（60÷3）＝500＋200＋200－20＝880（元）；⑥ 2021 年，保险服务费用＝对应的盈余合同组发生的实际赔付和费用＋对应的亏损合同组发生的实际赔付和费用＋对应的亏损合同组当期新确认的亏损－对应的亏损合同组亏损部分当期分摊＝（1 500÷3）＋（600÷3）＋40－（60÷3）＝500＋200＋40－20＝720（元）；⑦ 2021 年，分出保费的分摊＝分出的再保险合同当年预期从再保险分入人摊回的赔付和费用－分出的再保险合同亏损摊回部分当年分摊金额＋分出的再保险合同组的合同服务边际当年摊销金额＝（500＋200）×40％－8＋8＝280－8＋8＝280（元）；⑧ 2021 年，摊回保险服务费用＝分出的再保险合同组当年实际摊回的赔付和费用－分出的再保险合同组亏损摊回部分当年分摊金额＋分出的再保险合同组亏损摊回部分当年新增＝280－8＋16＝288（元）；⑨ 2022 年，保险服务收入＝对应的盈余合同组发生的预期赔付和费用＋对应的盈余合同组合同服务边际当期摊销＋对应的亏损合同组发生的预期赔付和费用－对应的亏损合同组亏损部分当期分摊＝500×（1＋20％）＋（500－100）÷2＋200×（1＋20％）－60 元＝600＋200＋240－60＝980（元）；⑩ 2022 年，保险服务费用＝对应的盈余合同组发生的实际赔付和费用＋对应的亏损合同组发生的实际赔付和费用－对应的亏损合同组亏损部分当期分摊＝600＋240－60＝780（元）；⑪2022 年，分出保费的分摊＝分出的再保险合同组当年预期从再保险分入人摊回保险服务费用－分出的再保险合同组亏损摊回部分当年分摊金额＋分出的再保险合同组的合同服务边际当年摊销金额＝336－24＋8＝320（元）；⑫2022 年，摊回保险服务费用＝分出的再保险合同组当年实际摊回的赔付和费用－分出的再保险合同组亏损摊回部分当年分摊金额＝336－24＝312（元）。

（五）相关会计处理

1.2020 年相关会计处理

（1）2020 年 1 月 1 日，A 公司确认分出的再保险合同组亏损摊回部分。

借：分保摊回未到期责任资产　　　　　　　　　　　24
　　贷：摊回保险服务费用　　　　　　　　　　　　　　　　24

（2）2020 年 1 月 1 日，A 公司向分入人支付再保险合同的保费。

借：分保摊回未到期责任资产　　　　　　　　　　　900
　　贷：银行存款　　　　　　　　　　　　　　　　　　　　900

（3）2021 年，根据对应的保险合同组发生的赔付和费用，A 公司从分入人摊回赔付和费用，并收到该摊回款项。

借：分保摊回已发生赔款资产　　　　　　　　　　　　280
　　贷：摊回保险服务费用　　　　　　　　　　　　　　　280
借：银行存款　　　　　　　　　　　　　　　　　　　280
　　贷：分保摊回已发生赔款资产　　　　　　　　　　　　280

（4）2020年12月31日，A公司按照预期摊回的赔款和费用减去亏损摊回部分的分摊金额后的净额确认分出的再保险合同分出保费的分摊。

借：分出保费的分摊　　　　　　　　　　　　　　　272
　　贷：分保摊回未到期责任资产　　　　　　　　　　　　272

（5）2020年12月31日，A公司确认分出的再保险合同组亏损摊回部分的分摊金额。

借：摊回保险服务费用　　　　　　　　　　　　　　　8
　　贷：分保摊回未到期责任资产　　　　　　　　　　　　8

（6）2020年12月31日，A公司确认分出的再保险合同组的合同服务边际当年摊销金额。

借：分出保费的分摊　　　　　　　　　　　　　　　28
　　贷：分保摊回未到期责任资产　　　　　　　　　　　　28

2.2021年相关会计处理

（1）2021年，A公司根据对应的保险合同组发生的赔付和费用，从分入人摊回赔付和费用，并收到该摊回款项。

借：分保摊回已发生赔款资产　　　　　　　　　　　　280
　　贷：摊回保险服务费用　　　　　　　　　　　　　　　280
借：银行存款　　　　　　　　　　　　　　　　　　　280
　　贷：分保摊回已发生赔款资产　　　　　　　　　　　　280

（2）2021年12月31日，A公司按照预期摊回的赔款和费用减去亏损摊回部分的分摊金额后的净额确认分出的再保险合同分出保费的分摊。

借：分出保费的分摊　　　　　　　　　　　　　　　272
　　贷：分保摊回未到期责任资产　　　　　　　　　　　　272

（3）2021年12月31日，A公司确认分出的再保险合同组亏损摊回部分的分摊金额。

借：摊回保险服务费用　　　　　　　　　　　　　　　8
　　贷：分保摊回未到期责任资产　　　　　　　　　　　　8

（4）2021年12月31日，由于预期履约现金流量发生变化，A公司确认分出的再保险合同组亏损摊回部分。

借：分保摊回未到期责任资产　　　　　　　　　　　　　　16
　　贷：摊回保险服务费用　　　　　　　　　　　　　　　　16

（5）2021年12月31日，A公司确认分出的再保险合同组的合同服务边际当年的摊销金额。

借：分出保费的分摊　　　　　　　　　　　　　　　　　　8
　　贷：分保摊回未到期责任资产　　　　　　　　　　　　　8

3.2022年相关会计处理

（1）2022年，A公司从分入人摊回赔付和费用，并收到相应款项。

借：分保摊回已发生赔款资产　　　　　　　　　　　　　336
　　贷：摊回保险服务费用　　　　　　　　　　　　　　　336
借：银行存款　　　　　　　　　　　　　　　　　　　　336
　　贷：分保摊回已发生赔款资产　　　　　　　　　　　　336

（2）2022年12月31日，A公司按照预期摊回的赔款和费用减去亏损摊回部分的分摊金额后的净额确认分出的再保险合同分出保费的分摊。

借：分出保费的分摊　　　　　　　　　　　　　　　　　312
　　贷：分保摊回未到期责任资产　　　　　　　　　　　　312

（3）2022年12月31日，确认分出的再保险合同组亏损摊回部分的分摊金额。

借：摊回保险服务费用　　　　　　　　　　　　　　　　24
　　贷：分保摊回未到期责任资产　　　　　　　　　　　　24

（4）2022年12月31日，确认分出的再保险合同组合同服务边际当年的摊销金额。

借：分出保费的分摊　　　　　　　　　　　　　　　　　　8
　　贷：分保摊回未到期责任资产　　　　　　　　　　　　8

五、案例小结

分出再保险合同组后续计量的主要目的是在各个资产负债表日计量分出再保险合同资产，并确认相关损益。

（一）分出再保险合同资产

企业应当在资产负债表日按照分保摊回未到期责任资产与分保摊回已发生赔款资产之和对分出再保险合同资产进行后续计量。分保摊回未到期责任资产包括资产负债表日分摊至分出的再保险合同组的、与未到期责任有关的履约现金流量和当日该合同组的合同服务边际。分保摊回已发生赔款资产包括资产负债表日分摊至分出的再保险合同组的、与已发生赔款及其他相关费用的摊回有关的履约现金流量。

资产负债表日分出的再保险合同组的合同服务边际账面价值应当以期初账面价值为基础，经下列各项调整后予以确定。

（1）当期归入该合同组的合同对合同服务边际的影响金额。

（2）合同服务边际在当期计提的利息。计息利率为该合同组内合同确认时，不随基础项目回报而变动的现金流量所适用的加权平均利率。当期合同组内新增合同导致加权平均利率发生变化的，企业应当自新增合同加入该合同组的当期期初起使用更新后的加权平均利率。

（3）企业在初始确认对应的亏损合同组或者将对应的亏损保险合同归入合同组而确认亏损时计算的分保摊回未到期责任资产亏损摊回部分的金额，以及与分出再保险合同组的履约现金流量变动无关的分保摊回未到期责任资产亏损摊回部分的转回。

（4）采用分出的再保险合同组初始确认时所适用的反映其现金流量特征的折现率计量的、与未来服务相关的履约现金流量的变动金额。但分摊至对应的保险合同组且不调整其合同服务边际的履约现金流量的变动而导致的变动，以及对应的保险合同组采用保费分配法计量时由确认或转回亏损而导致的变动，应当确认为摊回保险服务费用。

（5）合同服务边际在当期产生的汇兑差额。

（6）合同服务边际在当期的摊销金额。企业应当按照取得保险合同服务的模式，合理确定分出再保险合同组在责任期内各个期间的责任单元，并据此对根据上述第一项至第五项调整后的合同服务边际账面价值进行摊销，计入当期及以后期间损益。

企业在对分出的再保险合同组进行后续计量时，应当调整亏损摊回部分的金额以反映对应的保险合同亏损部分的变化，调整后的亏损摊回部分金额不应超过企业预计从分出再保险合同组摊回的、对应的保险合同亏损部分的相应金额。

再保险分入人不履约风险导致的履约现金流量的变动金额与未来服务无关，企业不应当因此调整分出再保险合同组的合同服务边际。

（二）分出保费的分摊和摊回保险服务费用

企业当期取得再保险分入人提供的保险合同服务而导致分保摊回未到期责任资产账面价值的减少额，应当确认为分出保费的分摊。由当期发生赔款及其他相关费用的摊回而导致的分保摊回已发生赔款资产账面价值的增加额，以及与之相关的履约现金流量的后续变动额，应当确认为摊回保险服务费用。当期摊回保险服务费用包括摊回当期发生赔款及其他相关费用、亏损摊回部分的确认及转回和分保摊回已发生赔款资产相关履约现金流量变动。

　　企业应当将预计从再保险分入人收到的、取决于对应的保险合同赔付的金额，作为摊回保险服务费用的一部分；将预计从再保险分入人收到的、不取决于对应的保险合同赔付的金额，例如根据分出保费的固定比例计算的分保摊回手续费，作为分出保费的分摊的减项；将分保摊回未到期责任资产亏损摊回部分确认和转回的金额，作为摊回保险服务费用的一部分。企业在确认分出保费的分摊和摊回保险服务费用时，不得包含分出再保险合同中的投资成分。

第二部分

现行企业会计准则重点、难点实务应用与案例分析

本书第二部分主要介绍上市公司执行新企业会计准则相关案例及其操作实务，并对其疑难点部分加以详细分析，以便更好地帮助企业会计人员领会新修订的企业会计准则的精髓，掌握新企业会计准则下处理会计实务问题的技巧与方法，帮助广大读者更深入地了解企业会计改革、掌握新旧变化、开阔视野，更迅速地掌握新企业会计准则体系的相关知识，更熟练地运用新修订的企业会计准则进行职业判断和账务处理。

本部分的会计案例主要根据证监会编写的《上市公司执行企业会计准则案例解析》（2016年版、2017年版）、瑞华会计师事务所编写的《计学撮要2010—2019》以及实务中其他的典型案例进行了汇编和分析。读者在使用中请务必注意以下几点。

（1）案例中所给出的解析、结论和建议，是完全基于相关案例的特定背景信息给出的，并非适用于所有情形的一般性指引，因此仅供相关项目组在实务中作为专业判断的参考，不可替代对相关准则原文的查阅和项目组的专业判断。在实务中运用时请注意结合公司的具体情况进行全面的分析和考量。

（2）部分案例的解析、结论和建议可能会因会计准则的修订，新会计准则、会计准则解释、指南或监管部门指导意见的出台等，与更新后的权威机关意见不同，请注意在参考某些案例时考虑其可能存在的时效性问题。

第九章　长期股权投资准则

第一节　复杂交易中处置日判断

股权处置往往会对当期损益产生重大影响，处置日的判断直接影响到股权处置损益归属的会计期间。企业会计准则中并没有对"处置日"的判断作出明确规定。在面临一些复杂交易的时候，如何判断处置日就变得更为复杂，企业需要结合"处置日"的判断原则进行综合判断。

一、案例背景

案例 9-1　A 集团拟于 2017 年通过转让、其他方增资等"一揽子"计划，实现对其全资子公司之一 B 公司长期股权投资比例从 100% 降低至 34%，丧失控制权后改为按权益法核算。根据拟实施的重大资产重组协议约定，C 公司通过向 B 公司增资，获取 B 公司 20% 的股权，其余 80% 股权由 A 公司控制。A 公司将 40% 的股权转让给 D 公司，其他的以股权激励形式转让给自然人甲（4%）和自然人乙（2%）。其他约定情况如下：

（1）本次交易完成的标志为 A 集团收到标的股权现金对价的 51%，且 B 公司收到缴纳增资款的 51%。

（2）各方同意，本次交易完成后，B 公司的董事会由 9 人组成，其中，D 公司有权提名 5 人，C 公司有权提名 1 人，自然人甲和自然人乙有权共同提名 1 人，A 集团有权提名 2 人，各方股东无合理理由不应否决上述各方所提名的董事候选人或在当选后对其实施罢免。

（3）协议中对违约责任仅有一般性的表述，未见有关增资款后续支付方面的瑕疵将影响股权转让效力的条款。

问题：本次交易股权转让时间如何确定？

二、准则链接

1.《〈企业会计准则第 20 号——企业合并〉应用指南》第二条第二款

同时满足下列条件的,通常可认为实现了控制权的转移:
(一)企业合并合同或协议已获股东大会通过。
(二)企业合并事项需要经过国家有关主管部门审批的,已获得批准。
(三)参与合并各方已办理了必要的财产权交接手续。
(四)合并方或购买方已支付了购买价款的大部分(一般应超过50%),并且有能力、有计划支付剩余款项。
(五)合并方或购买方实际上已经控制了合并方或被购买方的财务和经营政策,享有相应的收益,承担相应的风险。

2.《企业会计准则第 33 号——合并财务报表》(2014 年修订)第五十一条

第五十一条 企业通过多次交易分步处置对子公司股权投资直至丧失控制权的,如果处置对子公司股权投资直至丧失控制权的各项交易属于一揽子交易的,应当将各项交易作为一项处置子公司并丧失控制权的交易进行会计处理;但是,在丧失控制权之前每一次处置价款与处置投资对应的享有该子公司净资产份额的差额,在合并财务报表中应当确认为其他综合收益,在丧失控制权时一并转入丧失控制权当期的损益。

处置对子公司股权投资的各项交易的条款、条件以及经济影响符合下列一种或多种情况,通常表明应将多次交易事项作为一揽子交易进行会计处理:
(一)这些交易是同时或者在考虑了彼此影响的情况下订立的。
(二)这些交易整体才能达成一项完整的商业结果。
(三)一项交易的发生取决于其他至少一项交易的发生。
(四)一项交易单独考虑时是不经济的,但是和其他交易一并考虑时是经济的。

三、疑点、难点分析

会计上的合并日或购买日是指取得对被合并方或被购买方的控制权的时点,即自该日起,合并方或购买方有权主导被合并方或被购买方的相关活动,通过参与被合并方或被购买方的相关活动而享有可变回报,并且有能力运用

第九章 长期股权投资准则

对被合并方或被购买方的权力影响其回报金额。

会计上终止确认所转让的长期股权投资,相应确认股权转让收益的时点,应当是将该项投资资产所有权上的主要风险和报酬全部转移给购买方,不再对被投资企业享有股东权利和承担股东义务,相应地该项投资不再能够为本企业带来经济利益的时点。

《〈企业会计准则第20号——企业合并〉应用指南》第二条"合并日或购买日的确定"中所给出的合并日(购买日)判断的5项标准中的第三项"参与合并各方已办理了必要的财产权转移手续"并不是仅指工商变更登记。

《中华人民共和国公司法》(以下简称《公司法》)第三十二条的规定:"公司应当将股东的姓名或者名称向公司登记机关登记;登记事项发生变更的,应当办理变更登记。未经登记或者变更登记的,不得对抗第三人",即工商变更登记主要是用于确立该项股权变更对抗外部第三人的效力。但对于股权转让的双方——原股东和新股东而言,可以在股权转让协议中约定其他的"财产权转移手续"办理完毕的标志性事件(如被购买方的公章、账册等被移交给购买方派出的管理人员,等等),而不一定以标的企业办理完毕工商变更登记作为唯一的判断标准。如果新老股东在股权转让协议中约定以其他事件作为财产权转移生效的标志,则只要这种约定不违反法律法规的强制性、禁止性规定,在实践中也是可以获得认可的,关键是看与标的股权相关的剩余风险和报酬,以及相关的股东权利和义务从何时开始实质性地转移给新股东。

从法律角度而言,工商登记或者变更登记并非行政许可,而只是在相关交易或者事项发生后就发生后的事实情况向有关主管部门办理登记。根据《公司登记管理条例》第六十九条规定:"公司登记事项发生变更时,未依照本条例规定办理有关变更登记的,由公司登记机关责令限期登记;逾期不登记的,处以1万元以上10万元以下的罚款。"因此,股东变更后不办理变更登记,并不必然导致相关交易或者事项不具有法律效力(但不具有对抗第三人的效力)。因此,在实务中,可能出现企业合并的合并日(购买日)或长期股权投资处置日早于被合并方或者被购买方(或被处置的目标企业)办妥工商变更登记之日的情况。

但是,对于企业在股权转让和变更之前依法必须取得的行政许可,如外商投资企业股权变更时商务、外汇等主管部门的批准;涉及国有产权转让时国资委的审核批准;涉及金融企业的较大股权转让时相关金融监督管理机构的核准;涉及上市公司收购时中国证监会的核准等。这些是股权转让交易得以合法进行的前提,在应获得而未获得行政许可的情况下发生的相关股权转让交易不具有法律效力,不受法律保护。因此,企业合并的合并日(购买日)

| 343 |

或长期股权投资处置日不可能早于该交易事项依法应当申请的行政许可全部获得主管机关批准或核准的最晚日期。我们理解，这也是《〈企业会计准则第 20 号——企业合并〉应用指南》第二条把"企业合并事项需要经过国家有关主管部门审批的，已获得批准"作为确定合并日（购买日）5 项条件之一的主要原因。因此，企业管理层和注册会计师均应关注区分企业合并或股权处置的股权变更过程中所涉及的行政许可事项和登记事项的区别，及其对判断合并日（购买日）或处置日的可能影响。

根据《公司法》第三十二条规定，记载于股东名册的股东，可以依股东名册主张行使股东权利。因此，股东名册可以视作企业内部证明股东身份的内部证据（股东名册上的记名人可据此向公司主张权利或向公司提出抗辩）。其变更登记在判断合并日（购买日）或处置日时应当予以考虑。

四、案例分析

根据《企业会计准则第 33 号——合并财务报表》（2014 年修订）第五十条规定，合并报表层面的处置损益应在丧失控制权之日确认，因此本问题的关键在于判断"丧失控制权之日"即"处置日"是哪一天。

依据重大资产重组协议约定，在"本次交易完成后"对治理结构进行变更和业务整合，因此应以"本次交易完成日"作为丧失控制权之日，在该日确认丧失控制权的处置损益。

五、案例小结

综合上述讨论，我们建议以同时满足以下条件之日作为合并日或购买日或处置日。

（1）股权交易合同已经签署并生效。如果生效之前需经过有关主管部门批准的，应已完成相关批准手续并获得许可。

（2）已经通过产权交易所完成了产权交易手续，获取产权转让交割单。

（3）被投资企业已对其股东名册进行了变更记载。与标的股权对应的表决权、收益权等股东权利已经转移给合并方或购买方（受让方）享有，原股东（转让方）不再对此承担风险和享有收益。

（4）股权转让价款金额、支付方式和支付时间等已经确定，受让方已经按照约定的进度支付受让价款，且已对尚未支付的款项的付款来源做好安排，没有证据表明受让方会违约从而导致该项交易被撤销或者转回。

（5）预计目标企业最终完成工商变更登记不存在重大的法律障碍。

第九章　长期股权投资准则

第二节　重大影响判断

根据企业会计准则的规定，企业对被投资企业有重大影响的长期股权投资应当采用权益法核算。实务中，判断对被投资企业是否具有重大影响需要具体情况具体分析。

一、案例背景

案例 9-2　××股份有限公司2020年新增一项长期股权投资，其对被投资企业持股9.416 2%，该被投资公司共有42名股东。

（1）××股份有限公司与被投资单位第一大股东（持股21.400 4%）签订了一份一致行动协议，协议约定如下。

基于对公司经营理念的高度统一及公司长远利益考虑，并为了提高公司的决策效率，各方就投资公司，行使股东权利以及委派公司董事行使决策权的相关事宜，达成以下协议内容。

其一，各方承诺并同意，自本协议生效之日起，各方应确保各方作为公司股东行使权利时保持一致，即在公司股东会审议议案行使表决权时保持一致。

其二，各方承诺并同意，自本协议生效之日起，在各自作为公司股东行使股东权利时，各方须协商一致，形成一致意见。①无论是一方，还是其中一方拟向公司股东会、董事会提出议案时，各方应事先就议案内容进行充分的沟通和交流，如果对方对议案内容有异议，在不违反法律、法规、规范性文件及公司章程的前提下各方均应当作出适当让步，对议案内容进行修改，直至各方共同认可议案内容后，再以一方或各方名义向股东会、董事会提出议案。②对于非一致行动各方提出的议案，在会议召开前各方应当就待审议的议案进行充分的沟通和交流，直至双方达成一致意见，并在股东会、董事会作出相同的表决意见。

其三，各方承诺并同意，自本协议生效之日起，及各方均委派公司董事期间，各方应确保董事会在审议议案、行使表决权时保持一致，形成一致意见。

其四，除非法律法规、规范性文件另有要求，各方承诺并同意公司可在公开性的文件中披露各方为公司的一致行动人。

（2）公司章程中约定："股东会会议由股东按照实缴的出资比例行使表决权。股东大会作出决议，必须经出席会议的股东所持表决权过半数通过。但是，股东大会作出修改公司章程、增加或者减少注册资本的决议，以及公司合并、分立、解散或者变更公司形式的决议，必须经出席会议的股东所持表决权的三分之二以上通过。"

"董事会决议须经出席董事的三分之二以上同意方可通过。"被投资公司董事会人员共 7 名，××股份有限公司与该第一大股东各 1 名。

问题：××股份公司对被投资企业是否具有重大影响？

截至 2022 年 12 月 31 日，××股份有限公司持有被投资方股份 16.08%，对被投资方派出 1 名董事（被投资方共有 9 名董事），不影响任何决议的生效与否，不参与被投资方的任何财务和经营政策制定过程，与被投资方无关联交易，不对其经营产生影响；并未向被投资方派出任何经营管理人员。

问题：××股份公司对被投资企业可否确认为无重大影响？

截至 2022 年 12 月 31 日，××股份有限公司持有被投资方股份 10.2%，对被投资方派出 1 名董事（被投资方共有 7 名董事），不参与被投资方的任何财务和经营政策制定过程，与被投资方无关联交易；未向被投资方派出任何经营管理人员，不对被投资方提供任何技术支持。

问题：××股份公司对被投资企业可否确认为无重大影响？

二、准则链接

1.《企业会计准则第 2 号——长期股权投资》（2014 年修订）第二条第三款

第二条第三款 重大影响，是指投资方对被投资单位的财务和经营政策有参与决策的权力，但并不能够控制或者与其他方一起共同控制这些政策的制定。在确定能否对被投资单位施加重大影响时，应当考虑投资方和其他方持有的被投资单位当期可转换公司债券、当期可执行认股权证等潜在表决权因素。投资方能够对被投资单位施加重大影响的，被投资单位为其联营企业。

2.《〈企业会计准则第 2 号——长期股权投资〉应用指南》（2014 年修订）"二、关于适用范围"

……实务中，较为常见的重大影响体现为在被投资单位的董事会或类似权力机构中派有代表，通过在被投资单位财务和经营决策制定过程中的发言权实施重大影响。投资方直接或通过子公司间接持有被投资单位 20% 以上但低于 50% 的表决权时，一般认为对被投资单位具有重大影响，除非有明确的证据表明该种情况下不能参与被投资单位的生产经营决策，不形成重大影响。在确定能否对被投资单位施加重大影响时，一方面应考虑投资企业直接或间接持有被投资单位的表决权股份,同时要考虑投资方及其他方持有的当期可执行潜在表决权在假定转换为对被投资单位的股权后产生的影响,如被投资单位发行的当期可转换的认股权证、股份期权及可转换公司债券等的影响。

3.《〈企业会计准则第2号——长期股权投资〉应用指南》(2014年修订)"三、关于重大影响的判断"

企业通常通过以下一种或几种情形来判断对被投资单位具有重大影响:
(1)在被投资单位的董事会或类似权力机构中派有代表。……
(2)参与被投资单位的财务和经营政策制定过程。……
(3)与被投资单位之间发生重要交易。……
(4)向被投资单位派出管理人员。……
(5)向被投资单位提供关键技术资料。……

三、疑点、难点分析

对于"一致行动协议"的相关考虑如下。

(1)一致行动协议通常有两种情况:一是涉及被投资方相关活动的所有事项均由一致行动各方协商后形成一致意见,该情形实质上是参与一致行动协议的各方对被投资方的共同控制;另一种情况是其中有一个牵头(主导)方,当各方不能达成一致意见时以该牵头方的意见为准。在后一种情况下,实际上是该牵头方对被投资方单独控制,其他一致行动方的存在是为了强化该牵头方对被投资方的控制力,而就其他参与方而言,其对被投资方的影响力将会弱于不参与该一致行动而完全依据其自身利益作出决策的场合。

(2)一致行动协议的签订和解除可能较为方便和随意,因此在实际操作中,单凭一致行动协议往往不能作为判断控制或共同控制的充分、适当的审计证据,需要获取其他证据作为佐证。当存在一致行动协议时,项目组应当关注该项一致行动安排有无合理的经济基础和商业实质。一致行动安排必须以参与各方在一致行动协议所涉及的交易或事项中具有一致的利益为前提,并且应证明这是一个使参与各方实现"共赢"的安排(例如,一致行动协议的主导方在市场、技术、管理等方面相对于其他参与方有显著优势,因此其他参与方选择自愿放弃其部分决策权以换取自身更大的经济利益),特别是在参与各方为非关联方的情况下,不能为了实现主导方利益最大化而损害其他参与方的利益,否则有理由怀疑其真实性、合理性和可持续性。

(3)基于协议(如表决权委托协议、一致行动协议、托管或承包经营协议、VIE 架构下的相关协议等）的控制的判断，可能比单纯的基于股权和表决权的控制权的判断更为复杂。

四、案例分析

（1）假设无其他需考虑的特殊因素和事项［如《企业会计准则第 33 号——合并财务报表》（2014 年修订）中所指的持有被投资方半数以下表决权但对其具有控制的情形］，则××股份有限公司通过与该被投资公司的第一大股东结成一致行动人关系，约定双方在充分协商一致的基础上步调一致地在被投资单位的股东会和董事会上行使表决权，并据此从被投资单位的财务和经营活动中享有和承担相关的收益和亏损份额。据此，可以认为被审计单位和第一大股东作为一个整体，对被投资单位具有重大影响；而在这个"一致行动体"的内部，××股份有限公司与第一大股东的关系类似于合营安排中的合营方，即双方共同控制该"一致行动体"的决策。据此，可以认为被审计单位对被投资单位具有重大影响。按照一般原理，对被投资方的控制和共同控制是可以逐层向下传递的，所以可能存在间接控制和间接共同控制；但是重大影响不能向下传递，只在存在直接的投资与被投资关系的双方之间有效，"间接重大影响"是不存在的。

但是，如果××股份有限公司和第一大股东不是在协商一致的基础上确定他们在被投资公司的股东会和董事会上的表决立场，而是要求××股份有限公司按照第一大股东的指示和要求行使其表决权，则××股份有限公司实际上是第一大股东的代理人，对被投资公司没有重大影响。

如果××股份有限公司对该"一致行动体"在被投资公司的董事会和股东会上的表决立场可以施加重大影响但不具有否决权，则同样应认为被审计单位对被投资单位不具有重大影响。

（2）首先，应合理判断××公司（投资方）是否属于《企业会计准则第 33 号——合并财务报表》（2014 年修订）中的"投资性主体"或者《企业会计准则第 2 号——长期股权投资》（2014 年修订）中所指的"风险投资机构、共同基金以及类似主体"。如果是，则在其自身的财务报表中，其所持有的所有财务性对外投资均应作为金融资产核算，而不是作为长期股权投资核算，不论其对被投资企业是否具有控制、共同控制或重大影响。

《企业会计准则第 33 号——合并财务报表》（2014 年修订）对"投资性主体"的规定和《企业会计准则第 2 号——长期股权投资》（2014 年修订）中对"风险投资机构、共同基金以及类似主体"的规定存在冲突。因为很多"风险投资机构、共同基金以及类似主体"实际上也满足新修订的合并报表准则中对"投资性主体"的判断条件和通常应具备的特征的规定。在目前情况下,为了尽可能避免准则之间冲突的影响,我们倾向于对于满足"投资性主体"定义和确认条件的"风险投资机构、共同基金以及类似主体",尽可能采用将其财务性投资在初始确认时即指定为以公允价值计量且其变动计入当期损益的金融资产或者分类为交易性金融资产的做法,而不是采用权益法核算。

其次,如果不是投资性主体,则企业应根据对被投资方有无重大影响,来判断是作为长期股权投资按权益法核算还是作为金融资产核算。为此企业需进一步分析委派1名董事是否构成重大影响的问题。

是否具有重大影响归根结底是要通过在董事会上提出议案和参与表决的方式,促使有利于自身利益的财务、经营政策方面的议案获得通过(但对所议事项不具有单方面的决定权或者否决权)。因此,虽然派驻了董事,但是如果不能单独提出议案,或者由其他原因导致影响或改变表决结果的潜在可能性较小,则不能认为具有重大影响。

在董事会人数较多而公司派出的董事不能独立提出议案,或者由于董事会人员构成的影响而导致本企业派驻的董事对议案的表决结果不能施加实质性影响的情况下,可能不具有重大影响。因此,本案例应进一步具体了解被投资公司的股权结构、董事会人员构成、董事会议事规则,派出董事参加董事会实质性权利有哪些,被投资公司在技术和市场等方面是否对本公司有重大依赖,公司进行该等投资的目的,公司与被投资企业有无战略合作关系等,再行确定是否具有重大影响。

另外,在通常情况下,上市公司的股权更为分散,治理机制也较为透明,因此本案例中持有上市公司16.08%股权并派驻1名董事情形对其具有重大影响的可能性相对较大,应深入了解被投资上市公司的前十大股东持股情况,以及董事会成员的构成情况,作为判断是否具有重大影响的重要考虑因素。

五、案例小结

重大影响,一般是指持有股权在20%(含)~50%(不含)(以下提到的均为排除控制的情况下)可作为产生重大影响的依据,同时没有证据表明投资方不对公司产生重大影响。而"对被投资单位的财务和经营政策有参与决策的权力"一般是指董事会成员中有投资方派遣的董事。

对重大影响判断的核心是分析投资方是否拥有实质性的参与权而不是决定权。在公司中,董事会属于管理层,决定着公司的财务和经营政策,所以只要是董事会成员,都会参与财务和经营政策决策。派遣董事会成员,无论多少,在会计概念中,都会产生重大影响。所以,我们认为在非控制的情况下,如果投资方派遣有董事会成员,即使投资方持股比例低于20%,该投资方对被投资单位也会产生重大影响，作为联营企业，应采用权益法核算。

如果公司持有股权20%（含）~50%（不含），但是未向被投资单位派遣董事会成员，在这种情况下是否产生重大影响？我们认为持有股权20%（含）~50%（不含）一般是作为产生重大影响的一个定量的标准，除非有证据表明公司不会实施重大影响。例如，公司A持有B公司20%的股权，未派遣董事会成员，同时公司在股东会表决时仍行使同等持股比例的表决权，即有20%的表决权，此时可认为公司仍处于重大影响的情况下；如果公司放弃20%的表决权，或者将表决权让于他方股东，此时公司不再对B公司有重大影响，不再进行权益法核算，而需要重新分类至其他债权投资中进行核算。

第三节 处置子公司股权丧失控制权时对剩余股权的会计处理

企业处置子公司部分股权导致控制权丧失的会计处理较为复杂。丧失控制权后剩余股权如何计量？处置部分股权的损益如何计量？虽然一些文献对此问题已有涉及，但其大多对相应调整分录的意义语焉不详，导致理解上出现困难。本节将结合相关实务和企业会计准则规定，通过案例进行分析。

一、案例背景

案例9-3 X置业公司全额处置了其控股子公司Y的51%股权，丧失了对其的控制权，具体情况见表9-1。

表9-1 X置业公司持有Y公司股权的形成过程

单位：万元

项目	持股比例	是否纳入合并	收购比例	收购对价	长投账面价值
初始投资	43%	是			12 900
第一次收购后	53%	是	10%	4 500	17 400
第二次收购后	85%	是	32%	13 400	30 840
本期处置股权后	34%	否			

处置时Y公司的审计和评估基准日7月31日时的账面净资产为

31 325.99 万元，评估值为 53 297.69 万元；评估增值主要为存货。审计基准日至处置日（9 月 30 日），Y 公司分红 678.89 万元。

问题：X 置业公司该如何进行会计处理？

二、准则链接

（1）《关于执行会计准则的上市公司和非上市企业做好 2009 年年报工作的通知》（财会〔2009〕16 号）对处置差额的会计处理作了明确规定：企业处置对子公司的投资，处置价款与处置投资对应的账面价值的差额，在母公司个别财务报表中应当确认为当期投资收益；处置价款与处置投资对应的享有该子公司净资产份额的差额，在合并财务报表中应当确认为当期投资收益。

（2）2010 年 7 月，财政部发布《企业会计准则解释第 4 号》（财会〔2010〕15 号），对母公司处置子公司部分股权导致控制权丧失问题的会计处理有了较为明确的规定，相应的规范如下：①在个别财务报表中，对于处置的股权，企业应当按照《企业会计准则第 2 号——长期股权投资》的规定进行会计处理；同时，对于剩余股权，应当按其账面价值确认为长期股权投资或其他相关金融资产。处置后的剩余股权能够对原有子公司实施共同控制或重大影响的，按有关成本法转为权益法的相关规定进行会计处理。②在合并财务报表中，对于剩余股权，企业应当按照其在丧失控制权日的公允价值进行重新计量。处置股权取得的对价与剩余股权公允价值之和，减去按原持股比例计算应享有原有子公司自购买日开始持续计算的净资产的份额之间的差额，计入丧失控制权当期的投资收益。与原有子公司股权投资相关的其他综合收益，应当在丧失控制权时转为当期投资收益。企业应当在附注中披露处置后的剩余股权在丧失控制权日的公允价值、按照公允价值重新计量产生的相关利得或损失的金额。

值得注意的是，在合并报表中，财会〔2010〕15 号文件并没有涉及购买日形成商誉的处理。也许是意识到了这个问题，财政部会计司编撰的《企业会计准则讲解（2010）》中，针对同样的问题，加入了"如果存在相关的商誉，还应当扣除商誉"的内容，使之表述更加完备。

三、疑点、难点分析

在个别财务报表中，对于处置的股权，企业应当按照《企业会计准则第 2 号——长期股权投资》（2014 年修订）的规定进行会计处理；同时，对于剩余股权，企业应当按其账面价值确认为长期股权投资或其他相关金融资产。处置后的剩余股权能够对原子公司实施共同控制或重大影响的，按有关成本法转为权益法的相关规定进行会计处理。应该强调的是，在个别报表中，剩余股权存在两种情况：①剩余股权依然作为长期股权投资。如果原母公司对原子公司具备共同控制或重大影响，则将采用权益法计量剩余的长期股权投资。此处会涉及减资情况下，长期股权投资由成本法转为权益法的处理，需要追溯调整；如果对原子公司不具备控制、共同控制或重大影响，剩余股权在活跃市场中没有报价且公允价值不能可靠计量，则采用成本法计量剩余的长期股权投资。②剩余股权重新分类为金融资产。如果对原子公司不具备控制、共同控制或重大影响，剩余股权在活跃市场中有公开报价且公允价值能够可靠计量，则将其重新分类为金融资产。针对企业管理层持有目的的不同，其可划分为交易性金融资产和其他债权投资。

在合并财务报表中，对于剩余股权，企业应当按照其在丧失控制权日的公允价值进行重新计量。处置股权取得的对价与剩余股权公允价值之和，减去按原持股比例计算应享有原有子公司自购买日开始持续计算的净资产的份额之间的差额，计入丧失控制权当期的投资收益。如果存在相关的商誉还应当扣除商誉。与原有子公司股权投资相关的其他综合收益，应当在丧失控制权时转为当期投资收益。企业应当在附注中披露处置后的剩余股权在丧失控制权日的公允价值，以及按照公允价值重新计量产生的相关利得或损失的金额。

从合并报表的处理中，我们可以得到合并报表中确认的投资收益的公式如下。

$$\text{合并报表确认的投资收益} = \left(\text{处置对价} + \text{剩余股权公允价值}\right) - \text{按原持股比例计算应享有原有子公司自购买日持续计算的净资产的份额} - \text{商誉} + \text{其他综合收益} \times \text{原持股比例}$$

四、案例分析

（一）X 置业公司单户报表的账务处理

1. 确认处置 Y 公司 51% 股权的投资收益

借：银行存款〔（评估值－评估后分红）×51%〕　263 855 900
　　贷：长期股权投资（处置时账面价值 ÷ 0.85 ×
　　　　　　　　51%）　　　　　　　　　　　　　180 540 000
　　　　投资收益（差额）　　　　　　　　　　　　83 315 900

第九章 长期股权投资准则

2. 对剩余股权 34% 股权按照权益法进行追溯调整

借：长期股权投资（处置日 Y 公司留存收益 ×34%）
　　　　　　　　　　　　　　　　　　　3 021 500
　　贷：期初盈余公积（Y 公司期初留存收益 ×10%）　290 900
　　　　期初未分配利润（Y 公司期初留存收益 ×90%）
　　　　　　　　　　　　　　　　　　　2 617 800
　　　　投资收益　　　　　　　　　　　　113 800

（二）X 置业合并报表的账务处理

合并层的投资收益金额等于处置时的 Y 股权的公允价值乘以 0.85，减去处置时 Y 净资产的账面价值与 0.85 之积，即 18 675.945 万元〔53 297.69 − 678.89）×0.85 −（31 325.99 − 678.89）×0.85〕。

1. 将剩余的子公司 34% 的股权在合并层调整为公允价值

借：长期股权投资（剩余股权公允价值与追溯调整之后账面
　　　　　　　　价值的差额）　　　　　178 190 646
　　贷：投资收益　　　　　　　　　　　178 190 646

2. 将合并层应确认的投资收益与上述调整已确认的投资收益之间的差额进行调整（属于投资收益归属期间的调整）

借：期初未分配利润　　　　　　　　　　8 568 804
　　贷：投资收益　　　　　　　　　　　　8 568 804

五、案例小结

通过对案例 9-3 的分析，我们可以总结得到具体的处理原则是：在报告期内，如果母公司失去了决定被投资单位的财务和经营政策的能力，不再能够从其经营活动中获取利益，则表明母公司已不能控制被投资单位，被投资单位从处置日开始不再是母公司的子公司，不应继续将其纳入合并财务报表的合并范围，不调整合并资产负债表的期初数。母公司在报告期内处置子公司，应当将该子公司期初至处置日的收入、费用、利润纳入合并利润表。企业因处置部分股权投资或其他原因丧失了对原有子公司控制权的，应当区分个别财务报表和合并财务报表进行相关会计处理。

对于丧失控制权的情形：一是处置当日不再确认商誉、少数股东权益，资产和负债不再纳入合并资产负债表；二是合并财务报表中的处置损益不需要转入资本公积；三是个别财务报表中，需要进行追溯调整，将成本法调整为权益法。

对于不丧失控制权的情形：一是处置当日合并财务报表应照常编制，商誉保持不变，少数股东权益有变化；二是合并财务报表中需要将处置损益转入资本公积，处置损益为零；三是个别财务报表，不涉及追溯调整的问题，仅需要确认处置损益。

第四节 对联营企业投资由他方增资导致持股比例下降的会计处理

企业会计准则只规范了投资企业对被投资单位增资持股时的长期股权投资的相关会计处理，对于投资企业投资额不变而持股比例下降的长期股权投资并没有明确规范。

一、案例背景

案例 16-4 2021 年 ×× 智能科技有限公司出资取得 ×× 旅游有限公司（以下简称旅游公司）的长期股权投资，采用权益法核算，章程约定按实缴比例分红，见表 9-2。

表 9-2 2021 年长期股权投资明细

金额单位：元

股东名称	出资方式	总出资额	出资比例	2021年年底实际缴纳金额	2021年年底实际出资比例
×× 旅游集团股份有限公司	货币资金	4 900 000	49.00%	1 470 000	49.00%
×× 智能科技有限公司	货币资金	3 100 000	31.00%	930 000	31.00%
×× 文化艺术有限公司	货币资金	2 000 000	20.00%	600 000	20.00%
合计		10 000 000	100.00%	3 000 000	100.00%

其他公司增资导致 ×× 智能科技有限公司股权由 31% 稀释到 25.83%。

2021 年 12 月 31 日确认 ×× 省科技风险投资有限公司增资 200 万元，2022 年 1 月实收 ×× 省科技风险投资有限公司 60 万元，见表 9-3。

第九章 长期股权投资准则

表 9-3 2022 年长期股权投资明细表

金额单位：元

股东名称	出资方式	认缴出资	出资比例	2022 年年底实际缴纳金额	2022 年年底实际出资比例
××旅游集团股份有限公司	货币资金	4 900 000	40.83%	1 470 000	40.83%
××智能科技有限公司	货币资金	3 100 000	25.83%	930 000	25.83%
××文化艺术有限公司	货币资金	2 000 000	16.67%	600 000	16.67%
××省科技风险投资有限公司	货币资金	2 000 000	16.67%	600 000	16.67%
合计		12 000 000	100.00%	3 600 000	100.00%

2022 年 1 月 1 日到 2022 年 12 月 31 日，旅游公司累计实现净利润 111 653.10 元。2022 年 12 月 31 日，旅游公司净资产为 3 055 348.53 元。

问题：该旅游公司该如何进行会计处理？

二、准则链接

由其他投资方对其子公司增资而导致本投资方持股比例下降，从而丧失控制权但能实施共同控制或施加重大影响的，投资方应当区分个别财务报表和合并财务报表进行相关会计处理。

（1）在个别财务报表中，企业应当对该项长期股权投资从成本法转为权益法核算。首先，企业应按照新的持股比例确认本投资方应享有的原子公司因增资扩股而增加净资产的份额，与应结转持股比例下降部分所对应的长期股权投资原账面价值之间的差额计入当期损益；其次，企业应按照新的持股比例视同自取得投资时即采用权益法核算进行调整。这就是我们常遇到的追溯调整法了。

（2）在合并财务报表中，企业应当按照《企业会计准则第 33 号——合并财务报表》（2014 年修订）的有关规定进行会计处理。根据该准则，合并财务报表的合并范围应当以控制为基础予以确定。投资方应当在综合考虑所有相关事实和情况的基础上对是否控制被投资方进行判断。一旦相关事实和情况的变化导致对控制定义所涉及的相关要素发生变化，投资方应当进行重新评估。也就是说，当由其他投资方对其子公司增资而导致本投资方持股比例下降，从而丧失控制权但能实施共同控制或施加重大影响的,投资方应当对新情况进行评估。如果不适用合并财务报表的合并范围,则不能并入合并财务报表。

三、疑点、难点分析

被投资单位增资扩股致使投资企业对其持股比例下降,进而会导致投资企业享有的被投资单位增资扩股后净资产的份额与原长期股权投资账面价值之间产生差异(以下简称"差异")。

被投资单位增资扩股后,长期股权投资按成本法核算时不需要根据被投资企业净资产情况调整长期股权投资账面价值,因此对于"差异"不需要进行处理,对其仍按初始投资成本进行计量。

被投资单位增资扩股后,长期股权投资按权益法进行核算时需要根据被投资单位净资产情况调整其账面价值,因此需要对"差异"进行处理。对这部分"差异"的处理有不同的认识。有人认为,原投资企业对被投资单位持股比例的下降,可以看作投资企业处置部分股权的行为,因此这部分"差异"应该按出售股权处理,计入投资收益;也有人认为,这部分"差异"的产生属于企业股东之间的交易,实际上是企业非留存收益部分变动所产生的,因此不能作为投资收益处理,应相应调整资本公积。

我们认为以上两种认识均有偏颇。从企业处置股权来看,处置长期股权投资应该是真实发生的业务,一般会产生现金流入或对价资产,而被投资单位增资扩股造成投资企业持股比例下降,最终并没有使投资企业产生真实的资金流入或对价资产;从"差异"的产生来看,从投资开始到被投资单位增资扩股,被投资单位所有者权益的变动不仅仅包含净利润的变动的影响,还包含其他权益变动的影响,如果不加区分地将所有变动影响均作为损益变动处理,显然是不合适的。因此,这部分"差异"既不应该作为投资企业处置部分股权产生收益来处理,也不应该仅仅考虑企业非留存收益变动而只调整资本公积,企业应该充分考虑"差异"产生的来源,区分净利润变动与其他权益变动对其进行不同的核算和处理。

四、案例分析

根据上述案例背景,××智能科技有限公司因未同比例出资导致出资比例被稀释但仍保留重大影响,应按照《企业会计准则第 2 号——长期股权投资》(2014 年修订)第十一条规定处理:"投资方对于被投资单位除净损益、其他综合收益和利润分配以外所有者权益的其他变动,应当调整长期股权投资的账面价值并计入所有者权益。"即由此导致的所享有被投资方净资产份额的变动额应调整"资本公积——其他资本公积"。具体如下（此处假设全体股东按照实缴出资比例享有权益和损益）。

2021年12月31日，股权稀释：××智能科技有限公司无实际新增出资，外部股东增资前被投资企业净资产为3 055 348.53元，增资600 000元后增加到3 655 348.53元，本企业股权比例从31%下降到25.83%。相应地，增资前后本企业在被投资方净资产中所享有份额的变动额为 −2 981.52元（3 655 348.53×25.83% − 3 055 348.53×31%）。

会计分录如下：
借：长期股权投资——其他权益变动　　　　　−2 981.52
　　贷：资本公积——其他资本公积　　　　　　−2 981.52

五、案例小结

持股比例下降时的处理方法有以下几种。

（一）持股比例下降前后均采用成本法

在这种情况下，被投资单位在增资扩股前后不涉及长期股权投资核算方法的转换，因此具体处理时，因为核算方法没有发生改变，而且没有真实的资金流入或者对价资产，不能认定投资企业处置了股权，所以对"差异"不进行处理，仍按成本法初始投资计量，对长期股权投资账面价值不进行调整。

（二）持股比例下降前后分别采用成本法和权益法

在这种情况下，投资企业持股比例下降，对被投资单位由控制转为共同控制或重大影响，因此其应该对长期股权投资由成本法转换为权益法进行核算。在具体处理时，企业应区分被投资单位净利润的变动与其他权益的变动所产生的"差异"，属于投资初始到增资扩股后净利润变动的应调整期初留存收益，属于其他权益变动的应调整资本公积。

（三）持股比例下降前后均采用权益法

这种情况下虽然不涉及长期股权投资核算方法的转换，但是权益法下，投资持有期间，随着被投资单位净资产变动企业相应地要调整长期股权投资的账面价值，因此对"差异"仍然需要进行处理。考虑"差异"的产生是由被投资单位股本和资本公积的变动引起的，净利润的变动已通过"损益调整"进行过调整，因此这部分"差异"不作为投资收益来处理，相应调整资本公积，待到企业真正处置长期股权投资时再从资本公积中转入投资收益。

（四）持股比例下降前后分别采用权益法和成本法

在这种情况下，投资企业持股比例的下降，将导致长期股权投资核算方法由权益法转换为成本法。《企业会计准则第 2 号——长期股权投资》（2014 年修订）中规定：投资企业因减少投资等原因对被投资单位不再具有共同控制或重大影响的，并且在活跃市场上没有报价、公允价值不能可靠计量的长期股权投资，应改按成本法核算，并以权益法下长期股权投资的账面价值作为按照成本法核算的初始投资成本。笔者认为，从会计政策变更来看，既然长期股权投资核算方法发生改变，就应该按照企业会计准则要求进行会计政策变更处理，采用追溯调整法进行调整，不能以权益法下长期股权投资的账面价值作为按照成本法核算的初始投资成本。具体处理时，企业应该认为长期股权投资在投资初始即采用成本法进行核算，并以此调整各期初留存收益，同时对于"差异"不进行处理。

第五节　子公司以其未分配利润转增资本时母公司的会计处理

一、案例背景

案例 9-5　A 投资管理有限公司实施年报审计时发现，该公司投资的 B 公司在 2013 年度进行分红，分红包括两部分：一部分是现金股利，一部分是按各出资人的出资比例转增资本且股东不附带现金选择权。A 投资管理有限公司对现金股利进行了账务处理，对转增资本部分没有进行处理。

问题：A 公司就上述事项会计处理是否得当？

二、准则链接

1. 《企业会计准则第 2 号——长期股权投资》（2014 年修订）第七条、第八条

第七条　投资方能够对被投资单位实施控制的长期股权投资应当采用成本法核算。

第八条　采用成本法核算的长期股权投资应当按照初始投资成本计价。

第九章 长期股权投资准则

追加或收回投资应当调整长期股权投资的成本。被投资单位宣告分派的现金股利或利润，确认为当期投资收益。

2.《企业会计准则解释第 3 号》第一条

采用成本法核算的长期股权投资，投资企业取得被投资单位宣告发放的现金股利或利润，应当如何进行会计处理？

答：采用成本法核算的长期股权投资，除取得投资时实际支付的价款或对价中包含的已宣告但尚未发放的现金股利或利润外，投资企业应当按照享有被投资单位宣告发放的现金股利或利润确认投资收益，不再划分是否属于投资前和投资后被投资单位实现的净利润。

企业按照上述规定确认自被投资单位应分得的现金股利或利润后，应当考虑长期股权投资是否发生减值。在判断该类长期股权投资是否存在减值迹象时，应当关注长期股权投资的账面价值是否大于享有被投资单位净资产（包括相关商誉）账面价值的份额等类似情况。出现类似情况时，企业应当按照《企业会计准则第 8 号——资产减值》对长期股权投资进行减值测试，可收回金额低于长期股权投资账面价值的，应当计提减值准备。

3.《〈企业会计准则第 2 号——长期股权投资〉应用指南》（2014 年修订）

《〈企业会计准则第 2 号——长期股权投资〉应用指南》（2014 年修订）规定，投资方持有的对子公司投资应当采用成本法核算。《企业会计准则第 2 号——长期股权投资》要求投资方对子公司的长期股权投资采用成本法核算，主要是为了避免在子公司实际宣告发放现金股利或利润之前，母公司垫付资金发放现金股利或利润等情况，解决了原来权益法下投资收益不能足额收回导致超分配的问题。《企业会计准则第 2 号——长期股权投资》规定，对合营企业和联营企业投资应当采用权益法核算。被投资方分派股票股利的，投资方不作账务处理，但应于除权日注明所增加的股数，以反映股份的变化情况。

三、疑点、难点分析

企业会计准则规定，投资企业对能够对被投资单位实施控制的长期股权投资应采用成本法核算。采用成本法核算的长期股权投资应当按照初始投资成本计价。追加或收回投资应当调整长期股权投资的成本。被投资单位宣告分派的现金股利或利润，确认为当期投资收益。一般而言，成本法的会计核算都较为直观。然而，当子公司未实际分配现金股利或利润，而是用未分配利润直接转增股本或实收资本时，实务中会存在以下两种不同的解读。

观点一，母公司个别报表不进行会计处理。持该观点者认为，企业会计准则要求企业对子公司的长期股权投资在母公司个别财务报表中采用成本法核算，其初衷就是避免在子公司实际宣告发放现金股利或利润之前，母公司垫付资金发放现金股利或利润等情况，解决了原来权益法下投资收益不能足额收回导致超分配的问题。当子公司用未分配利润直接转增股本时，子公司并未实际向母公司发放现金股利或利润，母公司进行会计处理不符合企业会计准则关于成本法核算的初衷。

观点二，母公司的个别报表应当调整其对子公司的长期股权投资的投资成本，同时确认投资收益。持该观点者认为，子公司采用未分配利润转增资本可以理解为子公司先向母公司分配现金股利或利润，然后母公司立刻将收取的现金股利或利润对子公司进行增资。

上述两种观点争议的焦点在于是否可以虚拟现金流。我们认为，在不存在现金选择权的前提下，子公司未分配利润转增资本与资本公积转增股本的实质一致，仅为其自身权益结构的重新分类。既然仅仅是权益结构的重分类，则母公司的长期股权投资不应发生变动，也不应确认相关的投资收益。

四、案例分析

在案例9-5中，按各出资人的出资比例将转增资本直接转增实收资本，且股东不附带现金选择权。因此，A公司不应确认投资收益。

如果在本案例中，B公司无条件提供了等值的现金选择权供投资方选择，且一旦投资方作出选择则子公司无权拒绝现金分配，那么实质上相当于B公司已经向投资方宣告利润分配。在这种情况下，观点二的处理方式将更能反映交易的实质。

五、案例小结

如果被投资公司的利润分配决议中明确了转增资本的股利金额，各股东无取得现金或转股的选择权，则应把"分配股利"和"转增资本"两项交易作为一个整体进行处理，即被投资企业视作以留存收益转增资本，相应的，投资方按照股票股利的处理方式，不作账务处理，仅在备查簿中登记增加股本或实收资本的数额。

如果被投资公司的股东会决议明确了分配股利的金额，各股东可以自行

第九章 长期股权投资准则

选择取得现金股利或者将所分得的股利转增资本，则即使对于将所分得的股利转增资本的股东而言，"分得股利"和"增资"也是两项独立交易。此时选择将股利转增资本的股东可以一方面按分得的股利金额确认投资收益，另一方面视同增资，确认投资成本的增加。

第六节　附有业绩补偿条款的长期股权投资的会计处理

通常私募基金公司通过私募形式对非上市企业进行权益性投资，投资后提供管理或服务实现增值，最终通过上市、并购等实现退出，其目的是获取比债权投资高出几倍甚至几十倍的投资回报。这类投资协议往往附有业绩和补偿条款，在被投资方业绩不达标的情况下投资方可以获得一定的保底收益，同时在不满足协议约定的条件下还可以要求被投资方的实际控制人回购其全部或部分投资。从持有人的角度来看，实务中对这类附有业绩补偿条款的投资业务性质的理解及相关会计处理存在分歧。

一、案例背景

案例9-6　甲方是一家私募基金公司，2020年1月对乙方进行增资，增资金额为12 000万元。甲方增资后，对乙方投资比例为20%（假设甲方对乙方具有重大影响），丙方为乙方的实际控制人。投资协议约定，丙方承诺，乙方2020年实现净利润4 000万元，2021年和2022年两年实现净利润之和达到12 000万元，并且2021年和2022年任一年实现的净利润不低于上一年度，如果任一年度业绩未达到承诺水平，甲方可要求丙方以自有资金对甲方予以现金补偿。具体补偿条款如下。

（1）如果乙方2020年净利润不足4 000万元，则丙方应当按以下公式进行现金补偿：

业绩补偿金额＝投资款12 000万元×（4 000万元－2020年实际净利润）÷4 000万元。

（2）如果乙方2021年和2022年净利润之和不足12 000万元，则按以下公式进行现金补偿：

业绩补偿金额＝12 000万元－2020年和2022年实际净利润之和。

（3）如果乙方2021年和2022年任一年实现的净利润低于上一年度，则按如下公式进行现金补偿：

业绩补偿金额＝投资款 12 000 万元 ×（考核年度上一年度实现净利润－考核年度实际净利润）÷ 考核年度上一年实现净利润。

投资协议同时约定，如果乙方2022年12月31日前未提交发行上市申报材料并获受理，或者乙方2023年12月31日前没有完成挂牌上市，则甲方有权选择在上述任何一种情况出现后要求丙方受让甲方持有的全部或部分乙方投资，受让价格基于10%的投资回报计算。具体计算如下：

受让价款＝[12 000 万元 ×（1 + n × 10%）] － 购买日前甲方已分得的现金红利 － 甲方已经获得业绩补偿款] × 甲方要求丙方受让的乙方股份数量 ÷ 甲方通过本次增资取得的乙方股份数量（n = 3 或 4 年）。

问题：

（1）甲方对乙方的投资应如何进行会计处理？

（2）当乙方业绩未达标时，甲方收到丙方支付的补偿款如何进行会计处理？

（3）乙方接受投资应当如何处理？

（4）乙方接受投资时，丙方的个别财务报表合并财务报表如何处理？

（5）当乙方业绩未达标时，丙方向甲方支付补偿款如何进行会计处理？

（6）丙方对于甲方享有的可以要求丙方受让甲方持有的全部或部分乙方投资的权利如何进行会计处理？

（7）丙方受让甲方持有的全部或部分乙方投资时如何进行会计处理？

二、准则链接

1.《企业会计准则第37号——金融工具列报》（2014年修订）第十条

第十条 金融负债与权益工具的区分：

（一）如果企业不能无条件地避免以交付现金或其他金融资产来履行一项合同义务，则该合同义务符合金融负债的定义。有些金融工具虽然没有明确地包含交付现金或其他金融资产义务的条款和条件，但有可能通过其他条款和条件间接地形成合同义务。

（二）如果一项金融工具须用或可用企业自身权益工具进行结算，需要考虑用于结算该工具的企业自身权益工具，是作为现金或其他金融资产的替代品，还是为了使该工具持有方享有在发行方扣除所有负债后的资产中的剩余权益。如果是前者，该工具是发行方的金融负债；如果是后者，该工具是

第九章 长期股权投资准则

发行方的权益工具。

……

2.《企业会计准则第 2 号——长期股权投资》（2014 年修订）第三条第二项

第三条第二项 风险投资机构、共同基金以及类似主体持有的、在初始确认时按照《企业会计准则第 22 号——金融工具确认和计量》的规定以公允价值计量且其变动计入当期损益的金融资产，投资性主体对不纳入合并财务报表的子公司的权益性投资，以及本准则未予规范的其他权益性投资，适用《企业会计准则第 22 号——金融工具确认和计量》。

3.《企业会计准则第 22 号——金融工具确认和计量》（2017 年修订）第五条第一款、第十九条

第五条第一款 衍生金融工具，是指本准则涉及的、具有下列特征的金融工具或其他合同：

（一）其价值随着特定利率、金融工具价格、商品价格、汇率、价格指数、费率指数、信用等级、信用指数或其他类似变量的变动而变动，变量为非金融变量的，该变量与合同的任一方不存在特定关系。

（二）不要求初始净投资，或与对市场情况变动有类似反应的其他类型合同相比，要求很少的初始净投资。

（三）在未来某一日期结算。

第十九条 ……（参见第二章第九节）

4.《企业会计准则讲解（2010）》

《企业会计准则讲解（2010）》关于"金融工具确认和计量"的有关内容："企业的风险管理或投资策略的正式书面文件已载明，该金融资产组合、该金融负债组合或该金融资产和金融负债组合，以公允价值为基础进行管理、评价并向关键管理人员报告。此项条件着重企业日常管理和评价业绩的方式，而不是关注金融工具组合中各组成部分的性质。例如，风险投资机构、证券投资基金或类似会计主体，其经营活动的主要目的在于从投资工具的公允价值变动中获取回报，它们在风险管理或投资策略的正式书面文件中对此也有清楚的说明。在这种情况下，应将该组合进行指定。"

5.《〈企业会计准则第 2 号——长期股权投资〉应用指南》（2014 年修订）

《〈企业会计准则第 2 号——长期股权投资〉应用指南》（2014 年修订）关于或有对价的规定指出：①同一控制下企业合并形成的长期股权投资的或有对价。同一控制下企业合并方式形成的长期股权投资，初始投资时应按照《企业会计准则第 13 号——或有事项》（以下简称"或有事项准则"）的规定，判断是否应就或有对价确认预计负债或者确认资产，以及应确认的金额；确认预计负债或资产的，该预计负债或资产金额与后续或有对价结算金额的差额不影响当期损益；而应当调整资本公积（资本溢价或股本溢价），资本公积（资本溢价或股本溢价）不足冲减的，调留存收益。②非同一控制下企业合并形成的长期股权投资的或有对价，参照企业合并准则的有关规定进行会计处理。

三、疑点、难点分析

（一）将股权投资直接指定为以公允价值计量且其变动计入当期损益的金融资产

根据《企业会计准则第 2 号——长期股权投资》（2014 年修订）第三条及《企业会计准则讲解（2010）》有关"金融工具确认和计量"的相关规定，风险投资机构这类主体的股权投资依据投资的意图和管理的需要，对于其以增值退出为目的的投资可作为"直接指定为以公允价值计量且其变动计入当期损益的金融资产"。此时，补偿款应作为衍生金融工具核算，并以公允价值计量且其变动计入当期损益。

（二）没有直接指定为以公允价值计量且其变动计入当期损益的金融资产

如果公司没有将该类股权投资直接指定为以公允价值计量且其变动计入当期损益的金融资产，则应根据《企业会计准则第 2 号——长期股权投资》（2014 年修订）的相关规定进行会计处理。

按照目前企业会计准则的规定，投资方对具有重大影响共同控制或控制的权益性投资，一般情况下均应当应用《企业会计准则第 2 号——长期股权投资》（2014 年修订）进行核算。但在某些情况下，投资者可以将其分类为以公允价值计量且其变动计入当期损益的金融资产。

四、案例分析

案例 9-6 投资协议涉及甲方（持有方）、乙方（发行方）及丙方（实际控制人）。根据投资协议条款，该协议可以理解为甲方与乙方之间的投资协议、甲方和丙方之间的业绩补偿及股份回购协议。具体分析如下。

（一）判断甲方与乙方之间的投资是债权投资还是股权投资

根据《企业会计准则第37号——金融工具列报》（2017年修订）第十条规定，金融负债和权益工具的区别主要是从发行方的角度进行阐述的，并且一般认为发行方与持有方具有对应关系。本案例中甲方根据补偿条款在乙方业绩不达标时可以获得一定的现金补偿，并且在乙方不能在规定时间内完成上市的条件下可以要求丙方回购其全部或部分股份。值得注意的是，在本案例中，现金补偿和股份回购合同是甲方和丙方双方之间的协议，承担现金支付和回购义务的是实际控制人丙方而不是发行方乙方，乙方作为发行方没有交付现金及其他金融资产的合同义务，因此从发行方角度可以视为权益工具。另外，从持有方角度来看，前三年业绩不达标需要现金补偿具有某些债权投资的特征，但是从分析补偿具体条款和受让价格计算过程中可以看出在业绩达标时甲方也可作为股东享受超额收益的分配，因此甲方对乙方的投资属于股权投资。

（二）丙方对甲方的回购承诺的会计处理

根据协议规定，在一定条件下甲方可按照约定的公式计算的价款向丙方出售相关股权，是一个典型的卖出期权，应作为衍生金融工具，并以公允价值计量且变动计入损益。

一些衍生金融工具使合同一方享有一项合同权利但不承担合同义务，合同另一方承担一项合同义务而不享有合同权利，如金融期权。期权又被称为选择权，是一种衍生工具，是指期权买方向期权卖方支付期权费（指权利金）后拥有的在未来一段时间内（指美式期权）或未来某一特定日期（指欧式期权）以事先规定好的价格（指履约价格）向期权卖方购买或出售一定数量的特定标的物的权利，但不负有必须买进或卖出的义务，即期权买方拥有选择是否行使买入或卖出的权利，而期权卖方都必须无条件接受买方的选择并履行期权成交时的允诺。买方选择权称为看涨期权，卖方选择权称为看跌期权。

在本案例中，（在一定条件下）甲方（看跌期权持有方，期权买方）具有向丙方出售乙方股权的权利但无必须出售的义务，即甲方具有一项出售与否的选择权。无论甲方选择出售还是不出售乙方股权，丙方都必须无条件服从甲方的选择并履行期权成交时的允诺。会计处理时甲方需要确定甲方为获得这项看跌期权支付的价款（即期权的公允价值），并将其作为该项衍生金融资产的初始入账成本。

还有一些衍生金融工具使合同双方均享有一项权利且均承担一项义务，如远期金融合同。远期金融合同是指合同双方同意在未来日期按照固定价格交换金融资产的合同。承诺以当前约定的条件在未来进行交易的合同，会指明买卖的金融工具种类、价格及交割结算的日期。远期合同是必须履行的协议。就本案例来说，如果合同约定丙方在2023年12月31日购买甲方持有的对乙方的股权，受让价格基于10%的投资回报计算，则该衍生金融工具即为远期合同，实际含义为甲方具有出售乙方股权的义务和收取现金的权利，而丙方具有购买乙方股权的权利和支付现金的义务。相对于甲方来讲，合同权利的公允价值如果大于合同义务的公允价值，则该项远期合同应当确认为一项衍生金融资产，相反，则应当确认为一项衍生金融负债。不过，合同权利公允价值和合同义务公允价值很可能相等，从而初始不进行会计处理。后续计量时，合同权利和合同义务的公允价值会随时发生变动，则远期合同的公允价值也会随时发生变动，会计处理时其变动将计入当期损益。

期权持有方没有承担合同义务，所以合同权利会永远大于合同义务的数值0，即一般持有期权的一方永远确认的是衍生金融资产，极端情况会出现合同权利为0的情况。此时该项期权的价值为0，则账面衍生金融资产数值为0（不会出现负数变成衍生金融负债）。

综上，由于上述衍生工具和主合同（股权投资）不紧密相关，甲方可以选择根据长期股权投资准则核算对乙方的投资，同时对分拆出来的衍生工具作为以公允价值计量且变动计入当期损益的金融资产进行核算，甲方也可以选择将投资整体指定为以公允价值计量且变动计入损益的金融资产。

前已述及，甲方作为风险投资机构，具有对该权益投资核算的选择权，如果此时甲方按照投资的意图和管理的需要，将该项投资整体直接指定为"以公允价值计量且其变动计入当期损益的金融资产"，则该项目包含3项核算内容：①权益性投资；②向丙方收取补偿款的合同权利；③持有的看跌期权，其中后2项为衍生金融资产。

甲方应基于对乙方未来业绩的预测情况，或有对价支付方（丙方）信用风险、货币时间价值、行权的可能性等因素分别确定上述衍生金融工具（①向丙方收取补偿款的权利；②持有的看跌期权）的公允价值，将其作为该2项衍生金融资产的初始入账金额，并将投资金额12 000元扣除上述衍生金融资产入账价值的金额作为权益性投资（以公允价值计量且其变动计入当期损益的金融资产）的初始入账金额。

如果甲方没有将该权益性投资直接指定为以公允价值计量且其变动计入当期损益的金融资产，则甲方应根据长期股权投资准则核算对乙方的投资，同时将分拆出来的衍生工具作为以公允价值计量且变动计入当期损益的金融资产进行核算。此时甲方应确认3项资产：①长期股权投资；②衍生金融资产（向丙方收取补偿款的合同权利）；③衍生金融资产（持有的看跌期权）。3项资产的初始入账金额与整体指定为金融资产时的计算方法相同。

（三）乙方接受甲方的投资的会计处理

乙方接受甲方的投资要按照《企业会计准则第37号——金融工具列报》（2017年修订）的有关规定进行会计处理。从合同条款来分析，乙方作为金融工具的发行方不存在向其他方交付现金及其他金融资产的合同义务，因此乙方个别财务报表应将该金融工具分类为权益工具，即乙方接受甲方的投资计入"实收资本"项目。

（四）乙方接受甲方的投资时，丙方个别财务报表的处理

长期股权投资准则规定，投资方能够对被投资单位实施控制的长期股权投资应当采用成本法核算。

丙方作为乙方的控股股东，按照企业会计准则的规定对乙方的长期股权投资应按成本法进行后续计量。在本案例中，甲方对乙方投资后，丙方并没有丧失对乙方的控制权。因此，丙方的个别财务报表针对此项长期股权投资无须进行会计处理，继续采用成本法核算。

（五）丙方的个别财务报表是否要确认金融负债

首先，丙方在乙方业绩不达标时，根据合同约定须向甲方支付一定的现金补偿，因此丙方不能无条件地避免以交付现金或其他金融资产来履行一项合同义务。丙方向甲方支付现金补偿的合同义务符合金融负债的定义，进而分析得出该金融负债属于一项衍生金融负债，因此应确认一项以公允价值计量且其变动计入当期损益的金融负债。

其次，甲方在乙方不能在规定时间内完成上市的条件下可以要求丙方回购其全部或部分股份，这对于丙方来说同样存在一项附有或有结算条款的金融工具。丙方不能无条件地避免交付现金，此项合同义务也属于一项金融负债，进而分析得出该金融负债属于一项衍生金融负债，因此同样应确认一项

以公允价值计量且其变动计入当期损益的金融负债。

（六）如果甲方增资后，丙方丧失了对乙方的控制权但仍具有共同控制或重大影响，丙方个别财务报表针对该项长期股权投资的处理

会计原理应用：丙方个别财务报表视同处置该项长期股权投资，但是没有跨越会计处理界限。

具体会计处理：在个别财务报表中，丙方应当对该项长期股权投资从成本法核算转为权益法核算。首先，按照新的持股比例确认本投资方应享有的原子公司因增资扩股而增加净资产的份额，与应结转持股比例下降部分所对应的长期股权投资原账面价值之间的差额计入当期损益；然后，按照新的持股比例视同自取得投资时即采用权益法核算进行调整。

（七）如果甲方增资后，丙方丧失了对乙方的控制权且不具有共同控制或重大影响，丙方个别财务报表针对该项长期股权投资的处理

会计原理应用：丙方个别财务报表视同处置该项长期股权投资，并且跨越会计处理界限。

具体会计处理：在个别财务报表中，丙方应当改按《企业会计准则第22号——金融工具确认和计量》核算，以该权益性投资在丧失控制权之日的公允价值作为金融资产初始计量金额，将丧失控制权之日的公允价值与账面价值之间的差额计入当期损益。

（八）乙方接受甲方的投资时，丙方的合并财务报表的处理

丙方作为乙方的控股股东，应将乙方纳入财务报表合并范围。在本案例中，甲方对乙方投资后，丙方并没有丧失对乙方的控制权，因此，增资后乙方仍在丙方的合并范围内。

合并财务报表准则规定，如果站在企业集团合并财务报表角度的确认和计量结果与其所属的母公司或子公司的个别财务报表层面的确认和计量结果不一致，则在编制合并财务报表时，也应当站在企业集团的角度对特殊交易事项予以调整。

金融工具列报准则要求，在合并财务报表中对金融工具（或其组成部分）进行分类时，企业应当考虑集团成员和金融工具的持有方之间达成的所有条款和条件。在合并财务报表中对金融工具（或其组成部分）进行分类时，企业应当考虑集团成员和金融工具的持有方之间达成的所有条款和条件。

同时，金融工具列报准则要求，如果一项合同使发行方承担了以现金或其他金融资产回购自身权益工具的义务，即使发行方的回购义务取决于合同对手方是否行使回售权，发行方也应当在初始确认时将该义务确认为一项金融负债，其金额等于回购所需支付金额的现值（如远期回购价格的现值、期权行权价格的现值或其他回售金额的现值）。

在本案例中，丙方合并财务报表，少数股东（甲方）所持有的乙方（丙方合并范围内）的股份也是丙方自身权益工具。甲方持有的（满足一定条件下）的看跌期权使丙集团承担了不能无条件地避免以现金或其他金融资产回购自身权益工具的合同义务，因而丙方合并财务报表中应当将该义务确认为一项金融负债（尽管现金的支付取决于甲方是否行使期权），其金额等于回购所需支付金额的现值。

需要注意的是，此时，丙方个别财务报表中针对此项回购义务确认的衍生金融负债，在丙方财务报表中不应存在。

（九）如果甲方增资后，丙方丧失了对乙方的控制权但仍具有共同控制或重大影响，丙方合并财务报表怎样处理？如果甲方增资后，丙方丧失了对乙方的控制权且不具有共同控制或重大影响，丙方合并财务报表怎样处理

会计原理应用：两种情况下，丙方财务报表中视同处置资产和负债，并且跨越会计处理界限（即视同处置资产和负债，取得长期股权投资或金融资产）。

合并财务报表准则第五十条规定，企业因处置部分股权投资等原因丧失了对被投资方的控制权的，在编制合并财务报表时，对于剩余股权应当按照其在丧失控制权日的公允价值进行重新计量。处置股权取得的对价与剩余股权公允价值之和，减去按原持股比例计算应享有原有子公司自购买日或合并日开始持续计算的净资产的份额之间的差额，计入丧失控制权当期的投资收益，同时冲减商誉。与原有子公司股权投资相关的其他综合收益等，应当在丧失控制权时转为当期投资收益。

五、案例小结

自身是风险投资机构、共同基金以及类似主体的投资方，对于联营企业、合营企业的权益投资，具有选择权：①在初始确认时按照长期股权投资准则计量，后续按权益法核算，同时按照在其他主体中权益的披露准则披露；②在初始确认时按照金融工具确认和计量准则计量，后续以公允价值计量且其变动计入损益核算，同时按照在其他主体中权益的披露准则、金融工具列报准

则披露。为什么都要按照在其他主体中权益的披露准则披露？这是因为会计处理方法的选择权并没有改变权益的性质。金融工具列报准则立足于金融工具的特点，侧重于披露权益的金融工具属性；在其他主体中权益的披露准则立足于主体之间的关系，侧重于披露权益的主体属性，从另一个角度帮助财务报表使用者了解企业所面临的风险。二者的侧重点不同，在信息披露上互为补充。

自身是投资性主体的投资方对于子公司（非为投资性主体提供相关服务的子公司）的权益投资，豁免编制合并财务报表，个别财务报表按照金融工具确认和计量准则的规定以公允价值计量且其变动计入损益，同时按照在其他主体中权益的披露准则、金融工具列报准则披露（注：初始确认无选择权）。

自身是投资性主体的投资方对于联营企业、合营企业的权益性投资，个别财务报表按照金融工具确认和计量准则的规定以公允价值计量且其变动计入损益，后续以公允价值计量且其变动计入损益核算，同时按照在其他主体中权益的披露准则、金融工具列报准则披露（注：初始确认无选择权）。

由此可见，在对（具有重大影响、共同控制或控制的）权益性投资进行会计处理时，首先需要解决的问题是判断投资方自己是谁的问题（是否为风险投资机构、共同基金以及类似主体（三类一般为结构化主体或投资性主体，还是一般性主体）），然后根据投资的意图和管理的需要进行初始确认的计量，最后才是后续的核算和披露的问题。

第七节　以联营企业股权对另一联营企业增资的会计处理

一、案例背景

案例 9-7　A 公司于 2020 年 11 月 20 日以持有的对联营企业 B 公司的股权（原持股比例 30%）向另一联营企业 C 公司（持股比例 40%）增资 1.5 亿元（评估值），C 公司的另一股东同比例对其进行增资。增资后 A 公司对 C 公司的持股比例不变。A 公司原持有 B 公司 30% 的股权。截至 2020 年 11 月 20 日，A 公司对 B 公司长期股权投资的账面价值为 1.3 亿元。A 公司持有 C 公司 40% 的股权，D 公司持有 C 公司 60% 的股权。

第九章 长期股权投资准则

问题：A 公司应如何进行会计处理？

二、准则链接

《企业会计准则第 2 号——长期股权投资》（2014 年修订）第十条至第十三条、第十五条规定如下。

第十条 长期股权投资的初始投资成本大于投资时应享有被投资单位可辨认净资产公允价值份额的，不调整长期股权投资的初始投资成本；长期股权投资的初始投资成本小于投资时应享有被投资单位可辨认净资产公允价值份额的，其差额应当计入当期损益，同时调整长期股权投资的成本。

被投资单位可辨认净资产的公允价值，应当比照《企业会计准则第 20 号——企业合并》的有关规定确定。

第十一条 投资方取得长期股权投资后，应当按照应享有或应分担的被投资单位实现的净损益和其他综合收益的份额，分别确认投资收益和其他综合收益，同时调整长期股权投资的账面价值；投资方按照被投资单位宣告分派的利润或现金股利计算应享有的部分，相应减少长期股权投资的账面价值；投资方对于被投资单位除净损益、其他综合收益和利润分配以外所有者权益的其他变动，应当调整长期股权投资的账面价值并计入所有者权益。

投资方在确认应享有被投资单位净损益的份额时，应当以取得投资时被投资单位可辨认净资产的公允价值为基础，对被投资单位的净利润进行调整后确认。

被投资单位采用的会计政策及会计期间与投资方不一致的，应当按照投资方的会计政策及会计期间对被投资单位的财务报表进行调整，并据以确认投资收益和其他综合收益等。

第十二条 投资方确认被投资单位发生的净亏损，应当以长期股权投资的账面价值以及其他实质上构成对被投资单位净投资的长期权益减记至零为限，投资方负有承担额外损失义务的除外。

被投资单位以后实现净利润的，投资方在其收益分享额弥补未确认的亏损分担额后，恢复确认收益分享额。

第十三条 投资方计算确认应享有或应分担被投资单位的净损益时，与联营企业、合营企业之间发生的未实现内部交易损益按照应享有的比例计算归属于投资方的部分，应当予以抵销，在此基础上确认投资收益。

投资方与被投资单位发生的未实现内部交易损失，按照《企业会计准则第 8 号——资产减值》等的有关规定属于资产减值损失的，应当全额确认。

第十五条 投资方因处置部分股权投资等原因丧失了对被投资单位的共同控制或重大影响的,处置后的剩余股权应当改按《企业会计准则第22号——金融工具确认和计量》核算,其在丧失共同控制或重大影响之日的公允价值与账面价值之间的差额计入当期损益。原股权投资因采用权益法核算而确认的其他综合收益,应当在终止采用权益法核算时采用与被投资单位直接处置相关资产或负债相同的基础进行会计处理。

投资方因处置部分权益性投资等原因丧失了对被投资单位的控制的,在编制个别财务报表时,处置后的剩余股权能够对被投资单位实施共同控制或施加重大影响的,应当改按权益法核算,并对该剩余股权视同自取得时即采用权益法核算进行调整;处置后的剩余股权不能对被投资单位实施共同控制或施加重大影响的,应当改按《企业会计准则第22号——金融工具确认和计量》的有关规定进行会计处理,其在丧失控制之日的公允价值与账面价值间的差额计入当期损益。在编制合并财务报表时,应当按照《企业会计准则第33号——合并财务报表》的有关规定进行会计处理。

三、疑点、难点分析

案例9-7中,在A公司层面,以原持有的B公司30%股权对持股40%的联营企业C公司增资,事实上不再对B公司保留重大影响(通常认为,重大影响仅存在于直接持股关系的情形中,"间接重大影响"并不存在,即投资方对联营企业的联营企业不具有重大影响)。因此,对于丧失对B公司重大影响的事项,应根据投资方因处置部分股权投资等原因而丧失了对被投资单位的共同控制或重大影响的,处置后的剩余股权应当改按《企业会计准则第22号——金融工具确认和计量》核算,其在丧失共同控制或重大影响之日的公允价值与账面价值之间的差额计入当期损益。原股权投资因采用权益法核算而确认的其他综合收益,应当在终止采用权益法核算时采用与被投资单位直接处置相关资产或负债相同的基础进行会计处理。

四、案例分析

A公司以原持有的B公司30%股权向联营企业C公司增资,应将B公司30%股权投资的公允价值和账面价值之间的差额计入当期投资收益;相应地,新增的对C公司的股权投资的成本应按换出资产(即B公司30%的股权)的公允价值作为初始投资成本。

A公司以B公司30%股权对C公司增资的会计处理如下。

第九章　长期股权投资准则

借：长期股权投资——C公司　　　　　　　　150 000 000
　　贷：长期股权投资——B公司　　　　　　　130 000 000
　　　　投资收益　　　　　　　　　　　　　　 20 000 000

五、案例小结

对于同比例增资联营企业的情况，可以按照案例9-7的分析进行相关会计处理。如果双方非同比例增资，增资前后仍是联营企业的，相关会计处理可参考分析进行。

（1）增资后在联营企业的股权比例上升的，企业应当按照新的持股比例对股权投资继续采用权益法进行核算。在新增投资日，如果新增投资成本大于按新增持股比例计算的被投资单位可辨认净资产于新增投资日的公允价值份额，不调整长期股权投资成本；如果新增投资成本小于按新增持股比例计算的被投资单位可辨认净资产于新增投资日的公允价值份额，企业应按该差额调整长期股权投资成本和营业外收入。进行上述调整时，企业应当综合考虑与原持有投资和追加投资相关的商誉或计入损益的金额。

（2）增资后在联营企业中的股权比例下降的，企业应将其他股东的增资分解为两部分：一是与本公司对联营企业的增资按比例折算的等比例出资，二是其他股东对联营企业的出资额超出上述等比例出资的部分，即其他股东的单方面超额出资。首先假设本公司与其他股东等比例对联营公司公司增资完成该步骤后本公司与其他股东在联营企业的股权比例保持不变，本公司在联营企业的净资产中所享有份额的增加额与本次增资成本相同；然后是其他股东的单方面超额出资，对这部分超额出资导致的本公司在联营企业中的股权比例稀释。A公司在采用权益法核算时，应按照《企业会计准则第2号——长期股权投资》（2014年修订）第十一条的相关规定处理。

第八节　联营企业之间交叉持股的会计处理

一、案例背景

案例9-8　A公司持有其联营企业B公司20%的股权，并对B公司具有重大影响；B公司持有其联营企业A公司20%的股权，并对A公司具有重大影响；A 公司和 B 公司的股本都是 500 万元（分为 500 万股，每股面值 1 元），A 公司的净利润（不含其在 B 公司的净利润中享有的份额）为 150 万元，同样，B 公司的净利润（不含其在 A 公司的净利润中享有的份额）为 150 万元。假设不考虑税费的影响，不存在应付股利。

问题：A 公司和 B 公司对此项投资活动应如何进行会计处理？

二、准则链接

1.《国际会计准则第 28 号——在联营企业和合营企业中的投资》第 26 段

适合于权益法应用的许多程序与《国际财务报告准则第 10 号》中描述的合并程序类似。而且，对取得子公司进行会计处理所采用程序的基本概念，也在对取得联营企业或合营企业中投资进行会计处理时被采纳。

2.《国际财务报告准则第 10 号——合并财务报表》第 B86 段

合并财务报表：……（3）全部抵销与集团公司内部所有交易相关的资产、负债、权益、收入、费用和现金流（全部抵销因集团内部交易损益确认的资产，比如，存货或固定资产）。

3.《国际会计准则第 32 号——金融工具：揭示与呈报》第 33 段

如果主体重新获取自身权益工具，这些工具（"库存股"）应当从权益中扣减。购买、出售、发行或撤销主体自身权益工具所产生的利得或损失不应计入损益。主体或集团其他成员可能获取并持有这类库存股。支付或收到的对价应当直接在权益中确认。

4.《企业会计准则第 37 号——金融工具列报》（2017 年修订）第二十六条

回购自身权益工具（库存股）支付的对价和交易费用，应当减少所有者权益，不得确认金融资产。库存股可由企业自身购回和持有，也可由企业集团合并财务报表范围内的其他成员购回和持有。

三、疑点、难点分析

首先,应该确定两个互为联营企业的企业之间互相投资及会计处理的方法。对此,一般可运用净额法,即不考虑互相投资额,只考虑投资方在联营企业享有的扣除由互相投资产生的股权收益后净利润的份额。其次,对于每股收益,应按照普通股的加权平均数中扣减实质上的交叉持股数来确定。

四、案例分析

根据案例9-8,A公司的利润(a)和B公司的利润(b)互相依赖的经济现实由以下联立方程式确定。

$$\begin{cases} a=150+0.2b \\ b=150+0.2a \end{cases}$$

因此,求解该联立方程式得出如下结果:a = 187.5,b = 187.5。

根据净额法的要求,本案例中A公司和B公司在各自财务报表中的新增利润分别限于30万元(150×20%),而不是通过联立方程式得出的37.5万元(187.5 − 150)。

本案例中,A公司在确认其在B公司的净利润中所享有的份额时,计算基数应包括B公司采用权益法核算确认的利润。然而,在A、B两公司互相投资的情况下,这种方法会导致重复计量A的利润。因此,采取"净额法"直接计算本企业占有联营企业利润(不含互相投资形成的利润)的相应份额(20%)的方法更加恰当。在本例中,净额法导致A公司和B公司都确认180万元的利润。7.5万元的差额代表了互相进行权益性投资的影响额,因而不计入利润。

计算每股收益时,普通股的加权平均数中应扣减实质上的交叉持股数20万股(500×20%×20%)。因此,为计算每股收益,主体A公司和B公司的普通股数量应各调减至480万股。此外,还应调整减少两家公司各自的权益余额及其对联营企业的长期股权投资的余额,调整金额为主体自身股权4%对应的权益余额。

在计算每股收益时,由于同样的原因——采取净额法确定利润,即在权益法核算中应当运用编制合并报表时所采用的原则,这包括对集团内部交易余额(例如联营企业对投资方的投资)的抵销,企业需要调整发行普通股的数量。因此,调整会减少主体的权益金额及其对联营企业的投资,调整额为主体自身股权4%对应的权益余额。

五、案例小结

净额法可用于两个互相联营的企业之间互相投资的会计处理。这个方法不考虑互相投资额，只考虑投资方在联营企业享有的扣除由互相投资产生的股权收益后净利润的份额。联营企业不构成集团的一部分，因而其持有投资方的股份不是通常定义的"库存股"。然而，以上结论并不依赖于将联营企业的持股作为库存股。

对于子公司持有母公司的股份应进行抵销处理。同样的程序也可以运用于权益法会计核算，结果与从权益中抵销库存股的会计处理相似，因而在确定每股收益时需扣除联营企业之间交叉持股所对应的本企业股份数量。集团在联营企业或合营企业中享有的份额是母公司及其子公司持有的该联营企业或合营企业的股份之和。集团其他联营企业或合营企业所持有的股份不予考虑。如果某一联营企业或合营企业拥有子公司、联营企业或合营企业，采用权益法时考虑的损益、其他综合收益以及净资产则是该联营企业或合营企业的财务报表中确认的部分，但是，在此之前为统一会计政策必须作相应调整。

第九节　明知被收购方将搬迁时购买对价分摊的会计处理

一、案例背景

案例9-9　A公司于2021年10月21日与B公司股东签订股权转让协议，收购B公司个人股东所持有的B公司30%的股份。收购净资产基准日为2021年9月30日，约定基准日至收购日期间损益由A公司享有。

2021年5月，当地开发区管理委员会（以下简称管委会）与B公司签订《拆迁补偿协议书》，B公司同意在管委会辖区内进行搬迁重建并扩大产能，管委会重新为其安排工业用地用于新厂区建设。双方在对B公司厂区的全部资产进行资产评估及搬迁停产试产损失核算等工作的基础上达成一致意见，确定搬迁安置补偿总费用为1.2亿元。

2021年6月，B公司取得新出让土地。2020年9月25日，B公司原土地使用证与房产证由管委会收回。B公司计划于2022年5月前完成整体搬迁。

目前 B 公司仍在原厂区进行生产活动。

问题：A 公司应如何确定 B 公司收购日的各项可辨认资产、负债的公允价值？

二、准则链接

1.《企业会计准则第 2 号——长期股权投资》（2014 年修订）第十一条

第十一条 ……（参见本章第七节）

2.《企业会计准则第 20 号——企业合并》第十四条

第十四条 被购买方可辨认净资产公允价值，是指合并中取得的被购买方可辨认资产的公允价值减去负债及或有负债公允价值后的余额。被购买方各项可辨认资产、负债及或有负债，符合下列条件的，应当单独予以确认：

（一）合并中取得的被购买方除无形资产以外的其他各项资产（不仅限于被购买方原已确认的资产），其所带来的经济利益很可能流入企业且公允价值能够可靠地计量的，应当单独予以确认并按照公允价值计量。

合并中取得的无形资产，其公允价值能够可靠地计量的，应当单独确认为无形资产并按照公允价值计量。

（二）合并中取得的被购买方除或有负债以外的其他各项负债，履行有关的义务很可能导致经济利益流出企业且公允价值能够可靠地计量的，应当单独予以确认并按照公允价值计量。

（三）合并中取得的被购买方或有负债，其公允价值能够可靠地计量的，应当单独确认为负债并按照公允价值计量。或有负债在初始确认后，应当按照下列两者孰高进行后续计量：

1. 按照《企业会计准则第 13 号——或有事项》应予确认的金额；
2. 初始确认金额减去按照《企业会计准则第 14 号——收入》的原则确认的累计摊销额后的余额。

三、疑点、难点分析

投资方在取得对合营企业或联营企业的长期股权投资之日，应确定被投资方的各项可辨认资产和负债的公允价值，此时被投资方可辨认净资产公允价值的确定在很大程度上可以参考在非同一控制下企业合并中被购买方可辨认净资产于购买日的公允价值的确定方法，并且应当只考虑一般市场参与者都会考虑的因素，而不考虑仅与特定市场参与者（收购方和被收购方）相关的因素。

四、案例分析

案例 9-9 中，A 公司、B 公司及股东签订股权收购协议时（2021 年 10 月），B 公司已经与当地政府签订了搬迁补偿协议，也就是 A 公司是在已知 B 公司的原有土地将被政府收回并获得补偿、部分资产将被报废清理的前提下签订股权收购协议的，因此，其对 B 公司的可辨认资产、负债估值（即确定收购日公允价值）的视角应不同于 B 公司自身。

（1）对于将在搬迁中被废弃的旧房、机器设备等，其在收购日后仍将维持一段时间的正常使用，但从正常使用中获取的经济利益较小，主要将通过补偿款的方式收回其成本，因此按照其在剩余使用寿命内依其原账面价值计算的应计折旧额模拟其购买日的公允价值，确保日后实际发生废弃时从收购方的视角不发生损失。

（2）对于根据 B 公司与政府签订的拆迁补偿协议可获得的补偿款，可在确定其很可能收到的前提下，按其于收购日的折现值确认为一项"其他流动/非流动资产"。这样做主要考虑的是，对 B 公司自身的财务报表来说，因为截至购买日尚未开始实质性的搬迁工作，该项补偿款在 B 公司的自身财务报表中尚不能确认为一项资产。但是，A 公司在与 B 公司股东谈判此次股权转让交易的合同条款时，应当已经充分考虑了 B 公司此前与政府已达成的搬迁补偿协议对交易作价的影响，即依据该搬迁补偿协议收取补偿款的权利本身是具有价值的，且其公允价值能够可靠计量（即未来应收金额的现值），故应按照未来应收补偿款的现时公允价值确认为一项资产。

（3）对于后续尚待发生的停工损失和搬迁过程中的费用性支出（资产处置损失除外，因为在第一点中确定拟处置资产的公允价值时已经排除该因素），A 公司应确认预计负债，作为对 B 公司收购日净资产的减项，后续发生此类损失和费用性支出时冲减该预计负债。

按照上述原则重新调整和确认 B 公司于收购日的可辨认净资产公允价值，该公允价值乘以股权收购比例的乘积，与股权收购价款之间的差额，为隐含于股权收购成本中的商誉或负商誉。如果为正商誉的，不调整长期股权投资成本；如果为负商誉的，确认为当期营业外收入。

另外，在 B 公司自身的账务处理中，可能会将部分补偿款确认为递延收益，在后续发生相关费用性支出或者新购建的非流动资产计提折旧或摊销时摊销该递延收益，但从收购方的立场，调整后的 B 公司财务报表中不应存在递延收益。

五、案例小结

搬迁分为政策性搬迁与非政策性搬迁（商业拆迁）两种形式。

（1）政策性搬迁。依据《财政部关于印发企业会计准则解释第 3 号的通知》（财会〔2009〕8 号）的规定，企业因城镇整体规划、库区建设、棚户区改造、沉陷区治理等公共利益进行搬迁，收到政府从财政预算直接拨付的搬迁补偿款，应作为专项应付款处理。其中，属于对企业在搬迁和重建过程中发生的固定资产和无形资产损失、有关费用性支出、停工损失及搬迁后拟新建资产进行补偿的，应自专项应付款转入递延收益，并按照《企业会计准则第 16 号——政府补助》（2017 年修订）进行会计处理。企业取得的搬迁补偿款扣除转入递延收益的金额后有结余的，应当作为资本公积处理。《企业会计准则第 16 号——政府补助》（2017 年修订）规定，企业可以根据情况选择适用总额法或净额法对政府补助进行会计处理。总额法是在确认政府补助时，不冲减相关资产或成本、费用、损失的账面金额，而是全额确认为收益；净额法，则与总额法相反，是全部用于冲减相关资产和成本、费用、损失的账面金额，而不是确认为收益。与企业日常活动相关的政府补助，应当按照经济业务实质，计入其他收益或冲减相关成本费用。与企业日常活动无关的政府补助应当计入营业外收支。

（2）非政策性搬迁。非政策性搬迁，通常是指非政府主导下的商业化搬迁，因此其会计处理不能适用《财政部关于印发企业会计准则解释第 3 号的通知》（财会〔2009〕8 号），而应适用《企业会计准则第 7 号——非货币性资产交换》（2019 年修订）、《企业会计准则第 4 号——固定资产》、《企业会计准则第 6 号——无形资产》等。商业拆迁完全是一种商业行为，就是按照市场公允价值销售不动产或不动产发生非货币性资产交换的行为。因此，对于商业拆迁的不动产，应按照固定资产（含土地使用权）处置，收到拆迁款就是销售款或非货币性资产交换的补价。

第十节　私募股权投资基金对外投资的会计处理

一、案例背景

案例 9-10　A 公司是一家从事私募股权投资基金（PE）业务的有限合伙企业，2020 年度对外投资了 3 家公司，主要信息见表 9-4。虽然 A 公司对持有股权比例 10% 或 20% 以上的被投资单位已派驻董事，但仅是形式上参加董事会会议，未实际影响或改变董事会表决结果。

表 9-4　2020 年 A 公司对外投资公司信息

单位：万元

投资项目	企业性质	投资额	持股比例	派驻董事情况
A1 公司	新三板挂牌公司	1 000	9.35%	未来可能派驻董事
A2 公司	新三板挂牌公司	3 500	20.25%	即将派驻董事
A3 公司	有限责任公司	2 000	15.30%	7 人董事会中已派驻 1 人
合计		6 500		

问题：A 公司对这些投资应该如何进行会计处理？

二、准则链接

1.《企业会计准则第 2 号——长期股权投资》（2014 年修订）第三条、第九条

第三条　下列各项适用其他相关会计准则：

（一）外币长期股权投资的折算，适用《企业会计准则第 19 号——外币折算》。

（二）风险投资机构、共同基金以及类似主体持有的、在初始确认时按照《企业会计准则第 22 号——金融工具确认和计量》的规定以公允价值计量且其变动计入当期损益的金融资产，投资性主体对不纳入合并财务报表的子公司的权益性投资，以及本准则未予规范的其他权益性投资，适用《企业会计准则第 22 号——金融工具确认和计量》。

第九章 长期股权投资准则

第九条 投资方对联营企业和合营企业的长期股权投资,应当按照本准则第十条至第十三条规定,采用权益法核算。

投资方对联营企业的权益性投资,其中一部分通过风险投资机构、共同基金、信托公司或包括投连险基金在内的类似主体间接持有的,无论以上主体是否对这部分投资具有重大影响,投资方都可以按照《企业会计准则第22号——金融工具确认和计量》的有关规定,对间接持有的该部分投资选择以公允价值计量且其变动计入损益,并对其余部分采用权益法核算。

2.《企业会计准则第22号——金融工具确认和计量》(2017年修订)第四十四条

第四十四条 企业对权益工具的投资和与此类投资相联系的合同应当以公允价值计量。但在有限情况下,如果用以确定公允价值的近期信息不足,或者公允价值的可能估计金额分布范围很广,而成本代表了该范围内对公允价值的最佳估计的,该成本可代表其在该分布范围内对公允价值的恰当估计。

企业应当利用初始确认日后可获得的关于被投资方业绩和经营的所有信息,判断成本能否代表公允价值。……

三、疑点、难点分析

首先,本案例需要合理判断A公司是否是"投资性主体"或"风险投资机构、共同基金以及类似主体"。如果是,则在其自身的财务报表中,其持有的所有财务性对外投资均应作为金融资产核算,而不是作为长期股权投资核算,不论其对被投资企业是否具有控制、共同控制或重大影响。

其次,如果A公司不构成投资性主体,且对被投资企业不具有控制、共同控制或重大影响,则其持有的所有财务性对外投资只能作为金融资产核算;如果对被投资企业具有控制、共同控制或重大影响,可以选择在初始确认时将其指定为以公允价值计量且其变动计入当期损益的金融资产或者分类为交易性金融资产(需每期末估值),也可以将其按照长期股权投资准则进行核算。

四、案例分析

《企业会计准则第33号——合并财务报表》(2014年修订)对"投资性主体"的规定和《企业会计准则第2号——长期股权投资》(2014年修订)

中对"风险投资机构、共同基金以及类似主体"的规定存在冲突，主要表现为前者要求投资性主体对外财务性投资均作为以公允价值计量且其变动计入当期损益的金融资产，而后者允许选择会计政策。对A公司而言，选择以下几种做法均可接受，但一旦选择其中一种，就构成企业的一项会计政策，应当一贯地运用于所有同类或类似交易，不得随意变更。

（1）对不具有控制、共同控制或重大影响的权益性投资作为金融资产核算，对具有控制、共同控制或重大影响的权益性投资作为长期股权投资核算。

（2）将所有财务性投资，不论是否对被投资企业具有重大影响，均指定为以公允价值计量且其变动计入当期损益的金融资产，按照公允价值进行后续计量。A公司的主要目的是获得资产增值和投资收益，公允价值计量应是其主要的计量属性，因此在被投资单位股份没有活跃市场报价的情况下，也应尽可能采用估值的方法确定其公允价值。

如果采用上述第一种做法，则关键在于判断A公司对3家被投资单位是否具有重大影响。《〈企业会计准则第2号——长期股权投资〉应用指南》（2014年修订）规定："投资方直接或通过子公司间接持有被投资方20%以上但低于50%的表决权时，一般认为对被投资单位具有重大影响，除非有明确的证据表明该种情况下不能参与被投资单位的生产经营决策，不形成重大影响。"本案例中，A公司对被投资单位A1的持股比例为9.35%，没有派出董事，在没有其他特殊事项的情况下，A公司对其应不存在控制、共同控制和重大影响；对于A2公司的持股比例为20.25%，尚未派出董事；对A3公司的持股比例为15.30%，派出1名董事，占其董事会席位比例为1/7。如果A公司的投资为纯财务性投资（其目的仅限于获取股利收益和资本增值收益），并未实际参与被投资单位经营决策，即确实没有影响被投资公司的重大生产经营决策，未来也不准备施加重大影响，很可能A公司对A2和A3公司都不具有重大影响。

五、案例小结

私募股权投资基金的对外投资大多为权益工具投资。根据权益类投资对投资标的的影响程度不同，会计处理适用不同的会计准则，见表9-5。但对于控制、共同控制及重大影响的判断，除了持股比例，还应结合其他如董事会席位等结构化安排。

第九章　长期股权投资准则

表 9-5　准则适用情况

分类	适用准则	具体
控制（持股 50% 以上）	《企业会计准则第 2 号——长期股权投资准则》第二条	长期股权投资——成本法
共同控制、重大影响（持股 20%～50%）	《企业会计准则第 2 号——长期股权投资准则》第二条	长期股权投资——权益法
其他	《企业会计准则第 2 号——长期股权投资准则》第三条（二）、《企业会计准则第 22 号——金融工具确认和计量》	以公允价值计量且其变动计入当期损益的金融资产、以公允价值计量且其变动计入其他综合收益的非交易性权益工具投资

一般而言，多数私募股权投资基金的对外投资难以对被投资单位实现控制、共同控制或重大影响，因此适用金融工具准则进行核算。具体而言，若该项交易出于战略考虑，无交易计划，则可指定为以公允价值计量且其变动计入其他综合收益的非交易性权益工具投资；多数对外投资最终分类为以公允价值计量且其变动计入当期损益的金融资产。这两类金融资产的会计处理要点见表 9-6。

表 9-6　金融资产会计处理要点

分类	会计科目	报表项目	持有中	处置时
以公允价值计量且其变动计入当期损益的金融资产	交易性金融资产	一年以内：交易性金融资产 一年以上：其他非流动金融资产	公允价值变动：公允价值变动损益 股息等：投资收益	投资收益
以公允价值计量且其变动计入其他综合收益的非交易性权益工具投资（该指定一经作出，不得撤销）	其他权益工具投资	其他权益工具投资	公允价值变动：其他综合收益 股息等：投资收益	其他综合收益及处置价差均计入留存收益

第十一节 同一控制下以名义价格转让净资产为负公司的会计处理

一、案例背景

案例9-11 A公司拟以1元的价格整体转让其持有100%股权的B公司,转让基准日为2020年9月30日。受让方系A公司控股股东(某自然人)控制的C公司。B公司系A公司在以前年度投资设立的。自设立以来,A公司一直持有其100%股权。B公司2019年12月31日的评估价值接近其期末净资产。B公司相关经营数据见表9-7。A公司、B公司和C公司都为有限责任公司。

表9-7 B公司经营状况

单位:万元

项目	金额
2020年1—9月净利润	-5 100
2019年末净资产	-4 400
实收资本	10 000
2020年9月30日往来欠款(应付A公司)	115 000

问题:A公司对此次股权转让应该如何进行会计处理?

二、准则链接

1.《关于切实做好2010年年报编制、披露和审计工作有关事项的公告》

《关于切实做好2010年年报编制、披露和审计工作有关事项的公告》(中国证券监督管理委员会公告〔2010〕37号)规定,公司应区分股东的出资行为与基于正常商业目的进行的市场化交易的界限。对于来自控股股东、控股股东控制的其他关联方等向公司进行直接或间接的捐赠行为(包括直接或间接捐赠现金或实物资产、直接豁免、代为清偿债务等),交易的经济实质表明是基于上市公司与捐赠人之间的特定关系,控股股东、控股股东控制的其他关联方

第九章　长期股权投资准则

等向上市公司资本投入性质的，公司应当将该交易作为权益性交易。

2.《企业会计准则第33号——合并财务报表》（2014年修订）第五十条

第五十条　企业因处置部分股权投资等原因丧失了对被投资方的控制权的，在编制合并财务报表时，对于剩余股权，应当按照其在丧失控制权日的公允价值进行重新计量。处置股权取得的对价与剩余股权公允价值之和，减去按原持股比例计算应享有原有子公司自购买日或合并日开始持续计算的净资产的份额之间的差额，计入丧失控制权当期的投资收益，同时冲减商誉。与原有子公司股权投资相关的其他综合收益等，应当在丧失控制权时转为当期投资收益。

3.《企业会计准则第22号——金融工具确认和计量》（2017年修订）第三十三条

第三十三条　……（参见第二章第十二节）

三、疑点、难点分析

本案例中的股权转让具有一定特殊性，有几个关键问题需要事先进行判断：一是A公司与C公司属于同一控制下的关联方，它们之间的股权转让是否是公允的？上市公司的控股股东、控股股东控制的其他关联方、上市公司的实质控制人等与上市公司之间发生的交易，如果交易价格显失公允，则上市公司对于取得的超过公允价值部分的经济利益流入从经济实质上判断很可能属于资本投入性质，此时上市公司取得的这部分超过公允价值的经济利益流入应计入所有者权益（资本公积）。二是A公司股权转让的损益如何确定？主要涉及股权转让对价的确定、债权公允价值的处理以及A公司个别财务报表和合并财务报表的会计处理问题。

四、案例分析

（一）股权转让公允性的判断

从案例9-11提供的信息分析，B公司净资产为负很大程度上可能是由B公司对A公司的往来欠款导致的。虽然形式上子公司是有限责任公司，通常情况下母公司无须对该子公司无力对外偿还的负债承担额外责任，但本案例中子公司无力偿还的债务,其债权人即母公司自身,因此母公司仍需在相当程度上承担子公司资不抵债的相关损失。

在本案例中,1元交易作价公允与否,主要考虑的因素是受让方或者其他关联方是否对A公司应收债权的可收回性提供额外担保。如果不提供额外担保,鉴于B公司是有限责任公司,受让方无须对其无力偿还的债务承担保证责任,因此按1元转让不能说不公允(实务中,在非关联第三方之间转让资不抵债的公司股权时,如果不涉及担保责任问题,则按名义价格1元转让也是相当常见的定价方式)。但如果受让方或者其他关联方针对A公司的该笔应收债权提供了担保,导致其可收回金额高于无担保情况下,则由此导致的可收回金额增加,应视作关联方的资本性投入,在A公司的个别报表和合并报表层面应依据权益性交易原则计入资本公积处理。

(二)股权处置损益的计算

本案例中股权转让事项的处理,需要区分A公司的个别报表和合并报表层面分别讨论。为简化起见,下述讨论中均不考虑受让方或者其他关联方可能为应收债权提供担保的情形(即不涉及权益性交易因素,假设交易是公允的)。

1.A公司个别报表层面

A公司的个别报表层面,原先对B公司有长期股权投资10 000万元和应收债权115 000万元,在不考虑计提长期股权投资减值准备和坏账准备的情况下,按1元名义价格转让股权,将导致个别报表层面确认长期股权投资处置损失10 000万元(取近似值,下同)。该应收债权的可收回性在股权转让前后未发生实质性变化(假设估计可收回金额为100 000万元,下同),故该项应收债权的账面价值在股权转让前后保持不变。

按照上述方法,在个别报表层面,就该B公司的股权、债权投资事项,累计确认亏损11 500万元[(10 000 − 0)+(115 000 − 100 000)]。

目前严重亏损、资不抵债的状况是该子公司成立以来长期累积的结果,因此在个别报表层面,当以前年度子公司发生亏损导致净资产减少时,应把该情况看作一个减值迹象,在以前各年度末对该项长期股权投资进行减值测试,并对应收债权计提坏账准备,即相关的损益影响很可能应当分散到以前的各相关年度中。如果把前述的股权转让损失和坏账损失均确认在2020年度,很可能是不恰当的。

2.A公司合并报表层面

在合并报表层面,A公司处置子公司股权并丧失对其控制权,原先在编制合并报表时予以抵销的内部债权债务关系随着丧失对子公司的控制权而变成了合并集团对外的一项应收债权,从合并报表主体角度来看就是一项应收债权的初始确认，而对金融工具的初始计量应采用其公允价值，就本案例中的应收债权而言为预计的可收回金额。假如，对于应收债权，根据B公司截至处置日的财务状况判断，预计可收回100 000万元，则A公司在合并报表层面应确认一项对B公司的应收债权100 000万元（该金额应与A公司个别报表层面该项应收债权扣除坏账准备后的账面价值一致）。

本案例中A公司处置股权所获得的对价为：名义价款1元+该项应收债权的公允价值。子公司B对A公司的应付款项在编制合并报表时已经抵销，即该负债在合并报表层面的账面价值为0，所以B公司的净资产在A公司合并报表层面的账面价值为110 600万元（−4 400+115 000）。

故合并报表层面，应确认的处置损益=名义价款1元+该项应收债权的公允价值（假设为100 000万元）−原子公司净资产账面价值110 600万元=−10 599万元（净损失）。扣除将B公司2020年1—9月利润表纳入合并范围导致增加的亏损额5 100万元后，该交易导致合并报表层面本期利润净减少15 699万元。连同合并报表层面在以前年度已经确认的该子公司累计亏损额99 301万元，在合并报表层面就该项股权、债权投资累计确认的亏损额也是115 000万元，与个别报表层面累计确认的亏损额一致。

五、案例小结

通过以上案例分析，对于关联企业之间以名义价格转让净资产为负公司股权交易的会计处理，我们可以从以下几个方面着手。

1. 母公司个别报表层面

将处置价款与原长期股权投资账面价值之间的差额确认为投资收益。

2. 合并报表层面

理论上可能因为前期已确认的超额亏损的转回而确认较大的投资收益。实务中常见因处置资不抵债的子公司（即使是以零对价处置）确认大额处置收益的情况，这些处置收益基本是由前期确认在该子公司的超额亏损中的份额在处置当期的转回导致的。此类大额收益的确认常常伴随较高的舞弊风险。遇到此类情况，对于确认大额处置收益的合理性，除了常规关注事项（例如其是否属于关联交易、是否存在关联交易非关联化的安排、转让价格的公允性有无资产评估报告作为支持、处置收益的确认时点是否恰当等问题），还应重点关注以下问题。

（1）此类处置超额亏损子公司的交易有无合理的商业理由，是否符合通常的商业逻辑。例如，站在收购方角度，其收购一家资不抵债的企业（而且在可预见的未来很可能还将承担其后续亏损）是出于何种目的，对其自身可带来何种利益;站在转让方(本企业)角度,处置该子公司对本企业正常经营活动是否可能产生重大不利影响,是否可能导致本企业业务模式的重大变化。此外,受让方取得子公司股权的名义价格很低(例如0元或1元),因此我们需要关注受让方是否在该子公司中具有足够大的经济利益,从而使其具备主导该子公司相关活动决策的足够动机。

(2)在处置超额亏损子公司之前,本公司作为其原控股股东,是否事实上承担了超出《公司法》所规定的"股东对公司以认缴出资额为限承担有限责任"的额外责任,包括但不限于:为该子公司从外部获得融资提供担保,或者直接提供资金支持;承担子公司人员安置、三类人员费用、"企业办社会"事项的兜底责任;等等。如果此前承担了这些额外的责任,则在处置子公司之后,这些额外责任是否一并转移给受让方?如是,则为了使受让方同意承接这些额外责任,需向受让方支付何种对价?即,这些额外责任转移的影响是否已恰当体现在股权转让价格中?反之,如果原承担的额外责任并未转移给受让方,而是继续由本企业承担,则在判断本企业是否已丧失对该子公司的控制权时需非常谨慎。如果确信本企业确实已经丧失对该子公司的控制权,则应在个别报表和合并报表层面就继续承担的额外责任确认预计负债,相应减少处置损益金额。

(3)此前由于向该子公司直接提供资金支持等原因形成的对该子公司的应收款项的可收回性,及其在合并报表层面的计量问题(如前面案例讨论所述)对处置收益计算的影响。在实务中,很多母公司在其个别报表中对于应收子公司的款项常少提或不提坏账准备,导致在其个别报表层面该等债权的账面价值与实际可收回金额差异很大,该问题最终在丧失对该子公司控制权时暴露出来。此时除了合并报表层面的计量,还应考虑是否有必要在个别报表层面进行前期差错更正。如果以资产评估报告来佐证转让价格的公允性,需要关注是否存在滥用资产基础法,导致虚增亏损子公司净资产评估值的情况等。

第十二节 资本公积存在借方余额下的长期股权投资减值确认问题

一、案例背景

案例 9-12 A公司对境外联营企业B公司的股权投资于2019年12月

31 日的账面价值为 5 亿元。2020 年，B 公司增发股份，A 公司未参与认购，导致 A 公司对 B 公司的持股比例由 2016 年年底的 25% 下降到 18%，对其仍具有重大影响，仍按照权益法核算。但由于被动稀释股份，A 公司应享有的 B 公司的净资产份额减少了 1.2 亿元，同时计入资本公积－1.2 亿元。2020 年，由于 B 公司所在国当地政府对于 B 公司所在行业出台了新的税收政策，同时由于 B 公司自身的经营状况等因素影响，A 公司判断其对 B 公司的投资可能存在减值迹象。

问题：A 公司应如何计提长期股权投资的减值准备？

二、准则链接

《企业会计准则第 2 号——长期股权投资》（2014 年修订）第十一条规定如下。

第十一条 ……（参见本章第七节）

第十八条 投资方应当关注长期股权投资的账面价值是否大于享有被投资单位所有者权益账面价值的份额等类似情况。出现类似情况时，投资方应当按照《企业会计准则第 8 号——资产减值》对长期股权投资进行减值测试，可收回金额低于长期股权投资账面价值的，应当计提减值准备。

三、疑点、难点分析

本案例计提长期股权投资的减值准备的特殊之处在于被投资方增发，投资方未认购，导致投资方在被投资企业增发后的净资产中所占份额减少，投资方在被投资方净资产中所享有份额的减少额记入"资本公积——其他资本公积"科目的借方。但在作出这一处理后，B 公司主要经营地政策环境发生不利变化，以及其自身经营状况不佳，均表明该项股权投资可能存在减值迹象。这种情况下，应关注此时的减值是否为永久性的，并区分情况处理。

（1）如果期末减值测试中测算的该项长期股权投资可收回金额低于期末长期股权投资账面价值（已因本次增发原因而减少 1.2 亿元），则表明上述减值是永久性的，即日后实际处置股权投资时，目前计入资本公积的－1.2 亿元将成为一项事实损失，无法通过被投资方日后的盈利来转回该项损失。此时，应当将可收回金额低于长期股权投资账面价值的差额计提减值准备并确认为当期减值损失的同时，将被投资方增发股份时本企业确认的"资本公积——其他资本公积"科目（负数金额）一并转入"资产减值损失"科目。

（2）如果期末减值测试中测算的该项长期股权投资可收回金额大于期末长期股权投资账面价值（已因本次增发原因而减少 1.2 亿元），则表明在确认在被投资方净资产中所享有份额的减少额并调整资本公积后，其可收回金额并未进一步减少，上述资本公积负数金额存在部分转回的可能性。相应地，可将可收回金额超出期末长期股权投资账面价值的差额所对应的这部分资本公积（负数）保留在资本公积中，但超出部分的资本公积应转入当期损益（投资收益——其他投资收益）。

四、案例分析

本案例中 2019 年 12 月 31 日的长期股权投资账面价值为 5 亿元，2020 年 B 公司增发后减少 1.2 亿元，假设不考虑其他变动因素，则变为 3.8 亿元。假如在减值测试中确定该股权投资的可收回金额为 3 亿元，则应进一步确认资产减值准备 0.8 亿元（3.8－3），并确认资产减值损失 2 亿元（1.2＋0.8），相应的会计分录如下。

借：资产减值损失　　　　　　　　　　　　　200 000 000
　　贷：长期股权投资减值准备　　　　　　　　　80 000 000
　　　　资本公积——其他资本公积　　　　　　120 000 000

假如期末减值测试后的可收回金额为 4 亿元，则应将上述资本公积中的－0.2 亿元（4－3.8）保留在"资本公积——其他资本公积"中，剩余的 1 亿元（1.2－0.2）转入"投资收益——其他投资收益"：

借：投资收益——其他投资收益　　　　　　　1000 000 000
　　贷：资本公积——其他资本公积　　　　　　100 000 000

注：因为可收回金额 4 亿元大于调整后的长期股权投资账面价值 3.8 亿元，即无须进一步计提减值准备，故不使用"资产减值损失"科目，而是视同一项投资处置损失，记入"投资收益——其他投资收益"科目。

后续每年年末，应关注该项长期股权投资的可收回金额变化情况。如果可收回金额在此基础上进一步下降，则应按照可收回金额进一步下降并低于长期股权投资账面价值的差额计提或补提减值准备，此前如留存部分负数资本公积的，应按照此次计提或补提的减值准备金额将相应的负数资本公积转入利润表中的资产减值损失，但以将"资本公积——其他资本公积"负数全部消除为限。如果可收回金额回升的，则鉴于此类资产减值损失"一经确认，在以后会计期间不得转回"的考虑，不应将前期转入资产减值损失的资本公积负数金额予以转回。

五、案例小结

被投资企业增发导致投资方所占净资产份额减少,此时,投资方计提减值准备,需要分情况讨论,并形成对资本公积借方金额的不同处理结果。

(1)如果期末减值测试中测算的该项长期股权投资已发生减值(可收回金额低于期末账面价值),则说明减值是永久性的,被投资方增发股份计入资本公积借方金额已成为一项不可逆的事实损失,无法再转回。这种情况下,应将可收回金额低于期末账面价值的差额确认为长期股权投资减值准备,并将被投资方增发股份时本企业确认的"资本公积——其他资本公积"(借方金额)一并转入"资产减值损失"科目。

(2)如果期末减值测试中测算的该项长期股权投资未发生减值(可收回金额大于期末账面价值),则表明被投资方增发股份记入"资本公积"科目的借方金额存在部分转回的可能性。此时,应将可收回金额大于期末账面价值的差额所对应的这部分资本公积(借方金额)保留在资本公积中,超出部分的资本公积转入当期损益(投资收益——其他投资收益)。

第十三节 长期股权投资股权被动稀释的会计处理

一、案例背景

案例 9-13 B公司是A公司的全资子公司(A公司占有100%股权),纳入A公司合并财务报表范围。2019年6月30日,B公司拟通过吸收外部投资者的形式增资扩股(A公司不再投资)。B公司通过增资扩股后,A公司拥有B公司的股权比例将发生变化。2019年6月30日,B公司净资产的账面价值为3 000万元(其中实收资本2 000万元,未分配利润1 000万元),评估价值为3 500万元;A公司对B公司的初始投资成本为2 000万元。2019年7月1日,外部投资者C公司对B公司出资4 000万元。增资扩股后B公司的账面净资产为7 000万元,其中实收资本5 000万元,资本公积1 000万元,未分配利润1 000万元。假设股权比例变更为75%时表示A公司对B公司具有控制;40%时表示A公司对B公司具有重大影响,但不具有控制;10%时表示A公司对B公司无控制、无共同控制、无重大影响等三种情形,这三种情形互相独立。

问题：股权比例变更为75%、40%和10%时，A公司应如何进行相关会计处理？

二、准则链接

1.《企业会计准则第2号——长期股权投资》（2014年修订）第二条、第三条、第七条、第八条、第九条第一款、第十条、第十一条和第十五条

第二条 本准则所称长期股权投资，是指投资方对被投资单位实施控制、重大影响的权益性投资，以及对其合营企业的权益性投资。

在确定能否对被投资单位实施控制时，投资方应当按照《企业会计准则第33号——合并财务报表》的有关规定进行判断。投资方能够对被投资单位实施控制的，被投资单位为其子公司。投资方属于《企业会计准则第33号——合并财务报表》规定的投资性主体且子公司不纳入合并财务报表的情况除外。

重大影响，是指投资方对被投资单位的财务和经营政策有参与决策的权力，但并不能够控制或者与其他方一起共同控制这些政策的制定。在确定能否对被投资单位施加重大影响时，应当考虑投资方和其他方持有的被投资单位当期可转换公司债券、当期可执行认股权证等潜在表决权因素。投资方能够对被投资单位施加重大影响的，被投资单位为其联营企业。

在确定被投资单位是否为合营企业时，应当按照《企业会计准则第40号——合营安排》的有关规定进行判断。

第三条　……（参见本章第十节）

第七条　……（参见本章第五节）

第八条　……（参见本章第五节）

第九条第一款　……（参见本章第十节）

第十条　……（参见本章第七节）

第十一条　……（参见本章第七节）

第十五条　……（参见本章第七节）

2.《企业会计准则第22号——金融工具确认和计量》（2017年修订）第三十三条

第三十三条　……（参见第二章第十二节）

三、疑点、难点分析

案例9-13中3种股权比例变更代表了3种A公司对B公司股权影响模式。

（1）75%表示具有控制，说明A公司对B公司仍采用成本法进行核算，且A公司没有增资，所以，在A公司个别财务报表层面不需要进行会计处理，在合并财务报表层面需要对权益份额进行调整。

（2）40%表示具有重大影响但不具有控制，A公司个别报表层面对该被投资企业的长期股权投资需调整为权益法核算，并对该剩余股权视同自取得时即采用权益法核算进行调整。在合并财务报表层面，A公司丧失了对B公司的控制权，对于剩余股权，应当按照其在丧失控制权日的公允价值进行重新计量。处置股权取得的对价与剩余股权公允价值之和，减去按原持股比例计算应享有原有子公司自购买日或合并日开始持续计算的净资产的份额之间的差额，计入丧失控制权当期的投资收益，同时冲减商誉。与原有子公司股权投资相关的其他综合收益等，应当在丧失控制权时采用与原子公司直接处置相关资产或负债相同的基础进行处理，即对于剩余40%股权应按照控制权丧失日的公允价值（通常根据新股东的增资价款按比例推算）作为合并报表层面的处置后成本，作为长期股权投资以权益法核算。

（3）10%表示无控制、无共同控制以及无重大影响，此时，该长期股权投资在A公司个别财务报表中通常情况下作为金融资产核算。由于在A公司个别报表层面已将剩余股权转入金融资产核算，并以丧失控制权之日的公允价值作为该金融资产的初始成本，合并报表层面对该金融资产的确认和计量原则与个别报表层面一致，无须再进行特别调整。

四、案例分析

（一）A公司个别报表层面的会计处理

（1）在持股比例变为75%的情况下，A公司个别报表层面对该被投资企业的长期股权投资仍采用成本法核算。A公司不参与增资，其投资成本保持不变，故个别报表层面无须作账务处理。

（2）在持股比例变为40%的情况下，A公司个别报表层面对该被投资企业的长期股权投资需调整为权益法核算。处置后的剩余股权能够对被投资单位实施共同控制或施加重大影响的，应当改按权益法核算，并对该剩余股权视同自取得时即采用权益法核算进行调整。本案例中系通过引入外部股东单方面增资的"被动稀释"方式丧失控制权,并未从法律形式上直接转让股权,因此可以把整个交易过程分解为以下两个步骤,依次进行处理:①由 A 公司对 B 公司增资,增资额等于引入外部股东的增资额,该步骤完成后 B 公司仍然是 A 公司的全资子公司;②由 A 公司将前一步骤中新增的实收资本转让给引入的新股东,转让价格等于引入外部股东的增资额,保留 40% 的股权。故应确认的处置损益=外部股东增资额—增资日 B 公司的增资后净资产×60%。经过上述处理后,A 公司对剩余的 40% 股权应当改按权益法核算,并对该剩余股权视同自取得时即采用权益法核算进行调整。

第一步,假设 A 公司自身先对 B 公司增资 4 000 万元,增资后对 B 公司的投资成本变为 6 000 万元。第二步,将该 6 000 万元长期股权投资的 60%(对应的成本为 6 000×60% = 3 600 万元)以 4 000 万元的价格出售给 C 公司,确认投资收益 400 万元(4 000 − 3 600),相应的,剩余长期股权投资的账面价值(新的投资成本)为 2 400 万元,该 40% 剩余股权在增资扩股后 B 公司的账面净资产(7 000 万元)中所享有的份额为 2 800 万元,与投资成本 2 400 万元之间的差额 400 万元恰好为 B 公司账面累积未分配利润 1 000 万元的 40%,需通过对剩余 40% 股权进行权益法核算的方式予以确认。具体会计处理如下所示。

借:长期股权投资(权益法)——B 公司
　　　　　　　　　　　　(投资成本)　　24 000 000
　　贷:长期股权投资(成本法)——B 公司　　20 000 000
　　　　投资收益　　　　　　　　　　　　　4 000 000
借:长期股权投资(权益法)——B 公司
　　　　　　　　　　　　(损益调整)　　4 000 000
　　贷:利润分配——未分配利润　　　　　4 000 000

(3)在持股比例变为 10% 的情况下,A 公司个别报表层面对无控制、无共同控制以及无重大影响的长期股权投资通常情况下作为金融资产核算,并按照其公允价值进行计量。在 A 公司丧失对 B 公司的控制权,将剩余的 10% 股权投资转为金融资产核算时,该金融资产应按丧失控制权之日的公允价值进行初始计量,该公允价值与原持有的对 B 公司 100% 长期股权投资(成本法核算)的账面价值之间的差额确认为丧失控制权的当期投资收益。A 公司可以将该 10% 股权作为非交易性股权投资指定为以公允价值计量且其变动计入其他综合收益的金融资产,也可以不指定作为以公允价值计量且其变动计入当期损益的金融资产。其后续计量应采用公允价值,但如果属于用以确定公允价值的近期信息不足，或者公允价值的可能估计金额分布范围很广，而成本代表了该范围内对公允价值的最佳估计的"有限情况"，则该成本可代表其在该分布范围内对公允价值的恰当估计。

（二）A 公司合并报表层面的处理

（1）持股比例变为 75% 的情况，属于在不丧失控制权的前提下部分处置子公司股权。在合并报表层面调整权益（通常为资本公积）的金额＝外部股东增资额－增资日 B 公司的增资后净资产 ×（1－75%）。

（2）在持股比例变为 40% 的情况下，A 公司丧失了对 B 公司的控制权。2019 年 6 月 1 日，A 公司在合并报表层面应确认的丧失控制权收益计算如下：处置股权取得的对价＋剩余 40% 股权的公允价值－丧失控制权之日 B 公司账面净资产 × 原持股比例＝0＋3 500－3 000×100%＝500（万元）。在 A 公司合并报表层面，后续对 B 公司的 40% 股权投资采用权益法核算的成本基础为该 40% 剩余股权于丧失控制权之日的公允价值 3 500 万元，而不同于个别报表层面的 2 400 万元。相应地，在丧失对 B 公司控制权但保留重大影响的情况下，后续 A 公司虽然在个别报表和合并报表层面对 B 公司的 40% 股权投资均采用权益法核算，但在不同报表层面，权益法核算的基础和长期股权投资、投资收益、其他综合收益等的计量金额均可能存在差异。

（3）在持股比例变为 10% 的情况下，A 公司在个别报表层面已将剩余 40% 股权转入金融资产核算，并以丧失控制权之日的公允价值作为该金融资产的初始成本，在编制合并报表时无须作进一步的调整处理。

五、案例小结

股权被稀释前，投资方对被投资单位有重大影响，采用权益法核算。当被投资单位增资，原股东因未参与增资或未同比例增资导致其投资比例被稀释，应当按照被投资单位增资后投资方是否对被投资单位仍具有重大影响，分不同情况进行核算。

（一）被稀释后仍具有控制关系

投资方对被投资单位能施加控制，采用成本法核算。当被投资单位增资，原股东因未参与增资或未同比例增资，导致持股比例被稀释但仍能控制被投资单位的事项，在这种情形下，会计处理较为简单。在个别会计报表中，长期股权投资仍然采用成本法,且原账面价值不需要调整。在合并会计报表中,仍需要对子公司进行合并。

(二)被稀释后不再具有控制关系,但仍能施加重大影响

投资方对被投资单位能施加控制,采用成本法核算。当被投资单位增资,原股东因未参与增资或未同比例增资导致持股比例被稀释,投资方失去控制权,但对被投资单位有重大影响的,应当在单独会计报表和合并会计报表中采取不同程序进行处理。

在个别会计报表中,按照新的持股比例结算投资方应享有的被投资单位因增资扩股而增加的净资产份额;结转持股比例下降部分对应的长期股权投资账面价值;上述两项之间的差额计入当期损益;按照新的持股比例,视同自取得投资时即采用权益法进行调整。在合并会计报表中,由于失去了控制权,被投资单位不再纳入合并范围。持股比例下降视同处置股权,其收益为稀释后持股比例计算的股权公允价值减去丧失控制权之日、按原持股比例投资方享有被投资单位净资产金额。

(三)被稀释后,既不能控制也无重大影响

因被投资单位增资,原来具有控制能力的投资方既失去控制关系又对被投资单位无重大影响,此种情形下长期股权投资由成本法变成金融资产计量和核算,实际上相当于对原长期股权投资进行了处置,并用处置收到的资金重新按公允价值买回部分原被投资单位股权。新旧投资之间的差额计入当期损益。

第十四节 联营企业发生同一控制下股权重组的会计处理

一、案例背景

案例9-14 D公司拟对其控制的A公司、B公司及C项目进行重组,由A公司吸收合并B公司,并将C项目注入A公司,重组前后各公司股权结构见表9-8。

第九章　长期股权投资准则

表 9-8　各公司评估权益价值及重组前后比例明细表

单位：万元

标的	2014年12月31日标的评估价值	重组前			重组后		
		股东	比例	各股东权益评估价值	股东	比例（%）	各股东权益评估价值
A 公司	69 245.94	D 公司	60.00%	41 547.56	D 公司	60.05%	84 556.87
		E 公司	20.00%	13 849.19	F 公司	20.28%	28 560.36
		G 公司	20.00%	13 849.19	E 公司	9.835%	13 849.19
					G 公司	9.835%	13 849.19
B 公司	63 467.47	D 公司	55.00%	34 907.11			
		F 公司	45.00%	28 560.36			
C 项目	8 102.19	D 公司	100.00%	8 102.19			
合计	140 815.60			140 815.60			140 815.60

　　E 公司为 F 公司的子公司。F 公司原账面"长期股权投资——B 公司"余额为 27 016.88 万元，评估增值后按新比例计算的权益为 28 560.36 万元，评估增值 1 543.48 万元。E 公司原账面"长期股权投资——A 公司"余额为 12 133.46 万元，评估增值后的价值为 13 849.19 万元，评估增值 1 715.73 万元。

　　F 公司、E 公司与 D 公司、G 公司无关联方关系。

　　问题：F 公司如何对该重组事项进行会计处理？

二、准则链接

1.《企业会计准则第 2 号——长期股权投资》（2014 年修订）第十一条

第十一条　……（参见本章第七节）

2.《企业会计准则第 22 号——金融工具确认和计量》（2017 年修订）第六条

第六条　……（参见第二章第七节）

三、疑点、难点分析

本案例首先需要确认重组完成后F公司对新A公司是否具有重大影响。如果是,则应对新A公司的长期股权投资采用权益法核算;否则,应按照金融工具会计准则的规定进行确认和计量。F公司和子公司E公司共同持股,重组完成后F公司和E公司在新A公司中合计持股30.115%,因此在无其他需考虑的特殊因素的情况下,基本可以确定F公司对重组后的新A公司仍有重大影响。

由于在此次重组前,F公司所持有的是B公司45%的股权,重组后改为持有新A公司20.28%的股权,相当于放弃了在原B公司净资产中的24.72%的权益,换取了在原A公司和C项目的净资产中的20.28%权益。该重组实质上是一项同一控制下的重组(重组各方在重组前后均在D公司的控制之下,F公司及其子公司为少数股东),但F公司在重组前后均保持重大影响,故其会计处理应遵循长期股权投资会计准则的相关规定进行会计处理。

四、案例分析

(一)F公司个别报表层面

(1)计算在重组后新A公司的净资产中所占有的份额。在计算时应注意:对于F公司原先不持有股权的A公司、C项目的权益按重组日公允价值计算,对F公司原持有股权并具有重大影响的B公司按原账面价值核算(即基本处理原则为增持权益的价值按重组日公允价值计算,减持权益的价值按原账面价值计算)。

在重组后新A公司的净资产中所占有的份额为27 864.69万元〔(69 245.94 + 8 102.19)× 20.28% + 27 016.88 × 20.28% ÷ 45%〕。

(2)原权益法下核算的对B公司45%长期股权投资的账面价值为27 016.88万元。

(3)应计入资本公积的金额为847.81万元(27 864.69 − 27 016.88)。

后续F公司个别报表层面对新A公司进行权益法核算时,对属于原A公司和C项目的资产,应按其以重组日公允价值为基础持续计算的金额计量;对属于原B公司的资产,应按原账面价值持续计量,即需注意进行"视角差异调整",以调整后的报表作为后续权益法核算的基础。

（二）F 公司合并报表层面

在 F 公司的合并报表层面，应将母子公司在重组前分别持有的对原 A 公司、B 公司的股权投资和重组后对新 A 公司的股权投资看作一个整体，即重组前持有原 A 公司 20% 股权和 B 公司 45% 股权，重组后持有新 A 公司 30.115% 股权。同时，合并集团原先在原 A 公司的持股比例为 20%，重组后在新 A 公司的持股比例为 30.115%，即对于原 A 公司原有的权益而言，站在合并报表层面，反而是增持权益。

在合并报表层面的处理结果如下。

（1）在重组后新 A 公司的净资产中所占有的份额。其中，对于 C 公司的权益和增持的原 A 公司的权益按重组日公允价值计算，对原 A 公司原有的权益、B 公司按原账面价值核算。按该原则计算的在重组后新 A 公司的净资产中所占有的份额如下。

在 C 公司净资产中所占的份额 = 8 102.19 × 30.115% = 2 440.14（万元）

在 B 公司净资产中所占的份额 = 27 016.88 × 30.115% ÷ 45%

$$= 18\ 081.55（万元）$$

在原 A 公司净资产中所占的份额 = 12 133.46 + 69 245.94 ×（30.115% − 20%）

$$= 19\ 139.13（万元）$$

以上三者合计为 9 660.82 万元。

（2）原权益法下核算的对 B 公司 45% 长期股权投资和对原 A 公司 20% 长期股权投资的账面价值为 39 150.34 万元（27 016.88 + 12 133.46）。

（3）应计入资本公积的金额 510.48 万元（39 660.82 − 39 150.34）。

注意：上述合并报表层面的处理结果不同于母子公司个别报表层面的处理结果的简单相加，因此需在合并报表层面进行进一步的调整，才能得到正确的合并报表层面应有处理结果。

五、案例小结

当联营企业发生同一控制下企业合并并调整其财务报表的比较信息时，投资方不应当调整财务报表的比较信息。联营企业发生同一控制下企业合并导致投资方股权被稀释（如联营企业以发行股份作为对价进行企业合并），且稀释后投资方仍采用权益法核算时，投资方应以持股比例变更日（即联营企业的合并日）为界分段进行会计处理：在联营企业的合并日，先按照联营企业重组前的净利润与原股权比例确认投资收益并调整长期股权投资账面价值，再以调整后的长期股权投资账面价值为基础，计算联营企业重组所导致的股权稀释的影响，并将该影响作为联营企业所有者权益的其他变动，计入资本公积（其他资本公积）；变更日之后按照联营企业重组后的净利润与新持股比例确认投资收益。

第十五节 公司通过持有项目公司股权间接获取收益的会计处理

一、案例背景

案例 9-15 A 公司主要从事土地资产管理业务。具体业务模式为由公司市场人员寻找开发程度低于 50% 的地块，A 公司购买该地块后，会针对该地块成立一家公司（有时拥有该地块的业主已经针对该地块成立了一家开发公司，则会继续沿用该开发公司的法人框架）（上述两种情况，A 公司称为项目公司）。A 公司取得项目公司全部或部分股权后，通过取得对项目公司的控制权或通过与项目公司签订的协议等，实现对该地块提供方案设计、项目管理等服务工作，一般不进行后期的开发工作，待方案完成后，将所持项目公司股权一并转让，获取收入。在持有项目公司股权期间，A 公司也可能会根据协议，从项目公司取得项目管理服务收入。在持有项目公司股权的过程中，A 公司可能会发生持有目的的变化，即持有股权的目的从出售改变为从项目公司的持续经营过程中获取利益分配（仅存在于持有少数股权情况）。在持有多数股权的情况下，存在完成方案设计并转让部分股权后，还持有少数股权的情况，A 公司可能会改变持有这部分股权的目的，即持有股权的目的从出售改变为从项目公司的持续经营过程中获取利益分配。A 公司在收购项目公司股权过程中，可能会因资金紧张，引进信托公司共同购买项目公司股权，A 公司对相关收益享有劣后受益权。A 公司也可不收购项目公司股权而仅提供方案设计、项目管理等服务，主要取决于 A 公司是否能够对土地提供方案设计、项目管理等服务。

问题：A 公司通过转让项目公司股权或者为项目公司提供服务获取收益时如何进行会计处理？

第九章 长期股权投资准则

二、准则链接

1.《企业会计准则第 2 号——长期股权投资》（2014 年修订）第十七条

第十七条 处置长期股权投资，其账面价值与实际取得价款之间的差额，应当计入当期损益。采用权益法核算的长期股权投资，在处置该项投资时，采用与被投资单位直接处置相关资产或负债相同的基础，按相应比例对原计入其他综合收益的部分进行会计处理。

2.《企业会计准则第 33 号——合并财务报表》（2014 年修订）第七条

第七条 ……（参见第二章第七节）

三、疑点、难点分析

根据案例 9-15 的背景资料分析，A 公司的业务模式可以理解为：取得一块土地（以项目公司股权为法律上的表现形式，下同）后，通过提供方案设计、项目管理等服务使该土地升值，然后通过出售土地实现相应的升值收益。其收益的来源应主要包括三部分：①该期间内该土地（裸地）的自然升值；②通过提供方案设计、项目管理等服务使土地的附加值提升；③项目管理服务等劳务性质的收入。A 公司需要分别对这三项业务的收益模式进行判断，进而确定适用的会计准则规定。

四、案例分析

（一）在个别报表层面

由于该业务模式以项目公司为载体，即 A 公司直接持有的是项目公司的股权，而并不直接拥有土地，在个别报表层面仍应体现为一项股权投资而不是存货。相应地，对所持股权投资的核算应适用长期股权投资会计准则的规定；基于所持股权而获取的股权处置收益（即上述①②）应确认为投资收益；基于所提供的管理服务，在公允的基础上向项目公司收取的服务费（即上述③），应根据 A 公司的准则适用情况按照收入会计准则的规定在履行履约义务时确认收入。

如果这部分劳务的公允价值能够可靠确定（例如，有单独提供此类劳务的情况时，根据单独提供劳务情况下应收取的价款金额作为该劳务的公允价值），则 A 公司应按照所提供劳务的公允价值，借记"长期股权投资——项目公司"，贷记"营业收入"；项目公司应根据接受劳务的公允价值，借记"开发成本"等相关科目，贷记"资本公积"。

如果这部分劳务的公允价值不能可靠确定，则 A 公司不确认相关的营业收入。如果针对此项劳务的提供 A 公司发生了可直接归属的成本，则可将此类成本借记"长期股权投资——项目公司"。

（二）在合并报表层面

A 公司应当首先评估其对于各项目公司是否拥有控制权。

（1）对于拥有控制权的项目公司，应纳入合并报表范围。在合并报表层面，基于"实质重于形式"的原则和对其业务模式的上述分析，可将项目公司所持有的土地在合并报表层面列报为存货，并把项目公司股权的处置价款确认为营业收入，以及把相应的项目公司净资产（主要为土地存货）结转营业成本。A 公司为项目公司提供方案设计、项目管理等服务所发生的成本，在实现收益（处置项目公司股权并导致丧失控制权）之前应当增加存货成本，A 公司向项目公司收取的劳务价款作为合并范围内的内部交易予以抵销。如果后续处置项目公司股权后仍保留部分少数股权并意图长期持有的，则将这部分少数股权确认为长期股权投资，并按照《企业会计准则第 2 号——长期股权投资》（2014 年修订）第十五条第二款和《企业会计准则第 33 号——合并财务报表》（2014 年修订）第五十条的相关规定进行后续计量。如果引入信托公司，A 公司持有劣后收益权的，则首先判断 A 公司能否对该信托实施控制；其次应当根据对信托条款的分析，确定所引入的信托资金是否实质上属于借款。如果实质上属于借款（例如，保障信托的优先级受益人的本金安全和取得固定收益，不受项目公司的经营业绩和土地公允价值变动的影响），则在合并报表层面将通过信托方式融入的资金确认为一项负债，同时将以信托名义持有的项目公司股权视同 A 公司所持有的股权纳入合并报表。

（2）对不具备控制的项目公司，对其股权投资在合并财务报表中仍列报为"长期股权投资"，如果对项目公司具有重大影响或者共同控制，在合并报表层面仍采用权益法核算。处置收益仍反映在"投资收益"项目中，但在"投资收益"项目的附注中可以增补相关明细资料的披露。此时，与前述对项目公司具有控制权时的情况类似，A 公司仍应采用适当的方式确定所提供的方案设计、项目管理等服务的公允价值，相应确认提供这些劳务的收入；但鉴于项目公司将这部分劳务的价值计入其开发成本而不是直接计入损益，即存在顺流交易的未实现损益，故在权益法核算时，应按比例抵销该顺流交易的未实现损益。如果这些劳务的公允价值不能可靠确定，则A公司不确认提供这些劳务的收入，但应把提供这些劳务所发生的成本增加对项目公司的长期股权投资的账面价值。

五、案例小结

为了使报表使用者能够更准确、全面地理解投资和处置项目公司股权是业务模式的内在组成部分，与通常意义上不属于企业主营业务的"投资"存在区别，企业可参照原《企业会计制度》下的《投资公司会计核算办法》（财会〔2004〕14号）规定的投资公司利润表格式和中国证券业协会发布的《证券投资基金会计核算业务指引》（中证协发〔2007〕56号）规定的证券投资基金利润表格式，对利润表的格式进行一定调整，例如可以把属于正常业务组成部分和必要环节的投资所产生的收益移到"主营业务收入"下披露，作为"主营业务收入"的一个子项。

如果不持有项目公司股权，不享有土地增值收益且不承担土地公允价值变动风险，仅仅提供方案设计、项目管理等劳务赚取收入的，则按照在新收入准则的规定确认设计、项目管理等服务收入，并结转相应成本。

第十六节　长期股权投资核算方法转换的公允价值确定问题

一、案例背景

案例9-16　2015年7月，为增加A公司净资产，某省国资委无偿向A公司划转B集团8%的股权。A公司原持有B集团13%的股权，作为金融资产核算；此次划转后，A公司成为B集团第二大股东，股权比例为21%。2015年年末，由于仅仅发生股权比例的变化，A公司对被投资单位的影响和决策权无实质性变化，在2015年年末仍作为金融资产核算。

2018年6月，A公司拟通过股东大会重组董事会，以在本年达到对B集团的重大影响。但是在从金融资产核算模式转换为权益法的会计处理中，A公司需要获取被投资方净资产的公允价值。2014 年 B 集团股东进行过股权转让，该笔交易是无关联关系的双方，在熟悉交易标的且自愿的前提下进行的公平交易，故 A 公司拟以该笔交易额换算 B 集团 2018 年 6 月 30 日净资产的公允价值。

问题：A 公司对 B 集团净资产公允价值确的方法定可行吗？

二、准则链接

1.《企业会计准则第 2 号——长期股权投资》（2014 年修订）第十四条

第十四条 投资方因追加投资等原因能够对被投资单位施加重大影响或实施共同控制但不构成控制的，应当按照《企业会计准则第 22 号——金融工具确认和计量》确定的原持有的股权投资的公允价值加上新增投资成本之和，作为改按权益法核算的初始投资成本。原持有的股权投资分类为可供出售金融资产的，其公允价值与账面价值之间的差额，以及原计入其他综合收益的累计公允价值变动应当转入改按权益法核算的当期损益。

投资方因追加投资等原因能够对非同一控制下的被投资单位实施控制的，在编制个别财务报表时，应当按照原持有的股权投资账面价值加上新增投资成本之和，作为改按成本法核算的初始投资成本。购买日之前持有的股权投资因采用权益法核算而确认的其他综合收益，应当在处置该项投资时采用与被投资单位直接处置相关资产或负债相同的基础进行会计处理。购买日之前持有的股权投资按照《企业会计准则第 22 号——金融工具确认和计量》的有关规定进行会计处理的，原计入其他综合收益的累计公允价值变动应当在改按成本法核算时转入当期损益。在编制合并财务报表时，应当按照《企业会计准则第 33 号——合并财务报表》的有关规定进行会计处理。

2.《企业会计准则第 20 号——企业合并》第十四条

第十四条 ……（参见本章第九节）

三、疑点、难点分析

案例 9-16 中，A 公司拟作为参照的股权转让交易发生于 2014 年，距离本次股权划转的基准日（2018 年年末）已有 4 年以上，在该期间确定公允价值所依据的关键估值参数可能已发生重大变化。因此，以 2014 年交易推算

2018年6月30日公允价值是不可行的。

从经济实质而言,从金融资产模式转换为权益法核算,意味着取得了对被投资企业的共同控制或重大影响,因而应当作为一项"跨越会计处理界线"的重大经济事项,视同按取得共同控制或重大影响之日的公允价值处置原持有的股权,随即按该日的公允价值购入一项对被投资企业具有共同控制或重大影响的股权,所以在核算方法转换后,应当以"原股权投资的公允价值加上为取得新增投资而应支付对价的公允价值"作为改按权益法核算的初始投资成本。该"公允价值"是指被投资企业整体公允价值中对应于投资方所持股权的部分(除了包含可辨认净资产的公允价值,还包括商誉因素),该投资成本与取得被投资企业可辨认净资产于当日的公允价值份额之间的差额,为投资成本中隐含的商誉或者负商誉因素。比较上述计算所得的初始投资成本,与按照追加投资后全新的持股比例计算确定的应享有被投资单位在追加投资日可辨认净资产公允价值份额之间的差额,前者大于后者的,不调整长期股权投资的账面价值;前者小于后者的,差额应调整长期股权投资的账面价值,并计入当期营业外收入。

四、案例分析

在核算方法转换日,要想确定 B 集团可辨认净资产的公允价值,需要取得两个方面的公允价值:一是被投资企业净资产的整体公允价值中归属于投资方所持股权的部分;二是被投资企业可辨认净资产公允价值中的相应份额。这两项公允价值很可能是不同的,两者的差额即投资成本中所包含的商誉或负商誉(其中商誉不单独确认)。

在实务操作中,如果投资方在核算方法转换日进行了增持股权的交易,且没有证据表明该增持股权的交易作价是显失公允的,则通常可以依据该增持股权的交易价格按比例推算出此前原持有的作为金融资产核算的股权在核算方法转换日的公允价值。但在本案例中,新增的13%股权系在之前通过无偿划拨的方式取得,没有当天或近期的股权交易作价可供参考,此时只能依据通过采用适当的估值技术确定所持有的共21%股权于核算方法转换日的公允价值,即这部分股权对应的被投资企业净资产整体价值份额。

对于可辨认净资产公允价值的确定,可采用类似于非同一控制下企业合并中购买日的"购买对价分摊"方法确定。实务中通常需聘请评估机构以核算方法转换日为基准日,进行以"购买对价分摊(Purchase Price Allocation,PPA)"为目的的评估加以确定,并需要根据《企业会计准则解释第 5 号》第一条的规定,注意识别和计量被投资方账面上未单独予以确认和计量,但对投资方而言符合可辨认性标准的无形资产项目。

五、案例小结

以公允价值计量的股权投资，投资方对被投资单位不具有控制、共同控制或重大影响，通常投资方对被投资单位的持有比例较小。

被投资单位因减资、增资、转让等事宜发生股权变动，投资方对被投资单位的持股比例增加导致投资方能够对被投资单位施加共同控制或重大影响的，投资方对被投资单位的股权投资由公允价值计量转按权益法核算。

公允价值计量转按权益法核算，会计处理上可以理解为按公允价值处理原股权投资（交易性金融资产、其他权益工具投资），然后再买回新股权投资。

第一步：确认被投资单位执行的会计政策、会计期间和记账本位币。

被投资单位执行的会计政策、会计期间和记账本位币与投资方不一致的，应当按照投资方的会计政策、会计期间和记账本位币调整被投资单位的财务报表。

第二步：确认长期股权投资的初始成本。

按权益法核算的长期股权投资的初始成本等于转换日原股权投资的公允价值加上新增投资的公允价值。

转换日原股权投资的公允价值。将原股权投资（交易性金融资产、其他权益工具投资）的账面价值调整至转换日原股权投资的公允价值。通常情况下，原股权投资（交易性金融资产、其他权益工具投资）的账面价值即原股权投资的公允价值。但实务中由于各种原因无法取得被投资单位可辨认净资产的公允价值，仍以原股权投资的实际取得成本作为交易性金融资产和其他权益工具投资的账面价值。这种情况下，转换日原股权投资的公允价值若依然无法取得的，至少按照投资方享有的被投资单位可辨认净资产的账面价值确认其公允价值。

新增投资的公允价值。新增投资是存货、固定资产、无形资产等非货币性资产的，公允价值与账面价值的差额计入当期损益。

第三步：处理原股权投资（交易性金融资产、其他权益工具投资）。

原股权投资（交易性金融资产、其他权益工具投资）公允价值和账面价值的差额计入当期损益（留存收益）。

这一步和第二步的第一项结合起来理解，即将原股权投资的账面价值调整至公允价值，公允价值和账面价值的差额交易性金融资产计入当期损益，其他权益工具投资计入其他综合收益。

原计入其他综合收益的累计公允价值变动应当转入改按权益法核算的留存收益。其他权益工具投资被处置，持有其他权益工具投资期间确认的其他综合收益不再结转至当期损益,而是计入留存收益。

第四步:比较上述计算所得的初始投资成本,与按照追加投资后全新的持股比例计算确定的应享有被投资单位在追加投资日可辨认净资产公允价值份额之间的差额,前者大于后者的,不调整长期股权投资的账面价值;前者小于后者的,差额应调整长期股权投资的账面价值,并计入当期营业外收入。

第十七节 与合营、联营企业之间顺流交易未实现损益的抵销

一、案例背景

案例 9-17 A 公司持有 B 公司 30% 的股权,并据此对 B 公司具有重大影响。A 公司对 B 公司的长期股权投资账面价值为 100 万元。本年度内,A 公司向 B 公司出售一幢房屋,B 公司将其作为固定资产核算。A 公司在该交易中共确认收益 500 万元。按股权比例计算,该交易在交易日的收益中有 150 万元(500×30%)属于应归属于 A 公司的未实现利润。

问题:A 公司对与 B 公司之间的交易如何进行会计处理?

二、准则链接

1.《企业会计准则解释第 1 号》第七条规定

投资企业与联营企业及合营企业之间发生的内部交易损益按照持股比例计算归属于投资企业的部分,应当予以抵销,在此基础上确认投资损益。投资企业与被投资单位发生的内部交易损失,按照《企业会计准则第 8 号——资产减值》等规定属于资产减值损失的,应当全额确认。投资企业对于纳入其合并范围的子公司与其联营企业及合营企业之间发生的内部交易损益,也应当按照上述原则进行抵销,在此基础上确认投资损益。

2.《企业会计准则第 2 号——长期股权投资》(2014 年修订)第十二条、第十三条

第十二条 ……(参见本章第七节)

第十三条　……（参见本章第七节）

3.《国际会计准则第 28 号——对联营企业和合营企业的投资》第 28 段

在投资者的财务报表中，对于投资者……与联营企业或合营企业之间的"顺销"和"逆销"交易产生的损益，仅确认与除本主体以外的其他投资者在该联营企业或合营企业中所占的权益份额相对应的部分。……"顺销"交易的例子包括投资者向联营企业或合营企业出售或投出一项资产。投资者在该联营企业或合营企业的由该等交易产生的损益中所占的份额应当予以抵销。

三、疑点、难点分析

对于权益法的本质主要是作为长期股权投资的一种后续计量方法还是一种合并报表方法的问题，素来存在争议。在此情况下，从不同的观点出发，对此问题可能会得到不同的处理结果，取决于报表编制者认为上述两种原则中哪一项（即把权益法看作一项合并报表方法还是看作长期股权投资的一种后续计量方法）应当得到优先考虑。企业（作为联营企业的投资者）一旦选择了其中一项观点，即作为该企业的一项会计政策，应当一贯地运用于企业所发生的同类或类似交易。

若企业认为权益法主要是一种编制合并报表时所使用的方法，即运用合并报表的原理将本企业在联营、合营企业的权益和损益中所占的份额纳入本企业的合并财务报表。在此方法下，企业在编制合并报表时应当把未实现利润中应予抵销的相应份额超过长期股权投资账面价值的部分确认为递延收益。

若企业认为权益法主要是一种长期股权投资的后续计量方法，投资方在权益法核算中按比例抵销内部利润，以把长期股权投资的账面价值冲减至零为限。企业（投资方，在该内部交易中同时为资产出售方）对该标的资产不再负有进一步的义务，故不存在相关的负债，也不再进一步地将交易中所产生的利润予以递延。

四、案例分析

（一）将权益法看作一项合并报表方法

根据上述背景信息，应作出如下处理。

A 公司在其个别报表中进行权益法核算时，针对应予以抵销的内部利润份额的冲减，以确保长期股权投资余额不出现负数为限。

借：投资收益　　　　　　　　　　　　　　　　1 000 000
　　贷：长期股权投资　　　　　　　　　　　　　　　1 000 000

A公司如存在其他子公司，需要编制合并报表的，则在编制合并报表时，应当在前述个别报表层面已作出的抵销处理的基础上，再作以下调整。

借：资产处置收益——固定资产处置收益　　　　　1 500 000
　　贷：投资收益　　　　　　　　　　　　　　　　1 000 000
　　　　递延收益　　　　　　　　　　　　　　　　　500 000

因此，A公司在合并报表层面所确认的内部交易利润为350万元（500－150）。

A公司在以后年度，可随着B公司对标的固定资产计提折旧而将上述递延收益余额逐期转入损益。如果B公司处置该固定资产时A公司合并报表中的递延收益尚有余额，或者在这部分递延收益实现之前A公司已处置了其对B公司的长期股权投资，则该项递延收益的余额即应转入当期损益。

（二）将权益法看作长期股权投资的一种后续计量方法

根据上述背景信息，应作出如下处理。

A公司在其个别报表中进行权益法核算时，针对应予以抵销的内部利润份额的冲减，以确保长期股权投资余额不出现负数为限。

借：投资收益　　　　　　　　　　　　　　　　1 000 000
　　贷：长期股权投资　　　　　　　　　　　　　　　1 000 000

A公司如存在其他子公司，需编制合并报表的，则在编制合并报表时，应当在前述个别报表层面已作出的抵销处理的基础上，再作以下调整。

借：资产处置收益——固定资产处置收益　　　　　1 000 000
　　贷：投资收益　　　　　　　　　　　　　　　　1 000 000

因此，A公司在合并报表层面所确认的内部交易利润为400万元（500－100）。

在以后年度，A公司应当暂停按照权益法确认在该联营企业的净利润中所享有的份额，而是仅作账外备查登记，直到累计的未确认的在该联营企业的净利润中所占的份额超过未确认的未实现利润（本案例中未确认的未实现利润的初始金额为40万元）为止。

A公司应当关注其对于出售给B公司的资产是否还需有后续的持续涉入，谨慎判断是否符合相关会计准则所规定的资产处置损益确认条件。例如，A公司是否对B公司为购入该资产而借入的借款提供了担保。

五、案例小结

权益法，是对联营和合营企业中的投资采用的会计处理方法。它的很多程序和理念与逐项合并子公司财务报表项目的"完全合并法"类似，因此，很多人将权益法称为"单行合并"。但是，权益法本身也存在一些计量方法的特性，也有观点将其视为一种"计量基础"。但是，一方面，在对一个主体的控制判断、商誉减值测试等处理中并未承认权益法的合并地位；另一方面，在基本准则中，也并未将权益法作为一种计量属性。关于权益法的本质，到底是"单行合并"还是"计量基础"，各界一直在讨论，目前并没有最终定论，这也造成对某些交易和事项的会计处理的理解不一致。同时，与法律认定等存在的矛盾也使有人质疑权益法所提供的信息是否有用。

在权益法下，上述观点差异可能导致对某些交易和事项的处理采用不同的会计政策。无论选择何种会计政策，均应一贯地运用于与所有权益法核算的合营、联营企业之间的所有同类交易或事项。

如果将权益法看作一项合并报表方法，企业作为投资方和顺销交易中的销售方，应当抵销其在内部交易未实现损益中所占的份额，但对长期股权投资的冲减，应以账面价值冲减至零为限。企业应当把未实现利润中应予抵销的相应份额超过长期股权投资账面价值的部分确认为递延收益。

如果将权益法看作长期股权投资的一种后续计量方法，投资方在权益法核算中按比例抵销内部利润，以把长期股权投资的账面价值冲减至零为限。如果投资方并不承担与该项资产或联营企业相关的法定或推定义务，则不存在负债，也不应递延相应的收益。

如果投资方对于其出售给联营企业的资产还需有后续的持续涉入，则投资方需要非常谨慎，因为这种情形可能表明不符合相关会计准则所规定的资产处置损益确认条件。参照 IFRS 体系下《国际会计准则第 16 号——不动产、厂场与设备》第 69 段的规定，确定固定资产的处置日（即会计上的终止确认日），企业应当运用收入会计准则所规定的收入的确认条件。例如，如果该联营企业借入借款用于向投资方支付该笔交易中的资产购买款，而该借款是由投资方提供担保的，则投资方就保留了对该项资产的继续涉入，如果资产的最终可收回金额仅等于其原账面价值，则投资方将承担该项损失。根据收入的确认条件，此时投资方很可能不应确认任何资产处置损益。

第十章 企业合并准则

第一节 企业合并类型的判断

企业会计准则规定的企业合并会计处理较为复杂,且由于并购交易的发生频率相对较低,就每一家企业而言,并购业务的会计处理并不常见。实务中,我们发现,一些上市公司在涉及企业合并的会计处理时存在一些理解上的困惑和误区。并购交易一般涉及的金额较大,如果处理不当,很可能会对企业的财务报表造成重大影响。

企业合并的类型不同,所遵循的会计处理原则也有所不同。同一控制下的企业合并采用权益结合法;非同一控制下的企业合并采用购买法;反向购买交易中,法律上的母公司被作为会计上的被购买方,法律上的子公司作为会计上的购买方;划分为权益性交易的反向购买,不确认商誉,合并成本与取得的净资产公允价值之间的差额调整所有者权益等。因此,在对一项企业合并交易进行会计处理之前,首先要判断企业合并所属的类型。

一、案例背景

案例 10-1 (1) ××股份有限公司(收购方)为新三板已挂牌企业,于2017年10月公告重大资产重组事项,拟收购××新型复合材料有限公司(被收购方)。

(2) ××新型复合材料有限公司系以派生分立的形式新设公司,新公司分立基准日为2017年2月28日,于2017年7月31日完成工商注册及资产交割。

(3) 重大资产重组方案概述。

第一步:以2月28日为分立基准日,分立前后股权结构不变,见表10-1。

表 10-1 分立前后股权结构

股东名称	分立前	分立后
刘××	67%	67%
邱××	33%	33%
合计	100%	100%

第二步：进行员工持股及股权变更，并于 2017 年 10 月完成股权转让，股权结构见表 10-2。

表 10-2 转让前后股权结构

股东名称	转让前	转让后
刘××	67%	—
邱××	33%	25.38%
刘×明	—	21.44%
刘×莲	—	21.44%
其他股东	—	31.74%
合计	100%	100.00%

关联关系说明：①刘××与邱××系兄妹；②刘××系刘×明、刘×莲之父；③邱××、刘×明、刘×莲后续签署一致行动人协议，系公司实际控制人。

第三步：进行重大资产重组，上述交易事项整体构成一揽子重组交易事项。收购方目前股权结构见表 10-3。

表 10-3 收购方股权结构

股东名称	持股比例
××投资有限公司	58.37%
邱××	4.74%
××投资合伙企业	4.67%
刘×娣	1.42%
其他股东	30.80%
合计	100.00%

其中：××投资有限公司及××投资合伙企业为股东持股平台，它们的股权结构见表10-4和表10-5。

表10-4 ××投资有限公司股权结构

股东名称	持股比例
邱××	43%
刘×明	23%
刘×莲	23%
刘×娣	11%
合计	100%

表10-5 ××投资合伙企业股权结构

股东名称	持股比例
刘×明	60.60%
其他股东	39.40%
合计	100.00%

穿透计算后，收购方股权结构见表10-6。

表10-6 穿透计算后收购方股权结构

股东名称	持股比例
邱××	25.10%
刘×明	16.26%
刘×莲	13.43%
刘×娣	6.42%
其他股东	38.79%
合计	100.00%

关联关系说明：邱××、刘×明、刘×莲、刘×娣均为同一家族成员，后续将签订一致行动人协议，为公司实际控制人。

问题：分析上述企业合并类型。

二、准则链接

1.《企业会计准则第 20 号——企业合并》第五条第一款、第十条第一款

第五条第一款　参与合并的企业在合并前后均受同一方或相同的多方最终控制且该控制并非暂时性的,为同一控制下的企业合并。

第十条第一款　参与合并的各方在合并前后不受同一方或相同的多方最终控制的,为非同一控制下的企业合并。

2.《〈企业会计准则第 20 号——企业合并〉应用指南》第三条第四款

控制并非暂时性是指参与合并的各方在合并前后较长的时间内受同一方或相同的多方最终控制。较长的时间通常指 1 年以上(含 1 年)。

3.《企业会计准则讲解(2010)》第二十一章

非同一控制下的企业合并,以发行权益性证券交换股权的方式进行的,通常发行权益性证券的一方为收购方。但某些企业合并中,发行权益性证券的一方因其生产经营决策在合并后被参与合并的另一方所控制的,发行权益性证券的一方虽然为法律上的母公司,但其为会计上的被收购方,该类企业合并通常称为"反向购买"。

4.《关于做好执行会计准则企业 2008 年年报工作的通知》

企业购买上市公司,被购买的上市公司不构成业务的,购买企业应按照权益性交易的原则进行处理,不得确认商誉或确认计入当期损益。

三、疑点、难点分析

要判断多项交易是否属于一揽子交易,实务中可以参考《企业会计准则第 33 号——合并财务报表》(2014 年修订)中将多次处置子公司股权投资判断为"一揽子"交易的规定。《企业会计准则第 33 号——合并财务报表》(2014 年修订)第五十一条指出:"……处置对子公司股权投资的各项交易的条款、条件以及经济影响符合以下一种或多种情况,通常表明应将多次交易

事项作为一揽子交易进行会计处理:(一)这些交易是同时或者在考虑了彼此影响的情况下订立的;(二)这些交易的整体才能达成一个整体商业结果;(三)一项交易的发生取决于其他至少一项交易的发生;(四)一项交易单独看是不经济的,但是和其他交易一并考虑时是经济的。"

此外,要结合交易的实质、交易双方之间的协议或其他安排来进行判断。例如,后一项交易是否需要经过实质性审批程序、前一项交易是否会因后一项交易的变化而撤销或者更改等。

如果判断的结果不是一揽子交易,而且符合同一控制"非暂时"的标准,则很可能属于同一控制下的企业合并。如果是一揽子交易,则很可能属于反向购买。

四、案例分析

家族内成员之间转让股权形成的企业合并是否可以认定为同一控制下合并,其核心要点是:仅仅是购买方和被购买方的控股股东属于同一家族,尚不能表明两者必然属于同一控制。在认定属于同一家族的不同成员控股的企业之间的合并是否属于"同一控制下的企业合并"时,需考虑的因素包括但不限于:家族成员之间经济利益的相互独立程度;家族成员之间的关系和行为习惯;等等。

就本案例而言,××股份有限公司将收购派生分立出来的新公司××新型复合材料有限公司构成一揽子交易,仍为"非同一控制下合并"。

五、案例小结

判断企业合并类型一般掌握的原则如下。

(1)不能仅仅根据相关企业属于同一家族的成员所控制,就认为相关的企业合并属于同一控制下的企业合并。

(2)即使是夫妻分别控制的企业之间的合并,也可能由于夫妻之间就婚内财产关系的约定,双方在财产权属关系方面互相独立,并不一定构成同一控制下的企业合并。

(3)必要时,相关家族成员可通过签订一致行动协议、表决权委托协议等明确同一控制关系。

(4)目前证监会和交易所通常要求对"实际控制人"披露到个人而不是一个家族,控制权在家族成员之间的转移也可能不符合《首次公开发行股票并上市管理办法》(证监会令第32号)、《首次公开发行股票并在创业板上市管理暂行办法》(证监会令第61号)中规定的"实际控制人没有发生变更"这一基本发行条件。

第二节 购买日/合并日的判断

在企业合并交易中,购买日/合并日的判断非常重要。非同一控制下企业合并,被购买方从购买日开始纳入购买方合并范围,合并成本和取得的被购买方可辨认净资产公允价值也都以购买日的价值计量。同一控制下企业合并,虽然被合并方从最终控制方开始实施控制时纳入合并范围,但如果合并日在资产负债表日之前,则可以将被合并方全年的报表纳入合并范围。合并日的确定对财务报表存在重大影响。

一、案例背景

案例10-2 新三板已挂牌公司××再生资源开发股份有限公司于2016年3月25日召开2016年第二次临时股东大会,审议通过《关于收购××环保科技有限公司100%股权并签订股权转让协议的议案》。公司收购完成工商变更日期为2016年4月19日;支付完50%股权收购款日期为2016年5月18日,全部支付完日期为2016年7月5日,董事会变更日期为2016年4月1日。

问题:本次交易的合并日应该确定为哪一天?

10-3 (1)启明星辰公司以自有资金9 180万元收购王东临先生、李建光先生、刘伟东先生、姜海峰先生、韩有信先生、天津书生投资有限公司所持有的书生电子公司51%股权。同时,启明星辰公司有权利在2015年12月31日前以不超过7 000万元收购书生电子其余24%股权,在2016年12月31日前以不超过9 000万元收购书生电子剩余25%股权,最终使得书生电子成为投资公司100%控股子公司。

(2)关于书生电子购买日判断依据的各个时间点:①启明星辰公司董事会批准收购书生电子时间在2014年9月5日。②付款时间及比例,见表10-7。③书生电子公司董事会改组时间为2014年10月9日;公司设总经理1名,财务总监1名,其中,总经理和财务总监由启明星辰公司提名,总经理和财务总监均由董事会任命;董事会由5名董事组成,包括董事长1名,其中3名董事包括董事长由启明星辰委派,其他董事由其他股东委派。④工商变更完成时间为2014年10月9日。

第十章 企业合并准则

表 10-7 启明星辰公司付款时间及比例

单位：元

付款日期	金额	收款方
2014 年 10 月 15 日	5 191 624.37	天津书生投资有限公司
2014 年 11 月 5 日	2 657 760.00	姜海峰
2014 年 11 月 5 日	22 131 040.00	王东临
2014 年 11 月 5 日	12 048 960.00	李建光
2014 年 11 月 5 日	2 472 000.00	刘伟东
2014 年 11 月 6 日	10 462 300.00	天津书生软件技术有限公司
2014 年 11 月 6 日	331 000.00	王东临
2014 年 11 月 20 日	1 601 600.00	韩有信
2014 年 11 月 20 日	22 475 875.63	北京书生电子技术有限公司
合计	79 372 160.00	
代扣个税款	10 127 840.00	付款时间 11 月
实际支付总额	89 500 000.00	
51% 股权总价款	91 800 000.00	
已付款比例	97.49%	

（3）启明星辰公司以自有资金 17 850 万元收购杭州合众公司股东所持有的杭州合众公司 51% 股份，同时，启明星辰公司有权于 2015 年以杭州合众公司 2014 年经审计的扣除非经常性损益后的净利润的 17.5 倍作为公司整体估值，以现金或定向发行股份两者之一的方式收购杭州合众公司剩余 49% 的股份，交易总价不超过 17 150 万元。

（4）关于杭州合众公司购买日判断依据的各个时间点：①启明星辰公司董事会时间为 11 月 9 日。②付款时间及比例，见表 10-8。③杭州合众公司董事会改组时间为 2014 年 12 月 5 日。④工商变更完成时间为 2014 年 12 月 12 日。

表 10-8 杭州合众公司付款时间及比例

单位：元

付款日期	付款金额	收款人
2014 年 11 月 26 日	61 275 133.00	董立群
2014 年 12 月 12 日	9 545 446.00	浙江盈瓯创业投资有限公司

（续表）

付款日期	付款金额	收款人
2014年12月12日	7 954 554.00	浙江华石红枫创业投资有限公司
2014年12月12日	3 181 813.00	浙江悦海创业投资有限公司
2014年12月12日	26 515 159.00	浙江信德丰创业投资有限公司
2014年12月12日	23 863 632.00	上海祥禾泓安股权投资合伙企业（有限合伙）
2014年12月12日	19 649 104.00	董立群
2014年12月15日	26 515 159.00	宁波安丰众盈创业投资合伙企业（有限合伙）
合计	178 500 000.00	
51%股权总价款	178 500 000.00	
已付款比例	100%	

问题：本次交易的合并日应该确定为哪一天？

二、准则链接

1.《企业会计准则第20号——企业合并》第十条第三款

购买日，是指购买方实际取得对被购买方控制权的日期。

2.《〈企业会计准则第20号——企业合并〉应用指南》第二条第二款

同时满足下列条件的，通常可认为实现了控制权的转移：
（一）企业合并合同或协议已获股东大会等通过。
（二）企业合并事项需要经过国家有关主管部门审批的，已获得批准。
（三）参与合并各方已办理了必要的财产权转移手续。
（四）合并方或购买方已支付了合并价款的大部分（一般应超过50%），并且有能力、有计划支付剩余款项。
（五）合并方或购买方实际上已经控制了被合并方或被购买方的财务和经营政策，并享有相应的利益、承担相应的风险。

3.《企业会计准则第33号——合并财务报表》（2014年修订）第七条

合并财务报表的合并范围应当以控制为基础予以确定。

控制，是指投资方拥有对被投资方的权力，通过参与被投资方的相关活动而享有可变回报，并且有能力运用对被投资方的权力影响其回报金额。

……

三、疑点、难点分析

大部分交易中以上市公司股份发行的当天作为合并日。同一控制下的企业合并通常发生于同一集团之内，因此判断该业务或股权的控制权转移时点有时会存在一定争议。从上市公司年报披露情况来看，在上市公司以发行股份为对价进行企业合并的情况下，大部分交易中以上市公司股份发行的当天作为合并日，也有以上市公司股份发行的当月初或当月末，或以董事会改选当期的期末作为合并日的情况。

选择期初或期末作为合并日更多是为了满足实务操作的需要，例如为了合理界定合并日前后期的利润等。

在发行股份收购股权的企业合并案例中，控制权转移判断涉及的几个重要日期按时间发生的先后顺序，通常是这么排列的：①股东大会批准日（代表企业合并合同或协议已获股东大会等内部权力机构通过）；②证监会等部门批准日（代表合并事项已获得相关部门的批准）；③资产交接日或股权过户日（代表参与合并各方已办理了必要的财产权交接手续）；④董事会改选日（代表购买方实际上已经控制了被购买方的财务和经营政策，享有相应的收益并承担相应的风险）；⑤上市公司股份发行日（代表购买方已支付了购买价款）。

通常在上市公司股份发行日，合并方能够全部满足判断控制权转移的条件，所以大部分上市公司将其判断为控制权转移日，但不排除实务中有控制权转移的时点在合并方股份实际发行日之前或之后的情况。

购买日是购买方获得对被购买方控制权的日期，即企业合并交易进行过程中，发生控制权转移的日期。同时满足了以下条件时，一般可认为实现了控制权的转移，形成购买日：①企业合并合同或协议已获股东大会等内部权力机构通过，如对于股份有限公司，其内部权力机构一般是指股东大会；②按照规定，合并事项需要经过国家有关主管部门审批的，已获得相关部门的批准；③参与合并各方已经办理了必要的财产权交接手续，作为购买方，其通过企业合并无论是取得对被购买方的股权还是被购买方的全部净资产，能够形成与取得股权或净资产相关的风险和报酬的转移，一般需要办理相关的财产权交接手续，从而从法律上保障有关风险和报酬的转移；④购买方已支付了购买价款的大部分（一般应超过50%），并且有能力支付剩余款项；⑤购买方实际上已经控制了被购买方的财务和经营政策，并享有相应的收益和风险。

四、案例分析

案例10-2前提：交易双方不具有关联关系，本次收购构成"业务"，形成非同一控制下企业合并。

从商业实质角度来分析，购买日的确定最主要的因素是基于"控制"的定义，确定何时取得对被购买方的财务、经营政策的控制权并从中获取利益。付款不是最主要的决定性因素。在本案例中，如果没有其他特殊情况，应当以"完成重组被收购方董事会（即被收购方董事会变更完成日，本案例中为2016年4月1日），且控制被收购方的财务和经营政策，并享有相应的收益并承担相应的风险"之日作为购买日。因此，应结合其他相关资料确定，如果董事会变更完成日已经能够实质上控制被收购方的财务和经营政策，并享有相应的收益、承担相应的风险（请项目组注意核对收购协议中对标的公司过渡期间损益归属的约定），则以董事会变更完成之日为购买日。如果实质上控制被收购方的财务和经营政策，享有相应的收益并承担相应的风险日是在支付50%的收购款之后或者支付全部收购款之后，则购买日应为支付50%收购款日或者支付全部收购款日。总之，购买日应是"控制"三要素满足之日。在判断购买日时，"付款超过50%"是相对较为次要的条件，不应作为判断购买日的决定性因素。

案例10-3中关于是否构成"一揽子"收购的问题，需要注意"一揽子"交易的最本质特征是其中的各交易步骤是作为一个整体一并筹划和确定下来的，旨在实现同一交易目的、互为前提和条件。在本案例中，两个交易的间隔时间较长，因此需要分析这两个交易是否从一开始就是一并筹划好的，还是第二项交易是在第一项交易实施完毕之后，根据后来情况的发展变化另外确定的。如果是后一种情况，则不属于"一揽子"交易。

收购协议内容描述"同时，启明星辰有权利在2015年12月31日前以不超过7 000万元收购书生电子其余24%股权，在2016年12月31日前以不超过9 000万元收购书生电子剩余25%股权，最终使得书生电子成为投资公司100%控股子公司"，表明启明星辰公司仅是有权利分别于2015年12月31

第十章 企业合并准则

日和 2016 年 12 月 31 日收购书生电子的剩余股权，即启明星辰公司可能需要根据书生电子 2015 年和 2016 年的运营情况，决定是否收购书生电子公司（而不是在本次交易的购买日已经作出收购剩余 49% 股权的决定）；另外，收购价格分别为不超过 7 000 万元和 9 000 万元，没有明确的收购金额（表明后续交易的关键交易条款尚未确定），协议中也没有针对对方违约的处理条款（即如果书生电子剩余股东不同意低于 7 000 万元和 9 000 万元出售股权的情况）。因此，本次收购交易中的两个步骤并不是互为条件的，后一步骤的实施情况不会影响前一步骤的交易结果（从项目组提供的信息来看，启明星辰公司通过取得目标公司 51% 的股权并在其董事会中占多数，应已可取得对目标公司的控制权），故这两个交易步骤不属于一揽子交易。

如上所述，启明星辰公司收购杭州合众公司股权也不属于"一揽子"交易。

启明星辰公司董事会批准收购书生电子公司的时间在 2014 年 9 月 5 日；书生电子公司董事会改组时间是 2014 年 10 月 9 日，工商变更完成时间是 2014 年 10 月 9 日；根据收购协议，"股权交割以受让方（启明星辰公司）经目标公司（书生电子公司）主管工商登记机关核准并登记注册为持有标的股权的正式股东为标志。自交割日起，受让方即成为目标公司的股东，持有目标公司 51% 的股权，享有法律、法规、目标公司章程规定的相关权利，并承担法律、法规、目标公司章程规定的相关义务"。

在判断合并日或购买日的 5 个标准中，股权转让款的支付是一项较为次要的条件。该条件的本意是确保合并方（购买方）在被合并方（被购买方）中已经拥有足够大的经济利益，从而使得该项交易发生转回或撤销的可能性很小。

综上所述，确定书生电子公司购买日为 2014 年 10 月 9 日，以最近结账日 9 月 30 日作为合并日。

五、案例小结

购买日/合并日是购买方/合并方获得对被购买方/被合并方控制权的日期。在实务操作中，企业应当结合合并合同或协议的约定及其他有关的影响因素，按照实质重于形式的原则进行判断。我们认为，企业会计准则中所提出的 5 项条件，应该综合考虑以下内容。

（1）一项企业合并，根据企业的内部制度和外部法规，需要经过内部决策机构和国家有关部门批准。取得相关批准是对企业合并交易或事项进行会计处理的前提，因此我们认为第 1 项和第 2 项条件都是判断购买日的必要条件。在实务中，取得批准一般都有某种形式的批准文件和批准日期，因此判断起来难度并不大。但在一些案例中，哪些属于批准性程序，哪些属于备案性程序还需要具体情况具体分析。

（2）第3项和第5项条件都是围绕着"控制"的定义来考虑的。购买方实际上控制被购买方的财务和经营政策，享有相应的收益并承担相应的风险；购买方与出售方办理相关的财产权交接手续，才能够形成与取得股权或净资产相关的风险和报酬的转移。因此，这两项条件属于对实质控制权的判断，应该结合"控制"的定义来进行判断。

（3）第4项条件是购买价款的收取。通常情况下，购买方要取得对被购买方的控制、取得被购买方净资产相关的风险和报酬，必然需要支付相应的对价。买卖双方在协议过程中势必会关注控制转移和价款支付方面的条款，对价的支付往往与财产权属和控制权的移交步骤相配合。在购买方尚未支付大部分价款，或者在无法确定购买方有能力支付所有价款的情况下，出售方一般不会放弃自己所控制的资产，除非有其他特殊原因使得出售方愿意提前放弃控制权。因此，第4项条件在一定意义上也是对"控制"转移的合理性判断。

第三节　业务的判断

被合并的企业必须符合构成业务的条件是会计处理上适用企业合并准则的前提，因此业务的判断往往是决定是否能够应用企业合并相关会计处理准则的第一步。实务中，经常出现不能够明显区别出是购买业务还是购买资产的交易，需要结合实际情况进行判断。

一、案例背景

案例 10-4　A公司主营含汞、含硒、含金银等多金属固体废物的回收处置，以汞为主的重金属污染土壤修复治理及环保技术和设备输出，是国家"十二五"危险废物污染防治规划中规划的国家含汞废物集中利用处置示范中心之一，是国内唯一一家掌握多元含汞危险固体废物多金属同步综合回收技术，并将该技术实现产业化应用的企业。该公司进行汞回收的同时，还可以对废物所含的其他如硒、铜、锌、锑及金、银等稀贵金属进行回收，实现危险固废物无害化资源化利用的公司。

A公司实际控制人为赵××，其持股比例为89.47%，××省高新技术产业发展基金创业投资有限责任公司持股10.53%；赵××实际控制××汞业有限责任公司，该公司主营氯化汞产销、氯化汞触媒产销、锑汞分离冶炼。

第十章 企业合并准则

氯化汞主要原材料为汞，被审计单位回收的汞90%左右直接销售给该公司，该销量占其汞采购量的1/3。被审计单位收入和利润规模较低，而××汞业有限责任公司收入和利润规模较大，但其历史遗留问题较多。

为减少A公司的关联交易，同时拓展氯化汞业务，实际控制人作了如下安排。

（1）鉴于××汞业有限责任公司位于城市规划区域，会对城市生活区造成污染，政府将下令将其拆迁或者关停（相关补偿由政府支付给该公司），关停后该公司将不再开展相关业务。

（2）A公司为延伸产业链，计划自行投资建设氯化汞厂房和生产线并申请相关资质。由于××汞业有限责任公司与被审计单位实际控制人相同，为降低损失，××汞业有限责任公司将其拥有的技术转让给被审计单位，A公司根据自身的需要，在力所能及的范围内承接部分生产和销售人员。在A公司新生产线投产前，如果××汞业有限责任公司尚未被拆除，A公司在获取相关资质后暂时将其原材料的加工业务委托××汞业有限责任公司，加工服务费按照市场价格定价。

（3）××汞业有限责任公司的原有产成品自行销售，相关债权债务自行清收和偿付，A公司不承接其债权债务。

问题：上述交易是否构成一项业务？

2.××公司于2014年10月22日，与在日本设立的富士微电机株式会社（以下简称FM）及其在中国境内的全资子公司广州富士高微电子有限公司（以下简称FMG）和广州富实微电机有限公司（以下简称FMZ）签订了资产转让协议。协议约定FMG、FMZ的全部资产，包括有形资产（含固定资产和存货）、无形资产整体转让予本公司，FM在日本拥有的专利权、商标专用权全部由××公司在中国境内独家使用；FM拥有的非专利技术包括正在申请和尚未申请专利的全部技术转让给××公司；并在合同签订时，视为全部有形资产的所有权转移给××公司。转让价格为人民币2 500万元。

问题：上述交易是否构成一项业务？

二、准则链接

（1）《企业会计准则讲解（2010）》第二十一章指出，业务是指企业内部某些生产经营活动或资产负债的组合。该组合具有投入、加工处理和产出能力，能够独立计算其成本费用或产生的收入。有关资产、负债的组合要形成一项业务，通常应具备以下要素：①投入，指原材料、人工、必要的生产技术等无形资产以及构成生产能力的机器设备等其他长期资产的投入；②加工处理过程，指具有一定的管理能力、运营过程，能够组织投入并形成产出；③产出，如生产出产成品，或者通过为其他部门提供服务来降低企业整体的运行成本等其他能够带来经济利益的方式。该组合能够独立计算其成本费用或所产生的收入，直接为投资者等提供股利、更低的成本或其他经济利益等形式的回报。有关资产或资产、负债的组合是否构成一项业务，应结合所取得资产、负债的内在联系及加工处理过程等进行综合判断。实务中出现的如一个企业对另一个企业某条具有独立生产能力的生产线的合并一般构成业务合并。

（2）《国际财务报告准则第 3 号——企业合并》附录二"应用指南"第 12 段指出，除非存在相反证据，被购买的资产和相关活动中如果包括商誉，则应当被假定为购入的是一项业务。当然，商誉的存在并不是构成业务的必要条件，不存在商誉的被购买组合仍然可能构成一项业务（如产生负商誉的廉价购买）的情况。

（3）《国际财务报告准则第 3 号——企业合并》附录二"应用指南"第 9 段、第 10 段及第 11 段指出，业务要素的性质往往随行业和主体经营活动的结构包括主体发展阶段的不同而不同。成熟业务通常有许多不同类型的"投入""过程"和"产出"，而新成立的业务通常没有多少"投入"和"过程"。处于发展阶段但没有产出的主体仍然可能被视为业务。要判断一个处于发展阶段的主体是否是一项业务，购买方应当考虑一些关键因素，如：①所计划的主要活动是否已开始；②职工、知识产权以及其他投入和加工处理过程是否已存在；③是否正在进行生产产出的计划；④是否能够接触到将购买其产出的客户。判断对于处于发展阶段的某些活动和资产的组合是否有资格成为一项业务，则不需要具备上述所有因素。

三、疑点、难点分析

有关资产或资产、负债的组合是否构成一项业务，应结合所取得资产、负债的内在联系及加工处理过程等进行综合判断。实务中出现的如一个企业对另一个企业某条具有独立生产能力的生产线的合并、一家保险公司对另一家保险公司寿险业务的合并等，一般构成业务合并。

如果一个企业取得了对另一个或多个企业的控制权而被购买方（或被合并方）并不构成业务，则该交易或事项不形成企业合并。企业取得了不形成业务的一组资产或者净资产时，应将购买成本按购买日所取得各项可辨认资产、负债的相对公允价值基础进行分配，不按照企业合并准则进行处理。

第十章 企业合并准则

四、案例分析

（1）根据《企业会计准则第 20 号——企业合并》及其应用指南、讲解的规定，业务是指企业内部某些生产经营活动或资产负债的组合。该组合具有投入、加工处理和产出能力，能够独立计算其成本费用或所产生的收入。业务通常具备"投入""加工处理过程"和"产出"三个要素。有关资产或资产、负债的组合是否构成一项业务，应结合所取得资产、负债的内在联系及加工处理过程等进行综合判断。

结合上述案例背景，被审计单位购买××汞业有限责任公司的技术，并根据自身的需要，在力所能及的范围内承接部分生产和销售人员。但是，被审计单位为延伸产业链，计划自行投资建设氯化汞厂房和生产线并申请相关资质。由此，被审计单位收购相关技术的交易，不具备完整的投入—加工—产出的要素循环，故不构成"业务"。

（2）结合本案例具体情况，本书倾向于认为本案例中被审计单位收购 FM、FMG、FMZ 公司的有形资产和无形资产以及视同无形资产转让的在申请专利等资产总体上应当构成一项"业务"，而不是单纯的资产购买。这是因为该资产组合具备投入、加工处理过程和产出能力这"业务三要素"，同时转移了相关员工和技术，且代表了转让方在中国业务的退出，事实上构成了被审计单位对 FM 在中国的完整经营业务的收购。

五、案例小结

资产或与资产相关的负债形成的组合具备投入和加工处理过程就可认为构成业务。而财政部对于"资产"的定义为，资产是指企业过去的交易或者事项形成的、由企业拥有或者控制的、预期会给企业带来经济利益的资源。可见，资产和业务都可以为企业带来经济利益，但业务是资产更深层次的升华，它需要由资产和负债的组合具备投入、加工、产出的能力。

也就是说，对于"业务"的判断，应基于以下两点：①产出是生产投入和加工处理的结果；②产出能给投资者等带来经济利益回报。产出是构成业务的目的。业务通常有产出，但是产出并非业务定义的必要条件。而投入和过程这两个要素也需要根据情况进行综合判断；资产组合是否构成业务应从市场参与者的角度判断，与卖方或收购者是否将其当作业务进行经营无关。

第四节　企业合并中商誉的初始确认

最新修订的企业会计准则并没有独立的某号准则条文是完全讲商誉的，但是在很多准则具体的条款中都可以看到与商誉相关的规定。比如《企业会计准则第 20 号——企业合并》明确了商誉的确认依据：非同一控制下，购买方对合并成本大于合并中取得的被购买方可辨认净资产公允价值份额的差额，应当确认为商誉。《企业会计准则第 8 号——资产减值》明确了商誉的减值处理：企业合并所形成的商誉，至少应当在每年年度终了进行减值测试。商誉应当结合与其相关的资产组或者资产组组合进行减值测试。

近些年，伴随着并购重组业务的不断涌现，越来越多的企业在合并中都会涉及商誉。然而由于当今经济形势下各项业务的复杂性以及会计准则和讲解的局限性，对于一些复杂的合并商誉如何进行会计处理，财务人员经常感到困惑。本节通过列举案例的形式，对实务中商誉初始确认会计处理方法予以探讨。

一、案例背景

案例 10-5　　××新源新材料股份有限公司以 1 元价格收购非同一控制下 A 公司，该公司在收购基准日的净资产净额为 − 283 576.02 元，公司净资产只有未分配利润，且公司的资产负债组成主要是往来款。经评估 A 公司的净资产为 − 283 576.02 元。

问题：此次交易的商誉该如何确定？

二、准则链接

1.《企业会计准则第 20 号——企业合并》第十一条第一项

第十一条第一项　一次交换交易实现的企业合并，合并成本为购买方在购买日为取得对被购买方的控制权而付出的资产、发生或承担的负债以及发行的权益性证券的公允价值。

2.《企业会计准则讲解（2010）》第二十一章

《企业会计准则讲解（2010）》第二十一章指出，确定所发行权益性证券的公允价值时，对于购买日存在公开报价的权益性证券，其公开报价提供

第十章　企业合并准则

了确定公允价值的最好证据,除非在非常特殊的情况下,购买方能够证明权益性证券在购买日的公开报价不能可靠地代表其公允价值,并且用其他的证据和估价方法能够更好地计量公允价值时,可以考虑其他的证据和估价方法。如果购买日权益性证券的公开报价不可靠,或者购买方发行的权益性证券不存在公开报价,则该权益性证券的公允价值可以参照其在购买方公允价值中所占权益份额,或者参照在被购买方公允价值中获得的权益份额,按两者当中有明确证据支持的一个进行估价。

3.《企业会计准则第39号——公允价值计量》第二十五条、第三十四条

第二十五条　第一层次输入值为公允价值提供了最可靠的证据。在所有情况下,企业只要能够获得相同资产或负债在活跃市场上的报价,就应当将该报价不加调整地应用于该资产或负债的公允价值计量,但下列情况除外:

(一)企业持有大量类似但不相同的以公允价值计量的资产或负债,这些资产或负债存在活跃市场报价,但难以获得每项资产或负债在计量日单独的定价信息。在这种情况下,企业可以采用不单纯依赖报价的其他估值模型。

(二)活跃市场报价未能代表计量日的公允价值,如因发生影响公允价值计量的重大事件等导致活跃市场的报价未能代表计量日的公允价值。

(三)本准则第三十四条(二)所述情况。

企业因上述情况对相同资产或负债在活跃市场上的报价进行调整的,公允价值计量结果应当划分为较低层次。

第三十四条　企业以公允价值计量负债或自身权益工具,应当遵循下列原则:

(一)存在相同或类似负债或企业自身权益工具可观察市场报价的,应当以该报价为基础确定该负债或企业自身权益工具的公允价值。

(二)不存在相同或类似负债或企业自身权益工具可观察市场报价,但其他方将其作为资产持有的,企业应当在计量日从持有该资产的市场参与者角度,以该资产的公允价值为基础确定该负债或自身权益工具的公允价值。

当该资产的某些特征不适用于所计量的负债或企业自身权益工具时,企业应当根据该资产的公允价值进行调整,以调整后的价值确定负债或企业自身权益工具的公允价值。这些特征包括资产出售受到限制、资产与所计量负债或企业自身权益工具类似但不相同、资产的计量单元与负债或企业自身权益工具的计量单元不完全相同等。

(三)不存在相同或类似负债或企业自身权益工具可观察市场报价,并

且其他方未将其作为资产持有的,企业应当从承担负债或者发行权益工具的市场参与者角度,采用估值技术确定该负债或企业自身权益工具的公允价值。

三、疑点、难点分析

在实务操作中,对于购买日的"购买对价分摊(Purchase Price Allocation,PPA)",一般是以成本法(资产基础法)下对单项可辨认资产、负债的评估值为基础,考虑根据《企业会计准则解释第5号》第一条的相关规定对符合可辨认性标准的被购买方无形资产进行识别和计量的结果加以确定,按该方法确定的可辨认净资产公允价值与合并成本之间的差额就是商誉或者负商誉。这种分摊方法导致的结果如果是正商誉,通常不会有明显问题,因为不会导致可辨认资产和商誉的初始计量金额之和超出其可收回金额。但是,如果这种分摊导致的结果是负商誉,则企业需要谨慎地评估按照成本法(资产基础法)确定的单项可辨认资产初始计量金额是否超出了其可收回金额,如果是,则企业应当将其初始计量金额减计到可收回金额,相应减少购买日确认的负商誉,避免出现在购买日将负商誉计入营业外收入,而到年底又确认资产减值损失的情况。特别地,如果企业合并对价是根据对被购买方股权在收益法下的整体评估值确定的(即合并对价等于可收回金额),而该被购买方整体属于一个资产组,则应当确保各项可辨认净资产的初始计量金额之和不超出合并成本,即此时不应确认负商誉。

四、案例分析

同一控制下合并的权益结合法可以理解为一种"下推会计(push down accounting)",即把最终控制方(甲集团)合并报表层面显示的被购买方(A)资产、负债和损益状况完全按原样"下推"到合并方(B)的合并报表层面来显示,因此在合并方(B)的合并报表层面,其处理结果相当于在最终控制方(甲集团)对被合并方(A)的购买日以非同一控制下合并方式取得了对该被收购方(A)的控制权[因为最终控制方(甲集团)合并报表层面的显示效果是一项非同一控制下合并]。相应地,在合并方(B)的合并报表层面,也就会体现出该项商誉自原购买日形成以来的变化过程,包括从原购买日到本次合并日之间的减值,最终合并方(B)合并报表层面对该商誉的计量金额与最终控制方(甲集团)合并报表层面的计量结果就是一致的。

B公司个别报表:从集团处购买A公司股权,就是一项同一控制下企业合并业务,按照收购时点A公司在集团合并报表中的净资产(从非同一控制

第十章　企业合并准则

企业合并时点可辨认净资产公允价值持续计算的金额）记入"长期股权投资"科目。

B公司合并报表，应将原集团非同一控制下合并产生的商誉"下推"到B公司的合并报表层面，并在附注中披露商誉20元，商誉减值准备20元，即B公司合并报表层面所显示的该商誉在2012年的最初金额为20元，2014年内随着甲集团合并报表层面对其减值准备的计提，账面价值变为0。

五、案例小结

在进行商誉的初始确认时应考虑下列因素。

（1）商誉产生于企业合并，不能取得控制权的长期股权投资如共同控制、重大影响以及不具有共同控制和重大影响的投资不能确认为商誉。

（2）商誉产生于非同一控制下的企业合并。企业合并分为同一控制下的企业合并和非同一控制下的企业合并，只有在非同一控制下企业合并中形成的合并成本大于被购买方可辨认净资产公允价值份额的差额，才能确认为商誉。

（3）不同的合并方式的商誉确认的形式不同。在吸收合并方式下，合并日购买方对合并成本大于合并中取得的被购买方可辨认净资产公允价值的差额，通过"商誉"账户直接确认。在控股合并方式下购买方对合并成本大于合并中取得的被购买方可辨认净资产公允价值份额的差额，不计入"商誉"账户，而是通过合并报表确认合并商誉。

第五节　同一控制下企业合并中相同多方问题

企业会计准则对于"同一控制下企业合并"的定义为："参与合并的企业在合并前后均受同一方或相同的多方最终控制且该控制并非暂时性的，为同一控制下的企业合并"。当前实务中对于如何理解"相同的多方"存在不同的解读方式。

一、案例背景

案例10-6　甲、乙两个自然人共同设立A公司、B公司，并分别持有A公司、B公司50%的股权和表决权。根据A公司、B公司的章程，A公司、B公司所有重大事项均需过半数表决通过，甲、乙共同控制A公司、B公司。2011年1月，A公司通过向甲、乙等比例增发股份的方式购入B公司100%的股权，假设A公司、B公司同受甲、乙共同控制的时间大于12个月且预计交易后 A 公司、B 公司同受甲、乙共同控制的时间也长于 12 个月。甲、乙两个自然人并无任何家庭关系。A 公司、B 公司股权结构如图 10-1 所示。

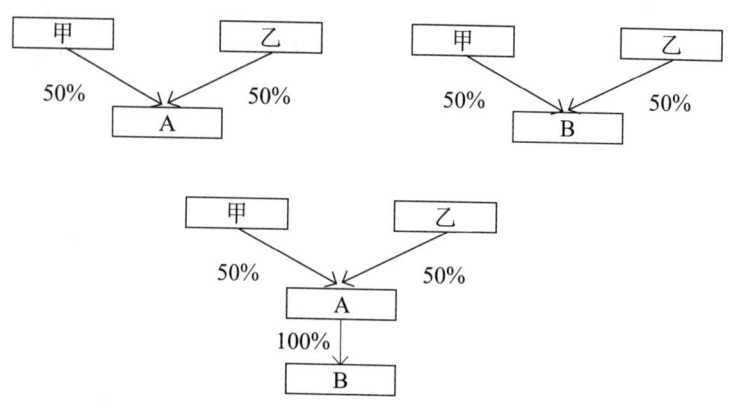

图 10-1　A 公司、B 公司股权结构示意图

问题：以 A 公司作为报告主体，其购买 B 公司 100% 股权的交易是否应该按照同一控制下企业合并的会计处理理念即权益结合法进行会计处理？

二、准则链接

根据《〈企业会计准则〉应用指南》的相关规定，"相同的多方"并非特指"多方中的一方具有控制地位"，而是指根据投资者之间的协议约定，在对被投资单位的生产经营决策行使表决权时发表一致意见的 2 个或 2 个以上的投资者。

国际财务报告准则和美国会计准则的有关规定对于"相同的多方"强调根据合同的约定，多方共同来行使主导被投资单位的权力，即强调共同控制，而并非强调"多方中的一方具有控制地位"。

三、疑点、难点分析

观点一：A 公司不应按照同一控制下企业合并的理念进行会计处理。理由如下：同一控制下企业合并的会计处理理念（权益结合法）与准则体系内的其他准则存在一定的理念矛盾，因此应严格将其限定在准则明确规定的特殊范围内。同一控制不等同于同一共同控制，两者存在本质区别。

本案例中，甲、乙二人仅是共同控制，并非控制 A 公司、B 公司，因此，A 公司不应按照同一控制下企业合并的理念进行会计处理。

观点二：A 公司应按照同一控制下企业合并的理念进行会计处理。理由如下：根据《〈企业会计准则〉应用指南》的相关规定，"相同的多方"并非特指"多方中的一方具有控制地位"，而是指根据投资者之间的协议约定，在对被投资单位的生产经营决策行使表决权时发表一致意见的2个或2个以上的投资者。

《企业会计准则讲解（2008）》和《企业会计准则讲解（2010）》均删除了2006年版本中有关"相同的多方"为"多方中的一方具有控制地位"的阐述，由此可见，更新后的企业会计准则讲解的理念已经消除了原来与应用指南阐述之间存在的矛盾。

此外，国际财务报告准则和美国会计准则的有关规定中对于"相同的多方"也仅是强调根据合同的约定，多方共同来行使主导被投资单位的权力，即强调共同控制，而并非强调"多方中的一方具有控制地位"。

根据A公司、B公司的章程，A公司、B公司所有重大事项均需过半数表决通过。A公司、B公司的章程可以理解为准则所述的"投资者之间的协议约定"。由于A公司、B公司所有重大事项均需过半数表决通过，一旦A公司、B公司形成某项重大决议，必定是甲、乙二人在行使表决权时发表了一致意见。甲、乙二人均构成对A公司、B公司的共同控制，满足"相同的多方"的要求。A公司应按照同一控制下企业合并的理念进行会计处理。

四、案例分析

本案例中，我们倾向于采用观点二。理由如下：对于相同多方共同控制下企业合并应用过程中的具体问题，例如，案例中，如果A公司、B公司并非甲、乙二人共同设立，且甲、乙二人取得对A公司、B公司共同控制权的时点并不相同，我们认为，采用"权益结合法"对比较期间财务报表追溯调整时，其追溯期限不应超过"报告主体"的存在期限。此时，享有共同控制的甲、乙二人被共同视为A公司、B公司的控制方，只有在二人均取得共同控制权后，合并报表的报告主体（即甲、乙二人及其控制的A公司、B公司）所组成的经济主体才存在。因此，采用权益结合法追溯合并的最早可比期间，不应早于甲、乙二人均取得了对A公司、B公司共同控制权的时点。

五、案例小结

根据同一控制下企业合并所采用的"权益结合法"的处理原则，该方法下，将企业合并看作两个或多个参与合并企业权益的重新整合，由于最终控制方的存在，从最终控制方的角度，该类企业合并一定程度上并不会造成构成企业集团整体的经济利益流入和流出，最终控制方在合并前后实际控制的经济资源并没有发生变化，有关交易事项不作为出售或购买。这里的问题是最终控制方是否包括最终的共同控制方。控制包括单独控制和共同控制，从这个意义上来讲，最终控制方既包括最终的单独控制方也包括最终的共同控制方。

第六节　被购买方不构成业务但形成控制时购买方的会计处理

一、案例背景

案例 10-7　某公司 B 虽然具有独立法人资格，但其所拥有的资产不具备构成"业务"所需的"投入"和"加工处理过程"两项基本要素。A 公司取得了 B 公司 85% 的股权，B 公司仅持有一幢房屋，因而在股权交易的时点并不构成一项"业务"。B 公司的另外 15% 股权由非关联方 M 公司持有。

该幢房屋于股权转让日的公允价值为 500 万元，与 B 公司股权的整体公允价值一致。A 公司取得 B 公司 70% 股权所支付的购买对价款是 425 万元（500×85%）。该项交易安排并未导致 B 公司的各股东之间形成对 B 公司的共同控制，即少数股东 M 公司除了享有《中华人民共和国公司法》所规定的作为 B 公司股东的一般权利，并无其他特殊权利。因此，A 公司在交易后可以控制 B 公司，包括对涉及 B 公司的财务、经营政策等相关活动的单方面决定权，例如该房屋的运作和营销模式、该房屋的再开发或出售等，而无须取得少数股东 M 公司的同意。

问题：A 公司应该如何进行会计处理？

二、准则链接

1.《企业会计准则讲解（2010）》

如果一个企业取得了对另一个或多个企业的控制权，而被购买方（或被合并方）并不构成业务，则该交易或事项不形成企业合并。企业取得了不形成业务的一组资产或是净资产时，应将购买成本按购买日所取得各项可辨认资产、负债的相对公允价值基础进行分配，不按照企业合并准则进行处理。

第十章 企业合并准则

2.《企业会计准则第 33 号——合并财务报表》(2014 年修订)第七条、第三十一条

第七条 ……(参见第二章第七节)

第三十一条 子公司所有者权益中不属于母公司的份额,应当作为少数股东权益,在合并资产负债表中所有者权益项目下以"少数股东权益"项目列示。

三、疑点、难点分析

A 公司作为购买方,应自购买日起将 B 公司纳入其合并财务报表范围,并就少数股东 M 按照股权比例在 B 公司的净资产中享有的权益份额,在合并财务报表上列报为少数股东权益。

A 公司应当将 B 公司所拥有的房屋的价值全额纳入其合并财务报表。如果 B 公司持有的资产多于一项,则 A 公司应当按照 B 公司所持有的各项资产于购买日的公允价值的相对比例,将取得 B 公司 85% 股权所支付的对价(425 万元)分配到各项资产,再将该分配结果除以 85%,计算确定 B 公司所持有的各项资产于股权购买日在 A 公司合并财务报表层面的初始计量金额。

四、案例分析

A 公司在其个别财务报表中,应编制如下会计分录记录其取得 B 公司 85% 股权的交易。

借:长期股权投资——B 公司　　　　　　　　　4 250 000
　　贷:银行存款　　　　　　　　　　　　　　　4 250 000

A 公司在其合并财务报表中应编制如下合并抵销分录。

借:固定资产　　　　　　　　　　　　　　　　5 000 000
　　贷:长期股权投资——B 公司　　　　　　　　4 250 000
　　　　少数股东权益　　　　　　　　　　　　　750 000

A 公司合并财务报表中确认的购买日少数股东权益金额为少数股东在该资产的相对公允价值中所享有的份额 75 万元(500×15%)。在上述方法下,A 公司将其取得 B 公司 85% 股权所支付的对价按照 B 公司各项资产的相对公允价值比例分配到其各项资产,由此所得到的分配结果只是 B 公司各项资产在 A 公司合并财务报表层面应有的初始计量金额的 85%,因此还需要将分配

结果除以85%，才能求得这些资产的全部初始计量金额。相应地，这些资产的全部初始计量金额乘以少数股东在B公司中所占的股权比例，即为购买日的B公司少数股权初始计量金额。

但是，如果在该项交易之后，A公司与另一股东M公司通过协议安排，实现了对B公司的共同控制，则B公司将成为A公司的合营企业。此时，A公司应采用权益法核算其对B公司的长期股权投资。

五、案例小结

由于该交易对A公司而言并不构成一项企业合并，A公司在编制合并财务报表时不应将企业合并成本分摊到各项可辨认资产和负债，以及确认商誉的相关程序，而是应将购买成本按购买日所取得各项可辨认资产、负债的相对公允价值基础进行分配，不按照企业合并准则进行处理。因此，A公司在该交易中不应确认商誉。同时，就A公司合并报表层面而言，于购买日对B公司的各项资产、负债进行初始确认，并且在初始确认时既不影响A公司或B公司的会计利润，也不影响应纳税所得额，故即使按照前述"相对公允价值比例分配法"确定的B公司各项资产、负债在A公司合并报表层面的初始计量金额不同于其计税基础，从而导致产生应纳税暂时性差异或可抵扣暂时性差异，也不应就这些暂时性差异确认递延所得税负债或者递延所得税资产。

第七节　家族内成员之间转让股权形成的企业合并问题

一、案例背景

案例10-8　2019年10月13日，A公司与自然人B签订股权转让协议，收购自然人B名下的C公司70%的股权，收购价格按C公司注册资本总额500万元的70%计算，共计350万元，并于当日支付了股权转让价款。2019年11月20日C公司完成工商变更登记手续。上述收购企业合并基准日为2019年11月20日，C公司70%股权对应的净资产账面价值为400万元。自然人B为A公司实际控制人自然人D的父亲。

请问：本次企业合并是否可以认定为同一控制下合并？

第十章　企业合并准则

二、准则链接

1.《企业会计准则第 20 号——企业合并》第五条

第五条　参与合并的企业在合并前后均受同一方或相同的多方最终控制且该控制并非暂时性的，为同一控制下的企业合并。

同一控制下的企业合并，在合并日取得对其他参与合并企业控制权的一方为合并方，参与合并的其他企业为被合并方。

合并日，是指合并方实际取得对被合并方控制权的日期。

2.《企业会计准则第 36 号——关联方披露》第三条

第三条　一方控制、共同控制另一方或对另一方施加重大影响，以及两方或两方以上同受一方控制、共同控制或重大影响的，构成关联方。

控制，是指有权决定一个企业的财务和经营政策，并能据以从该企业的经营活动中获取利益。

共同控制，是指按照合同约定对某项经济活动所共有的控制，仅在与该项经济活动相关的重要财务和经营决策需要分享控制权的投资方一致同意时存在。

重大影响，是指对一个企业的财务和经营政策有参与决策的权力，但并不能够控制或者与其他方一起共同控制这些政策的制定。

3.《国际财务报告准则第 3 号——业务合并》附录 B 的 B2 段

《国际财务报告准则第 3 号——业务合并》附录 B 的 B2 段规定，如果根据合同安排，多人作为一个整体共同拥有控制企业财务和经营决策的权力，并能够据此从企业的活动中获取利益，则可以认定这些人作为一个整体拥有该企业的控制权。因此，当合同约定多人共同拥有决定每个参与合并实体的财务和经营政策的最终权力，并能够据此从各参与合并实体的活动中获取利益，而且该最终共同权力并非暂时性时，此情况下的企业合并不适用本准则。

4.《企业会计准则讲解（2010）》第三十七章第二节

《企业会计准则讲解（2010）》第三十七章第二节规定，与主要投资者个人或关键管理人员关系密切的家庭成员,是指在处理与企业的交易时可能影响该个人或受该个人影响的家庭成员,例如父母、配偶、兄弟、姐妹和子女等。判断与主要投资者个人或关键管理人员关系密切的家庭成员是否为一个企业的关联方,应当视他们在处理与企业交易时的互相影响程度而定。对于这类关联方,应当根据主要投资者个人、关键管理人员或与其关系密切的家庭成员对两家企业的实际影响力具体分析判断。

三、疑点、难点分析

仅仅是购买方和被购买方的控股股东属于同一家族,尚不能表明两者必然属于同一控制。在认定属于同一家族的不同成员控股的企业之间的合并是否属于"同一控制下的企业合并"时,需要考虑的因素包括但不限于:家族成员之间经济利益的相互独立程度;家族成员之间的关系和行为习惯;等等。

一般掌握的原则如下。

(1) 不能仅仅根据相关企业属于同一家族的成员所控制,就认为相关的企业合并属于同一控制下的企业合并。

(2) 即使是夫妻分别控制的企业之间的合并,也可能由于夫妻之间就婚内财产关系的约定,双方在财产权属关系方面互相独立,并不一定构成同一控制下的企业合并。

(3) 必要时,相关家族成员可通过签订一致行动协议、表决权委托协议等明确同一控制关系。

(4) 目前证监会和交易所通常要求对"实际控制人"披露到个人而不是一个家族,控制权在家族成员之间的转移也可能不符合《首次公开发行股票并上市管理办法》(证监会令第141号)、《首次公开发行股票并在创业板上市管理办法》(证监会令第142号)中规定的"实际控制人没有发生变更"这一基本发行条件。

四、案例分析

在本案例中,根据前文"背景"提供的信息,转让前后涉及的属于同一家族的股东主要是实际控制人的父亲。但通常理解,判断是否存在同一控制的主要依据是所涉及各方之间的经济利益互相独立的程度,而不是个人关系的亲疏远近。成年的家族成员之间经济利益彼此独立的可能性较大,因此不能仅仅因为A公司的实际控制人D和C公司的实际控制人B之间是父子关系,就认为A公司收购C公司的股权必然构成同一控制下的企业合并。

根据证监会发行监管部和创业板发行监管部目前的监管政策把握口径,

对于"同一控制"的认定基本上是从严的。一般亲属、兄弟姐妹所控制的企业之间的合并不作为同一控制下的企业合并。代持归位一般不认为是同一控制下的企业合并。因此，在通常情况下，本案例被认定为非同一控制下合并的可能性显著大于被认定为同一控制下合并的可能性。

五、案例小结

同一方是指对参与合并的企业在合并前后均实施最终控制的投资者；相同的多方通常是指根据投资者之间的协议约定，在对被投资单位的生产经营决策行使表决权时发表一致意见的 2 个或 2 个以上的投资者；控制并非暂时性是指参与合并的各方在合并前后较长的时间内受同一方或相同的多方最终控制。较长的时间通常是指 1 年以上（含 1 年）。对于同一控制下企业合并的判断，应当遵循实质重于形式要求。

《国际财务报告准则第 3 号——企业合并》中认为，如果合同约定多个个人股东必须在表决时采取一致行动，则这些一致行动人作为一个整体可以同时对参与合并各方施加控制。此类一致行动约定通常以书面形式达成，但也可能以非书面形式达成。但是，如果该约定不采用书面形式，则必须有证据清楚地表明其存在，这在很大程度上取决于每个案例的事实和情况。

家庭成员之间基本不可能存在关于一致行动关系的书面协议。但是，他们之间的密切关系通常带来的影响可能表明非书面约定存在，但并不是必然的。如父亲可能基于其法定监护人身份代表其未成年子女采取行动；在家族中德高望重的家长可能利用其对家族内其他成员的高度影响力，保证已成年的家庭成员采取一致行动。但是，必须获取充分的证据以支持这一点。如果有证据表明家庭成员实际上分别采取不同行动（例如，在股东大会或董事会表决时投票不一致），由于他们未采取一致行动来控制参与合并各方，在这种情况下的企业合并就不是"同一控制下的企业合并"。

如果家庭成员不是"关系密切的家庭成员"，他们之间的相互影响力就可能比"关系密切的家庭成员"之间小得多。如成年兄弟姐妹之间一般相互影响力较小，因此关于一致行动的非书面约定不大可能存在。因而可以假设不具有密切关系的家庭成员之间不存在一致行动关系，除非有充分证据表明他们并非互相独立，而是采取一致行动。

对于非关联方，必须有具备足够高的证明力的证据表明他们采取一致行动，因而能够同时控制参与合并各方，从而证明非书面约定确实存在，以及该控制并非暂时性的。

第八节 上市公司向母公司增发形成同一控制下合并的会计处理

一、案例背景

案例 10-9 A 公司持有 B 公司（系上市公司）40% 的股份，能够对 B 公司实施控制。同时 A 公司持有 C 公司 100% 股权。A 公司拟将所持 C 公司的股权全部投入 B 公司中（就是以其对 C 公司的长期股权投资对 B 公司增资），以使对 B 公司的持股比例上升。B 公司向 A 公司非公开发行股票以获取 C 公司的股权。

问题：A 公司和 B 公司应该如何进行会计处理？

二、准则链接

1.《企业会计准则第 2 号——长期股权投资》（2014 年修订）第五条、第六条

第五条 企业合并形成的长期股权投资，应当按照下列规定确定其初始投资成本：

（一）同一控制下的企业合并，合并方以支付现金、转让非现金资产或承担债务方式作为合并对价的，应当在合并日按照被合并方所有者权益在最终控制方合并财务报表中的账面价值的份额作为长期股权投资的初始投资成本。长期股权投资初始投资成本与支付的现金、转让的非现金资产以及所承担债务账面价值之间的差额，应当调整资本公积；资本公积不足冲减的，调整留存收益。

合并方以发行权益性证券作为合并对价的，应当在合并日按照被合并方所有者权益在最终控制方合并财务报表中的账面价值的份额作为长期股权投资的初始投资成本。按照发行股份的面值总额作为股本，长期股权投资初始投资成本与所发行股份面值总额之间的差额，应当调整资本公积；资本公积不足冲减的，调整留存收益。

（二）非同一控制下的企业合并，购买方在购买日应当按照《企业会计

第十章　企业合并准则

准则第 20 号——企业合并》的有关规定确定的合并成本作为长期股权投资的初始投资成本。

合并方或购买方为企业合并发生的审计、法律服务、评估咨询等中介费用以及其他相关管理费用，应当于发生时计入当期损益。

第六条　除企业合并形成的长期股权投资以外，其他方式取得的长期股权投资，应当按照下列规定确定其初始投资成本：

（一）以支付现金取得的长期股权投资，应当按照实际支付的购买价款作为初始投资成本。初始投资成本包括与取得长期股权投资直接相关的费用、税金及其他必要支出。

（二）以发行权益性证券取得的长期股权投资，应当按照发行权益性证券的公允价值作为初始投资成本。与发行权益行证券直接相关的费用，应当按照《企业会计准则第 37 号——金融工具列报》的有关规定确定。

（三）通过非货币性资产交换取得的长期股权投资，其初始投资成本应当按照《企业会计准则第 7 号——非货币性资产交换》的有关规定确定。

（四）通过债务重组取得的长期股权投资，其初始投资成本应当按照《企业会计准则第 12 号——债务重组》的有关规定确定。

2.《企业会计准则第 7 号——非货币性资产交换》（2019 年修订）第六条至第八条

第六条　非货币性资产交换同时满足下列条件的，应当以公允价值为基础计量：

（一）该项交换具有商业实质；
（二）换入资产或换出资产的公允价值能够可靠地计量。

换入资产和换出资产的公允价值均能够可靠计量的，应当以换出资产的公允价值为基础计量，但有确凿证据表明换入资产的公允价值更加可靠的除外。

第七条　……（参见第一章第十四节）

第八条　以公允价值为基础计量的非货币性资产交换，对于换入资产，应当以换出资产的公允价值和应支付的相关税费作为换入资产的成本进行初始计量；对于换出资产，应当在终止确认时，将换出资产的公允价值与其账面价值之间的差额计入当期损益。

有确凿证据表明换入资产的公允价值更加可靠的，对于换入资产，应当以换入资产的公允价值和应支付的相关税费作为换入资产的初始计量金额；

对于换出资产，应当在终止确认时，将换入资产的公允价值与换出资产账面价值之间的差额计入当期损益。

三、疑点、难点分析

从本案例交易的经济实质来看，A 公司以放弃其在全资子公司 C 中的部分权益为对价，提高其在控股子公司 B 中的股权比例。假设交易前 A 公司持有 B 公司 30% 股权，交易后增持到 40%，则相当于 A 公司将 C 公司的 60% 权益（重组前 A 公司享有 C 公司权益的比例 100%－重组后 A 公司通过 B 公司间接享有 C 公司权益的比例 40%）让渡给 B 公司的其他股东，换取了增持的 B 公司 10% 权益。

A 公司在其个别报表层面，以对 C 公司的长期股权投资换取了增持的 B 公司股权，但因为 B 公司、C 公司在交易前后均在 A 公司的控制下，不构成企业合并，所以对 B 公司持股比例的上升构成了一项收购少数股权的交易。根据《企业会计准则解释第 2 号》第二条规定："母公司购买子公司少数股权所形成的长期股权投资，应当按照《企业会计准则第 2 号——长期股权投资》（2014 年修订）第六条的规定确定其投资成本。"该交易在 A 公司个别报表层面表现为"以股权换股权"，所以构成一项非货币性资产交换交易，适用《企业会计准则第 7 号——非货币性资产交换》。

A 公司在编制合并报表时，应当首先抵销其个别报表层面就处置 C 公司股权确认的投资收益，以及其个别报表层面对 B 公司的长期股权投资成本中包含的相应增值部分，将对 B 公司的增持长期股权投资还原到原先的账面价值基础，在此基础上进行合并抵销。

四、案例分析

（一）A 公司、B 公司个别报表层面的会计处理

根据《企业会计准则第 7 号——非货币性资产交换》（2019 年修订）的规定，A 公司、B 公司应根据该项交易有无商业实质的判断，以及换出资产或者换入资产的公允价值能否可靠确定，来确定对该项非货币性交易的会计处理方法。对于 A 公司而言，其以一项非上市公司的股权投资换取了一项对上市公司的股权投资，实现了经营性资产的证券化。上市公司股权和非上市公司股权相比，其估值方法、估值结果、资产流通性、价值波动性等方面均存在实质性的差异，因此符合《企业会计准则第 7 号——非货币性资产交换》

（2019年修订）定义的"商业实质"判断的两项条件，应认定为具有商业实质。并且B公司的股权有活跃市场，C公司股权也经过评估，其公允价值可以可靠确定。因此对该项非货币性资产交换交易，在A公司个别报表层面应按公允价值模式处理，增持的B公司长期股权投资的初始成本按投出的C公司股权的公允价值确定，与对C公司长期股权投资的原账面价值之间的差额确认为投资收益。

B公司在其母公司A公司的主导下取得了原先的兄弟公司C公司的控制权，参与合并各方在交易前后均受同一个最终控制方控制，且控制并非暂时性的，所以构成一项同一控制下的企业合并。B公司对C公司的长期股权投资成本，应按《企业会计准则第2号——长期股权投资》（2014年修订）第五条第（一）项的规定，以合并日被合并方在最终控制方合并报表层面的账面净资产份额作为初始投资成本，该初始投资成本与增发股份的面值之间的差额调整资本公积。

（二）A公司合并报表层面的处理

B公司与C公司在该次股权交易前后均在合并范围之内，即属于A公司可控制范围内的内部交易，对由A公司、B公司、C公司所构成的合并集团的对外财务状况、经营成果和现金流量不产生影响。因此，在A公司的合并报表层面，应完全抵销该项内部交易的影响，就如同该项内部投资交易没有发生过一样。B公司、C公司的各项资产、负债在A公司合并报表层面的计量金额保持不变，A公司个别报表层面所确认的上述"投资收益——股权投资处置损益"应当予以抵销。参照《〈企业会计准则第33号——合并财务报表〉应用指南》（2014年修订）中"企业以非货币性资产出资设立子公司或对子公司增资的，需要将该非货币性资产调整恢复至原账面价值，并在此基础上持续编制合并财务报表"，即虽然通过该次重组交易，A公司提升了在B公司中的持股比例，同时减少了在C公司的净资产和净损益中最终享有权益的份额，但这些交易都是在其合并报表范围内进行的，并不涉及与合并范围外的少数股东之间的交易，站在合并报表主体的角度来看，并未出现少数股东从合并报表主体中增资或撤资的权益性交易，因此在重组完成时点，并不需要对其合并报表层面的少数股东权益和资本公积等权益项目进行重新分类调整。

五、案例小结

同一控制下的企业合并应当采用权益结合法进行会计处理。合并方在编制合并财务报表时，应当对期初数和比较报表进行调整，视同合并后的报告主体在以前期间一直存在。

在同时向控股股东和第三方购买股权形成的同一控制下企业合并交易中，合并方自控股股东购买股权，应当作为同一控制下的企业合并处理；合并方自第三方购买股权，应当作为购买子公司少数股东权益处理。合并方在编制合并财务报表的比较信息时，在比较期间应只合并自控股股东购买的股权份额，被合并方的其余股权应作为少数股东权益列报；合并日收购被合并方的其余股权时，作为购买子公司少数股东权益处理。合并方在个别财务报表中，对于自控股股东购买的股权，其初始投资成本应等于被合并方合并日的净资产账面价值乘以自控股股东购买的股权比例，初始投资成本与合并方向控股股东支付对价的账面价值（或发行股份的面值）的差额，应当调整资本公积，资本公积不足冲减的，则冲减留存收益；对于自第三方购买的股权，其初始投资成本应等于实际支付给第三方股东的对价。

在同一控制下企业合并同时购买少数股东权益的交易中，对于少数股东作出的业绩承诺，在合并日的合并财务报表中，企业应当以公允价值进行初始确认并将其作为少数股东权益购买对价的一部分；在后续资产负债表日的合并财务报表中，若该或有对价属于一项金融工具，则应根据金融工具准则的相关规定，将其公允价值的后续变动计入当期损益。

合并方以原有子公司股权置换同一控制下其他公司股权并取得控制权的，该交易构成同一控制下企业合并，合并方在该交易过程中可能会因股权处置所得缴纳企业所得税。股权处置所得应当分为股权持有期间产生的利润和股权增值所得两部分分别考虑相关所得税的会计处理。在合并财务报表中，当合并方对子公司股权的持有意图由长期持有变为对外出售时，不再满足不确认递延所得税的特殊情况，即投资企业能够控制暂时性差异转回的时间，且该暂时性差异在可预见的未来很可能不会转回。因此，合并方应就该子公司股权与持有期间产生的利润相关的暂时性差异确认递延所得税，并计入当期损益。针对股权增值所得部分，由于同一控制下股权置换交易属于权益性交易，与直接计入所有者权益的交易或者事项相关的当期所得税和递延所得税应当计入所有者权益。

第十章　企业合并准则

第九节　分步交易实现同一控制下合并的会计处理

一、案例背景

案例 10-10　2018 年，C 公司系某中央直属大型国企，持有 A 公司 51% 以上的股权。C 公司始终能够控制 A 公司。2018 年，C 公司通过非同一控制下企业合并以 25 000 万元取得对 B 公司 51.66% 的股权，由此 C 公司取得对 B 公司的控制权。25 000 万元的计算依据为 B 公司当时对应净资产的评估值，该评估值远高于 B 公司的净资产账面价值。

2019 年，A 公司通过向 B 公司的小股东收购股权取得对 B 公司 14% 的股权，当年按成本法核算。

2020 年，A 公司向 C 公司收购 B 公司 23% 的股权，并取得董事会席位，因此 2013 年 A 公司对 B 公司采用权益法核算，在计算投资收益时按取得该 23% 股权之日公允价值对 B 公司的账面价值进行调整后计算投资收益。

2021 年 6 月，A 公司拟向 C 公司收购 B 公司 28% 的股权，一旦收购完成，A 公司将持有 B 公司 51% 以上的股权。

C 公司从 2018 年开始，将 B 公司纳入合并范围，在编制合并财务报表时，按 B 公司的账面价值直接合并，并将账面价值对应净资产的份额和初始投资 25 000 万元的差额，确认为商誉。B 公司自 2018 年开始，每年年末都委托外部评估机构进行评估。

问题：A 公司通过分步交易实现对 B 公司的控制时应如何进行会计处理？

二、准则链接

1.《企业会计准则第 20 号——企业合并》第五条

第五条　……（参见本章第七节）

2.《企业会计准则第 33 号——合并财务报表》（2014 年修订）第五十一条

第五十一条　……（参见第九章第一节）

三、疑点、难点分析

控制并非暂时性是指参与合并的各方在合并前后较长的时间内受同一方或相同的多方最终控制。较长的时间通常是指 1 年以上（含 1 年）。同一控制下企业合并的判断，应当遵循实质重于形式要求。

本案例中，2018 年 C 公司能够控制 B 公司，将后者纳入合并范围；C 公司持有 A 公司 51% 以上的股份，能够控制 A 公司。A 公司、B 公司同受 C 公司控制。2021 年 6 月，A 公司拟向 C 公司收购 B 公司 28% 的股权。一旦收购完成，A 公司将持有 B 公司 51% 以上的股权，直接控制 B 公司。因此，该事项对于 A 公司而言符合上述同一控制下企业合并的条件，即参与合并的各方在合并前后较长的时间内受同一方或相同的多方最终控制。并且，从背景资料来看，A 公司最初取得 B 公司 37% 股权时（2019 年取得 14%，2020 年取得 23%），B 公司和 A 公司即已同在 A 公司的最终控制下（B 公司自 2018 年起被 C 公司控制）。在此情况下，如果 2021 年内增持 28% 股权的交易与 A 公司最初取得 B 公司 37% 股权的两次交易不构成"一揽子交易"，则该交易可以认定为以分步交易实现的同一控制下企业合并。

四、案例分析

根据上述分析，案例 10-10 的处理方法如下。

（1）在本次收购 28% 股权完成，形成分步交易的同一控制下合并时，A 公司个别报表层面对 C 公司的长期股权投资的成本金额应当等于合并日 B 公司净资产在 C 公司合并报表层面所示账面价值乘以 A 公司对 B 公司的持股比例（65%）。其中，"B 公司净资产在 C 公司合并报表层面所示账面价值"是指以 B 公司于 2018 年被以非同一控制下合并方式纳入 C 公司合并报表范围之日（购买日）的净资产（含商誉在内）的公允价值为基础持续计算到本次同一控制下合并日（2021 年 6 月）的金额。按照"下推会计"的原则，C 公司合并报表层面所确认的与 B 公司相关的合并商誉的价值也应一并下推到 A 公司层面，体现在 A 公司对 B 公司的长期股权投资成本中。

（2）A 公司在原权益法下对所持 B 公司 37% 长期股权投资的账面价值与本次增持 28% 股权所支付的对价的账面价值之和，与上述 1 所述投资成本之间的差额，在 A 公司报表中应调整资本公积，如资本公积不足冲减，则调整留存收益。

（3）C 公司 2018 年取得对 B 公司的控制权属于非同一控制下合并，因此 C 公司的各项资产和负债应当以购买日公允价值为基础持续计算的金额体现在 C 公司的合并报表中。C 公司在编制合并报表时未对 B 公司的资产和负债进行公允价值调整,严格来说应属于会计差错。考虑在运用下推会计方法的情况下,该错报对 A 公司的个别报表和合并报表可能产生影响的程度,如果影响是重大的,C 公司应进行差错更正,并依据更正后 C 公司合并报表层面所显示的 B 公司各项资产、负债的账面价值作为本次同一控制下合并会计处理所依据的账面价值基础。

另外,A 公司在按同一控制下合并的原则追溯重述其前期合并报表时还应注意:此处 A 公司取得 B 公司股权分为了三次:第一次在 2019 年取得 14% 股权是通过向 B 公司的小股东收购获得,第二次在 2020 年取得 23% 股权和第三次在 2021 年取得 28% 股权都是向其母公司 C 公司收购获得。且 B 公司最初是在 2018 年通过非同一控制下企业合并被纳入 C 公司的控制范围的。在此情况下:

(1) A 公司在其合并报表层面就 B 公司的追溯调整最早只能追溯到 2018 年内 C 公司取得对 B 公司的控制权之日,不能追溯到更早的年度和期间。

(2) 自 2018 年 C 公司取得对 B 公司控制权之日到 2019 年 A 公司收购 C 公司 14% 少数股权的交易日这段时间内,A 公司的合并报表中对 B 公司的合并比例应为 51%,其余 49% 为少数股权;自 2019 年 A 公司收购 B 公司 14% 少数股权的交易日起,A 公司的合并报表中对 B 公司的合并比例应为 65%,其余 35% 为少数股权。即,在 2019 年 A 公司收购 B 公司 14% 少数股权的交易日,A 公司的合并报表层面应当体现出一项收购 B 公司 14% 少数股权的交易,按照收购该 14% 股权的对价款与对应的 B 公司可辨认净资产在 C 公司的合并报表层面所显示的账面价值份额之间的差额调整资本公积。

五、案例小结

企业通过多次交易分步取得同一控制下被投资单位的股权,最终形成企业合并的,应当判断多次交易是否属于"一揽子交易",并根据不同情况分别作出处理。属于一揽子交易的,合并方应当将各项交易作为一项取得控制权的交易进行会计处理。不属于"一揽子交易"的,在取得控制权日,合并方应按照以下步骤进行会计处理。

(1) 确定同一控制下企业合并形成的长期股权投资的初始投资成本。在合并日,根据合并后被合并方在最终控制方合并财务报表中的净资产的账面价值,确定长期股权投资的初始投资成本。

(2) 长期股权投资初始投资成本与合并对价账面价值之间的差额的处理。合并日长期股权投资的初始投资成本,与达到合并前的长期股权投资账面价值加上合并日进一步取得股份新支付对价的账面价值之和的差额，调整资本公积（资本溢价或股本溢价）；资本公积不足冲减的，冲减留存收益。

（3）合并日之前持有的股权投资，因采用权益法核算或金融工具确认和计量准则核算而确认的其他综合收益，暂不进行会计处理，直至处置该项投资时采用与被投资单位直接处置相关资产或负债相同的基础进行会计处理；因采用权益法核算而确认的被投资单位净资产中除净损益、其他综合收益和利润分配以外的所有者权益其他变动，暂不进行会计处理，直至处置该项投资时转入当期损益。其中，处置后的剩余股权根据《企业会计准则第2号——长期股权投资》采用成本法或权益法核算的，其他综合收益和其他所有者权益应按比例结转，处置后的剩余股权改按金融工具确认和计量准则进行会计处理的，其他综合收益和其他所有者权益应全部结转。

（4）编制合并财务报表。合并方在达到合并之前持有的长期股权投资，在取得之日与合并方与被合并方同处于同一方最终控制日孰晚日与合并日之间已确认有关损益、其他综合收益和其他所有者权益变动，应分别冲减比较报表期间的期初留存收益或当期损益。

第十节　同一实质控制人下企业重组的会计处理

一、案例背景

案例10-11　自然人A向中国香港居民（甲、乙）支付1 200万美元收购注册于境外M国的B矿业公司股权，同时，C公司（注册于M国）与中国香港居民（甲、乙）签订协议，以B矿业公司注册资本金额200万元当地货币单位收购B矿业公司股权。自然人A是C公司的最终控制人，上述交易完成后，B公司的100%股权由C公司持有，即自然人A和C公司取得B公司股权的对价总额为1 200万美元加上200万当地货币单位。

B矿业持有4个位于M国的镍矿（"矿场"）的探矿权，其主要业务为对矿场进行镍矿勘探，并有意开采其矿物资源。

C公司是专为收购B公司股权之目的而设立的壳公司，除了持有B公司的100%股权，无其他资产、负债和业务。

F公司（境内上市公司）通过其子公司D公司收购E公司（BVI）持有的C公司100%股权，收购价款为1 200万美元。协议书同时中约定：如未能于交割日期起的 36 个月内就勘矿权证及交割日期后集团新取得的勘矿权证所载矿区范围完成详查，E 公司（BVI）将针对本次股权交易进行回购，回购价格包括 1 200 万美元及本次交易后 D 公司投入的勘探费并加上利息。

B 矿业公司的股东从中国香港居民（甲、乙）变更为 C 公司时，账面净资产约为注册资本，变更前尚未开始勘探活动。E 公司（BVI）控制 B 矿业后，已陆续配备相关专业人员开展矿区基础建设和初勘、试采工作。在 C 公司股东变更为 D 公司时，C 公司已构成"业务"。

D 公司收购 E 公司（BVI）持有的 C 公司 100% 股权时，C 公司的账面净资产为负数。

针对 B 矿业公司的价值，历次股权变更时均未出具对其的正式评估报告，仅在 2013 年 D 公司收购 E 公司（BVI）持有的 C 公司 100% 股权时，由境内的资产评估机构出具了《M 国××矿区铌钽矿矿业权价值评估咨询报告书》，以及由国内某省某地勘大队出具了《M 国××矿区铌钽矿预查报告》。

自然人 A 系 F 公司、C 公司、D 公司、E 公司的最终控制人。

股权收购前 A 自然人、C 公司、D 公司、E 公司、F 公司、B 公司关系，如图 10-2 所示。

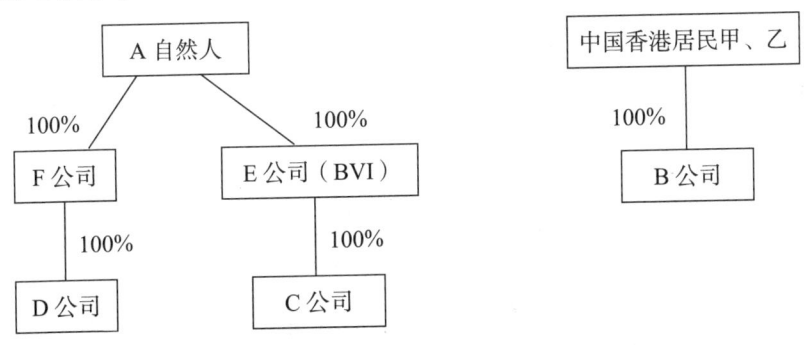

图 10-2　股权收购前各公司股权关系

前述交易全部完成后 A 自然人、C 公司、D 公司、F 公司、B 公司关系，如图 10-3 所示。

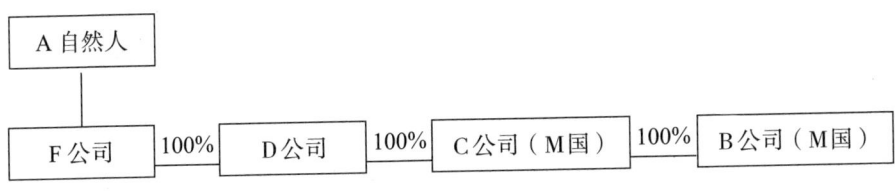

图 10-3　股权收购后各公司股权关系

问题：F公司收购B公司股权如何进行会计处理？

二、准则链接

1.《企业会计准则解释第6号》第二条

……

合并方编制财务报表时，在被合并方是最终控制方以前年度从第三方收购来的情况下，应视同合并后形成的报告主体自最终控制方开始实施控制时起，一直是一体化存续下来的，应以被合并方的资产、负债（包括最终控制方收购被合并方而形成的商誉）在最终控制方财务报表中的账面价值为基础，进行相关会计处理。合并方的财务报表比较数据追溯调整的期间应不早于双方处于最终控制方的控制之下孰晚的时间。

……

2.《企业会计准则第20号——企业合并》第五条

第五条 ……（参见本章第七节）

3.《企业会计准则第27号——石油天然气开采》第五条、第七条

第五条 为取得矿区权益而发生的成本应当在发生时予以资本化。企业取得的矿区权益，应当按照取得时的成本进行初始计量：

（一）申请取得矿区权益的成本包括探矿权使用费、采矿权使用费、土地或海域使用权支出、中介费以及可直接归属于矿区权益的其他申请取得支出。

（二）购买取得矿区权益的成本包括购买价款、中介费以及可直接归属于矿区权益的其他购买取得支出。

矿区权益取得后发生的探矿权使用费、采矿权使用费和租金等维持矿区权益的支出，应当计入当期损益。

第七条 企业对于矿区权益的减值，应当分别不同情况确认减值损失：

（一）探明矿区权益的减值，按照《企业会计准则第8号——资产减值》处理。

（二）对于未探明矿区权益，应当至少每年进行一次减值测试。

单个矿区取得成本较大的，应当以单个矿区为基础进行减值测试，并确定未探明矿区权益减值金额。单个矿区取得成本较小且与其他相邻矿区具有

第十章　企业合并准则

相同或类似地质构造特征或储层条件的，可按照若干具有相同或类似地质构造特征或储层条件的相邻矿区所组成的矿区组进行减值测试。

未探明矿区权益公允价值低于账面价值的差额，应当确认为减值损失，计入当期损益。未探明矿区权益减值损失一经确认，不得转回。

三、疑点、难点分析

在本案例中，F公司通过子公司D公司向其实际控制人自然人A收购了C公司和B矿业公司的股权，并取得其控制权。该交易是在实际控制人的主导下完成的，且预计收购完成后F公司对被收购方的控制权将在可预见的未来持续存在（即控制是非暂时性的）。且E公司（BVI）控制B矿业后，已陆续配备相关专业人员开展矿区基础建设和初勘、试采工作。在D公司变更为C公司股东时，C公司已构成《企业会计准则第20号——企业合并》及其应用指南和讲解所定义的"业务"。因此，根据《企业会计准则第20号——企业合并》对"同一控制下的企业合并"的定义和判断标准的规定，该交易从F公司角度可以看作一项同一控制下的企业合并。根据企业会计准则规定，同一控制下企业合并的会计处理应以被合并方净资产的账面价值为基础。

但是，因为被合并方——C公司和B矿业公司最初是由实际控制人自然人A向非关联方——香港居民甲、乙以支付现金的方式取得的，本案例中作为会计处理基础的"被合并方净资产账面价值"不是指相关资产、负债（如矿区权益等）在被合并方——C公司和B矿业公司自身账面上的账面价值，而是从最终控制方合并报表层面确定的账面价值。本案例中最终控制方为自然人A，但仍可按照非同一控制下合并的一般处理原则，在假设其编制合并报表的前提下，推算这些净资产在最终控制方合并报表层面的账面价值。本案例中被合并方净资产在最终控制方合并报表层面的账面价值应当以最初取得成本（1 200万美元＋200万当地货币单位）为起点，加上后续可资本化的勘探支出等，加减自实际控制人取得对其控制权之日起到同一控制下合并日期间的净损益，持续计算到合并日的价值。

四、案例分析

（一）D公司的个别报表层面

假设被购买方合并净资产在最终控制方合并报表层面的账面价值为1 500万美元，在个别报表层面，D公司对该项同一控制下合并的会计处理如下。

借：长期股权投资——C公司（被购买方合并净资产在最终控制方合并
　　　　　　　　　　　　报表层面的账面价值）

　　　　　　　　　　　　　　　　　　　　　$15 000 000
　　贷：银行存款　　　　　　　　　　　　$12 000 000
　　　　资本公积（差额）　　　　　　　　　$3 000 000

（二）在F公司合并报表层面

虽然没有对被合并方的净资产进行过完整的评估，但是鉴于被收购方是一个矿业公司，其最主要的资产是位于M国的矿场探矿权，其主要业务为对矿场进行钽铌矿勘探和后续开采，因此其未来现金流量高度依赖于被收购方所拥有的特定矿区权益，被合并方属于"单一资产实体"，事实上不存在独立于可辨认净资产的商誉（即合并商誉应为零）。因此，可以从上述D公司个别报表层面的长期股权投资成本中扣除其他不重大的资产、负债公允价值（通常理解，除了矿区权益以外的其他资产、负债的公允价值和账面价值之间存在重大差异的可能性较小，故此处可以账面价值代替公允价值）后的剩余部分，作为合并报表层面对该矿区权益的初始计量金额。因此，本案例中虽然将此次并购交易定性为同一控制下的企业合并，但由于被合并方是最终控制方以前年度从第三方收购来的，在F公司的合并报表层面对该事项的处理结果与非同一控制下企业合并模式下的处理结果类似。

五、案例小结

根据《企业会计准则讲解（2010）》第二十八章第一节中的指引："石油天然气以外的采掘业企业的勘探和评价活动参照油气准则执行，其他活动应该按照相关准则进行处理。"据此，在F公司取得对C公司和B矿业公司的控制权后，被合并方继续从事的勘探开发活动，应对勘探支出的资本化采用成果法，以及每期期末按照该准则的要求对未探明矿区权益进行减值测试等。

本次交易中虽然附带回购协议，即"如未能于交割日期起的36个月内就勘矿权证及交割日期后集团新取得的勘矿权证所载矿区范围完成详查，E公司（BVI）将针对本次股权交易进行回购，回购价格包括1 200万美元及本次交易后D公司投入的勘探费并加上利息"，但该项回购承诺是实际控制人所控制的企业（此次关联方股权交易中的卖方）作出的，并不符合市场公允交易条件，因此不能成为对形成的商誉或资产组公允价值（无形资产或其他非流动资产）免于进行减值测试的合理理由。合并日后每期期末，均应按照会计准则的

第十章　企业合并准则

要求对矿区权益进行减值测试（其中，未探明矿区权益的减值适用《企业会计准则第 27 号——石油天然气开采》；已探明矿区权益、井及相关设施、辅助设备及设施的减值适用《企业会计准则第 8 号——资产减值》），如可收回金额低于账面价值的，则应确认减值损失并计入当期损益；后续如 E 公司（BVI）履行回购承诺，则回购价款高于届时该等股权对应的净资产价值的差额，在 F 公司的报表中应按权益性交易的处理原则计入资本公积处理。

第十一节　同一控制下企业合并对赌业绩未完成股份回购注销问题

一、案例背景

案例 10-12　A 公司和 B 公司均系 C 公司的子公司。2019 年，A 公司和 B 公司签订《发行股份及支付现金购买资产协议》。协议约定：A 公司以增发股份及支付现金的方式收购 B 公司持有的甲公司 100% 股权，并约定如果甲公司未完成约定业绩承诺，则 A 公司以 1 元收购 B 公司持有的 A 公司的股票，并将该部分股票注销，股份补偿数量等于应补偿金额除以本次（收购时点）发行股份价格（30.72 元/股）。现 A 公司管理层预计甲公司无法完成约定业绩，假设应补偿的金额为 3 072.00 万元，应补偿的股份数量为 100.00 万股。

B 公司取得 A 公司的股票作为以公允价值计量且其变动计入其他综合收益的金融资产核算。

问题：相关各方应如何进行会计处理？

二、准则链接

《〈企业会计准则第 2 号——长期股权投资〉应用指南》（2014 年修订）规定，同一控制下企业合并方式形成的长期股权投资，初始投资时应按照《企业会计准则第 13 号——或有事项》的规定，判断是否应就或有对价确认预计负债或者确认资产，以及应确认的金额；确认预计负债或资产的，该预计负债或资产金额与后续或有对价结算金额的差额不影响当期损益，而应当调整资本公积——资本溢价或股本溢价，资本公积——资本溢价或股本溢价不足冲减的，调整留存收益。

三、疑点、难点分析

在企业会计准则体系下，同一控制下的企业合并采取的是类似于权益结合法进行处理，该方法下将企业合并看作两个或多个参与合并企业权益的重新整合，由于最终控制方的存在，从最终控制方的角度，该类企业合并一定程度上并不会造成企业集团整体的经济利益流入和流出，最终控制方在合并前后实际控制的经济资源并没有发生变化，有关交易事项不应视为出售或购买。合并方支付的合并对价与取得的净资产账面价值的差额调整所有者权益，相应地，或有对价部分也不应计入损益，而应按照同样的处理思路，首先调整资本公积（资本溢价），资本公积（资本溢价）的余额不足冲减的，应冲减留存收益。

四、案例分析

基于上述分析，建议的会计处理方式如下。

（一）A公司个别报表的会计处理

（1）在业绩对赌期（或对赌期内的某一年度）结束，实际确定业绩补偿不能达到或不能合理预计只能在确定应补偿的业绩时（确认应收款项，同时确认回购义务，该笔应收款项日后将以A公司股票结算）：

借：其他应收款　　　　　　　　　　　　　　　30 720 000
　　贷：资本公积——资本溢价、留存收益等　　　30 719 999
　　　　其他应付款　　　　　　　　　　　　　　　　　　1

（注：在实务中，就应收业绩补偿款确认其他应收款时，应以金额确定为前提，并谨慎考虑业绩补偿义务人履行补偿承诺的意愿和财务能力，确保其初始计量金额不超出依据当时情况谨慎估计的可收回金额，避免高估资产和权益。）

（2）结算时（实际回购股份时）：

借：库存股　　　　　　　　　　　　　　　　30 720 000
　　贷：其他应收款　　　　　　　　　　　　　30 720 000
借：其他应付款　　　　　　　　　　　　　　　　　　1
　　贷：银行存款　　　　　　　　　　　　　　　　　　1

（3）注销股本

借：股本　　　　　　　　　　　　　　　　　1 000 000
　　资本公积——股本溢价　　　　　　　　　29 720 000
　　贷：库存股　　　　　　　　　　　　　　30 720 000

第十章 企业合并准则

（二）B 公司在个别报表进行会计处理

（1）在能够合理预计业绩承诺不能实现，且能够合理估计应补偿金额时，确认补偿义务相关负债并计入损益。

借：营业外支出　　　　　　　　　　　　　　　　30 719 999
　　贷：其他应付款——业绩补偿义务　　　　　　30 719 999

（2）转让股份时，以 A 公司的收盘价核算持有的金融资产。假设此时 B 公司持有的 100 万股 A 公司股份的公允价值为 4 000 万元。

借：其他应付款——业绩补偿义务　　　　　　　　30 719 999
　　其他综合收益　　　　　　　　　　　　　　　 9 280 000
　　银行存款　　　　　　　　　　　　　　　　　　　　　1
　　贷：其他权益工具投资——成本　　　　　　　 30 720 000
　　　　其他权益工具投资——公允价值变动　　　　9 280 000

（三）C 公司合并报表层面的调整分录

C 公司合并报表层面的调整分录如下。

借：资本公积　　　　　　　　　　　　　　　　　30 719 999
　　贷：营业外支出　　　　　　　　　　　　　　 30 719 999

五、案例小结

对赌协议一般是指在股权投资并购活动中，股权买卖双方为了解决信息不对称问题，降低未来不确定事项带来的风险，通过在股权买卖协议中对交易标的公司的经营情况设定各种指标（财务指标净利润额、非财务指标取得新药批准许可等），以业绩补偿、股权回购等条款对交易估值进行修正的股权买卖协议的统称。对赌协议的这种约定将引起企业合并中产生的"或有事项"，会计上称为或有对价。

在同一控制下的企业合并中，购买方的或有对价初始计量时，判断是否确认为预计负债，或者确认为一项资产；后续计量时，或有对价结算金额与初始计量时确认金额之间的差额调整资本公积。

在非同一控制下的企业合并中，购买方的或有对价初始计量时，分为以下几步：首先，应该将或有对价作为股权交易对价的一部分，按照购买日的公允价值计入合并成本。其次，如果或有对价符合金融工具定义，则将或有对价支付义务确认为一项权益工具或者金融负债；对可收回的或有对价权利，在符合资产定义的前提下确认为以公允价值计量且其变动计入当期损益的金融资产。如果收回的或有对价是股份补偿的，企业在确定公允价值时，收回的补偿股份数以协议约定为准，每股单价按确认最近一个交易日收盘价为准。最后，如果或有对价不符合金融工具定义，则按照或有事项处理。后续计量时，初始计量为权益工具的，不作会计处理；初始计量为金融资产或金融负债的，则采用公允价值计量，并将公允价值变动计入当期损益。

当购买方可收回的是自身股份，由于在购买日不满足"固定换固定"的条件，在初始计量时确认为金融资产。随着标的公司实际业绩的确定，可收回的自身股份数量满足了"固定换固定"条件，则在满足条件的当期将该金融资产重分类为其他权益工具，并按照重分类日该股份公允价值进行计量，后续不再调整。在注销股份时冲销其他权益工具，并相应冲减股本和资本公积。披露时，应该详细披露或有对价公允价值确定的依据及考虑因素。

第十二节 同一控制下企业合并同时完成少数股权收购的会计处理

一、案例背景

案例10-13 母公司A控制B和C两个子公司。从母公司A角度，由A、B、C三者形成的合并集团中，少数股东Z（系非关联第三方）持有C公司40%的少数股权。现B公司通过在同一天（合并日）分别向C公司的原股东A和Z发行B公司自身股份的方式取得了C公司的100%股权（包括原由A公司持有的60%股权和原由Z持有的40%股权），从而拥有了对C公司的控制权。

于合并日，被合并方C公司净资产的账面价值为2 000万元，公允价值为2 500万元。作为合并对价，B公司向A公司发行其自身股份600万股，向Z发行其自身股份400万股（每股面值1元）。于合并日，B的股份的公允价值为每股2.5元。

交易前后各公司之间的投资架构如图10-4所示。

第十章 企业合并准则

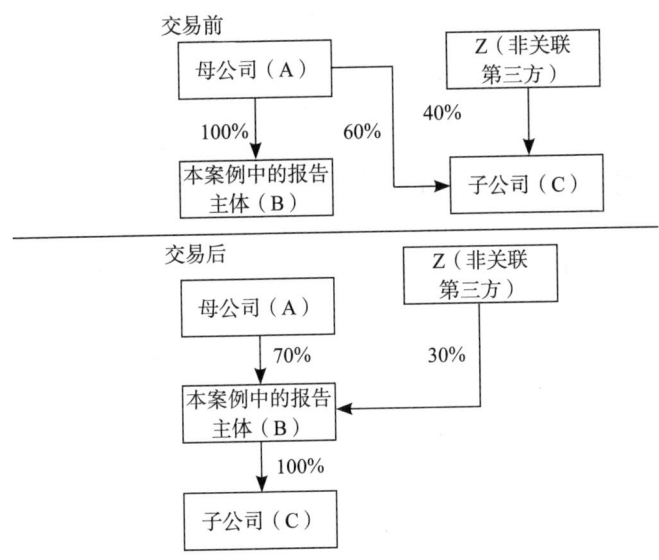

图 10-4 交易前后各公司之间的投资架构

问题：对于此项交易 B 公司应如何进行会计处理？

二、准则链接

1.《企业会计准则第 2 号——长期股权投资》（2014 年修订）第五条

第五条 ……（参见本章第八节）

2.《企业会计准则第 33 号——合并财务报表》（2014 年修订）第三十八条第一款、第四十七条

第三十八条第一款 母公司在报告期内因同一控制下企业合并增加的子公司以及业务，应当将该子公司以及业务合并当期期初至报告期末的收入、费用、利润纳入合并利润表，同时应当对比较报表的相关项目进行调整，视同合并后的报告主体自最终控制方开始控制时点起一直存在。

第四十七条 母公司购买子公司少数股东拥有的子公司股权，在合并财务报表中，因购买少数股权新取得的长期股权投资与按照新增持股比例计算应享有子公司自购买日或合并日开始持续计算的净资产份额之间的差额，应当调整资本公积（资本溢价或股本溢价），资本公积不足冲减的，调整留存收益。

三、疑点、难点分析

本案例中，B 公司向其母公司 A 发行股份以取得 C 公司 60% 股权的交易，以及 B 公司向少数股东 Z 发行股份以取得 C 公司 40% 股权的交易，应当作为两项单独的交易，分别按照各自适用的企业会计原则进行会计处理。

B 公司向其母公司 A 发行股份以取得 C 公司 60% 股权的交易：由于参与合并的双方 B 公司和 C 公司在交易前后都处于同一最终控制方 A 的控制下，并且控制是非暂时性的，应当按照同一控制下企业合并的会计处理原则进行处理。

B 公司向少数股东 Z 发行股份以取得 C 公司 40% 股权的交易：A 公司在交易之前可凭借其所持有的 C 公司 60% 股权而对 C 公司具有控制权，B 公司仅仅通过购买 A 公司所持有的 C 公司 60% 股权即可取得对 C 公司的控制权，收购少数股东 Z 所持 C 公司 40% 股权并不是取得 C 公司的控制权所必需的，因此属于购买少数股权的交易，应按关于购买少数股权的相关会计处理规定进行处理。

四、案例分析

（一）B 公司向其母公司 A 发行股份以取得 C 公司 60% 股权交易的会计处理

（1）在 B 公司的个别财务报表中，以在合并日按照被合并方所有者权益在最终控制方合并财务报表中的账面价值的份额作为长期股权投资的初始投资成本。相应的会计处理如下。

借：长期股权投资——C 公司（20 000 000 × 60%）　　12 000 000
　　贷：股本　　　　　　　　　　　　　　　　　　　　6 000 000
　　　　资本公积——股本溢价（12 000 000 − 6 000 000）
　　　　　　　　　　　　　　　　　　　　　　　　　　6 000 000

（2）在 B 公司的合并财务报表中，应根据报告期内发生同一控制下企业合并情形下合并财务报表编制方法的相关规定，视同自最早比较期间的期初已经取得 C 公司的该 60% 股权，相应重述合并财务报表的前期比较数据。

（二）B 公司向少数股东 Z 发行股份以取得 C 公司 40% 股权交易的会计处理

（1）B 公司个别报表层面，应按实际支付的购买对价的公允价值 1 000 万元（400 × 2.5）作为对 C 公司的 40% 长期股权投资的初始成本。相应会计处理如下。

借：长期股权投资——C 公司　　　　　　　　　　10 000 000
　　贷：股本　　　　　　　　　　　　　　　　　　4 000 000
　　　　资本公积——股本溢价　　　　　　　　　　6 000 000

因此，于购买日，B 公司个别报表层面所示对 C 公司 100% 长期股权投资的投资成本为 2 200 万元（1 200 + 1 000），增加股本 1 000 万元，增加"资本公积——股本溢价"1 200 万元。

（2）B 公司合并财务报表层面：因购买 C 公司 40% 少数股权而形成的长期股权投资成本 1 000 万元与按照新增持股比例计算应享有子公司 C 交易日净资产份额（本案例中为合并日子公司 C 的账面净资产 2 000 万元的 40%，即 800 万元）之间的差额 200 万元，应当调整所有者权益（资本公积）。在编制合并日的合并财务报表时，就对 C 公司的长期股权投资，B 公司应编制如下所示的抵销分录。

借：C 公司股东权益各项目于合并日的账面价值　　20 000 000
　　资本公积　　　　　　　　　　　　　　　　　　2 000 000
　　贷：长期股权投资　　　　　　　　　　　　　　22 000 000

需要注意的是，在 B 公司编制合并财务报表时，对于 B 公司购买原由 Z 持有的 C 公司 40% 少数股权的交易，应按照该交易的真实发生日期（本案例中为合并日）反映在合并财务报表中，而不能假设其在任何较早日期已经发生，这一点与同一控制下企业合并中自最终控制方或同受最终控制方控制的其他子公司取得的股权的处理方法是不同的。因此，在本案例中，B 公司编制合并财务报表时，对于其在 C 公司净资产中所享有的权益应当分段计算：合并日之前，C 公司的股东权益和净利润中，60% 归属于母公司股东，40% 归属于少数股东；合并日之后，按真实的投资控股架构编制合并财务报表，C 公司的股东权益和净利润自合并日起才 100% 归属于母公司股东。B 公司在其合并财务报表中，应当体现出合并日购买 C 公司的 40% 少数股权的交易过程，而不能假设收购少数股权的交易在最早比较期间的期初（或其他任何早于实际合并日的日期）已完成。

五、案例小结

（1）参与合并的企业在合并前后均受同一方或相同的多方最终控制且该控制并非暂时性的，为同一控制下的企业合并，其中"同一方"是指对参与合并的企业在合并前后均实施最终控制的投资者。同一控制下企业合并的会计处理方法属于权益结合法，其基本原理是将对业务的控制权在最终控制方控制范围内部的转移看作同一最终控制方控制范围内经济资源的整合，是最终控制方意志的体现（而不是合并方和被合并方双方之间基于正常的市场公允条款自愿达成的具有经济实质的交易），并未改变最终控制方所能控制的经济资源，故就最终控制方而言是没有经济实质的。通常情况下，最终控制方在任何时候都可以确定其所控制的集团的所有权结构，因而允许就同一控制下企业合并事项对前期财务报表进行重述，视同该项同一控制下合并在一个较早的日期即已发生。

（2）购买一项原先并非由最终控制方拥有或控制的少数股权，不符合前述权益结合法的适用条件。这是由于购买少数股权改变了最终控制方所能控制的经济资源及其风险、报酬特征，无论是对母公司还是对最终控制方而言都是具有经济实质的交易。所以，如果合并方在编制合并财务报表时假设购买少数股权交易在其实际交易完成日之前发生，则与前述权益结合法的原理是不一致的。另外，企业会计准则要求在合并利润表中单独列报"归属母公司股东的净利润""少数股东损益""归属母公司股东的综合收益总额""归属少数股东的综合收益总额"等财务指标，以及基于归属母公司股东的净利润计算的每股收益指标，因而该问题的处理对合并日之前各年度或期间的相关财务指标也可能产生较大的影响。另外，企业会计准则并未明确允许在编制财务报表时可以假设报告主体与第三方之间的交易（例如购买少数股权）在其实际发生日之前的某个日期已经完成。

第十三节　上市公司无偿受赠股份但需向目标公司分次增资的会计处理

一、案例背景

案例 10-14　2019 年 1 月，A 上市公司（甲方）、B 公司（乙方）及 B 公司的 24 位自然人股东（丙方，以下统称"自然人股东"）三方签订《股权转让及增资扩股协议书》，约定：自然人股东按其原持股比例无偿共同向 A 公司转让 B 公司 52% 的股权；股权转让后 A 公司向 B 公司增资 6 900 万元，其中一期增资 1 500 万元，二期增资 1 000 万元，剩余 4 400 万元 2 年内完成。同时，《股权转让及增资扩股协议书》约定："本协议丙方无偿赠与甲方的 52% 股权与甲方向乙方的增资系整体协议行为，如因非丙方或乙方原因致使本协议解除或不能履行的，甲方须无条件将丙方无偿转让的52%股权返还。""一期增资完成后，甲方在乙方股东会拥有85%的表决权，丙方拥有15%的表决权；乙方董事会设五人，甲方推荐四名董事，丙方推荐一名。"并约定："本协议各方一致确认2018年11月30日为本协议项下增资事宜之财务基准日。"

交易相关信息见表10-9。

表10-9 交易信息明细

	项目	内容
基准日信息	基准日	2018年11月30日
	基准日被合并方账面净资产	759.57万元
	基准日被合并方净资产评估值	2 330.58万元
	评估增值	1 571.01万元
购买日确定	购买日	2019年5月30日
	购买方董事会日期	2019年1月14日
	购买方股东会日期	2019年2月18日
	被购买方股东会日期	2019年3月28日
	股权转让协议签订日期	2019年1月14日
	改选董事会日期	2019年3月28日
	被购买方营业执照变更日期	2019年5月30日
增资款缴纳情况	2019年4月18日	1 500万元
	2019年6月17日	1 000万元
	2019年6月27日	360万元
	增资款支付方式	银行存款
	购买日被购买方账面净资产（扣除专项储备）	1 959.97万元
	评估增值	1 571.01万元
	合并日被合并方可辨认净资产公允价值	3 530.98万元

本次增资前B公司股本为3 100万元，本次股权转让及增资后A公司对B公司的持股比例为85%。

问题：对于此项合并事项应如何进行会计处理？

二、准则链接

1.《企业会计准则第 20 号——企业合并》第十条

第十条 参与合并的各方在合并前后不受同一方或相同的多方最终控制的,为非同一控制下的企业合并。

非同一控制下的企业合并,在购买日取得对其他参与合并企业控制权的一方为购买方,参与合并的其他企业为被购买方。

购买日,是指购买方实际取得对被购买方控制权的日期。

2.《企业会计准则第 33 号——合并财务报表》(2014 年修订)第五十一条

第五十一条 ……(参见第九章第一节)

三、疑点、难点分析

本案例中的股权无偿转让和受让方增资是一揽子交易行为,因此应当作为一个整体进行会计处理。对购买方 A 公司而言,其取得 B 公司股权并非无偿,其所支付的合并对价是后续各次增资款中按股权比例计算归属于少数股东的部分。

如果在完成第一期出资 1 500 万元的缴纳之后,A 公司才能在 B 公司的股东会和董事会中获得多数表决权,取得主导 B 公司相关活动的权力,并据此从 B 公司的经营活动中享有和承担可变回报,且后续两次增资(合计 5 400 万元)无法律障碍,A 公司有足够的财务实力保证在合同约定的期限内完成增资,不会因为 A 公司方面的违约行为导致交易被转回或撤销,则可以认可以第一期出资已缴纳并完成 B 公司董事会改选之日作为购买日,自该日起将 B 公司报表纳入合并范围。但因为此处并没有说明在约定的 6 900 万元出资全部缴足之前 A 公司和其他股东如何确定在 B 公司的净资产、净利润中应享有的份额,建议各方股东之间对此问题补充约定,作为购买日及其后会计处理和合并报表处理的依据。

本案例中的出资款约定分期缴纳,因此商誉金额也应当分次计算,各次增资中形成的商誉金额之和即最终交易全部完成后合并报表层面应确认的商誉金额。每一次出资所形成的商誉金额计算如下:

某次出资形成的商誉金额=本次对 B 公司出资金额−(本次出资后 A 公司

在 B 公司的可辨认净资产中所享有的份额—本次出资前 A 公司在 B 公司的净资产中所享有的份额）

其中：假设 B 公司各方股东约定按实缴出资比例确定在 B 公司的净资产和净损益中所享有的份额，则：

本次出资后 A 公司在 B 公司的可辨认净资产中所享有的份额=（本次出资前 B 公司可辨认净资产+本次 A 公司追加出资额）× 本次出资后 A 公司对 B 公司持股比例（按实缴出资比例计算，下同）

本次出资前 A 公司在 B 公司的可辨认净资产中所享有的份额=本次出资前 B 公司可辨认净资产 × 本次出资前 A 公司对 B 公司持股比例（注：首次出资前持股比例按零计算）

其中，上面各公式中的"B 公司可辨认净资产"均指以购买日（2019 年 5 月 30 日）的公允价值为基础持续计算到本次出资日的金额，即 A 公司合并报表层面体现的金额。

本次出资形成的商誉金额=本次 A 公司追加出资额—（本次出资后 A 公司在 B 公司的可辨认净资产中所享有的份额—本次出资前 A 公司在 B 公司的可辨认净资产中所享有的份额）

所有各次约定的增资全部完成后，最后以各次增资形成的商誉金额之和为合并报表层面最终确认的商誉金额。同时在每次增资完成后，对少数股权比例和份额进行相应的调整，少数股东权益的变动额在合并股东权益变动表中列入"所有者投入和减少资本——其他"项目。

四、案例分析

个别报表层面的处理相对简单，无偿受赠股权时不作账务处理，根据每次实际向 B 公司增资的金额计入长期股权投资成本即可，各次增资全部完成后，最终长期股权投资成本为 6 900 万元。

在合并现金流量表中，因为全过程中没有向合并范围以外的其他方（包括 B 公司原股东）支付现金，所以本次并购产生的现金净流出为零。在取得对 B 公司的控制权之日，按该日 B 公司的现金及现金等价物余额列入合并现金流量表中的"收到的其他与投资活动有关的现金"项目内。

五、案例小结

（1）实质重于形式。对购买方 A 公司而言，其取得 B 公司股权并非无偿，其所支付的合并对价是后续各次增资款中按股权比例计算归属于少数股东的部分。

（2）所有各次约定的增资全部完成后，最后以各次增资形成的商誉金额之和为合并报表层面最终确认的商誉金额。

（3）在个别报表层面的处理相对简单，无偿受赠股权时不作账务处理。

第十四节　收购少数股权与企业合并的关联性问题

一、案例背景

案例 10-15　A 公司取得了 B 上市公司 60% 的股权，从而控制了 B 公司（取得这 60% 的股权可能是通过一次交易完成的，也可能是通过分步收购交易完成的）。根据 B 公司上市地的证券监管规定和证券交易规则，A 公司在取得 B 公司的控制权后，应当向 B 公司的其他股东发出全面收购要约，以不低于收购该 60% 控股股权的价格收购剩余的 40% 股权，收购要约必须尽快发出，并且其有效期不得短于 30 日。

在要约有效期届满前，A 公司通过证券市场，以略低于要约收购价格的价格收购了 B 公司的 3% 股权（这部分股权的出售方可能基于节省利息支出的考虑，不等到要约期限届满即将其所持的股权出售给 A 公司）。在要约期限届满时，另有 B 公司股东根据该要约向 A 公司出售了原持有的 B 公司 30% 股权。要约期限届满之后，A 公司逐步收购了 B 公司剩余的 7% 股权，最终将 B 公司变为其全资子公司，B 公司的上市资格相应终止。

问题：通过要约收购取得少数股权的成本是否为企业合并成本的组成部分？

二、准则链接

《企业会计准则第 33 号——合并财务报表》（2014 年修订）第三十一条、第四十七条规定如下。

第三十一条　……（参见本章第六节）

第四十七条　……（参见本章第十二节）

三、疑点、难点分析

在本案例中，要约有效期届满前和届满时在收购要约框架内收购 B 公司

33%股权的交易与取得B公司的控制权是相关联的,因此应当作为企业合并交易的一部分进行会计处理。但在要约期限届满后收购剩余的7%股权的交易,由于不是基于要约作出的,不应认为与企业合并交易是相关联的,应作为收购少数股权的交易进行会计处理。

要约有效期届满前和届满时在收购要约框架内收购B公司33%股权的交易视为企业合并交易的一部分而不是收购少数股权的交易,因此只有收购最后7%股权的交易才按照关于收购少数股权的规定进行会计处理。

四、案例分析

在本案例中,相关会计处理在A公司合并报表层面应达到的效果如下(本案例中假设收购对价形式为现金,下同)。

(1)取得B公司60%股权,同时向B公司的其他股东授予卖出期权时。

借:B公司各项可辨认资产和负债(B公司可辨认净资产公允价值的100%,或在贷方)

商誉(暂时确认与B公司的100%权益对应的商誉)

贷:现金

负债(要约期限届满日所需支付的对价的公允价值)

(2)在要约的有效期限(30日)内,对上述分录中确认的负债计提利息支出(说明:因为期限较短,如果此期间内相关利息支出不重大的,也可以省略此笔分录)。

借:财务费用——利息支出

贷:负债

(3)在要约期限内收购B公司的3%股权,相应减少负债。

借:负债

贷:现金

(4)在要约期限届满后收购B公司的30%股权,相应减少负债。

借:负债

贷:现金

(5)要约期限届满后,剩余尚未收购的7%股权重分类为少数股东权益。

借:负债(该7%股权的要约收购价格)

贷:少数股东权益(购买日净资产公允价值的7%)

商誉(差额)

(6)要约期限届满后,逐步收购剩余的7%股权时。

借：少数股东权益
　　贷：资本公积（被收购的少数股权的账面价值与所支付的收购价款
　　　　　之间的差额，或在借方）
　　　　现金

五、案例小结

A 公司取得 B 上市公司的控制权，相应根据 B 公司上市地的证券监管规定和证券交易规则触发了全面收购要约义务，以不低于收购该 60% 控股股权的价格收购剩余的 40% 股权。相关证券监管规定和证券交易规则对发出全面收购要约的规定事实上授予 B 公司的其他股东一项卖出期权，其行权价格不低于 A 公司取得 B 公司控制权的交易价格。尽管该项卖出期权不是通过 A 公司与 B 公司的其他股东之间的合同而授予 B 公司其他股东的，但确属一项在法律上可以强制执行的权利，相应演变成了一项嵌入于 B 公司其他股东所持 B 公司股权之中的合同权利，因而该项期权的授予和行使不可避免地与 A 公司取得 B 公司控制权的企业合并交易发生关联。但上述分析并不适用于在要约期限届满后收购剩余的 7% 的 B 公司股权的交易。

虽然在要约期限内通过证券市场收购 B 公司 3% 股权的交易不是少数股东行使前述卖出期权的结果，但该项交易仍然是与企业合并交易相关联的，因为本质上这是期权的提前行权，并且所支付的价格是与期权的行权价格相关联的。

对于相关联的交易，应当基于其经济实质确定会计处理方法。如前面所分析的，A 公司通过收购 B 公司的 60% 股权，不仅仅取得了对 B 公司的控制权，而且作为该项交易对价的一部分，A 公司同时授予了 B 公司的其他股东一项卖出期权，因而导致在合并财务报表层面产生了一项负债，金额等于该项期权被行使时所需支付的对价的公允价值。

《企业会计准则第 33 号——合并财务报表（2014 年修订）》规定在合并资产负债表上应将少数股东权益作为股东权益的一部分予以单独列示。但是，根据《企业会计准则第 37 号——金融工具列报》的有关规定，向其他方交付现金或其他金融资产的合同义务构成一项金融负债。虽然如前面所分析的，该项卖出期权可能被认定为法定义务而不是合同义务（根据《企业会计准则第 22 号——金融工具确认和计量》规定，金融工具本质上是合同），但是该项法定义务事实上导致 A 公司与 B 公司的其他股东之间产生了合同关系，故应当按照金融工具会计准则进行处理。

第十章　企业合并准则

第十五节　非同一控制下合并认缴与实缴资本比例不一致且附有增资承诺的会计处理

一、案例背景

案例 10-16　A 公司系 X 公司、Y 公司共同出资设立的合资公司，注册资本为 3 000 万元，X 公司认缴出资金额为 1 470 万元，占注册资本的 49.00%；Y 公司认缴出资金额 1 530 万元，占注册资本的 51.00%。

A 公司设立时，公司章程中对缴付出资作出如下约定：成立日后 3 个月内缴付 15% 注册资本；成立日后 2 年内缴付剩余 85% 的注册资本；股东双方应基本同时出资，如果一方未履行出资义务，另一方亦无义务进行出资。另外，章程中没有对出资未到位情况下利润分配方式和比例进行约定。

根据 2021 年 11 月签订的《股权转让协议》，X 公司以 780 万元从 Y 公司受让 A 公司 26.00% 的股权（折合股本 780 万元），其中 X 公司向 Y 公司支付现金 406.79 万元，代为缴纳资本金 373.21 万元，转让后 X 公司持有 A 公司股权比例为 75.00%。《股权转让协议》要求 X 公司于 2022 年 6 月完成出资。

A 公司于 2022 年 3 月通过《章程修正案》，变更后的章程仍然未对出资未到位情况下利润分配方式和比例进行约定。至此上述《股权转让协议》中的存量股权转让条款履行完毕。A 公司于 2022 年 4 月变更工商登记。

X 公司管理层认为 X 公司于 2022 年 3 月取得 A 公司控制权。

双方实际缴纳出资情况见表 10-10。

表 10-10　双方实际缴纳出资情况明细表

单位：万元

股东	2020 年 12 月 31 日	占比	2021 年 12 月 31 日	占比	2022 年 3 月 31 日	占比	2022 年 5 月 31 日	占比
X	220.50	48.03%	1 102.50	48.80%	1 102.50	48.80%	1 509.29	66.80%
Y	238.59	51.97%	1 156.79	51.20%	1 156.79	51.20%	750.00	33.20%
合计	459.09	100.00%	2 259.29	100.00%	2 259.29	100.00%	2 259.29	100.00%

2022 年 3 月 31 日前，X 认缴股比为 49%，Y 认缴股比为 51%；2022 年 3

月 31 日存量股权转让完成后，X 认缴股比为 75%，Y 认缴股比为 25%。

双方已认缴但尚未实缴出资情况见表 10-11。

表 10-11　双方已认缴但尚未实缴出资情况

股东	2020 年 12 月 31 日	占比	2021 年 12 月 31 日	占比	2022 年 3 月 31 日	占比	2022 年 5 月 31 日	占比
X	1 249.50	49.18%	367.50	49.61%	367.50	49.61%	740.71	100.00%
Y	1 291.41	50.82%	373.21	50.39%	373.21	50.39%	—	0.00%
合计	2 540.91	100.00%	740.71	100.00%	740.71	100.00%	740.71	100.00%

问题：本次并购的购买日如何确定？在计算商誉和少数股东权益时，被购买方的可辨认净资产是否应将股东未缴出资款包含在内？

二、准则链接

1.《中华人民共和国公司法》（2018 年修订）

《中华人民共和国公司法》（2018 年修订）第三十四条规定，在实缴资本比例和认缴资本（注册资本）比例不一致期间的损益分配和净资产归属问题，如果股东之间对此作出了明确约定的，应按股东之间的约定办理；没有约定或约定不明确的，则按实缴资本比例分享收益或分担亏损，剩余净资产份额也按实缴资本比例分配给各股东。

2.《企业会计准则第 33 号——合并财务报表》（2014 年修订）第四十七条

第四十七条　……（参见本章第十二节）

3.《企业会计准则第 13 号——或有事项》第八条

第八条　待执行合同变成亏损合同的，该亏损合同产生的义务满足本准则第四条规定的，应当确认为预计负债。

待执行合同，是指合同各方尚未履行任何合同义务，或部分地履行了同等义务的合同。

亏损合同，是指履行合同义务不可避免会发生的成本超过预期经济利益的合同。

三、疑点、难点分析

首先明确讨论前提，以下讨论均将建立在以下各项假设的基础上。

（1）被购买方（A 公司）在权益法核算期间和购买日，其各项可辨认净资产的公允价值和账面价值均一致，不考虑两者不一致可能导致的公允价值调整问题。

（2）该交易的条款是彼此独立的非关联方之间的公允交易，不考虑其中可能涉及的交易条件不公允、关联方代付部分交易对价等因素。

（3）将购买日确定为 2015 年 3 月，符合购买日定义和判断条件的规定（以下分析中另有说明和假设者除外）。

（4）股东之间对实缴资本比例与认缴资本比例不一致期间的损益分配和净资产归属问题无明确约定。

（5）虽然 A 公司目前处于累计亏损状态，但预计股权投资的可收回金额不低于其原始实缴出资额，因而尚未履行的增资承诺对 X 公司而言不会构成一项"亏损合同"。

基于上述前提下，在本案例中，鉴于"根据 2021 年 11 月签订的《股权转让协议》，X 公司以 780 万元从 Y 公司受让 A 公司 26.00% 的股权（折合股本 780 万元），其中 X 公司向 Y 公司支付现金 406.79 万元，代为缴纳资本金 373.21 元"，X 公司支付合并对价包括两种形式：向原股东支付存量股份的受让价款和通过增资方式获取增量股份。

四、案例分析

案例 10-16 可以分为以下两种情况讨论。

（1）如果存量股权转让价款支付和缴足已承诺的认缴资本这两部分对价的支付事实上构成一揽子交易的（即同时满足以下条件：①这两者系同时谈判确定，在同一份股权转让协议中一并约定；②在该协议中，对增资的期限、方式、每股增资价格等要素均已作出明确约定，增资约定具有可操作性；③协议约定只有在这两部分对价都已经实际支付或缴纳完毕后，X 公司才能取得对 A 公司的控制权），则应在完成股权转让款支付和增资款缴纳后，以增资款缴纳完成的日期作为购买日，同时在该日计算合并成本、少数股东权益、归属母公司股东的权益和商誉的金额时，均包含这部分增资金额在内；相应地，购买日对被购买方的持股比例按 75% 计算，即相当于在合并报表层面，在购买日直接按照分次交易实现非同一控制下的企业合并的处理原则处理。

（2）如果存量股权转让价款支付和缴足已承诺的认缴资本这两部分对价

的支付不构成一揽子交易，且股东双方（X公司、Y公司）均认可尚未履行的增资款缴纳义务不影响X公司取得对A公司的控制权的，X公司在支付了存量股份的受让价款之后即可取得对A公司的控制权，那么在购买日计算合并成本、少数股东权益、归属母公司股东的权益和商誉的金额时，均不考虑这部分尚未实际缴纳的出资，且购买日对被购买方的持股比例按实缴资本比例（66.80%）计算。在购买日后X公司履行该出资义务时，在X公司的个别报表层面应按实际缴纳的出资额增加对A公司的长期股权投资的账面价值，在X公司的合并报表层面应作为购买少数股东权益按照"权益性交易"原则处理，将增资金额与增资前后相比在A的净资产中所享有份额的增量之间的差额调整资本公积，资本公积不足冲减的，调整留存收益。

五、案例小结

如果被投资方股东的认缴出资比例和实缴出资比例一致，权益比例无论是按照认缴出资比例确定还是按照实缴出资比例确定都是相同的。

如果被投资方股东的认缴出资比例和实缴出资比例不一致，那么对于实收资本和留存收益变动的权益比例可能不同，被投资方不同财务状况和经营业绩下的权益比例也会不同。

（一）报告期内被投资方累计盈利，对于其累计盈利部分的变动

权益比例用于界定被投资方各股东在被投资方享有的权益份额。当报告期内被投资方累计盈利，对于其累计盈利部分的变动，投资方从被投资方分取红利的权利能够代表其在被投资方享有的权益，因此分红比例即权益比例。

根据《公司法》第三十四条可知，如果全体股东约定不按照出资比例分红，那么分红比例按照全体股东的约定确定，即权益比例按照全体股东的约定确定；如果全体股东约定按照出资比例分红，或者没有对分红比例进行约定，那么分红比例按照实际出资比例确定，即权益比例按照实缴出资比例确定。

（二）报告期内被投资方累计亏损，对于其累计亏损部分的变动

当报告期内被投资方累计亏损，对于其累计亏损部分的变动，被投资方无法进行分红。此时，投资方实际上是以其出资额在承担被投资方的亏损，投资方承担被投资方亏损的义务代表其在被投资方享有的权益，承担义务的比例即权益比例。

根据《公司法》第三条，投资方是以认缴的出资额为限对被投资方承担责任的。因此，如果全体股东没有其他约定，那么权益比例按照认缴出资比

例确定；如果全体股东有其他约定，那么权益比例按照全体股东的约定确定。

（三）报告期内被投资方由累计盈利转变为累计亏损或者相反

报告期内被投资方由累计盈利转变为累计亏损，或者由累计亏损转变为累计盈利，参照前文所述，在全体股东没有其他约定的情况下，累计亏损部分，权益比例按照认缴出资比例确定；累计盈利部分，权益比例按照实缴出资比例确定。如果全体股东有其他约定，则遵其约定。

第十六节　非同一控制下企业合并购买价格的分摊问题

一、案例背景

案例 10-17　2020 年 3 月，A 公司通过非同一控制下的企业合并取得了 B 公司 70% 的股权，并对其具有控制权。购买日 B 公司的资产中包含一项对联营企业 C 的长期股权投资。

问题：在非同一控制下的企业合并中，企业如何将购买价格分摊到被购买方对其合营、联营企业的长期股权投资？

二、准则链接

1.《企业会计准则第 20 号——企业合并》第十三条、第十四条

第十三条　购买方在购买日应当对合并成本进行分配，按照本准则第十四条的规定确认所取得的被购买方各项可辨认资产、负债及或有负债。

（一）购买方对合并成本大于合并中取得的被购买方可辨认净资产公允价值份额的差额，应当确认为商誉。

初始确认后的商誉，应当以其成本扣除累计减值准备后的金额计量。商誉的减值应当按照《企业会计准则第 8 号——资产减值》处理。

（二）购买方对合并成本小于合并中取得的被购买方可辨认净资产公允价值份额的差额，应当按照下列规定处理：

1.对取得的被购买方各项可辨认资产、负债及或有负债的公允价值以及合并成本的计量进行复核；

2.经复核后合并成本仍小于合并中取得的被购买方可辨认净资产公允价值份额的,其差额应当计入当期损益。

第十四条 ……(参见第九章第九节)

2.《企业会计准则第2号——长期股权投资》(2014年修订)第十条

第十条 ……(参见第九章第六节)

三、疑点、难点分析

在非同一控制下的企业合并中,被购买方对其联营企业的长期股权投资于购买日的公允价值应按照被购买方所持该联营企业的股权的整体公允价值为基础确定,这是由于被购买方对其联营企业的资产和负债并不具有像对子公司的资产、负债那样的控制权。这意味着任何与该联营企业相关的"商誉"的价值将体现于购买日所确认的"长期股权投资——被购买方之联营企业"的初始计量金额中,而不是体现于购买方于购买日所确认的商誉中。购买日之后,上述于购买日确定的对联营企业长期股权投资的公允价值将会事实上成为对该联营企业的后续权益法核算中的成本基础。

如果出现合并成本小于合并中取得的被购买方可辨认净资产公允价值份额的情况,购买方首先应当对取得的被购买方各项可辨认资产、负债及或有负债的公允价值以及合并成本的计量进行复核;如果经复核后合并成本仍小于合并中取得的被购买方可辨认净资产公允价值份额,购买方才能将该差额作为负商誉计入当期损益。因此,在出现合并成本小于合并中取得的被购买方可辨认净资产公允价值份额的情况时,企业也需要对通过合并所取得的该项对联营企业的长期股权投资的公允价值(如前所述,系该项长期股权投资所对应的该联营企业的股权的整体公允价值)进行复核,以确定不存在被高估的情况。

四、案例分析

在案例10-17中,A公司于取得对B公司控制权的购买日所确认的商誉仅针对B公司本身,并不包含与B公司的联营企业C相关的商誉。联营企业C的商誉或负商誉将在其股权的市场公允价值中体现出来,体现于对该联营企业的长期股权投资的账面价值中。

在非同一控制下的企业合并中,购买方对所获得的被购买方各项可辨认资产、负债按照其在购买日的公允价值进行计量。就对可辨认资产进行确认和计量之目的而言，取得一项对联营企业的长期股权投资与取得一项归类为交易性金融资产的股权投资，其初始确认和计量原则并没有区别，因为购买方所取得的是一项投资资产，而不是其所对应的被投资企业的各项资产和负债。这与取得一项对子公司的股权投资不同。取得一项对子公司的股权投资，意味着取得了该项股权投资所对应的该子公司各项资产和负债，因而需要单独确定各项资产和负债于购买日的公允价值。

五、案例小结

合并对价分摊，简单来说是指符合企业合并准则的非同一控制下企业合并的成本，在取得的可辨认资产（包括各类可辨认无形资产）、负债及或有负债之间的分配，并确定被合并企业商誉价值的过程。

合并对价分摊目的的评估是通过识别被购买方的各项资产和负债，包括未在被收购企业资产负债表上反映的资产和负债，评估企业合并中取得的被购买方的各项资产和负债的公允价值，将合并对价在取得的被购买方可辨认资产（包括各类可辨认无形资产）、负债及或有负债的公允价值进行分配，同时考虑递延所得税资产或负债的影响，其分配差额为商誉。企业合并成本大于合并中取得的被购买方可辨认净资产公允价值份额的差额，应确认为商誉；小于合并中取得的被购买方可辨认净资产公允价值份额的差额，应计入合并当期损益。

非同一控制下的吸收合并，购买方在购买日应当按照合并中取得的被购买方各项可辨认资产、负债的公允价值确定其入账价值，确定的企业合并成本与取得被购买方可辨认净资产公允价值的差额，应确认为商誉或计入当期损益。

对联营或合营企业的投资自其成为联营或合营企业之日起采用权益法进行会计处理。取得投资时，投资成本和主体享有的联营或合营企业的可辨认资产和负债的公允价值净额之间的任何差额，按照以下方法进行会计处理：①与联营或合营企业相关的商誉包括在投资的账面金额中，该商誉不允许摊销；②任何主体享有的联营或合营企业的可辨认资产和负债的净公允价值份额超出投资成本的部分，应在取得投资期间确定主体所享有的联营或合营企业的损益时包括在收益中。

第十七节 非同一控制下企业合并中客户关系的确认问题

一、案例背景

案例 10-18 2020 年 3 月 A 公司准备收购一家网络科技公司 80% 的股权，双方约定并购日为 2020 年 3 月 31 日。该网络科技公司最大的资源是有稳定的"客户关系"，其与国外的智能电子产品生产销售商建立了长期合作伙伴关系，并且与相关客户签订了未来 5 年的销售合同，但"客户关系"没有在其报表上体现。

问题：A 公司是否可以将该网络科技公司的客户关系确认为无形资产？如果可以，应如何确认？

二、准则链接

（1）《企业会计准则第 20 号——企业合并》第十四条规定如下。

第十四条 ……（参见第六章第九节）

（2）依据企业会计准则，在编制非同一控制下企业合并中购买方的合并报表时，对被购买方自身合并报表中的商誉和递延所得税资产（负债）都是不予考虑的，购买方应站在购买方的立场上重新计算（参见下述思路与提示），即根据准则规定的公式重新计算购买日合并报表层面应确认的商誉和递延所得税资产（负债），而不考虑被购买方自身账面上这些项目的原有金额。

（3）《企业会计准则解释第 5 号》第一条规定："非同一控制下企业合并中，购买方在对企业合并中取得被购买方资产进行初始确认时，应当对被购买方拥有的但在其财务报表中未确认的无形资产进行充分辨认和合理判断，满足以下条件之一的，应确认为无形资产：（一）源于合同性权利或其他法定权利；（二）能够从被购买方中分离或者划分出来，并能够单独或与相关合同、资产和负债一起，用于出售、转移、授予许可、租赁或交换。企业应当在附注中披露在非同一控制下的企业合并中取得的被购买方无形资产的公允价值及其公允价值的确定方法。"

（4）《企业会计准则第 6 号——无形资产》第三条、第四条规定如下。

第三条　无形资产，是指企业拥有或者控制的没有实物形态的可辨认非货币性资产。

资产满足下列条件之一的，符合无形资产定义中的可辨认性标准：

（一）能够从企业中分离或者划分出来，并能单独或者与相关合同、资产或负债一起，用于出售、转移、授予许可、租赁或者交换。

（二）源自合同性权利或其他法定权利，无论这些权利是否可以从企业或其他权利和义务中转移或者分离。

第四条　无形资产同时满足下列条件的，才能予以确认：

（一）与该无形资产有关的经济利益很可能流入企业；

（二）该无形资产的成本能够可靠地计量。

三、疑点、难点分析

购买方在购买日应当对合并成本进行分配，确认所取得的被购买方各项可辨认资产、负债及或有负债。合并中取得的被购买方除无形资产以外的其他各项资产（不仅限于被购买方已确认的资产），其所带来的经济利益很可能流入企业且公允价值能够可靠计量的，应当单独予以确认并按照公允价值计量。合并中取得的满足"可辨认性标准"的无形资产，其公允价值能够可靠地计量的，应当单独确认为无形资产并按照公允价值计量。

四、案例分析

在非同一控制下企业合并中，对被购买方的符合"可辨认性标准"且公允价值能够可靠计量的无形项目，可以确认为无形资产。满足该条规定可单独确认的被购买方无形资产，实务中常见的如：①技术类无形资产，被购买方自行开发的专利权、非专利技术等；②营销类无形资产，被购买方所拥有的驰名商标和商号名、业务渠道和客户资源等；③许可类无形资产，购买方依据《行政许可法》相关规定取得的资质等行政许可［满足条件（一）］。本案例中，被购买方的客户关系，一般而言符合前述条件，应该将其单独确认为无形资产，相应地减少购买日所确认的商誉。

对于所确认的被购买方无形资产，后续应谨慎评估其使用寿命，对使用寿命有限的无形资产需要将其于购买日的初始确认金额（购买日公允价值）在其使用寿命内摊销（这部分摊销金额也将起到抵减以后年度利润的效果），并在出现减值迹象时进行减值测试，对可以收回金额低于账面价值的差额计提减值准备。

就本案例中客户关系的摊销年限的确定，建议：

（1）审核、核实、验证（或佐证）本案例涉及的客户关系清单的真实性。

（2）在（1）的基础上，通过交叉比对相关商标、客户关系合同期限、适用的相关法律认定的有效期（自购买日起，而不是自交易估值报价日起）及因本次并购可能签署的补充协议或作废的合同（或条款）的影响，就本案例而言，通常应咨询相关领域法律专家并执行利用专家审计工作程序。在法定有效年限和合同年限二者之间取短者。

（3）在执行（1）和（2）的同时考虑相关客户关系在交易估值报价阶段可能符合独立于商誉确认的无形资产的条件，但并不必然代表相关商标、客户关系在购买日及以后仍然符合该等条件。因此，应对相关客户关系就并购交易前后的变化执行必要评估审核，如结合相关并购前后相关客户关系保持等信息复核第三方（或A公司自评的，但最好是有权威认可的第三方外部证据）就客户关系在购买日估值的假定前提、估值输入参数等，重点关注对估值影响较大的因素，如由并购交易导致的可持续性和波动性影响等。

五、案例小结

对于客户资源或客户关系，只有在合同或其他法定权利支持，确保企业在较长时期内获得稳定收益且能够核算价值的情况下，才能确认为无形资产。如果企业无法控制客户关系、人力资源等带来的未来经济利益，则不符合无形资产的定义，不应将其确认为无形资产。企业在开拓市场过程中支付的正常营销费用，或仅从出售方购买了相关客户资料，而客户并未与上述出售方签订独家或长期买卖合同，即在没有明确合同或其他法定权利支持的情况下，"客户资源"或"客户关系"通常理解为发行人为获取客户渠道而发生的费用。若确认为无形资产，企业应详细说明确认的依据，是否符合无形资产的确认条件。

对于非同一控制下企业合并中无形资产的识别与确认，根据证监会发布的《2013年上市公司年报会计监管报告》的有关要求，购买方在初始确认企业合并中购入的被购买方资产时，应充分识别被购买方拥有的但在其财务报表中未确认的无形资产,对于满足会计准则规定确认条件的,应当确认为无形资产。

另外,在非同一控制下的企业合并中,如果被购买方在企业合并之前已经确认的商誉和递延所得税项目,购买方在对企业合并成本进行分配、确认合并中取得可辨认资产和负债时不应予以考虑。

第十八节 分步购买实现非同一控制下企业合并的会计处理

一、案例背景

案例 10-19 A 公司(非上市公司)原持有 B 公司 12.01% 的股份,两公司进行换股,使 A 公司持有 B 公司 100% 的股份,B 公司股东进入 A 公司。评估基准日 2021 年 4 月 30 日,B 公司净资产评估值 37 468.62 万元,每股净资产评估值 3.9 元;A 公司净资产评估值 40 249.11 万元,每股净资产评估值 4.02 元。

2021 年 9 月 8 日,B 公司新增注册资本 256.41 万元、资本公积 743.59 万元,由 A 公司投入,变更后 B 公司的注册资本为 9 871.85 万元,A 公司出资 1 410.87 万元,持股比例 14.29%,其他全部为个人股东。

2021 年 7 月,A 公司将资本公积转增实收资本,股本由 10 000 万股变为 12 660 万股。

2021 年 12 月 29 日,A 公司、B 公司换股成功。A 公司验资时,以 B 公司 2021 年 4 月 30 日的净资产评估值为参考价值,个人股东将 32 114.35 万元 [37 468.62×(1-14.29%)] 投入 A 公司,其中 10 101.45 万元入实收资本、22 012.90 万元入资本公积,A 公司以 32 114.35 万元作为长期股权投资的入账成本。A 公司股本变为 22 761.45 万股。

问题:A 公司应如何进行相关会计处理?

二、准则链接

1.《企业会计准则第 2 号——长期股权投资》(2014 年修订)第五条、第十四条

第五条 ……(参见本章第八节)

第十四条 ……（参见第九章第六节）

2.《企业会计准则第 33 号——合并财务报表》（2014 年修订）第四十八条

第四十八条 企业因追加投资等原因能够对非同一控制下的被投资方实施控制的，在合并财务报表中，对于购买日之前持有的被购买方的股权，应当按照该股权在购买日的公允价值进行重新计量，公允价值与其账面价值的差额计入当期投资收益；购买日之前持有的被购买方的股权涉及权益法核算下的其他综合收益等的，与其相关的其他综合收益等应当转为购买日所属当期收益。购买方应当在附注中披露其在购买日之前持有的被购买方的股权在购买日的公允价值、按照公允价值重新计量产生的相关利得或损失的金额。

3.《企业会计准则第 20 号——企业合并》第十一条

第十一条 购买方应当区别下列情况确定合并成本：
（一）一次交换交易实现的企业合并，合并成本为购买方在购买日为取得对被购买方的控制权而付出的资产、发生或承担的负债以及发行的权益性证券的公允价值。
（二）通过多次交换交易分步实现的企业合并，合并成本为每一单项交易成本之和。
（三）购买方为进行企业合并发生的各项直接相关费用也应当计入企业合并成本。
（四）在合并合同或协议中对可能影响合并成本的未来事项作出约定的，购买日如果估计未来事项很可能发生并且对合并成本的影响金额能够可靠计量的，购买方应当将其计入合并成本。

三、疑点、难点分析

在本案例中，A 公司是非同一控制下企业合并交易中的购买方。其持有 B 公司 100% 股权是通过分次购买交易实现的（原持有 12.01% 股权，2011 年 9 月增持 2.28%，2011 年 12 月 29 日通过换股取得剩余的 85.71%）。因此，其会计处理应当分别遵循关于分步购买实现非同一控制下企业合并的会计处理规定。

第十章　企业合并准则

四、案例分析

（一）个别报表层面长期股权投资成本的确定

非同一控制下企业合并中，合并成本为购买方在购买日为取得对被购买方的控制权而付出的资产、发生或承担的负债以及发行的权益性证券的公允价值。因此，就最后一步导致取得控制权的换股交易而言，该步交易中的合并成本应当为 A 公司所发行的权益性证券（10 101.45 万股）于购买日（2021年12月29日）的公允价值。A 公司目前还不是上市公司，所以其于购买日的每股公允价值，可以基准日评估值（每股 4.02 元）为基础，就 2021 年 5—12 月其因经营积累等原因导致的净资产变动因素作出调整后确定（在测算 2021 年 5—12 月其因经营积累等原因导致的净资产变动因素的影响时，也应考虑在基准日各项可辨认资产的评估增减值在该期间的折旧、摊销等影响予以调整）。

A 公司个别报表层面对 B 公司长期股权投资的期末账面价值等于原取得 12.01% 股权的成本加上原增持 2.28% 股权的成本（1 000 万元）再加上按上述方法确定的本次增发股份于购买日的公允价值。

如果原先 A 公司对 B 公司持股比例为 12.01% 和 14.29% 期间，A 公司对 B 公司无控制、共同控制或重大影响，将该项股权投资作为金融资产核算，且按公允价值进行后续计量的，则 A 公司个别报表层面对 B 公司长期股权投资的期末账面价值＝购买日前原持有的 14.29% 股权于购买日的公允价值＋按上述方法确定的本次增发股份于购买日的公允价值。按此方法确定的长期股权投资入账价值与下文所述合并报表层面的合并成本应当基本一致。

（二）合并报表层面的处理原则

A 公司在合并报表层面，应对购买日前原持有的 14.29% 股权按照购买日公允价值（以基准日评估值每股 4.02 元为基础，按上一部分所述方法就其于 2021 年 5—12 月因经营积累等原因导致的净资产变动因素作出调整后确定）重新计量，该公允价值与原投资账面价值之间的差额计入当期投资收益；以该公允价值和按照前一部分方法确定的新发股份公允价值之和为非同一控制下企业合并的合并成本，该合并成本与 2021 年年末 B 公司可辨认净资产公允价值之间的差额（需调整评估增减值对应的递延税项影响）确认为商誉或者负商誉。

对于购买日之前持有的被购买方的股权投资指定为以公允价值计量且其

变动计入其他综合收益的金融资产的,该金融资产在购买日的公允价值与账面价值之差以及累计计入其他综合收益的部分均在购买日转入留存收益;购买日之前的股权投资以权益法核算,因被投资方持有以公允价值计量且其变动计入其他综合收益的金融资产,投资方按照持股比例确认其应分享的部分计入其他综合收益的,应当采用与被投资单位直接处置相关资产或负债相同的基础进行处理。

五、案例小结

企业通过多次交易分步取得同一控制下被投资单位的股权,最终形成企业合并的,应当判断多次交易是否属于"一揽子交易"。多次交易的条款、条件以及经济影响符合以下一种或多种情况,通常表明应将多次交易事项作为"一揽子交易"进行会计处理:①这些交易是同时或者在考虑了彼此影响的情况下订立的;②这些交易整体才能达成一项完整的商业结果;③一项交易的发生取决于其他至少一项交易的发生;④一项交易单独来看是不经济的,但是和其他交易一并考虑时是经济的。

第十九节 追加投资形成控制的交易性质判断及会计处理

一、案例背景

案例 10-20 2020 年 1 月,A 公司以 5 000 万元对 B 公司进行增资(本次增资前 A 公司与 B 公司、B 公司原股东均无关联关系),其中 220 万元计入 B 公司的实收资本,其余计入资本公积,增资后 A 公司持有 B 公司 10% 的股权。A 公司与 B 公司、B 公司原股东就该次增资协议约定:B 公司原股东承诺并保证,在协议签订前,其持有的股权完全由其合法持有、不存在任何瑕疵。若违反承诺与保证给 A 公司造成损失的,由 B 公司原股东承担违约赔偿责任。B 公司原股东承诺后续引入投资人的增资价格不低于本轮投资后估值(5 亿元),若低于本轮价格,原股东承诺以现金或股权的方式补偿 A 公司,以保证 A 公司调整后的增资价格不高于新投资人的增资价格。

A 公司将该 5 000 万元的增资作为以公允价值计量且其变动计入损益的金融资产核算,但该项权益性投资符合"用以确定公允价值的近期信息不足,或者公允价值的可能估计金额分布范围很广,而成本代表了该范围内对公允价值的最佳估计"的条件,故A公司后续计量中以成本计量。

B公司原股东对B公司出资存在瑕疵和隐瞒了B公司的子公司对外引进投资者并签署业绩对赌事项,导致B公司原股东持有B公司的股权存在瑕疵而造成对A公司违约,A公司与B公司原股东协商因此承担的违约赔偿责任。在协商过程中,A公司提出由B公司原股东按原价5 000万元回购A公司持有的B公司10%股权。由于B公司原股东资金紧张,A公司考虑到B公司的产品与A公司产品存在协同效应,仍希望能继续投资B公司,故协商由A公司补足B公司原股东的出资瑕疵800万元,双方重新商定B公司股权价格,由创始股东用其持有的58.776%股份作价5 800万元,偿还应支付A公司的回购股权款5 000万元及800万元的代付补足出资瑕疵款。但签订合同体现为按照新确认的投资比例减去之前的10%作为新增股权,以800万元作为新增股权转让对价,于2020年3月与原创始股东签署了股权转让协议。

2022年3月,A公司与B公司原股东签署《股权转让协议》,以800万元受让原股东所持B公司共计48.776%的股权。根据2021年12月,A公司与B公司及全体股东签署的协商备忘录记录:① 800万元股权对价最终应支付至B公司账户,用于解决原股东因历史出资瑕疵形成的借款问题,此后,原股东认缴资本(含本次股权转让后其仍然保留的部分股权的出资)如仍被认为存在任何出资瑕疵,则该等瑕疵均由A公司负责解决、承担;②该笔800万元股权转让对价的商定主要是基于原股东作为创始团队对于A公司的补偿性考量。

2019年至2021年B公司连续亏损,A公司对B公司的投资进行了减值测试。以2021年12月31日为评估基准日对B公司全部股东权益进行评估,B公司全部股东权益的评估值为10 399.89万元。A公司根据2021年12月的协商备忘录及2022年3月(年度财务报表报出前)的股权转让协议,按原投资成本和新受让的补偿性股权成本之和5 800万元,与按修正后的股权比例58.776%的可收回金额为6 112.64万元进行了减值测算,因可收回金额大于取得成本,故2021年未计提减值准备。

问题:A公司追加取得B公司股权形成控制是否构成一揽子交易?如何进行会计处理?

二、准则链接

(1)《企业会计准则第33号——合并财务报表》(2014年修订)第五十一条规定如下。

第五十一条 ……（参见第九章第一节）

（2）《企业会计准则讲解（2010）》规定，某些情况下，合并各方可能在合并协议中约定，根据未来一项或多项或有事项的发生，购买方通过发行额外证券、支付额外现金或其他资产等方式追加合并对价，或者要求返还之前已经支付的对价。购买方应当将合并协议约定的或有对价作为企业合并转移对价的一部分，按照其在购买日的公允价值计入企业合并成本。根据《企业会计准则第 37 号——金融工具列报》《企业会计准则第 22 号——金融工具确认和计量》以及其他相关准则的规定，或有对价符合权益工具和金融负债定义的，购买方应当将支付或有对价的义务确认为一项权益或负债；符合资产定义并满足资产确认条件的，购买方应当将符合合并协议约定条件的、可收回的部分已支付合并对价的权利确认为一项资产。

购买日后 12 个月内出现对购买日已存在情况的新的或者进一步证据而需要调整或有对价的，应当予以确认并对原计入合并商誉的金额进行调整；其他情况下发生的或有对价变化或调整，应当区分以下情况进行会计处理：或有对价为权益性质的，不进行会计处理；或有对价为资产或负债性质的，按照企业会计准则有关规定处理，如果属于《企业会计准则第 22 号——金融工具的确认和计量》中的金融工具，应采用公允价值计量，公允价值变化产生的利得和损失应按该准则规定计入当期损益或计入资本公积；如果不属于《企业会计准则第 22 号——金融工具的确认和计量》中的金融工具，应按照《企业会计准则第 13 号——或有事项》或其他相应的准则处理。

三、疑点、难点分析

2020 年的"增资协议"和 2022 年 A 公司与 B 公司原股东签订的"股权转让协议"从时间上相隔一年，且两个协议不是一并谈判形成的，并非为了达成同一个商业目的，即使 A 公司最初存在通过分期收购股权达到控制 B 公司的目的，但并没有在协议条款上作出实施步骤的实质约定，这两个协议并非互为前提（不签订后续股权转让协议不会导致"增资协议"失效，或者失去商业意义）。虽然"第二次考虑了第一次交易的影响下订立的，第二次交易的发生完全决定于第一次交易的发生"，但并不表明第一次交易是在考虑第二次交易的影响下订立的。2021 年 A 公司增资取得 B 公司 10% 股权时，并未有进一步收购或增资以取得 B 公司控制权的明确计划，因此并无充分证据表明前后两次交易构成一揽子交易。

第十章 企业合并准则

四、案例分析

（一）原 10% 股权的处理

1. 初始确认和计量

原 2020 年度的增资协议有约定原股东保证未来引入投资人的增资价格不低于本轮投资后估值（5 亿元），若低于本轮价格，原股东承诺以现金或股权的方式补偿 A 公司，该类保证条款构成了 A 公司取得 B 公司股权的或有对价。与联营企业的长期股权投资（或三无投资）的取得相关的或有对价会计处理问题，会计准则无明确规定，一般可参照非同一控制下企业合并的或有对价处理原则处理。

本案例中，A 公司基于增资协议中的上述保证条款的约定，从 B 公司原股东处可取得的补偿，在初始确认时按或有对价于投资日的公允价值计入以公允价值计量且其变动计入当期损益的金融资产，按照支付的对价扣减该或有对价的公允价值的差额作为取得 10% 股权的初始投资成本。如果是在 12 个月内（即 2021 年 1 月之前）发现在原投资日（2020 年 1 月）已存在原股东违约的情况，则应调整取得 10% 股权的初始投资成本，否则不应调整初始投资成本。

在实务中，通常在投资日无法合理估计 B 公司日后引入新投资者的估值。所以在投资日，该项或有对价的公允价值一般为 0，取得 B 公司 10% 股权的投资成本即为 5 000 万元。

2. 后续计量

投资后 B 公司持续亏损，表明该权益投资存在减值迹象。如果是作为长期股权投资，则在持有该投资期间，A 公司应当对该权益投资进行减值测试；如果是作为以公允价值计量且其变动计入损益的金融资产核算，则 A 公司应确认其公允价值变动损失。

需要说明的是，2022 年 3 月（尚在 2022 年度财务报告的期后事项期间）A 公司与原股东签订了收购股权的正式协议，该补偿不能纳入对原 10% 股权投资的可收回金额，而应作为或有对价的价款。

以 B 公司 2021 年 12 月 31 日全部股东权益的公允价值 10 399.89 万元为基础，原持有的 10% 股权的公允价值为 1 039.99 万元，假定该金额为权益投资的可收回金额，应将该股权投资的价值减记至 1 039.99 万元，原账面价值与 1 039.99 万元的差异计入当期资产减值损失（如作为长期股权投资核算）或者公允价值变动损益（如作为以公允价值计量且其变动计入损益的金融资产核算）。同时，A 公司对可收到的原股东补偿款的公允价值与账面价值的差额作为或有对价的公允价值变动，计入公允价值变动损益。

（二）2022年进一步投资取得B公司控制权的处理

无论之前的10%股权是按照长期股权投资还是按照金融资产核算，本次通过追加投资形成对B公司的控制，应按原投资公允价值与本次支付的对价之和并考虑或有对价确定合并成本。在合并报表中，合并成本与A公司享有B公司购买日可辨认资产、负债公允价值份额的差额确认为商誉（或负商誉）。在不考虑A公司取得控制权而发生的相关税费的情况下，应以原持有的10%股权于购买日的公允价值和本次增持的48.776%股权公允价值之和作为合并成本。这两部分股权的公允价值之和（6 112.64万元）与此次商定的5 800万元补偿金额基本接近，故可以接受按照5 800万元作为合并成本。

五、案例小结

非一揽子交易就是说各项交易都是独立的，每一项交易之间都不会有任何关系。不属于"一揽子交易"的，取得控制权日，应按照以下步骤进行会计处理。

（一）个别财务报表中

（1）原投资为长期股权投资：购买日长期股权投资初始投资成本等于原投资账面价值加上新增股份公允价值；购买日之前因权益法形成的其他综合收益或资本公积——其他资本公积暂时不作处理，等到处置该项投资时将与其相关的其他综合收益或资本公积——其他资本公积再按长期股权投资的规定进行处理。

（2）原投资为金融资产：购买日长期股权投资成本等于原投资公允价值加上新增股份公允价值；购买日之前原投资因公允价值变动形成的其他综合收益或公允价值变动损益应转入投资收益。

（二）合并财务报表中

（1）购买方对于购买日之前持有的被购买方的股权，按照该股权在购买日的公允价值进行重新计量，公允价值与账面价值的差额计入当期投资收益。

（2）合并成本等于购买日之前持有的被购买方的股权与购买日的公允价值加上购买日新购入股份所支付对价的公允价值。

（3）比较购买日合并成本与享有被购买方可辨认净资产公允价值的份额，确定购买日应该确认的商誉，或者应计入营业外收入（合并日资产负债

第十章 企业合并准则

表中用留存收益替代）的金额。

（4）购买日之前持有的被购买方的股权涉及权益法核算下的其他综合收益以及除净损益、其他综合收益和利润分配以外的其他所有者权益变动的，与其相关的其他综合收益、其他所有者权益变动应该转为购买日所属当期损益，由于被购买方重新计量设定收益计划净负债或净资产变动而产生的其他综合收益（不能变更为损益）除外。

第二十节　企业合并时双方同时存在债权债务关系的会计处理

一、案例背景

案例 10-21　A 集团公司于 2018 年以 300 万元从某银行购得一项不良贷款债权，本息合计约 1 000 万元，后该笔贷款的债务人——B 公司于 2021 年内成为 A 集团公司的控股子公司（A 集团公司持股 80%）。A 集团公司在编制 2021 年度的合并财务报表时，将子公司的该笔债务 1 000 万元与 A 集团公司以成本记的该笔债权 300 万元相抵后的差额 700 万元在合并财务报表中体现为"营业外收入"，单个报表未体现。

A 集团公司于 2022 年与 B 公司签订了债务豁免协议，承认 B 公司只需就该笔债务偿还 700 万元，B 公司将这笔债务豁免收益确认为 2022 年度的营业外收入，A 集团公司将重组后应收金额 700 万元与该笔贷款债权的原购买成本 300 万元之间的差额 400 万元在 A 集团公司的个别财务报表中确认为 2022 年度的营业外收入。A 集团公司目前拟处理的方式为在编制合并财务报表时将两个公司的单个报表作调整期初数处理，在本期的合并报表中不体现该笔收益 700 万元。

问题：A 集团公司拟采取的上述会计处理方法是否恰当？

二、准则链接

1.《企业会计准则第 33 号——合并财务报表》（2014 年修订）第五十一条

第五十一条　……（参见第九章第一节）

2.《企业会计准则第 2 号——长期股权投资（2014 年修订）》第五条

第五条　……（参见本章第八节）

三、疑点、难点分析

在考虑此问题如何处理时，首先需要解决的问题是"2020 年内向银行收购不良债权"和"2021 年内债务人成为集团的子公司"该两笔交易之间是否存在关联，是否互为条件或者存在因果关系。如果购买方和被购买方之间于购买日之前原先业已存在某些关系，则应当把这些关系的了结作为一项单独的交易安排进行处理，不属于企业合并准则规范的范畴。对价中有一部分需分配给该等关系的结算，因此，可能导致购买日确认利得或损失在合并前，购买方参与或代表购买方参与，或者是主要为了购买方或合并后主体的利益（而非主要为了被购买方或其前所有者的利益）而参与的交易，很可能就是单独交易，如①有效安排购买方和被购买方合并之前存在的关系的交易；②为获得被购买方雇员或原所有者的未来服务而支付报酬的交易；③偿还被购买方或其原所有者因向购买方支付购买相关成本的交易。另外，A 集团公司取得 B 公司 80% 股权的交易构成同一控制下企业合并还是非同一控制下企业合并，对本问题的结论也会产生影响。以下分析均假设属于非同一控制下企业合并。

四、案例分析

（一）如果两笔交易存在实质上的关联，需作为一笔交易整体进行会计处理

这两笔交易相当于 A 集团公司以一个总价（等于 B 公司 80% 股权的购买价格再加 300 万元）购入了 B 公司 80% 的股权和 1 000 万元债权。其中 300 万元可能不能代表 B 公司债权的公允价值，因此需要把该总价在该 80% 净资产和债权之间按各自相对两笔交易对公允价值比例分摊，重新按合理基础分摊为企业合并成本和债权收购成本。对于总价中分配到债权收购成本的部分（相当于该债权真正的公允价值），在母公司个别报表层面按该收购成本确认为一项对子公司的债权，按分配到合并成本的部分确认为长期股权投资；在合并报表层面相当于将该 1 000 万元本息转为该子公司的权益，以该总价（等于 B 公司 80% 股权的购买价格再加 300 万元）作为总体的合并成本，根据调整

第十章 企业合并准则

后的被购买方净资产和该总价为基础重新计算商誉或负商誉。

（二）如果两笔交易是不存在关联、彼此独立的交易，并且债权收购发生于股权收购之前

1. 债权收购时

A 集团公司按照实际收购价格 300 万元确认一项对 B 公司的债权：借记"其他非流动资产"300 万元，贷记"银行存款"300 万元。

2. 股权收购时

A 集团公司个别报表层面：将 80% 股权的实际收购价格，即合并成本，确认为对 B 公司的长期股权投资。原债权投资资产不作调整。

A 集团公司合并报表层面：由于在企业合并的同时结算了两者之间于购买日之前原先存在的债权债务关系，对此债权债务关系的提前结算应当运用其他相关会计准则单独进行处理，而不是运用企业合并准则进行处理。对于与企业合并一同发生的原先存在于购买方和被购买方之间的合同关系的结算，购买方在购买日确认的结算损益相当于该合同条款从购买方角度与当前市场交易条件相比较而言的有利或不利价值（即合同自身公允价值）。但本案例中 A 集团公司取得 B 公司 80% 股权在先，债务重组在后，则在无法取得关于该笔债务于购买日的公允价值的情况下，可以认为该笔债务的购买日公允价值仍然是当初的购入价格 300 万元（而不是账面本息 1 000 万元），因此不确认"购买日结算损益"，该笔负债以 300 万元体现于购买日合并资产负债表中（恰好与母公司账面 300 万元"其他非流动资产"抵销），相应按照调整后的 B 公司购买日可辨认净资产公允价值（其中该笔负债按 300 万元计）和取得 80% 股权的购买成本之差计算购买日的合并商誉或负商誉（即该 700 万差额在购买日应当调整商誉或负商誉）。除了对负商誉的影响，购买日没有其他损益影响，因此原先 A 集团公司在合并财务报表层面确认"营业外收入"700 万元是不恰当的。

3. 2022 年达成债务重组协议时

（1）B 公司自身报表层面：由于系来自母公司的债务豁免，豁免的债务 300 万元（1 000 - 700）应计入 B 公司自身财务报表上的资本公积而不是营业外收入（视同母公司的资本性投入，按权益性交易原则处理）。

（2）B 公司用于编制合并报表使用的报表（即以购买日公允价值为基础调整后持续计算的金额）层面：负债金额从 300 万调整到 700 万元，增加的 400 万元负债视同对母公司的一项分配，冲减资本公积。

（3）A 集团公司母公司个别报表层面：将应收债权金额从 300 万元调整

到 700 万元，差额 400 万元视同部分收回对 B 公司的投资，贷记"长期股权投资——B 公司"。同时，如果债务重组协议约定的偿还期限在 1 年以内的，则应从"其他非流动资产"调整到"其他流动资产"。

（4）A 集团公司合并报表层面：上述债务重组属于集团内部交易，其对母子公司各自报表的影响（上述 2、3 两项）在编制合并报表时抵销，不影响整个合并集团对外的财务状况、经营成果和现金流量。

五、案例小结

购买方应当考虑下列因素（考虑时既不是相互排除也不是唯一决定），以确定交易是否是与被购买方交换的一部分或者该交易是否应单独于企业合并。

1. 交易的原因

理解合并各方（购买方和被购买方以及他们的所有者、董事和经理——及其代理者）进行特定交易或安排的原因，将有助于了解该交易是否是转移对价、取得的资产或承担的负债的一部分。例如，如果交易主要是为了购买方或合并后主体的利益，而非主要为了被购买方或其合并前的所有者的利益而进行的，支付的交易价格部分（以及相关的资产和负债）不大可能是与被购买方交易的一部分。因而，购买方应将该部分单独于企业合并进行会计处理。

2. 哪方发起的交易

理解是由哪方发起的交易有助于了解该交易是否是与被购买方交易的一部分。例如，由购买方发起的交易或其他事项可能是出于为购买方或合并后主体提供未来经济利益目的而进行的，而被购买方或其合并前的所有者仅能获得很少或几乎没有经济利益。另一方面，由被购买方或其前所有者发起的交易和安排不大可能是为了购买方或合并后主体的利益，而更可能是企业合并交易的一部分。

3. 交易的时间安排

交易的时间安排也可以有助于了解该交易是否是与被购买方交易的一部分。例如，购买方和被购买方在企业合并条款协商阶段发生的交易可能是出于企业合并的意图而进行的，以给购买方或合并后主体提供未来经济利益。如果是这样的话，被购买方或其企业合并前的所有者除了作为合并后主体的一方而获取利益，从该交易中可能仅获得很少或几乎没有经济利益。

如果企业合并有效安排了之前存在的关系，购买方应确认利得或损失，并按以下方式计量。

（1）对于之前存在的非契约性的关系（如诉讼），按公允价值计量。

（2）对于之前存在的契约性的关系，按照下列①和②中的较小者计量：

①从购买方角度来看,该合同与相同或相似项目的当前市场交易条款相比有利或不利的金额。(不利合同是较当前市场交易条款不利的合同。它并不一定是亏损性合同,即履行合同的义务导致的不可避免成本超过了该合同下的预期经济利益。)②合同中不利的一方可获得合同安排条款所规定的金额。如果②小于①,则其差额作为企业合并会计处理的一部分。

第二十一节 以控股子公司股权增资实现非同一控制下合并的会计处理

一、案例背景

案例 10-22 A 公司原持有子公司 B 的 80% 股权,投资成本 5 000 万元(B 公司注册资本为 8 000 万元),B 公司的净资产在母公司 A 的合并报表层面的价值(如 A 公司原先系以非同一控制下合并方式取得 B 公司的控制权,则为以原购买日公允价值为基础持续计算的金额;其他情况为 B 公司自身的账面价值)为 10 000 万元,B 公司 80% 股权的整体公允价值为 20 000 万元(按比例推算,B 公司的整体公允价值为 20 000÷80% = 250 00 万元)。

另有非关联公司 C,可辨认净资产公允价值为 11 000 万元,整体公允价值(包含商誉因素在内)为 12 000 万元。A 公司和 B 公司原先与 C 无关联方关系,A 公司原先并不持有 C 的股份。

现 A 公司以其所持有的 B 公司 80% 股权作价 20 000 万元,对 C 公司增资。由于 C 公司原先的整体公允价值为 12 000 万元,而 B 公司 80% 股权的公允价值为 20 000 万元,因此增资后 A 公司持有 C 公司的 62.5% 股权〔20 000÷(12 000 + 20 000)×100%〕,A 公司由此可以对 C 公司实施控制,构成一项非同一控制下企业合并。重组完成后,B 公司成为 C 公司的子公司,C 公司持有 B 公司的 80% 股权。

问题:A 公司应如何进行会计处理?

二、准则链接

1.《企业会计准则第 2 号——长期股权投资》(2014 年修订)第五条

第五条 ……(参见本章第八节)

2.《企业会计准则第 20 号——企业合并》第十一条

第十一条 ……（参见本章第十八节）

3.《企业会计准则第 33 号——合并财务报表》（2014 年修订）第四十九条

第四十九条 母公司在不丧失控制权的情况下部分处置对子公司的长期股权投资，在合并财务报表中，处置价款与处置长期股权投资相对应享有子公司自购买日或合并日开始持续计算的净资产份额之间的差额，应当调整资本公积（资本溢价或股本溢价），资本公积不足冲减的，调整留存收益。

三、疑点、难点分析

本案例实质上是 A 公司以放弃其在子公司 B 中的部分权益为代价（原先享有权益的比例为 80%，现在享有权益的比例变为 62.5%×80%＝50%，减少了 30%），换取了 C 公司（重组前原有部分）62.5% 的权益。C 公司 62.5% 权益的公允价值为 7 500 万元（12 000×62.5%），A 公司所放弃的 B 公司 30% 权益的公允价值为 7 500 万元（25 000×30%），两者相等，说明该交易是公允的等价交换交易。在本案例中，A 公司取得 C 公司的控制权，构成了一项非同一控制下的企业合并。合并成本为购买方在购买日为取得对被购买方的控制权而付出的资产、发生或承担的负债以及发行的权益性证券的公允价值。A 公司的合并报表层面，应看作两项交易：一是通过非同一控制下企业合并取得了 C 公司原有部分的 62.5% 的控股权益（同时产生 37.5% 的少数股权）；二是对 B 公司所享有的权益比例由 80% 下降到 50%，下降了 30%，但仍保持控制权，视同在不丧失控制权的前提下，部分处置子公司股权。

四、案例分析

（一）A 公司个别报表层面

本案例中 A 公司放弃的对价的公允价值为 7 500 万元，所放弃的 B 公司 30% 权益对应的长期股权投资账面价值（成本法下）为 1 875 万元（5 000×30%÷80%），所以个别报表层面应确认的投资收益为 5 625 万元（7 500－1 875）。对于仍然通过 C 公司间接享有的 B 公司 50% 权益对应的投资成本 3 125 万元不作调整，但从"长期股权投资——B"转入"长期股权投资——C"，即 A 公司个别报表层面会计分录如下。

借：长期股权投资——C（75 000 000 + 31 250 000）
                                                106 250 000
   贷：长期股权投资——B（全部转销）   50 000 000
       投资收益   56 250 000

（二）A 公司合并报表层面

A 公司的合并报表层面，应看作两项交易：一是通过非同一控制下企业合并取得了 C 公司原有部分的 62.5% 的控股权益（同时产生了 37.5% 的少数股权）；二是对 B 公司所享有的权益比例由 80% 下降到 50%，下降了 30%，但仍保持控制权，视同在不丧失控制权的前提下，部分处置子公司股权。

（1）通过非同一控制下企业合并交易取得的 C 公司可辨认净资产公允价值为 11 000 万元，C 公司的整体公允价值为 12 000 万元，所以应确认的合并商誉为 625 万元〔（12 000 − 11 000）× 62.5%〕（对应少数股权的商誉不确认），少数股东权益价值为 4 125 万元（11 000 × 37.5%）。

（2）在不丧失控制权的前提下部分处置子公司股权的交易。本案例中，处置 B 公司 30% 股权的对价为 7 500 万元，该 30% 股权对应的 B 公司可辨认净资产在 A 公司合并报表层面的价值金额为 3 000 万元（10 000 × 30%，将构成少数股东权益），故在合并报表层面应调整资本公积的金额为 4 500 万元（7 500 − 3 000）。再加上 B 公司在重组前原有的 20% 少数股权，B 公司的可辨认净资产中归属少数股东的份额为 5 000 万元〔10 000 ×（30% + 20%）〕。

上述两个步骤中确认的少数股东权益合计为 9 125 万元（4 125 + 5 000），其中原有金额为 2 000 万元（10 000 × 20%），新增部分为 7 125 万元。

综上，上述重组交易对 A 公司合并报表层面的影响如下（此处系假设 A 公司合并报表主体是一个单独的账务核算主体，所编制的账务处理分录。实务中应在各公司个别报表的基础上，通过编制抵销分录实现这一效果）。

借：C 公司可辨认净资产   110 000 000
     商誉   6 250 000
   贷：资本公积   25 000 000
       少数股东权益   91 250 000

在合并报表层面，B 公司的各项可辨认资产、负债和商誉在交易前后一直保留在 A 公司的合并报表范围内，并未被处置到合并范围之外，因此 B 公司的各项可辨认资产、负债和商誉在合并报表层面的计量保持不变,并不按照公允价值对其重新进行计量,C 公司的各项资产、负债和商誉应以购买日公允价值为基础持续计算的金额计量。

五、案例小结

对于个别报表的会计主体来讲,对长期股权投资的处置属于资产处置,会计处理要反映处置损益,即出售股权获得的价款或对价的公允价值与处置长期股权投资的账面价值的差额,作为处置收益或损失计入母公司利润表。

对于合并财务报表的处理来讲,之所以将处置公允与处置部分对应子公司自购买日持续计算的净资产份额的差额调整资本公积(资本或股本溢价),是因为在实体理论下,就从母子公司形成的合并主体来讲,母公司在不丧失控制权的情况下处置部分股权的交易属于权益性交易,其经济实质是合并主体中控股股东所有者权益与少数股权权益的交易,也可以理解为少数股东对合并主体的增资,其增资金额与占所有者权益份额的差额属于母公司应享有的份额,差额有可能反映为溢价或者折价。但母公司处置部分股权后仍保持对其子公司的控制权,不构成对其子公司资产负债价值的重新计量,不涉及对购买日商誉的影响,因此,从合并报表角度来讲该项交易不影响损益也不会改变原有商誉。

第二十二节 非同一控制下企业合并中业绩补偿和业绩奖励条款的会计处理

一、案例背景

案例10-23 A 公司以 2019 年 9 月 30 日的审计评估结果为定价基础,受让 B 公司原股东持有的 B 公司 40% 的股份,享有的表决权比例为 70%,故纳入合并范围。原最大股东出让 40% 股份后持股 33%,其余均为自然人股东。合并日为 2019 年 11 月 13 日。收购协议约定对价是 10 000 万元。截至 2019 年 12 月 31 日合并对价已全部支付。收购协议对本次交易的对价调整机制和利润补偿方案作了规定:以 B 公司 2019—2021 年经调整的审计税后净利润复合增长率不低于 20% 作为基准承诺利润,如果超过了基准承诺利润将针对超出部分进行价格调整,比如复合增值率为 25%~30%,则对价调整

第十章 企业合并准则

为现价格（10 000万元）的1倍。依此类推，协议共将对价奖励划分了四档；如果复合增值率在15%～20%，则原股东需要给予A公司一定的现金补偿，那么对价将低于10 000万元。

问题：A公司对业绩补偿和奖励条款应如何进行会计处理？

二、准则链接

（1）《企业会计准则讲解（2010）》第二十一章规定，或有对价是指某些情况下，合并各方可能在合并协议中约定，根据未来一项或多项或有事项的发生，购买方通过发行额外证券、支付额外现金或其他资产等方式追加合并对价，或者要求返还之前已经支付的对价。

（2）《企业会计准则第20号——企业合并》第十六条规定如下。

第十六条 企业合并发生当期的期末，因合并中取得的各项可辨认资产、负债及或有负债的公允价值或企业合并成本只能暂时确定的，购买方应当以所确定的暂时价值为基础对企业合并进行确认和计量。

购买日后12个月内对确认的暂时价值进行调整的，视为在购买日确认和计量。

（3）《企业会计准则第9号——职工薪酬》（2014年修订）第二条第一款、第九条规定如下。

第二条第一款 职工薪酬，是指企业为获得职工提供的服务或解除劳动关系而给予的各种形式的报酬或补偿。职工薪酬包括短期薪酬、离职后福利、辞退福利和其他长期职工福利。企业提供给职工配偶、子女、受赡养人、已故员工遗属及其他受益人等的福利，也属于职工薪酬。

第九条 利润分享计划同时满足下列条件的，企业应当确认相关的应付职工薪酬：

（一）企业因过去事项导致现在具有支付职工薪酬的法定义务或推定义务；

（二）因利润分享计划所产生的应付职工薪酬义务金额能够可靠估计。属于下列三种情形之一的，视为义务金额能够可靠估计：

1. 在财务报告批准报出之前企业已确定应支付的薪酬金额。
2. 该短期利润分享计划的正式条款中包括确定薪酬金额的方式。
3. 过去的惯例为企业确定推定义务金额提供了明显证据。

（4）证监会会计部《2013年上市公司年报会计监管报告》对企业合并交易中的业绩奖励问题的相关意见：近年来，随着国家对个人创业的大力支持，社会上涌现了一批由自然人创建并担任核心管理人员的优秀的民营企业，这些企业成为上市公司收购的热点。上市公司收购这些企业后，出于企业平稳过渡及持续发展的考虑，被收购企业的创始人大多继续在企业任职。实务中常见的一种安排是被收购方的个人股东承诺未来的任职期限，并承诺在提前离职时承担相应的赔偿责任；另有一些交易中，上市公司与个人股东约定，在未来服务期限届满并达到既定业绩条件时，上市公司支付给个人约定的款项。存在此类安排时，上市公司应考虑其支付给这些个人的款项，是针对其股东身份、为了取得其持有的被收购企业权益而支付的合并成本，还是针对其高管身份、为了获取这些个人在未来期间的服务而支付的职工薪酬。上市公司应结合相关安排的性质、安排的目的，确定支付的款项并据此进行相应的会计处理。

（5）《企业会计准则讲解（2010）》规定，某些情况下，合并各方可能在合并协议中约定，根据未来一项或多项或有事项的发生，购买方通过发行额外证券、支付额外现金或其他资产等方式追加合并对价，或者要求返还之前已经支付的对价。购买方应当将合并协议约定的或有对价作为企业合并转移对价的一部分，按照其在购买日的公允价值计入企业合并成本。根据《企业会计准则第37号——金融工具列报》《企业会计准则第22号——金融工具确认和计量》以及其他相关准则的规定，或有对价符合权益工具和金融负债定义的，购买方应当将支付或有对价的义务确认为一项权益或负债；符合资产定义并满足资产确认条件的，购买方应当将符合合并协议约定条件的、可收回的部分已支付合并对价的权利确认为一项资产。

购买日后12个月内出现对购买日已存在情况的新的或者进一步证据而需要调整或有对价的，应当予以确认并对原计入合并商誉的金额进行调整。其他情况下发生的或有对价变化或调整，应当区分以下情况进行会计处理：或有对价为权益性质的，不进行会计处理；或有对价为资产或负债性质的，按照企业会计准则有关规定处理，如果属于《企业会计准则第22号——金融工具的确认和计量》中的金融工具，应采用公允价值计量，公允价值变化产生的利得和损失应按该准则规定计入当期损益或计入资本公积（注：在2014年修订了《企业会计准则第30号——财务报表列报》后，该处"计入资本公积"应改为"计入其他综合收益"；执行《企业会计准则第22号——金融工具确认和计量（2017年修订）》的企业只能计入当期损益）；如果不属于《企业会计准则第 22 号——金融工具的确认和计量》中的金融工具,应按照《企业会计准则第 13 号——或有事项》或其他相应的准则处理。

三、疑点、难点分析

根据背景资料的描述,本案例所涉及的业绩补偿承诺和奖励,主要涉及两方面的会计问题:①业绩奖励属于职工薪酬还是或有对价的判断;②或有对价(包括业绩补偿和属于或有对价的业绩奖励)的会计处理。

实务中,由于对准则的理解和把握不到位、对相关交易安排的实质缺乏深入分析,部分上市公司未能合理区分企业合并成本合并日后的职工薪酬,将应在未来期间确认为成本费用的职工薪酬性质的款项作为合并成本进行会计处理,从而在高估合并商誉的同时,低估了合并当期和未来期间的成本费用。

通常情况下,如果款项的支付以相关人员未来期间的任职为条件,那么相关款项很可能是职工薪酬而不是企业合并的合并成本。此外,以下因素也有助于企业在实务中判断相关款项的性质:相关款项支付是对在企业任职的原股东的特殊安排,还是同样适用于不在企业任职的原股东;如果不考虑相关款项支付安排,这些原股东身份的个人作为高管的薪酬与其他高管相比是否处于合理水平;决定具体支付金额的因素与企业估值的关系等。

若将业绩奖励条款确认为或有对价,则其常见分类为金融负债,指定为以公允价值计量且其变动计入当期损益的金融负债。因为常见的业绩奖励的支付方式为现金且奖励金额随标的公司业绩波动而变动,因此不符合权益工具的定义。

在购买日,若该业绩奖励很可能发生且对合并成本的影响金额能够可靠计量的,则将该金额作为合并对价的一部分,按照其在购买日的公允价值计入企业合并成本,同时确认为一项负债在财务报表中列示。在业绩承诺期内的各个期末,根据标的公司的实际业绩情况,对业绩奖励金额进行测试和调整,按照测试结果,调整该项负债的账面价值,同时将调整数计入当期损益。业绩承诺期届满后,若最终需要对业绩补偿方进行业绩奖励的,上市公司将一次性支付超额业绩奖励款,借记该项负债,贷记相关的资产科目等。

四、案例分析

本案例中的业绩补偿基本可以认为属于与企业合并相关的或有对价安排;业绩奖励的性质认定应结合上述的相关指引,判断属于或有对价还是职工薪酬安排。本案例中的或有对价安排主要与未来盈利水平与预测数之间的差异相关,属于购买日后新出现的状态和情况,因此对于或有对价的公允价值变动（包括因被购买方业绩低于承诺数而取得的补偿，或者因被购买方业绩高于承诺数而支付给原股东且被认定为或有对价性质的业绩奖励）均应计入后续期间的损益。业绩奖励如果被认定为职工薪酬性质，则按照职工薪酬的相关规定进行会计处理。总之，此处所涉及的业绩补偿和业绩奖励无论如何定性，都不会导致在购买日之后对原确认的合并成本和商誉进行调整。

后续如果被购买方的实际业绩低于承诺数，则应取得的业绩补偿可计入当期损益（营业外收入），同时应注意被购买方的盈利能力低于预期这一事实对商誉减值测试的影响。在实际操作中，很多情况下需要确认的商誉减值损失将大于可收到的业绩补偿。

企业合并中的业绩补偿条款通常理解为一项保护性条款，即交易双方在为标的资产估值和谈判确定交易价格时，通常都是以"盈利预测利润很可能实现"为前提的（否则就表明盈利预测是不合理的），业绩补偿只是在万一盈利承诺不能实现的情况下对购买方的补偿手段。因此，基于该盈利预测作出的补偿承诺在投资日的公允价值通常应认定为 0。

在实际操作中，很多并购案例的业绩补偿协议中都有 3 年后对业绩补偿（或业绩奖励总金额）根据 3 年内的累计业绩情况进行清算的条款。如果本案例中也包含这类条款，即在目前业绩承诺期仅过了第一年的情况下，双方根据第一年的业绩完成情况进行的收付均应看作暂时性的。如果 A 公司在合并当年年末能取得 B 公司当年的利润数据，据此确定与合并当年相关的（暂定）补偿金额的，可以将减少的对价暂计入其他应付款，到 3 年承诺期满后将确定无须支付的或有对价转入营业外收入。至于未来 2 年的交易对价是否补偿不确定，因此本期可不予考虑，确定时再进行调整。

如果将业绩奖励定性为职工薪酬的，则应当在满足《企业会计准则第 9 号——职工薪酬》（2014 年修订）第九条规定条件时确认为负债并计入当期管理费用。

五、案例小结

根据《企业会计准则第 22 号——金融工具确认和计量》（2017 年修订）等相关资料可知，常见的业绩补偿条款符合金融资产的定义。当企业基本确定能够收到与该或有对价相关的补偿并且其金额能够可靠计量时，应当将符合合并协议约定条件的、可收回的部分已支付合并对价的权利确认为金融资产，该金融资产应当分类为以公允价值计量且其变动计入当期损益的金融资产，不得指定为以公允价值计量且其变动计入其他综合收益的金融资产。

业绩奖励条款是作为合并成本还是职工薪酬，需要分析业绩奖励条款后

第十章 企业合并准则

再决定。一般认为若业绩奖励条款中有以下情形,则该或有支付符合职工薪酬的定义,不属于企业合并中的或有对价:①奖励对象为标的公司原股东且原股东担任标的公司重要职位;②业绩奖励与奖励对象在标的公司继续任职相关,若离职则无法获得业绩奖励款项;③不考虑可能的业绩奖励,奖励对象获得的薪酬比其他非原股东的关键管理人员低等体现业绩奖励是为了获得奖励对象服务的情况。反之,若业绩奖励与上市公司是否取得其服务无关,则该或有支付符合企业合并中或有对价的定义。

若将业绩奖励条款确认为或有对价,则其常见分类为金融负债,指定为以公允价值计量且其变动计入当期损益的金融负债。常见的业绩奖励的支付方式为现金且奖励金额随标的公司业绩波动而变动,因此不符合权益工具的定义。或有对价公允价值的计量应基于标的公司未来业绩预测情况、或有对价支付方信用风险及偿付能力、其他方连带担保责任、货币的时间价值等因素予以确定。

在购买日,若该业绩奖励很可能发生且对合并成本的影响金额能够可靠计量,则将该金额作为合并对价的一部分,按照其在购买日的公允价值计入企业合并成本,同时确认为一项负债在财务报表中列示。在业绩承诺期内的各个期末,根据标的公司的实际业绩情况,对业绩奖励金额进行测试和调整,按照测试结果,调整该项负债的账面价值,同时将调整数计入当期损益。业绩承诺期届满后,若最终需要对业绩补偿方进行业绩奖励的,上市公司将一次性支付超额业绩奖励款,借记该项负债,贷记相关资产科目等。

常见的业绩补偿条款符合或有对价定义,在购买日及后续会计期间应当考虑或有对价的公允价值,分类为以公允价值计量且其变动计入当期损益的金融资产;实务中,由补偿义务人的能力受限等原因导致补偿存在不确定性,上市公司可能在应收业绩补偿的当期部分确认甚至不确认相关损益,延期至"需要的会计年度",不过业绩补偿款不属于经常性损益,因此对上市公司扣非后净利润的影响较小。

第二十三节 子公司被重组时原控股股东的会计处理

一、案例背景

案例10-24 B为上市公司是A公司的子公司,B公司因连续亏损面临退市风险,因此A公司决定对B公司进行重组。重组主要步骤如下:

第一步：A公司将持有的B公司股份转让给无关联关系的受让方。

第二步：受让方以自己的优质资产（D公司）与原上市公司的资产置换，实现D公司借壳上市。

第三步：受让方将置换出的资产作为对价支付给A公司，同时向A公司支付现金1.7亿元。

前述资产是指净资产额，受让方在重组过程中将以现金出资方式新设一个全资子公司C，再将置出资产装到C公司中（也可能利用其原有的一个子公司C，将从B公司置出的原有资产和负债装入C公司中，但C公司原有的资产和负债与从B公司置出的资产和负债之间并不存在经济上的联系），A公司最终收到的是经济价值与B公司等值的C公司股权。C公司与A公司、B公司之前无任何关系。

前述资产置换，置换前后资产与业务属于不同行业，原先也没有业务往来。

重组前，A公司拥有B公司30%的股权（但具有控制权，对B公司的长期股权投资按成本法核算，账面价值为1.5亿元）；重组后，A公司持有C公司股权70%，C公司的所有资产与负债系从B公司置出的资产与负债，并无任何变化。

问题：A公司应如何进行相关会计处理？

二、准则链接

1.《企业会计准则第33号——合并财务报表》（2014年修订）第五十一条

第五十一条 ……（参见第九章第一节）

2.《企业会计准则第7号——非货币性资产交换》（2019年修订）第六条、第七条

第六条 ……（参见本章第八节）
第七条 ……（参见第一章第十四节）

三、疑点、难点分析

在本案例中，虽然本次重组业务将分3项交易进行，包括股权转让、资产置换和资产划转，从实际操作层面而言，3项交易将按照先后顺序实施，但是，这3项交易是一揽子达成的，其目的均为实现重组方对B上市公司进

行重组，以达到拟置入资产和业务上市的目的，其中任何一项交易单独实施均无法实现重组的目的。与此同时，该3项交易均互为前提，其中任一交易未获通过或批准，则上述其他交易均自动失效并终止实施。因此，本次业务重组中的3项交易属于一揽子交易，应当作为一个整体考虑其会计影响。

在本案例中，C公司最终将由B上市公司的原控股股东A公司所控制，其所包含的资产也是上市公司B在重组前原持有的资产。因此，C公司在法律形式上由重组方的控制是暂时性和过渡性的，C公司在整个交易中的实质作用是作为对上市公司B的原有资产、负债和业务的一项延伸。也就是说，在重组前后，上市公司B的原有资产和业务均处于A公司的控制之下。因此，基于实质重于形式原则，C公司取得上市公司B的原有资产和负债，应基于同一控制下企业合并的处理原则，按照该等资产和负债在B公司的原账面价值入账。

A公司取得对C公司的长期股权投资时，应当根据C公司所持有的资产、负债的不同构成分别处理。当A公司取得对C公司的控制权时，C公司所持有的资产、负债可分为两部分：①C公司原有的资产和负债（如有）；②在重组过程中被装入C公司的、原先归属重组前的B上市公司的资产和负债。而这两部分之间并不存在内在的联系。因此，A公司应当基于实质重于形式的原则，将C公司视作两个互相独立的实体：一是由其重组前原有资产、负债构成的实体（实体1）；二是由原属于上市公司B的置出资产、负债构成的实体（实体2）。对于实体2，基于控制的延续性，应按这些资产、负债在重组前上市公司B的原账面价值计量（注意不是同一控制下的合并，因为这些资产和负债在重组前后都在A公司的控制下，并不是新取得控制权，所以会计上不将其视作一项企业合并）；对于实体1，应进一步区分实体1中所包含的资产、负债是否构成业务，如果构成业务的，则A公司取得实体1的控制权应按非同一控制下企业合并处理；如果不构成业务的，则A公司取得实体1的控制权应按不构成业务的资产购买处理。在重组前后，A公司在B公司原有资产和负债中所享有份额的增加（从30%增加到70%），作为购买少数股权进行会计处理。

四、案例分析

（一）在A公司个别报表层面

原先A公司持有的是对上市公司B的股权投资，重组后改为持有非上市公司C的股权投资（对两者均具有控制权），但B公司、C公司所包含的资产和业务完全相同，因此未来现金流量的时间、金额、风险程度等均与重组前无实质性区别。在此情况下，在个别报表层面作为不具有商业实质的非货币性资产交换处理，以原先对 B 公司的长期股权投资的账面价值作为换入的对 C 的长期股权投资的成本基础。因此，即使因为本次重组中的货币性对价所占比例超过 25% 而导致不能适用《企业会计准则第 7 号——非货币性资产交换》，但仍可基于商业实质原则考虑会计处理方案。对于额外获得的 1.7 亿元现金，可以看作 A 公司出售其所持有上市公司"壳资源"的对价，可以确认收益。因此，A 公司确认对 C 公司的长期股权投资，应按其原先对上市公司 B 的股权投资的账面价值为基础确认，即 1.5 亿元；同时，对于额外取得的 1.7 亿元现金对价，可以确认处置损益。从经济实质分析，该交易应当分解为两项互相独立的交易：一是收回上市公司（壳公司）的原有经营性净资产；二是"卖壳"。其中第一项不具有商业实质，按账面价值确认；第二项是额外取得的收益，可以确认损益。

（二）在 A 公司合并报表层面

A 公司在编制合并报表时，对于 A 公司在原上市公司的经营性净资产中所占份额的增加（从 30% 上升到 70%），应按购买少数股权处理；对于额外收到的 1.7 亿元现金，在合并报表层面也可确认投资收益。对于原上市公司 B 的经营性净资产，在重组前后都在 A 公司的实际控制下，所以在 A 公司的合并报表层面，重组前后对这部分经营性净资产的计量基础应当保持不变。

五、案例小结

对非同一控制下的重大资产重组，企业在确定财务报表的编制基础时，首先，应当确定会计上的收购方和会计上的被收购方，对借净壳上市的重大资产重组，在确定财务报表的会计主体时，应重点考虑交易的实质；其次，应当确定财务报表比较期间的计量基础，包括各主要资产和负债的计量基础，并依据重要性原则分项详细说明确定的计量基础及其理由；最后，应当关注和考虑财务报表比较期间的特殊交易事项，包括但不限于比较财务报表期间纳入财务报表会计主体范围内的原已确认的重大资产减值、重大资本交易、重组方案涉及的资本变动以及每股收益的计算与列报等。

第十一章　股份支付准则

第一节　股份支付范围的确定

股权激励起源于20世纪50年代的美国，它以委托代理理论为基础，是一种主要针对公司高层管理人员的激励制度，它通过授予高层管理人员本公司的股票或股票期权，使得他们与公司股东的行为目标趋于一致，进而为股东创造更大的价值。近年来，我国一些上市公司在员工（主要是高层管理人员）中实施股权激励，以期解决委托代理问题。财政部于2006年发布了《企业会计准则第11号——股份支付》，这一准则的出台规范了我国上市公司股权激励计划的会计处理和相关信息的披露，但从该准则在我国上市公司的执行情况来看，在等待期的确认、行权条件、股票期权公允价值的确定和信息披露等方面存在诸多问题，而股份支付交易的特殊性也要求实施股权激励计划的企业会计人员提高职业判断能力和专业水平。

一、案例背景

案例11-1　××公司为拟上市主体。其经营范围包括：①许可经营项目，如入境旅游业务、国内旅游业务、出境旅游业务、保险代理业务；②一般经营业务，如会议服务。

拟上市主体对上海A公司实施增资控股前，上海A公司进行股权调整并要求实施完毕（由于工商登记时间间隔的要求，本次股权调整的工商登记与增资的工商登记同时进行）。原股东肖×（名义持有人，为公司实际控制人王×之妻）、洪××将持有的上海A公司股权分别转让给王×、邓×、陈×、郭×和陈××。拟上市主体实施增资后对上海A公司享有51%的控制权。

拟上市主体签订的增资协议第二页前言（d）所列示内容为"目标公司（上海A国际旅行社有限公司）将在增资交割日前实施完毕经增资方认可的管理层持股计划，即由肖×将其持有的目标公司405万元的出资额向王×和邓×

分别转让 4 040 815 元和 9 185 元，洪 ×× 将其持有的目标公司 45 万元的出资额向邓 ×、陈 ×、郭 × 和陈 ×× 分别转让 82 652 元、91 837 元、91 837 元和 91 837 元（股权激励）"。增资情况详见表 11-1。

问题：该股份支付该如何进行会计处理？

二、准则链接

（1）《企业会计准则第 11 号——股份支付》第二条规定如下。

第二条 股份支付，是指企业为获取职工和其他方提供服务而授予权益工具或者承担以权益工具为基础确定的负债的交易。

股份支付分为以权益结算的股份支付和以现金结算的股份支付。

以权益结算的股份支付，是指企业为获取服务以股份或其他权益工具作为对价进行结算的交易。

以现金结算的股份支付，是指企业为获取服务承担以股份或其他权益工具为基础计算确定的交付现金或其他资产义务的交易。

本准则所指的权益工具是企业自身权益工具。

（2）《上市公司执行企业会计准则监管问题解答》（证监会会计部函〔2009〕48 号）规定，上市公司大股东将其持有的其他公司的股份按照合约价格（低于市价）转让给上市公司的高级管理人员，实质上是股权激励，应该按照股份支付的相关要求进行会计处理。

（3）《挂牌公司股票发行常见问题解答——股份支付》规定，在股票发行中，如果符合以下情形的，主办券商一般应就本次股票发行是否适用股份支付进行说明：①向公司高管、核心员工、员工持股平台或者其他投资者发行股票的价格明显低于市场价格或者低于公司股票公允价值的；②股票发行价格低于每股净资产的；③发行股票进行股权激励的；④全国股转系统认为需要进行股份支付说明的其他情形。

三、疑点、难点分析

判断交易是否属于股份支付范围的主要标准为以下两个方面：一方面，从性质上，是否换取了服务或可增加企业其他未来利益；另一方面，是否存在与公允价值之间的差额。即：股份支付的条件是提供并获得对价，不提供服务的无关第三方不涉及股份支付；提供服务的客户、咨询机构等获得股份也可能涉及股份支付。公允价值与付出成本之间的差异为成本费用。

第十一章 股份支付准则

表 11-1 增资情况

单位：元

原股东	增资前	本期增加	本期减少	增资后	持股比例	资本公积	备注
肖×	4 050 000.00		4 040 815.00				浙江市场部经理
			9 185.00				
洪××	450 000.00		82 652.00				副总经理
			91 837.00	91 837.00	1.00%		
			91 837.00				
			91 837.00				
王×		4 040 815.00		4 040 815.00	44.00%		总经理
邓×		91 837.00		91 837.00	1.00%		东南亚部经理
陈×		91 837.00		91 837.00	1.00%		副总经理
郭×		91 837.00		91 837.00	1.00%		海岛部经理
陈×		91 837.00		91 837.00	1.00%		电商部经理
凤凰国旅公司		4 683 673.00		4 683 673.00	51.00%	40 816 327.00	
合计	4 500 000.00	9 091 836.00	4 408 163.00	9 183 673.00	100.00%	40 816 327.00	

注：凤凰国旅公司出资 4 550 万元，其中，计入实收资本 4 683 673 元，计入资本公积 40 816 327 元。

四、案例分析

结合本案例背景，建议公司深入了解目标公司原股东转让股权的真实意图，根据上述股份支付的判定条件分析判断其是否属于股份支付。就本案例的具体情况，如果股份支付的授予日与公司向该目标公司增资并实现控股的购买日之间的间隔较短，则可以认为公司向目标公司增资以取得其控制权时的作价金额基本代表了目标公司股份于授予日的公允价值。

如本次股权转让符合股份支付的确认条件，在无其他特别约定的前提下，可视同于直接行权的股份授予，股权转让成立日即为行权日，也是确认股份支付成本费用的基准日。另外，本案例中涉及股份支付的应当仅仅是邓×、陈×、郭×和陈××获授的股份。

如果要达到"该项股份支付费用对收购方报表无影响"，则应同时满足以下条件：①被审计单位收购该目标公司，对被审计单位而言构成一项非同一控制下的企业合并；②该项股份支付的授予日在被审计单位收购该目标公司的购买日之前；③该项股份支付无等待期，或虽有等待期，但等待期的结束日系在购买日之前。在公司的单独财务报表中，不确认此以股份为基础的支付交易，因为公司并非此以股份为基础的支付交易的参与方。但在公司的合并报表中，该以股份为基础的支付交易应作为以权益结算的以股份为基础的支付来处理。

五、案例小结

对于员工激励计划，公司首先要判断它属于股份支付还是职工薪酬，应该执行《企业会计准则第11号——股份支付》还是《企业会计准则第9号——职工薪酬》。股份支付和职工薪酬主要看对价是否和权益工具（比如股票）的价值密切相关。

股份支付：直接给股票，或以股票价值为基础确定债务。比如股票期权、限制性股票和股票增值权等。

职工薪酬：如果不给股票，或者计算的方法和股票价值没关系，就不是"股份支付"，而是"职工薪酬"。比如，企业年金就是职工薪酬里的"设定收益计划"。

但在以下情况下，虽然公司以权益工具支付对价，但该交易仍然不属于股份支付：①公司没有获得服务；②交易发生在公司和股东之间；③交易发生在合并交易中的合并方与被合并方之间；④同时向员工和非关联方发行权益工具，价格与认购条件一样；⑤其他可能情况。

第十一章 股份支付准则

在实务中，公司既可以直接向员工提供激励措施，也可以通过"持股平台"提供激励措施。持股平台可以是有限公司、有限合伙企业或信托计划。

和直接授予类似，公司也要分析"持股平台提供的激励措施"是"股份支付"还是"职工薪酬"。

情况 1：如果持股平台只能投资集团内公司的股票，员工满足服务期限时获得各自份额（即成立持股平台的目的是获取员工的服务），且最终金额根据持股平台持有的股票价格来决定，那么，它属于股份支付，适用《企业会计准则第 11 号——股份支付》。

情况 2：如果参与"持股平台"获得的最终收益与公司未来的盈利挂钩，和股票价格无关，那么它属于"长期利润分享计划"，即其他长期职工福利，应该适用《企业会计准则第 9 号——职工薪酬》。

对于公司来说，要以"控制"为基础考虑合并范围。因此，在理论上，有可能需合并"持股平台"。

控制，是指投资方通过参与被投资方的相关活动而享有可变回报，并有能力运用对被投资方的权利影响其回报金额。通常来说，公司可以获得的"持股平台"的可变回报包括但不限于以下几种：①调整分配额度的权力以获取更好的员工服务；②决定持股时间长短的权利以获得投资的可变回报；③在持有期间，获得现金股利的再投资损益。

对于股份支付，如果公司控制"持股平台"，需要将该持股平台纳入合并范围，逐项反映持股平台的资产和负债；对于职工薪酬，国际准则可以豁免合并，但中国准则没有豁免规定，在实务中需要注意。

第二节 限制性股票公允价值的确认问题

一、案例背景

案例 11-2 ××制造有限公司准备上新三板，对公司进行改制。公司股改后，2017 年 2 月新增注册资本 1 580 万股，其中：实际控制人个人投入 900 万股，实际控制人配偶投入 337.5 万股，公司员工设立的持股平台［珠海市德堡企业管理合伙企业（有限合伙）］等投入 342.5 万股，入股价格的确定是按公司当时的账面净资产 1.70 元/股左右确定（其中 1 元做股本，其余做资本公积），但实际公允价值约有 3 元/股（尚未正式评估）。

问题：如果要作股份支付是否一定要作资产评估，并按评估价格确定入股价，还是可以按证券公司提供的一种叫"B-S 期权定价模型以及金融工程中的无套利理论和看涨—看跌平价关系式，估算每份股票期权的公允价值"确定公允价值？

二、准则链接

（1）《企业会计准则第 11 号——股份支付》第二条、第四条规定如下。

第二条 ……（参见本章第一节）

第四条 以权益结算的股份支付换取职工提供服务的，应当以授予职工权益工具的公允价值计量。

权益工具的公允价值，应当按照《企业会计准则第 22 号——金融工具确认和计量》确定。

（2）《企业会计准则讲解（2010）》"权益工具公允价值的确定"之"（一）股份"指出："对于授予职工的股份，其公允价值应按企业股份的市场价格计量，同时考虑授予股份所依据的条款和条件（不包括市场条件之外的可行权条件）进行调整。如果企业股份未公开交易，则应按估计的市场价格计量，并考虑授予股份所依据的条款和条件进行调整。有些授予条款和条件规定职工无权在等待期内取得股份的，则在估计所授予股份的公允价值时就应予以考虑。有些授予条款和条件规定股份的转让在可行权日后受到限制，则在估计所授予股份的公允价值时，也应考虑此因素，但不应超出熟悉情况并自愿的市场参与者愿意为该股份支付的价格受到可行权限制的影响程度。在估计所授予股份在授予日的公允价值时，不应考虑在等待期内转让的限制和其他限制，因为这些限制是可行权条件中的非市场条件规定的。"

三、疑点、难点分析

通常情况下，上市公司发行股份按照发行股份筹集的资金在确认资产的同时，按照股份面值和溢价分别确认为股本和资本公积。但根据上市公司授予公司激励对象而发行的限制性股票情况分析，虽然上市公司发行的限制性股票已由中央证券登记结算公司将上市公司的被激励对象登记为该公司的股东，但如未满足解锁条件，发行限制性股票的上市公司有义务回购已发行并授予激励对象的股票。为此，上市公司因发行限制性股票而收到的认股款（即

第十一章 股份支付准则

授予日收到的认股款）如何分类和计量，主要有以下三种不同的观点。

第一种观点认为，从法律上看，上市公司发行的限制性股票与发行的普通股没有实质区别，应当采用相同的原则进行会计处理，并将发行的限制性股票筹集的资金在确认资产的同时，确认为权益工具；对于未满足解锁条件拟回购的限制性股票，待公司实际回购时再进行相应会计处理，授予日无须进行特殊的会计处理，即无须因可能存在的回购义务而确认一项负债。

第二种观点认为，上市公司发行的限制性股票与发行的普通股的经济实质不同。从金融工具角度分析，发行的限制性股票存在回购义务，即当未来期间不能满足解锁条件，上市公司存在以现金回购该限制性股票的义务，这表明上市公司不能无条件地避免交付现金或其他金融资产来履行一项合同义务。按照金融工具列报准则的规定："如果一项合同使发行方承担了以现金或其他金融资产回购自身权益工具的义务，即使发行方的回购义务取决于对手方是否行使回售权，发行方应当在初始确认时将该义务确认为一项金融负债。"据此，上市公司发行的限制性股票符合金融负债的定义，应当确认为一项金融负债，而非权益工具。在这种观点下，上市公司发行的限制性股票并非实际发行在外的股份，而是或有可发行的股份，员工于授予日认购的限制性股票支付的现金，视为预付款性质，上市公司收到员工支付的购股款应视为预收款性质，确认为一项负债，且负债应当按照合同中规定的回购金额的现值确定，不考虑未来回购的可能性。

第三种观点认为，金融工具列报准则第三条规定，由股份支付准则规范的股份支付，适用股份支付准则。上市公司发行的限制性股票属于以权益结算的股权支付，应当适用于股份支付准则，不适用金融工具列报准则。因此，在授予日无须就回购义务确认一项金融负债，在期后的每个资产负债表日，上市公司应就限制性股票能否达到解锁条件进行合理估计，当估计很可能无法达到解锁条件而需要回购股票的，按应付回购金额确认一笔预计负债，并在以后的每一资产负债表日，当估计需回购股票的数量与授予日或上一资产负债表日不同的，按照重新估计拟回购的股票数量相对应的回购金额调整预计负债和权益工具。

考虑到限制性股票的特殊性，在具体会计处理时，对于上市公司发行限制性股票筹集的资金，在确认一项资产并确认为权益工具的同时，按照回购义务的总额确认库存股和金融负债，即糅合了上述第一种和第二种观点的处理思路。这种处理方法，一方面反映了交易的法律形式。上市公司向激励对象发行限制性股票，需经过严格的注册登记，并履行增资相关的法律手续，中介机构对公司的新增注册资本和实收资本情况也进行了审验并出具了验资报告。因此，从遵循法律形式的角度来看，应当作为增资进行会计处理。另一方面，反映了交易的经济实质。限制性股票发行时有明确的回购约定，意味着上市公司负有在一定情形下必须回购的义务，即存在交付现金的合同义务，且该结算是否发生并不在上市公司的控制范围内。因此，从经济实质角度来看，在授予日，应当确认为一项金融负债，并不考虑未来回购的可能性，以合同中规定的回购金额的现值来计量。

四、案例分析

参照《北京注册会计师协会专家委员会提示〔2016〕第 8 号——IPO 企业股权激励工具关注的审计重点》中的相关表述。

二、关注 IPO 企业股权激励的初始计量

由于 IPO 企业的股份暂未在资本市场流通，公允价值的获取有一定难度。应当依据《企业会计准则第 22 号——金融工具确认和计量》的有关规定，确定权益工具的公允价值，并根据股份支付协议条款的条件进行调整。

（一）确定公允价值的三个层次

第一层次，是企业在计量日能获得相同资产或负债在活跃市场上报价的，以该报价为依据确定公允价值；

第二层次包括：（a）活跃市场中类似资产或负债的报价；（b）非活跃市场中相同或类似资产或负债的报价；（c）除报价以外的其他可观察输入值，包括在正常报价间隔期间可观察的利率和收益率曲线、隐含波动率和信用利差等；（d）市场验证的输入值等。市场验证的输入值，是指通过相关性分析或其他手段获得的主要来源于可观察市场数据或者经过可观察市场数据验证的输入值；

第三层次，输入值是相关资产或负债的不可观察输入值。输入值，是指市场参与者在给相关资产或负债定价时所使用的假设，包括可观察输入值和不可观察输入值。

注册会计师需要提醒 IPO 企业管理层，依靠第二或第三层次的公允价值估计，采用可行的操作方法确定。

（二）管理层确定公允价值的考虑

通常管理层需要考虑以下四个维度，作出相互印证：

1. 以引入外部机构或战略投资者相对公允的价格作为参照依据。从参考时效上，通常考虑 6 个月之内的股权交易，并考虑近期公司业务是否有重大变化。如果发行价格明显不公允，例如，为换取外部投资者为企业带来的资

源或其他利益，而单独确定发行价格的情况等，应当予以排除；

2. 引入专业的资产评估机构进行评估，比如首选现金流折现法；

3. 以相同或类似行业市盈率、市净率，作为衡量公允价值的校对依据；

4. 使用期权定价模型。

在一般情况下，如果近期内（距离授予日前后不超过 6 个月）内有 PE 等外部财务投资者入股（包括增资引入新股东或者现有股权转让），企业应优先考虑以 PE 入股价格作为确定标的股份于授予日的公允价值的依据。在近期没有 PE 入股且没有活跃市场报价的情况下，授予日股权公允价值企业应参照上面引用的《北京注册会计师协会专家委员会提示〔2016〕第 8 号——IPO 企业股权激励工具关注的审计重点》中对"四个维度"的相关表述，采用适当的估值技术确定授予日的每股公允价值。其中，首选 PE 对目标公司估值时通常使用的估值方法和参数，如收益现值法、市盈率倍数法等，以模拟假设在授予日状况下引入 PE 的入股价格，作为股份支付会计处理所依据的授予日每股公允价值。特别需要说明的是，我们不应接受以每股账面净资产或者成本法（资产基础法）下的每股净资产评估值作为标的股权的公允价值。

本案例中的股权激励形式类似于限制性股票。对于限制性股票的公允价值，应直接按照标的股份的公允价值（按上述 4 个维度确定）减去授予价格之差确定，不应再使用 B-S 模型或者其他期权定价模型进行调整。

五、案例小结

在对限售股估值时如何考虑其"限售"因素的影响，主要取决于该限售因素的性质，该权益工具本身的特征（即不论是谁，也不论被授予人是否向企业提供服务或商品，都必须受到该限售条件的约束），还是仅与被授予员工需承担的服务义务有关（即属于股份支付的服务期限条件或者非市场业绩条件的组成部分）。换言之，假设存在一个单独的限售股市场（不限于作为激励对象的员工参与），且该市场上的交易是足够活跃的，则该市场上的交易价格可以作为确定该限售股于授予日的公允价值的依据，该限售股于授予日的公允价值与对应的无限售条件股份当日市价之间的差额可以看作"流动性折扣"或者卖出认沽期权的价值。但是在实务操作中，这样的"限售股市场"并不存在（理论上的唯一可能性是在授予日当天，企业同时向财务投资者发行限售股份，且该限售股份的限售期与股份支付的等待期完全相同，则此时限售股与其发行日的公允价值可以看作限制性股票本身的公允价值。但截至目前，尚无此类先例），导致事实上对这两类限售因素的影响难以作出合理区分。

在此情况下，监管机构基于审慎监管和压缩利润操纵空间的考虑，倾向于将这两类限售因素的影响不作区分，在计算限制性股票公允价值时一律不纳入考虑，即限制性股票公允价值直接依据其授予日对应的无限售条件股份的市价确定，不扣除期权价值，这是完全可以理解的。这一倾向性意见虽然不尽符合会计准则规定，但大大降低了操作难度，增强了实务操作的统一性，显著压缩了利润操纵空间。因此，我们建议今后在对限制性股票形式的权益结算股份支付确定授予日权益工具公允价值时，按照监管机构的倾向性意见办理，不再扣除其中的期权价值因素。

第三节 股份支付认定和授予日公允价值确定问题

一、案例背景

案例 11-3 2019 年 6 月，A 公司（上市公司）拟向 B 公司（非上市公司）股东发行股份收购其持有 B 公司的股权。B 公司在历史上曾有 2 次涉及员工的增资，具体情况如下。

1. 第一次增资

为了激励公司高管，B 公司于 2017 年 12 月以增资扩股的形式直接引入了核心管理人员及 C 有限合伙企业（一家 B 公司高级管理人员出资的企业）。B 公司新增注册资本 2 000 万元，分别由 C 公司以货币形式认缴 1 600 万元、B 公司其他高管人员以货币形式认购 400 万元。B 公司注册资本变更为 5 000 万元，并相应修改公司章程。本次增资价格为 8.5 元/1 元实收资本，计算依据系 B 公司 2016 年 12 月 31 日未经审计的净资产价格。

C 企业成立于 2017 年 1 月 10 日，合伙协议约定全体合伙人均必须为 B 公司或其下属企业的员工，且设立 C 企业的目的是作为共同间接持有 B 公司权益的民事主体。

合伙协议中对授予股权行权存在一定条件限制。主要条款如下。

（1）合伙企业设立后，合伙人从 B 公司或其下属企业离职的（指合伙人与 B 公司或其下属企业之间不再存在劳动合同关系的情况，包括但不限于双方解除劳动合同、原劳动合同到期没有续签或没有继续履行等情况，但不包括合伙人死亡或被依法宣告死亡），或执行事务合伙人按合伙人要求出售该合伙人通过合伙企业所间接持有的全部 B 公司权益的，该合伙人同时从合伙企业自动退伙，应根据《中华人民共和国合伙企业法》（以下简称《合伙企业法》）的规定办理相应退伙事宜。

（2）B公司首次公开发行股票并在证券交易所挂牌交易（以下简称"上市"）且有限合伙企业所持B公司股票根据相关规定或承诺禁售锁定期（以下统称"股票锁定期"）届满后，任一有限合伙人可以书面方式通知执行事务合伙人，要求执行事务合伙人出售合伙企业所持有的部分B公司股票，并将出售所得净收益（指扣除为出售股票而支付的所有必要成本和税费，下同）以现金方式分配给该有限合伙人。该有限合伙人的通知中可以指定股票的出售价格、价格区间或确定价格、价格区间的方法。任一有限合伙人要求执行事务合伙人出售的B公司股票的数量上限，为合伙企业当时所持有的B公司股票总数乘以该有限合伙人的权益比例。

（3）任一有限合伙人从B公司或其下属企业离职的，视为合伙人自动退伙，除《合伙企业法》第三十九条和第四十条另有规定外，退伙人在合伙企业中的财产份额按下列情形分别退还：①若退伙人离职之日，B公司尚未向证券发行监管部门提交上市申请，执行事务合伙人可以选择由自然人D受让退伙人权益比例对应的全部B公司股票（以下简称"退伙人的股票"）并支付转让价款，也可以选择由执行事务合伙人自己受让退伙人在合伙企业的出资份额及其对应的权益比例，并将转让价款退还给退伙人。不论受让方如何选择，该次转让的价格为退伙人对合伙企业的实际出资额。②若退伙人离职之日，B公司已向证券发行监管部门提交上市申请但未完成上市，执行事务合伙人应受让退伙人在合伙企业的出资份额及其对应的权益比例，并将转让价款退还给退伙人。该次转让的价格为退伙人对合伙企业的实际出资额。③若离职之日，B公司已完成上市，但B公司股票锁定期尚未届满，执行事务合伙人应当在锁定期届满后的第一个交易日出售合伙企业所持有的退伙人的股票，并将出售所得净收益中的60%以现金方式退还给退伙人，剩余部分归合伙企业所有。延期退还现金不影响退伙人退伙的生效，退伙人离职之日至退伙人的股票实际出售之日期间，因退伙人的公司股票所产生的全部收益归合伙企业所有，与退伙人的股票相关的所有权利由执行事务合伙人行使。④若离职之日，有限合伙企业所持有的B公司股票锁定期已经届满，且合伙人未受其他锁定期约束，则执行事务合伙人应当按第2条的约定执行。

（4）如截至2020年1月1日，B公司未能向证券发行监管部门提交上市申请，或已提交上市申请但没有获得通过，此时及以后，若有限合伙人仍然在B公司及其下属企业正常工作，合伙人提出转让其在合伙企业的全部或部分出资份额及其对应的权益，则由执行事务合伙人或执行事务合伙人指定的第三方接受转让并支付相应的价款。该次转让的价格为以下两种计算方式计算出的较高一种：①以转让时间为准，以截至上一年度末B公司每股净资产的80%为基准数，计算出该合伙人转让份额的总值，再减去该转让份额变现的相关税费和合伙企业运营费用中该合伙人应承担的部分后，所得到的余额；②该合伙人的实际出资额。

2. 第二次增资

B公司于2018年5月11日召开股东大会，通过公司的股本总额由8 500万元增加至11 500万元，本次增资由C企业（主要为职工持股）出资，本次增资价格为2元/股，不含增资的净资产金额15 000万元，每股为净资产为4元，与增资价格差异为2元/股。

问题：C公司对B公司的两次增资是否都属于股份支付？如属于股份支付，其公允价值如何确定？

二、准则链接

《企业会计准则第11号——股份支付》第二条、第四条、第六条第一款、第八条、第十条、第十一条规定如下。

第二条 ……（参见本章第一节）

第四条 ……（参见本章第二节）

第六条第一款 完成等待期内的服务或达到规定业绩条件才可行权的换取职工服务的以权益结算的股份支付，在等待期内的每个资产负债表日，应当以对可行权权益工具数量的最佳估计为基础，按照权益工具授予日的公允价值，将当期取得的服务计入相关成本或费用和资本公积。

第八条 以权益结算的股份支付换取其他方服务的，应当分别下列情况处理：

（一）其他方服务的公允价值能够可靠计量的，应当按照其他方服务在取得日的公允价值，计入相关成本或费用，相应增加所有者权益。

（二）其他方服务的公允价值不能可靠计量但权益工具公允价值能够可靠计量的，应当按照权益工具在服务取得日的公允价值，计入相关成本或费用，相应增加所有者权益。

第十条 以现金结算的股份支付，应当按照企业承担的以股份或其他权益工具为基础计算确定的负债的公允价值计量。

第十一条 授予后立即可行权的以现金结算的股份支付，应当在授予日以企业承担负债的公允价值计入相关成本或费用，相应增加负债。

三、疑点、难点分析

根据《企业会计准则讲解（2010）》第十二章第一节中的表述，股份支付是指企业为获取职工和其他方提供服务而授予权益工具或者承担以权益工具为基础确定的负债的交易。股份支付具有以下特征：一是股份支付是企业与职工或其他方之间发生的交易；二是股份支付是以获取职工或其他方服务为目的的交易；三是股份支付交易的对价或其定价与企业自身权益工具未来的价值密切相关。所以，我们需要根据案例背景信息，具体分析这两次增资是否符合股份支付的定义和特征。对于两次增资时的标的股份公允价值问题，不应简单地使用账面净资产价值，而应当基于两次股份支付的授予日（本案例中即分别为两次增资完成日）对其企业价值进行的整体评估加以确定，通常应以收益现值法下的净资产整体评估值为基础，考虑该公司在该时点上的上市预期等因素加以调整后确定。

四、案例分析

（1）在本案例中，C 企业的合伙人均系 B 公司的员工，且合伙协议约定了提前离职则丧失股权激励相关权益的条款，这可以说明激励对象获得股权激励是基于其作为 B 公司员工的特定身份，是为了换取激励对象向 B 公司提供服务的交易；该交易发生于公司和作为激励对象的员工之间；如果最终能够满足全部条件，员工所获得的经济利益将与公司上市后的股价变动情况直接相关，因此本案例中的股权激励符合准则讲解中对股份支付的定义和特征的表述，C 企业对 B 公司的两次出资均应认定为股份支付。

（2）对于两次增资时的标的股份公允价值问题，应当基于两次股份支付的授予日对其企业价值进行的整体评估加以确定，通常应以收益现值法下的净资产整体评估值为基础，考虑该公司在该时点上的上市预期等因素加以调整后确定。其中，第二次股份支付发生于 2018 年 5 月，距离本次收购日相当接近，因此在很大程度上应参考本次拟实施的股权收购的作价确定第二次授予日的公允价值。

股份支付中除了涉及员工通过该有限合伙企业的间接出资和间接持股，也涉及部分高管直接对 B 公司出资，且不附有服务期限条件或者业绩条件等可行权条件。对于这部分高管直接出资形成的股份支付，企业应把标的股权公允价值高于入股价格的差额在授予日（即出资完成日）当天一次性计入损益。

股份支付相关费用应在等待期内逐期确认为成本、费用。本案例中，根据合伙协议的相关条款，可以确定其等待期应当与该公司原先的上市计划的预计进度相关，对此可能需要作出适当的估计，并不是"在达到合伙协议约定的上述条件后，在达到条件的当期计入财务报表"。这里需要明确一个问题：目前A公司拟收购B公司，这意味着B公司自身的独立IPO计划事实上已经放弃，而实现IPO是原股份支付计划中一项重要的非市场业绩条件。在此情况下，是否需要在股权完成收购之日，以"未满足股份支付的非市场条件"为由，将原先所确认的股份支付计划相关费用全部转回？这可能取决于该项股份支付计划是否就此取消（例如，包括C有限合伙企业所持股份在内，B公司全部股份被A公司收购），以及今后A公司是否会实施其他替代的股份支付计划。

（3）以上所讨论的都是B公司自身财务报表层面的处理。A公司收购B公司属于非同一控制下的企业合并，被购买方的财务报表只有在购买日后才纳入购买方的财务报表，因此无论B公司自身财务报表层面对这部分股份支付如何进行会计处理，只要该计划在购买日当天或者之前事实上取消，则这些股份支付费用就不会影响A公司的损益（与B公司自身对该计划的会计处理无关）。如果该项股份支付计划将在购买日当天或者之后被替换为A公司自身的股份支付计划，则其相关的会计处理在中国企业会计准则下无明确规定，但可参照《国际财务报告准则第3号——企业合并》的相关规定（准则正文第30段、附录B应用指南第B56段至第B62B段）处理。

五、案例小结

（一）权益结算的股份支付的确认和计量原则

对于换取职工服务的股份支付，企业应当以股份支付所授予的权益工具的公允价值计量。企业应在等待期内的每个资产负债表日，以对可行权权益工具数量的最佳估计为基础，按照权益工具在授予日的公允价值，将当期取得的服务计入相关资产成本或当期费用，同时计入资本公积中的其他资本公积。

对于授予后立即可行权的换取职工提供服务的权益结算的股份支付（例如授予限制性股票的股份支付），企业应在授予日按照权益工具的公允价值，将取得的服务计入相关资产成本或当期费用，同时计入资本公积中的股本溢价。

对于换取其他方服务的股份支付，企业应当以股份支付所换取的服务的公允价值计量。企业应当按照其他方服务在取得日的公允价值，将取得的服务计入相关资产成本或费用。

如果其他方服务的公允价值不能可靠计量,但权益工具的公允价值能够可靠计量时,企业应当按照权益工具在服务取得日的公允价值,将取得的服务计入相关资产成本或费用。

在极少数的情况下,授予权益工具的公允价值无法可靠计量,企业应在获取服务的时点、后续的每个资产负债表日和结算日,以内在价值计量该权益工具,内在价值的变动应计入当期损益。同时,企业应以最终可行权或实际行权的权益工具数量为基础,确认取得服务的金额。内在价值是指交易对方有权认购或取得的股份的公允价值,与其按照股份支付协议应当支付的价格间的差额。

企业对上述以内在价值计量的已授予权益工具进行结算,应当遵循以下要求:结算发生在等待期内的,企业应当将结算作为加速可行权处理,即立即确认本应于剩余等待期内确认的服务金额。结算时支付的款项应当作为回购该权益工具处理,即减少所有者权益。结算支付的款项高于该权益工具在回购日内在价值的部分,计入当期损益。

(二) 现金结算的股份支付的确认和计量原则

企业应当在等待期内的每个资产负债表日,以对可行权情况的最佳估计为基础,按照企业承担负债的公允价值,将当期取得的服务计入相关资产成本或当期费用,同时计入负债,并在结算前的每个资产负债表日和结算日对负债的公允价值重新计量,将其变动计入损益。

对于授予后立即可行权的现金结算的股份支付(例如授予虚拟股票或业绩股票的股份支付),企业应当在授予日按照企业承担负债的公允价值计入相关资产成本或费用,同时计入负债,并在结算前的每个资产负债表日和结算日对负债的公允价值重新计量,将其变动计入损益。

第四节 取消股权激励计划的会计处理问题

一、案例背景

案例11-4 A公司实施股权激励计划,拟向激励对象授予300万份股票期权。授予日为2019年1月15日,授予的股票期权自授予日起满12个月后，激励对象应在未来36个月内分三期行权，每期可行权数量为授予数量的1/3。

主要行权条件：在本股票期权激励计划有效期内，以2018年净利润为基数，2019—2021年相对于2018年的净利润增长率分别不低于20%、50%、80%；相比2018年度，2019—2021年度扣除非经常性损益后的加权平均净资产收益率分别不低于10%、12%、15%。除此之外，股票期权等待期内，归属于上市公司股东的净利润及归属于上市公司股东的扣除非经常性损益的净利润均不得低于授权日前最近3个会计年度的平均水平且不得为负。

A公司披露股权激励计划以后，面临的宏观环境和所处的行业状况发生了较大变化，2019年度经营业绩大幅下降，致使2019年"归属于上市公司股东的净利润及归属于上市公司股东的扣除非经常性损益的净利润"预计低于授予日前最近3个会计年度的平均水平，股票期权激励计划无法进入行权期。同时，A公司管理层认为依据目前的经营状况，主要行权条件中的"在本股票期权激励计划有效期内，以2018年净利润为基数，2019—2021年相对于2018年的净利润增长率分别不低于20%、50%、80%"等指标无法实现，拟于2020年3月终止该股权激励计划。

问题：A公司对于此次股权激励应该怎样进行会计处理？

二、准则链接

《企业会计准则第11号——股份支付》第六条、第十二条规定如下。

第六条 完成等待期内的服务或达到规定业绩条件才可行权的换取职工服务的以权益结算的股份支付，在等待期内的每个资产负债表日，应当以对可行权权益工具数量的最佳估计为基础，按照权益工具授予日的公允价值，将当期取得的服务计入相关成本或费用和资本公积。

在资产负债表日，后续信息表明可行权权益工具的数量与以前估计不同的，应当进行调整，并在可行权日调整至实际可行权的权益工具数量。

等待期，是指可行权条件得到满足的期间。

对于可行权条件为规定服务期间的股份支付，等待期为授予日至可行权日的期间；对于可行权条件为规定业绩的股份支付，应当在授予日根据最可能的业绩结果预计等待期的长度。

可行权日，是指可行权条件得到满足、职工和其他方具有从企业取得权益工具或现金的权利的日期。

第十一章 股份支付准则

第十二条 完成等待期内的服务或达到规定业绩条件以后才可行权的以现金结算的股份支付，在等待期内的每个资产负债表日，应当以对可行权情况的最佳估计为基础，按照企业承担负债的公允价值金额，将当期取得的服务计入成本或费用和相应的负债。

在资产负债表日，后续信息表明企业当期承担债务的公允价值与以前估计不同的，应当进行调整，并在可行权日调整至实际可行权水平。

三、疑点、难点分析

根据本案例的背景，A公司股权激励计划会计处理的难点在于如何确认每期股权激励解锁所对应的股权激励费用，而在实务中存在不同观点。首先，第一期解锁部分所对应的股权激励费用，应该按照股份支付计划作废来进行会计处理，2019年度不确认与这一部分相关的股权激励费用。原因是在2019年年末，未能达到可行权条件"2019年净利润较2018年增长率不低于20%"等指标要求而导致不能解锁相应的股票期权，这属于作废。其次，第二期和第三期应该作为取消股份支付计划，按照加速行权处理。但是对于取消日应当确认的金额存在一定争议。一种观点认为费用应当反映取消日所有流通在外的股权激励，而无须考虑未来是否能够满足可行权条件。这是因为准则规定对股份支付计划的取消按照加速行权处理，即提早满足了行权条件，因此将剩余的授予日权益工具的公允价值全部确认在取消当期。另外一种观点认为，《国际财务报告准则第2号——股份支付》规定，"主体对于取消或结算应当作为加速给予处理，并应当立即确认在剩余的给予期间所取得服务原本应予确认的金额"，这里"在剩余的给予期间所取得服务原本应予确认的金额"应反映如果不取消股份支付计划，预期在未来期间将会确认的费用金额，也就应该考虑未来是否能够满足可行权条件，根据这一估计对预期将行权的奖励数量进行调整后再计算应该确认的费用。对于该争议，财政部在2012年3月的《关于取消股份支付计划会计处理问题的复函》（财办会〔2012〕11号）中指出："企业在等待期内取消了所授予的权益工具（因未满足可行权条件而被取消的除外）的，应当按照《企业会计准则解释第3号》（财会〔2009〕8号）的规定作为加速可行权处理，即视同剩余等待期内的股权支付计划已经全部满足可行权条件，在取消所授予权益工具的当期确认剩余等待期内的所有费用。"上述财办会〔2012〕11号文件的观点似乎更倾向于观点一，即在本例中，应当加速确认与第二、第三期的相关费用。从上述分析来看，这两种观点在实务中均可采用。

四、案例分析

针对本案例，需要明确以下两个问题。

（1）企业应当在等待期内的每个资产负债表日，根据服务期限条件和业绩条件中的非市场条件的预计满足情况，对授予权益工具的数量作出估计，因此，在不发生股份支付计划取消的情况下，如果已经确定服务期限条件和业绩条件中的非市场条件不能满足，或者预计未来解锁批次对应的服务期限条件和业绩条件中的非市场条件将不能满足的，则本期间可不确认股份支付的相关费用，并把前期已累计确认的与该等批次对应的股份支付费用（如有）予以转回。本案例中，第一期解锁的 1/3 部分所依据的业绩条件（非市场条件）是 2018 年的业绩，在目前已经确定基本无法达到的情况下，与第一期解锁的 1/3 部分对应的股份支付费用可以不确认。如果 2020 年度的业绩指标继续不满足非市场条件，则 2020 年也不确认股份支付费用。

（2）若公司 2020 年终止股份支付计划，则其对公司财务报表的影响应当视采用"疑点难点分析"中讨论的哪一种处理观点而定。如果采用观点一，则因为取消发生于 2020 年，所以应把截至取消日所有尚未解锁（等待期尚未期满）的批次对应的尚未确认的股份支付相关费用在 2020 年度一次性确认，而不考虑在假设不取消的情况下实际获得解锁的可能性。如果采用观点一，则股份支付取消时，应把尚未确认的与第二、三期解锁部分对应的费用一次性确认，不考虑假设不取消情况下未来实际行权的可能性，所以无须考虑未来的盈利预测；如果采用观点二，需要考虑在假设不取消的情况下，第二、三期解锁的另外 2/3 部分最终行权的可能性，以确定是否需要在取消时加速确认剩余的相关费用。如果采用观点二，在尚未确定第二、三期的可行权条件是否满足的情况下提前将其取消，公司应当提供未来期间的盈利预测等相关证据，以对"预计未来第二、三期的可行权条件也无法得到满足"提供充分、适当的证据予以佐证。公司管理层需要注意以下两点：

一是确保盈利预测等资料反映管理层对未来盈利前景的最佳估计，即假设该计划继续实施，最终授予的权益工具数量将为零。应注意管理层用于测算未来授予权益工具数量时所依据的预测信息应与本公司及同行业其他上市公司在年报中披露的未来前景展望信息不存在重大不一致。对此问题的判断务必谨慎，因为假如 2020、2021 年度的业绩能够满足第二、三期的非市场业绩条件，则目前对股份支付计划第二、三期的取消将需要作为加速可行权处理。

二是 2020 年 3 月终止原股份支付计划的事项，在 2019 年度财务报表中应作为资产负债表日后非调整事项予以披露,由此导致的股份回购将需要履行减资程序。

五、案例小结

对未达到行权条件的处理分为两种情况:未达到非市场条件和达到市场条件。如果因为达到市场条件而未行权,则企业不需调整已确认的相关费用。如果因为未达到非市场条件(如业绩)而不能行权,则企业应调整已经确认的相关费用。

(一)不能满足非市场条件而取消或终止股权激励计划

若激励对象未能达到非市场条件(服务期限条件、业绩条件等),则激励对象实际最终没有被授予权益工具,相应的,与该股权激励计划相关的累计成本、费用为零。在会计处理上,企业应将原已确认的费用冲回,即在权益结算的股份支付中,服务期限条件和非市场业绩条件是决定授予权益工具的数量的。如果激励对象未满足服务期限条件和非市场业绩条件,则最终被授予的权益工具数量为零,相应地,与该股份支付计划相关的累计成本、费用也就为零,需要把以前期间就该股份支付计划已确认的成本、费用全部在当期冲回。这是由股份支付的基本原理决定的。

(二)能够满足非市场条件下取消或终止股权激励计划

能够满足非市场条件,即预计激励对象能够满足服务期限条件、业绩条件等指标。此时,激励对象将因为能够满足激励指标而被视为将被授予权益工具。但是由于权益工具价格低于行权价格,行权将产生负收益。在这一情况下,很多上市公司考虑到权益工具价格可能长时间低于行权价格,激励对象不能得到正常的激励收入而直接取消激励计划。取消股权激励计划通常源于公司或者员工主动的行为。会计处理结果视同加速行权,将剩余等待期内应确认的金额立即计入当期损益,同时确认资本公积。具体的处理方法(是作为冲回处理还是加速行权处理、冲回全部还是部分、冲回的损益影响确认在哪一年度等),都需要根据具体的股权激励计划条款进行分析,不能一概而论。如果取消的仅是其中某一期解锁的股票而不是全部标的股票,并且取消的原因是没有实现可行权条件中的非市场条件,则所冲回的费用也仅限于截至目前累计已经确认的与该期取消解锁的股权相关的费用,其他各期不受影响。国际财务报告准则(IFRS)规定,在这种分期解锁的情况下,分不同期限解锁的各期视作不同的股份支付,分别在其各自的等待期内摊销计入费用。冲回的损益影响确认在哪一个年度，取决于何时可以确定非市场条件不再得到满足。

第五节　以权益结算的股份支付计划修改的会计处理

一、案例背景

案例 11-5　A 公司为留住人才，于 2019 年第一次董事会会议决议对符合条件的员工，实行员工股份激励政策。期权的估值采用"布莱克—斯科尔斯"估值模型。该模型应用的参数包括购行权价格、无风险年息率、预期有效期、预期波动率及授予日公司公允价值。上述参数的确定基于该计划有关条款、可比上市公司历史期间交易数据、同期投资者入股价格等。股票期权以单位授出，每单位代表 A 公司注册资本 1 元。

第一批（2019 年 5 月授予）股份激励支付名单，授权时点 A 公司注册资本为 2 500 万元，采用"布莱克—斯科尔斯"估值模型确定授权日融资估值 8 000 万元；授出股比为 5%，等待期为 3 年。

2019 年 12 月，A 公司增加注册资本 5 000 万元，变更后注册资本为 7 500 万元；2020 年第二批股份激励名单，以注册资本 7 500 万元为基础，以"布莱克—斯科尔斯"估值模型确定授权日融资估值 50 000 万元；授出股比为 2.5%，等待期为 3 年。李某对 A 公司的持股比例为 25%，其中包含了代持累计授出员工的股权比例 8%，待员工期满行权时，由李某转让股份给员工。

2020 年 6 月，经全体股东一致同意，股东李某及其他股东分别将其持有的 A 公司部分股权无偿转让给持股平台，转让后持股平台持有 A 公司的 15% 股权，全部用于员工股份激励，包含之前邓某名下持有用于员工股份支付的 8% 股权。

2020 年 9 月，A 公司由有限责任公司变更为股份有限公司，改制后的股本减少至 2 000 万元，7 000 万元转入资本公积；改制后的股东出资比例与有限公司时股东持股比例保持一致；此时 A 公司融资估值为 55 000 万元。

2021 年，A 公司以股本 1 000 万元，员工股份激励池共 150 万股，每股价值 50 元为基础，修改员工股份支付协议。修改的内容主要涉及几方面，见表 11-2。由于 A 公司股东变动等原因，员工实际第一次行权在 2021 年 12 月 31 日。

第十一章　股份支付准则

表 11-2　员工股份支付协议修改情况

序号	内容	变更前	变更后
1	主体变更	用于员工激励股份由"李某"代持，李某、A公司、员工三方签订协议	设立合伙企业持股平台，被激励人员通过持有合伙企业的权益持有A公司的股权，期权激励协议由邓某、A公司、员工、合伙企业持股平台四方签订
2	股权数量的稀释减少	公司原期权激励计划的条款是以0购入A公司××%的股权，规定以注册资本1元为一个单位，按照注册资本金额乘以授予股权的比例确定授予期权份额	股份制改制后，A公司股本小于原有限公司时的注册资本，公司按照新的股本乘以稀释后股权比例重新计算了期权授予数量；但公司员工持有的期权占公司注册资本比例不变
3	股权公允价值的变更	以"布莱克—斯科尔斯"估值模型确认股权授予日的价值，即公允价值＝公司估值×期权比例	变更后方案生效日的公司估值55 000万元高于原授予日公司估值，授予期权数量减少，最终修改后股份支付于变更后方案生效日的公允价值大于变更前原方案于授予日的公允价值
4	等待期的变更	等待期均为3年。等待期内非因激励对象主动离职且非因违反员工持股协议约定导致劳动关系解除的，受激励对象丧失股权行权资格的，受激励对象有权要求公司支付一定数额的补偿	期权将按照以下进度在4年内行权：①自授予日起全职工作满1年的，则1年之后每个月届满后激励对象授予的1/36的期权可行权；②自授予日起全职工作满4年的，则被授予人全部的期权可行权

问题：

（1）假定期权激励计划在修改时，其行权价格、期权数量、等待期、可行权日等条件不变，仅是签约主体变更，是否需要按照股份支付计划修改进行处理，即是否需要按照重新签订期权协议日的公允价值重新计量？

（2）如何判定新授予的权益工具是对原协议的替代，需要满足哪些条件？

（3）A公司在本次修改中，变更后方案生效日的公司最近估值高于原方案授予日公司估值，授予期权数量减少，最终修改后股份支付于变更后方案生效日的公允价值大于变更前原方案于授予日的公允价值。在此情况下，是否还需要单独考虑期权数量减少，将减少部分作为已授予的权益工具的取消来进行处理？

二、准则链接

《企业会计准则讲解（2010）》"五、条款和条件的修改"叙述如下。

五、条款和条件的修改

（一）条款和条件的有利修改

企业应当分别以下情况，确认导致股份支付公允价值总额升高以及其他对职工有利的修改的影响：

1. 如果修改增加了所授予的权益工具的公允价值，企业应按照权益工具公允价值的增加相应地确认取得服务的增加。权益工具公允价值的增加是指，修改前后的权益工具在修改日的公允价值之间的差额。

如果修改发生在等待期内，在确认修改日至修改后的可行权日之间取得服务的公允价值时，应当既包括在剩余原等待期内以原权益工具授予日公允价值为基础确定的服务金额，也包括权益工具公允价值的增加。如果修改发生在可行权日之后，企业应当立即确认权益工具公允价值的增加。如果股份支付协议要求职工只有先完成更长期间的服务才能取得修改后的权益工具，则企业应在整个等待期内确认权益工具公允价值的增加。

2. 如果修改增加了所授予的权益工具的数量，企业应将增加的权益工具的公允价值相应地确认为取得服务的增加。

如果修改发生在等待期内，在确认修改日至增加的权益工具可行权日之间取得服务的公允价值时，应当既包括在剩余原等待期内以原权益工具授予日公允价值为基础确定的服务金额，也包括权益工具公允价值的增加。

3. 如果企业按照有利于职工的方式修改可行权条件，如缩短等待期、变更或取消业绩条件（而非市场条件），企业在处理可行权条件时，应当考虑修改后的可行权条件。

（二）条款和条件的不利修改

如果企业以减少股份支付公允价值总额的方式或其他不利于职工的方式修改条款和条件，企业仍应继续对取得的服务进行会计处理，如同该变更从未发生，除非企业取消了部分或全部已授予的权益工具。具体包括如下几种情况：

1. 如果修改减少了所授予的权益工具的公允价值，企业应当继续以权益工具在授予日的公允价值为基础，确认取得服务的金额，而不应考虑权益工具公允价值的减少。

2. 如果修改减少了授予的权益工具的数量，企业应当将减少部分作为已授予的权益工具的取消来进行处理。

3. 如果企业以不利于职工的方式修改了可行权条件，如延长等待期、增加或变更业绩条件（而非市场条件），企业在处理可行权条件时，不应当考虑修改后的可行权条件。

（三）取消或结算

如果企业在等待期内取消了所授予的权益工具或结算了所授予的权益工具（因未满足可行权条件而被取消的除外），企业应当：

1. 将取消或结算作为加速可行权处理，立即确认原本应在剩余等待期内确认的金额。

2. 在取消或结算时支付给职工的所有款项均应作为权益的回购处理，回购支付的金额高于该权益工具在回购日公允价值的部分，计入当期费用。

3. 如果向职工授予新的权益工具，并在新权益工具授予日认定所授予的新权益工具是用于替代被取消的权益工具的，企业应以处理原权益工具条款和条件修改相同的方式，对所授予的替代权益工具进行处理。权益工具公允价值的增加是指，在替代权益工具的授予日，替代权益工具公允价值与被取消的权益工具净公允价值之间的差额。被取消的权益工具净公允价值是指，其在取消前立即计量的公允价值减去因取消原权益工具而作为权益回购支付给职工的款项，如果企业未将新授予的权益工具认定为替代权益工具，则应将其作为一项新新授予的股份支付进行处理。

企业如果回购其职工已可行权的权益工具，应当借记所有者权益，回购支付的金额高于该权益工具在回购日公允价值的部分，计入当期费用。

三、疑点、难点分析

通常情况下，股份支付协议生效后，不应对其条款和条件随意修改。但在某些情况下，企业可能需要修改授予权益工具的股份支付协议中的条款和条件。例如，股票除权、除息或其他原因需要调整行权价格或股票期权数量。此外，为取得更佳的激励效果，有关法规也允许企业依据股份支付协议的规定，调整行权价格和股票期权数量，但应当由董事会作出决议并经股东大会审议批准。特别注意在会计上，无论已授予的权益工具的条款和条件如何修改，甚至取消权益工具的授予或结算该权益工具，企业都应至少确认按照所授予的权益工具在授予日的公允价值来计量获取的相应服务。

四、案例分析

（1）假定"如期权激励计划在行权价格、期权数量、等待期、行权日等条件不变，仅是签约主体变更的情况下"，则该变更一般理解对股份支付的公允价值无实质影响，不作为股份支付变更处理。但本案例并不属于该情况。

（2）关于新授予的权益工具是否对原协议构成替代的问题，应根据个案具体背景信息进行分析判断,但一般理解应满足的最低限度条件如下:①新的股权激励方案明确说明其是对原方案的替代;②新旧方案的激励对象一致;③新的权益工具的授予价格在很大程度上与被取消的原权益工具于其原授予日或者取消日的公允价值相接近;④授予新权益工具和取消原权益工具属于"一揽子交易",只有作为一个整体来看才是具有商业实质的;⑤原权益工具的取消日不早于新权益工具的授予日。

(注:不能认为满足上述5个条件时,就一定可以被认定为原股权激励方案的替代。)

此时企业应以与处理原权益工具条款和条件修改相同的方式,对所授予的替代权益工具进行处理。

(3)在本案例中,如果上述问题2的结论为"新授予的权益工具属于对原协议的替代",且修改后增加了所授予权益工具的公允价值,则企业应按照权益工具公允价值的增加相应地确认取得的服务的增加。关注的应是公允价值整体的变动情况,而不区分授予数量的减少和单位公允价值增加两个因素分别处理。因此,对新方案下较原方案减少的期权数量,不单独作为取消(加速可行权)考虑其影响。

不过,需要注意的是,本案例中应区分不同授予批次确定公允价值的增加发生的期间。

除此之外,本案例中不只是修改了公允价值的确定,也取消了终止合同关系后对激励对象基于期权计划的补偿,同时延长了服务期限(可行权条件之一),因此就修改后的期权计划属于有利变更还是不利变更,应综合测算后进一步分析、判断。如果属于不利变更,则应按不利变更进行相应的会计处理。如涉及期权计划取消则应按取消一项期权计划进行相应的会计处理。

企业应于2021年内修改员工股份支付协议时,考虑以下因素的影响,对股份支付会计处理进行调整。

一是于变更后股份支付协议生效日,计算变更后股份支付所授予权益工具的公允价值,将其与原协议下所授予权益工具于该变更后协议生效日的公允价值(注:不是授予日的原公允价值,需重新评估确定)相比较,如果前者小于后者,则应在等待期内确认的股份支付费用总额不变;如果前者大于后者,则应在调整后的等待期内确认两者之间的差额部分[变更前原应确认的股份支付费用仍需要在原剩余等待期或缩短后的剩余等待期(以较短者为准)内摊销确认]。

二是考虑调整后的可行权期的影响。原方案等待期为3年,修改后方案改为"自授予日起全职工作满1年的,则1年之后每个月届满后激励对象授予的 1/36 的期权可行权",且实际第一次行权在 2021 年 12 月 31 日。据此,修改后方案属于"一次授予、分次行权"的股份支付,应看作 36 个独立的股份支付安排,分别在其等待期内摊销(而不是统一按 4 年摊销)。其中第一批次的等待期为原授予日至 2021 年 12 月 31 日止的期间。

总结如下:①自变更后方案生效日起合计应确认的股份支付费用 = Max〔修改后股份支付于变更后方案生效日的公允价值,变更前原方案于授予日的公允价值〕—原方案下截至变更后方案生效日累计已确认的股份支付费用;②将上述计算的"自变更后方案生效日起合计应确认的股份支付费用"平均分为 36 份,每份的摊销期限为自变更后方案生效日起至各该批次可行权日之间的剩余等待期间。在各该批次的等待期内摊销,确认为相应期间的股份支付费用(管理费用)和资本公积。

五、案例小结

通过以上案例分析,这里对股份支付的后续变动进行简要总结,具体见表 11-3。

表 11-3 股份支付的后续变动情况总结

性质	数量	公允价值	其他条款
有利于员工	增加:①原权益工具授予日公允价值为基础确定的服务金额继续摊销;②增加部分作为新授予的股份支付,在剩余期限内摊销	增加:①原权益工具授予日公允价值为基础确定的服务金额继续摊销;②公允价值的增加在剩余期限内摊销	有利于员工;考虑修改
不利于员工	减少:①未减少部分继续在剩余期限内摊销;②减少部门视为取消,按照加速可行权处理	减少:应当继续以权益工具在授予日的公允价值为基础,确认取得服务的金额,而不应考虑权益工具公允价值的减少	不利于员工(如延长等待期);不考虑该修改

说明:权益工具公允价值的增加是指修改前后的权益工具在修改日的公允价值之间的差额。

第六节 附有市场条件股权激励的会计处理

一、案例背景

案例 11-6 A 公司成立于 2018 年 5 月 19 日,成立时在《合伙协议》和

《公司章程》中约定了对高管实施与公司估值相关的股权激励，具体约定如下。

A 公司各股东给予高管的激励股最高占总股比的 22%（含 5% 的初始股），具体的股权激励进度如下。

（1）如两年内（从公司设立起计，下同）按照 5 亿元以上的公司净资产估值成功引进 A 轮投资者，且增资的股权比例不少于 20%、增资额不少于 5 000 万元，高管可行权约 5% 的激励股权（免费获得激励股权，下同），此时，高管合计持有 A 公司 10% 的股权。

（2）如三年内，按照 10 亿元以上的公司净资产估值成功引进 B 轮投资者，且增资的股权比例不少于 20%、增资额不少于 1 亿元，高管可再行权约 4% 的激励股权，此时，高管合计持有公司 14% 的股权。

（3）如四年内，按照 20 亿元以上的公司净资产估值成功引进 C 轮投资者，且增资的股权比例不少于 20%、增资额不少于 2 亿元，高管可再行权约 4% 的激励股权，此时，高管合计持有公司 18% 的股权。

（4）如五年内，公司在国内外实现 IPO，或按照 25 亿元以上的公司净资产估值成功引进投资者，且增资的股权比例不少于 20%，增资额不少于 4 亿元，则高管可再行权约 4% 的激励股权，此时，高管合计持有公司 22% 的股权。

（5）如未按上述 1 至 4 项的顺序达成经营目标，但直接实现了其中某一项经营目标，则高管也可一步到位按该项经营目标对应的股权激励总额行权。

对赌条款：如 A 公司未能在 5 年内实现公司的净资产的市场估值达到 1 亿元（按引进投资者的投资比例及投资额测算），或未能引进任何投资者，则高管持有的公司的全部股权无偿归其他股东所有（由其他股东按股权比例分配）。

如 A 公司在 5 年内实现公司净资产的市场估值超过 1 亿元、不足 2 亿元（按引进不少于 20% 的投资者投资比例及投资额测算），其他股东有权收购高管持有的公司全部或部分股权，收购价按公司届时净资产估值价减去 1 亿元作为公司总股本价值计算。

问题：A 公司对此次股权激励应如何进行会计处理？

二、准则链接

《企业会计准则第 11 号——股份支付》第五条至第七条规定如下。

第五条 授予后立即可行权的换取职工服务的以权益结算的股份支付，应当在授予日按照权益工具的公允价值计入相关成本或费用，相应增加资本公积。

授予日，是指股份支付协议获得批准的日期。

第六条 ……（参见本章第四节）

第七条 企业在可行权日之后不再对已确认的相关成本或费用和所有者权益总额进行调整。

三、疑点、难点分析

股份支付中的授予日，是指股份支付协议获得批准的日期。其中"获得批准"，是指企业与职工或其他方就股份支付的协议条款和条件已达成一致，该协议获得股东大会或类似机构的批准。故 A 公司股份支付交易的授予日为公司成立日即 2015 年 4 月 29 日。A 公司在《合伙协议》和《公司章程》中明确列示了股权激励的内容，虽然没有专门的股东大会决议，但仍符合《企业会计准则第 11 号——股份支付》及其应用指南和讲解对"授予日"的定义。

A 公司应将股权激励作为附业绩条件（市场条件）的股权激励进行会计处理。根据《〈企业会计准则第 11 号——股份支付〉应用指南》对市场条件的定义："市场条件是指行权价格、可行权条件以及行权可能性与权益工具的市场价格相关的业绩条件，如股份支付协议中关于股价至少上升到何种水平才可行权的规定。" A 公司的股权激励与公司未来的估值挂钩，符合市场条件的定义。

A 公司在进行会计处理时不应考虑该股权激励是否能行权。市场条件是否得到满足不影响企业对预计可行权情况（即所授予的权益工具数量）的估计。对于可行权条件为市场条件的股份支付，只要职工满足了其他所有非市场条件（如利润增长率、服务期限等），企业就应当确认已取得的服务。

至于在授予日所授予股权的公允价值的确定，在实务中可以参考评估师的评估值〔以授予日为基准日，按市场法或收益法进行评估的结果，注意不应认可资产基础法（成本法）下的评估值〕，或按每股 1 元作为公允价值（参考成立时，股东投入的资金按每股 1 元作为出资价格）。

四、案例分析

假如按每股 1 元作为所授予的股份于授予日的公允价值，则账务处理如下。

2018 年 12 月 31 日：

管理费用 =（500÷2 + 400÷3 + 400÷4 + 400÷5）×8÷12
= 375.56（万元）

借：管理费用　　　　　　　　　　　　　　3 755 600
　　贷：资本公积　　　　　　　　　　　　　　　3 755 600

（注：假设授予的股份数量为 1 700 万股。因为 5% 的初始股份在 A 公司的成立日即已授予，此时的授予价格与其他股东的入股价格一致，均为每股 1 元，且无等待期，可以认为该批初始股份的授予所对应的股份支付费用金额为零。本案例中假设激励对象在等待期内的预计离职率为零。）

2019 年 12 月 31 日：

管理费用 =（500÷2 + 400÷3 + 400÷4 + 400÷5）×4÷12 +［（500 + 400×2÷3 + 400×2÷4 + 400×2÷5）−（500÷2 + 400÷3 + 400÷4 + 400÷5）］×8÷12 = 565.33（万元）

借：管理费用　　　　　　　　　　　　　　5 653 300
　　贷：资本公积　　　　　　　　　　　　　　　5 653 300

根据财政部《关于做好执行企业会计准则的企业 2012 年年报工作的通知》（财会〔2012〕25 号）规定："在等待期内如果取消了授予的权益性工具的（因未满足可行权条件而被取消的除外），企业应当对取消所授予的权益性工具作为加速可行权处理，即视同剩余等待期内的股份支付计划已经全部满足可行权条件，在取消所授予工具的当期确认原本应在剩余等待期内确认的所有费用。"据此，如果未来需要修改股权激励或取消股权激励，无论已授予的权益工具的条款和条件如何修改，甚至取消权益工具的授予或结算该权益工具，企业都应确认按照所授予的权益工具在授予日的公允价值来计量获取的相应服务。故如果 A 公司取消了股权激励计划，则应将取消或结算作为加速可行权处理，立即确认原本应在剩余等待期内确认的金额。

五、案例小结

业绩条件是指职工或其他方完成规定服务期限且企业已达到特定业绩目标才可行权的条件，具体包括市场条件和非市场条件。市场条件是指行权价格、可行权条件以及行权可能性与权益工具的市场价格相关的业绩条件，如股份支付协议中关于股价上升至何种水平职工或其他方可相应取得多少股份的规定。企业在确定权益工具在授予日的公允价值时，应考虑股份支付协议中规定的市场条件和非可行权条件的影响。非市场条件是指除市场条件之外的其他业绩条件，如股份支付协议中关于达到最低盈利目标或销售目标才可行权的规定。对于可行权条件为业绩条件的股份支付，在确定权益工具的公允价值时应考虑市场条件的影响，只要职工满足了其他所有非市场条件，企业就应当确认已取得的服务。

第十一章 股份支付准则

第七节 分红约定同时包含股份支付和职工薪酬的会计处理

一、案例背景

案例 11-7 2019 年 7 月，A 公司与 B 自然人等 5 名自然人股东新设成立了 C 公司，A 公司持股比例为 70%。同时，A 公司与上述自然人签订了"关于 C 公司分红及相关事项的约定"。约定中提到：① A 公司同意在 C 公司成立后 3 年内（2019—2021 年）拿出 10% 的股份，将其分红收益奖励给自然人股东，该分红收益在 3 年间由 C 公司统一管理，且只能用于购买 C 公司的股份，购买价格为 1 元每股；②若 3 年间上述自然人股东分得的利润不足以支付 10% 股份的购买价款，剩余部分自愿用现金补齐，3 年后 C 公司将按照工商登记的实际出资比例进行利润分配。

该 5 人所获得的奖励股份以及未来 3 年内可购买 C 公司股份的数量和比例与其目前持有 C 公司的股份数量无关，也有目前不是 C 公司股东的核心技术人员获得奖励股份和 3 年后购股期权的情形，其中获赠比例最高的一人取得了 10% 股份收益权和购股期权中的 5%，但该人目前不持有 C 公司股权。

问题：A 公司授予自然人股东的 10% 股份分红收益权如何处理？

二、准则链接

1.《企业会计准则第 11 号——股份支付》第四条至第六条

第四条　……（参见本章第二节）
第五条　……（参见本章第六节）
第六条　……（参见本章第四节）

2.《企业会计准则解释第 4 号》第七条

结算企业以其本身权益工具结算的，应当将该股份支付交易作为权益结算的股份支付处理；除此之外，应当作为现金结算的股份支付处理。结算企业是接受服务企业的投资者的，应当按照授予日权益工具的公允价值或应承担负债的公允价值确认为对接受服务企业的长期股权投资，同时确认资本公积（其他资本公积）或负债。

3.《企业会计准则第 9 号——职工薪酬》（2014 年修订）第九条

第九条　……（参见第十章第二十二节）

三、疑点、难点分析

根据 A 公司与 C 公司的 5 名自然人股东的协议约定：① A 公司同意在 C 公司成立后 3 年内（2019—2021 年）拿出 10% 的股份，将其分红收益奖励给自然人股东，该分红收益在 3 年间由 C 公司统一管理，且只能用于购买合资公司的股份，购买价格为 1 元每股；②若 3 年间上述自然人股东分得的利润不足以支付 10% 股份的购买价款，剩余部分自愿用现金补齐，3 年后，合资公司将按照工商登记的实际出资比例进行利润分配。即，A 公司向该 5 名少数股东提供以 1 元 / 股购买 C 公司 10% 股权的一项买入期权，同时立即让渡该 10% 股权的收益权（即由该 5 名股东享有 C 公司 3 年内净利润的 10%）。

从上述交易的经济实质来看，该交易的目的是鼓励自然人股东在 C 公司中的经营积极性，争取实现更好的业绩而在 C 公司成立初期对其自然人股东和核心骨干让渡部分收益权。个人取得的奖励分红股份与其目前的持股并无对应关系。因此，可以认为该 5 人获得 10% 股份的分红权和购股期权，更多的是基于其作为 C 公司的管理人员和业务骨干为 C 公司提供的服务，而不是基于其持有的 C 公司股份。该事项包含股份支付和职工薪酬。由于存在"若三年间上述自然人股东分得的利润不足以支付 10% 股份的购买价款，剩余部分自愿用现金补齐"的约定，因此上述利润分享计划和股份支付这两个事项是互相独立的，应当各自分别按照适用的会计原则进行会计处理。

四、案例分析

（1）让渡 10% 股份 3 年内的分红权，属于"利润分享计划"，是职工薪酬范畴，在每年年末根据当年度利润确定该 10% 股份应分配的金额后，应确认为当期的管理费用。扣除该部分管理费用后的 C 公司净利润按股权比例分配给该公司各股东（即在实际行使购股期权之前，A 公司合并 C 公司的比例仍为 70%）。

（2）授予按 1 元 / 股购买 C 公司 10% 股份的期权，属于权益结算的股份支付。在确定该期权于授予日（即该协议签订日）的公允价值的基础上，将其除以等待期时间长短（从该协议生效日到该 5 人有权行使购股权的时间间隔）得出每一年度的摊销额，并按以下方法在 A 公司的个别报表和合并报表层面作出处理。

C 公司个别报表层面：

借：管理费用
　　贷：资本公积

A 公司报表层面：

借：长期股权投资——C 公司
　　贷：应付职工薪酬——股份支付

本案例中由 A 公司负责结算，且使用 C 公司而不是 A 公司的权益工具进行结算，因此对 A 公司个别报表层面而言属于现金结算的股份支付，且 A 公司是 C 公司的股东，因此应当按照 A 公司承担的股份支付费用借记"长期股权投资——C 公司"。

A 公司报表层面抵销分录：

借：资本公积
　　贷：长期股权投资

后续到期行权时，在 A 公司报表层面，根据各激励对象支付的现金（含公司代管的该 10% 收益权的现金收益，以及由激励对象按约定补足的部分）和"应付职工薪酬——股份支付"之和，减去 C 公司 10% 股权的净资产对应的账面价值之差，调整资本公积。

五、案例小结

职工薪酬，是指企业为获得职工提供的服务或解除劳动关系而给予的各种形式的报酬或补偿。因此，对于为换取职工服务而承担的以股份为基础的支付交易，在广义上也属于职工薪酬的一部分。但是，股份支付从涉及的职工对象、支付对价、支付条件、支付金额的计算依据等方面都具有更加复杂的限制条件，因此，需要采用有别于一般职工薪酬的会计处理方法。一般授予职工的股份支付计划，仅仅是针对某些特定层面的职工，而不是针对所有职工，比如，可能仅针对公司的高管人员或特定技术人员。对于此类人员，股份支付计划也涉及很多条件，比如，可能在职工雇佣年限、公司业绩等方面设定了特定条件。

股份支付与职工薪酬最关键的区别在于股份支付是以公司自身股份的公

允价值变动为基础来进行支付的。无论是以权益工具结算的股份支付，还是以现金结算的股份支付，都包含了一项以公司股份未来公允价值变动为基础的股份增值权，从而授予职工一项有价值的工具。在以权益结算的股份支付中，职工股份购买计划一般以折价授予职工一项股份购买计划，即低于股份公允价值的金额购买特定数量股份的机会。职工在获得该购买计划时，获得了在未来股份上涨时以高于购买价格的金额出售股份的机会，即获得了一项看涨期权。该看涨期权以企业自身股份的增值为基础，通常被称为股份增值权。在以现金结算的股份支付中，职工同样是以公司股份的未来公允价值为基础，包含一项现金股份增值权。由于股份增值权的存在，企业股份公允价值的变动最终将会影响职工通过股份支付计划所获得的利益。

相反，职工薪酬范围内的支付可能也有授予对象、授予条件等限制，但均不涉及以企业自身股份价值为基础的结算方法。例如，与股份支付容易混淆的"利润分享计划"，就需要从结算基础进行区分。利润分享计划，是指因职工提供服务而与职工达成的基于利润或其他经营成果提供薪酬的协议。如职工完成规定业绩指标，或者在企业工作了特定期限后，能够享有按照企业净利润的一定比例计算的薪酬。此类计划也存在一定的支付条件，但是，其结算的基础是企业的利润或其他经营成果，这些基础实质上与企业自身股份公允价值没有直接联系，因此，不属于以股份为基础的支付。

综上所述，股份支付准则范围内的职工薪酬，是以企业自身股份公允价值为基础的支付，企业自身股份价值的变动将影响职工所获得的经济利益。这是判断针对职工的支付采用哪种会计处理模型的关键因素。

第十二章 资 产 减 值

第一节 商誉发生减值时的会计处理

商誉减值一直是理论界和实务界研究比较多的事项，在上市公司的年报中也经常会有公司计提较大金额的商誉减值。而在计提减值后，部分公司会出现当年业绩由盈转亏，甚至被交易所停牌的情况，从而使得商誉成了验证上市公司收购效果的一项指标。

一、案例背景

案例 12-1 A 公司 2012 年 11 月 30 日收购取得子公司 B 公司，形成商誉 10 190.23 万元。商誉对应的资产组为在建的天津燃气站项目、北戴河加气站项目、营口管道输送项目（在建）。B 公司在被收购时点没有其他资产。收购后 A 公司以投资形式对 B 公司增资，B 公司另外建设了青龙加气站、平泉加气站项目。截至 2016 年 6 月 30 日，A 公司拟对 B 公司原收购项目北戴河加气站项目、营口管道输送项目（在建）进行出售。

问题：A 公司是否应该对该商誉进行减值测试？

二、准则链接

商誉在确认以后，持有期间不要求摊销，每一会计年度期末，企业应当按照《企业会计准则第 8 号——资产减值》的规定对其价值进行测试。按照账面价值与可收回金额孰低的原则计量，对于可收回金额低于账面价值的部分，计提减值准备，有关减值准备在计提之后不能够转回。对商誉减值的处理是按照资产组或资产组组合减值的处理原则来进行的。为了达到资产减值测试的目的，对于因企业合并形成的商誉的账面价值应当自购买日起按照合理的方法分摊至相关的资产组，难以分摊至相关的资产组的，应当将其分摊至相关的资产组组合。

三、疑点、难点分析

在进行商誉的减值测试时，应当将包含商誉的资产组或资产组组合的可收回金额低于其账面价值的差额，确认为相应的减值损失。减值损失金额应当先抵减分摊之资产组或者资产组组合中商誉的账面价值，再根据资产组或资产组组合中除商誉之外的其他各项资产的账面价值所占比重，按比例抵减其他各项资产的账面价值。

在存在少数股东权益的情况下，进行商誉减值测试时资产组或者资产组组合的账面价值应当包括属于少数股东权益的那部分商誉。如果经测试商誉发生了减值，应当将该损失金额在归属于母公司和少数股东权益之间按比例进行分摊。

四、案例分析

参考《企业会计准则第 8 号——资产减值》的规定，为实现减值测试之目的，应将商誉分摊到从其协同效应中受益的资产组或资产组组合。类似地，在处置构成业务的资产组或资产组组合中，被处置的资产组或资产组组合所对应的商誉也应一并终止确认。

关于企业合并中形成的商誉在各资产组或资产组组合之间的分摊方法，《企业会计准则讲解（2010）》中的表述较为原则，仅提及"因企业合并形成的商誉的账面价值，应当自购买日起按照合理的方法分摊至相关的资产组；难以分摊至相关的资产组的，应当将其分摊至相关的资产组组合。这些相关的资产组或者资产组组合应当是能够从企业合并的协同效应中受益的资产组或者资产组组合，但不应当大于按照《企业会计准则第 35 号——分部报告》所确定的报告分部。企业在分摊商誉的账面价值时，应当依据相关的资产组或者资产组组合能够从企业合并的协同效应中受益情况下进行分摊，在此基础上进行商誉减值测试"。一般认为，如果没有证据表明存在更为系统、合理的分摊方式，则对原收购时点形成的商誉按照拟出售资产组价值占整个收购时点资产组价值的比例减少商誉金额。

五、案例小结

从理论上讲，进行商誉的减值测试，应将商誉的可收回金额与其账面价值进行比较，若可收回金额低于账面价值则应确认减值损失。根据商誉的性质可知，商誉的可收回金额不可能脱离其他资产单独确认与计量，因此，商誉的减值测试必须结合相应的资产组或资产组组合进行。资产的减值测试一般可按下列程序进行。

（1）合理确认与商誉相关的资产组或资产组组合。这里的与商誉相关的资产组或资产组组合应该是能够从该项商誉所带来的经济利益中受益的资产组或资产组组合。

（2）将由企业合并形成的商誉的账面价值，自购买日起按照合理的分配方法分摊至相关的资产组或资产组组合，以确认包含商誉的资产组或资产组组合账面价值。这里的合理方法，应该首选按各资产组或资产组组合的公允价值占相关资产组或资产组组合的公允价值总额的比例进行分摊。如果公允价值难以可靠地计量，也可按各资产组或资产组组合的账面价值占相关资产组或资产组组合账面价值总和的比例进行分摊。

（3）确认包含商誉的资产组或资产组组合的可收回金额。资产组或资产组组合的可收回金额应当根据该资产组或资产组组合的公允价值减去处置费用后的净额与资产组或资产组组合预计未来现金流量的现值两者之间较高者确定。资产组或资产组组合的公允价值减去处置费用后的净额，往往受销售协议价格或资产活跃市场的制约。当无法可靠估计资产组或资产组组合的公允价值减去处置费用后的净额时，企业就只能以该资产组或资产组组合预计未来现金流量的现值作为可回收金额。

第二节　减值迹象的判断

我国资产减值准则经历了一个从局部到整体、从抽象到具体、从含糊到明晰的历程。当前资产减值准则因为"资产组"新概念的引入和计量上的公允价值判断，在实际操作中具有极强的主观能动性，这对财务人员的职业判断水平提出了巨大的挑战。

一、案例背景

案例 12-2　A 公司账面上有大额的待抵扣进项税，截至 2016 年 10 月 31 日，待抵扣进项税金额为 4.38 亿元；2016 年 8 月 29 日，A 公司收到《关于××电厂土地资产处置有关事宜的复函》，请公司配合相关部门，按国家、省、市有关规定，尽快开展××电厂土地收储的相关补偿工作，推进土地整备收储工作。

预计土地收储后无法获得市内的拆迁用地进行厂房新建且公司注册地址

不改变，其待抵扣进项税可能无法获得充足的销项进行抵扣。

问题：待抵扣进项税是否需计提减值？计提的依据是否充分？

案例 12-3　　上市公司××电器科技股份有限公司拟收购北京××新材料股份有限公司。以 2017 年 4 月 30 日为基准日，按收益法评估标的公司全部股东权益评估值为 436 686.23 万元，评估值较账面净资产增值 342 211.94 万元，增值 362.23%。按资产法评估，固定资产里的机器设备、电子设备等有可能发生减值 130 万元。

标的公司处于正常生产经营状况，机器设备、电子设备等不存在闲置停用。按收益法评估大幅增值，在这种情况下，无论是机器设备的资产组还是电子设备的总部资产组，都不应发生减值，故不需计提固定资产减值准备。

问题：上述会计处理是否恰当？

案例 12-4　　××永磁材料股份有限公司是一家专业从事稀土废料回收冶炼分离的企业，其冶炼分离的过程为：将稀土原矿或稀土回废料进行煅烧粉碎成细小颗粒，用浓酸融成液体后进入萃取槽进行萃取，其萃取分离的过程是整个稀土冶炼分离的主要工艺。其萃取分离的过程需要在生产的最初阶段一次性投入萃取料液，萃取料液主要为萃取的稀土氧化物和一定量的萃取剂。初期投入后，其生产需要投入同样的萃取氧化物料液，在萃取槽中进行充分的搅拌后不断富集，分离出氧化物，即相当于在原有的萃取料液的基础上进去一个氧化物才能出来一个氧化物。对萃取出的氧化物进行一定的沉淀和灼烧后形成企业产品氧化物。对于最初一次性投入萃取槽中的萃取液，即萃取氧化物，其在生产中一般不会发生变化，仅会有微小的波动，萃取剂会有少量的挥发，生产中会进行补充。企业终止生产时，其投入的萃取液可以按照市场上氧化物的价格进行出售。

根据此特点，企业将其一次性投入萃取料液放在其他非流动资产中核算，公司在对其他非流动资产按照现在的市价进行减值测算时，发现其他非流动资产可变现的价值低于其账面价值，按照目前市价测算的话，需要计提减值准备。而稀土氧化物近两年因为国家对稀土行业的宏观调控以及对黑稀土矿的打击，对稀缺资源的保护，限制出口，目前市价甚至低于成本价，但是稀土氧化物作为世界上的比较紧缺的资源，同时作为工业上不可或缺的资源，未来的价格肯定会回升。如果仅仅因为目前价格的低迷，对长期的其他非流动资产计提减值似乎不太合适。其他非流动资产（萃取料液）作为长期资产是能持续给企业带来价值的,目前企业每年以此经营可以持续盈利1 000万~2 000万元的净利润,该萃取料液作为生产最重要的资产是缺一不可的,如果按照能给企业未来带来的价值来看,似乎计提减值准备不合适。

问题:公司到底应不应该计提减值准备?

二、准则链接

《企业会计准则第8号——资产减值》第四条规定如下。

第四条 企业应当在资产负债表日判断资产是否存在可能发生减值的迹象。

因企业合并所形成的商誉和使用寿命不确定的无形资产,无论是否存在减值迹象,每年都应当进行减值测试。

第五条 存在下列迹象的,表明资产可能发生了减值:

(一)资产的市价当期大幅度下跌,其跌幅明显高于因时间的推移或者正常使用而预计的下跌。

(二)企业经营所处的经济、技术或者法律等环境以及资产所处的市场在当期或者将在近期发生重大变化,从而对企业产生不利影响。

(三)市场利率或者其他市场投资报酬率在当期已经提高,从而影响企业计算资产预计未来现金流量现值的折现率,导致资产可收回金额大幅度降低。

(四)有证据表明资产已经陈旧过时或者其实体已经损坏。

(五)资产已经或者将被闲置、终止使用或者计划提前处置。

(六)企业内部报告的证据表明资产的经济绩效已经低于或者将低于预期,如资产所创造的净现金流量或者实现的营业利润(或者亏损)远远低于(或者高于)预计金额等。

(七)其他表明资产可能已经发生减值的迹象。

三、疑点、难点分析

第一,企业总市值小于净资产账面价值时,该迹象是企业整体的迹象,可能是整体资产高估或负债低估,却不容易明确归属。因此,除非公司能够证明每股市价低于每股净值是由于市场非理性因素,如投资人打压股价或因负债低估所造成,否则公司可能需要进行全面测试并计提减值。但到下一个资产负债表日,此迹象仍然存在而又无法归因于非理性因素造成时,是否仍需要全面测试，答案是肯定的。但上一个资产负债表日已计算出资产预计未来现金流现值，如果到下一个资产负债表期间不长，如一季或一年，且此期间未有重大的经济或经营环境的变动时，笔者认为下一个资产负债表日的测试无必要重新计算资产预计未来现金流现值，只需调整因受时间因素影响的数据即可。

第二，由内部报告取得资产可能减值的证据。习惯上我们都以为只要一家公司的财务报表显示盈利且财务状况良好，它应该就没有资产减值的迹象。但这个逻辑忽略了一些公司目前正在发生或预计未来会发生的事件，而该事件对现在的财务报表没有影响，但对未来的财务报表却有重大的影响。例如一家公司在近期要把它最赚钱的子公司处置掉，留下来的都是亏损的子公司。此时该公司资产负债表日的数字仍然很亮丽，预计事件及公司内部预算却显示公司未来将是亏损。又如某家公司截至资产负债表日的营运情况非常好，但那是因为主要竞争对手的产品还没有开发出，预计将在两年内开发出，届时将对公司主要产品形成价格破坏，导致无利可图，公司内部为此已积极筹建另一产品的生产线，待对手产能开发出后即将主力移到新生产线，原生产线就停止运营。以上两个例子均显示虽然资产负债表日获利良好但公司内部报告或预算却已显现资产将要发生减值的迹象了。

第三，可归属到个别资产的减值迹象。虽然上述迹象有些可归属到个别资产，但不表示该个别资产必须计提减值。例如有一资产部分实体毁损使其公允价值降低，但此迹象并不意味公司必须就该资产计提减值。一般认为，财务预算是企业管理层对企业未来现金应先计算该资产的预计未来现金流现值或辨别该资产所属的资产组以决定其资产预计未来现金流现值，再决定是否计提减值。必须注意的是，虽然该资产可能因此不必计提减值，但公司仍需对资产的剩余使用年限折旧方法或残值等予以相应调整。

四、案例分析

（1）对于增值税借方余额，除了根据流动性（预计留抵税额可获得抵扣的时间）分别在"其他流动资产"或者"其他非流动资产"列报，在实务操作中还要关注借方余额作为一项资产是否可能发生减值。某些企业由于行业特点等原因，进项税额大于销项税额可能是常态（如报业、印刷业、农业等），在其目前的业务模式不发生重大变化的情况下，有一部分进项税额预计在可预见的未来很可能不能获得抵扣。而依据《财政部　国家税务总局关于增值税若干政策的通知》（财税〔2005〕165号）第六条规定："一般纳税人注销

第十二章 资产减值

或被取消辅导期一般纳税人资格,转为小规模纳税人时,其存货不作进项税额转出处理,其留抵税额也不予以退税。"因此,企业应当根据其预计的未来采购和销售计划等因素,谨慎估计其在可预见的未来获得退还、抵扣或抵顶的可能性。对于预计在可预见的未来很可能无法获得退还、抵扣或抵顶的此类税项,应当计提减值准备,相关减值损失计入当期损益(资产减值损失)。后续如因情况发生变化等,改变了对留抵税额可抵扣性的会计估计,即原先预计很可能不能获得抵扣的留抵税额现在预计很可能获得抵扣,则原先计提的减值准备可以相应全部或部分转回。

在测算现有的待抵扣进项税额余额在未来获得抵扣的可能性时,不能简单地依据毛利率测算,因为在构成营业成本的"料、工、费"三要素中,人工成本同样不属于可抵扣增值税的范围,因此依据采购额和销售额(均为不含增值税金额)之比为依据测算更能符合实际情况。例如,当可获得增值税专用发票的采购额与增值税应税销售额之比(可计算一段较长时间内的平均比例以尽可能剔除偶发性因素的影响)超过100%时,则超过部分对应的进项税额将很可能不能获得抵扣,应考虑对其计提减值准备。如果同时涉及视同销售、免税和非应税项目的进项税额转出等特殊因素的影响,则在测算时也应当将其纳入考虑。因此,对于预计很可能最终无法获得抵扣的增值税进项留抵税额需计提资产减值准备。

(2)因为资产减值测试需以资产组为单位,不同资产组的可收回金额高于或低于各自账面价值的差额不可互抵,因此需分析该目标企业是否整体上构成一个资产组。只有当该目标企业整体上构成一个资产组时,"收益法评估增值表明目标企业的长期资产未发生减值"的判断才可能成立。否则,如果该目标企业包含多个资产组,则仍需以资产组为单位分别进行减值测试和计提减值准备。

(3)《企业会计准则讲解(2010)》第九章"资产减值"规定:"资产可收回金额的估计,应当根据其公允价值减去处置费用后的净额与资产预计未来现金流量的现值两者之间较高者确定。因此,要估计资产的可收回金额,通常需要同时估计该资产的公允价值减去处置费用后的净额和资产预计未来现金流量的现值,但是在下列情况下,可以有例外或者做特殊考虑:(一)资产的公允价值减去处置费用后的净额与资产预计未来现金流量的现值,只要有一项超过了资产的账面价值,就表明资产没有发生减值,不需再估计另一项金额。(二)没有确凿证据或者理由表明,资产预计未来现金流量现值显著高于其公允价值减去处置费用后的净额的,可以将资产的公允价值减去处置费用后的净额视为资产的可收回金额。企业持有待售的资产往往属于这种情况,即该资产在持有期间(处置之前)所产生的现金流量可能很少,其最终取得的未来现金流量往往就是资产的处置净收入。在这种情况下,以资产公允价值减去处置费用后的净额作为其可收回金额是适宜的,因为资产的未来现金流量现值通常不会显著高于其公允价值减去处置费用后的净额。(三)资产的公允价值减去处置费用后的净额如果无法可靠估计的,应当以该资产预计未来现金流量的现值作为其可收回金额。"

结合本案例背景,可根据其他非流动资产的可收回净额和预计未来现金净流量孰高确定是否存在资产减值,即该项非流动资产(一次性投入萃取料液)本身构成了生产其产品(稀土氧化物)所必需的资产组的组成部分,可根据《企业会计准则第 8 号——资产减值》的规定,测算整个资产组的未来现金流量现值(即采用收益法对该资产组整体价值进行评估)。如果包含该项其他非流动资产在内的资产组可收回金额不低于其账面价值,则该资产组整体未发生减值,对属于该资产组组成部分的该项其他非流动资产即无须单独计提减值准备。

五、案例小结

国内外会计准则对资产减值及无形资产减值迹象作了一些规定,基本上都是从企业内部和企业外部两方面进行规定。美国、英国、加拿大、澳大利亚和国际会计准则理事会(IASB)都在准则中列举了若干可能导致资产发生减值的迹象(见表 12-1),我国会计准则对于减值迹象的列举与其他国家或组织的规定大同小异。

表 12-1 各国及 IASB 关于资产减值迹象的规定比较

部分	迹象	中国	IASB	美国	英国	澳大利亚
企业内部	过时或物理损坏的证据	√	√	√	√	√
	资产使用方式出现了明显不利的变化		√	√	√	√
	资产的经济效果已经或者将比预期要差	√	√	√		√
	用于购买、经营或维持该资产的现金流量明显高于预期		√	√		√
	使用该项资产的实际现金流量或经营利润比预期要低	√	√	√		√
	资产的预期现金流量降低或者预期损失升高		√			√

(续表)

部分	迹象	中国	IASB	美国	英国	澳大利亚
企业外部	资产产生经营损失		√	√	√	√
	关键雇员的重大流失				√	
	实体的账面价值大于其市场资本化金额					√
	资产的市场价值降低	√	√	√	√	√
	企业经营所处的环境或产品面向的市场出现明显的不利变化	√	√	√	√	√
	利率的明显上升使资产的使用价值降低	√	√		√	√

第三节 非同一控制下企业合并下形成暂估商誉的减值问题

一、案例背景

案例 12-5 2020 年 6 月 30 日 A 公司收购 B 公司。在 2020 年 12 月 31 日编制财务报表时，A 公司尚未完成购买对价分摊，故只能基于当时可获得的信息，暂时确定 B 公司的各项可辨认资产和负债于购买日的公允价值。

2020 年 12 月 31 日，与 A 公司类似的其他公司市场价值下降，以及在收购后 B 公司的不良业绩，导致 A 公司存在商誉减值的迹象。

问题：A 公司应如何对该并购形成的商誉进行减值会计处理？

二、准则链接

1.《企业会计准则第 20 号——企业合并》第十三条、第十六条

第十三条 ……（参见第十章第十六节）

第十六条 ……（参见第十章第二十二节）

2.《企业会计准则第 8 号——资产减值》第二十三条、第二十四条

第二十三条 企业合并所形成的商誉，至少应当在每年年度终了进行减

值测试。商誉应当结合与其相关的资产组或者资产组组合进行减值测试。

相关的资产组或者资产组组合应当是能够从企业合并的协同效应中受益的资产组或者资产组组合,不应当大于按照《企业会计准则第35号——分部报告》所确定的报告分部。

第二十四条 企业进行资产减值测试,对于因企业合并形成的商誉的账面价值,应当自购买日起按照合理的方法分摊至相关的资产组;难以分摊至相关的资产组的,应当将其分摊至相关的资产组组合。

在将商誉的账面价值分摊至相关的资产组或者资产组组合时,应当按照各资产组或者资产组组合的公允价值占相关资产组或者资产组组合公允价值总额的比例进行分摊。公允价值难以可靠计量的,按照各资产组或者资产组组合的账面价值占相关资产组或者资产组组合账面价值总额的比例进行分摊。

企业因重组等原因改变了其报告结构,从而影响到已分摊商誉的一个或者若干个资产组或者资产组组合构成的,应当按照与本条前款规定相似的分摊方法,将商誉重新分摊至受影响的资产组或者资产组组合。

三、疑点、难点分析

企业合并中取得的商誉应当自合并日起分摊到购买方预计从企业合并的协同作用获益的资产组。在企业合并的购买日后,购买方可能需要一段时间用以确定所有分摊到被购买方的可辨认资产、负债或者或有负债的公允价值,即用以完成企业合并的初始会计处理的"计量期"。然而,当购买方已经取得其所需的关于购买日存在状态的信息,或者确定无法获取进一步信息时,计量期即告结束。

如果取得的可辨认资产和承担的负债的公允价值仅在当期期末临时确定,在合并当期期末仍不大可能完成商誉的分摊,即购买方可以在最终确定所有公允价值之前的某个阶段,先行分摊部分或全部暂估商誉。

购买方不应主观、随意地分摊商誉,在事实不够充分的情况下,购买方不分摊商誉。然而,在下列情况下,购买方可以分摊暂估商誉:购买方知悉所有商誉都和单个资产组或一组资产组组合(不大于单个经营分部)有关;购买方知悉企业合并的初始会计处理在所有重大方面已经基本完成,仅剩余部分细节有待完成。

最终,如果能够可靠地确定单个资产组或资产组组合的账面价值,则购买方即可进行可靠的减值测试。如果购买方将购买对价分摊到一个资产组或一组资产组组合，即使仍可能尚需在各类资产之间进行进一步的分摊，例如有形或无形资产和资产组内的商誉，购买方也应当进行减值测试。因此，即使购买方尚未最终确定取得的可辨认资产和承担的负债的公允价值，购买方仍可能可以将暂估商誉分摊到资产组，并在此基础上进行减值测试。

四、案例分析

购买方在购买日后有不超过 12 个月的时间用于确定取得的净资产于购买日的公允价值，并将商誉分摊到资产组，这个期间称为"计量期"，其长度不应超过获取关于购买日已存在的相关事实和情况等信息所需的必要时间。然而，在计量期结束前，尽管尚未最终完成购买对价分摊（PPA），购买方仍然应当将暂估商誉分摊到资产组，并至少应当在每年年度终了进行减值测试。商誉应当结合与其相关的资产组或者资产组组合进行减值测试。如果在计量期内，A 公司尚未完成商誉到资产组的分摊，且已存在暂估商誉可能减值的迹象，则仍应当对其进行减值测试。

如果 A 公司未最终完成购买对价分摊（PPA），但将暂估商誉分摊到资产组，并对暂估商誉进行减值测试，则应当追溯调整上一年度的减值测试结果；如果 A 公司没有将暂估商誉分摊到资产组，并且存在暂估商誉已经减值的迹象，以及经过减值测试发现已经减值，则应当追溯调整上一年度的减值测试结果；如果 A 公司没有将暂估商誉分摊到资产组，并且存在暂估商誉已经减值的迹象，但经过减值测试没有发现减值，则 A 公司应当选择而不是必须对上一年度的减值测试结果进行追溯调整。

在所有其他情况下，购买方仅执行本年度的减值测试，且采用未来适用法进行衔接调整。

如果购买方更新了上一年度的减值测试，可能导致更新后的前期减值损失小于原已确认的初始商誉减值，即调整减少初始商誉减值准备。该减少额是对初始商誉减值金额的调整，并不是减值转回的条件，因而该调整没有违反禁止任何商誉减值准备转回的规定。

五、案例小结

本案例的结论可用图 12-1 表示。

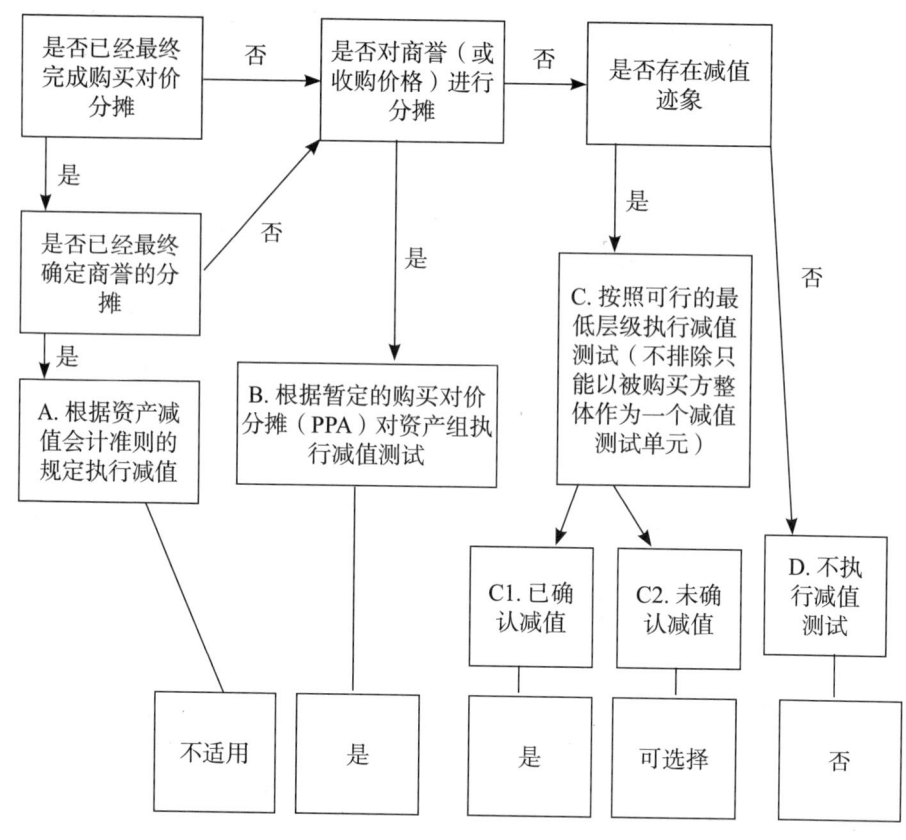

图 12-1 暂估商誉减值测试流程图

上面流程图中每个情景中形成结论的原因如下。

情景一：在收购完成的当年度，购买方即已最终确定了当年度取得的可辨认资产和承担的负债的公允价值和商誉的分摊，并据此进行了年末的减值测试。因此，在下一年度无须更新调整上一年度的减值测试结果。

情景二：购买方在上一年度进行了减值测试。最终确定的购买对价分摊（PPA）结果导致对暂定公允价值及（或）商誉的暂定分摊的变更。根据 IFRS 3 第 45 段的规定，购买方计算了上一年度末的可收回金额，需要追溯调整公允价值和商誉分摊结果变动造成的影响。

情景三：若上一年度存在减值迹象，并且购买方进行了减值测试（尽管减值测试单元的层次可能高于根据 IAS 36 或《企业会计准则第 8 号——资产减值》实施的常规减值测试），则存在以下两种可能结果。

上年度末确认商誉减值损失（C1）：由于目前可获取更详细的信息，并且根据这些信息，购买方本应确认的上年度末减值额很可能不同于上年度末确认的"暂定"减值额，因此购买方应当追溯调整上一年度的减值测试。

上年度末未确认商誉减值损失（C2）：由于 IAS 36 和《企业会计准则第 8 号——资产减值》并没有明确指定追溯方法，购买方可以选择但不是必须追溯调整上一年度的减值测试。

情景四：购买方并没有在上一年度进行减值测试，因而追溯调整上一年度的减值测试并不恰当，特别是因为购买方可能将本年度发生的减值通过追溯调整方式计入上一年度的损益。

第四节　收购少数股权交易对期末商誉减值测试的影响

一、案例背景

案例 12-6　A 公司 2019 年 2 月 1 日投资 B 公司，投资成本 15 000 万元，股权占比 51%，购买日 B 公司可辨认净资产公允价值为 12 000 元，确认商誉 3 000 万元。

A 公司于 2020 年 6 月追加投资 5 000 万元，追加投资后股权占比 70.50%，追加投资时 B 公司可辨认净资产以购买日公允价值为基础持续计算的金额为 115 000 万元。

问题：A 公司追加投资，收购少数股东股权，是否对商誉的减值测试带来影响？

二、准则链接

1.《企业会计准则第 33 号——合并财务报表》第四十七条

第四十七条　……（参见第十章第十二节）

2.《企业会计准则第 20 号——企业合并》第十三条

第十三条　……（参见第十章第十六节）

三、疑点、难点分析

在母公司对子公司的控制权保持不变的前提下，因收购少数股权和处置子公司部分股权等权益性交易导致母公司在子公司的持股比例发生相对变动后，在进行商誉减值测试时，就归属于子公司少数股东的商誉对资产组账面价值进行模拟调整，仍按照当初购买日最初取得控制权时的持股比例进行，即不考虑取得控制权后的相对持股比例变动的影响。

相应地，后续的进一步商誉减值金额也应按照当初购买日最初取得控制权时的持股比例，在归属母公司的商誉和归属少数股东的商誉之间进行分配。

四、案例分析

就本案例而言，其特殊之处在于A公司2019年收购B公司51%的股权，据此取得对其的控制权，在2020年又进一步收购了19.5%的股权，持股比例达到70.50%。第二次股权收购交易属于收购少数股权，在合并报表层面按权益性交易原则处理，不产生新的商誉，即对合并报表层面的商誉不产生影响。从另一方面来说，从购买日开始，合并商誉（包括归属母公司的商誉和归属少数股东的商誉）作为一个整体的原始金额和减值金额即已确定，后续发生的收购少数股权和在不丧失控制权前提下部分处置子公司股权等权益性交易不引起合并报告主体的变化，相应地对该项商誉整体（包括归属于少数股东部分的金额在内）的总金额不应产生影响。这样，在合并整体商誉和归属母公司的商誉这两项金额都不发生变化的情况下，作为两者之差的少数股东商誉调整金额也不应发生变化。

在本案例中，在2019年年末，A公司进行第一次商誉减值测试时（当时的持股比例为51%），即应当根据该年年末的情况，确定应归属于少数股东的商誉原值和应归属于少数股东的商誉减值金额（如有）。2020年内虽然发生了收购少数股权的交易，但2014年年末对包含商誉的资产组进行减值测试时，就对应于少数股权的这部分商誉对资产组的账面价值的调整（包括测算应归属于少数股东的商誉原值和截至2014年年初为止这部分归属于少数股东的商誉应分摊的减值金额）仍应继续沿用2019年年末减值测试时的测算和分摊结果，不受2020年年内发生的购买少数股权交易的影响，即：

2020年年末为资产组减值测试之目的调整后的资产组账面价值＝2020年年末该资产组内可辨认净资产的账面价值（指A公司合并报表层面的账面价值，即以2019年内购买日的公允价值为基础持续计算的金额，下同）+（2019年年末合并报表中已确认的商誉原值—2019年年末归属于已确认商誉的减值准备）+（2019年年末模拟调整的归属于少数股东的商誉原值—2019年年末测算的商誉减值准备中应归属于少数股权模拟商誉的金额）

经上述调整后的2020年年末资产组账面价值如大于2020年年末该资产组的整体可收回金额，需进一步确认商誉减值准备的，则在测算出2020年年末商誉（包含归属于母公司的已确认商誉和归属于少数股东的模拟商誉）的总体进一步减值金额之后，对该项"2020年年内的进一步减值金额"仍应按照最初取得控制权时的股权比例（即51%对49%，而不是2020年年末时的股权比例70.50%对29.50%）在母公司股东和少数股东之间分配，确定2020年年内针对合并报表层面已确认的归属于母公司的商誉需进一步计提的减值金额。

五、案例小结

由非同一控制下企业合并所形成的商誉也是由母公司和子公司所构成的企业集团的一项资产。根据IFRS体系下的《国际财务报告准则第3号——企业合并》结论基础中的相关表述，商誉的核心内容有两项：一是被收购业务中所包含的"持续经营因素"的公允价值；二是企业合并所产生的协同效应的公允价值。商誉是一项完整的资产，只不过依据现行的企业会计准则的规定，对归属于少数股东的商誉是不予以确认的，但不能因此否认该项资产的完整性和合并集团从中的受益。这也就是在资产减值测试中需要就归属少数股东的商誉对资产组账面价值进行模拟调整的理论依据。

我国现行会计准则规定确认商誉时不计算少数股东对应商誉，取得控制权后购买少数股东权益基于"权益式交易"假设，不计算新取得股权对应商誉而调整资本公积或未分配利润。商誉减值测试先假设少数股东享有商誉组成完全商誉，加资产组账面价值，与未来可回收现值比较，低于部分产生减值损失，减值损失乘以母公司对应的股权比例计入合并报表资产减值损失。由于购买少数股权时视为权益式交易，少数股东对应的商誉已调整资本公积或未分配利润，如存在购买少数股权情况，则不应机械地按商誉减值测试后再乘以相应比例。

第五节　存在对赌协议的吸收合并的商誉减值问题

一、案例背景

案例 12-7　A 公司系上市公司，2019 年 6 月 30 日通过非同一控制下的企业合并收购 B 公司 100% 股权，相关收购对价的支付采用现金加股权的形式，收购协议中 B 公司原股东将 2019 年度、2020 年度和 2021 年度三年作为业绩承诺期。自 2019 年 7 月开始，A 公司将 B 公司纳入合并范围，收购 B 公司产生商誉 30.15 亿元。本次收购构成重大资产重组，相关方案已经报证监会重组委审批并审核通过。

A 公司 2018 年度通过非同一控制下的企业合并收购 C 公司 100% 的股权。收购协议中 C 公司原股东将 2018 年度、2019 年度和 2020 年度三年作为业绩承诺期。2020 年，因业绩承诺期已满，C 公司原管理团队（创始人股东）已经离职，A 公司委派了新的管理团队，C 公司 2020 年度实现业绩相比 2019 年度有所下滑。A 公司收购 C 公司时产生商誉 10.5 亿元。

上述 B、C 两家子公司处于同一行业，双方在产品、技术、设备上有一定的重合性，终端客户基本相同，业务高度协同，双方可共享采购、客户、生产、技术、设备等资源。

B 公司在产业内较 C 公司具有更强的经营实力，且经营团队（原 B 公司创始股东，业绩承诺方）年富力强，拟于 2020 年度将 C 公司整合到 B 公司业务体系，充分发挥各主体之间的协同效应，同时更好地实现业绩承诺，获得超额奖励。A 公司从公司整体战略和利益出发，也希望通过两个子公司的深度整合，提升公司在上述业务板块的行业地位和市场竞争力，更好地为客户提供一站式的系统解决方案，有效降低经营成本，提升运营效率。

问题：在此情况下，如何准确判定业绩承诺期满时 B 公司商誉的减值情况？

二、准则链接

1.《企业会计准则解释第 7 号》第四条

原为非同一控制下企业合并取得的子公司改为分公司的，原母公司购买

第十二章 资产减值

原子公司时产生的合并成本小于合并中取得的可辨认净资产公允价值份额的差额,应计入留存收益;原母公司购买原子公司时产生的合并成本大于合并中取得的可辨认净资产公允价值份额的差额,应按照原母公司合并该原子公司的合并财务报表中商誉的账面价值转入原母公司的商誉。原为同一控制下企业合并取得的子公司改为分公司的,原母公司在合并财务报表中确认的最终控制方收购原子公司时形成的商誉,按其在合并财务报表中的账面价值转入原母公司的商誉。

2.《企业会计准则第8号——资产减值》第二十四条第三款

企业因重组等原因改变了其报告结构,从而影响到已分摊商誉的一个或者若干个资产组或者资产组组合构成的,应当按照与本条前款规定相似的分摊方法,将商誉重新分摊至受影响的资产组或者资产组组合。

三、疑点、难点分析

根据案例背景提供的信息,有两个问题需要确定:一是整合后B公司实现的业绩承诺的判定;二是整合后B公司商誉减值情况的判定,即B、C两家公司在B公司业绩承诺期内是否能合并,B公司于2019年7月收购完成,2019年、2020年和2021年属于业绩承诺期,作为重大资产重组,相关方案已经报经证监会重组委审批并审核通过,承诺期内若通过外部非关联方并购等事项实现业绩等是可行的,但是通过吸收合并关联方(受同一母公司控制)来实现考核和实现业绩是否是合适的呢? 这需要根据案例背景、会计准则和实务情况综合进行分析。

四、案例分析

(一)整合后B公司实现的业绩承诺情况的判定

从交易本质来看,可以看成B公司原有创始股东(即业绩承诺方)为更好地完成业绩承诺,获取超额奖励收益而进行的一项资产或业务并购。承诺方通过向A公司以双方认可的价格取得C公司的收益权,获得合作期内C公司的资产运营权,并通过深度运营获得预期的回报。从本质上看,

B公司为实现业绩目标，采取向银行融资借款投入生产经营，支付利息后，将经营获得的超额收益作为B公司的回报是一样的。因此，基于对本次交易实质的上述理解，B公司业绩承诺方可与A公司签署关联交易协议，由A公司将C公司整体资产和负债划转至B公司，或A公司以C公司全部股权增资B公司，再由B公司吸收合并C公司（最终实现两个子公司完全融合，具体方式以税负最小的方式进行）。

如B公司业绩承诺方将按照双方协商的条件，于2020年和2021年支付固定的利润考核金额。该等金额可确保C公司原有商誉不发生减值。C公司的承诺业绩额作为B公司合并后承诺业绩考核的扣减项，即以B公司合并C公司后的总净利润扣除应支付给A公司的承诺业绩额后的净利润来判定业绩承诺方是否需要向A公司进行补偿或获得超额奖励。

综上，判定合并后的承诺净利润，区分的核心原则是将合并整合C公司看作与A公司进行的一项融资行为，承诺的净利润作为一种融资的刚性成本扣减项。

在业绩对赌期间，标的公司发生业务重组对业绩补偿和承诺条款产生的影响，应由承诺双方（B公司新旧股东）协商解决，必要时签署补充协议予以明确。该补充协议应由上市公司股东大会批准后方可生效。如果承诺双方一致同意，则这种做法是可行的。

（二）整合后B公司商誉减值情况

由于两个子公司业务高度重合，合并后商誉难以区分进行测试。此外，由于上述交易方案中，业绩承诺方承诺C公司的业绩金额可以全部覆盖C公司2020年和2021年商誉减值的风险，从而在整合后的运作期间，虽然两个子公司整合后商誉合并在一起了，但合并后商誉若发生减值，该等减值应全部归属于B公司业绩承诺中应予以补偿的商誉减值额。业绩承诺方应根据合并后商誉减值的金额，对照原与A公司的补偿条款向A公司进行补偿。因此，B公司整合C公司后，C公司的商誉将并入B公司报表。

而业绩承诺的存在和商誉分摊困难，不是阻止上市公司基于未来发展、提高运营效率和实现上市公司股东利益最大化等合理商业目的所作出重组决定的理由。如果企业因重组改变了之前分配了商誉的一个或多个资产组或资产组组合的构成，则企业应在受影响的资产组或组合之间对商誉重新进行分配。与B公司相关的商誉、与C公司相关的商誉，如果因为本次吸收合并而业务高度重合，无法按照原先分配的资产组或组合进行分摊，可按照双方资产组（即各公司整体）相对价值的比例，对吸收合并后的B公司可收回金额进行划分，以对原B公司、C公司相关的商誉进行减值测试，也可以采用合理的其他方法进行划分。此外，B公司吸收合并C公司，在A公司合并报表中对C公司确认的商誉应"下推"至B公司吸收合并后的报表中，在B公司吸收合并报表层面上对该商誉进行减值测试。

五、案例小结

虽然B公司与C公司之间的交易属于同一控制下企业合并，但被合并方C公司最早是通过一次非同一控制下企业合并被纳入其最终控制方A公司的控制范围的，类似交易可以按照以下原则进行相关会计处理。

（一）权益结合法理论

权益结合法的实质是站在最终控制方的立场，认为在该交易前后，最终控制方所能控制的经济资源并未发生变化，仅仅是从"左口袋"移到了"右口袋"。相应地，作为同一控制下会计处理基础的账面价值是指被合并方的各项资产、负债在最终控制方合并报表层面显示的账面价值，即对最终控制方而言的账面价值，亦即如果原先该被合并方是通过非同一控制下企业合并方式进入到最终控制方的合并范围内的，则此处的账面价值将是以原先非同一控制下合并购买日的公允价值为基础持续计算的金额。

（二）下推会计处理方法

此时同一控制下合并的会计处理就是将原先最终控制方合并报表层面的处理"下推"到同一控制下合并的合并方的合并报表层面。如果原先最终控制方通过非同一控制下企业合并取得该被合并方控制权时，在购买日产生了商誉的，则该商誉也应当一并"下推"到同一控制下企业合并的合并方的合并报表层面。但此时合并方在编制合并报表时需要注意，虽然这是同一控制下的合并，但基于上述"下推会计"处理原则，合并方不能假设自最早期间的期初起即把被合并方纳入其合并范围，而是只能将该被合并方被纳入最终控制方合并报表范围之日（即原先的非同一控制下合并的购买日）起纳入合并报表范围。

第十三章 合并财务报表

第一节 股权转让刚完成摘牌的子公司是否纳入合并范围

股权转让被摘牌的公司是否将合伙企业纳入合并范围，应以是否存在控制为标准，即如果控制该有限合伙企业，就应将其作为子公司核算并纳入合并财务报表范围。判断是否存在控制，应运用《企业会计准则第33号——合并财务报表》中控制的定义加以判断。

一、案例背景

案例13-1 2022年7月27日，××重型汽车进出口有限公司，××航空技术北京有限公司签订《合作协议》。协议约定：双方共同出资在肯尼亚成立一家合资公司，致力于陕汽系列产品在本协议2.3条所述市场的全面营销工作；合资公司为有限责任公司，适用肯尼亚法律，出资双方以各自认缴的出资额为限对合资公司承担股东责任、分享收益、分担风险，合资公司以其全部资产对外承担责任。

公司实际投资总额为100万美元，××重型汽车进出口有限公司出资34%，××航空技术北京有限公司出资66%。

董事会是合资公司的最高权力机构，应依据当地的地方性法规设立，合资公司取得注册登记之日为董事会成立之日。董事会由5名董事组成，其中××重型汽车进出口有限公司委派2名，××航空技术北京有限公司委派3名，双方共同选定1名董事会秘书。董事长1名，由××航空技术北京有限公司委派董事担任。董事任期3年，经委派方继续委派可以连任。

董事会行使以下职权。

（1）决定公司的经营方针和投资计划。

（2）审议批准总经理的报告。
（3）决定公司的年度财务预算方案、决算方案。
（4）审议批准公司的利润分配方案和弥补亏损方案。
（5）对公司增加或者减少注册资本作出决议。
（6）对发行公司债券作出决议。
（7）对公司合并、分立、变更公司形式、解散和清算等事项作出决议。
（8）决定公司的经营计划和投资方案。
（9）决定公司内部管理机构的设置。
（10）根据总经理的提名决定聘任或者解聘公司高级管理层以外的管理人员及其报酬事项。
（11）制定公司的基本管理制度。
（12）修改公司章程。
（13）公司章程规定的其他职权。

董事会表决实行一人一票。董事会决议须经 2/3 以上（含 2/3）董事表决通过。

××航空技术北京有限公司正在筹划将其对部分子公司的长期股权投资进行转让，预计在资产负债表日 2016 年 12 月 31 日，个别几个子公司的股权转让进度处于刚完成摘牌阶段（即挂牌转让持有的子公司股权，受让方摘牌）。

问题：股权转让刚完成摘牌的子公司是否应纳入该公司的合并报表？

二、准则链接

《企业会计准则第 33 号——合并财务报表》（2014 年修订）第七条第二款、第十八条、第十九条规定如下。

第七条第二款 ……（参见第二章第七节）

第十八条 投资方在判断是否控制被投资方时，应当确定其自身是以主要责任人还是代理人的身份行使决策权，在其他方拥有决策权的情况下，还需要确定其他方是否以其代理人的身份代为行使决策权。

代理人仅代表主要责任人行使决策权，不控制被投资方。投资方将被投资方相关活动的决策权委托给代理人的，应当将该决策权视为自身直接持有。

第十九条 在确定决策者是否为代理人时，应当综合考虑该决策者与被投资方以及其他投资方之间的关系。

（一）存在单独一方拥有实质性权利可以无条件罢免决策者的，该决策者为代理人。

（二）除（一）以外的情况下，应当综合考虑决策者对被投资方的决策权范围、其他方享有的实质性权利、决策者的薪酬水平、决策者因持有被投资方中的其他权益所承担可变回报的风险等相关因素进行判断。

三、疑点、难点分析

一般认为股权转让同时满足以下条件之日作为合并日或购买日或处置日（丧失控制权日）。

（1）股权交易合同已经签署并生效。如果生效之前需经过有关主管部门批准的，应已完成相关批准手续并获得许可。

（2）已经通过产权交易所完成了产权交易手续，获取产权转让交割单。

（3）被投资企业已对其股东名册进行了变更记载。与标的股权对应的表决权、收益权等股东权利已经转移给合并方或购买方（受让方）享有，原股东（转让方）不再对此承担风险和享有收益。

（4）股权转让价款金额、支付方式和支付时间等已经确定，受让方已经按照约定的进度支付受让价款，且已对尚未支付的款项的付款来源做好安排，没有证据表明受让方会违约从而导致该项交易被撤销或者转回。

（5）预计目标企业最终完成工商变更登记不存在重大的法律障碍。

四、案例分析

被摘牌的公司是否纳入合并范围，取决于在2016年12月31日××航空技术北京有限公司是否仍控制该类公司。

在本案例中，受让方摘牌之后是否满足丧失控制权条件，如果满足我们理解不应纳入合并范围；如果尚未全部满足（特别是股权转让协议尚未签订；尚未实际办理交割），则仍应纳入合并范围。

《企业会计准则第30号——财务报表列报》（2014年修订）第四十二条规定："同时满足下列条件的企业组成部分（或非流动资产，下同）应当确认为持有待售：该组成部分必须在其当前状况下仅根据出售此类组成部分的惯常条款即可立即出售；企业已经就处置该组成部分作出决议，如按规定需得到股东批准的，应当已经取得股东大会或相应权力机构的批准；企业已经与受让方签订了不可撤销的转让协议；该项转让将在一年内完成。"如果拟出售的股权满足上述条件，但又尚未完成处置，则可作为持有待售资产列报为流动资产，但其损益仍应纳入合并报表范围。

第十三章 合并财务报表

此外,母公司在合并财务报表的附注中还应当对以下事项作出披露:①母公司承诺准备按照已签订的不可撤销的转让协议处置子公司,不管是否对该子公司保留股权,在合并财务报表附注中,应当单独披露符合划分为持有待售条件的子公司相关资产、负债的情况;②母公司承诺准备按照已签订的不可撤销的转让协议处置子公司,该子公司如符合终止经营的确定条件,在合并财务报表附注中,应当披露与该终止经营相关的信息;③母公司取得子公司时,该子公司即符合划分为持有待售条件的,在合并财务报表附注中,只需披露该子公司净利润的金额,而不必对净利润的构成进行分解披露。

五、案例小结

对此类通过改变董事会席位构成来人为调节合并报表范围的做法应保持关注,首先需要考虑这样做有无合理的商业理由,是否单纯"为减而减",关键是看实质控制权是否确实丧失,特别是丧失了对被投资方的财务和经营政策等相关活动的主导能力。另外,大股东即使减少董事席位,根据《公司法》的规定,公司的最高权力机构是股东大会,如果大股东在股东大会上持有的表决权未发生变化,则仍不能否认其对公司仍是有控制的。该类问题需要根据具体资料进行分析。

第二节 结构化主体是否纳入合并范围

2014年我国对企业会计准则进行了修订,改变了对"控制"的定义并提出了"结构化主体"的新概念,其中指出母公司所控制的主体应当包含企业所控制的结构化主体,使得财务报表的合并范围得到延伸。结构化主体作为金融工具创新在企业融资等方面发挥正面作用,但是也因为长期免于纳入合并而隐藏着较大的风险,其在实务中存在的问题逐渐引起了世界的关注。

一、案例背景

案例13-2 ××证券股份有限公司作为资产管理计划管理人,成立了以下几个资产管理计划,需要判断是否需要纳入该公司2016年度的合并报表。

(1)2016年11月24日,63号集合资产管理计划成立,集合计划简要信息见表13-1。

表 13-1　63 号集合资产管理计划简要信息

集合计划名称	63 号集合资产管理计划（以下简称"63 号"）
类型	集合资产管理计划
委托人	个人客户、机构客户（共 29 个）
管理人	××证券股份有限公司（以下简称"××证券"）
托管人	中国农业银行股份有限公司
存续期限	3 年
投资范围	1. 本集合计划募集的资金可以投资中国境内依法发行的基金及基金子公司发行的一对多特定客户资产管理计划、私募基金管理人发行已备案的私募基金，占集合计划净值的比例为 0～95%。 2. 现金及现金等价物，5%～100%
管理费	每日管理费＝前一日集合资产计划净值×1.5%÷365
托管费	每日托管费＝前一日集合资产计划净值×0.1%÷365
业绩报酬	在每个开放日和期末清算日计提一次业绩报酬，去除业绩报酬后的净值为当日最终净值，是委托人参与退出的参考价格。管理人按开放日或期末结算日（T-1 日）的计划单位净值计提业绩报酬。当单位净值超过 1.06 元时，管理人提取超过部分的 20% 作为业绩报酬
预期收益率	无

集合计划份额 3 340 万元，由 2 家机构客户、27 家个人客户认购，××证券自有资金认购份额为 330 万元，占总份额的 10%。

2016 年 11 月 28 日，本计划资产净值为 33 399 292.24 元，收益为－3 279.22 元，支付××证券管理费及交易席位租赁费合计 4 118.01 元，由于集合计划新成立尚未实际投资，只发生固定的费用，导致××证券已获得收益占本定向计划 2016 年总收益的比例为 452%。该集合计划预期投向为私募债，目前尚未投资。

根据管理层对市场的判断，预估本产品在持续期间的收益情况为 4%～60%；同时，管理层在此基础上对产品的盈利情况进行了分析，结合管理费的收取情况对本公司在本产品中所占的收益情况进行了测算，测算情况见表 13-2。

预期收益率小于等于 5% 时，因产品总体收益较低，而××证券作为管理人收取的管理费费率为资产净值的 1.5%，是固定的，导致××证券从 63 号获取的收益占到总体收益的 30% 以上；当预期收益率大于 5% 小于 20% 时，××证券获取的收益都低于总体收益的 60%。

（2）2016 年 8 月 31 日，定增 1 号定向资产管理计划成立，定向计划简要信息见表 13-3。

第十三章 合并财务报表

表13-2 63号集合资产管理计划测算情况

单位：元

产品份额		预期变动收益							
总份额	其中：自持份额	预期产品收益率	预期产品净值	自持份额净值	预期产品收益	非自持部分业绩报酬	自持部分收益	管理费	××证券总体收益占集合集整体收益的比例
33 402 571.46	3 300 032.08	4%	34 738 674.32	3 432 033.36	1 336 102.86	—	132 001.28	521 080.11	35.17%
		5%	35 072 700.03	3 465 033.68	1 670 128.57	—	165 001.60	526 090.50	31.47%
		6%	35 406 725.75	3 498 034.00	2 004 154.29	—	198 001.92	531 100.89	28.76%
		7%	35 740 751.46	3 531 034.33	2 338 180.00	60 205.08	231 002.25	536 111.27	28.78%
		8%	36 074 777.18	3 564 034.65	2 672 205.72	120 410.16	264 002.57	541 121.66	28.80%
		9%	36 408 802.89	3 597 034.97	3 006 231.43	180 615.24	297 002.89	546 132.04	28.82%
		10%	36 742 828.61	3 630 035.29	3 340 257.15	240 820.32	330 003.21	551 142.43	28.83%
		15%	38 412 957.18	3 795 036.89	5 010 385.72	541 845.71	495 004.81	576 194.36	28.87%
		20%	40 083 085.75	3 960 038.50	6 680 514.29	842 871.10	660 006.42	601 246.29	28.90%
		25%	41 753 214.33	4 125 040.10	8 350 642.87	1 143 896.50	825 008.02	626 298.21	28.91%
		30%	43 423 342.90	4 290 041.70	10 020 771.44	1 444 921.89	990 009.62	651 350.14	28.92%
		35%	45 093 471.47	4 455 043.31	11 690 900.01	1 745 947.28	1 155 011.23	673 402.07	28.93%
		40%	46 763 600.04	4 620 044.91	13 361 028.58	2 046 972.68	1 320 012.83	701 454.00	28.93%
		45%	48 433 728.62	4 785 046.52	15 031 157.16	2 347 998.07	1 485 014.44	726 505.93	28.94%
		50%	50 103 857.19	4 950 048.12	16 701 285.73	2 649 023.47	1 650 016.04	751 557.86	28.94%
		55%	51 773 985.76	5 115 049.72	18 371 414.30	2 950 048.86	1 815 017.64	776 609.79	28.94%
		60%	53 444 114.34	5 280 051.33	20 041 542.88	3 251 074.25	1 980 019.25	801 661.72	28.94%

表 13-3 定增 1 号定向资产管理计划简要信息

定向计划名称	定增 1 号集合资产管理计划（以下简称"集合计划"）
类型	集合资产管理计划
委托人	个人客户和机构客户共 81 个
管理人	××证券
托管人	中国民生银行股份有限公司
存续期限	13 个月的封闭期为存续期间，6 个月为退出期
投资范围	本集合计划以上市公司非公开发行股票作为投资主体，包括本计划直接投资或者通过基金公司或基金子公司一对多特定客户资产管理计划或私募证券投资基金等形式投向上市公司非公开上市发行股票等情形。资产投资范围包括银行存款、货币市场基金、证券投资基金（包括私募证券投资基金）、债券正回购、短期融资券、央行票据、国债、地方政府债、政策性金融债、非政策性金融债、公司债、企业债、可转债、可分离交易债券、可交换债、中期票据、上市公司首次公开发行股票、商业银行理财计划、集合资金信托计划、资产支持证券、股指期货、收益互换等金融监管部门批准或备案的金融产品以及中国证监会认可的其他投资。 股权类资产占计划总资产的 0～100%；固定收益类资产占总资产的 0～100%；现金类资产占计划总资产的 0～100%；债券正回购：融入资金余额不超过计划总资产净值的 40%；收益互换成本不超过集合计划参与本金的 30%；本集合计划股指期货交易方向限定为卖出开仓；其他金融工具投资占比为 0～100%。管理人应当在本集合计划成立之日起 6 个月内使得本集合计划的投资组合比例符合以上约定
管理费	年费率为 1.5%； 每日应支付的管理费用=前一日集合计划资产净值 ×1.5%÷365
托管费	年费率为 0.1%； 每日应支付的管理费用=前一日集合计划资产净值 ×0.1%÷365
业绩报酬	业绩报酬：本集合计划终止之日对委托人份额实际收益超过 7% 的部分计提 20% 的业绩报酬
预期收益率	本集合计划不设定预期报酬率，采用现金分红的方式进行分配

集合计划份额 10 002 万元，由 2 家机构客户和 79 家个人客户认购，××证券自有资金认购份额为 1 000 万元，占总份额的 10%。

截至 2016 年 10 月 31 日，本定向计划资产净值为 100 023 415.75 元，收益为 −200 046.83 元，支付××证券管理费及交易席位租赁费合计 264 726.20 元，××证券已获得收益占本定向计划 2016 年 1—10 月总收益的比例为 217%。本集合计划的最终投向是上市公司的非公开发行股票、定增私募基金。

根据管理层对市场的判断，预估本产品在持续期间的收益情况为 4%～60%；同时，管理层在此基础上对产品的盈利情况进行了分析，结合管理费的收取情况对本公司在本产品中所占的收益情况进行了测算，测算情况见表 13-4。

第十三章 合并财务报表

表 13-4 定增 1 号定向资产管理计划测算情况

单位：元

产品份额		预期产品收益率	预期变动收益					管理费	××证券总合集占整体收益的比例
总份额	其中：自持份额		预期产品净值	自持份额净值	预期产品收益	非自持部分业绩报酬	自持部分收益		
33 402 571.46	3 300 032.08	4%	104 024 352.38	10 400 468.00	4 000 936.63	—	400 018.00	1 560 365.29	35.25%
		5%	105 024 586.54	10 500 472.50	5 001 170.79	—	500 200.50	1 575 368.80	31.56%
		6%	106 024 820.70	10 600 477.00	6 001 404.95	—	600 027.00	1 590 372.31	28.85%
		7%	107 025 054.85	10 700 481.50	7 001 639.10	—	700 031.50	1 605 375.82	26.79%
		8%	108 025 289.01	10 800 486.00	8 001 873.26	180 045.93	800 036.00	1 620 379.34	27.03%
		9%	109 025 523.17	10 900 490.50	9 002 107.42	360 091.86	900 040.50	1 635 382.85	27.22%
		10%	110 025 757.33	11 000 495.00	10 002 341.58	540 137.79	1 000 045.00	1 650 386.36	27.38%
		15%	115 026 928.11	11 500 517.50	15 003 512.36	1 440 367.45	1 500 067.50	1 725 403.92	27.89%
		20%	120 028 098.90	12 000 540.00	20 004 683.15	2 340 597.11	2 000 090.00	1 800 421.48	28.16%
		25%	125 029 269.69	12 500 562.50	25 005 853.94	3 240 826.77	2 500 112.50	1 875 439.05	28.33%
		30%	130 030 440.48	13 000 585.00	30 007 024.73	4 141 056.42	3 000 135.00	1 950 456.61	28.45%
		35%	135 031 611.26	13 500 607.50	35 008 195.51	5 041 286.08	3 500 157.50	2 025 474.17	28.60%
		40%	140 032 782.05	14 000 630.00	40 009 366.30	5 941 515.74	4 000 180.00	2 100 491.73	28.53%
		45%	145 033 952.84	14 500 652.50	45 010 537.09	6 841 745.40	4 500 202.50	2 175 509.29	28.65%
		50%	150 035 123.63	15 000 675.00	50 011 707.88	7 741 975.05	5 000 225.00	2 250 526.85	28.69%
		55%	155 036 294.41	15 500 697.50	55 012 878.66	8 642 204.71	5 500 247.50	2 322 544.42	28.72%
		60%	160 037 465.20	16 000 720.00	60 014 049.45	9 542 434.37	6 000 270.00	2 400 561.98	28.75%

预期收益率小于等于 5% 时，产品总体收益较低，而 ×× 证券作为管理人收取的管理费费率为资产净值的 1.5%，是固定的，导致 ×× 证券从安鑫定增 1 号获取的收益占到总体收益的 30% 以上；当预期收益率大于 5% 小于 60% 时，×× 证券获取的收益都低于总体收益的 30%。

（3）2016 年 7 月 14 日，包商银行 1 号定向资产管理计划成立，定向计划简要信息见表 13-5。

表 13-5　包商银行 1 号定向资产管理计划简要信息

项目	信息
定向计划名称	包商银行 1 号定向资产管理计划（以下简称"定向计划"）
类型	定向资产管理计划
委托人	包商银行股份有限公司
管理人	×× 证券
托管人	宁波银行股份有限公司
存续期限	1 年
投资范围	1. 固定收益类证券和货币市场工具：前者主要包括在交易所市场/银行间市场/机构间市场交易的国债、企业债券、公司债券（含公开、非公开）、地方政府债、各类金融债、次级债、中央银行票据、短期融资券、中期票据、非公开定向债务融资工具、可转换债券（含可分离可转债）、可交换债券、项目收益债、中小企业集合债、资产支持证券、质押及买断式回购等；后者包括但不限于现金、银行存款、债券正回购、逆回购、短期融资债券等； 2. 债券类资产的投资总值占本计划资产总值的比例为 0～100%；可转债资产的投资总值占本计划资产投资总值的比例不超过 20%，不得进行转股交易；投资资产支持证券只限于投资优先级；单一债券累计持仓成本（市值）不得超过本产品资产总值的 10%，且不得超过该债券发行规模的 10%；投资单只债券和单个发行体投资规模均不超过管理计划资产总规模的 10%，单只债券投资金额不得超过该债券发行主体未偿债总规模的 10%；单只债券最长剩余期限不得超过 5 年，该资产管理计划平均加权久期不得超过 2 年；非公开定向债券融资工具、资产证券化、中小企业集合票据等资产的单一合计投资比例均不超过 15%；该产品投向债券类产品，以货币市场工具、高评级短期融资债券作为基础流动性配置品种，以资产支持证券、私募债、可转换债、可交换债券作为增强收益品种，交易所非公开公司债券投资需谨慎，本计划受包商银行债券投资授权条件约束
管理费	年费率 0.2%；管理费=初始委托资金 × 管理费年化费率 × 存续天数 ÷365
托管费	年费率 0.05%；托管费=初始委托资金 × 托管费年化费率 × 存续天数 ÷365

第十三章　合并财务报表

（续表）

项目	信息
业绩报酬	管理人以超额比例的方式提取业绩报酬，初始委托资产的本期投资总收益如超过预期投资收益，管理人向委托人收取预期投资收益以上部分的65%作为业绩报酬 业绩报酬＝超额报酬×65% 超额收益＝本期投资总收益－初始委托资产×预期年化收益率×本期实际运作天数÷365
预期收益率	预期年化收益率为5.0%/年 本资管计划计划项下首笔委托资产的预期年化收益率为5%，预期年化收益率及预期收益并不是管理人向客户保证其资产本金不受损失或者保证其取得最低收益的承诺。实际收益率有可能低于预期年化收益率，在严重发生相关风险的情况下甚至有可能发生本金亏损，实际收益率为负

定向计划份额30 000万元，由包商银行认购，××证券未参与本定向计划。

截至2016年10月31日，本定向计划资产净值为312 490 959.15元，收益为12 490 959.15元，支付××证券管理费及交易席位租赁费合计316 427.55元，××证券已获得收益占本定向计划2016年1—10月总收益的比例为2.47%。本定向计划的资金投向为二级市场的债券。

根据管理层对市场的判断，预估本产品在持续期间的收益情况为4%～60%；同时，管理层在此基础上对产品的盈利情况进行了分析，结合管理费的收取情况对本公司在本产品中所占的收益情况进行了测算，测算情况见表13-6。

预期收益率高于9%时，××证券获取的收益占产品总体收益的比例将高于30%。

问题：判断以上资产管理计划是否应该纳入该公司的合并财务报表？

二、准则链接

（1）《企业会计准则第41号——在其他主体中权益的披露》（2014年修订）中对结构化主体给出了定义，结构化主体是指在确定其控制方时没有将表决权或类似权力作为决定因素而设计的主体。

在结构化主体的组织架构中打破了按照所投资金比例同股同权确定表决权的原则，结构化主体中的权力划分为多个不同的层次，各出资人即使出资额相同，但由于所处层次不同，在结构化主体中所拥有的权力、回报和风险也可能不同。权力、风险和回报主要看所处的层次，而不是出资金额的多少。

表13-6 包商银行1号定向资产管理计划测算情况

单位：元

产品份额			预期变动收益				××证总体收益占集合整体收益的比例
总份额	其中：自持份额	预期产品收益率	预期产品净值	预期产品收益	非自持部分业绩报酬	管理费	
33 402 571.46		4%	34 738 674.32	1 336 102.86	—	69 477.35	4.94%
		5%	35 072 700.03	1 670 128.57	—	70 145.40	4.03%
		6%	35 406 725.75	2 004 154.29	217 116.71	70 813.45	13.88%
		7%	35 740 751.46	2 338 180.00	434 233.43	71 481.50	20.99%
		8%	36 074 777.18	2 672 205.72	651 350.14	72 149.55	26.36%
		9%	36 408 802.89	3 006 231.43	868 466.86	72 817.61	30.57%
		10%	36 742 828.61	3 340 257.15	1 085 583.57	73 485.66	33.95%
		15%	38 412 957.18	5 010 385.72	2 171 167.14	76 825.91	44.19%
		20%	40 083 085.75	6 680 514.29	3 256 750.72	80 166.17	49.36%
		25%	41 753 214.33	8 350 642.87	4 342 334.29	83 506.43	52.48%
		30%	43 423 342.90	10 020 771.44	5 427 917.86	86 846.43	54.56%
		35%	45 093 471.47	11 690 900.01	6 513 501.43	90 186.94	56.05%
		40%	46 763 600.04	13 361 028.58	7 599 085.01	93 527.20	57.17%
		45%	48 433 728.62	15 031 157.16	8 684 668.58	96 867.46	58.05%
		50%	50 103 857.19	16 701 285.73	9 770 252.15	100 207.71	58.75%
		55%	51 773 985.76	18 371 414.30	10 855 835.72	103 547.97	59.32%
		60%	53 444 114.34	20 041 542.88	11 941 419.30	106 888.23	59.80%

针对这类结构化主体，在判断是否构成控制，是否纳入合并财务报表时，不能单纯按照出资比例来进行判断。有些所占比例较低的出资，通过一些契约式的安排，通过转移的方式承担了结构化主体在经营期间所产生的绝大部分回报和风险。在这种情况下，我们就应该按照企业会计准则中对"控制"的定义，来判断该结构化主体是否应纳入合并范围。

（2）根据《企业会计准则第33号——合并财务报表》（2014年修订）的规定，发行人在考虑资产出表问题时首先需要判断是否应该合并特殊目的实体。2014年新修订的《企业会计准则第33号——合并财务报表》第七条对控制进行了重新定义，明确控制是指投资方拥有对被投资方的权力，通过参与被投资方的相关活动而享有可变回报，并且有能力运用对被投资方的权力影响其回报金额。也就是说，判断发起人是否控制信托计划的关键是判断其是否具备使用权力影响可变回报的能力，即确定发行人行使决策的身份是"主要责任人"还是"代理人"。如果是"主要责任人"，则发行人需要合并信托计划。对发行人为"主要责任人"还是"代理责任人"的判断，实质上是对发行人权利及其所受限制与可变回报量级和可变动性的综合权衡。例如发行人持有全部或较多部分次级档债券，虽然可变回报的量级可能不大，但其可变动的可能性较大，则发行人应该合并信托计划。

而如果发行人不需要对特殊目的信托进行合并，即形成了发行人基础资产在合并报表层面的出表，此时需要进行进一步根据《企业会计准则第23号——金融资产转移》（2017年修订）判断基础资产是否实现了向特殊目的实体的转移，如该基础资产的风险和报酬已经转移，则表明发行人形成了单体报表层面的出表。基础资产在单体报表层面和合并报表层面的出表并不相同，两者的判断依据不同。合并报表层面的出表是对合并范围的判断，单体报表层面的出表则是对基础资产风险报酬是否转移的判断。

（3）《企业会计准则第23号——金融资产转移》（2017年修订）第六条规定，企业金融资产转移，包括下列两种情形：一是将收取金融资产现金流量的权利转移给另一方。二是将金融资产转移给另一方，但保留收取金融资产现金流量的权利，并承担将收取的现金流量支付给最终收款方的义务，同时满足下列条件：①从该金融资产收到对等的现金流量时，才有义务将其支付给最终收款方。企业发生短期垫付款，但有权全额收回该垫付款并按照；市场上同期银行贷款利率计收利息的，视同满足本条件。②根据合同约定，不能出售该金融资产或作为担保物，但可以将其作为对最终收款方支付现金流量的保证。③有义务将收取的现金流量及时支付给最终收款方。企业无权将该现金流量进行再投资,但按照合同约定在相邻两次支付间隔期内将所收到的现金流量进行现金或现金等价物投资的除外。企业按照合同约定进行再投资的,应当将投资收益按照合同约定支付给最终收款方。

(4)《企业会计准则第23号——金融资产转移》(2017年修订)第八条规定,企业在判断是否已将金融资产所有权上几乎所有的风险和报酬转移给了转入方时,应当比较转移前后该金融资产未来现金流量净现值及时间分布的波动使其面临的风险……企业需要通过计算判断是否已将金融资产所有权上几乎所有的风险和报酬转移给了转入方的,在计算金融资产未来现金流量净现值时,应当考虑所有合理、可能的现金流量波动,并采用适当的现行市场利率作为折现率。

三、疑点、难点分析

本问题的关键在于当主体对特殊目的实体具有的权力与取得的可变回报严重偏离时如何作出判断,特别是当具有实质性决策权,但取得的可变回报不占大多数时的判断问题。

观点一:应当合并。

作为劣后级权益人,证券公司承担了基础资产组合的绝大部分"可变动性",同时,证券公司面临的可变回报风险明显不同于优先级权益人,这些不同必然影响其行为。

关于证券公司所享有的经济利益的"比重"的计算方法,由于本案例中的劣后级权益的"厚度"足以吸收通常情况下基础资产组合的全部收益和损失波动,优先级权益和收益更大程度上表现出"债务"和"利息"的属性,因此,合理的比较方法是以证券公司持有的劣后级权益预期收益与全部劣后级权益预期收益进行比较。

另外,IFRS 10 应用指南 B72 段的示例 15(该示例未被引入企业会计准则第 33 号的应用指南)也从侧面印证了这一观点。根据该示例,决策者仅持有劣后级权益的 35%,同时按照所管理资产规模收取 1% 的固定管理费,并且按照(扣除优先级利息后的)利润总额 10% 收取业绩报酬,IASB 认为决策者所享有的经济利益比较重要,结论是"合并"。

观点二:不合并。

尽管作为劣后级权益人,证券公司承担了基础资产组合的绝大部分"可变动性",不过,为计算证券公司所享有经济利益的"比重",分母应当采用"整个资管计划的预期收益(而观点一则采用'整个资管计划的预期收益扣除优先级预期收益后的部分')"。同时,IFRS 10 的 B72 段的示例 15 未被引入企业会计准则第 33 号应用指南，在国内实务中不主张简单照搬。

观点二的拥护者认为，假定证券公司需要合并上述资管计划，由于证券公司实际承担的"最大风险敞口"和"总经济回报水平"与合并后的资产和负债规模明显不成比例，客观上存在虚增资产、负债以及收入规模，误导报表使用者的嫌疑。同时，考虑合并工作量通常较大，而提供信息却未完全反映经济实质，因此也不符合成本效益原则。

四、案例分析

首先，建议对这种偏向于"可变回报的量级"的分析方法是否合理的问题予以谨慎考虑。虽然在 2015 年度证券公司审计中，依据当时厦门会议的精神，各证券公司都普遍采用了这种分析方法，但此类方法的弊端也是显而易见的。2015 年度审计结束后，证监会也曾经就此类问题征求过意见，反馈意见普遍认为此方法并不恰当。因此，不排除在 2016 年度证券公司审计中监管机构改变原有的倾向性意见。就目前情况而言，建议采用更偏向于回报的可变动性（即回报的边际变动率）的判断方法。

根据三个资产管理计划合同：

（1）63 号集合资产管理计划：管理人以自有资金参与 10%；基金份额不分级；管理费率为 1.5%；业绩报酬提取方法为"当单位净值超过 1.06 元时，管理人提取超过部分的 20% 作为业绩报酬"。综合考虑，××证券在该计划下的回报可变性不重大，因此倾向于不纳入合并报表范围。

（2）定增 1 号定向资产管理计划：管理人以自有资金参与 10%；基金份额不分级；管理费率为 1.5%；业绩报酬提取方法为"本集合计划终止之日对委托人份额实际收益超过 7% 部分计提 20% 的业绩报酬"。综合考虑，××证券在该计划下的回报可变性不重大，因此倾向于不纳入合并报表范围。

（3）包商银行 1 号定向资产管理计划：管理人未参与该计划；管理费率为 0.2%；业绩报酬提取方法为"对超过预期年化收益率（5%）的超额收益部分提取 65% 的业绩报酬"，且投资对象主要为固定收益类品种。综合考虑，由于投资对象本身的收益变动和风险较低，加上较高的业绩报酬提取比例，该资管计划剩余回报的可变性高度集中于管理人。尽管管理人自身不持有计划份额，但该安排的实质更接近于管理人向资管计划借款（年利率为 5% 固定收益＋超额收益的 35%）在二级市场上进行债券交易。在此情况下，本书倾向于认为××证券在该产品中的地位是主要责任人，其管理该计划更多的是为了实现其自身的利益，因此应将该计划纳入××证券的合并报表范围。

五、案例小结

与此相关的问题，均可以通过以下路径进行分析判断。

第一步：识别出实体的相关经济活动。如确定贷款项目、负责作出有关股票质押贷款发放、管理和清收的一切决策（包括尽职调查及条款商议、市值监控、追加质押通知和强制平仓等）等。

第二步：相关经济活动是否在设立实体时就已经明确（设计目的），如果是，则主导实体设立的主体（投资人）是具有权力的一方，直接进入第五步；否则，进入第三步。

第三步：识别实体中哪个机构对相关活动进行决策（即实体的组织设计），如股东会、董事会或者执行董事、投资决策委员会、执行团队等。

第四步：根据机构的议事规则（注：相关活动的否决权属于实质性权利，不是保护性权利）识别出谁（即决策人）主导这个机构作出决策。

第五步：如果其他投资者具有罢免权或者无条件辞退上述具有权力的一方的权力，该权力是单独一方拥有，则属于实质性权力，表明该具有权力的一方不具有控制；如果所有方均有，则属于保护性权利，表明拥有权力的一方是唯一拥有权力方，进入第六步。

第六步：实体的可变回报是否分类，如果分类，需要识别哪个类别的可变回报与实体的经营活动最相关，并进入第七步，否则直接进入第八步。

第七步：拥有权力方是否是获得与实体的经营活动最相关的可变回报的主要方（最大或者相同或者略低），如果不是，进入第八步；如果是，进入第九步。

第八步：应考虑该拥有权力方取得的其他回报（包括提供的服务的回报）并加总，如果与其提供服务的类似市场价格相当（参考标准：资产管理人获得的总收益占被投资产品当期总收益的比例为20%），则该拥有权力方是代理人，不具有控制；否则，进入第九步。

第九步：考虑承担的风险，如果承担了最大的风险敞口，则属于控制；否则，进入第十步。

第十步：计算拥有权力方获得的可变回报是否重大，如果不是，很可能是代理人；如果是，则其属于控制方。此时，需要注意，在计算证券公司所享有的回报比例时，应当在相同层级、相同性质的回报之间进行比较。

第十三章 合并财务报表

第三节 职工持股平台相关会计处理问题

一、案例背景

案例13-3 2015年1月1日，上市公司A公司通过其职工代表P设立职工持股平台S公司，P作为名义股东，代表A公司来实施其职工持股计划，P不享有S公司的任何股东权利和义务。A公司向S公司提供资金支持，用于购买与股票期权计划相关的A公司发行在外股票，该借款为无息借款。S公司无其他资产，其唯一的经营活动是为A公司执行该股票期权计划。

A公司向S公司借款1 000 000.00元，用于购买与股票期权计划相关的A公司发行在外股票，该借款为无息借款。2015年1月1日，S公司以每股2.5元的价格，从二级市场购入A公司股票100 000股。

2015年5月1日，经A公司董事会等相关机构批准，S公司向其核心技术员工授予股票期权，股票期权数量为300 000～500 000股，行权价格为每股2.7元，行权日为2015年12月31日，行权数量基于相关业绩条款。根据期权估值技术，预计该期权行权数量为350 000股，该期权价格为每股0.15元。

2015年9月1日，S公司以每股2.65元购入300 000股。

2015年12月31日，A公司核心技术员工实际行权350 000股。

问题：A公司是否对职工持股平台S公司具有控制权？A公司应当如何对S公司进行会计处理？

二、准则链接

1.《企业会计准则第33号——合并财务报表》（2014年修订）第七条、第十三条、第十四条、第十八条、第十九条

第七条 ……（参见第二章第七节）

第十三条 除非有确凿证据表明其不能主导被投资方相关活动，下列情况，表明投资方对被投资方拥有权力：

（一）投资方持有被投资方半数以上的表决权的。

（二）投资方持有被投资方半数或以下的表决权，但通过与其他表决权持有人之间的协议能够控制半数以上表决权的。

第十四条 投资方持有被投资方半数或以下的表决权，但综合考虑下列事实和情况后，判断投资方持有的表决权足以使其目前有能力主导被投资方

相关活动的,视为投资方对被投资方拥有权力:

（一）投资方持有的表决权相对于其他投资方持有的表决权份额的大小,以及其他投资方持有表决权的分散程度。

（二）投资方和其他投资方持有被投资方的潜在表决权,如可转换公司债券、可执行认股权证等。

（三）其他合同安排产生的权利。

（四）被投资方以往的表决权行使情况等其他相关事实和情况。

第十八条 ……（参见本章第一节）

第十九条 ……（参见本章第一节）

2.《企业会计准则第 40 号——合营安排》第五条

第五条 共同控制,是指按照相关约定对某项安排所共有的控制,并且该安排的相关活动必须经过分享控制权的参与方一致同意后才能决策。

本准则所称相关活动,是指对某项安排的回报产生重大影响的活动。某项安排的相关活动应当根据具体情况进行判断,通常包括商品或劳务的销售和购买、金融资产的管理、资产的购买和处置、研究与开发活动以及融资活动等。

3.《国际财务报告准则第 10 号——合并财务报表》

《国际财务报告准则第 10 号——合并财务报表》第 18 段规定,拥有决策权的投资方应确定自己是委托人还是代理人。

4.《〈国际财务报告准则第 10 号——合并财务报表〉应用指南》

《〈国际财务报告准则第 10 号——合并财务报表〉应用指南》第 58 段规定,当具有决策权的投资方（决策者）对自身是否控制被投资方进行评估时,应确定自身是委托人还是代理人。投资方也应确定其他具有决策权的主体是委托人还是代理人。代理人主要是代表其他方（委托人）行动并服务于其他方利益,因此在代理人行使决策权时,并不控制被投资方。

三、疑点、难点分析

（1）职工持股平台是发起主体股份的持有平台,其所持有的发起主体股份,可能通过以下两种方式获得:①职工持股平台通过发起主体提供的资金支持，从二级市场购买发起主体的股份。比如，发起主体直接给职工持股平台借款，或者通过第三方银行借款等。此类借款一般是无息借款。如果通过第三方银行借款，发起主体通常会对借款进行担保。通过发起主体的资金支持，职工持股平台实质上并未承担所持有股份价格变动的风险和报酬。②发起主体直接向职工持股平台定向增发股份。

（2）职工持股平台根据发起主体的职工持股计划，向发起主体职工出售或授予发起主体股份。也就是说，职工持股平台持有股份、资金仅为受托持有，并不享有相关权益。职工持股平台向职工授予股份的方式可能有多种，一般包括：①授予职工一项股票期权，职工在行权后获得发起主体股份。②授予职工一项限制性股票，职工以一定价格购买发起主体股份后，存在一定的限售期。③授予职工一项利润分享计划，通过职工持股平台向职工分配利润。

（3）职工持股平台受相关法律法规的监管，其经营活动是有限的。从经济意义上，职工持股平台根据发起主体的特定目的设立和设计，发起主体实际上主导了职工持股平台的相关活动，并承担了其产生的风险和报酬，发起主体为职工持股平台的运行负责。

职工持股平台相关的会计处理问题，主要包括以下两个方面：①发起主体如何对职工持股平台的投资进行会计处理？该问题涉及发起主体对职工持股平台是否具有控制权的判断。②发起主体如何在其个别财务报表和合并财务报表中对职工持股计划进行会计处理？该问题涉及职工持股平台买入股份、向职工授予股份等方面的会计处理。

四、案例分析

上市公司 A 公司在判断是否对 S 公司具有控制权时，应根据具体合同安排，按照《企业会计准则第 33 号——合并财务报表》（2014 年修订）中的"控制三要素"来进行分析。

A 公司直接参与了 S 公司的设立，确立了 S 公司的经营目标。A 公司将 S 公司的相关活动限定在为其执行职工持股计划。因此，A 公司主导 S 公司的设立目的和设计，对 S 公司具有"权力"。

S 公司的设立目的是代表 A 公司持有其股份，A 公司为其购买股份提供资金。这表明，A 公司实质上承担了 S 公司所持有股份价格变动的风险，以及向职工授予持股计划相关的责任。因此，A 公司承担了 S 公司相关活动的可变回报（风险）。

S 公司唯一的活动是向 A 公司职工偿付相关股份，与 A 公司的利益直接相关。A 公司虽未对 S 公司直接持股，但有能力通过其对 S 公司的权力，来影响其可能承担的"可变回报（风险）"。名义股东 P 不享有 S 公司的任何股东权利和义务，受 A 公司主导，实质上仅为 A 公司的代理方。

综上所述，A 公司对 S 公司满足"控制三要素"，对 S 公司具有控制权。

对于发起主体应当如何对其设立的职工持股平台进行会计处理，不同国家和不同准则体系下可能有不同的会计处理。例如，美国和英国要求将此类职工持股平台作为发起主体的一个分支机构，即在发起主体的单独财务报表层面体现相关职工持股计划的会计处理。而在国际财务报告准则下，国际财务报告解释委员会（IFRIC）于 2006 年 5 月、6 月、9 月以及 2011 年 3 月等多次讨论该问题。虽然并未得出正式结论，但 IFRIC 倾向于将职工持股平台作为单独主体，而不是发起主体的一个分支机构，即在发起主体和职工持股平台的合并财务报表层面才体现相关持股计划的会计处理。鉴于我国《公司法》等相关法律法规的规定，我们倾向于 IFRIC 的意见，对于我国境内的职工持股平台，一般应作为单独的会计主体，按照《企业会计准则第 33 号——合并财务报表》（2014 年修订）的相关规定，在合并财务报表层面才体现相关持股计划。

针对本案例，A 公司在个别财务报表层面，仅需要对其向 S 公司提供的借款进行会计处理；在合并财务报表层面，A 公司应将 S 公司纳入合并，并按金融工具列报、股份支付等准则对 S 公司持有其股份，以及向职工授予的持股计划进行会计处理。具体会计处理如下。

（1）A 公司个别财务报表。A 公司在个别财务报表中，仅需对 S 公司的借款进行会计处理。具体会计分录如下。

借：其他非流动资产　　　　　　　　　　　　　1 000 000
　　贷：银行存款　　　　　　　　　　　　　　　　　1 000 000

由于该借款具有特定使用目的，且为无息借款，A 公司应在报表附注中详细披露该借款的性质及相关合同约定。

（2）A 公司合并财务报表。A 公司在按照《企业会计准则第 33 号——合并财务报表》（2014 年修订）相关规定，将 S 公司纳入合并范围后，向 S 公司购买其股份，以及授予职工股票期权的会计处理如下。

2015 年 1 月 1 日，A 公司应在合并财务报表层面，将 S 公司购买的股份作为购入库存股处理：

借：库存股（100 000×2.5）　　　　　　　　　　250 000
　　贷：银行存款　　　　　　　　　　　　　　　　　250 000

2015 年 5 月 1 日，A 公司董事会等相关机构批准了该股票期权计划，根据《企业会计准则第 11 号——股份支付》，授予日是指股份支付协议获得批准的日期。其中"获得批准"是指企业与职工或其他方就股份支付的协议条

第十三章 合并财务报表

款和条件已达成一致，该协议获得股东大会或类似机构的批准。因此，2015年5月1日为该股票期权的授予日。根据估值技术估计金额，该股票期权会计处理如下。

借：管理费用（350 000×0.15）　　　　　　　　　52 500
　　贷：资本公积　　　　　　　　　　　　　　　　　　52 500

2015年9月1日，A公司应在合并财务报表层面，将S公司购买的股份作为购入库存股处理。

借：库存股（300 000×2.65）　　　　　　　　　795 000
　　贷：银行存款　　　　　　　　　　　　　　　　　　795 000

2015年12月31日，A公司核心技术人员实际行权，按约定价格购买其股份。同时，根据《企业会计准则第37号——金融工具列报》规定，A公司应核销所购买库存股及相关成本，所产生的相关利得或费用直接冲减权益。

借：银行存款（350 000×2.70）　　　　　　　　　945 000
　　资本公积　　　　　　　　　　　　　　　　　　100 000
　　贷：库存股　　　　　　　　　　　　　　　　　　1 045 000

五、案例小结

1. 关于职工持股平台的控制判断

实务中，上市公司或其他公司，设立职工持股平台的形式可能是多种多样的，除本案例中以职工代表名义设立，还可能以其最终控制方等名义设立。此外，相关合同安排也可能是复杂多样的。但是，由于此类职工持股平台的特殊设立目的和管理模式，实务中，这类主体很可能是满足《企业会计准则第33号——合并财务报表》（2014年修订）中"结构化主体"的定义的，应根据"控制三要素"来分析发起主体是否对此类职工持股平台具有实质控制权，而职工持股平台法律上的股东是否仅为其代理人，从而需要将职工持股平台纳入发起主体的合并财务报表中。

2. 关于职工持股计划的核算

在发起主体和职工持股平台的合并财务报表层面，其购买自身股份的会计处理适用《企业会计准则第37号——金融工具列报》相关规定。根据案例背景所述，实务中可能通过职工持股平台授予职工的持股计划，则分别适用以下规定：授予职工一项股票期权，适用《企业会计准则第11号——股份支付》相关规定；授予职工一项限制性股票，适用《企业会计准则第11号——股份支付》和《企业会计准则解释第7号》问题五的规定；授予职工一项利润分享计划,则可能适用《企业会计准则第 9 号——职工薪酬》(2014 年修订)的相关规定。

第四节 未实现内部销售损益对递延所得税及少数股东损益的影响

一、案例背景

案例 13-4 甲公司持有乙公司 60% 股权,能够对乙公司控制,将乙公司纳入合并范围。2015 年 1—12 月,甲公司向乙公司销售商品,不含增值税销售价格共计 1 000 万元,销售成本 800 万元。乙公司购入商品作为存货管理,且年末尚未对外出售。甲公司适用的所得税税率为 25%,乙公司适用的所得税税率为 15%。假设合并财务报表层面满足递延所得税相关确认条件。

问题:2015 年,在甲公司编制合并财务报表时,如何对上述未实现内部销售损益及其所得税影响进行会计处理?

案例 13-5 甲公司持有乙公司 60% 股权,能够对乙公司控制,将乙公司纳入合并范围。2015 年 1—12 月,乙公司向甲公司销售商品,不含增值税销售价格共计 1 000 万元,销售成本 800 万元。甲公司购入商品作为存货管理,且年末尚未对外出售。甲公司适用的所得税税率为 25%,乙公司适用的所得税税率为 15%。假设合并财务报表层面满足递延所得税相关确认条件。

问题:2015 年,在甲公司编制合并财务报表时,如何对上述未实现内部销售损益及其所得税影响进行会计处理?

案例 13-6 甲公司持有乙公司 60% 股权,持有丙公司 70% 股权,甲公司能够对乙、丙公司控制,将乙、丙公司纳入合并范围。2015 年 1—12 月,乙公司向丙公司销售商品,不含增值税销售价格共计 1 000 万元,销售成本 800 万元。丙公司购入商品作为存货管理,且年末尚未对外出售。甲公司适用的所得税税率为 25%,乙公司适用的所得税税率为 25%,丙公司适用的所得税税率为 15%。假设合并财务报表层面满足递延所得税相关确认条件。

问题:2015 年在甲公司编制合并财务报表时,如何对上述未实现内部销售损益及其所得税影响进行会计处理?

二、准则链接

1.《企业会计准则解释第 1 号》第九问

企业在编制合并财务报表时,因抵销未实现内部销售损益导致合并资产负债表中资产、负债的账面价值与其在所属纳税主体的计税基础之间产生暂时性差异的,在合并资产负债表中应当确认递延所得税资产或递延所得税负债,同时调整合并利润表中的所得税费用,但与直接计入所有者权益的交易或事项及企业合并相关的递延所得税除外。

2.《企业会计准则第 33 号——合并财务报表》(2014 年修订)第三十条、第三十六条

第三十条 合并资产负债表应当以母公司和子公司的资产负债表为基础,在抵销母公司与子公司、子公司相互之间发生的内部交易对合并资产负债表的影响后,由母公司合并编制。

(一)母公司对子公司的长期股权投资与母公司在子公司所有者权益中所享有的份额应当相互抵销,同时抵销相应的长期股权投资减值准备。

子公司持有母公司的长期股权投资,应当视为企业集团的库存股,作为所有者权益的减项,在合并资产负债表中所有者权益项目下以"减:库存股"项目列示。

子公司相互之间持有的长期股权投资,应当比照母公司对子公司的股权投资的抵销方法,将长期股权投资与其对应的子公司所有者权益中所享有的份额相互抵销。

(二)母公司与子公司、子公司相互之间的债权与债务项目应当相互抵销,同时抵销相应的减值准备。

(三)母公司与子公司、子公司相互之间销售商品(或提供劳务,下同)或其他方式形成的存货、固定资产、工程物资、在建工程、无形资产等所包含的未实现内部销售损益应当抵销。

对存货、固定资产、工程物资、在建工程和无形资产等计提的跌价准备或减值准备与未实现内部销售损益相关的部分应当抵销。

(四)母公司与子公司、子公司相互之间发生的其他内部交易对合并资产负债表的影响应当抵销。

(五)因抵销未实现内部销售损益导致合并资产负债表中资产、负债的

账面价值与其在所属纳税主体的计税基础之间产生暂时性差异的,在合并资产负债表中应当确认递延所得税资产或递延所得税负债,同时调整合并利润表中的所得税费用,但与直接计入所有者权益的交易或事项及企业合并相关的递延所得税除外。

第三十六条 母公司向子公司出售资产所发生的未实现内部交易损益,应当全额抵销"归属于母公司所有者的净利润"。

子公司向母公司出售资产所发生的未实现内部交易损益,应当按照母公司对该子公司的分配比例在"归属于母公司所有者的净利润"和"少数股东损益"之间分配抵销。

子公司之间出售资产所发生的未实现内部交易损益,应当按照母公司对出售方子公司的分配比例在"归属于母公司所有者的净利润"和"少数股东损益"之间分配抵销。

三、疑点、难点分析

母公司向子公司出售资产所发生的未实现内部交易损益,在进行会计处理时有两种方法:一是在调整子公司盈亏时考虑逆流交易未实现的内部交易损益,在编制抵销分录时确定的少数股东损益中含有少数股东相关的未实现内部交易损益;二是在调整子公司盈亏时不考虑未实现内部交易损益,对逆流交易少数股东相关的未实现内部交易损益,单独编制分录,借记"少数股东权益"科目,贷记"少数股东损益"科目。两种会计处理方法最终结果相同。

四、案例分析

案例 13-4 为母公司向子公司销售商品,即顺流销售,由于期末相关商品并未对外出售,属于未实现内部销售损益。2015 年 12 月 31 日,甲公司编制合并报表时,对相关未实现内部销售损益应作如下处理。

第一步:甲公司应当对未实现内部销售损益进行抵销。

借:营业收入　　　　　　　　　　　　　　　10 000 000
　　贷:营业成本　　　　　　　　　　　　　　8 000 000
　　　　存货　　　　　　　　　　　　　　　　2 000 000

第二步:甲公司应对上述抵销造成存货账面价值与计税基础的暂时性差异确认递延所得税资产。此时,存货所属纳税主体是子公司,即乙公司,当该存货对外出售,其未来纳税影响体现在乙公司报表中,因此,在确认递延所得税资产时应采用乙公司适用税率。

借：递延所得税资产（2 000 000×15%）　　　　　300 000
　　贷：所得税费用　　　　　　　　　　　　　　　　　　　300 000

第三步：分析未实现内部销售损益对子公司少数股东的影响。根据《企业会计准则第 33 号——合并财务报表》（2014 年修订）第三十六条，在顺流交易时，内部销售损益体现在母公司报表中，子公司少数股东对该部分内部销售损益不享有权益，因此，该部分未实现内部销售损益无须向少数股东分配。本案例中，甲公司合并财务报表中无须再作进一步处理。

案例 13-5　为子公司向母公司销售商品，即逆流交易，由于期末相关商品并未对外出售，属于未实现内部销售损益。2015 年 12 月 31 日，甲公司编制合并报表时，对相关未实现内部销售损益应作如下处理。

第一步：甲公司应当对未实现内部销售损益进行抵销。

借：营业收入　　　　　　　　　　　　　　　　　　　10 000 000
　　贷：营业成本　　　　　　　　　　　　　　　　　　　　8 000 000
　　　　存货　　　　　　　　　　　　　　　　　　　　　　2 000 000

第二步：甲公司应对上述抵销造成存货账面价值与计税基础的暂时性差异确认递延所得税资产。此时，存货所属纳税主体是母公司，即甲公司，当该存货对外出售，其未来纳税影响体现在甲公司报表中，因此，在确认递延所得税资产时，应采用甲公司适用税率。

借：递延所得税资产（2 000 000×25%）　　　　　500 000
　　贷：所得税费用　　　　　　　　　　　　　　　　　　　500 000

第三步：分析未实现内部销售损益对子公司少数股东的影响。根据《企业会计准则第 33 号——合并财务报表》（2014 年修订）第三十六条，在逆流交易时，内部销售损益体现在子公司报表中，子公司少数股东对该部分内部销售损益享有权益，因此，该部分未实现内部销售损益应向少数股东分配。本案例中，甲公司在合并财务报表层面作以下调整。

借：少数股东权益［（2 000 000 − 500 000）×40%］　600 000
　　贷：少数股东损益　　　　　　　　　　　　　　　　　　600 000

案例 13-6　为子公司与子公司之间销售商品，由于期末相关商品并未对外出售，属于未实现内部销售损益。2015 年 12 月 31 日，甲公司编制合并报表时，对相关未实现内部销售损益应作如下处理。

第一步：甲公司应当对未实现内部销售损益进行抵销。

借：营业收入　　　　　　　　　　　　　　　　　10 000 000
　　贷：营业成本　　　　　　　　　　　　　　　　　8 000 000
　　　　存货　　　　　　　　　　　　　　　　　　　2 000 000

第二步：甲公司应对上述抵销造成存货账面价值与计税基础的暂时性差异确认递延所得税资产。此时，存货所属纳税主体是丙公司，当该存货对外出售，其未来纳税影响体现在丙公司报表中，因此，在确认递延所得税资产时，应采用丙公司适用税率。

借：递延所得税资产（2 000 000×15%）　　　　　300 000
　　贷：所得税费用　　　　　　　　　　　　　　　　300 000

第三步：分析未实现内部销售损益对子公司少数股东的影响。根据《企业会计准则第33号——合并财务报表》（2014年修订）第三十六条，在子公司与子公司交易时，内部销售损益体现在卖方子公司报表中，卖方子公司的少数股东对该部分内部销售损益享有权益，因此，该部分未实现内部销售损益应向卖方子公司少数股东分配。本案例中，甲公司在合并财务报表层面作以下调整。

借：少数股东权益［（2 000 000－300 000）×40%］　680 000
　　贷：少数股东损益　　　　　　　　　　　　　　　680 000

五、案例小结

1. 关于未实现内部销售损益相关递延所得税适用税率

因抵销未实现内部销售损益导致合并资产负债表中资产、负债的账面价值与其在所属纳税主体的计税基础之间产生暂时性差异的，在合并资产负债表中应当确认递延所得税资产或递延所得税负债。当内部销售各方适用所得税税率不同时，相关资产在未来对外出售或被耗用时，相关的纳税后果将体现在原内部交易中处于买方地位的法人的纳税申报表中。因此，已抵销的内部交易未实现损益确认递延所得税时，应采用在内部交易中处于买方地位的法人适用税率。

2. 关于未实现内部交易损益向母公司股东和少数股东的分配

母公司与子公司、子公司与母公司，以及子公司与子公司之间发生未实现内部销售损益，应按享有份额向子公司少数股东分配。由于未实现内部销售损益体现在卖方利润表中，企业应按卖方子公司少数股东持股比例进行分配。

第十三章 合并财务报表

第五节 已进入清算程序的子公司是否纳入合并范围

一、案例背景

案例 13-7 A 公司下属控股子公司 B 公司常年亏损，净资产已为负数，2020 年 12 月，A 公司决定对 B 公司终止经营并进行清算。A 公司 2019 年年初以前即对长期投资计提了全额减值准备，其 2019 年年末长期投资报表余额为零。由于 B 公司已经开始清算（2020 年 12 月 15 日股东会决定成立清算组，决定公司终止经营，进行清算），2020 年度未纳入合并范围。

问题：2020 年度 A 公司是否应该将 B 公司纳入合并范围？

二、准则链接

（1）《企业会计准则第 33 号——合并财务报表》（2014 年修订）第七条规定如下。

第七条 ……（参见第二章第七节）

（2）《中华人民共和国公司法》第一百八十三条规定，有限责任公司的清算组由股东组成，股份有限公司的清算组由董事或者股东大会确定的人员组成，即其母公司仍可决定清算组成员任免事项和决定清算过程中的重大事项，具备主导被清算子公司于清算期间的相关活动的权力；同时，清算的结果（清算结束后的剩余财产分配）将直接影响母公司可从中获取的经济利益，且母公司可以通过主导被清算子公司的相关活动影响其清算结果，相应影响可从中获得的回报金额。

三、疑点、难点分析

已经进入清算程序的子公司是否需要纳入合并报表范围，也是以对被投资单位是否具有控制权作为是否纳入合并范围的判断标准。处于清算期间的子公司是否纳入母公司合并范围的问题，一般按以下原则掌握。

（1）已依据《中华人民共和国企业破产法》相关规定进入破产程序的子

公司，由于已被法院指定的破产管理人接管，原母公司不再主导其相关活动的权力，且此类子公司一般资不抵债，破产程序的主要目标是保证各类债权人公平受偿，清算完成后通常并没有剩余财产可供分配给股东，即清算结果不会影响其股东的经济利益，股东已不能再从中获取可变回报，所以进入破产程序的子公司不应纳入其原母公司的合并范围。

（2）对于股东自行组织清算（非破产清算）的子公司，母公司对于处于此类清算期间的子公司仍然具有控制权，应继续将其纳入合并范围。在合并报表层面，此类子公司其实就是一堆待处置的资产和待清偿的负债。需要说明的是，尽管公司在清算期间不得开展与清算无关的经营活动，但这是法律法规对资产使用的限制（这种限制与法律法规对任何企业经营活动的监管和限制没有本质区别，只是因为此处限制较多，其状况显得较为"极端"），并不表明母公司不具有在法律法规的框架内决定被清算子公司的重大事项的权力，也不表明母公司因此在子公司的剩余净资产中不再承担相关的风险和报酬。所以，这一条对正常清算期间的子公司是否纳入合并范围的判断不产生影响。

四、案例分析

在本案例中，该子公司并未进入破产清算程序，所以正常清算期间仍应纳入合并范围。但需要关注，公司经人民法院裁定宣告破产后，清算组应当将清算事务移交给人民法院。因此，需关注该子公司是否应当依法进入破产程序。一旦进入破产程序，该子公司即不应纳入合并范围。

如果确实因为要进入破产程序等原因，年末不应继续纳入合并范围，则长期股权投资应当减记至零为止，长期股权投资不应出现贷方余额。如果对该子公司承担了借款担保等超出有限责任范围的额外责任，则母公司应根据《企业会计准则第13号——或有事项》等有关规定，按很可能承担的额外责任的金额确认预计负债，也不应导致所确认的长期股权投资出现负数余额。

由于该子公司长期处于资不抵债状态，以往年度合并报表时应当已经把其超额亏损纳入，并相应冲减合并留存收益。本期内应将其年初至处置日期间的利润表纳入合并范围，相应已冲减合并留存收益的超额亏损转回。年末不再纳入合并范围时，应把历史上该子公司冲减合并留存收益的累计超额亏损转回，作为处置收益计入合并投资收益。

五、案例小结

清算有的是股东会决议成立清算组，由各个股东组成；有的是破产清算，

第十三章 合并财务报表

是人民法院指定管理人和债权人参与,债权人会议对剩余财产的变现和负债的清偿方案具有最终决定权。两种情景下对合并范围的影响是不同的,前者需要考虑以下纳入合并范围的因素。

第一,在清算阶段,清算组由各个股东组成,清算组的清算方案最终也要经过股东会批准,所以母公司仍然拥有对子公司的权力。

第二,母公司通过清算组直接参加子公司的活动,例如清偿财产,清算业务等,通过这些活动,母公司可以通过权力获得可变回报。

第三,母公司通过以上权力和参加活动影响获得回报的金额。

所以,根据以上角度,除非有反面的证据,应该仍可以纳入合并范围。

但是第二种状况,母公司是没有权力参与对子公司的清算的,无权参与相关活动获得可变回报。因为清算组实际为人民法院指定,债权人会议拥有最终决定权,如果表决无法统一,最终由人民法院裁定。

第六节 合伙企业纳入合并范围的问题

一、案例背景

案例 13-8 A 公司作为普通合伙人,B 公司作为优先级有限合伙人,C 公司作为劣后级有限合伙人,共同发起设立 D 基金。A 公司负责执行基金事务。A 公司每年按照有限合伙基金实缴出资规模的 1% 收取固定管理费,对于有限合伙基金超过预期收益的超额部分,A 公司获得该超额收益 5% 的超额分成。

案例 13-9 A 公司作为普通合伙人与其他有限合伙人共同发起设立一家有限合伙制基金 B,其中,A 出资 0.1 亿元,占基金 2% 的份额。B 基金的合伙协议规定,A 公司作为执行事务合伙人,拥有对 B 基金所有投资、资产处置、分配及其他相关事务完全、独占及排他的管理决策权力。A 公司的决策应以所有合伙人的利益最大化为原则,但是无论 A 公司作出何种决策,有限合伙人均无权撤销 A 公司的管理决策权。B 基金存续期为 3 年,期满后所有合伙人分别按照原始出资额收回出资。对投资项目取得的全部投资收益,扣除管理费、托管费、交易费用、组织费用、运营费用及其他运营成本后进行分配。分配办法为:平均年收益率在 12% 以内的部分,所有合伙人按实际出资权益比例分配收益;年平均收益率超过 12% 的部分,60% 由普通合伙人享有，40%由有限合伙人按实际出资比例分配。若发生亏损，有限合伙人按其出资比例分担；超出基金总认缴出资额的亏损由普通合伙人承担。

案例 13-10 A 公司持有 B 公司 60% 的股权，B 公司负责 C 基金的募集与管理，A 公司作为有限合伙人持有 C 基金 10% 的财产份额。根据 C 基金合伙协议规定："本有限合伙制基金设投资决策委员会，共由五名委员组成，均由普通合伙人委派。"补充合伙协议规定："全体合伙人一致确认，有限合伙企业设投资决策委员会，作为有限合伙企业的最高投资决策机构。本协议规定的有限合伙企业及被投资公司相关事项需投资决策委员会做出批准的决议方可实施""投资决策委员会共设五名委员，各有限合伙人均有权各提名一名人选，普通合伙人委派各方提名的人选为投资决策委员会委员"。C 基金托管协议规定："管理人 B 公司向托管人发出投资划款指令之前，应向托管人提供与该项投资决策有关的各项法律文件和资料；包括 C 基金投资决策机构同意对外投资该项目的书面决定文件……"

问题：上述案例中，A 公司是否应该将投资的合伙企业纳入合并范围？

二、准则链接

《企业会计准则第 33 号——合并财务报表》（2014 年修订）第七条至第二十条规定如下。

第七条 ……（参见第二章第七节）

第八条 投资方应当在综合考虑所有相关事实和情况的基础上对是否控制被投资方进行判断。一旦相关事实和情况的变化导致对控制定义所涉及的相关要素发生变化的，投资方应当进行重新评估。相关事实和情况主要包括：

（一）被投资方的设立目的。

（二）被投资方的相关活动以及如何对相关活动作出决策。

（三）投资方享有的权利是否使其有能力主导被投资方的相关活动。

（四）投资方是否通过参与被投资方的相关活动而享有可变回报。

（五）投资方是否有能力运用对被投资方的权力影响其回报金额。

（六）投资方与其他方的关系。

第九条 投资方享有现时权利使其有能力主导被投资方的相关活动，而不论其是否实际行使该权利，视为投资方拥有对被投资方的权力。

第十条 两个或两个以上投资方分别享有能够单方面主导被投资方不同相关活动的现时权利的，能够主导对被投资方回报产生最重大影响的活动的一方拥有对被投资方的权力。

第十一条 投资方在判断是否拥有对被投资方的权力时，应当仅考虑与被投资方相关的实质性权利，包括自身所享有的实质性权利以及其他方所享有的实质性权利。

实质性权利，是指持有人在对相关活动进行决策时有实际能力行使的可执行权利。判断一项权利是否为实质性权利，应当综合考虑所有相关因素，包括权利持有人行使该项权利是否存在财务、价格、条款、机制、信息、运营、法律法规等方面的障碍；当权利由多方持有或者行权需要多方同意时，是否存在实际可行的机制使得这些权利持有人在其愿意的情况下能够一致行权；权利持有人能否从行权中获利等。

某些情况下，其他方享有的实质性权利有可能会阻止投资方对被投资方的控制。这种实质性权利既包括提出议案以供决策的主动性权利，也包括对已提出议案作出决策的被动性权利。

第十二条 仅享有保护性权利的投资方不拥有对被投资方的权力。

保护性权利，是指仅为了保护权利持有人利益却没有赋予持有人对相关活动决策权的一项权利。保护性权利通常只能在被投资方发生根本性改变或某些例外情况发生时才能够行使，它既没有赋予其持有人对被投资方拥有权力，也不能阻止其他方对被投资方拥有权力。

第十三条 ……（参见本章第三节）

第十四条 ……（参见本章第三节）

第十五条 当表决权不能对被投资方的回报产生重大影响时，如仅与被投资方的日常行政管理活动有关，并且被投资方的相关活动由合同安排所决定，投资方需要评估这些合同安排，以评价其享有的权利是否足够使其拥有对被投资方的权力。

第十六条 某些情况下，投资方可能难以判断其享有的权利是否足以使其拥有对被投资方的权力。在这种情况下，投资方应当考虑其具有实际能力以单方面主导被投资方相关活动的证据，从而判断其是否拥有对被投资方的权力。投资方应考虑的因素包括但不限于下列事项：

（一）投资方能否任命或批准被投资方的关键管理人员。

（二）投资方能否出于其自身利益决定或否决被投资方的重大交易。

（三）投资方能否掌控被投资方董事会等类似权力机构成员的任命程序，或者从其他表决权持有人手中获得代理权。

（四）投资方与被投资方的关键管理人员或董事会等类似权力机构中的多数成员是否存在关联方关系。

投资方与被投资方之间存在某种特殊关系的，在评价投资方是否拥有对被投资方的权力时，应当适当考虑这种特殊关系的影响。特殊关系通常包括：被投资方的关键管理人员是投资方的现任或前任职工、被投资方的经营依赖于投资方、被投资方活动的重大部分有投资方参与其中或者是以投资方的名义进行、投资方自被投资方承担可变回报的风险或享有可变回报的收益远超过其持有的表决权或其他类似权利的比例等。

第十七条 投资方自被投资方取得的回报可能会随着被投资方业绩而变动的，视为享有可变回报。投资方应当基于合同安排的实质而非回报的法律形式对回报的可变性进行评价。

第十八条 ……（参见本章第一节）

第十九条 ……（参见本章第一节）

第二十条 投资方通常应当对是否控制被投资方整体进行判断。但极个别情况下，有确凿证据表明同时满足下列条件并且符合相关法律法规规定的，投资方应当将被投资方的一部分（以下简称"该部分"）视为被投资方可分割的部分（单独主体），进而判断是否控制该部分（单独主体）。

（一）该部分的资产是偿付该部分负债或该部分其他权益的唯一来源，不能用于偿还该部分以外的被投资方的其他负债；

（二）除与该部分相关的各方外，其他方不享有与该部分资产相关的权利，也不享有与该部分资产剩余现金流量相关的权利。

三、疑点、难点分析

投资方应当在综合考虑所有相关事实和情况的基础上对是否控制被投资方进行判断。相关事实和情况主要包括：①被投资方的设立目的；②被投资方的相关活动以及如何对相关活动作出决策；③投资方享有的权利是否使其目前有能力主导被投资方的相关活动；④投资方是否通过参与被投资方的相关活动而享有可变回报；⑤投资方是否有能力运用对被投资方的权力影响其回报金额；⑥投资方与其他方的关系。

上述6条因素中，最为倚重且对判断是否构成控制最为关键的是第三、四、五和第六条。

（一）投资方主导被投资方的能力

1. 执行合伙事务与主导合伙企业的关系

《中华人民共和国合伙企业法》（以下简称《合伙企业法》）规定：有

限合伙企业由普通合伙人执行合伙事务，有限合伙人不执行合伙事务，不得对外代表有限合伙企业。虽然《合伙企业法》规定了有限合伙人的8种行为不视为执行合伙事务，但是，何谓"执行合伙事务"，有限合伙人实施的这8种行为之外的行为是否构成执行合伙事务，《合伙企业法》并没有给出明确答案。实践中也出现了有限合伙人在某种程度上参与有限合伙制基金的投资决策的现象，如有限合伙人委派代表参与基金投资决策委员会，对基金投资决策事宜进行表决，甚至某些情况下拥有一票表决权。对此不能一概而论。

同时，执行合伙事务即经营管理权和"控制"合伙企业并非天然冲突。实务中也可能存在有限合伙人对有限合伙制基金具有控制权的情况，尤其是单一有限合伙人在有限合伙制基金中所占的权益比例较大，享有或承担有限合伙制基金的绝大部分风险和报酬时更是如此，因此，当被投资企业是有限合伙制基金时，不能仅仅以《合伙企业法》规定有限合伙人不能执行合伙事务，不能对外代表合伙企业为由，即认为有限合伙人必然不能控制该有限合伙制基金，也不能仅以普通合伙人的执行合伙事务人的身份为由而认定普通合伙人控制合伙企业，拥有主导合伙企业的能力。

2. 表决权的行使

从出资额角度来看，一方面，绝大部分出资额均由有限合伙人缴纳，普通合伙人的出资比例很低，因此，普通合伙人在合伙企业中拥有的表决权也是微乎其微。另一方面，有限合伙人如持有合伙企业半数以上的表决权的，也不能直接判断其对合伙企业有控制权，理由是如果合伙企业重要事项需要2/3或者全部表决一致才能通过，这种情形下有限合伙人对被投资单位依然没有控制权。

对于有限合伙制企业来说，合伙人大会虽然名义上是合伙企业的最高权力机构，有权就入伙、退伙、解散等关乎合伙企业生死存亡的重大事项作出决策，但是，其实质上并不涉及投资决策等经营管理决策事宜。普通合伙人作为执行事务合伙人，负责组建投资决策委员会等内部管理机构，其可能在投资决策委员会等层面拥有控制或主导能力，但是尚不能以行使表决权达到主导合伙企业的目的。况且，目前很多合伙协议也约定，合伙人大会审议事项须经出席会议的全体合伙人一致表决通过，由此也使得通过表决权条款判断是否可主导合伙企业变得更加复杂。同时，也要注意，投资方是否与其他表决权持有人存在任何关于表决权行使的协议安排。

3. 实质性权利与保护性权利

根据控制的定义，投资方应通过参与被投资方的相关活动而享有可变回报。对此"相关活动"，应当区分实质性权利与保护性权利而有不同对待。

投资方在判断是否拥有对被投资方的权力时，应当仅考虑与被投资方相关的实质性权利，包括自身所享有的实质性权利以及其他方所享有的实质性权利。实质性权利，是指持有人在对相关活动进行决策时有实际能力行使的可执行权利。判断一项权利是否为实质性权利，应当综合考虑所有相关因素，包括权利持有人行使该项权利是否存在财务、价格、条款、机制、信息、运营、法律法规等方面的障碍；当权利由多方持有或者行权需要多方同意时，是否存在实际可行的机制使得这些权利持有人在其愿意的情况下能够一致行权；权利持有人能否从行权中获利等。某些情况下，其他方享有的实质性权利有可能会阻止投资方对被投资方的控制。这种实质性权利既包括提出议案以供决策的主动性权利，也包括对已提出议案作出决策的被动性权利。

若投资方仅享有保护性权利，则不拥有对被投资方的权力。保护性权利，是指仅为了保护权利持有人利益却没有赋予持有人对相关活动决策权的一项权利。保护性权利通常只能在被投资方发生根本性改变或某些例外情况发生时才能够行使，它既没有赋予其持有人对被投资方拥有权力，也不能阻止其他方对被投资方拥有权力。一般来讲，保护性条款是指出于保护全部或部分投资者（尤其是小股东）利益的目的，对于与公司正常经营活动无关，或者因为其金额非常重大、性质非常特殊等原因，会严重影响公司正常业务的决策，适用更为谨慎的决策程序（例如，需全体股东表决通过等）。下面这些决议内容很可能属于保护性权利：对公司增加或者减少注册资本作出决议；对发行公司债券作出决议；对公司合并、分立、变更公司形式、解散和清算等事项作出决议；修改公司章程等。

（二）可变回报

在有限合伙制企业中，普通合伙人的收益来源主要有两个：管理费和业绩分成。尤其是业绩分成，与被投资方的经营状况是紧密关联的。有限合伙人的收益分配方式主要有以下几种：①固定收益，即名股实债；②可变收益；③固定收益加可变收益。因此，我们需要根据具体情况进行具体分析。在二者都享有可变收益时，可变收益占其总收益的比重将是一个重要的参考因素。尽管对于超额收益，普通合伙人只取得小部分超额收益，如20%～30%，但是，由于其对有限合伙制企业仅象征性出资（1%，甚至更低），普通合伙人的可变收益往往占其总收益的比例较有限合伙人要高很多。

另一方面，对有限合伙人享有的固定收益也要持辩证态度。如果约定收取固定收益，但是与被投资方的经营状况和支付能力有较大影响，则实质上也是一种可变回报。相反，如果通过一系列增信措施，如第三方提供收益补足或由第三方直接支付收益等，使得有限合伙人实际上能够取得不受基金经营业绩影响的固定收益，则该收益将不视为可变回报。

（三）运用主导被投资方的能力而影响回报

"运用对被投资方的权力影响投资方回报的能力"这一标准与前述"主导被投资方的权力"标准密切相关。主导被投资方的权力越大、越深、越广，影响合伙投资方回报的能力也就越大。

合伙企业业务单一，项目投资是合伙企业唯一的回报来源，因此，对被投资方回报产生最重大影响的活动主要是与项目投资有关的，即在投资决策委员会决定的事宜。从该规定可以看出，基于合伙企业的特殊属性，投资决策委员会将会被赋予更大权重。

（四）投资方与其他方的关系

投资方在判断是否控制被投资方时，应当确定其自身是以主要责任人还是以代理人的身份行使决策权。在其他方拥有决策权的情况下，还需要确定其他方是否以其代理人的身份代为行使决策权。代理人作为代表其他方行使权力的第三方，并不控制被投资方。

对于有限合伙制基金来说，通常由普通合伙人执行合伙事务，因此，通常仅涉及判断普通合伙人是否为有限合伙人的代理人的问题。对于执行事务合伙人的更换，通常在合伙协议中约定，在执行事务合伙人因故意、过失（或重大过失）或违反合伙协议约定致使合伙企业受到重大损害时，经全体有限合伙人一致同意（或持有有限合伙人权益75%的合伙人，视有限合伙人人数多少而有所区别），可更换执行事务合伙人。即有限合伙人作为一个利益体可单方面决定普通合伙人的除名和更换。

在有的有限合伙制企业中，合伙协议及合伙人达成的协议中有约定表明，当某个有限合伙人单独持有实质性罢免普通合伙人的权利时，则可认定该普通合伙人只是其代理人。不过，从实践操作来看，基本很少存在由一家有限合伙人可单独决定执行事务合伙人的解聘事宜。行使该罢免权所需要的共同行动方数量越多，普通合伙人的其他经济利益（即报酬和其他利益）的数量和变动程度越大，则该因素的权重应当越低。

四、案例分析

在案例13-8中，A公司虽然是执行事务合伙人，也拥有可变回报，并在一定程度上具备运用对基金的权力影响投资方回报的能力，但是 A 公司所拥有的可变回报相对于基金的规模较小；同时结合违约概率，测算发生违约情况时 A 公司的风险敞口，也可以推算出 A 公司承担可变回报的风险较小，这是因为偏融资型基金自身暴露的风险敞口较小。因此，从实质判断角度来看，A 公司将有限合伙基金和目标公司纳入其合并报表范围缺乏合理性。

在案例 13-9 中，A 公司在 B 基金中的实际出资比例虽然仅为 2%，但拥有对 B 基金完全、独占及排他的管理决策权力，且其他投资方也无权撤销此管理决策权，A 公司完全掌控了 B 基金的经营和财务政策。此外，B 基金的年平均收益率超过 12% 的部分，A 公司可以独享其中的 60%，若发生亏损，A 公司也需要独自承担超出基金总认缴额的部分。由此可见，A 公司承担的风险和享有的利益也因 B 基金最终实际经营成果的波动而发生较大的变化，且很大程度上承担和享有 B 基金大部分的风险和报酬，并不仅限于按 2% 的出资比例份额。因此，A 公司应该将 B 基金纳入合并范围。

在案例 13-10 中，B 公司作为管理人，实际上并未控制投资决策委员会，而是担任类似代理人的角色，因此，A 公司与 C 基金未构成控制与被控制关系，不符合企业会计准则有关合并会计报表的相关规定，故 C 基金不纳入 A 公司的合并会计报表范围。

五、案例小结

会计上判断是否存在控制（相应是否应将另一主体纳入合并范围）的标准，是本主体是否拥有主导另一主体（被投资方）的相关活动的权力，通过参与被投资方的相关活动而享有可变回报，并且有能力运用对被投资方的权力影响其回报金额。不应仅仅因为另一主体没有采取公司制组织形式这一事实本身，就认为不应将另一主体纳入合并范围。

当然，由于适用的法律法规不同，判断公司对合伙企业是否具有控制权时所考虑的因素，可能与被投资企业为公司时有所不同。总体而言，由于普通合伙企业的"人合"特性，以及有限合伙企业的"人合兼资合"特性，在判断公司对合伙企业是否具有控制权时，更应关注合伙协议等合同、契约性质的文件的作用；同时，由于合伙组织形式较公司具有更强的灵活性，判断是否具有控制的情况也更为复杂。与公司相比，有限合伙企业有其自身的特点，呈现"人合兼资合"的特性。因此，在判断是否对合伙企业具有控制权时，不应仅仅基于普通合伙人的身份作出判断，而应重点关注合伙协议的相关约定和基金具体情况而定，如各投资者相对持股情况、公司治理结构、各投资者对被投资单位的权利及承担的风险和收益的大小等因素。

第十三章 合并财务报表

通常来说,在合伙企业里面,普通合伙人的地位更接近于有限合伙人聘请的职业经理人(代理人),运用其在私募投资方面的专业经验和人脉资源等进行投资管理,其主要目的是实现有限合伙人利益的最大化,这也是有限合伙这一组织形式特有的优势所在。当然,实践中也有例外,在具体应用控制标准确定合并范围时,应当着重强调实质重于形式的原则,综合考虑各种因素进行判断。

第七节 引入"国家特殊管理股"子公司纳入合并范围问题

一、案例背景

案例 13-11 A公司是一家文化传媒公司,系B公司于2014年6月出资设立的全资子公司,注册资本为2 000万元。按照国家提出"推进公司制股份制改革,允许将部分国有资本转化为优先股,在少数特定领域探索建立国家特殊管理股制度"的精神,2017年5月16日,C公司作为特殊管理股持有人,拟与B公司签署增资扩股协议,C公司按照1元/每股的价格,对A公司增资100万元。本次增资完成后,A公司股权架构见表13-7。

表 13-7 A公司股权架构(增资后)

单位:万元

股东名称	出资额	持股比例
B公司	2 000.00	95.24%
C公司	100.00	4.76%
合计	4 500.00	100.00%

C公司持有A公司4.76%的股权中,2%的股权为"特殊管理股权",2.76%的股权为"普通股权"。本次投资完成后,C公司享有的主要权利如下。

(1)本次投资完成后,如未来A公司拟增加注册资本,C公司有权在同等条件下增持A公司的股权,保证其持有的A公司的股权(包括特殊管理股权和普通股权)比例不被稀释。若C公司未行使该等优先认购权,C公司持有的特殊管理股权被稀释至 1% 以下时，原股东、新投资人和 C 公司应当共同协商确定对 C 公司持有的特殊管理股权进行反稀释保护的方案，C 公司对可能导致特殊管理股权被稀释至 1% 以下的交易具有一票否决权。

（2）本次投资完成后，A 公司将组建董事会，董事会由 5 名成员组成，其中 C 公司具有提名 1 名董事进入董事会的权利。A 公司在决定涉及经营业务等方面的重大事项之前，须经董事会通过方可执行，且 C 公司提名的董事在该方面决策具有一票否决权。

（3）本次投资完成后，A 公司将聘任总经理，由 C 公司委派的董事提名，并由董事会通过方可聘任。C 公司委派的董事对总经理具有提名权和任免权。总经理为 A 公司在经营管理方面的负责人。在日常经营过程中，如发现产品有悖于国家法律、政策要求的，总经理应及时向董事会报告并书面详细说明情况，董事会应当在接到总经理的报告后 3 个工作日内作出如何处理的回应，总经理应当接受董事会的回应并予以执行；如未回应的，总经理有权在出具书面详细的处理方案并报董事会备案后，决定终止执行该等产品内容。

（4）C 公司可以转让其持有的 A 公司普通股权，C 公司向其关联方或其他第三方依法转让其在 A 公司持有的普通股权的权利不受任何限制。

问题：B 公司是否应该仍将 A 公司纳入合并范围？

二、准则链接

《企业会计准则第 33 号——合并财务报表》（2014 年修订）第七条、第十四条、第十七条规定如下。

第七条　……（参见第二章第七节）

第十四条　……（参见第本章第三节）

第十七条　……（参见第本章第六节）

三、疑点、难点分析

根据《企业会计准则第 33 号——合并财务报表》（2014 年修订）第七条的规定，控制包含三个要素：权力、可变回报、权力与回报的关系。从本案例的情况来看，在引入国家特殊管理股之前，A 公司是 B 公司的全资子公司，B 公司对其具有控制权。在引入国资特殊管理股之后，不会改变原先具有的"控制三要素"中的"可变回报"这一要素，即 B 公司仍可通过参与 A 公司的相关活动而享有可变回报；并且，假设"控制三要素"中的"权力"要素成立，则由于 B 公司在 A 公司中仍持有大部分股份，其角色仍然是主要责任人而不是代理人，故"权力与回报的关系"这一要素也将成立。因此，判断在引入国资特殊管理股之后 B 公司是否仍然控制 A 公司，关键是看 B 公司是否仍然具备对 A 公司的权力，即主导 A 公司的相关活动的权力。

对许多企业而言，经营和财务活动通常对其回报产生重大影响。但在实务中，被投资者设立的目的和设计的不同意味着"相关活动"亦各不相同，应在考虑所有相关事实和情况后进行判断。这些活动可能包括但不限于下述活动：商品或劳务的销售和购买；金融资产的管理；资产的购买和处置；研究与开发活动；融资活动，包括确定资本结构和获取融资。

就相关活动所作出的决策的例子包括但不限于：就被投资方的经营、融资等活动作出决策，包括编制预算；任命被投资方的关键管理人员或服务提供商，并决定其报酬，以及终止其作为服务提供商的业务关系或者将其予以辞退。

相关活动一般由企业章程及协议中约定的权力机构（例如股东会、董事会）来决策，特殊情况下，相关活动的决策也可能基于合同协议约定等原因由其他机构来主导，如专门设置的管理委员会等。有限合伙企业的相关活动可能由合伙人会议决策，也可能是由普通合伙人或者投资管理公司等机构或人员决策。

四、案例分析

结合案例 13-11，在 A 公司引入国家特殊管理股后，国家特殊管理股占比为 4.76%，在 A 公司 5 名董事中占 1 席，并有权提名总经理；除了对特定事项的否决权以外，未发现相关协议中对股东会、董事会的表决规则有特殊安排。因此，判断 B 公司对 A 公司的相关活动是否仍然具有主导权，关键在于判断协议约定国资特殊管理股及其派驻的董事和提名的总经理对特定事项的否决权是否可能导致 B 公司丧失对 A 公司的相关活动的主导权。

根据背景资料介绍，涉及国家特殊管理股股东及其派驻的董事、提名的总经理的"一票否决权"的事项主要包括：① C 公司对可能导致特殊管理股权被稀释至 1% 以下的交易具有一票否决权；② A 公司在决定涉及经营业务等方面的重大事项之前，需经董事会通过方可执行，且 C 公司提名的董事在该方面决策具有一票否决权；③ 总经理为 A 公司在出版业务方面的负责人。在日常经营过程中，如发现产品有悖于国家法律、政策要求的，总经理应及时向董事会报告并书面详细说明情况，董事会应当在接到总经理的报告后 3 个工作日内作出如何处理的回应，总经理应当接受董事会的回应并予以执行；如未回应的，总经理有权在出具书面详细的处理方案并报董事会备案后，决定终止执行该等产品内容。

从上述约定内容来看，上述第一项针对股权稀释问题的否决权不涉及"相关活动"，在讨论控制权问题时可以将其排除。就第二、三项否决权，如果国家特殊管理股股东及其派驻的董事和提名的总经理所持有的上述"一票否决权"完全是针对"合规性问题"，即对有悖于国家法律、政策要求的产品的否决权，在产品合规的前提下不会行使否决权（即相关活动决策的效益性、经济性等商业性问题不是国家特殊管理股股东及其派驻的董事和提名的总经理所考虑的首要因素，不会干涉大股东 B 公司在此方面的主导权），所以国有特殊管理股上述的"一票否决权"对被投资方 A 公司的回报无重大影响，故不会导致 B 公司丧失对 A 公司的相关活动的主导权，因而 B 公司可继续将 A 公司纳入其合并报表范围；如果上述"一票否决权"超出了单纯的合规性问题的范畴，则应视具体情况分析 B 公司是否因此而丧失对 A 公司的相关活动的主导权，此时就需要获取更深入的背景信息，如国家特殊管理股引入后实际参与决策的情况等，以进行更深入的讨论。

五、案例小结

"国家特殊管理股"属于类别股而不是普通股，因为其股东享有的权利与普通股的股东不同。它具有"管理"职能。一般来说，股东的管理职能是通过参与公司重大事项的表决来体现的，其实现工具是投票权。不难发现，金股和双层股权结构中的超级投票权股的表决权都得到了特别增加，扩大了股东的管理权，因此都是"管理股"，而没有表决权的优先股不属于管理股。需要特别强调的是，一般情况下，国家特殊管理股制度的"管理权"不是企业的经营管理权，而是对特别事项的管理权。国家特殊管理股的"特殊"之处，就在于将企业的控制权进一步分解为经营管理控制权与特别事项控制权两部分。政府可以降低国有资本的股份比例，放弃经营管理权，但保留对特别事项的控制权，以维护国家安全和公共利益。所以，国家特殊管理股的引入一般情况下不会影响原来控股股东对子公司的控制权和合并范围。

第十三章 合并财务报表

第八节 权益法下对被投资单位权益性交易的"视角调整"问题

一、案例背景

案例 13-12 A 公司对 B 公司持股比例为 25%，对 B 公司具有重大影响，采用权益法核算对 B 公司的长期股权投资。2020 年 8 月 31 日，B 公司通过股权收购控股合并了两个子公司，并于 9 月首次编制合并财务报表。该项合并从 B 公司角度被界定为同一控制下的企业合并。B 公司在编制 2020 年度合并财务报表时，已按照同一控制下企业合并的原则，将被合并企业的期初资产负债表和上年度利润表调整了 2020 年度合并财务报表中的前期比较数据。

问题：A 公司对于 B 公司的合并事项，应该如何进行会计处理？

二、准则链接

《企业会计准则第 33 号——合并财务报表》（2014 年修订）第二十六条、第五十二条规定如下。

第二十六条 母公司应当以自身和其子公司的财务报表为基础，根据其他有关资料，编制合并财务报表。

母公司编制合并财务报表，应当将整个企业集团视为一个会计主体，依据相关企业会计准则的确认、计量和列报要求，按照统一的会计政策，反映企业集团整体财务状况、经营成果和现金流量。

（一）合并母公司与子公司的资产、负债、所有者权益、收入、费用和现金流等项目。

（二）抵销母公司对子公司的长期股权投资与母公司在子公司所有者权益中所享有的份额。

（三）抵销母公司与子公司、子公司相互之间发生的内部交易的影响。内部交易表明相关资产发生减值损失的，应当全额确认该部分损失。

（四）站在企业集团角度对特殊交易事项予以调整。

第五十二条 对于本章未列举的交易或者事项，如果站在企业集团合并财务报表角度的确认和计量结果与其所属的母公司或子公司的个别财务报表层面的确认和计量结果不一致的,则在编制合并财务报表时,也应当按照本准则第二十六条第二款第(四)项的规定,对其确认和计量结果予以相应调整。

三、疑点、难点分析

合并财务报表的编制应当遵循"实体理论"。实体理论的实质是将合并集团看作一个独立的会计主体,在集团合并层面运用各项会计政策和会计估计。实体理论下合并财务报表的预期使用者除了母公司股东,还包括少数股东。因为实体理论把合并集团看作一个独立会计主体,很多交易和事项站在母公司个别报表角度和合并角度看影响不同,因此实体理论下的合并报表不再仅仅是简单的"汇总+合并抵销",还需要就同一交易或事项站在不同会计主体角度的处理差异进行调整。最极端的例子是反向收购中的合并报表,母公司个别报表和合并报表的会计要素计量模式完全相反。目前,对企业会计准则的若干补充规定和解释中已经开始体现出对"视角差异"进行调整的要求,例如,购买少数股权和在不丧失控制权的前提下部分处置子公司股权的交易、分步购买实现的非同一控制下企业合并、处置子公司股权导致丧失控制权的交易,对于与权益法核算的联营、合营企业等之间的内部交易未实现损益的按比例抵销在合并报表层面的不同处理方式等,在合并报表层面和个别报表层面已经作出了不同的处理规定,使得不同层面上的处理结果互相独立。

四、案例分析

具体而言,在案例13-12中,实体理论导致的"视角差异调整"的问题具体体现在:如果A公司和B公司本身不是处于同一最终控制人的最终控制下(即,A公司对B公司具有重大影响,但B公司的最终控制人与A公司并不属于同一集团,例如可能是与A公司无关联关系的外部第三方),则很多从B公司的角度而言是"同一控制下"的交易,站在A公司的权益法核算角度并不是"同一控制下的交易"。B公司在其自身报表中,可以对这些对其而言属于同一控制下的交易采用账面价值入账,差额调整资本公积等针对同一控制下企业合并的会计处理方式(即从B公司角度,这些交易是与其权益持有者进行的交易,所以采用类似于"权益性交易"的原则进行处理);但对于A公司的权益法核算角度而言,权益法核算只是把A企业在B企业的净资产和净利润中所享有的份额纳入A公司的财务报表,B公司的其他股东所享有的权益和损益份额并未被纳入 A 公司的财务报表中，相应地，B 公司的其他股东不能被视为 A 公司财务报表中的"权益持有者"，因此，从 A 公司权益法核算的角度而言，可能要把该项企业合并交易视作一项与非权益持有者之间的交易。在权益法核算之前，A 公司要把作为核算依据的 B 公司合并报表按照自己的视角进行调整。本年内 B 公司发生的同一控制下合并交易，对 B 公司自身报表而言是权益性交易，但对于 A 的权益法核算角度而言，并不是权益性交易。

因此，需要注意的问题是：尽管通常情况下可以认为权益法核算的依据是合营企业或者联营企业的合并财务报表，但当存在类似于本案例的"视角差异"时，就需要先从联营者或者合营者的视角，对合营企业或者联营企业的合并财务报表作出必要的调整后，才能作为权益法核算的依据。

就本案例而言，A 公司为了权益法核算的目的，需要对 B 公司的合并报表进行"视角调整"，即将该项企业合并交易视同为一项非同一控制下的企业合并，按非同一控制下企业合并的会计处理原则对 B 公司自身合并报表层面原先作出的同一控制下合并会计处理进行调整后（包括：不能追溯调整前期比较数据以及合并日之前的数据；购买日取得被购买方各项资产、负债以购买日公允价值计量；确认商誉或者负商誉，而不是调整资本公积；等等），才能作为权益法核算的依据。在这种情况下，A 公司在其权益法核算中是不可能就该企业合并事项确认资本公积的。

上述处理方法为此类情况下会计处理的基本原则，但鉴于具体的调整操作较为复杂，实务中可考虑是否切实可行、被购买方公允价值和账面价值之间的差异情况（是否存在账面价值和公允价值可能存在重大差异的资产、负债）、购买对价的账面价值和公允价值之间的差异情况、商誉金额的大小等因素，基于重要性原则，在可接受的范围内作出一定的简化处理。

五、案例小结

2014 年，我国财政部发布的修订后《企业会计准则第 33 号——合并财务报表》（以下简称"新准则"），将合并财务报表定义为反映母公司和其全部子公司形成的企业集团整体财务状况、经营成果和现金流量的财务报表，强调了合并财务报表以"实体理论"为基础。同时，在合并程序中强调，在对母子公司的长期股权投资和所有者权益，以及内部交易进行抵销后，还需要站在企业集团角度对特殊交易事项予以调整。新准则承认了个别财务报表和合并财务报表层面存在的视角差异，合并财务报表是超越单个法人主体的经济主体财务报表，合并程序不再是简单的"汇总合并抵销"，还需要就同一交易或事项站在经济主体的角度进行调整。

在新准则下,合并财务报表层面的视角差异调整扩大到各类交易,不再局限于单独明确的调整事项。例如,集团主体之间的房地产租赁业务,在单个主体个别财务报表层面,可能将该房地产作为投资性房地产核算。但是,合并财务报表层面,由于相关房地产在集团层面被视为自用房地产,在对该内部交易形成的损益进行抵销后,还需要将相关房地产账面价值从投资性房地产调整为自用的固定资产、无形资产。再如,母公司将借款作为实收资本投入子公司用于长期资产的建造,在子公司个别财务报表层面,可能无法将相关借款利息资本化,但在合并财务报表层面,则需要将相关借款利息进行资本化处理。此外,某些母子公司共同向第三方投资人发行的金融工具,在子公司个别财务报表中可能分类为权益工具,而在合并财务报表层面,则需要综合考虑母子公司所承担的合同义务,从而将其调整为一项金融负债。

按照国际财务报告准则进行报告的公司仍需持续面对源源不断的新准则和解释，所导致的变化由基本原则的重大修订到年度改进项目的少量变化不等。它们将影响诸如确认、计量、列报和披露等不同会计领域。

某些变化的影响已超出了会计范畴，还可能影响很多主体的信息系统。此外，这些变化还将影响商业决策，例如合营安排的创建或特定交易的架构。

本部分概述了国际财务报告准则、美国会计准则的最新变化，还提供了若干现行项目的最新进展情况，目的在于强调这些变化的关键方面。

本部分内容包括两章：第十四章针对国际财务报告准则最新进展，高度概括了其主要规定。本章总结了过渡规定并简要讨论了这些变化可能对主体财务报表带来的潜在影响。第十五章总结了美国会计准则的改革和发展情况，主要包括美国公认会计准则和非营利性组织会计准则的最新发展情况。

第十四章 国际财务报告准则最新进展

第一节 "促进财务报告更好沟通"主旨项目最新进展

"促进财务报告更好沟通"是理事会近年来的主旨项目，其目的是改进企业财务报告的列报和披露，以向投资者、债权人等财务报告使用者提供更加有用、相关的信息。理事会为此已经陆续修订完善了关于"重要性"的定义、重要会计政策披露的要求、《国际财务报告准则实务公告第2号——重要性判断》等，目前正在进行的该主旨项目下的若干子项目在2021年也取得了重要进展。

一、关于"基本财务报表"项目

基本财务报表项目是"促进财务报告更好沟通"主旨项目下的主要项目，其目的是通过改进基本财务报表（主要是利润表）的结构和内容来提升财务报表信息的可比性、有用性和透明度。理事会计划通过该项目着重改进财务报表列报的以下三个方面：一是在利润表中规定额外的小计项目，提升该报表的结构化水平；二是规范基本财务报表所列示和披露信息的汇总和分解原则，并提供相应的指南；三是要求企业在财务报表附注中披露管理层业绩指标，并规定有关披露要求。理事会于2019年12月发布了该项目征求意见稿，征求意见于2020年9月30日截止。2021年，理事会重点讨论了征求意见稿中的主要提议及其反馈意见，并根据反馈意见及其改进建议作出了一系列决策，主要包括以下几方面。

（一）关于利润表损益项目的类别和小计项目

理事会的主要决议包括以下内容。

（1）征求意见稿原提议将企业损益按照其业务活动的来源及其性质分为经营性、投资性和筹资性损益类别以及来自一体化联营和合营企业的分享利润4个类别，并相应地在利润表中引入"经营利润或损失""经营利润或损失以及来自一体化联营和合营企业的收益和费用""筹资和所得税前利润"等3个小计项目。但许多反馈意见表示，要将联营和合营企业区分一体化和非一体化在实务中较为困难，主观性较强。为此，理事会决定不再要求企业区分一体化和非一体化的联营和合营企业，企业的利润表将只分经营、投资、筹资3个类别，只要求企业增加列示"经营利润或损失"小计项目和"筹资和所得税前利润"小计项目。

（2）继续保留征求意见稿中不对"经营利润或损失"小计项目进行直接定义的做法（即采用排除法确定利润表中经营类别所应当包括的损益项目），对于那些无法归入投资和筹资类别的损益项目，均纳入"经营利润或损失"小计项目中。

（3）对于来自联营和合营企业的收益和费用项目将均计入投资类别中。

（4）对于源自现金和现金等价物的收益和费用，征求意见稿原提议将其纳入利润表中的筹资类别，但许多反馈意见认为该部分损益从性质上更符合投资类别，放入筹资类别不易理解。为此，理事会决定将其纳入投资类别进行列示。

（5）对于汇兑损益的列示问题，要求企业将汇兑损益按照其所对应的收益和费用来源项目分别计入利润表中的经营、投资、筹资类别。如果企业需付出不当成本或努力才能将汇兑损益分类到不同类别中的，企业需将其计入经营类别中，而征求意见稿原提议中没有这一"不当成本或努力"的例外规定。

（6）对于衍生品（或套期工具）公允价值利得或损失的列示问题，理事会决定，衍生品公允价值利得或损失原则上应当列示于其所套期风险或者所管理风险所影响的类别中，但也规定了例外情况，即衍生品被指定为套期工具且涉及需将公允价值利得或损失以总额列示的（Grossing up of fair value gains and losses），或者衍生品没有被指定为套期工具但被指定或用于风险管理，且需付出不当成本或努力才能将衍生品公允价值利得或损失列示于所管理风险所影响的类别的，衍生品公允价值利得或损失需列示于利润表的经营类别中，而非征求意见稿原提议的投资类别中。如果衍生品并非用于风险管理目的，则该衍生品公允价值利得或损失应当列示于利润表的经营类别中（征求意见稿原提议是计入投资类别中），除非该衍生品与企业的筹资活动相关且并不用于企业的主要业务活动（在这种情况下，衍生品公允价

第十四章 国际财务报告准则最新进展

值利得或损失应当列示于利润表的筹资类别中）。

（二）关于财务报表信息汇总和分解的原则及其具体要求

理事会的主要决议包括以下内容。

（1）征求意见稿提出了在财务报表内列示和在附注中披露信息的有关汇总和分解的基本原则，即要求企业对于资产、负债、权益、收益和费用项目按照其共享特征进行分类和汇总，并按照其他特征进行进一步细分。许多反馈意见认为该规定尽管较为明确，但仍然原则性较强，希望提供更多的指引。为此，理事会决定将重要性的判断引入其中，即如果有关项目分解的信息是重要的，企业应当将该项目进行分解。理事会还明确，只要项目之间有一个单一的特征是不相似的（即存在非共享特征），就足以要求企业将这些项目信息进行分解列示或披露（只要这些信息是重要的）。理事会将就如何应用这些共享或者非共享特征以识别对有关项目信息应当何时进行汇总或者分解提供指南。

（2）对于经营费用的分析和列示，理事会决定继续保留征求意见稿中提议的按照费用性质或功能在利润表中分析列示的要求，而且所采用的费用列示方法应当是能够向财务报表使用者提供最有用信息的方法。同时删除征求意见稿中不允许企业在利润表内将经营费用按照性质或功能混合列示的规定，而是要求企业如果在利润表中对经营费用采用混合列示方法的，应当有助于增强相关信息的可比性和如实反映，理事会将提供相应指引。另外，企业如果在利润表内将经营费用按照功能分析列示，理事会初步拟要求企业在财务报表附注中披露按照性质分类的费用相关信息，但将适当简化有关披露要求，理事会将在后续会议中继续讨论该相关议题。

（3）理事会确认将要求企业在财务报表附注中单独披露非经常性收益和费用项目，并修改完善了征求意见稿中提出的"非经常性收益和费用"的定义。

（三）关于管理层业绩指标的界定及其披露要求

理事会的主要决议包括以下内容。

（1）要求企业应当在财务报表附注中披露管理层业绩指标相关信息。

（2）关于管理层业绩指标的范围，只要求企业披露基于其财务业绩表的管理层业绩指标，不将其范围扩大至基于财务状况表、现金流量表的业绩指标和财务比率，但如果某财务比率的分子或分母符合管理层业绩指标定义的，则该分子或分母属于管理层业绩指标范畴，所以相比于征求意见稿，管理层业绩指标的范围有了一定程度的扩展。

（3）关于管理层业绩指标的定义，征求意见稿原规定，管理层业绩指标是指在企业财务报表之外的公共沟通文件中使用的、对国际财务报告准则规范的财务业绩表中小计和合计项目起补充作用的、传递企业管理层关于企业某一方面财务业绩的损益小计项目。根据反馈意见的情况，理事会决定在定义中不再涉及管理层业绩指标"对国际财务报告准则规范的财务业绩表中小计和合计项目起补充作用的"内容，代之以明确表述国际财务报告准则规范的小计或合计项目不属于管理层业绩指标范畴，同时建立一项可推翻的假设，即凡是在企业财务报表之外的公共沟通文件中使用的收益和费用小计项目都属于管理层视角的企业财务业绩。理事会还决定，管理层业绩指标定义中涉及的公共沟通文件不包括口头沟通文件、誊本和社交媒体上传的文件。

除此之外，理事会还对现金流量表的编制要求作出了微调。2022 年，理事会将继续讨论和决策基本财务报表项目的剩余议题（比如关于非经常性收益或费用项目和管理层业绩指标的具体披露要求等），待相关决议完成后，理事会将着手起草并发布最终准则，以替换现行《国际会计准则第 1 号——财务报表列报》（以下简称《国际会计准则第 1 号》）。

二、关于"披露动议——目标准则层面的披露审议"项目

2021 年 3 月，理事会发布了《国际财务报告准则中的披露要求——一个试验性方法：对和的修订》征求意见稿。征求意见截止日最初定为 2021 年 10 月 21 日，后来考虑到新的披露方法变化较大、影响较广且需要进行实地测试等原因，理事会决定将征求意见期延长至 2022 年 1 月 12 日。

该征求意见稿的目的是应对当前企业财务报表附注信息披露中的一些突出问题，比如企业在应用国际财务报告准则有关披露规定时，通常采取"对照清单"方式披露信息，没有采取有效的重要性判断去披露相关信息，审计师和监管部门也往往采用"对照清单"法去评估企业是否遵循了准则规定的披露要求，其结果导致企业在财务报表附注中披露了太多不相关的信息，而相关信息的披露又不足等，使得财务报表使用者对财务报表信息的有用性提出了诸多质疑。分析其原因，理事会认为，现行国际财务报告准则中关于披露规定的起草和规范方式可能在一定程度上催生了"对照清单"式的披露结果。比如，现行的一些国际财务报告准则缺乏明确具体的披露目标，使得企业难以进行有效的重要性判断；现行国际财务报告准则通常使用"应当披露""至少应当披露"的规定性语言来规范具体的披露要求，有可能导致企业将披露财务报表附注信息仅仅作为一种合规性操作来进行，加之准则规定的这些披露要求往往数量众多，企业无暇应用重要性判断，也无意从向财务报

第十四章 国际财务报告准则最新进展

表使用者提供有用信息的角度去编报附注信息。

为此,理事会决定引入以目标为导向的附注披露方法,以改变现行的"对照清单"式附注披露实务做法。在征求意见稿中,理事会草拟了一份将来可用于其起草和规范各国际财务报告准则披露内容的指南,该指南将建立新的披露规范框架,以促进企业更多地使用职业判断来编报财务报表附注应当披露的信息。为了测试该新披露规范指南的可行性和有效性,理事会选择了《国际财务报告准则第13号——公允价值计量》(以下简称《国际财务报告准则第13号》)和《国际会计准则第19号——雇员福利》(以下简称《国际财务报告准则第19号》)两项准则,重新梳理和规范了这两项准则的信息披露要求,以征求利益相关者的意见。

首先,在新的披露规范指南下,理事会在起草各项具体准则披露规定时,需要先明确总体披露目标。总体披露目标将描述财务报表使用者的总体信息需求,企业在披露其附注信息时应当遵循该总体披露目标,因而需要评估其附注披露的信息是否能够满足使用者总体信息需求。如果无法充分满足,则企业应当披露额外的信息来满足信息使用者的信息需求。因此,在征求意见稿中,理事会就分别增加了《国际财务报告准则第13号》和《国际会计准则第19号》的总体披露目标。

其次,理事会需要明确各准则的具体披露目标。具体披露目标将描述财务报表使用者的详细信息需求,它要求企业应当披露所有重要的信息,以满足信息使用者的详细信息需求,企业在披露附注信息时应当遵循具体披露目标。同样地,在征求意见稿中,理事会亦明确了《国际财务报告准则第13号》和《国际会计准则第19号》的具体披露目标。比如,征求意见稿针对公允价值计量明确了4个具体披露目标,包括要求企业披露以公允价值计量的每类资产和负债的金额、性质和其他特征以及这些特征与公允价值计量层次的关联性信息等。

再次,作为对各具体披露目标的补充,理事会在起草准则中还将在每个具体披露目标下提供一项财务报表使用者将会如何分析利用这些披露信息的说明,以引导报表编制者理解披露这些信息的用途。比如,针对前述的《国际财务报告准则第13号》具体披露目标,征求意见稿指出,其目的是帮助财务报表使用者评估企业在公允价值计量层次中各资产和负债分类的相对主观性以及公允价值计量对报告期末企业财务状况的影响。

最后,为了满足每个具体披露目标,准则将明确企业可能或者在某些情况下要求披露的具体信息项目。在规范这些具体信息披露项目时,为了改变现行"对照清单"式披露附注信息的做法,理事会对在准则中使用的规范有关披露要求的语言进行了改进，对于涉及总体披露目标和具体披露目标的内容，准则将使用"应当（Shall）"的术语，以示企业应当遵循准则规定的总体和具体披露目标；对于涉及为满足具体披露目标而需要（或可能需要）披露的信息项目，准则将使用相对软性的术语——"尽管不是强制的，但披露下列信息可能有助于企业满足披露目标"，从而改变现行准则使用的"应当披露""至少应当披露"的术语，但这需要企业较多地应用判断来决定相关信息的披露，其目的是减少企业最少应予披露的附注信息量，降低企业合规成本，突出企业只需披露重要的信息即可。

理事会希望新的准则披露规范方式能够促使企业采用更加有效的重要性判断，以在其财务报表附注中披露对财务报表使用者重要的、有用的信息，减少披露那些不重要的信息。

三、关于"管理层评论"项目

2021年5月，理事会发布了《管理层评论》征求意见稿，征求意见截止日为2021年11月23日。这是理事会自2010年12月发布《国际财务报告准则实务公告第1号——管理层评论》以来，该实务公告最大幅度的一次修改。管理层评论是财务报告的有机组成部分，它与财务报表相互补充，是为了更好地理解财务报表而由企业提供额外信息的叙述性文件，有助于财务报告使用者评价企业的未来发展前景和企业管理层的受托责任履行情况，在资本市场中发挥着越来越重要的作用。

但近年来投资者、债权人等的信息需求发生了较大变化，比如投资者、债权人在企业价值估值或者风险评估时，更加关注企业未来发展前景相关的信息，更加注重企业有关可持续发展或环境、社会和治理（以下简称ESG）事项以及无形资源相关的信息；公司报告理论和实务在近年来也得到了较快的发展和创新，国际上出现了诸多如整合报告、可持续发展报告、气候风险报告、社会责任报告等不同的报告框架，急需进行整合和发展，以提升相关信息的全球一致性和可比性；现行管理层评论实务公告过于笼统，存在不少规范空白等。为了满足投资者、债权人的信息需要，整合现行有关公司报告框架，填补规范空白，理事会历时将近4年时间，经过系统研究讨论以及听取各利益相关者的意见之后，拟对现行管理层评论实务公告作出重大调整和修改。

征求意见稿主要在以下几方面作出了重大改进：一是明确管理层评论的基本使用者与理事会2018年发布的《财务报告概念框架》界定的通用财务报告基本使用者相一致，即为现存和潜在投资者、债权人和其他信贷者；二是明确和完善了管理层评论的目标，特别是突出了管理层评论的目标除了需要提供有助于强化投资者和债权人理解财务报表中所反映的财务业绩和财务状况信息,还需要提供有关企业创造价值和获取现金流量能力的影响因素的内在信息;三是规范了管理层评论应当涵盖的六大内容领域及其相互关系,六大内容领域包括业务模式、战略、资源和关系、风险、外部环境以及企业的财务业绩和财务状况等;四是突出了在管理层评论中披露企业长期发展前景、无形资源和ESG相关信息的重要性及其披露要求,并明确它们与上述六大内容领域之间的关系;五是基于管理层评论基本使用者的信息需要,建立了以目标为基础规范各内容领域具体披露要求的方法,每一个内容领域都明确包括其信息披露的基本目标、评价目标和具体目标,并辅以相应的披露要求;六是强调按照重要性原则披露相关信息,尤其是希望企业侧重披露那些对于投资者理解企业未来发展前景、获取现金流量能力和企业管理层受托责任履行情况的、有用的重要信息;七是提出并规范了管理层评论所包括的有用信息应当具备的质量特征;八是为了指导实务,提供了大量在管理层评论中应予披露的重要信息的示例,从而帮助企业识别并披露那些对于企业而言足够重要的企业特定信息。

管理层评论征求意见稿的征求意见期已于2021年11月截止,理事会共收到了82份反馈意见,目前正在对反馈意见进行分析和研究。考虑到管理层评论拟议披露的信息涉及ESG等可持续发展相关的信息,与基金会刚刚成立的国际可持续发展准则理事会的未来工作将会有交叉,关于理事会管理层评论项目未来的进一步讨论和完善很有可能需要和国际可持续发展准则理事会合作进行。

四、关于"披露动议——非公共受托责任子公司:披露"项目

2021年7月,理事会发布了《非公共受托责任子公司:披露》征求意见稿,征求意见截止日为2022年1月31日。该征求意见稿的目的是降低非公共受托责任子公司财务报表附注信息披露量和成本,同时继续确保所披露的信息能够满足这些企业财务报表使用者的信息需要。

理事会制定的现行国际财务报告准则包括大量的信息披露要求,但这些披露要求主要是为了满足资本市场的需要。而对于那些不公开交易股票或债券的企业(非上市公司)和非金融类企业(统称非公共受托责任企业),其财务报表使用者(使用者主要为债权人而非投资者)及其信息需要(其信息需要主要集中于与债权人决策有关的短期现金流量、偿债能力、流动性风险等相关的信息)与上市公司和金融企业的财务报表使用者及其信息需要有较大不同,为此,理事会专门制定了《中小主体国际财务报告准则》供这类企业

使用。现行《中小主体国际财务报告准则》（共 200 多页）相较于国际财务报告准则（共 2 000 多页）而言大为简化，其中对财务报表附注披露的要求作了较大程度的简化。

但是在实务中，如果母公司需要按照国际财务报告准则编制合并财务报表而其子公司又属于非公共受托责任企业，这些非公共受托责任子公司要么出于与母公司合并财务报表会计政策保持一致的需要，选择或被要求使用国际财务报告准则编制其财务报表，从而需要披露大量冗余的附注信息；要么选用《中小主体国际财务报告准则》或者本国、本地区会计准则编制其财务报表（包括附注信息），但是为了母公司编制合并财务报表，又必须向母公司提供基于国际财务报告准则相关的信息，从而需要保持两套会计系统，成本较高。为了解决上述问题，征求意见稿允许非公共受托责任子公司在遵循国际财务报告准则确认、计量和列报规定的同时，适用简化的附注信息披露要求，从而可以大大降低这些企业的报表编制成本。

具体而言，征求意见稿规范了非公共受托责任子公司应予披露的全套附注信息，其中，对于国际财务报告准则有关确认和计量要求与《中小主体国际财务报告准则》相关规定相同的，其相应的附注披露要求原则上与《中小主体国际财务报告准则》规定的有关披露要求相同；对于国际财务报告准则有关确认和计量要求与《中小主体国际财务报告准则》的相关规定是不相同的，其相应的披露要求按照非公共受托责任企业财务报表使用者的信息需要进行简化。比如，按照《国际财务报告准则第 12 号——在其他主体中权益的披露》的规定，企业需要披露大量与子公司、合营安排和联营企业权益有关的信息，而按照拟议的准则，有关披露要求将大大简化，简化的披露规定达到 70% 左右。

第二节　金融保险会计准则最新进展

2021 年，金融保险类会计准则仍然是理事会的工作重点之一，理事会继续稳步推进具有权益特征的金融工具和动态风险管理项目技术决策工作，发布了《国际财务报告准则第 9 号——金融工具》（以下简称《国际财务报告准则第 9 号》）分类和计量部分的实施后审议的意见征询稿，并明确了该准则剩余部分实施后审议工作的时间安排；对《国际财务报告准则第 17 号——保险合同》（以下简称《国际财务报告准则第 17 号》）的个别衔接规定作了微调，以有助于保险公司顺利实施该准则。

第十四章 国际财务报告准则最新进展

一、关于具有权益特征的金融工具项目

针对近年来实务中纷繁复杂的永续债、优先股、可转债等具有权益特征的金融工具所带来的会计问题，理事会抓紧推进具有权益特征的金融工具项目的研究与决策进程。2021年，理事会关于该项目的讨论及其有关决策进展主要包括以下几方面。

一是明确了一些复杂的具有权益特征的金融工具的分类和列报问题。比如，对于具有或有结算条款的金融工具，在实务中有人认为对该类金融工具应当直接按照《国际会计准则第32号——金融工具：揭示和呈报》（以下简称《国际会计准则第32号》）第25段的规定将其作为金融负债处理，有人认为应当首先按照《国际会计准则第32号》第28段的规定将其作为复合金融工具处理，然后再分别按照有关金融负债或者权益工具的规定进行处理。理事会经过讨论认为，对于具有或有结算条款的金融工具应当首先适用《国际会计准则第32号》第28段的规定，按照复合金融工具进行处理，对其负债成分，如果或有结算条款要求在或有事项发生时立即结算的，企业应当按照该金融工具有条件义务的全额确认负债成分，这就意味着发行人在初始确认时收到的金额有可能将全部计入负债成分，权益成分在初始确认时可能为零，但权益成分初始金额尽管为零，仍然表明该金融工具具有权益成分，从而在后续期间由发行方相机抉择决定的股利支付将计入权益，而非当期费用。

二是澄清适用法律对金融工具合同条款及其列报的影响问题。金融工具的确认、计量和列报原则基于金融工具合同规定的合同权利和合同义务，但是在实务中，一些国家或地区的法律会规定企业对某些金融工具应支付的最低股利支付率等这样的法律义务。这些法律义务有些是隐性的，有些是显性的，从而会直接纳入金融工具的合同条款中。这些法律规定的义务是否会影响具有权益特征的金融工具的分类是会计实务碰到的又一问题。理事会经过研究和讨论认为，在对具有权益特征的金融工具是否应当分类为金融负债或者权益工具的问题上，这些法律义务不应予以考虑，换句话说，只有那些会引致除适用法律规定的权利和义务之外的其他权利或义务的合同条款才会影响金融工具的列报分类。但理事会同时明确，如果适用的法律会阻碍金融工具合同权利和合同义务的可执行性，则金融工具的分类应当考虑该影响。

三是改进和强化具有权益特征的金融工具的披露问题。根据投资者和其他利益相关者对于理事会2018年发布的《具有权益特征的金融工具》讨论稿中有关披露建议的意见，理事会经过研究和讨论，决定对具有权益特征的金融工具的合同条款和条件、清算顺序、潜在稀释情况等3个方面的信息披露

要求进行改进和强化。比如，在有关具有权益特征的金融工具合同条款和条件的信息披露上，要求企业对于那些金融工具分类为权益工具的，应当披露该金融工具中的类债务特征（Debt-like Features），如企业发行的不可赎回优先股中有固定的累积息率、特定的计息日以及在清算时应支付固定的本金数等类债务特征的，企业应披露这些特征；对于那些金融工具分类为金融负债的，应当披露该金融工具中的类权益特征（Equity-like Features），如企业发行的可赎回工具中，有发行方有权递延或者取消一段特定时间的利息支付或者利息支付是非累积的且发行方可以相机抉择等类权益特征的，企业应披露这些特征；理事会还决定要求企业应当披露将金融工具分类为金融负债、权益工具或者复合金融工具的理由，即决定金融工具分类的那些类债务或者类权益特征信息。理事会还讨论决定了有关具有权益特征的金融工具清算顺序以及潜在稀释情况的信息披露要求。

2022 年理事会继续研究和讨论具有权益特征的金融工具的剩余议题，然后起草并发布征求意见稿。

二、关于"动态风险管理"项目

《国际财务报告准则第 9 号》规定了一般套期会计模型，但是该套期会计模型无法反映企业尤其是一些金融机构从事的动态风险管理活动，因为在动态风险管理下，被套期的风险头寸是经常变化的，而且被套期的资产和负债组合是开放的，一般套期会计模型难以适用。为此，理事会启动了动态风险管理准则项目，于 2019 年初步决定了动态风险管理项目的核心会计处理模型，核心模型通过界定目标（风险）轮廓（Target Profile）、资产（风险）轮廓（Asset Profile）和衍生品的方式来反映企业的动态风险管理活动。按照理事会的暂时决议，在该模型下，当衍生品使资产（风险）轮廓成功转换成目标（风险）轮廓时，衍生品的公允价值变动将计入其他综合收益并随着时间的推移逐步计入当期损益。理事会于 2020 年在全球选取了 25 家银行对该模型进行测试，测试工作于 2021 年年初完成。

根据测试情况，参与测试银行提出了核心会计处理模型在应用上的三方面挑战：一是关于目标（风险）轮廓的界定，实务中通常基于风险限额（Risk Limits）而非核心模型所指的单一结果（A Single Outcome）；二是关于可提前还款金融资产组合部分的指定，核心模型仅允许将金融资产组合的一定比例进行指定，但实务中通常是将可提前还款金融资产名义金额的一层（如底层，Bottom Layer）进行套期，参与测试银行希望能够允许将资产组合的某一层（通常为底层）进行指定；三是关于衍生品公允价值变动的会计处理问题，核心模型的初步意见是将其计入其他综合收益，但一些参与银行认为这会影响其监管资本的衡量，也会增加其所有者权益的波动性和以所有者权益为基础的业绩指标的衡量，因此建议可否允许采用类似公允价值套期会计的处理方法。

针对上述第一个应用挑战，理事会决定修改目标（风险）轮廓的定义，将其界定为在与企业风险管理策略一致的情况下当期开放式净风险头寸可以变动的范围（风险限额），同时在核心模型中引入"风险缓释意图（Risk Mitigation Intention）"要素，反映企业使用衍生品降低风险的程度，并相应修改基准衍生品的相关规定，使其能够代表风险缓释意图。针对第二个应用挑战，理事会认为修改目标（风险）轮廓的定义和引入"风险缓释意图"要素已经可以解决对可提前还款金融资产的某一层（如底层金额）进行指定的问题，因此决定不对其再做出额外规定。针对第三个应用挑战问题和动态风险管理有关披露问题等，理事会将在2022年继续进行研究和讨论，然后再决定该项目的下一步发展方向。

三、关于《国际财务报告准则第9号》实施后审议工作

理事会对于《国际财务报告准则第9号》实施后审议工作分为分类和计量、减值、套期会计规定三个部分进行。国际财务报告准则实施后审议工作的目的是研究国际财务报告准则在实施后是否达到了理事会原来预期的目标，是否存在原来决策时没有考虑到的问题和情况，是否需要对准则做进一步的改进和完善等。2021年9月，理事会发布了《国际财务报告准则第9号》分类和计量部分实施后审议意见征询稿，征求意见截止日期为2022年1月28日。

该意见征询稿集中就《国际财务报告准则第9号》分类和计量规定涉及的9个方面内容征求利益相关者的意见：一是基于合同现金流量和业务模式的金融资产分类和计量原则；二是管理金融资产的业务模式；三是金融资产的合同现金流量特征，尤其是在合同现金流量与ESG指标挂钩的情况下，与ESG指标挂钩的条款将如何影响合同现金流量特征的评估；四是权益工具投资的会计处理，尤其是权益工具以公允价值计量且其变动计入其他综合收益的情况下，其他综合收益在后续禁止转入当期损益的规定；五是金融负债的会计处理，尤其是金融负债以公允价值计量的情况下，因企业自身信用风险所导致的金融负债公允价值变动计入其他综合收益的规定；六是合同现金流量修改的会计处理，包括现行金融资产和金融负债合同现金流量修改的会计处理的细微差别、现行合同现金流量修改会计处理规定在执行中的一致性问题等；七是摊余成本和实际利率法计算的考虑因素及其一致性；八是准则的衔接规

定是否实现了成本——收益之间较好的平衡,是否有未预期的情况和挑战等;九是其他实施后审议应予考虑的问题。

理事会还决定于2022年下半年启动对《国际财务报告准则第9号》减值规定部分的实施后审议工作,并拟于2022年下半年考虑何时启动对《国际财务报告准则第9号》套期会计规定部分的实施后审议工作。

四、关于《国际财务报告准则第17号》的修订

《国际财务报告准则第17号》的生效日期为2023年1月1日(首次执行日),符合条件的保险公司实施《国际财务报告准则第9号》的时间亦为2023年1月1日。目前,全球保险公司和有关企业均在积极准备准则的实施工作,但是在准则实施准备工作过程中,一些保险公司于2021年年初向理事会反映,按照《国际财务报告准则第17号》的衔接规定,保险合同负债允许在首次采用该准则的比较报表期初(即新旧准则转换日,若企业只需编制1年比较报表则该转换日即为2022年1月1日)进行追溯调整,而按照《国际财务报告准则第9号》的衔接规定,对于在比较报表期间应终止确认的金融资产,不允许对其进行追溯调整,这样就会导致比较报表期初金融资产和保险合同负债之间的严重会计错配,不利于反映企业的经济实际,也不利于向财务报表使用者提供有用的信息。

为了帮助保险公司平稳实施《国际财务报告准则第17号》,解决其与《国际财务报告准则第9号》之间衔接规定不一致所带来的会计错配问题,理事会决定对《国际财务报告准则第17号》进行小范围修订,允许企业在《国际财务报告准则第17号》的首次执行日,出于编制比较报表信息的目的,对于在转换日与首次执行日期间终止确认的金融资产可以选择采用公允价值计量且其变动计入当期损益处理,而且该金融资产应当是与保险合同负债相关联的金融资产,以有效解决前述会计错配问题。理事会于2021年7月发布了对《国际财务报告准则第17号》进行修订的征求意见稿,征求意见期为60天。

征求意见结束后,理事会共收到46份反馈意见,反馈意见者总体上赞成理事会的修改方案,但是认为修订方案的适用范围过窄,在实务中要严格区分与保险合同负债相关联或者不相关联的金融资产有难度,执行成本较高,也容易导致有关会计信息的不一致。许多反馈意见者建议将准则修订适用的金融资产范围由原来的"与保险合同负债相关联的金融资产"扩大到"所有金融资产"。与此同时,反馈意见者亦建议,该项修订的适用企业范围由2023年1月1日首次执行《国际财务报告准则第9号》的企业扩大到按照原《国际财务报告准则第4号——保险合同》的相关规定,已经自2018年1月1日1起实施

《国际财务报告准则第 9 号》的企业，以示公平，并确保有关企业之间会计信息的可比性。

理事会经过研究和讨论认为上述意见合理，有助于有关企业顺利实施《国际财务报告准则第 17 号》和《国际财务报告准则第 9 号》，有助于向财务报表使用者提供有用的信息，因此对征求意见稿的上述两方面内容作出了相应修改，并于 2021 年 12 月 9 日发布了对《国际财务报告准则第 17 号》小范围修订的最终稿。该修订的《国际财务报告准则第 17 号》的生效日期仍然为 2023 年 1 月 1 日。

第三节 其他主要财务报告准则最新进展

一、关于《中小主体国际财务报告准则》

中小主体在各国或地区的经济发展与增长、促进就业、推动技术创新和国际贸易等方面均发挥着重要作用，它们的会计管理和财务报告在其中也扮演着重要角色。迄今全球已经有 87 个国家和地区采用《中小主体国际财务报告准则》，而且这个队伍还在不断扩大，比如，吉尔吉斯斯坦于 2021 年采用了《中小主体国际财务报告准则》，塞浦路斯正计划采用该准则，印度尼西亚则宣布在 2025 年之前采用该准则等，因此，理事会对于《中小主体国际财务报告准则》的制定和实施一直十分重视。《中小主体国际财务报告准则》所指的中小主体是指非公共受托责任公司，包括非公开交易股票和债券公司（非上市公司）、非金融类企业。

理事会于 2019 年启动了对《中小主体国际财务报告准则》自 2009 年发布以来的第二次也是最大的一次全面审议工作。2020 年 1 月发布了《中小主体国际财务报告准则全面审议》意见征询稿，征求意见截止日期为 2020 年 10 月。征求意见截止后，理事会对反馈意见进行了详细分析，并于 2021 年召开了 2 次中小主体实施工作组（SMEIG）全体会议和数次分组会议，听取工作组成员的意见和建议。在此基础上，理事会于 2021 年对《中小主体国际财务报告准则》全面审议的大多数议题进行了讨论和决策，取得了突破性进展。理事会同意《中小主体国际财务报告准则》全面审议工作继续坚持意见征询稿中确定的与国际财务报告准则靠齐的基本原则和相关性、简化、如实反映 3 个具体原则，同时按照意见征询稿收到的反馈意见，增加成本—效益的分析和考量。

根据上述原则，理事会在 2021 年对全面审议涉及的绝大多数技术议题作出了决策,以进一步改进中小主体财务报表的信息质量。这些决策主要包括:在财务会计基本概念和原则方面与 2018 年发布的《财务报告概念框架》靠齐;在金融资产分类方面增加基于合同现金流量特征的原则,增加财务担保合同的定义并与《国际财务报告准则第 9 号》靠齐;在套期会计方面保持现行规定不变,不与《国际财务报告准则第 9 号》靠齐;公允价值的定义与《国际财务报告准则第 13 号》靠齐,并引入《国际财务报告准则第 13 号》中关于公允价值计量分层的原则;收入确认原则与《国际财务报告准则第 15 号——来自客户合同的收入》靠齐,并进行操作层面的简化;租赁会计处理保持现行规定不变,不与《国际财务报告准则第 16 号——租赁》靠齐;在企业合并会计处理方面,业务的定义、与并购有关成本的会计处理、分步收购的会计处理、或有对价的确认和计量等与《国际财务报告准则第 3 号——企业合并》靠齐,但如果或有对价的公允价值需付出不当成本和努力才能确定的,企业可采用最佳估计数计量或有对价金额,被购买方的非控制权益的计量则保持现行规定不变;在合并财务报表编制方面,控制的定义与《国际财务报告准则第 10 号——合并财务报表》靠齐,但不引入有关投资性主体豁免编制合并报表的规定;在合营安排的会计处理上,共同控制的定义与《国际财务报告准则第 11 号——合营安排》靠齐,但保持现行合营安排的分类(共同控制经营、共同控制资产和共同控制主体)及其会计处理规定不变;在生产性生物资产的会计处理方面,原则上与《国际会计准则第 16 号——不动产、厂场和设备》和《国际会计准则第 41 号——农业》靠齐,但同时提供例外规定,即如果在初始确认时,分离生产性生物资产及其上面生长的产品需付出不当成本和努力的,企业可以不对两者进行分离会计处理;重要性的定义、重要会计政策的披露与相应国际财务报告准则的规定靠齐等。

2022 年,理事会就《中小主体国际财务报告准则》全面审议的剩余议题(如金融资产的减值等)继续进行了讨论和决策,并于 2022 年 9 月 8 日发布了征求意见稿。

二、关于商誉和减值项目

2021 年,理事会对 2020 年发布的商誉和减值项目的阶段性成果——《企业合并——披露、商誉和减值》讨论稿所收到的反馈意见进行了分析和讨论,并着手决定该项目的下一步发展方向和计划。理事会根据反馈意见的情况,决定该项目的目标仍然是集中探索企业在合理的成本下是否能够向财务报表使用者提供有关企业合并更加有用的信息。同时决定该项目应优先研究两个方面的问题:一是关于企业合并的一揽子披露要求;二是关于商誉后续会计处理的一些特定方面。关于第一个问题，理事会首先从概念框架角度进行研究，认为可以要求企业在财务报表中提供关于企业管理层预期可从企业合并中获得的利益的信息和企业管理层关于企业合并目标实现程度的信息，比如企业合并的后续业绩信息和预期协同效应的量化信息。理事会为此还专门设计了企业合并信息披露的实例，选择了部分企业听取意见，尤其是检验相关信息的披露是否会涉及到企业商业敏感性信息。关于第二个问题，理事会目前重点就商誉后续会计处理如果引入摊销将会有何潜在影响（包括对新旧衔接的影响）进行研究，并正听取有关国家或地区会计准则制定机构以及利益相关者的意见，然后再决定在商誉后续会计处理上是否需要引入摊销或者需要在其他方面有所突破。

IASB 工作人员表示，在商誉与减值项目中讨论商誉后续计量方式的决议实际上是在决定从《国际财务报告准则第 3 号——企业合并》（以下简称"IFRS 3"）发布以来是否收集到令人信服的证据说明现有模式（即仅减值模式）需要被修改。理事会不是在初次制定相关准则，因此其决定并非取决于两个模式优劣的比较。IASB 在判断是否收集到令人信服的证据时，需要考虑重新引入商誉摊销模式是否能够在很大程度上提高信息的有用性并降低利益相关方的成本。

根据 IASB 在 2020 年 3 月发布的《企业合并——披露、商誉和减值（讨论稿）》，IASB 在 2004 年发布 IFRS 3 引入商誉年度减值测试规定时，得出以下结论：

（1）通常无法预测商誉的使用寿命及其耗损模式。因此，任何期间的摊销金额充其量只能描述为该期间内对商誉消耗作出的缺乏合理依据的估计。

（2）在一个缺乏合理依据而设定的期间内按照直线法来摊销商誉，不能提供有用的信息。

（3）理事会已设计出一套严谨且可操作的减值测试。因此，主体可以不通过商誉摊销，而是通过至少每年进行减值测试来向投资者提供更有用的信息。

在 2022 年 11 月份的理事会会议上，理事会仍然坚持 2004 年的结论，认为并没有令人信服的理由支持重新引入商誉摊销模式会在很大程度上提高信息有用性以及降低成本。因此理事会决定保留仅减值模式，不再考虑重新引入商誉摊销模式。理事会的决定基于如下原因。

（1）关于商誉资产的性质的争论一直存在，即商誉是一项消耗资产还是一项拥有无限寿命的资产，本项目收集到的证据无法证明哪个观点更正确。

（2）现有的减值测试实现了准则制定的目标。

（3）理事会考虑的加强企业合并相关信息披露的方案能够提供更有用的信息。

（4）如果重新引入商誉摊销模型，根据利益相关方的诉求，很可能使用默认的摊销期并按照直线法摊销商誉,在减值迹象出现时才进行减值测试,这样的做法无法提供有用的信息。

(5)重新引入商誉摊销模式虽然可能会减轻商誉减值测试的压力,但也可能会给主体以及投资者带来可观的过渡成本。

(6)重新引入商誉摊销将导致与美国公认会计原则背离。

至此,理事会在商誉和减值项目上有关商誉后续计量模式的讨论将告一段落,理事会将把后续准则制定活动的重心放到该项目的其他提议上,例如改善企业合并相关信息披露以及减值测试要求。

三、关于同一控制下企业合并项目

2021年,理事会针对2020年11月发布的《同一控制下企业合并》讨论稿开展了大量的外部调研活动,广泛听取包括企业、投资者、审计师、会计准则制定机构等在内的利益相关者的意见。在2021年9月讨论稿征求意见结束后,理事会对反馈意见进行了详细分析,并在2021年12月的理事会会议上就主要的反馈意见进行了初步讨论。2022年,理事会将继续就讨论稿的反馈意见进行讨论,并决定该项目的未来发展方向。

四、关于费率管制活动项目

2021年1月,理事会发布了费率管制活动项目征求意见稿——《管制资产和管制负债》,要求企业对于符合准则规定的费率管制协议确认管制资产和管制负债,并相应确认管制收益和管制费用。2021年7月征求意见截止后,理事会对反馈意见和外部调研所收到的意见进行了详细分析,并分别在2021年10月和11月的理事会会议上对反馈意见进行了讨论。

从反馈意见的情况来看,利益相关者对于征求意见稿中提出的管制资产和管制负债的确认、计量、列示和披露的基本原则普遍表示支持,但对征求意见稿中费率管制协议的范围和准许补偿总额(Total Allowed Compensation)部分构成项目的会计处理等存在较大争议,其中关于准许补偿总额部分构成项目的会计处理的争议主要集中在两个方面:一是关于在建工程的资产回报,征求意见稿不允许将其反映在建造期间的财务业绩表中,许多反馈意见认为这一会计处理可能并不能够如实反映管制协议的经济实质,主张将该资产回报反映于建造期间的财务业绩表中;二是关于在管制资本金的补偿期与资产的使用寿命不一致的情况下纳入准许补偿总额的准许费用,在征求意见稿中,准许费用是以会计确定的固定资产使用寿命所计算的折旧费用为基础确定的(即会计折旧),而监管折旧则是基于监管资本金计算确定的,一些反馈意见者认为，准许补偿总额应当基于费率管制协议所规定的监管资本金并以监管折旧为基础确定，而非根据会计上确认的固定资产及其会计折旧为基础确定。理事会于 2021 年 12 月讨论决定了该项目的下一步工作计划，拟将解决上述两大方面的争议问题作为优先工作任务。

五、关于采掘活动项目

2021 年，理事会根据 2018 年重新启动采掘活动项目后 3 年多的系统研究和广泛调研，在综合考虑采掘活动会计处理实务现状、财务报表使用者的信息需求、与其他国际财务报告准则之间的关系、成本—效益分析和理事会的资源约束等因素后，决定将该项目的范围和目标限定在改进《国际财务报告准则第 6 号——矿产资源的勘探与评价》（以下简称《国际财务报告准则第 6 号》）中有关勘探和评价支出与活动的信息披露上，以向财务报表使用者提供更加有用的信息。在此基础上，理事会将决定历时多年的采掘活动项目工作告一段落，不再将《国际财务报告准则第 6 号》视为一项临时性准则。

六、关于国际财务报告准则第 10～12 号实施后审议项目

理事会于 2020 年 12 月发布了国际财务报告准则第 10～12 号实施后审议意见征询稿，征求意见截止日期为 2021 年 5 月。理事会随后对收到的反馈意见进行了分析和讨论，根据反馈意见作出结论认为这 3 项准则的实施情况总体良好，符合理事会当初制定准则时的初衷和预期。与此同时，理事会根据反馈意见中所反映问题的普遍性、紧迫性及其对准则制定的可能影响等，认定了一些准则实施中的突出问题，如投资性主体定义的改进、合作协议（Collaborative Arrangements）的会计处理、投资企业和被投资企业关系改变情况下的会计处理等。理事会拟在 2022 年年初从战略上决定对于国际财务报告准则实施后审议过程中收到问题应当如何进行处理后，再决定上述国际财务报告准则第 10～12 号实施问题的具体处理方式，计划于 2022 年上半年完成国际财务报告准则第 10～12 号实施后审议的全部工作，并发布最终的实施后审议反馈报告。

七、关于权益法项目

理事会于 2020 年启动了权益法会计研究项目，并明确该项目的目标是通过识别和澄清现行《国际会计准则第 28 号——在联营和合营中的投资》（以下简称《国际会计准则第 28 号》）所规范的权益法会计背后的原则以解决权益法会计的应用问题。为此，2021 年，理事会重点做了两个方面工作：一是对《国际会计准则第 28 号》的相关规定进行逐条系统梳理，识别权益法会计背

后的基本原则;二是按照实务中权益法会计应用问题是否会影响准则的一致应用、是否较为普遍并且重要等标准,遴选应当纳入研究项目的权益法会计应用问题,包括诸如在重大影响不发生变化情况下投资者对联营企业权益增加或者减少的会计处理等。理事会在2022年将逐一对上述应用问题按照所识别的权益法会计原则进行分析和研究,并提出解决方案。

八、供应商融资安排项目

近年来,供应商融资安排(如反向保理)在实务中越来越多,但也暴露了不少风险,需要完善相关会计准则规定和财务报表披露的信息。供应商融资安排是指购货方取得货物后从供应商处取得一定期限的信用期,购货方随后与银行或者其他融资提供方达成协议,由银行或者其他融资方在信用期到期日或到期前直接向供应商支付款项,购货方再于信用期到期日或之后的日期与银行或者其他融资提供方进行结算这样的安排。国际财务报告准则解释委员会曾于2020年12月发布了一份与供应商融资安排相关的议程决议,明确了在现行准则下,购货方与供应商融资安排有关的负债和现金流量在资产负债表和现金流量表中的列示及其有关披露要求。针对投资者和分析师等要求进一步提高供应商融资安排信息透明度的诉求,理事会决定对《国际会计准则第7号——现金流量表》和《国际财务报告准则第7号——金融工具披露》作出修改,要求企业(购货方)披露与供应商融资安排有关的定性和定量信息,并于2021年11月发布了征求意见稿,征求意见截止日为2022年3月28日。征求意见稿提出的需要企业额外披露的信息主要包括:①每项供应商融资安排的条款和条件;②报告期内,每项供应商融资安排在资产负债表中确认的金融负债的期初期末账面价值金额、供应商已经从银行或其他融资提供方收到款项的金融负债的期初期末账面价值金额,以及每项供应商融资安排在资产负债表中确认的金融负债的到期支付期限;③不属于供应商融资安排的应付账款的期初、期末到期期限。上述信息将有助于投资者评价企业的供应商融资安排对企业负债和现金流量的影响状况。

九、关于附契约条件的非流动负债项目

2020年1月理事会修改了《国际会计准则第1号》,对附契约条件的负债在资产负债表中应当分类为流动负债还是非流动负债的规定进行了改进。按照新修订的规定,企业只有在有权将其负债的结算延后至报告日之后至少12个月,才能将该负债分类为非流动负债。新修订的规定同时明确,这样的权利取决于企业在报告日之后遵循负债所附契约条件的情况,如果企业在报

第十四章 国际财务报告准则最新进展

告期末无法遵循基于当时情况的契约条件,则该负债应当分类为流动负债。

该修订发布后,一些企业尤其是一些经营业务高度季节性的企业向理事会反映,按照新修订的规定对其负债的分类与企业的实际情况并不完全相符,而且会产生一些潜在的负面效果。比如一些负债合同规定,企业负债的结算依赖于企业每年年中的营运资金比率,如果企业届时达到设定的营运资金比率,该负债可延后结算,如果没有达到设定的营运资金比率,则该负债应立即结算。但这样的负债按照新修订的规定,只要企业在当期报告期末不能达到规定比率,即使企业的营运资金比率在来年年中能够达到要求的,均应作为流动负债列报。理事会认识到这一情况在当年修订准则时并没有充分考虑到,为此,决定对《国际会计准则第1号》作出进一步的修改,澄清在报告日之后企业所需要遵循的契约条件不影响企业在报告日对负债的流动和非流动分类,同时要求企业对于附契约条件的非流动负债应当在资产负债表中单独列示,并在附注中做相关披露。理事会于2021年11月发布了《附契约条件的非流动负债——对〈国际会计准则第1号〉的修订》征求意见稿,征求意见截止日为2022年3月21日。

十、关于气候会计准则

2021年,气候变化、可持续发展等议题受到国际社会的空前关注。国际财务报告准则基金会顺应形势的发展,通过紧锣密鼓的工作,在国际可持续发展披露准则制定的组织保障、技术准备及其未来发展等方面取得了历史性突破。

2021年,国际财务报告准则基金会受托人修订完成了基金会章程。根据修订后的章程规定,国际财务报告准则基金会下设国际可持续发展准则理事会(International Sustainability Standards Board, ISSB),理事会由14位理事构成,负责国际可持续发展披露准则制定工作,以满足全球资本市场中投资者对可持续发展信息的需要。

2021年11月3日,国际财务报告准则基金会在第26届联合国气候变化大会期间宣布成立国际可持续发展准则理事会,得到了国际社会的广泛关注和支持。随后,基金会于2021年12月16日任命达能集团前董事会主席和总裁以马内利·法贝尔为第一任国际可持续发展准则理事会主席。

国际财务报告准则基金会还于2021年3月成立技术准备工作组,着手整合现行的有关国际报告框架,为国际可持续发展准则理事会制定国际可持续发展披露准则提供技术建议。技术准备工作组通过半年多的紧张工作和艰苦努力,于2021年11月3日发布了《可持续发展相关财务信息披露一般要求》和《气候相关披露》两份样稿,希望能够为国际可持续发展准则理事会开始技术讨论奠定基础,并可在此基础上履行相应的应循程序后发布征求意见稿,从而加快其准则制定步伐。技术准备工作组的两个重要成员——气候披露准则理事会和价值报告基金会分别于 2022 年 1 月 31 日和 7 月 1 日并入国际财务报告准则基金会，从而为国际可持续发展准则理事会的起步打好人才和技术方面的双重基础。国际财务报告准则基金会后续还计划成立可持续发展咨询委员会、可持续发展准则咨询论坛等咨询机构，为国际可持续发展准则理事会制定准则提供更广泛的技术支持。因此，全球统一的高质量可持续发展披露准则的制定可期。

第四节　未来展望

（1）现行诸多国际财务报告准则项目将进行关键决策或者最终决策，企业需要做好影响分析和提前应对工作。

2022 年，理事会有望对基本财务报表项目完成所有技术决策工作，并做好最终准则起草工作，企业利润表的结构和内容以及财务报表附注信息披露将作重大改革；费率管制活动、非公共受托责任子公司的披露等项目也有望完成大多数最终技术决策工作；同一控制下企业合并、商誉和减值、权益法等项目将在前期充分调研的基础上，开始进行关键性的技术决策，这些项目对中国企业现行会计实务可能都会有较大影响。中国企业需要未雨绸缪，提前评估这些新准则或者新决策对企业财务状况、经营业绩及其列报和披露的影响，及时研究对策，并做好与外部投资者等的信息沟通和交流工作。

（2）多项国际准则项目征求意见稿有望发布，中国利益相关者需要做好意见反馈工作。

2022 年，理事会有望发布《中小主体国际财务报告准则》第二次全面审议、具有权益特征的金融工具、动态风险管理等多个项目征求意见稿，这些项目中，具有权益特征的金融工具项目可能对中国有关企业影响较大，为此中国利益相关者需要密切跟踪并认真研究这些准则的变化，积极反馈意见，为理事会切实考虑中国实际情况、进一步完善其提议方案奠定基础。理事会在 2022 年还将开始《国际财务报告准则第 9 号》有关金融资产减值规定和《国际财务报告准则第 15 号——来自客户合同的收入》的实施后审议工作，中国利益相关者亦可及时向理事会反馈这两项准则在实施中的问题，以便理事会进一步完善相关准则内容。

（3）新国际保险会计准则将进入全面实施阶段，保险业界和投资者等需要做好充分准备。

《国际财务报告准则第 17 号》已于 2023 年 1 月 1 日生效，鉴于保险公司

第十四章 国际财务报告准则最新进展

普遍需要编制比较财务报表，有关保险公司新旧准则的转换日实际为2022年1月1日，与此同时这些保险公司还需要同步实施《国际财务报告准则第9号》。因此，2022年是有关保险公司做好新保险合同和新金融工具准则全面实施的关键一年，保险公司在做好新旧准则的衔接和平稳过渡的同时，还需要加强与投资者等有关方面的沟通，投资者尤其是机构投资者和分析师也需要了解新准则下保险公司资产负债表和利润表信息的含义及其对公司估值的影响，以促进理性投资和有效的资源配置。

（4）理事会未来5年工作计划将制定完成，有关准则项目需要做好前瞻性研究。

理事会将于2022年下半年发布未来5年工作计划，明确未来优先发展的准则项目和工作重点，可以预期无形资产、气候相关风险、污染物排放机制（包括碳排放权交易机制）、现金流量表及其相关事项等有可能成为未来优先立项的项目。鉴于中国的经济规模、资本市场的发展程度、企业数量和影响力以及投资者对财务报告信息的需要等，上述准则项目都有可能对中国企业和资本市场产生较大影响，会计理论界和实务界可以结合中国的实际情况和需要，预先开展一些前瞻性研究，从而为下一步国际准则的研究和制定工作贡献中方的力量和方案。

（5）可持续发展信息的披露将成为未来公司报告发展的一个亮点和焦点，理事会将和新成立的国际可持续发展信息披露准则制定机构协调合作推动相关工作。

促进可持续发展和实现碳达峰碳中和已经成为战略需要，对企业生产经营和业务发展的影响日益广泛而深入，相应地，财务报告和公司报告的范围和领域也不断拓展，可持续发展信息或者ESG相关信息的披露已经成为一种趋势甚至必然，国际可持续发展准则理事会的成立将进一步强化可持续发展信息披露工作，可持续发展信息披露将会影响到企业和金融机构的投融资、风险管理、业绩评价、企业估值等诸多方面，企业和投资者等均需高度关注。考虑到理事会目前正在进行的管理层评论项目以及未来可能立项的气候相关风险、污染物排放机制、无形资产等项目可能会与国际可持续发展准则理事会的工作相交叉，因此，两个理事会在保持各自独立性的基础上，在相关准则项目上未来将有可能开展合作，甚至协同完成有关项目。这种联动和合作对利益相关者的参与、财务报告的内容与形式、国家标准建设及其取向等可能都会有影响，中国有关方面需要对这方面的工作予以积极关注，着力做好相关研究和政策上的准备工作。

第十五章　美国会计准则最新动态

第一节　美国公认会计准则最新发展

美国公认会计原则（the United States Generally Accepted Accounting Principles，US GAAP）与国际会计准则被认为是会计准则制定的最高水平。美国财务会计准则委员会（FASB）自2003年被确定为美国会计准则的权威制定机构后，一直致力于美国会计准则的简化，对美国公认会计原则体系、具体项目和财务报告分类标准都进行了不同程度的改革。

一、美国公认会计原则简化的背景

（一）FASB改革美国公认会计原则体系的背景

1999年年初，FASB主席丹民斯·R.贝雷思福德（Dennis R.Beresford）就提出了简化会计准则的想法。在当时，美国公认会计原则已经包含2 000多项公告，新的准则、阐释不断出台，使美国会计准则日益复杂，主要是因为US GAAP颁布的渠道来源多，涉及美国注册会计师协会（AICPA）、FASB、美国证券交易委员会（SEC）的各个公告及解释等。相关利益团体期望准则中展现更多的实例，以减少实务中的不确定性，从而避免相关的诉讼问题。经济迅速发展，涌现出新的经济业务，使会计准则日渐复杂。美国会计准则颁布后，为防止其出现的漏洞被企业钻空子，相关机构不断补充新的解释公告。

（二）FASB简化覆盖范围较小的项目的背景

复杂的经济业务和详细的会计准则增加了企业财务方面的费用、财报的复杂性、审计师的工作量。在各方呼吁下，2014年FASB正式启动简化项目。基于成本效益原则的考虑，FASB选择简化覆盖范围较小的项目，同时以事项的紧急程度和重要程度安排各项工作进度。

（三）FASB 简化会计准则财务报告分类标准的背景

2009 年 1 月，SEC 颁布了《应用交互式数据以改进财务报告》的文件，要求美国本土企业和使用 US GAAP 和国际财务报告准则（IFRS）的企业在提供财务报表的同时，还要提供以 XBRL 标准编制的主表。然而，在过去几年中，各利益相关者纷纷表示 GAAP 分类标准很复杂。对此，FASB 也正积极寻找方法来简化 GAAP 分类标准。

二、美国公认会计原则简化过程

（一）FASB 改革美国公认会计原则体系改革过程

FASB 根据 1992 年 AICPA 颁布的审计准则第 69 号所形成的 GAAP 层级，于 2005 年 4 月发布了"GAAP"级次的征求意见稿，自 2005 年 9 月起正式实施。2008 年，FASB 又发布了财务会计准则第 162 号，对会计准则的来源按"文件的类型"分类，取消了"按文件特征"进行分类，为 FASB 从事准则汇编做了铺垫。2009 年，FASB 又颁布了财务会计准则第 168 号，将 GAAP 的文献来源划分为权威与非权威两类，并将前者归入《FASB 会计准则汇编》，同时确定为非政府主体的 GAAP 的唯一权威来源。

（二）结果

（1）《FASB 会计准则汇编》按 90 个"主题（topics）"对美国历史上发布的各种来源、各种形式的会计准则文献进行了整理和归类，使美国会计准则容易被检索、应用。

（2）会计准则更新公告目录"会计准则更新公告"以某某年第几号的方式发布，对"准则汇编"相应主题的更新提供背景信息和结论基础。

（三）FASB 简化覆盖范围较小的项目

1. 已完成的项目

下面是一些已完成了 FASB 的项目。

停止经营（Discontinued Operations）。2014 年 4 月，FASB 发布了一个准则公告，当一个公司或其他组织停止操作时，能够如实地反映出来。

发展阶段实体（Development Stage Entities）。2014 年 6 月，FASB 发布公告研究了很多关于上市公司和非上市公司发展阶段组织的一致整合分析和决定，从而简化了会计指导。

非经常性项目（Extraordinary Items）。该更新公告消除了公认会计准则中的非经常项目的概念，简化了损益表，通过完全消除非经常项目的概念来考虑。

2. 正在进行项目

FASB添加下面的狭小范围项目为简化项目的一部分。

简化存货的计量（Simplifying the Measurement of Inventory）：为了解决利益相关者关于当前存货计量复杂性的问题，企业只需要考虑估计可变现净值。

发债成本报告（Presentation of Debt Issuance Costs）：项目预计将通过调整折价或溢价发行的债务和发行费用的列报来简化会计。

固定收益养老金计划资产的入账日期（Measurement Date of Defined Benefit Pension Plan Assets）：固定收益养老金计划资产的入账日期的评估信息由第三方服务提供商提供。

资产负债表的债务分类（Balance Sheet Classification of Debt）：新准则将在流动或非流动债务的划分基础上根据合同的债务条款和公司当前遵守债务契约对债务进行进一步的分类。

权益法的核算（Equity Method of Accounting）：如果投资对象为合并子公司，取消企业为投资成本溢价和在投资对象净资产中所占的股数进行会计核算以及相关披露的要求。

明确现金流量表的现存原则（Clarifying Certain Existing Principles on Statement of Cash Flows）：通过阐明现金流量表中现金流的分类原则以减少实践中的多样。

负债和所有者权益的目标改进（Liabilities & Equity—Targeted Improvements）：简化与带有负债和所有者权益特征的金融工具相关的会计指导。

三、FASB简化会计准则财务报告分类标准

（一）简化方向

简化适当元素的分类，定位适当元素，并减少美国申报资料中的扩展分类标准数量；减少可用来标记报告的途径；考虑如何解决那些对用户有挑战的扩展元素；对分类标准每年的变化进行管理。

（二）简化进程

对于每年更新的US GAAP分类标准，FASB XBRL技术组也会相应更新其中的XBRL元素。比如：2014年9月《FASB会计准则汇编》606主题，客

第十五章 美国会计准则最新动态

户合同收入（Revenue from Contracts with Customers）；2015年2月《FASB会计准则汇编》810主题，整合（Consolidation）：修改整合分析。

第二节 美国民间非营利组织会计准则的最新发展

非营利组织以其所特有的非政府、非营利的特征，在社会经济中发挥着越来越重要的作用，在一定程度上弥补了"市场失灵"和"政府失灵"。非营利组织研究专家、美国霍布金斯大学的萨拉蒙教授也曾将非营利组织的迅速发展视为一次"全球性的结社革命"，国家的发展与繁荣早已离不开非营利组织。美国是世界上非营利组织发展较早的国家，其于1993年发布的财务会计准则公告（SFAS）第117号规范了民间非营利组织（以下简称组织）财务报表的编制，旨在帮助捐赠者、授予人、债权人及其他利益相关者更好地评价组织的运营状况及其他有关信息。但随着组织所进行的活动及环境的不断变化，原有的民间非营利组织会计准则（以下简称准则）不能很好地满足利益相关者对信息披露的要求，基于此FASB于2010年开始考虑准则的更新项目，决定对原准则进行修订，并于2016年8月发布新的准则。

一、美国民间非营利组织会计准则修订动机和过程

美国的会计准则分为两大类即政府会计准则和企业会计准则，它们分别由政府会计准则委员会（GASB）和FASB负责制定和发布。其中民间非营利组织会计隶属于企业会计下的子模块，除另有规定外，美国民间非营利组织会计要遵从FASB制定的所有企业会计准则，但FASB还专门制定了仅适用于民间非营利组织的会计准则，如在捐赠方面有《捐赠收入和捐赠支出的会计处理》、在信息披露方面有《非营利组织的财务报表》等。

（一）修订动机

FASB于1993年发布了SFAS第117号《非营利组织的财务报表》，该准则自1994年12月15日开始应用于大规模的组织，在此一年后小规模的组织也启用，至今已运行20多年的时间。尽管在此期间对其也进行过几次修订，但该117号准则仍留下了许多没有被解决的问题。随着组织所进行的活动以

及所处环境的不断变化，利益相关者对按照该准则所披露的财务信息质量有了一定程度的担忧。例如，在该准则下，针对净资产的分类方法过于复杂，对评估组织流动性的信息披露不充分，对费用的列报方法没有统一的规定，对经营现金流的列报要求较为复杂等，这些担忧使得非营利组织咨询委员会（NAC）和其他的利益相关者认为对现有的准则进行更新迫在眉睫。

（二）修订过程

在2010—2011年，NAC开始考虑如何才能更好地改善组织财务报告的模型，经过成员们的慎重思考和讨论，最终决定从报告财务业绩和披露财务健康包括流动性方面着手模型完善工作。随后NAC对该项工作进行了明确，即决定从4个方面开展：①变更净资产的分类方法，并要求在附注中对资产的流动性情况进行详细的说明；②对活动表和现金流量表所反映的信息进行进一步的分类或整合，以此来更有效地披露财务业绩；③为组织的管理者制定一个体制，通过这个体制来分析和评价组织的财务健康情况，组织运营情况和流动性情况；④简化组织具体的披露要求，尽可能地提高所披露信息的相关性和可理解性。

2011年11月，委员会在准则更新工作中增加了准则的制定和研究的项目。准则制定项目主要致力于改进对净资产的分类；改进财务报表和附注中提供财务业绩、现金流量和流动性的方式方法。研究项目致力于寻找除财务报告外能对组织财务状况进行反映的方式方法。

2015年2月，委员会对准则更新项目的周期长度、整体利益、成本和复杂性进行了讨论；同年4月开展准则意见稿的征集工作；截至同年8月，在收到的意见函中，大多数人同意对上述4个方面中的①②④进行修订和完善；同年9月，基于收到的意见函，委员会决定缩小更新的范围，首先对多数利益相关者支持的提议进行修改，同时决定把准则更新工作分为两个阶段。

2016年8月，FASB发布了各方期待已久的新民间非营利组织财务报告的会计准则，至此第一阶段的工作基本完成。

二、美国民间非营利组织会计准则变更内容

出于对旧准则（1993年准则）下财务报告编制的复杂性和透明度较差的担忧，FASB开展了对准则的修订工作，该次修订致力于使财务报告能够更准确地反映组织的财务状况和运营效率，提高财务报告的透明度。此目标使得新准则的具体内容有了一些重大的变化。

第十五章 美国会计准则最新动态

（一）改革净资产分类

（1）新准则要求组织将净资产划分为捐赠方限定和捐赠方未限定，废除了旧准则下非限定性、暂时限定性和永久限定性的划分方法。尽管原分类方法被废止，但旧准则下所要求披露的部分信息在新准则下仍然需要继续提供，例如，旧准则规定：组织需要提供捐赠方对资源限制类型的性质和金额的信息，这在新准则下仍然继续适用。与此同时，新准则还要求组织披露由于捐赠者对捐赠资源所作限制而给组织在使用这些资源时所带来的影响，其中包括了对资源流动性的影响。

（2）新准则对旧准则下捐赠方限制性捐赠基金潜在金额的净资产分类进行了变更，还要求对潜在捐赠基金进行追加披露。

（3）新准则对组织所接受的资本性赠与的核算方面也作了一些变更。旧准则要求组织对接受的资本性赠与的摊销使用随限制消除的"时间推移法"，而新准则规定在缺乏捐赠方明确规定的条件下，对资本性赠与不再使用"时间推移法"，而是使用"可提供服务日法"。

（二）变更对费用和投资回报信息披露的方式

（1）旧准则要求自愿保健和福利机构提供对费用按性质和职能进行分析的信息，对其他类型的组织未作出明确规定；而新准则要求所有的组织提供按性质和职能分类的金额信息以及对它们进行分析的信息，同时规定了这些分析信息的列报方式，既可以将这些分析信息作为单独报表列报，也可以在附注中列报；此外，新准则还要求财务报告中要提供费用在各职能部门之间分配所采用的方法。

（2）新准则针对组织如何列报投资回报给出了具体的规定，同时规定了投资回报应该与哪些费用进行对冲后再按净值反映。

（三）变更对经营现金流列报的方式

旧准则要求组织使用直接法列报经营现金流，还要披露间接法下的调节信息，而新准则允许继续对其使用直接法或间接法列报，并且如果使用直接法列报的，不要求再披露间接法下的调节信息。

（四）更加重视提供资产流动性和可用性信息

新准则规定组织在附注中要提供更加详细的资产流动性和可用性方面的信息，这些信息既要包括定性信息，也要包括定量信息。

（1）新准则规定组织在资产负债表日编制财务报告时要提供管理层对该组织流动性资产的管理方案，并且该管理方案要能够满足该组织在下一年内的一般性现金支出需求。这是新准则所规定要披露的定性信息。

（2）新准则规定组织在资产负债表日要披露可用的金融资产金额，并且该可用的金融资产金额要以满足本组织在下一年的一般性现金支出需求为前提。这是新准则所规定的定量信息。